天津市

TIANJINSHI BEICHEN NIANJIAN

北辰年鉴

2023

天津市北辰区档案馆（方志办） 编

方志出版社
Publishing House of Local Records

图书在版编目（CIP）数据

天津市北辰年鉴. 2023 / 天津市北辰区档案馆（方志办）编. — 北京 : 方志出版社, 2023.12
ISBN 978-7-5144-6096-4

Ⅰ. ①天… Ⅱ. ①天… Ⅲ. ①北辰区－2023－年鉴 Ⅳ. ①Z522.13

中国国家版本馆 CIP 数据核字(2023)第 252841 号

责任编辑：顾洁
责任校对：张玉霞
责任印制：梅中英
出 版 者：方志出版社
地　　址：北京市朝阳区潘家园东里 9 号（国家方志馆 4 层）
邮　　编：100021
网　　址：http://www.zgfzcb.cn
发　　行：方志出版社图书营销中心（010-67110500）
印　　刷：北京中科印刷有限公司
开　　本：889 毫米×1194 毫米　1/16
印　　张：33
字　　数：986 千字
版　　次：2023 年 12 月第 1 版
印　　次：2023 年 12 月第 1 次印刷
定　　价：320.00 元

北辰区地方志编修委员会

《天津市北辰年鉴（2023）》编辑人员

编辑说明

一、《天津市北辰年鉴（2023）》在中共北辰区委领导下，由北辰区人民政府主办，北辰区档案馆（区地方志编修委员会办公室）承办征集、采撷、编纂、出版、发行等工作。

二、《天津市北辰年鉴（2023）》以马克思列宁主义、毛泽东思想、邓小平理论、“三个代表”重要思想、科学发展观、习近平新时代中国特色社会主义思想为指导，坚持辩证唯物主义和历史唯物主义的立场、观点和方法，坚持解放思想、实事求是原则，全面、系统、翔实地记述北辰区各部门、单位及各镇、街道的主要工作和新业绩、新经验，为领导决策提供依据，为各行各业提供有价值的资料和文献信息，同时也为史志编修提供资料。

三、《天津市北辰年鉴（2023）》是北辰区地方综合年鉴的第21卷，记载时限为2022年1月1日至12月31日，版别为编著年份。

四、《天津市北辰年鉴（2023）》为大16开版本，采取语体文表述，分类编辑，由类目、分目、条目组成。设特载、大事记、北辰概览、中共北辰区委、北辰区人民代表大会、北辰区人民政府、政协北辰区委员会、中国共产党北辰区纪律检查委员会 北辰区监察委员会、民主党派、人民团体、法治、军事、经济管理、农业农村、工业 建筑业、商贸服务业、金融、北辰经济技术开发区、交通运输、水务 环境保护、城乡建设与管理、教育、科学技术、文化 旅游、卫生 健康、体育、社会生活、镇 街道、人物 荣誉、附录、统计资料31个类目。除建目录外，另编索引。

五、《天津市北辰年鉴（2023）》资料主要由全区各供稿单位编写、提供，经供稿单位审核并署名作者；少部分资料由本书编辑人员收集；统计资料由区统计局提供；各镇（街道）行政区域面积数据由区民政局提供；组织机构负责人名录由区委组织部、区人大常委会办公室、区政协办公室提供。采用数据以统计部门提供的为准，未列入统计范围的，以业务主管部门的为准。为保证事务的完整性和年鉴的时效性，对一些事物的记述适当做了上溯或下延。

六、数字用法、标点符号用法分别采用国家标准《出版物上数字用法》（GB/T 15835—2011）、《标点符号用法》（GB/T 15834—2011），计量单位采用国家技术监督局1993年12月发布的《量和单位》系列国家标准。

七、《天津市北辰年鉴（2023）》力求图文并茂。所用照片主要由全区各供稿单位提供，部分由区方志办编辑拍摄，标注署名，署名不详的标注提供单位。封面图片由区委宣传部提供。

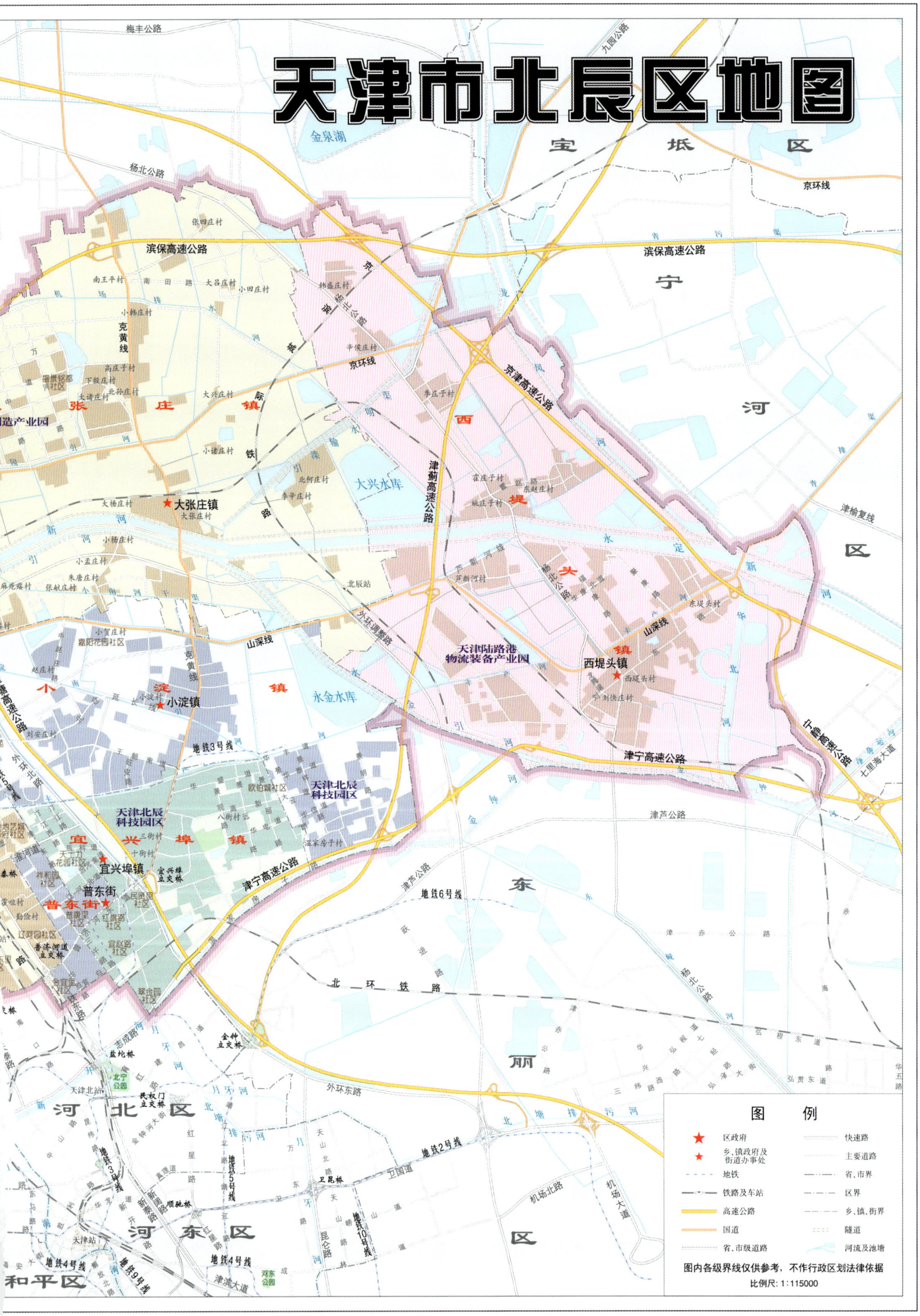

天津市测绘院有限公司编制

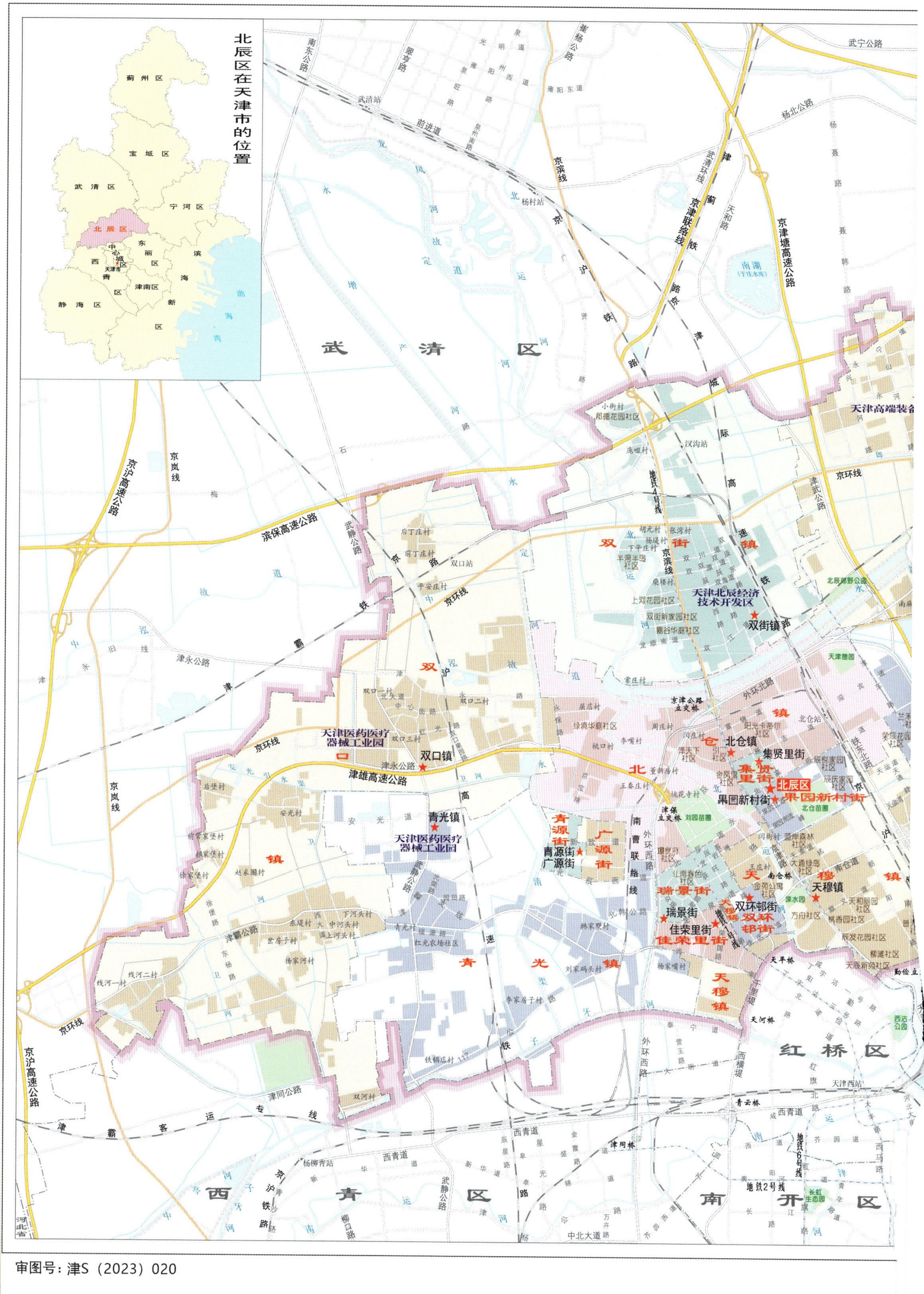

审图号：津S（2023）020

北辰名片 2022

★ 1953 年 5 月 14 日独立建制成区
★面积 473.16 平方千米
★常住人口 94.2 万人
★辖 9 个镇、8 个街道，121 个行政村，155 个社区居委会
★实现地区生产总值 709 亿元
★实现外贸进出口额 264.9 亿元
★全年引进首都资源项目 19 个
★全区国家级专精特新和“小巨人”企业 15 家
★域内国家高新技术企业 664 家
★建成区绿化覆盖率 41.69%，人均公园绿地面积 15.44 平方米
★实现常住居民人均可支配收入 45449 元
★北辰区被评为国家知识产权强市建设试点城市
★北辰区被评为全市法治政府建设示范区

数字北辰 2022

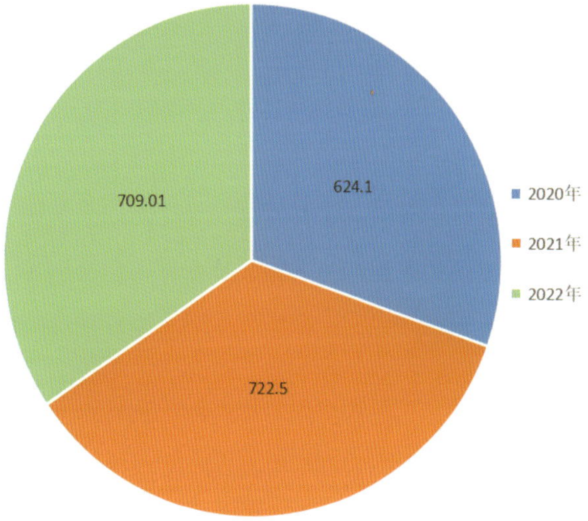

▲ 2020—2022 年北辰区生产总值示意图（亿元）

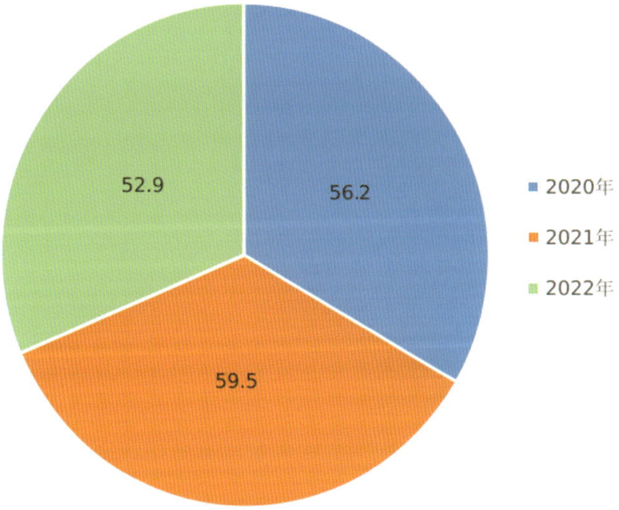

▲ 2020—2022 年北辰区一般公共预算收入示意图（亿元）

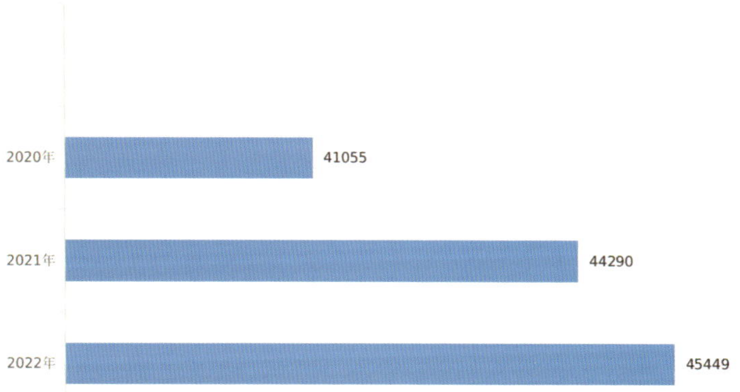

▲ 2020—2022 年北辰区常住居民人均可支配收入示意图（元）

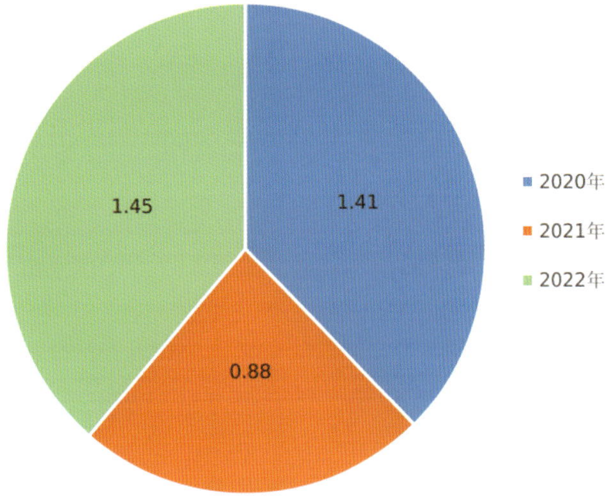

▲ 2020—2022 年北辰区实际直接利用外资额示意图（亿美元）

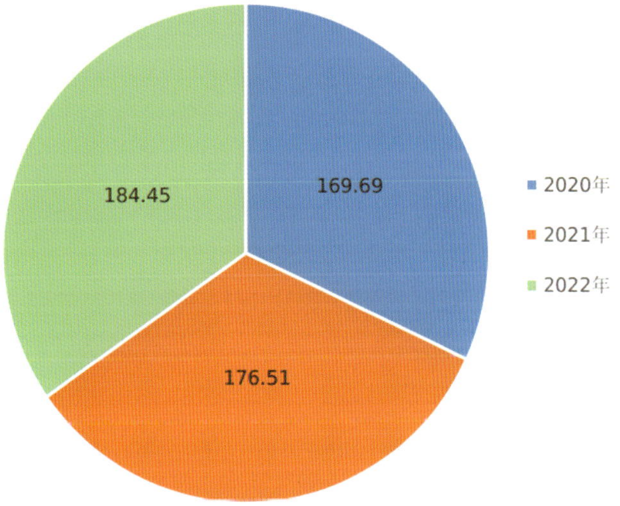

▲ 2020—2022 年北辰区实际利用内资额示意图（亿元）

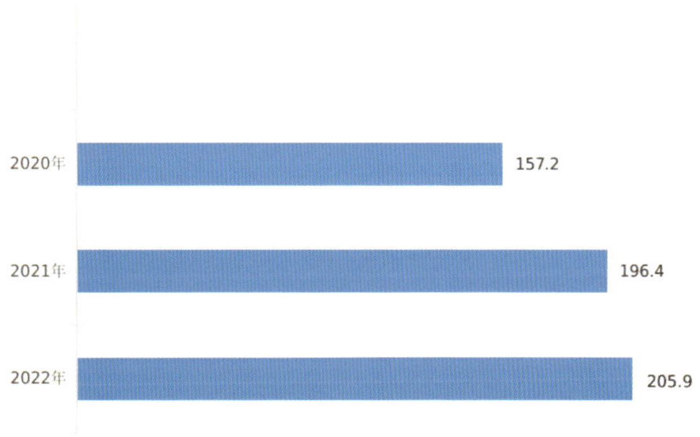

▲ 2020—2022 年北辰区外贸出口额数示意图（亿元）

学习宣传贯彻党的二十大精神

▲ 2022 年 10 月 16 日，北辰区区领导和机关干部集中收看中国共产党第二十次全国代表大会开幕 （区融媒体中心　供图）

▲ 2022 年 10 月 16 日，双口镇中河头村党员干部在天津市第一个农村党支部——中共西北乡农民支部旧址集中收看中国共产党第二十次全国代表大会开幕 （区融媒体中心　供图）

▲ 2022 年 10 月 16 日，北辰区人防办组织机关全体党员干部集中收看中国共产党第二十次全国代表大会开幕　（韩　超　摄影）

▲ 2022 年 10 月 18 日，北辰区人民法院青年干警集中学习党的二十大精神　（周永军　摄影）

◀ 2022年10月21日，大张庄镇工作人员在田间地头宣讲党的二十大精神

（大张庄镇　供图）

▶ 2022年11月5日，北辰区举行2022年共青团和少先队干部培训班，开展党的二十大精神专题辅导讲座

（区融媒体中心　供图）

◀ 2022年11月9日，北辰区举行党的二十大精神宣讲报告会

（区融媒体中心　供图）

▲ 2022年11月18日，北辰区举行学习宣传贯彻党的二十大精神——2022年北辰区文化惠民演出季系列演出联合专场活动 （区文化馆 供图）

► 2022年11月24日，双环邨街道碧春园第二社区开展新的社会阶层人士学习贯彻党的二十大精神主题活动 （李君悦 摄影）

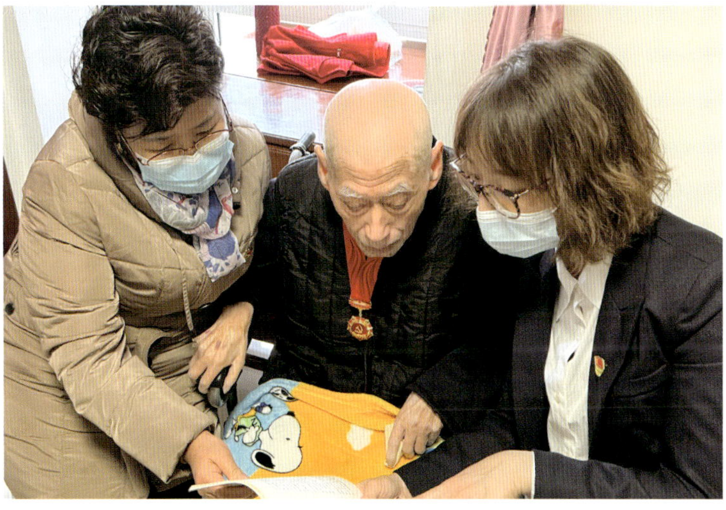

◄ 2022年11月24日，双环邨街道碧春园第二社区入户向社区行动不便老党员宣传党的二十大精神 （李君悦 摄影）

经济建设

▲ 2022 年 2 月，双口镇丁平三村高标准农田农户们播种春小麦
（区融媒体中心　供图）

▲ 2022 年 6 月，双街镇庞嘴村“两委”班子开展乡村振兴蹲点调研，实地勘察新引进的多彩稻蟹混养农业作物生长情况（区委组织部　供图）

▲ 2022年7月，双街镇双街村千亩葡萄种植基地的夏黑等葡萄品种进入成熟期，村民们采取线上订单、线下批零以及休闲采摘等经营模式销售自家葡萄

（陈立兴　摄影）

▲ 2022年9月，大张庄镇千亩高粱喜获丰收

（大张庄镇　供图）

▲ 2022年10月31日，北辰经济技术开发区京东智能产业园天津北辰项目施工现场

（开发区管委会　供图）

▲ 2022 年 10 月 31 日，北辰经济技术开发区天津精雕数控机床生产研发基地项目施工现场（开发区管委会　供图）

▲ 2022 年，位于北辰域内的大族激光智能装备集团天津工厂生产车间新型高功率激光切割设备进行组装和调试（区融媒体中心　供图）

▲ 2022 年 7 月 12 日，中国华电科工集团有限公司 1200Nm³/h 碱性电解槽产品下线暨气体扩散层（GDL）成果发布推广仪式在北辰区华电（天津）高端智造科创基地举行

（区融媒体中心　供图）

▲ 2022 年，位于北辰域内的天津丰铁汽车部件有限公司新型智能化焊接生产线投入使用

（区融媒体中心　供图）

▲ 2022 年，北辰区重点商业项目——宜兴埠镇未来城项目“北洋井”完成施工建设

（区融媒体中心　供图）

▲ 2022 年 6 月 25 日，北辰区第二届海河国际消费季暨“潮北辰 · 购实惠”2022 北辰区促消费活动在信誉楼前广场正式启动

（区融媒体中心　供图）

▲ 2022 年 7 月，双街镇古街夜市重装亮相　　（区融媒体中心　供图）

▲ 2022 年 7 月，双街镇特色集市开街　　（双街镇　供图）

城乡建设

▲ 2022 年 8 月 16 日，大张庄示范镇北区回迁房现状图　（大张庄镇　供图）

▲ 2022 年 9 月，双口镇徐家堡村改善后村居环境　（区融媒体中心　供图）

▲2022年11月15日，天津地铁4号线北段工程最大车站延吉道站主体结构封顶

（区融媒体中心　供图）

▲①～④ 2022年12月30日，京滨城际铁路北辰站正式开通（区融媒体中心　供图）

文化旅游

▲ 2022 年 2 月，大张庄镇的画家们创作冬奥会主题农民画，为冬奥会献礼

（区融媒体中心　供图）

▲ 2022 年，北辰区非物质文化遗产代表性项目——天穆回族重刀传承人展示武术

（区融媒体中心　供图）

▲ 2022 年 8 月 8 日，北辰区在双街镇御园举办非遗文化展演对台交流活动

（区委统战部　供图）

▲ 2022 年 8 月 25 日，北辰区文化遗产保护中心在区非遗展示中心举办首届“精彩非遗、魅力暑假”暑期非遗研学活动

（区文化遗产保护中心　供图）

▲ 2022 年 7 月 3 日，泰国驻华大使阿塔育·习萨目（左三）一行参观天士力大健康展览体验馆 （区政府办　供图）

▲ 2022 年 6 月 30 日，北辰区文化遗产保护中心在区非物质文化遗产展示中心开展“喜迎二十大 童心绘非遗”北辰民间绘画李嘴小学学生作品专题展览 （区文化遗产保护中心　供图）

◀ 2022 年 5 月，北辰区青盛河畔农庄景区开业

（区文旅局　供图）

▶ 2022 年 7 月，大张庄镇景区露营基地成为备受人们追捧的消费新热点

（区融媒体中心　供图）

◀ 2022 年 9 月，北辰区嚒嚒兽梦幻森林景区举行游园灯会活动。图为游客体验汉服

（区融媒体中心　供图）

社会事业

▲ 2022 年，北辰区民心工程宜兴埠镇足球训练基地建设完成并投入使用

（区融媒体中心　供图）

▲ 2022 年 9 月，北辰区民心工程北仓幼儿园改扩建工程正式完成并投入使用

（区融媒体中心　供图）

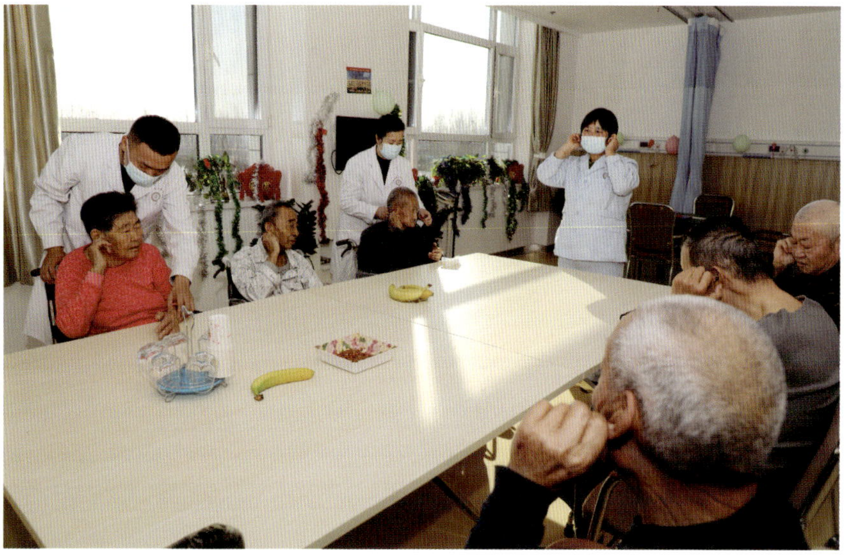

◀ 2022年，天津市首家以“医养融合”为特色的双口养老院投入使用

（区融媒体中心　供图）

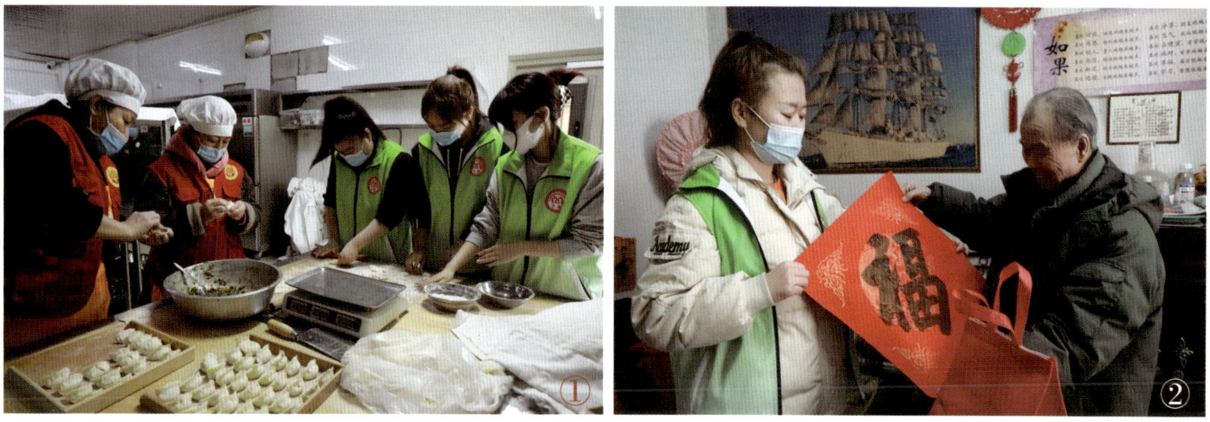

▲ 2022年1月25日，农历小年，集贤里街道组织社区工作者、志愿者在街社工站包饺子、写福字，为辖区孤寡老人、独居老人等送上寒冬温暖、新春祝福

（区融媒体中心　供图）

▶ 2022年1月28日，集贤里街道先蜂骑手红色加油站、集贤里街道社工站开展“党建领航迎新春　温暖同行争‘先蜂’”送温暖活动（袁　巍　摄影）

▲ 2022 年 2 月 14 日，北仓镇璟悦府社区先蜂骑手红色加油站举办“虎头虎脑闹元宵 温馨关爱骑手情”元宵节活动　　（区融媒体中心　供图）

▲ 2022 年 3 月 5 日，集贤里街道举办 2022 年学雷锋志愿服务活动启动仪式。图为非遗剪纸艺术传人展示“雷锋精神薪火永存”剪纸作品

（区融媒体中心　供图）

▲ 2022 年 5 月 20 日，双口镇东堤村市场“爱心帮扶摊位”正式营业　（赵　洋　摄影）

▲ 2022 年 6 月 15 日，天津医科大学朱宪彝纪念医院在北辰区党群服务中心开展“关爱健康·公益惠民”大型健康义诊活动　（区融媒体中心　供图）

▲ 2022 年 6 月 18 日，北辰区第 36 届科技周主场活动在青光镇墅外桃源营地举办

（北辰区科学技术协会　供图）

▲ 2022 年 11 月 6 日，北辰区 2022 年度“119”消防宣传月启动仪式在天人智慧广场举行

（区融媒体中心　供图）

美丽北辰

▲ 2022 年，国家森林乡村双口镇徐堡村（区融媒体中心　供图）

◀ 2022 年 7 月，墅外桃源生态观光园（青光镇　供图）

▶ 2022 年 8 月，曙光水镇禅心岛（李郁欢　摄影）

◀ 2022 年 11 月，双口镇后堡村进村路（赵　洋　摄影）

▲ 2022 年 4 月，北辰区北运河畔黄昏

（王紫琦　摄影）

▲ 2022 年 8 月，北辰区北辰大厦　　（区委组织部　供图）

▲ 2022 年 8 月，北辰区京津公路桥　　（区委组织部　供图）

新中国“最美奋斗者”邢燕子

（1940.12—2022.04）

▲ 1960 年第 20 期《人民画报》封面刊登了记者舒野拍摄的邢燕子照片，当时的说明是：劳模邢燕子——河北省汉沽区大钟庄人民公社司家庄生产队“燕子突击队”队长　（区档案馆　供图）

▲ 1960 年 10 月 17 日，《延边日报》刊登的邢燕子给爷爷读信照片

（区档案馆　供图）

▲ 1960 年 6 月，《中国青年报》记者与邢燕子合影照片

（区档案馆　供图）

◀ 1960 年，“燕子队”试验田的小麦亩产超过 300 公斤，邢燕子（右三）在田间　（区档案馆　供图）

▶ 1964 年春，邢燕子（前左一）和燕子队队员在田间抢种　（区档案馆　供图）

▲ 1964 年 12 月，在第三届全国人大第一次会议上，邢燕子当选执行主席

（区档案馆　供图）

▲ 1965 年春，邢燕子（中）与科技人员在田间

（区档案馆　供图）

► 1966 年，邢燕子收割小麦

（区档案馆　供图）

◄ 1974 年 6 月，邢燕子在田间劳作

（区档案馆　供图）

▲ 1976年9月《人民画报》封面刊载邢燕子（右）与铁姑娘队队长侯儁在麦田的照片

（区档案馆　供图）

◀ 1980 年代初，邢燕子在天津市北郊区东堤头公社永新大队（知青综合场）养猪场劳动

（区档案馆　供图）

▶ 1984 年 3 月，邢燕子当选北郊区第九届人大常委会副主任，图为 1986 年 5 月 9 日，邢燕子主持北郊区九届人大第三次全体会议　（区档案馆　供图）

◀ 1984 年，邢燕子（右一）考察永定新河环保情况

（区档案馆　供图）

◀1990 年代，邢燕子在天津市南水北调工程工地参加劳动
（区档案馆　供图）

▶2003 年 9 月，邢燕子在北辰区老干部艺术节上独唱《绣金匾》
（区档案馆　供图）

◀2004 年 12 月 28 日，邢燕子（右）在北辰区首次档案捐赠仪式上领取捐赠证书
（区档案馆　供图）

志鉴工作

◀2022年4月8日，《北辰区农业志》终审会召开

（区方志办　供图）

▶2022年4月20日，《北辰区民政志》终审会召开

（区方志办　供图）

◀2022年4月22日，《北辰区检察志》终审会召开

（区方志办　供图）

总目

特　载………………………………1
大事记……………………………14
北辰概览…………………………24
中共北辰区委……………………42
北辰区人民代表大会……………78
北辰区人民政府…………………88
政协北辰区委员会………………101
中国共产党北辰区纪律检查委员会
　北辰区监察委员会……………110
民主党派…………………………114
人民团体…………………………121
法　治……………………………138
军　事……………………………157
经济管理…………………………163
农业农村…………………………189
工业　建筑业……………………207
商贸服务业………………………212
金　融……………………………222
北辰经济技术开发区……………225
交通运输…………………………235
水务　环境保护…………………241
城乡建设与管理…………………252
教　育……………………………261
科学技术…………………………279
文化　旅游………………………285
卫生　健康………………………307
体　育……………………………317
社会生活…………………………320
镇　街道…………………………341
人物　荣誉………………………395
附　录……………………………411
统计资料…………………………468
索　引……………………………489

目 录

特 载 …… 1

政府工作报告（节选）…… 2

大事记 …… 14

1 月 …… 15
2 月 …… 15
3 月 …… 16
4 月 …… 16
5 月 …… 17
6 月 …… 17
7 月 …… 18
8 月 …… 19
9 月 …… 20
10 月 …… 20
11 月 …… 21
12 月 …… 22

北辰概览 …… 24

自然地理 …… 25
位置面积 …… 25
地质地貌 …… 25
河流 …… 25
气候 …… 25
重要天气气候事件 …… 26
区划 人口 …… 27
建置区划 …… 27
人口 民族 …… 30
文化遗产、文物 …… 30
非物质文化遗产 …… 30
文物 …… 35
2022 年经济和社会发展 …… 36
概况 …… 36
京津冀协同发展 …… 36
经济建设 …… 36
社会保障服务 …… 38
农业农村现代化 …… 39
城乡建设 …… 40
生态环境建设 …… 41

中共北辰区委 …… 42

综 述 …… 43
概况 …… 43
党的领导 …… 43
京津冀协同发展 …… 44
经济发展质量和效益 …… 44
城市功能和城乡环境 …… 45
民生保障 …… 45
社会治理 …… 45
全面从严治党 …… 45

“迎盛会、铸忠诚、强担当、创业绩”主题学习宣传教育实践活动 …… 45

重要会议 …… 46

概况 …… 46

中国共产党天津市北辰区代表会议 …… 46

区委全体会议 …… 46

区委常委会（扩大）会议 …… 47

区委协调议事机构会议 …… 49

组织工作 …… 50

概况 …… 50

干部教育培训 …… 50

干部监督管理 …… 51

基层组织建设 …… 51

选人用人 …… 52

人才工作 …… 52

公务员管理 …… 53

绩效管理 …… 53

宣传工作 …… 53

概况 …… 53

思想理论建设 …… 54

社会宣传 …… 54

新闻宣传工作 …… 55

精神文明建设 …… 55

意识形态工作责任制 …… 56

新闻出版工作 …… 56

统一战线工作 …… 56

概况 …… 56

思想引领工作 …… 56

服务中心大局 …… 56

多党合作事业 …… 56

民族宗教工作 …… 57

非公经济领域统战工作 …… 57

党外知识分子和新的社会阶层人士统战工作 …… 57

港澳台统战工作 …… 58

海外统战工作 …… 58

社会动员专项工作 …… 58

政策研究与调研 …… 59

概况 …… 59

重要文稿起草 …… 59

政策性文件制定 …… 59

重点课题调研 …… 59

联系社区和全国农村固定观察点工作 …… 60

区直机关党建 …… 60

概况 …… 60

机关组织建设 …… 60

机关党员发展 …… 61

党员教育活动 …… 61

助力疫情防控 …… 61

保密管理 …… 62

概况 …… 62

健全工作机制 …… 62

保密宣传教育 …… 62

保密检查 …… 63

服务保障 …… 63

机构编制管理 …… 64

概况 …… 64

基层编制核拨 …… 64

行政执法规范化建设……64
重点领域机构改革……64
安全生产工作职责细化……65
权责清单动态调整……65
机构编制纪律专项检查……65
事业单位监督管理……65
督查工作……65
概况……65
政治任务督查……66
重点工程督查……66
基层减负工作……66
会议决策督办……66
领导批示督办……66
网络安全和信息化管理……66
概况……66
体制机制建设……67
互联网行业党建……67
网络内容建设……67
网络生态治理……68
网络安全屏障……68
信息化建设……69
老干部工作……69
概况……69
老干部理论学习……69
新时代离退休干部党的建设……69
老干部文体活动……70
关工委工作……70
老干部服务……71
党校工作……71
概况……71
干部培训……71
基层宣讲……74
科研咨政……74
党史编研……75
后勤保障……75
网格化管理……75
概况……75
网格建设……76
“津治通”平台建设……76
“12345”平台运行……76
信息化建设……77

北辰区人民代表大会……78

综 述……79
概况……79
监督工作……79
贯彻区委工作部署……79
能力建设……79
重要会议……80
概况……80
人民代表大会会议……80
人大常委会会议……80
人大常委会主任会议……82
重要决定、人事任免、代表工作……83
概况……83
重点监督工作……83
重大事项决定……84
人事任免……84
联系代表……85

代表建议办理 …… 85
“数字人大”建设 …… 87
人大宣传 …… 87

北辰区人民政府 …… 88

综　述 …… 89
概况 …… 89
经济建设 …… 89
城市建设 …… 89
社会建设 …… 89
项目建设 …… 90
重要会议 …… 90
概况 …… 90
政府全体会议 …… 90
政府常务会议 …… 90
北辰区第十八届政府第一次廉政工作会议 …… 92
重要工作 …… 92
概况 …… 92
制造业强区高质量倍增行动 …… 92
开展“敲门行动”优化营商环境 …… 93
科技创新能力建设 …… 93
城乡融合发展 …… 93
经济技术开发区创建 30 周年 …… 94
民心工程建设 …… 94
建议、提案办理 …… 95
政务服务 …… 95
概况 …… 95
优化营商环境 …… 96
提高政务服务效率 …… 96
优化企业开办服务 …… 96
政务服务标准化 …… 96
工程建设项目审批制度改革 …… 96
优化政务服务 …… 97
机关事务管理 …… 97
概况 …… 97
党政机关办公用房管理 …… 97
公务用车规范管理 …… 97
后勤服务保障管理 …… 98
政策研究与调研 …… 98
概况 …… 98
重要文稿起草 …… 98
重点课题调研 …… 98
信　访 …… 99
概况 …… 99
落实信访工作责任制 …… 99
矛盾排查 …… 99
基层基础建设 …… 99
信访宣传工作 …… 99

政协北辰区委员会 …… 101

综　述 …… 102
概况 …… 102
基层履职平台建设 …… 102
重要会议 …… 102
概况 …… 102
政协全体会议 …… 102
政协常委会会议 …… 102

专题协商会会议 …………………………… 104
协商议政、提案工作 …………………… 104
概况 ………………………………………… 104
强化政治引领 ……………………………… 104
协商民主…………………………………… 105
提案办理…………………………………… 106
团结统战…………………………………… 108

中国共产党北辰区纪律检查委员会 北辰区监察委员会 ………………… 110

重要会议 ……………………………… 111
概况 ………………………………………… 111
区纪委十二届二次全会 ………………… 111
监督执纪 ……………………………… 111
概况 ………………………………………… 111
政治监督…………………………………… 111
纠治“四风”……………………………… 112
深化反腐败斗争 ………………………… 112
巡察工作…………………………………… 112
健全权力运行制约监督机制 …………… 112
宣传教育…………………………………… 113
开展“点题整治”工作 ………………… 113

民主党派 ………………………………… 114

民革北辰区工委 ……………………… 115
概况 ………………………………………… 115
思想建设…………………………………… 115
组织建设…………………………………… 115
参政议政…………………………………… 115
“祖统”工作 ……………………………… 116
民盟北辰区工委 ……………………… 116
概况 ………………………………………… 116
思想建设…………………………………… 116
组织建设…………………………………… 116
参政议政…………………………………… 117
社会服务…………………………………… 117
民建北辰区工委 ……………………… 117
概况 ………………………………………… 117
思想建设…………………………………… 118
组织建设…………………………………… 118
参政议政…………………………………… 118
社会服务…………………………………… 118
民进北辰区工委 ……………………… 119
概况 ………………………………………… 119
思想建设…………………………………… 119
组织建设…………………………………… 119
参政议政…………………………………… 119
会员活动…………………………………… 120

人民团体 ………………………………… 121

北辰区总工会 ………………………… 122
概况 ………………………………………… 122
组织建设…………………………………… 122
思想引领…………………………………… 122
职工活动…………………………………… 123
精准帮扶…………………………………… 123
基层工会阵地建设 ……………………… 124

职工权益维护 …………………………… 124
产业工人队伍建设改革 ……………… 124
劳模工作…………………………………… 125
工会集中审计 …………………………… 125
共青团北辰区委员会 ……………… 125
概况 ……………………………………… 125
团代会 …………………………………… 125
展现青年作为 …………………………… 125
服务青年发展 …………………………… 126
从严治团…………………………………… 126
思想引领…………………………………… 127
北辰区青年联合会 ………………… 127
概况 ……………………………………… 127
从严治会…………………………………… 127
思想引领…………………………………… 127
担当作为…………………………………… 128
北辰区妇女联合会 ………………… 128
概况 ……………………………………… 128
思想政治引领 …………………………… 128
巾帼创业就业 …………………………… 128
巾帼乡村振兴 …………………………… 129
新时代文明实践 ………………………… 129
传播家庭文明 …………………………… 129
普及科学家教 …………………………… 129
关爱困难家庭 …………………………… 130
法治宣传教育 …………………………… 130
维护妇儿权益 …………………………… 130
北辰区妇女第十一次代表大会 ……… 131
妇联组织建设 …………………………… 131
北辰区科学技术协会 ……………… 133
概况 ……………………………………… 133
基层科协组织建设 ……………………… 133
“科普星期六”科技志愿服务活动 …… 133
第 36 届科技活动周 …………………… 133
全国科普日 ……………………………… 134
青少年科技教育 ………………………… 134
科技经济融合发展 ……………………… 134
北辰区工商业联合会 ……………… 135
概况 ……………………………………… 135
服务会员…………………………………… 135
“问需问计 服务民企”活动 ………… 135
商会发展…………………………………… 136
民营企业培育与民营企业家健康成长 …………………………………… 136
公益事业…………………………………… 136

法 治 ……………………………… 138

政法委与综治工作 ………………… 139
概况 ……………………………………… 139
“平安北辰”建设 ……………………… 139
市域社会治理 …………………………… 139
“法治北辰”建设 ……………………… 140
全面从严管党治警……………………… 140
禁毒工作…………………………………… 140
法治政府建设 ……………………… 141
概况 ……………………………………… 141
规范性文件 ……………………………… 141
行政执法…………………………………… 141

行政复议应诉 …… 142
政府信息公开 …… 142
公 安 …… 142
概况 …… 142
打击犯罪 …… 143
治安管理 …… 143
道路交通安全管理 …… 144
巡逻防控 …… 144
警务机制改革 …… 144
平安创建活动 …… 145
执法规范化 …… 145
为民服务举措 …… 145
队伍建设 …… 146
监所管理 …… 146
见义勇为 …… 146
公安宣传 …… 146
检 察 …… 148
概况 …… 148
打击刑事犯罪 …… 148
刑事检察监督 …… 148
民事检察监督 …… 148
行政检察监督 …… 149
公益诉讼检察监督 …… 149
维护市场经济秩序 …… 149
化解社会矛盾 …… 150
参与市域社会治理 …… 150
未成年人检察 …… 150
服务保障民生 …… 151
法 院 …… 151
概况 …… 151
刑事审判 …… 151
民商事审判 …… 151
行政审判 …… 152
执行工作 …… 152
司法为民 …… 152
司法宣传 …… 152
司法公开 …… 153
司法体制改革 …… 153
信息化建设 …… 153
开门办案 …… 154
司法行政 …… 154
概况 …… 154
法治宣传 …… 154
公共法律服务 …… 155
人民调解 …… 155
安置帮教 …… 156
社区矫正 …… 156

军 事 …… 157

北辰区人民武装部工作 …… 158
概况 …… 158
业务培训 …… 158
基层人武建设 …… 158
征兵工作 …… 158
军地双拥共建 …… 158
人民防空 …… 159
概况 …… 159
人防指挥通信 …… 159
人防工程监督管理 …… 160

人防法治宣传 …… 160

退役军人事务管理 …… 160

概况 …… 160

优待抚恤 …… 161

安置帮扶 …… 161

双拥工作 …… 161

军休服务 …… 162

经济管理 …… 163

宏观经济管理 …… 164

概况 …… 164

京津冀协同发展 …… 164

经济运行管理监测和组织推动 …… 164

“双万双服促发展”活动 …… 165

重大项目管理 …… 165

示范镇建设 …… 166

石油天然气管道保护 …… 166

统筹推动双碳工作 …… 166

产业帮扶工作 …… 166

价格管理 …… 166

粮食储备 …… 167

社会信用体系建设 …… 167

价格认定 …… 167

大运河保护传承利用 …… 167

国有资产监督管理 …… 168

概况 …… 168

国企改革调研 …… 168

优化国有资本布局 …… 168

完善国资监管制度 …… 168

国有资产管理专项报告 …… 168

落实“稳经济35条”政策 …… 168

规划和自然资源管理 …… 168

概况 …… 168

控规编制与修改 …… 169

国土空间规划编制 …… 169

专项规划编制 …… 169

建设工程规划管理 …… 169

规划行政许可和行政审批 …… 169

市政工程规划管理 …… 169

证后管理 …… 169

测绘管理 …… 170

地名管理 …… 170

土地征转报批 …… 170

卫片执法 …… 170

土地开发利用 …… 170

节约集约用地 …… 170

国土变更调查 …… 170

不动产登记管理 …… 170

权籍调查 …… 171

执法监察 …… 171

信访和依申请公开 …… 171

财　政 …… 171

概况 …… 171

一般公共预算收支决算 …… 171

政府性基金收支决算 …… 172

国有资本经营预算收支决算 …… 172

转移支付资金收支决算 …… 172

地方政府债务 …… 173

财政支出规范管理 …… 173

专项债券管理 …… 173

推进财政改革 …… 174

减税降费 …… 174
民生保障资金落实 …… 174
整治财经秩序 …… 175
税　务 …… 175
概况 …… 175
组织收入 …… 175
减税降费 …… 176
税收征管改革 …… 176
税费服务 …… 176
依法治税 …… 176
审　计 …… 177
概况 …… 177
审计成果 …… 177
财政审计 …… 177
经济责任审计 …… 177
国有企业审计 …… 178
政策落实跟踪审计 …… 178
资源环境审计 …… 178
审计跟踪整改 …… 178
内部审计 …… 178
专项审计 …… 178
统　计 …… 179
概况 …… 179
生产总值统一核算 …… 179
常规统计 …… 179
专项调查 …… 179
人口变动抽样调查 …… 179
数据质量提升 …… 179
达限企业和项目入库统计 …… 180
贯彻执行统计法律法规 …… 180
统计服务 …… 180
统计调查 …… 181
概况 …… 181
住户收支与生活状况调查 …… 181
农民工市民化进程动态监测调查 …… 181
农业调查 …… 181
劳动力调查 …… 182
工业生产者价格（PPI）调查 …… 182
居民消费价格（CPI）调查 …… 182
其他调查项目 …… 182
总队调研指导 …… 182
市场监督管理 …… 183
概况 …… 183
政务服务 …… 183
消保维权 …… 183
食品安全监管 …… 183
药品医疗器械化妆品安全监管 …… 184
特种设备安全监管 …… 184
质量强区战略 …… 184
知识产权战略 …… 185
计量标准工作 …… 185
事中事后监管 …… 185
应急管理 …… 186
概况 …… 186
安全生产责任体系 …… 186
生产安全隐患排查治理 …… 186
事故和举报案件查处 …… 186
防汛抗旱 …… 187
防灾减灾救灾 …… 187
应急体系建设 …… 187
应急管理法治建设 …… 187
应急管理综合行政执法改革 …… 188

宣教培训…… 188

农业农村…… 189

种植业…… 190
概况…… 190
家庭农场…… 190
农民合作社管理…… 190
农业龙头企业…… 190
“一村一品”…… 190
休闲农业…… 190
“大棚房”清理清查…… 191
撂荒地整治…… 191
高标准农田工作…… 191
畜牧养殖业…… 191
概况…… 191
畜禽粪污治理…… 191
奶业集群建设…… 192
动物检疫工作…… 192
重大动物疫病防控…… 192
非洲猪瘟防控…… 192
水产养殖业…… 192
概况…… 192
工厂化养殖…… 192
稻渔综合种养项目…… 193
水生动物检疫…… 193
种质资源普查…… 193
外来入侵物种调查…… 193
渔业污染治理…… 193
投入品专项治理…… 193
增殖放流…… 194
林　业…… 194
概况…… 194
造林绿化…… 194
重点生态林管护…… 194
森林防火…… 194
古树名木保护…… 195
义务植树…… 195
森林病虫害防治…… 195
食用林产品质量安全监测工作…… 195
森林、草原、湿地调查监测…… 195
农业技术推广…… 195
概况…… 195
实施现代种业提升行动…… 196
农药使用量零增长…… 196
化肥使用量零增长…… 196
粮食作物主推品种…… 196
果树新品种引进、推广…… 196
推动设施甜瓜生产…… 196
麦豆轮作…… 196
推进农业生产社会化服务…… 197
农机推广…… 197
农田水利…… 197
概况…… 197
小型农田水利工程…… 197
综合水价改革…… 197
农业机械管理…… 197
概况…… 197
农机补贴…… 197
秸秆综合利用…… 198
农机深松整地作业…… 198
农机监管…… 199

乡村振兴 …………………………………… 199
概况 ………………………………………… 199
乡村振兴工作统筹领导 …………………… 199
农村"厕所革命" ………………………… 199
农业面源污染治理 ………………………… 200
农村生活污水治理 ………………………… 200
农村全域清洁化工程 ……………………… 200
人居环境整治示范村 ……………………… 200
乡村振兴示范村建设 ……………………… 201
"三美四乡"建设与美丽庭院 ……… 201
农民丰收节 ………………………………… 201
农村经济经营管理 …………………………… 201
概况 ………………………………………… 201
依法清理规范集体经济合同 ……………… 201
村集体非现金结算 ………………………… 201
集体资产进场交易 ………………………… 202
农村产权制度改革 ………………………… 202
集体资产清查 ……………………………… 202
农村审计工作 ……………………………… 202
农业综合行政执法 …………………………… 202
概况 ………………………………………… 202
食用农产品"治违禁 控药残 促提升"三年行动 ……………………………… 202
农产品质量安全检测 ……………………… 203
推行农产品承诺达标合格证制度 ………… 203
农资打假专项执法行动 …………………… 203
动物防疫领域专项执法行动 ……………… 203
陆生野生动物保护专项执法行动 ………… 204
森林资源保护专项执法行动 ……………… 204
"中国渔政亮剑2022"系列专项执法行动 ……………………………………… 205
农机安全生产专项执法行动 ……………… 205
人工繁育野生动物场所监管 ……………… 205
秋冬季候鸟迁徙保护 ……………………… 205

工业　建筑业 ………………………… 207

工　业 ………………………………………… 208
概况 ………………………………………… 208
项目建设 …………………………………… 208
工业园区围城治理 ………………………… 208
创新体系 …………………………………… 208
智能制造 …………………………………… 208
绿色发展 …………………………………… 208
"双万双服促发展"活动 ………………… 208
"1001"工程 ……………………………… 209
通信基础设施建设 ………………………… 209
建筑业 ………………………………………… 209
概况 ………………………………………… 209
建筑人才队伍 ……………………………… 209
基础设施建设 ……………………………… 209
安全监管 …………………………………… 209
建筑市场管理 ……………………………… 210
建筑管理 …………………………………… 210
重点工程项目建设 ………………………… 210
城中村改造项目建设 ……………………… 211

商贸服务业 ……………………………… 212

商业服务业 …………………………………… 213
概况 ………………………………………… 213
扶持中小微企业 …………………………… 213

与中信保加强合作 …… 213
服务业指标完成 …… 213
服务推动重点项目 …… 213
流通领域综合治理 …… 214
楼宇管理 …… 214
实际使用外资 …… 214
繁荣夜间经济 …… 214
市场管理 …… 214
消费帮扶 …… 214
对外经济贸易 …… 215
概况 …… 215
对外经济指标 …… 215
组织企业参会第五届中国国际进口博览会 …… 215
外贸企业服务 …… 215
招商合作 …… 215
概况 …… 215
招商引资 …… 215
承接北京非首都功能疏解 …… 216
推介营商环境 …… 216
服务企业 …… 216
双周调度机制 …… 217
项目联审机制 …… 217
组织专题培训 …… 217
东西部协作和支援合作 …… 217
概况 …… 217
劳务协作 …… 217
消费帮扶 …… 217
产业合作 …… 217
人才支援 …… 218
资金支持 …… 218
社会动员 …… 218
教育帮扶 …… 218
健康帮扶 …… 218
万企兴万村 …… 219
文化旅游帮扶 …… 219
总结宣传 …… 219
乡村振兴示范村 …… 219
科技帮扶 …… 220
供销合作 …… 220
概况 …… 220
综合改革 …… 220
双线运行机制 …… 220
联合社治理 …… 220
基层社组织建设 …… 221
现代农业建设 …… 221
农产品流通服务体系建设 …… 221
为民办实事 …… 221
打造亮点窗口 …… 221

金　融 …… 222

金融业发展 …… 223
概况 …… 223
存贷款额数 …… 223
保险业务 …… 223
金融服务 …… 223
概况 …… 223
网络融资 …… 223
金融帮扶 …… 223

金融风险防控 …… 224

北辰经济技术开发区 …… 225

载体建设 …… 226
概况 …… 226
规划设计 …… 226
基础设施建设 …… 226
京津医药谷 …… 226
项目建设 …… 227
概况 …… 227
重点项目出让开工 …… 227
深化国有企业体制改革 …… 230
管理服务 …… 231
概况 …… 231
盘活闲置资产 …… 231
化解债务 …… 231
创收盈利 …… 232
三项制度改革 …… 232
概况 …… 232
干部人事制度改革 …… 232
收入分配制度改革 …… 233
劳动用工制度改革 …… 233

交通运输 …… 235

运输管理 …… 236
概况 …… 236
公交线路 …… 236
行业管理 …… 236
交通安全生产 …… 237
概况 …… 237
安全应急 …… 237
安全生产专项整治 …… 237
安全生产执法检查 …… 237
行政执法 …… 238
概况 …… 238
打击超限超载 …… 238
打击非法营运车辆 …… 238
公路建设养护 …… 238
概况 …… 238
重点项目启动 …… 239
公路设施养护 …… 239
路域环境提升 …… 239
防治安全隐患 …… 239
民心工程 …… 239
交通设施维护 …… 240

水务 环境保护 …… 241

水 务 …… 242
概况 …… 242
水资源开发利用 …… 242
水资源节约与保护 …… 243
用水计划管理 …… 243
地下水资源管理 …… 243
节水型单位创建 …… 244
水生态环境建设 …… 244
水务规划 …… 244
水旱灾害防御 …… 244

排水设施维修改造……245
防汛应急……245
抗旱调水补水……245
村镇供水……245
水土保持……246
工程建设……246
引滦暗渠（北辰段）生态保护绿化工程……246
供水工程建设与管理……246
排水工程建设与管理……247
科技教育……247
水政监察……247
水利工程安全监管……248
河（湖）长制工作……248
水务改革……249
水务经济……249

环境保护……249

概况……249
大气污染防治……250
水污染防治……250
土壤污染防治……250
环境执法与处罚……251
环境宣传教育……251

城乡建设与管理……252

房地产管理……253

概况……253
海绵城市健身实施方案……253
老旧小区及远年住房安全问题整治……253
房屋征收……253
住房保障……254
房屋管理……254
既有住宅加装电梯……254
物业管理……254
市场管理……254

建设开发公司……254

概况……254
融资……254
城中村改造项目建设……254
产权证办理……255
小城镇建设……255
国有资产管理……255
业务拓展……255

城发集团……255

概况……255
重点工程项目建设……256
业务拓展……256

土地整理……256

概况……256
土地出让……256
土地收储……257

市政管理……257

概况……257
环境卫生管理……257
环卫基础设施建设……257
建筑垃圾专项整治……257
推进垃圾分类……257
绿化新建及提升改造……258
停车管理市场化……258

供燃设施管理 …… 258
燃气安全排查整治 …… 258
文明城区常态化 …… 258
消防安全 …… 259
概况 …… 259
执法检查 …… 259
优化营商环境 …… 259
整治电动自行车专项行动 …… 259
重大事故 …… 259
消防宣传 …… 260

教 育 …… 261

教育管理 …… 262
概况 …… 262
教育经费 …… 263
“双减”工作 …… 263
平安校园 …… 263
信息化建设 …… 264
教师队伍建设 …… 264
基础教育 …… 265
概况 …… 265
学校布局结构调整 …… 265
学前教育 …… 266
教育教学 …… 267
素质教育 …… 274
概况 …… 274
思政工作 …… 275
成人教育 …… 275
心理健康教育 …… 276
体美劳工作 …… 276
教育合作交流 …… 277
概况 …… 277
京津冀教育联盟工作 …… 277
驻点支教 …… 277
送教支教 …… 278

科学技术 …… 279

科技开放创新 …… 280
概况 …… 280
科技型企业发展 …… 280
科技创新载体建设 …… 280
科技成果 …… 280
概况 …… 280
产学研合作项目 …… 280
科技重点项目 …… 281
金融资源助力科技产业 …… 281
概况 …… 281
创新资源与金融资源衔接 …… 281
科技型企业政策宣讲 …… 281
气象服务 …… 282
概况 …… 282
气象观测与预报 …… 282
天气预报预警服务体系 …… 282
气象科普 …… 283
人工影响天气 …… 283
气象行政执法 …… 284
气象工程项目建设 …… 284
气象文化建设 …… 284

文化　旅游 …… 285

公共文化活动 …… 286
概况 …… 286
国家公共文化服务体系示范区发展 286
文化惠民活动 …… 286
“新农村 新文化 新风尚”第七届“天穆杯”小品展演 …… 287
惠民展览 …… 287
惠民演出 …… 287
“我们的节日”系列活动 …… 288
传统文化类培训 …… 288
全民艺术普及系列讲座和课程 …… 289
全民阅读推广活动 …… 289
文化遗产保护 …… 289
概况 …… 289
传统工艺振兴 …… 289
非遗项目建设 …… 289
非遗传承人评审 …… 290
非遗展示宣传 …… 290
文物保护与利用 …… 290
“5·18”博物馆日活动 …… 291
文化市场管理 …… 291
概况 …… 291
文化市场未成年人保护行动 …… 291
重点清查印刷企业 …… 291
旅游市场专项整治 …… 292
广电领域专项巡查 …… 292
文联活动 …… 292
概况 …… 292
开展文艺活动 …… 292
文学创作 …… 293
志愿服务活动 …… 293
加强协会建设 …… 293
融媒体建设 …… 294
概况 …… 294
电视新闻报道 …… 294
“法治北辰”栏目 …… 294
“星共北辰”栏目 …… 297
平面媒体宣传 …… 299
新媒体宣传 …… 299
“学习强国”北辰学习平台上线 …… 299
首家“镇级媒体＋实践基地”揭牌 …… 299
媒体＋高校共建 …… 300
中国记者节庆祝活动 …… 300
档案　地方志工作 …… 301
概况 …… 301
完善档案工作体制机制 …… 302
依法治档 …… 302
档案服务 …… 302
档案接收征集 …… 303
档案保管利用 …… 303
档案宣传教育 …… 303
数字档案馆建设 …… 304
地方志编纂 …… 304
旅游业 …… 305
概况 …… 305
旅游项目营销 …… 305
文旅融合产业引导 …… 305

卫生　健康 …… 307

综　述 …… 308
- 概况 …… 308
- 医药卫生体制改革 …… 308
- 医疗质量管理 …… 310
- 中医药管理 …… 310
- 应急保障工作 …… 311
- 依法监督执业 …… 311
- 职业健康监管 …… 311

妇幼保健与疾病防控 …… 312
- 概况 …… 312
- 妇幼保健 …… 312
- 疾病预防控制 …… 312

基层卫生与生育管理 …… 313
- 概况 …… 313
- 社区卫生服务 …… 313
- 老龄健康管理 …… 313
- 爱国卫生运动 …… 314
- 人口家庭发展 …… 314

人才队伍培养 …… 314
- 概况 …… 314
- 行风建设 …… 315
- 科研与人才队伍建设 …… 315

扶贫工作与献血工作 …… 315
- 概况 …… 315
- 东西部扶贫和对口帮扶 …… 315
- 献血工作 …… 316

体　育 …… 317

全民健身 …… 318
- 概况 …… 318
- 全民健身设施 …… 318
- 全民健身赛事 …… 318
- 全民健身组织 …… 318

竞技体育 …… 318
- 概况 …… 318
- 国家级赛事 …… 318
- 市级以上体育赛事 …… 319

社会生活 …… 320

居民生活 …… 321
- 概况 …… 321
- 居民收入 …… 321
- 居民消费 …… 321

社会保障 …… 321
- 概况 …… 321
- 社会救助 …… 321
- 救助体系建设 …… 322

基层自治和社区建设 …… 322
- 概况 …… 322
- 基层组织建设 …… 322
- 社区工作者队伍管理 …… 322
- 社区服务设施建设 …… 322
- 行政区划勘查 …… 323

社会事务管理 …… 323
- 概况 …… 323

社会组织管理 …… 323
公益项目 …… 323
慈善救助 …… 324
殡葬管理 …… 324
婚姻登记 …… 324
老龄事业 …… 324
概况 …… 324
养老服务 …… 324
养老机构管理 …… 325
医疗保障 …… 327
概况 …… 327
医保政策宣传和参保扩面 …… 327
医保监督管理和维护基金安全 …… 328
医保咨询接待与经办服务业务 …… 329
稳妥落实“长护险”实施试点工作 …… 329
人力资源管理 …… 329
概况 …… 329
就业创业政策兑现 …… 330
就业服务 …… 330
重点企业走访 …… 330
技能培训 …… 331
东西部劳务协作 …… 331
就业政策引导 …… 331
养老保险 …… 331
失业保险 …… 332
工伤保险 …… 332
人才引进 …… 332
职称评定 …… 332
事业单位人员管理 …… 333
治理欠薪 …… 333
劳动关系和谐企业创建 …… 333
行风建设 …… 334
法治人社 …… 334
信息化建设 …… 334
劳动人事争议仲裁 …… 334
概况 …… 334
争议预防 …… 335
争议调解和立案 …… 335
仲裁办案 …… 335
智慧仲裁 …… 336
残疾人事业 …… 336
概况 …… 336
民心工程工作 …… 336
残疾人社会保障工作 …… 337
残疾人组织建设工作 …… 337
残疾人就业服务工作 …… 337
北辰区红十字会 …… 338
概况 …… 338
组织建设 …… 338
人道救助 …… 338
应急救护培训 …… 339
关爱生命行动 …… 339

镇　街道 …… 341

天穆镇 …… 342
概况 …… 342
经济发展 …… 342
城镇建设 …… 342

基础设施建设 …… 343
环境治理 …… 343
安全管理 …… 343
文化建设 …… 343
网信工作 …… 343
民生保障 …… 344
基层党建 …… 344
北仓镇 …… 344
概况 …… 344
经济发展 …… 345
城镇建设 …… 345
环境治理 …… 345
安全管理 …… 346
网信工作 …… 346
民生保障 …… 347
基层党建 …… 347
双街镇 …… 348
概况 …… 348
经济发展 …… 348
乡村振兴 …… 348
示范镇建设 …… 349
环境治理 …… 349
安全管理 …… 349
网信工作 …… 350
文化建设 …… 350
民生保障 …… 350
基层党建 …… 351
双口镇 …… 351
概况 …… 351
经济发展 …… 351
城镇建设 …… 352
环境治理 …… 352
安全管理 …… 353
文化建设 …… 353
网信工作 …… 353
民生保障 …… 353
党务政务 …… 354
基层党建 …… 354
青光镇 …… 354
概况 …… 354
招商引资 …… 354
营商环境 …… 355
园区治理 …… 355
城镇建设 …… 355
乡村振兴 …… 355
社会保障 …… 356
社会事业 …… 356
社会治理 …… 356
“双违”治理 …… 357
安全生产 …… 357
环境治理 …… 357
双创成果 …… 358
基层党建 …… 358
宜兴埠镇 …… 358
概况 …… 358
经济发展 …… 358
城镇建设 …… 359
基础设施建设 …… 359
环境治理 …… 359
安全管理 …… 360

文化建设…… 360
微信公众号运行…… 360
民生保障…… 360
小淀镇…… 361
概况…… 361
经济发展…… 361
城镇建设…… 361
环境治理…… 361
文化建设…… 362
民生保障…… 362
安全管理…… 362
网信工作…… 363
基层党建…… 363
大张庄镇…… 364
概况…… 364
经济发展…… 364
城镇建设…… 364
环境治理…… 365
文明创建…… 365
安全管理…… 365
媒体宣传…… 365
民生保障…… 366
社会事业…… 366
网信工作…… 366
人居环境…… 366
政府建设…… 367
农业发展…… 367
重点工程…… 367
社会治理…… 367
基层党建…… 367
西堤头镇…… 368
概况…… 368
农业产业发展…… 368
优化产业结构…… 368
城镇建设…… 368
重点工程…… 369
生态环保…… 369
社会事业…… 369
社会治理…… 370
基层党建…… 371
果园新村街道…… 371
概况…… 371
经济发展…… 371
环境建设…… 371
安全管理…… 372
民计民生…… 372
文体活动…… 372
便民服务…… 373
公众号运行…… 373
打造社区品牌…… 373
网信工作…… 373
基层党建…… 373
集贤里街道…… 374
概况…… 374
经济发展…… 374
环境建设…… 374
安全管理…… 374
民计民生…… 374
老旧小区改造…… 375
网格管理…… 375

网信工作…… 375
社区教育…… 375
基层党建…… 375
普东街道 …… 376
概况 …… 376
经济发展…… 376
基础设施建设 …… 376
环境治理…… 376
民计民生…… 376
街道管理…… 377
安全管理…… 377
文化建设…… 377
法治宣传…… 377
网信工作…… 378
"三·三"多彩平安建设工作法 …… 378
基层党建…… 378
瑞景街道 …… 379
概况 …… 379
经济发展…… 379
环境建设…… 379
安全管理…… 379
民计民生…… 380
文体活动…… 380
便民服务…… 381
网信工作…… 381
打造社区品牌 …… 381
基层党建…… 382
佳荣里街道…… 382
概况 …… 382
经济发展…… 382
社区建设…… 382
安全管理…… 382
民计民生…… 383
文化建设…… 383
便民服务…… 383
网信工作…… 383
社区建设…… 383
基层党建…… 383
青源街道　广源街道 …… 384
概况 …… 384
经济发展…… 385
党的二十大精神宣讲…… 385
社区建设…… 385
社区接收…… 385
民计民生…… 385
环境建设…… 386
劳动保障…… 386
工会保障…… 387
妇女权益…… 387
卫健保障…… 387
病媒防治…… 388
优抚安置…… 388
工地监管…… 388
燃气排查…… 388
综合执法…… 388
创文创卫…… 389
科普活动…… 389
新时代文明实践 …… 389
社会保障…… 389
政务服务…… 390

基层党建…………390
双环邨街道…………390
概况…………390
经济发展…………390
民计民生…………390
社区建设…………391
文化建设…………391
安全管理…………391
社区治理…………392
环境建设…………392
燃气安全治理…………392
行政执法…………393
便民服务…………393
优抚工作…………393
结对帮扶…………393
宣传教育…………393
网信工作…………394
基层党建…………394

人物　荣誉…………395

逝世人物…………396
先进人物…………398
先进集体…………400

附　录…………411

组织机构负责人名录…………412
重要文献选录…………417
媒体看北辰…………458

统计资料…………468

2022年北辰区国民经济和社会发展统计公报…………469
经济类别…………474
人　口…………483
文教　卫生　体育…………485

索　引…………489

特 载

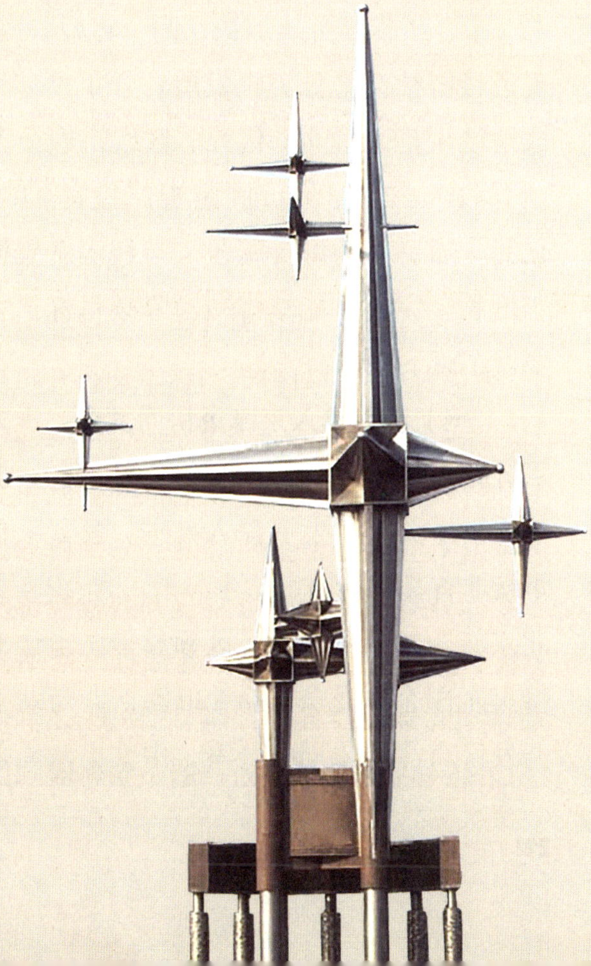

政府工作报告（节选）

——在北辰区第十八届人民代表大会第四次会议上

北辰区人民政府区长　徐　晖

（2022 年 12 月 28 日）

一、2022 年工作回顾

2022 年是新一届政府工作的开局之年，是实施“十四五”规划的重要一年。一年来，我们以习近平新时代中国特色社会主义思想为指导，在市委、市政府和区委的正确领导下，在区人大和区政协的监督支持下，团结带领全区人民，完整准确全面贯彻新发展理念，解放思想、改革创新，担难担险、真抓实干，全力推动“二、六、十”工作任务，加快“两个转型”，实现了经济社会平稳健康发展。全年预计完成地区生产总值 740 亿元、区级一般公共预算收入 52.6 亿元、固定资产投资 346.4 亿元，居民人均可支配收入与经济发展同步增长，完成节能减排减污降碳目标。主要做了以下工作：

（一）着力融入京津冀协同发展，千方百计招大引强，以大项目促进大发展

京津冀协同发展深入推进。紧紧牵住承接非首都功能疏解“牛鼻子”，组织 4 场北京专题招商推介会，区领导带队走访对接央企国企和龙头民企 130 家次，与北京开发区京津冀协同办公室、中铁十八局等 18 家机构和企业签订合作协议，引进首都注册项目 103 个，坤鼎智能制造产业园、中电建风力发电等 28 个项目落地，协议投资额 54.4 亿元。完成国家级产城融合示范区核心区 4 条道路施工，启动 11 条道路建设，集聚各类企业 329 家，高端装备制造产业园入选全市“1+16”重点承接平台。提速京津医药谷建设步伐，完成起步区土地利用规划调整、城市设计和产业规划方案，引入中国水利水电等央企共同开发建设。建成京滨高铁北辰站，地铁 4 号线北辰段场站全部启动施工。举办京津冀联盟杯科技邀请赛北辰分区赛，加快北京十一学校天津实验学校开学筹备工作，与北京中日友好医院建立远程医疗协作，多领域合作交流日益密切。

招商引资实现新突破。设立一亿元高质量发展资金，促进街镇开发区加大招商引资力度，面向全国选聘“三专”招商队伍，赴北京、长三角、珠三角等地开展招商活动，全力以赴招大引强选优。引进垠坤集团、芯瑞达、日立华北智能制造赋能中心等项目 117 个，实际利用内资 178 亿元，新增注册企业 1646 个，注册资本 79.2

亿元，招商引资综合排名位居全市第三，创历史最好成绩。举办北辰经济技术开发区创建30周年庆祝活动，开发区综合实力连续六年排名全国前30强。

项目建设持续加力。开展重点项目包装谋划大讨论活动，邀请外脑集中培训，提高项目谋划的专业性和成熟度，新谋划京滨高铁北辰站周边TOD综合开发、天锻都市产业园等一批旗舰项目。实行区长面对面解难题、领导包联、专班调度等机制，力促项目快落地、快开工、快建设、快投产。列入2022年市级重点项目库的24个项目全部开工，推动54个、总投资1066亿元项目列入2023年市级重点项目库。全区开工在建项目284个、投资额2420.3亿元，新竣工项目62个、投资额219.3亿元，伟星新材北方区域总部、朝亚大数据、弗兰德、雅迪电动车等实力强企增资扩产。积极为项目解决资金难题，争取中央预算内投资4753万元、中长期贷款2亿元、设备购置贴息贷款5000万元，发行专项债项目6个、额度30.5亿元，发行率、开工率、使用率位居全市前列。

（二）着力实施创新驱动发展战略，持续推进产业转型升级，构建先进制造业与现代服务业“双引擎”新格局

先进制造业提质增效。坚决贯彻“制造业立市”战略，深入实施“制造业强区高质量倍增行动”，做大做强制造业优势。1—11月份，全区规模以上工业总产值同比增长6.8%，战略性新兴产业产值同比增长12%、占规模以上工业总产值比重达到48%，均位居全市前列。9条重点产业链在链规模以上企业突破420家，产值同比增长9%，占全区工业总产值比重达到91.5%，其中新材料、新能源产业链同比增长超过15%。国家级“专精特新”和“小巨人”企业数量增至15家，市级“专精特新”企业增至84家。推动江天重工转型数据中心、华电重工转型氢能源，完成江铜华北、一汽富维等一批技改项目，我区获批全市第一批绿色新能源装备产业特色主题园区。培育国家级智能制造示范工厂2个、智能制造应用场景3个，22个项目获批市智能制造专项资金3215万元，其中首台（套）重大技术装备项目11个，数量位居全市第一。成立天津市精益智能制造促进中心，引导300家企业数字化转型。

服务业发展能级不断提升。积极融入“双中心”城市建设，加快建设淮东路商业圈，辰悦广场正式开业，北洋井项目取得新成效，耀津商业中心部分开业，天津首个亲子运动公园建成运营，潮悦汇项目整体竣工，生活性服务业档次不断提升。用足用好全市汽车消费券政策红利，组织区内82家车企踊跃参与，开展“潮北辰 购实惠”促消费活动，发放消费券420万元，培育3处休闲夜市，进一步激发消费潜力。大力发展生产性服务业，引进科技研发、检验检测、中介服务、网络平台、贸易投资等企业365家，注册资金61.1亿元，盘活闲置楼宇2.9万平米。全区外向型经济实现新突破，外资到位同比增长64.4%，进出口总额同比增长7.3%，均位居全市前列。

科技创新能力持续增强。梯度培育高成长企业，新认定雏鹰企业331家、瞪羚企业34家，国家科技型中小企业、国家高新技术企业、科技领军企业分别达到652家、630家和28家，均位居全市前列，我区17项原创性成果获得全市科学技术奖表彰。建成国家和市级企业重点实验室18家、企业技术中心78家，长荣股份和天锻压力机获批国家级单项冠军，捷强动力和七所高科获批市级单项冠军。新建河北工业大学北辰科技园，深化北辰智能装备研究院建设，拓展高端装备和智能制造人才创新创业联盟载体功能，在全市率先组建智能装备专业职称评审委员会，为制造业转型升级提供有力支撑。承办第七届中国创新挑战赛，发挥“科技成果超市”服务功能，征集科技成果1800余项，引进专家453人，签订产学研合作协议55项。推进知识产权强区建设，净增有效发明专利281件，获批商标质押融资2240万元，知识产权租赁融资500万元，成为首批国家知识产权强市建设试点区。

（三）着力深化改革，持续优化营商环境，激发内生发展动力

重点领域改革不断深化。圆满完成国企改革三年行动任务，在一级企业和重要子企业全部建立董事会并实现外部董事占多数，一级企业经理层任期制改革全部完成，公开选聘经理层成员，聘请天津国资研究院对区属国企进行尽职调查，国企改革在市绩效考核中获得“三连优”。组建北辰城乡发展集团，打造全区城市综合运营服务平台。开展开发区高质量发展改革大讨论活动，推进经开公司和科园公司体制改革，实行中层干部竞聘上岗和部门精简，全面优化薪酬结构，激发加快发展新活力。持续深化“一制三化”改革，完成“证照分离”改革涉企服务事项4317件，推动政务服务“好差评”制度落地见效，推广“网上中介超市”，“网上办、一次办”比例达到99%。落实“新辰智贷”政策，助力8家企业获得质押贷款6200万元，为235家次企业融资5.4亿元。

营商环境持续优化。坚决落实国务院和全市一揽子稳经济政策措施，为企业“退免减缓”税费超30亿元。推出优化营商环境16条举措，伟星新材北方区域总部、垠坤启辰产业园等重大项目实现“拿地即开工”，创下项目审批提速新纪录。扎实开展市场主体提质增量暨服务企业“敲门行动”，走访服务市场主体1万余家，协调解决各类问题973个，实现71家企业纳税异地回流、149家异地迁入。全区新增市场主体1.4万户，同比增长4.2%，累计达到8.5万户。

（四）着力改善民计民生，推进社会治理创新，确保社会安全稳定

社会保障体系更加完善。坚持就业优先政策，新增就业1.95万人，保持零就业家庭动态清零。扎实推进全民参保，新增参保1.65万人。落实临救备用金制度，对457名急难对象24小时内发放临救金123.6万元，全年临时救助1968人。新纳入低保救助815人，实现应保尽保。织密三级养老服务阵地网络，建成17个街镇综合养老服务中心，新增养老床位317张。提高残疾人生活保障水平，为残疾人配发无障碍辅助器具1100余件。发放优抚对象抚恤和定期生活补助金3366万元，31个退役军人服务站达到全国示范创建标准。

社会各项事业繁荣发展。坚持以人民为中心的发展思想，高标准完成20项民心工程。教育质量全面提升，成立天津师范大学北辰实验学校，接收4所配套幼儿园和2所学校，天房璟悦府配套中学投入使用，新增学位3600个，四十七中被遴选为市级品牌高中建设项目培育学校，南仓中学被选为全市普通高中学生发展指导实验校。医疗服务水平逐步提高，全区15家社区卫生服务中心和52家村卫生室实现医保联网，基层数字健共体云平台实现全覆盖。群众文体生活更加丰富，组织“天穆杯”小品展演、网络艺术慕课等线上线下群众文化活动43场，新建提升各类体育健身设施33处，我区获得天津市第十五届运动会青少年组团体总分第二名、奖牌数量第三名的好成绩，《曲艺之花绽放北运河畔天穆镇》入选“中国民间文化艺术之乡”建设典型案例。完成首批全区革命文物普查和第五批区级非遗代表性传承人认定，6个项目被评为第五批市级非遗代表性项目，3个项目入选首批市级传统工艺振兴目录。

基层治理能力有效提升。深化市域社会治理现代化试点，完善“吹哨报到”工作机制，加强隐患排查整治和矛盾纠纷化解，全年治重化积269件，化解率达到98.9%，圆满完成党的二十大、北京冬（残）奥会等系列安保维稳任务。开展推广“五常五送”答好“市域之问”活动，孵化创新项目100个。培育公共安全文化，健全完善见义勇为机制，我区见义勇为工作经验在全国第八次市域社会治理现代化试点工作交流会上作典型介绍，被中央政法委面向全国推广。坚持和发展新时代“枫桥经验”，双环邨派出所被公安部命名为全国第二批“枫桥式公安派出所”和“全国公安机关执法示范单位”。全面巩固扫黑除恶专项斗争战果，深化“雪亮工程”二期建设，完成135个智慧平安社区建设，平安天津建设考核位居全市前列。

安全发展防线用力筑牢。全力化解政府性债务，通过注资降债、股权划转、担保增信、资产盘活等方式落实偿债资金，全区债务结构明显优化，实现融资年限“短”变“长”、贷款利率“高”变“低”，坚决守住不发生系统性风险底线。深刻汲取“7·4”“7·19”燃气事故教训，大力推进燃气安全“百日行动”，累计入户安检14万户、整改隐患8574户。扎实推动防风险除隐患保安全排查整治行动、安全生产攻坚行动，深入开展危险化学品、建筑施工、农村自建房等重点行业领域隐患治理。严厉打击“双百”货车违法超限超载行为，有效遏制重大交通事故发生。修订完善72个区级和412个基层应急预案，有效落实防汛抗旱、防震减灾、森林防火等工作，人民群众生命财产安全得到有效保障。增强食品安全治理能力，扎实开展中小学校外配餐、保健食品、粮食购销等专项行动，我区在全市食品安全工作考核中获评A级等次，入围第四批国家食品安全示范创建推荐城市名单。

（五）着力推进城乡融合发展，加快城郊向都市转型，不断提升城区形象品质

乡村振兴战略深入实施。牢牢稳住农业生产基本盘，建设高标准农田4300亩，播种粮食面积14.2万亩，超额完成全年任务。紧紧抓住耕地和种子两个“要害”，撂荒地治理完成率达到100%，承办全国种业博览大会“耕耘地展”项目。新培育全国农民合作示范社1家、市级示范家庭农场2家，市级农民合作社累计达到11家、家庭农场累计达到158家。新认定“津农精品”2家，累计达到8家。坚持产业融合发展，新建青盛农庄、庞嘴村海棠艺术园等乡村旅游项目，“墅外桃源—郊野公园—曙光水镇”旅游线路入选全国乡村旅游精品线路，庞嘴村获评中国美丽休闲乡村，“红色河头 绿色双口”项目获得国家彩票公益金5000万元支持。大力推进农村人居环境整治提升行动，完成农村污水管网和生活垃圾收运处置体系建设，卫生厕所普及率基本达到100%，新创建农村人居环境整治示范村2个、累计达到9个，建成农村生活垃圾分类示范村8个。完成56个村乡村治理积分制推广，“一镇四村”获得全市乡村治理示范镇村称号。推进东西部协作和支援合作，投入财政资金9220万元，实施帮扶项目49个，助力脱贫攻坚成果巩固拓展。

城市化建设加速推进。全区国土空间规划取得阶段性成果，“三区三线”划定通过国家审批，有效统筹生态稳控、耕地保护和长远发展关系，为全区未来城市化发展争取了最大空间。编制京津医药谷、京滨高铁北辰站等重点项目规划，完成全区29个保留村村庄规划编制，双口镇小五堡片区村庄规划是全市唯一入选的自然资源部优秀案例。城市建设管理体制改革试点持续推进，全区出让土地8宗、489.4亩。扎实开展闲置资源利用清查整治专项行动，交易和出租房产45处、收益1968万元；推动14个历史遗留项目竣工验收、11个项目继续建设，收取违约金1562万元。推进农村乱占耕地建房问题专项整治，累计整改违法用地544.2亩。城中村改造和示范镇建设取得新进展，28.3万平米安置房还迁入住、113.9万平米主体完工、55.7万平米开工建设。启动高端装备制造产业园绿色共享服务示范区、北运河及周边区域等城市更新项目。加快基础设施建设，北辰东道及综合管廊、外环东北部调线与津蓟快速路立交工程主体完工，7条道路进场施工，9条道路整体竣工，区域交通体系更加完善。

“双创”成果持续巩固。全面提升全国文明城区常态化创建水平，落实国家卫生城镇新标准，开展交通秩序、市容环境、乱搭乱建等10类专项治理，我区以全国第三、全市第一成绩通过全国文明城区首轮复评。新建“五爱”教育阵地28个，1人荣登中国好人榜，12 人获评天津好人。大力开展城市供热“冬病夏治”，改造供热旧管网 10 公里。实施富善楼片区雨污水管网改造，治理 11 处易积水点位。优化调整 6 条公交线路，建成 2 座标准化菜市场。启动智慧停车特许经营项目，对 1.5 万个道路停车泊位实施市场化运营，切实缓解居民停车压力。强化城市精细化治理，完善城乡环卫一体化机制，打造 7 个垃圾分类示范街镇。

（六）着力推动绿色发展，加大环境保护力度，让绿色成为北辰大地最美底色

污染防治攻坚战成效显著。实施蓝天保卫战，深入开展工业企业、工地扬尘等污染专项整治，完成冬（残）奥会联防联治保障任务，$PM_{2.5}$ 平均浓度降至每立方米 39 微克，同比改善 4.9%，优良天数比率达到 67%。实施碧水保卫战，新建水质监测站 13 座，实现全区水质监测网络全覆盖，实施引滦暗渠北辰段生态保护绿化工程，全区地表水考核断面达标率达到 90%、优良水体比例达到 50%。推进地下水超采综合治理，地下水水位持续回升。全面落实河湖长制，培树 10 名“榜样河长”，创建 12 条“示范河湖”。实施净土保卫战，完成同生化工厂周边地块污染状况调查，推进农药厂地块修复评估和异味消除，严防新增土壤污染。

“双碳”战略稳步推进。编制全区碳达峰实施方案，新增 6 家市级绿色工厂，完成 8 台燃煤锅炉拆除和关停改燃，实现全区供热“无煤化”。全力压减燃煤总量，燃煤消费低于市下达控制指标。深化节水型社会建设，累计创建 194 个节水型单位。新增公共充电桩 436 台，方便居民低碳出行。扩大绿色生态空间，新建 5 座口袋公园，惠及周边 15 个小区、3.8 万居民，建成区绿化覆盖率超过 40%。

（七）着力加强政治建设，坚持铸忠诚正风纪，推动政府自身建设取得新成效

认真学习宣传贯彻党的二十大精神，把坚定捍卫“两个确立”、坚决做到“两个维护”作为最高政治原则和根本政治责任，坚决把习近平总书记重要指示批示作为第一政治要件，不折不扣落到实处。切实履行全面从严治党主体责任，严格落实中央八项规定及其实施细则精神，大力开展形式主义官僚主义和不作为不担当问题专项整治。严明政治纪律和政治规矩，强化政治监督，全力推动政府系统党风廉政建设和反腐败工作向纵深发展。深化意识形态工作责任制，持续推进“迎盛会、铸忠诚、强担当、创业绩”主题学习宣传教育实践活动工作走深走实，政府系统干部队伍政治判断力、政治领悟力、政治执行力进一步提升。自觉接受人大法律监督、工作监督和政协民主监督，61 件人大代表议案建议、政协委员提案全部办复，全面加强审计监督，主动接受社会和舆论监督，完成政务公开 5677 件。积极听取各民主党派、工商联、无党派人士和人民团体意见，支持工会、共青团、妇联和科协等人民团体更好开展工作。加快推进法治政府建设，构建重大行政决策“1+8”制度体系，严格履行公众参与、专家论证、风险评估、合法性审查、集体讨论决定等法定程序，实现全区71个部门和265个社区法律顾问全覆盖。

各位代表，事非经过不知难，成如容易却艰辛。一年来，面对统筹推进疫情防控和经济社会发展的双重考验，面对稳住经济大盘和防范各种风险隐患的双重压力，面对持续增进人民福祉和维护社会和谐稳定的双重责任，我们坚决贯彻落实“疫情要防住、经济要稳住、发展要安全”的重要要求，牢固树立服务大局的“添秤”意识、说到做到的“交账”意识，心无旁骛抓发展，真情实意谋民生，尽心竭力解难题，全区经济保持了企稳回升态势，迈出了高质量发展的坚实步伐。成绩来之不易，这是习近平新时代中国特色社会主义思想科学指引的结果，是我们认真落实中央决策部署和市委市政府、区委工作要求的结果，是区人大及其常委会、区政协和社会各界有效监督、悉心指导、鼎力支持的结果，是全区广大干部群众齐心协力、苦干攻坚、顽强拼搏的结果。在此，我代表区人民政府，向全区人民，向各位人大代表、政协委员，向驻区部队和驻区单位，向所有关心支持北辰发展的社会各界人士，表示衷心的感谢和崇高的敬意！

在总结成绩的同时，我们也清醒看到存在的问题和不足：一是新动能支撑作用不强，承接非首都功能疏解不够精准，产业集聚效应不够凸显；二是重点项目储备不足，项目投资增长乏力，投资结构不尽合理；三是城市综合服务功能不够完善，高端商贸载体缺乏，消费潜力亟待挖掘激活；四是社会治理存在短板，安全稳定风险隐患依然较多，民生领域还有薄弱环节；五是政府自身建设还需持续加强，营商环境需要进一步优化，一些干部能力素质还不适应新时代发展要求。这些问题，我们一定高度重视，采取有力有效措施切实加以解决。

二、2023年主要工作

2023年是全面贯彻党的二十大精神的开局之年，是落实市、区第十二次党代会部署的关键一年。党的二十大对全面建设社会主义现代化国家、实现第二个百年奋斗目标指明了前进方向，中央经济工作会议为做好明年经济工作提供了根本遵循，市第十二次党代会为全面建设“四高”社会主义现代化大都市确立了行动指南。站在新的起点，面对新的形势，迈上新的征程，我们要以党的二十大和中央经济工作会议精神为指引，发扬历史主动精神，主动识变应变求变，有效防范化解风险，奋力开创高质量发展新局面。

新的一年，全区经济社会发展的主要预期目标是：地区生产总值同比增长5%左右，区级一般公共预算收入、居民人均可支配收入保持与经济增长基本同步，城镇新增就业1.95万人，节能减排减污降碳完成市下达目标。为实现以上目标，区政府要围绕“1310”开展工作：“1”是要始终把发展作为第一要务、把经济工作作为首要任务，“3”是“三个坚持”，即坚持深化改革，打造先进制造业与现代服务业“双引擎”；坚持“抓项目、强工业、促消费、活资源、优国企、防风险”经济发展组合拳；坚持人民至上、统筹发展和安全，“10”是在以下十个方面升级加力。

（一）在打造“双引擎”上升级加力

持续推进制造业高质量发展。以制造业强区高质量倍增行动为总抓手，建立“链长+链主”双牵引机制，组织产业链专题对接活动20场以上，强化补链延链强链工作，吸引链主企业和高端产业要素加快聚集，重点推进高端装备、新能源、中医药和信创等产业链融合发展。规模以上工业总产值同比增长10%以上，在链规模以上企业突破460家，推动战略性新兴产业、高技术企业数量和质量全面提升、占比和增速全面提升。建立重点企业梯次培养机制，设立“小升高”和“高做强”企业库，开展“增品种、提品质、创品牌”活动，一企一策精准帮扶，鼓励企业技术改造、转型升级，着力培育产值超百亿企业2家、超50亿企业4家、超10亿企业16家。启动华北江铜智慧产业园建设，加快建设绿色新能源装备产业园，完成垠坤启辰工业园主体工程，打造更多有灵魂、有属性的高端园区。发挥“一区四园”经济支撑作用，引导资源配置向优质项目、链主企业、高附加值产业汇集，形成一批超百亿元的优势产业集群，推动数字印刷装备产业入选国家级中小企业特色产业集群。

加速集聚创新动能。深入推进科技创新赋能工程，培育创新型中小企业100家、专精特新企业10家和“小巨人”企业2家，力争国家高新技术企业达到650家、国家科技型中小企业评价入库超过660家，加快形成“雏鹰—瞪羚—领军”和高成长企业接续发展梯队。下大力推进智能制造发展，培育数字化车间、智能工厂项目7个，新增市级制造业单项冠军企业3家，支持华电重工、建科机械等企业智能化转型，拓展智能装备研究院科技服务功能，争创国家级智能制造示范区。深入落实“海河英才”行动计划，打造“北极星”人才发展计划升级版，建设高端装备和智能制造人才生态创新中心，为高质量发展提供人才保障。

构筑服务业新支撑。围绕消费升级扩容，推动淮东路商圈建设取得实质性进展、北洋井商圈潮悦汇正式开业运营、荣鼎商业中心启动招商工作，持续提升京津公路沿线现有商业载体，形成更多区域消费热点。启动曲江新鸥鹏文化区建设，打造全市独具特色的文化产业标志区。谋划开展汽车下乡、消费券等促消费活动，落实促进房地产市场健康发展政策措施，提振消费信心。依托制造业优势，加快发展科技研发、检验检测、中介服务、总部结算等生产性服务业，力促中储铜期货交割库项目落地，助推北方有色金属流通中心建设。建立上下游撮合对接机制，引导区内建筑项目优先选择本区钢材销售商，扩大钢材市场营业收入。持续发展电商产业和线上经济，引育知名平台企业，支持企业加快发展跨境电商、海外仓等贸易新业态新模式，增强外贸创新发展内生动力。加大盘活闲置楼宇力度，重点培育税源楼宇，提高楼宇税收贡献力。

（二）在引育新动能上升级加力

抓牢招商引资生命线。把2023年作为全区招商引资攻坚年，坚持各级主官亲力亲为抓招商，压实各街镇、开发区招商引资主体责任，落实奖励考核机制，以项目数量和质量论英雄，努力形成全区上下抓招商谋发展的浓厚氛围。深度融入京津冀协同发展，深化与大型央企国企、龙头民企和产业载体的对接合作，举办一批专题招商活动和精准撮合对接会，全方位引进首都项目100个以上。面向长三角、珠三角、大湾区等先进地区，统筹高层招商、规划招商、基金招商、产业链招商、以商招商等方式，瞄准全区主导产业、战略性新兴产业、高技术企业和生产性服务业，着力引进投资百亿元、50亿元以上项目各1个、10亿元以上项目5个。开发区要强化招商龙头作用，继续面向全国选聘招商人才，加强专业化招商队伍建设，建立竞争选拔机制，以招商定位次、以业绩定薪酬，保持开发区各项经济指标高于全区平均增速。各街镇要发挥资源禀赋优势，深度盘活载体空间，主动请进来、走出去，积极引进结算类、制造类、服务类项目，提升各街镇经济实力。

强化项目建设硬支撑。把谋划项目作为抓发展的先手棋，建立专业机构、职能部门和街镇开发区协同联动机制，持续包装谋划储备一批重点项目，用好海河产业基金、IDG资本等投资基金和专项债、中央预算内投资等政策工具，以政策资金撬动社会资本赋能项目落地。坚持各级领导包联、现场办公、企业家座谈等面对面解难题机制，加强全过程跟踪服务，尽心竭力解决手续、市场、融资、用工等方面问题，开展重点项目互比互看促发展活动，力促项目早开工、早达产、早见效。推动华科泰二期、松洋金属等项目开工建设，加快雅迪二期、中新药业、清源华越产业园、中兴高端装备产业园等项目建设，促进京东产业园、精雕数控、捷强动力等项目尽快投产，形成更多经济增长点。

优化营商环境软实力。用足用好国家和全市一揽子助企纾困帮扶政策，深入推进优化营商环境三年行动计划，完善全区优化营商环境务实举措，出台服务开发区“六条举措”，设立项目会客厅，打造投资建设项目“高速通道”。启动新政务服务中心新址搬迁，实现企业和群众办事“只进一扇门”。建设智慧政务服务平台，打造线上线下高度融合的“数智大厅”。推进街镇政务服务标准化建设，梳理整合“一件事”服务目录清单，拓宽集成综合服务窗口业务，促进政务服务标准化、规范化、便利化。优化法治环境、信用环境和公平竞争环境，完善守信激励和失信惩戒机制，引导各类市场主体公平有序发展。

（三）在片区协调联动发展上升级加力

坚持解放思想、敢为人先，整合各方

面资源，集中力量打好各重点片区开发建设攻坚战，力争取得实质性进展，努力形成优势互补、多极增长的发展格局。积极配合全市高标准推进京滨高铁北辰站片区和北部活力区建设，加快国家级产城融合示范区建设，启动北辰京津医药谷起步区建设，完成土地征转、规划许可、地块整理批复、基础设施建设等工作，立足整条完备产业链，引进一批行业领军企业，为建设全国一流的医药研发制造和中医药现代化产业集聚区打好基础。发展壮大高端装备产业园，推动绿色共享服务示范区项目建设，盘活低效产业用地，建设园区共享平台，创建全流程产业服务体系，引育优质项目，集聚发展绿色能源、高端装备、智能制造等产业，打造承接首都资源新高地。推进中东欧特色小镇建设，加快起步区基础配套设施建设，完成重点地块出让，同步引进国际食品行业龙头企业，完善功能布局、发挥集聚效应。

（四）在增进民生福祉上升级加力

用心做好“衣食住行、业教保医”等民生实事，持续办好20项民生工程。实施提升就业服务质量工程，支持充分就业社区、充分就业村建设。深入推进全民参保计划，做好重点群体参保扩面。开展区级综合养老服务中心提升改造，更好满足“原居养老”需求。强化困难群众兜底保障，提升残疾人帮扶救助服务水平。办好人民满意教育，推动“五育”融合发展，巩固“双减”治理成果，北京十一学校天津实验学校正式招生，接收1所学校和2所幼儿园，新增学位1710个。持续开展北辰医院与北京中日友好医院、北辰中医院与北京301医院远程诊疗合作，推动北辰医院与北大人民医院合作共建天津北部中心医院。深入开展爱国卫生运动，加快健康镇村建设。推进公共文化服务体系示范区创新，举办第七届“北辰杯”京津冀暨环渤海地区青年歌手大赛、第十八届“北运河之夏”和谐文化大舞台等群众文化活动。加强文化遗产保护传承，开展“非遗在社区”等系列活动。组织北辰区第九届运动会，做好青少年竞技体育后备人才培养和输送工作。大力推进全域科普，提升公民科学素质。做好档案、地方志和红十字会工作。

（五）在城市建设管理上升级加力

强化规划引领作用，完成国土空间总体规划编制，启动重点区域控规编制。统筹保留村建设用地指标，优先保障乡村振兴重点项目。推进3个城中村改造安置房项目年内交付，启动郭辛庄安置房项目建设，实现大张庄示范镇北区基本闭合。加快北部活力区主干道路、泵站等设施建设，完成外环东北部调线与津蓟快速路立交、北辰东道及综合管廊工程。全力配合推进地铁4号线建设。实施6个老旧小区提升改造，推动5个城市更新项目取得实质性进展。

（六）在乡村振兴上升级加力

严格落实耕地保护硬措施，加强高标准农田建设，实施2000亩麦稻连作试点，启动耕地地力保护深翻示范项目1万亩。

大力推进现代种业提升工程，支持德瑞特、耕耘、益多利来等种业龙头企业做大做强，推动隆平高科蔬菜研发中心项目落地。加快农垦宏达现代农场、晟鸣20万只蛋鸡养殖等项目建设，持续打造青盛河畔农村产业融合发展示范园、韩家墅婚礼主题公园、“小五堡”森林康养等农村文旅项目，培育精品民宿、体验式农业等乡村休闲新业态。以乡村振兴示范村建设为契机，抓点带面提升村庄基础设施建设和基本公共服务水平，加快推动“红色河头 绿色双口”项目。开展美丽田园、美丽乡村、美丽庭院创建，让乡村既看得见发展、又留得住乡愁。持续深化东西部协作和支援合作，助力受援地区实现乡村全面振兴。

（七）在城市运营盘活闲置资源上升级加力

牢固树立经营城市理念，发挥城发集团城市综合运营服务主体作用，聚焦城市运营、示范镇、基础设施、城市更新、乡村振兴等板块持续发力，深度参与京滨高铁北辰站片区开发、北运河及周边区域城市更新、智慧停车、供热管网、体育公园等重点项目实施，引入先进理念和市场化方式，全面盘活低效资产，不断增强营收能力，当好全区城市运营龙头。打好闲置资源盘活攻坚战，完成3宗以上闲置地块整治，继续推动违约未竣工项目处置，逐步消化存量低效用地。发挥城市建设管理体制改革试点政策优势，多措并举做好土地收储出让，稳妥确定新增土地收储规模，合理安排新增住宅用地供应规模，优先安排供应已征收、收储土地，及时回笼资金。坚决打击违法用地行为，保持高压震慑态势。

（八）在重点领域改革上升级加力

巩固拓展国企改革三年行动成果，深化国资国企改革，健全完善中国特色现代企业制度，不断提升公司治理效能，实现市场化机制运营。完善国资监管体制建设，增强国有企业“止血”“造血”机能，推动国有资本和国有企业做强做优做大。加大金融支持实体经济力度，积极推广“新辰智贷”融资模式，扶持中重科技、泰伦特公司等优质企业上市融资。扎实推进预算一体化改革，完善现代财税体制，积极涵养税源，用好债券资金，发挥基金引导作用，探索多元化投入模式，吸引更多社会资本。

（九）在生态文明建设上升级加力

健全完善“双碳”体制机制，大力发展光伏、风电、氢能等可再生能源，着力降低单位产出能耗和碳排放。深度开展臭氧、柴油货车、扬尘裸地等专项治理，加强工业污染管控和重污染天气应急管理，着力改善区域空气质量。扎实推进水生态环境保护，加快构建全区入河排污口监测系统，强化水污染溯源排查整治，巩固黑臭水体治理成果。持续加强重点污染地块治理修复，严格防控新增土壤污染。优化城市公园布局，新建口袋公园4座。

（十）在筑牢安全防线上升级加力

落实优化防疫措施，加强统筹衔接，确保平稳转段和社会秩序稳定。通过加快土地出让、争取政府债券、用足用好缓释和展期政策等措施，持续优化债务结构，不断缩小债务规模，牢牢守住不发生区域性、系统性债务风险底线。围绕燃气、消防、建筑施工等重点行业领域，扎实推进安全生产隐患排查整治，筑牢安全生产防线。全面加强和创新基层社会治理，严格落实领导包案、领导接访下访等制度，努力削减信访积案存量，继续保持我区重点敏感时期进京“零非访”。深入开展平安建设“六大行动”，推进扫黑除恶常态化，全力保障人民群众生命财产安全。坚持大抓基层、大抓基础，不断完善社会治安防控体系，努力构建人人有责、人人尽责、人人享有的社会治理共同体。

三、切实提升政府工作效能和水平

打造政治过硬政府。把学习宣传贯彻党的二十大精神作为首要政治任务，坚持不懈用习近平新时代中国特色社会主义思想凝心铸魂。坚持以政治建设统领经济社会发展，不断提高政治判断力、政治领悟力、政治执行力，不打折扣落实党中央决策部署和市委、市政府及区委工作要求，把对党忠诚、为民尽责体现到工作成效中、落实在实际行动上。

打造法治诚信政府。以法治政府示范创建为导向，全面运用法治思维和法治方式推动工作，严格按照法定权限和法定程序行使权力，提高规范公正文明执法的能力和水平。做好第五次全国经济普查工作。自觉接受人大法律监督、工作监督和政协民主监督，主动接受社会和舆论监督，更好发挥工会、共青团、妇联等人民团体桥梁纽带作用，认真落实党的民族、宗教和侨务政策，切实做好港澳工作和对台工作。加强退役军人服务保障工作，争创全国双拥模范城“三连冠”。

打造廉洁为民政府。压实全面从严治党政治责任，认真落实意识形态工作责任制，强化纪律教育，推进清廉政府建设。加强重点领域、重要部门、关键岗位廉政风险防控，强化政治监督，一体推进不敢腐、不能腐、不想腐。锲而不舍落实中央八项规定及其实施细则精神，深化形式主义官僚主义和不担当不作为问题专项整治，驰而不息纠四风、树新风。加强审计监督，严控一般性支出和“三公”经费，切实把每一分钱都花到刀刃上。大力弘扬求真务实、敢于担当、积极作为的工作作风，以敬民之心谋民生之利、解民生之忧、增民生之福，努力做出经得起历史和人民检验的实绩。

北辰年鉴
2023

大事记

1月

6日 北辰区召开党外人士座谈会，听取党外人士对中共北辰区委2022年工作要点的意见建议。

16日 北辰区组建由155个社区310名社工组成的疫情防控工作队驰援津南区，至23日，北辰区支援人员完成各项任务，有序撤回。

26日 区委书记冯卫华主持召开区委常委会暨区委党的建设工作领导小组（扩大）会议。会议传达学习相关会议精神，观看基层党建巡查专题片，听取党（工）委书记抓基层党建述职和述责述廉汇报并进行点评和民主评议。

27日 北辰区召开党史学习教育总结会议，会议以视频会议形式召开，各镇街、开发区设分会场。

29日 北辰区命名首批6个“星级”新时代文明实践所、18个“星级”新时代文明实践站、10支“星级”新时代文明实践志愿服务队。

2月

5日 天津市副市长、市公安局局长董家禄慰问因公牺牲的民警乔良家属。

10日 中国共产党天津市北辰区第十二届委员会第三次全体会议暨经济工作会议召开。全会传达学习中央经济工作会议和市委十一届十二次全会暨经济工作会议精神，讨论《中共天津市北辰区委常委会2021年抓党建工作情况报告》，审议通过《中共天津市北辰区委2022年工作要点》《关于将区法学会、区文学艺术界联合会、区计划生育协会列入群众团体序列的工作方案》和《中国共产党天津市北辰区第十二届委员会第三次全体会议决议》。

14日 北辰区召开东西部协作和支援合作工作专题会。会议传达了《国家乡村振兴局关于落实党中央国务院2022年全面推进乡村振兴重点工作部署的实施意见》，各结对地区挂职县长分别汇报2021年工作开展情况和2022年项目制定情况。

16日 北辰区总工会在区职工服务中心设立的户外劳动者服务站点正式投入使用。站点用于帮助户外劳动者解决“充电难、饮水难”等实际问题。

22日 区委常委会召开党史学习教育专题民主生活会，市委第四巡回指导组和市纪委监督组相关负责同志到会指导。

23日 中共天津市北辰区纪委十二届二次全会召开。全会深入学习贯彻习近平总书记重要讲话和十九届中央纪委六次全会精神，贯彻落实市纪委十一届十次全会部署要求，总结2021年工作，部署2022年全面从严治党重点任务。

是日 北辰区大数据存储和应用产业链重点项目战略合作签约仪式在江天数据科技有限公司创新体验中心举行。

是日 在全市2022年工业和信息化工作会议上，位于北辰经济技术开发区的“北辰绿色新能源装备产业主题园区”被认定为天津市2021年度“天津市产业主题园区”。

25日 北辰区召开讲担当促作为抓落实、持续深入治理形式主义官僚主义不担当不作为问题专项行动领导小组会议。

3月

8日 中国共产党天津市北辰区第十二届委员会第四次全体会议召开，会议确定北辰区推荐提名天津市出席党的二十大代表候选人初步人选推荐名单。

是日 北辰区举办“强国复兴有我”——巾帼精英助力北辰区高质量发展誓师大会。市区领导，受表扬的先进个人、集体和家庭，以及各行各业优秀代表，共计60人出席大会。

11日 北辰区召开2022年落实全面从严治党主体责任暨组织宣传统战政法工作会议，会议以视频会议形式召开，各镇街、开发区设分会场。会议传达全国和全市相关会议精神，并对2022年各项工作进行部署，与会区领导为“红旗党组织”颁奖。

17日 北辰区召开2022年度编委会第一次会议，审议通过天津市北辰区法学会、天津市北辰区文学艺术界联合会、天津市北辰区计划生育协会机关机构编制方案，同意成立天津师范大学北辰实验学校，撤销北辰区天和小学等8项议题。

21日 北辰区召开“迎盛会、铸忠诚、强担当、创业绩”主题学习宣传教育实践活动工作推动会暨领导小组第一次（扩大）会议，对全区主题活动工作十项重点任务进行全面部署。

31日 北辰区召开2021年党政主要负责人集中述法大会暨中央依法治国办法治政府建设实地督察反馈意见整改动员部署会，传达市委常委会暨治市委第十次会议及治市办召开的中央依法治国办法治政府建设实地督察反馈意见整改动员部署会会议精神，区城管委、区农业农村委、区文旅局、区住建委、区生态环境局、区运管局党委（党组）主要负责同志现场述法，区党代表、区人大代表、区政协委员、律师等基层代表进行现场评议。

是月 团区委联合区委组织部全面启动镇、街、开发区团组织集中换届选举工作。至4月1日，全区16个镇街和1个开发区圆满完成换届选举。

4月

1日 北辰区组织召开全区优化营商环境大会，传达全市优化营商环境工作会议精神，总结全区2021年相关工作情况，发布全区优化营商环境的具体举措，区市场监管局、区法院等50余家单位参会。

6日 “100位新中国成立以来感动中国人物之一”、新中国“最美奋斗者”、北辰区人大常委会原副主任邢燕子（正局级）逝世，享年81岁。

13日 北辰区召开东西部协作和支援合作工作领导小组会议，区委书记冯卫华主持会议并讲话。会议审议通过了《天津市北辰区高质量推进东西部协作和支援合作2023年实施方案》和11个专项工作方案，部署2022年重点任务。

18日 北辰区召开党管武装工作述职暨贯彻落实民兵建设“十四五”规划工作会议，安排部署全年重点工作，并对2021年度武装工作先进单位和个人进行表彰。

20日 中国共产党天津市北辰区第十二届委员会第五次全体会议召开，会议确定北辰区出席天津市第十二次党代会代表候选人预备人选。

21日 北辰区顺利通过国家级健康促进县（区）首轮复评验收。

26日 北辰区与河北工业大学签署合作协议，共建“北辰智能装备研究院”。

29日 北辰区在市政府新闻发布厅举行“贯彻绿色发展理念　全面加强生态文明建设”新闻发布会，副区长许伟以“生态文明建设”为主题，介绍北辰区绿色发展理念，统筹推进碳达峰、碳中和，深入打好污染防治攻坚战，全力提升文明常建和城市管理水平等方面的成果成效。

5月

5日 中国共产党天津市北辰区第十二届委员会第六次全体会议召开，会议确定中国共产党天津市北辰区代表会议召开时间，审议通过《中共天津市北辰区第十二届委员会第六次全体会议决议》。

7日 中国共产党天津市北辰区代表会议召开，来自全区各条战线的272名党代表出席会议。会议选举选举产生了17名北辰区出席中国共产党天津市第十二次代表大会代表。

9日 北辰区召开疫苗接种推进会，传达市委关于疫苗接种工作精神并部署近期疫苗接种攻坚工作。天穆镇、新村街、普东街、瑞景街、佳荣街、双环邨街主要负责同志作表态发言。

10日 区委书记冯卫华主持召开区委常委会扩大会议暨一季度经济运行分析会、区财经委员会2022年第一次会议。会议传达学习4月29日中共中央政治局常委会会议精神、4月26日中央财经委第十一次会议精神和4月21日市委常委会扩大会议精神，听取一季度全区经济运行情况汇报。

13日 北辰区召开思想政治教育工作座谈会，区委书记冯卫华出席并讲话，出席会议的教师及学生代表分别发言。

15日 区委组织部累计选派800余名干部奔赴小淀镇、西堤头镇等地支援疫情防控工作。

6月

10日 区委书记、区委外事工作委员会主任冯卫华主持召开区委常委会会议暨区委外事工作委员会会议。会议深入学习贯彻习近平外交思想，传达学习贯彻市委外事工作委员会第五次会议精神，听取区委外事工作委员会2021年工作汇报，审议2022年工作要点。

20日 在中国共产党天津市第十二次

代表大会上，北辰区推荐提名的冯卫华、林则银（女，布依族）当选中国共产党第二十次全国代表大会代表。

21日 区禁毒办在市域社会治理实践中心举办北辰区“6·26国际禁毒日”全区集中宣传活动，市海关缉私局、市禁毒办、市公安局禁毒总队及区有关领导出席。

是日 北辰区“新时代好少年”事迹发布会在北仓小学举行。区文明办、团区委、区教育局、区少工委相关负责同志以及2022年10名区级新时代好少年、优秀少先队员代表共计150余人参加活动。

23日 北辰区民营企业“法治体检”中心在天津五君律师事务所揭牌成立。

是日 区委书记冯卫华主持召开区委民族工作会议暨全区宗教工作会议。

24日 北辰区第十八届政府召开第一次廉政工作会议，传达学习贯彻市政府第五次廉政工作会议精神，总结部署区政府系统反腐倡廉工作，对做好当前稳经济工作提出要求。

28日 公安北辰分局举行青年安保突击队授旗暨公安武警联勤联动巡控启动仪式。

是日 北辰区举行天津外国语大学马克思主义学院“行走的最强思想”——北辰区党群服务中心实践教学基地签约、揭牌仪式。

30日 北辰区举办主题活动工作推动会暨学习贯彻市第十二次党代会精神“八大先锋”宣讲报告会。

7月

1日 北辰举办学习贯彻市第十二次党代会精神宣讲报告会。市委宣讲团成员、区委书记冯卫华作学习贯彻市第十二次党代会精神宣讲报告。

4日 北辰经济技术开发区开展创建30周年暨“迎盛会、铸忠诚、强担当、创业绩”主题活动。

5日 天津第一个农村党支部——“中共西北乡农民支部”旧址揭牌仪式在双口镇中河头村举行。

6日 北辰医院正式获批“国家药物临床试验机构”，标志着北辰医院具备了独立承接药物临床试验项目的资格。

14日 市人大常委会副主任喻云林到北辰区瑞景街道宝翠花都社区走访联系市人大代表林则银，宣讲市第十二次党代会精神，听取代表意见建议。

18日 区委书记冯卫华带队赴甘肃省庆阳市正宁县、华池县考察对接东西部协作工作。

19日 北辰区欢颜里小区3号楼6门一居民家中发生燃气爆燃事故。至20日，现场搜救工作结束，事故造成4人死亡，13人受伤。

20日 北辰区纪委监委召开第二届特约监察员聘任大会，宣读关于聘任第二届特约监察员的决定，向受聘的20名特约监察员颁发聘书。

27日 北辰区承建的天津市高端装备和智能制造人才创新创业联盟召开天津

市工程技术系列智能装备专业首次副高级职称评审会议，全市共79人获评副高级职称。

8月

1日 北辰区“安幸生烈士故居”被命名为天津市首批新时代文明实践基地。

2日 天津市伟星管业二期项目成为北辰首个享受“拿地即开工”政策的项目，实现建设用地规划许可证、建设工程规划许可证、建筑工程施工许可证、质量安全监督备案“四证齐发”。

4日 北辰区成功入选首批国家知识产权强市建设试点城市，试点时限自2022年7月至2025年6月。

6日 副市长、市公安局局党委书记、局长衡晓帆到北辰分局调研指导工作，先后到瑞景街宝翠花都党群服务中心暨社区警务室、龙门东道交通岗、天穆派出所、双环邨派出所、小淀镇刘安庄村警务服务站和分局执法办案管理中心实地调研慰问。

8日 由北辰区委宣传部、北辰区文明办、北辰区委网信办联合主办，新浪天津、瑞景街道党工委共同承办的“弘扬时代新风 共建网络文明”2022年北辰区好网民故事汇展演暨颁奖仪式在瑞景街翡翠城社区党群服务中心举办。

是日 北辰区举行“迎盛会、铸忠诚、强担当、创业绩”主题学习宣传教育实践活动暨《新民主主义革命时期北辰革命斗争史略》首发座谈会。

10日 区委书记冯卫华主持召开区委常委会扩大会议暨上半年经济运行分析会、区委财经委员会会议。会议传达学习中共中央政治局会议精神和市委常委会扩大会议精神，总结分析全区上半年经济运行情况，安排部署下一阶段重点工作。

12日 北辰区成立革命老区建设促进会并召开第一次全体会员大会，产生第一届理事会及领导班子，通过《北辰区革命老区建设促进会章程》。

15日至17日 区委统战部、区工商联带领村企结对企业到甘肃省华池县、正宁县开展“万企兴万村”对口帮扶工作。天津银龙预应力材料股份有限公司、北辰区天穆镇储运公司、天津市万华车料有限公司、天津三棵树涂料有限公司、天津双瑞电力安装工程有限公司等民营企业为华池县山庄乡尚湾村、南梁镇荔园堡村、正宁县山河镇解家川村、西坡镇石家湾子村捐赠帮扶资金40万元。

17日 北辰区第十八届人民代表大会第二次会议在北辰区机关五楼会议室举行。会议应出席代表235人，实出席代表213人。会议依法选举北辰区人大常委会副主任1名。

17日至19日 北辰区接受全国文明城区国家考评组实地复审。

18日 中央政法委、辽宁省委政法委及天津市委政法委调研组到北辰调研市域社会治理现代化试点工作。调研组到瑞景街宝翠花都社区，实地调研街道和社区推进市域社会治理现代化工作情况，参观北辰区市域社会治理实践中心，并进行座谈交流。

22日 中国共产主义青年团天津市北辰区第十五次代表大会召开。大会表决通过了关于共青团天津市北辰区第十四届委员会报告的决议。选举产生共青团北辰区第十五届委员会委员35名，候补委员13名。

23日 北辰区天士力医药集团股份有限公司的“科创中国”现代中药研发创新基地被中国科协认定为“科创中国”创新基地（产学研协作类）。

24日 北辰区妇女第十一次代表大会召开，市区领导、妇联系统先进典型、女企业家等300余人参加。

25日 北辰区召开全域推广“五常五送”工作法深化城市基层党建引领基层治理工作推动会。

是日 北辰区在市政府新闻发布厅举行“大力发展实体经济　提高经济发展质量和效益”新闻发布会，副区长张炳柱介绍北辰区大力发展实体经济、提高经济发展质量和效益的有关情况。

26日 天津市北辰区工会第八次代表大会召开，选举产生天津市北辰区总工会第八届委员会委员31名，第八届经费审查委员会委员7名，协商产生天津市北辰区总工会第八届女职工委员会委员5名，选举北辰区出席天津市工会第十八次代表大会代表18名。

9月

9日 天津市高端装备和智能制造人才创新创业联盟承办“高端赋能　智造未来”跨联盟人才项目对接活动，天津市航空航天、半导体和集成电路、智能轨道交通、新能源电池产业人才联盟相关负责同志及企业家代表一行到河北工业大学北辰智能装备研究院、SMC（天津）制造有限公司、天津大族智能装备有限公司、高端装备和智能制造人才创新创业园调研。

20日 北辰区召开了“身边好人”代表座谈会，“全国道德模范提名奖”获得者、“中国好人”“天津市道德模范”“天津好人”等18名代表参加座谈。

27日 北辰区“五老”迎庆二十大红色家风故事展，在区委老干部局一楼展厅开幕。此次展览由北辰区关心下一代工作委员会主办，区委老干部局承办，区文明办、党校、妇联等9个单位协办。是月，有60余家单位1300余人参观。

28日 区委统战部、区工商联、区住建委、团区委共同举办“喜迎二十大，同心聚合力，协作一家亲——北辰区东西部协作和支援合作募捐活动中铁专场”。整场活动共募集资金92万元，全部用于北辰结对地区巩固拓展脱贫攻坚成果、助力乡村振兴。

10月

13日 北辰区第十六届感动北辰文明

人事迹展示活动在北辰区新时代文明实践基地青光镇韩家墅村墅外桃源礼堂举办，本届“感动北辰文明人”共有349人入选。

14日 “学习强国”北辰学习平台正式上线，开设“津辰撷萃、牢记嘱托、文明实践、辰星逐梦、文润沽北”5个栏目。

15日 2022年天津国际种业博览会北辰地展在西堤头镇季庄子村天津耕耘现代种业示范园启动，近12万平方米的北辰区地展集中展示了花椰菜、甘蓝、苤蓝、辣椒、萝卜等8000多个蔬菜品种。

26日 北辰区召开北辰区领导干部大会，会议传达学习中共二十大精神和10月24日市委常委会扩大会议及天津市领导干部大会会议精神。

28日 北辰区经济开发区管委会与大张庄镇进行社会事务管理职能划转交接。

31日 北辰区召开十二届区委第三轮巡察动员部署会，对区委新一轮巡察工作进行动员部署。

11月

2日 北辰区市政府新闻办新闻发布厅举行“学习宣传贯彻落实党的二十大精神——学深悟透新思想　真抓实干谋长远”新闻发布会。区委书记冯卫华介绍了北辰区认真学习宣传贯彻落实中共二十大精神，聚焦区域改革发展大事难事，集中力量推动各项重点工作再上新水平的总体情况。并与相关部门负责同志分别就打造先进制造业强区、强化科技引领作用、实施乡村振兴战略、加强生态环境保护等方面的内容回答记者的提问。

3日 北辰区市域社会治理信息化平台建设完成并通过验收，平台主要包含“12345”热线、便民e站、数字网格等子系统。

4日 全国扫黑办第2特派督导组到北辰区开展全国扫黑除恶斗争常态化督导工作。督导组先后到北辰区天穆镇刘房子综合市场南门（光荣道）、北辰区市域社会治理实践中心、公安北辰分局执法办案中心调研，在公安北辰分局召开会议，围绕常态化扫黑除恶进行座谈。

是日 北辰经济技术开发区召开重点项目集中签约仪式。此次签约以视频形式举行，日立解决方案（中国）有限公司等6家公司参加签约，项目总投资额超过75亿元。

8日 北辰区召开第一次归侨侨眷代表大会，成立北辰区归国华侨联合会。市区有关领导，全区归侨、侨眷、留学生代表，兄弟区侨联代表、海外友好使者，各相关镇街、开发区统战干部近50人参加会议。

9日 北辰区举行党的二十大精神宣讲报告会。市委宣讲团成员、区委书记冯卫华作中共二十大精神宣讲报告，并对全区领导干部学习贯彻党的二十大精神专题培训班、机关党组织书记培训班进行开班动员。

15日 北辰区在市政府新闻办新闻发布厅举行“推进经济社会高质量发展”新

闻发布会，副区长李彩良介绍的有关情况并回答记者提问。

25日 中共天津市委任命倪斌为天津市北辰区委委员、常委、书记。

29日 北辰区第十八届人民代表大会第三次会议在四十七中学举行。应出席代表233人，实出席代表167人。会议选举27名北辰区的天津市第十八届人民代表大会代表。

30日 北辰区大张庄中学校园气象站入选“第八届全国气象科普教育基地——示范校园气象站”。

是月 北辰区举办“新农村 新文化 新风尚”第七届“天穆杯”小品展演活动。此届小品展演自3月启动，经评委会合议，来自17个省、自治区、直辖市的20个作品入选线上展演阶段，作品用录播形式，通过各级“文化云”平台与广大观众见面。

12月

3日 北辰区召开北辰区领导干部大会，市委组织部常务副部长梁宝明出席并主持，区委书记倪斌讲话。

9日 中国共产党天津市北辰区第十二届委员会第七次全体会议召开，会议审议通过了《中共天津市北辰区委关于深入学习宣传贯彻党的二十大精神奋力开创全面建设社会主义现代化强区新局面的实施意见》和全会决议。

21日至23日 北辰区举办领导干部学习贯彻党的二十大精神专题培训班，全区460余名处级领导干部通过线上直播形式参加培训。

26日 北辰区政府召开全体会议。会议审议了《政府工作报告（讨论稿）》《关于北辰区2022年国民经济和社会发展计划执行情况和2023年国民经济和社会发展计划草案的报告（讨论稿）》《关于北辰区2022年预算执行情况和2023年预算草案的报告（讨论稿）》。

27日至28日 中国人民政治协商会议天津市北辰区第十届委员会第二次会议在天津市委党校召开。会议审议批准政协天津市北辰区第十届委员会常务委员会工作报告，审议批准关于提案工作情况的报告。委员们列席区第十八届人民代表大会第四次会议，听取并讨论政府工作报告和其他有关报告，一致赞同并提出意见建议。

28日至29日 北辰区第十八届人民代表大会第四次会议在市委党校举行。应出席代表233人，实出席代表174人。会议通过了北辰区人民政府工作报告、北辰区2022年国民经济和社会发展计划执行情况与2023年国民经济和社会发展计划、北辰区2022年预算执行情况和2023年预算草案的报告、北辰区人大常委会工作报告、北辰区人民法院和人民检察院工作报告，并作出相应的决议；表决通过了北辰区2023年民心工程项目。

30日 京滨城际铁路北辰站正式通车。京滨城际铁路北辰站位于北辰区东部，紧邻外环调整线，站房建筑面积近2万平方米，站场规模3台7线，预计年运送旅客70万人次。

是日 天津市北辰区人民政府国防动员办公室挂牌。

是日 北辰区委召开“迎盛会、铸忠诚、强担当、创业绩”主题学习宣传教育实践活动工作总结提升会，全面总结全区主题活动工作成果成效，对进一步学习宣传贯彻落实党的二十大精神进行再部署再推动。

是月 “炫出津彩　打卡100”天津文旅消费新场景评选活动结果正式出炉，北辰区韩家墅村、曙光水镇、天士力大健康城三地入选。

北辰概览

自然地理

【位置面积】 北辰区位于天津市中心城区北部，京滨综合发展轴与西部城镇发展带的交点，东与宁河区相邻，东南隔金钟河、新开河与东丽区相望，南与河北区、红桥区相连，西南隔子牙河与西青区相界，西、北与武清区接壤。地理坐标为北纬39°10′～39°21′，东经116°56′～117°24′。北辰区总面积473.16平方千米。

【地质地貌】 北辰区地层为第四系近期松散沉积物所覆盖，钻孔剖面150米深度以内主要为亚黏土、黏土及细砂等组成。以地表耕作层以下层位为依据，境内沉积物水平分布以亚砂土、亚黏土为主，一般西部较粗，向东变细。地质构造以华夏及新华夏系构造为主，区境东部有活动断裂。区内地貌属冲积平原，为华北平原一部分，系永定河水系泛区重要组成部分。地势坦荡低平，自西北向东南微微倾斜，西东间微有起伏，为典型平原地貌形态。最高海拔（黄海高程）8米，最低0.5米，平均坡度1/5000，地表径流及地下水总流向与地势一致。

【河流】 区内有一级河道7条，即北运河、永定河、永定新河、北京排污河、子牙河、新引河、新开河—金钟河，总长度105.97公里；排沥二级河道9条，即北丰产河、郎园引河、淀南引河、中泓故道、永青渠、机场排水河、永金引河、卫河、外环河（市管），总长度106.58公里。全区现有景观湖3座，坑塘及微小水体221个，农村干支沟渠299条。

【气候】 2022年，北辰区年平均气温13.3℃，较常年偏高0.4℃。年降水量643.1毫米，较常年偏多两成。年日照时数2635.0小时，较常年偏多260.9小时。大雾天气35天，比历年（24.1天）偏多10.9天，比2021年减少2天。霾天气20天，比2005—2022年平均日数52.2天偏少32.2天，比2021年减少4天。沙尘天气（包括沙尘暴、扬沙和浮尘）5天，比2005—2022年平均日数3.9天偏多1.1天。

冬季 2021年12月至2022年2月。气温偏高，降水偏少，日照偏多。季内出现6天大雾、8天霾和1天大风。

冬季平均气温-1.5℃，较常年（1991—2020年）偏高0.4℃。季内，极端最高气温16.6℃，出现在2022年2月27日，极端最低气温-15.5℃，出现在2022年2月15日。2021年12月平均气温0.2℃，2022年1月平均气温-2.8℃，2月平均气温-1.8℃。

冬季降水量10.4毫米，较常年偏少0.4毫米。季内，2021年12月降水量0.1毫米，较常年偏少2.4毫米，2022年1月降水量5.8毫米，2月降水量4.5毫米。

冬季日照时数629.5小时，较常年偏多128.4小时。季内，2021年12月日照时数220.4小时，2022年1月日照时数195.3小时，2月日照时数213.8小时。

春季 2022年3月至2022年5月。气温偏高，降水偏少，日照偏多。季内出现7天大雾、5天霾、3天大风。

春季平均气温15.1℃，较常年（1991—2020年）偏高0.7℃。季内，极端最高气温36.8℃，出现在2022年5月28日，极端最低气温-6.1℃，2022年3月6日。季内，3月平均气温7.1℃，4月平均气温16.5℃，5月平均气温21.6℃。

春季降水量38.3毫米，较常年偏少29.6毫米。季内，3月降水量19.9毫米，4月降水量4.9毫米，5月降水量13.5毫米。

春季日照时数738.1小时，较常年偏多33.0小时。季内，3月日照时数199.8小时，4月日照时数250.9小时，5月日照时数287.4小时。

夏季 2022年6月至2022年8月。气温偏高，降水偏多，日照偏多。季内出现8天大雾。

夏季平均气温26.5℃，比历年（1991—2020年）平均25.9℃偏高0.6℃。季极端最高气温39.9℃，出现在6月25日；季极端最低气温11.0℃，出现在8月27日；≥35℃的高温天气出现16天，其中6月6天、7月6天、8月4天。季内，6月平均气温为25.9℃，7月平均气温27.5℃，8月平均气温26.1℃。

夏季降水量507.4毫米，比历年平均351.5毫米偏多155.9毫米。季内，6月降水量92.5毫米，7月降水量216.9毫米，8月降水量198.0毫米。

夏季日照时数636.0小时，较历年613.3小时偏多22.7小时。季内，6月日照时数220.6小时，7月日照时数213.3小时，8月日照时数202.1小时。

秋季 2022年9月至2022年11月。气温偏高，降水偏少，日照偏多。季内出现14天大雾、7天霾，4天大风。

秋季平均气温14.5℃，较常年（1991—2020年）偏高1.5℃。季极端最高气温33.1℃，出现在9月8日；极端最低气温-13.0℃，出现在11月30日。季内，9月平均气温为22.9℃，10月平均气温13.7℃，11月平均气温6.9℃。

秋季降水量87.1毫米，较常年偏少9.4毫米。降水日数为20天，比常年同期多4天。季内，9月降水量6.4毫米，10月降水量36.0毫米，11月降水量44.7毫米。

秋季日照时数628.6小时，较常年偏多74小时。季内，9月日照时数288.9小时，10月日照时数188.6小时，11月日照时数151.1小时。

【重要天气气候事件】 **低温寒潮** 2022年，全区低温（≤-10.0℃）日数39天，为建站以来高值第3位。年内共出现寒潮天气4次，分别出现在10月3—5日、10月16—17日、11月11—13日 和11月28—20日。其中，11—13日48小时气温降幅达12.5℃，最低气温降至-0.2℃，达到强寒潮等级；28—30日48小时气温降幅达15.9℃，最低气温降至-13.0℃，达到超强寒潮等级。

区域性暴雨 2022年，全区降水日数82天，共出现暴雨4次，其中7月2次，8月2次。7月5—6日，全区过程累计降水量为暴雨到大暴雨级别，7月5日7时至7月6日7时，最大降水量出现在科技园北区站，达145.7毫米。8月18日出现全区大到暴雨过程，最大降水量出现在陆路港站，达100.2毫米。

区域性高温 2022年，全区高温日数20天，春季2天，夏季18天，最长持续4天的过程有两次。6月23—26日出现持续高温天气，其中25日极端最高气温39.9℃（本站），未超出历史极值40.5℃。8月2—5日出现持续高温天气，极端最高气温达到37.4℃（本站）。

大风 2022年，全区大风日数7天，共57站次。冬季最大阵风风速18.6米/秒（8级），出现在陆路港站（12月17日）。春季最大阵风风速27.7米/秒（10级），出现在西堤头站（3月4日）。夏季未出现大风。秋季最大阵风20.1米/秒（8级），出现在天穆站（11月12日）。

雪 2022年，全区共出现3次明显降雪过程，均出现在年初。1月21—22日普降小到中雪，降雪量2.1毫米，积雪深度2.5厘米；30—31日出现中雪天气，降雪量3.6毫米，积雪深度4厘米；2月12—13日普降中雪，降雪量4.5毫米，积雪深度5厘米。

雾和霾 2022年，全区雾日数35天。全年除4月和9月没有出现大雾天气外，其余月份均出现大雾。其中，11月最严重，共出现11次大雾天气，且11月18日和20日出现了强浓雾，最小能见度不足50米。全区霾日数20天，集中出现在1—4月和10—12月，为21世纪以来历史最低值。

扬沙和浮尘 2022年，全区共出现扬沙天气2站次、浮尘3站次。3月4日出现扬沙和浮尘天气。4月26日，北辰区出现扬沙天气。12月12—13日，北辰区出现浮尘天气。

区划 人口

【建置区划】1953年5月始建津北郊区，1955年6月称北郊区。1958年8月，组建幸福（北仓）、兴淀人民两大人民公社，幸福公社划归红桥区，兴淀公社划归河北区。1962年2月，恢复北郊区建制。1992年3月，改称北辰区。

截至2022年12月，北辰区辖9个镇、8个街道，121个行政村、155个社区居委会。

2022年年末北辰区镇、街道辖行政村和社区居委会一览表

表1

镇、街道名称	行政村名称	数量（个）	社区居委会名称	数量（个）
天穆镇	吴嘴、南仓、霍嘴、柳滩、闫街、刘房子、马庄、王庄、勤俭、天穆	10	欢颜里、方舟、普天东里、桃香园、顺义南里、光明道、大通绿岛、佳宁里、柳滩、蓝岸森林、金门里、辽河园、瑞宁嘉园、外园、北寺、天穆东苑、天辰新苑、金苑公寓、辰发花园、悦林名邸、普润、天和丽园、金地艺城华府、恒逸华庭	24
北仓镇	三义村、董新房、周庄、闫庄、桃口、北仓、桃花寺、王秦庄、屈店、李嘴、丁赵庄、赵虎庄、刘园	13	引一、引二、天阳、金凤里、长瀛御龙湾、盛仓、阳光卡蒂尔、讷河里、富锦华庭、泽天下、璟悦府、绿境华庭、御园	13
双街镇	小街、双街、庞嘴、郎园、胡园、杨堤、柴楼、下蒲口、上蒲口、沙庄、常庄、下辛庄、张湾、汉沟、西赵庄	15	双街新家园、上河花园、半湾半岛、城际美景、郡德花园、嘉谷华庭、聚龙园、柴楼隆园、柴楼兴园	9
青光镇	李家房子、刘家码头、青光、韩家墅、铁锅店、杨家嘴	6	红光农场	1
双口镇	双口一村、双口二村、双口三村、安光、后堡、平安庄、后丁庄、前丁庄、赵家圈、上河头、中河头、下河头、东堤、岔房子、杨家河、双河、郝家堡、徐家堡、前常家堡、线河一村、线河二村	21	—	—
宜兴埠镇	一街、二街、三街、四街、五街、六街、七街、八街、九街、十街	10	东马道、宫西街、红旗路、民贤里、南菜园、秋晨家园、翠金园、宜赵路、欧铂城、宜达园	10

续表 1

镇、街道名称	行政村名称	数量（个）	社区居委会名称	数量（个）
小淀镇	赵庄、小贺庄、温家房子、刘安庄、小淀	5	秀河园、嘉阳花园、兰禾嘉苑、荣辰花园	4
大张镇	张献庄、大杨庄、小诸庄、小孟庄、南麻疙瘩、二闫庄、朱唐庄、北孙庄、小杨庄、南王平、吕庄、芦庄、下殷庄、大兴庄、大张庄、董连庄、仁和营、小韩庄、张五庄、张四庄、大诸庄、北麻疙瘩、刘马庄、刘招庄、李辛庄、高庄子、大吕庄、小田庄、小马庄、北何庄、喜逢台	31	—	—
西堤头镇	韩盛庄、芦新河、刘快庄、东堤头、辛侯庄、季庄子、东赵庄、姚庄子、霍庄子、西堤头	10	—	—
果园新村街道	—	—	旭日里、朝阳里、新华里、双发温泉花园、东升里、都旺新城、霞光里、果园里、丹凤里、辰庆家园、辰兴家园、辰悦家园	12
集贤里街道	—	—	集贤里、虎林里、泰来东里、拜泉里、安达里、红云新里、泰来西里、北医道、发电楼、瀛台里	10
普东街道	—	—	万科花园新城、田园小区、普康里、都市桃源、万达新城、普兴里、国宜北里、金宜里、国宜里、宝利新苑、富宜里、强宜里、今日家园、普东新苑、秋怡家园、红荔花园、宸欣家园、宸宜花园、淮兴园、淮盛园、祥和园、民宜里、天士力花园	23

续表 1

镇、街道名称	行政村名称	数量（个）	社区居委会名称	数量（个）
瑞景街道	—	—	瑞盈园、奥林匹克花园、瞰景园、瑞康、宝翠花都、紫瑞园、顺驰翡翠城、瑞益园、熙景园、秋瑞家园、江南春色	11
佳荣街道	—	—	人民家园、瑞贤园、瑞秀园、佳欣里、瑞达里、燕宇、井田公寓、佳荣里、佳园新里、佳安里、顺通、星河时代、暖金	13
青源街道、广源街道	—	—	盛康园、荣康园、荣居园、荣馨园、荣溪园、荣雅园、荣翔园、荣翠园、安泰园、荣乐园、盛福园、欢畅园、青泽园、盛锦园、盛逸园	15
双环邨街道	—	—	浩达公寓、益春里、佳园东里、佳园南里、碧春园、佳园北里、新佳园东里、碧春园第二、孟春里	9
经济技术开发区	—	—	盛景铭都	1
合 计	—	121	—	155

【人口　民族】 2022 年，全区常住人口 94.2 万人，户籍人口 190399 户、476195 人。全区人口除汉族外，有 39 个少数民族。少数民族中，人口最多的为回族，19127 人；人口 500 人以上的有满族、蒙古族、朝鲜族 3 个民族；人口 50 人以上 500 人以下的有壮族、土家族、维吾尔族、苗族、达斡尔族 5 个民族。

文化遗产、文物

【非物质文化遗产】 至 2022 年，北辰区共有非物质文化遗产项目 69 项，其中国家级项目 2 项，市级项目 29 项，区级项目 38 项。按项目类别来分，传统音乐类 5 项，传统舞蹈类 10 项，曲艺类 3 项，传统体育、游艺与杂技类 18 项，传统美术类 5 项，传统技艺类 22 项，传统医药类 5 项，民俗类 1 项。

2022 年年末北辰区各级非物质文化遗产代表性项目一览表

表 2

序号	项目类别	项目级别	项目名称	入选时间
1	传统音乐	国家级	津门法鼓・刘园祥音法鼓	第二批 2008.6
2	传统音乐	市级	韩家墅上善道乐	第二批 2009.1
3	传统音乐	市级	宜兴埠诚音法鼓	第三批扩展 2013.10
4	传统音乐	市级	霍家嘴平音法鼓	第三批扩展 2013.10
5	传统音乐	区级	北辰善韵古乐	第六批 2021.12
6	传统舞蹈	市级	虮蜡庙小车会	第一批 2007.6
7	传统舞蹈	市级	王秦庄同议高跷	第一批扩展 2009.1
8	传统舞蹈	市级	宜兴埠永长高跷	第一批扩展 2009.1
9	传统舞蹈	市级	上蒲口同乐高跷	第一批扩展 2009.1
10	传统舞蹈	市级	狮舞（北仓随驾狮子）	第三批 2013.1
11	传统舞蹈	市级	李嘴同和高跷	第四批扩展 2017.5
12	传统舞蹈	市级	刘安庄同心高跷	第四批扩展 2017.5
13	传统舞蹈	区级	前丁庄聚乐高跷	第五批 2019.11
14	传统舞蹈	区级	王庄顺和高跷	第五批 2019.11
15	传统舞蹈	区级	南仓童韵花鼓	第六批 2021.12

续表 2

序号	项目类别	项目级别	项目名称	入选时间
16	曲艺	市级	天津时调（大数子）	第一批扩展 2009.1
17	曲艺	区级	联珠快书	第六批 2021.12
18	曲艺	区级	“众友”茶馆相声	第六批 2021.12
19	传统体育、游艺与杂技	国家级	穆氏花毽	第五批 2021.5
20	传统体育、游艺与杂技	市级	北仓少练老会	第一批 2007.6
21	传统体育、游艺与杂技	市级	鲍式八极拳	第二批 2009.1
22	传统体育、游艺与杂技	市级	王秦庄少林功力拳	第三批 2013.1
23	传统体育、游艺与杂技	市级	穆氏传统戏法	第三批 2013.1
24	传统体育、游艺与杂技	市级	赵堡太极拳	第三批 2013.1
25	传统体育、游艺与杂技	市级	独流通背拳（永新二十四式通背拳）	第三批扩展 2013.1
26	传统体育、游艺与杂技	市级	闫街少林功夫拳	第四批 2017.5
27	传统体育、游艺与杂技	市级	形意拳（刘快庄形意拳）	第四批 2017.5
28	传统体育、游艺与杂技	市级	两翼猿拳	第四批 2017.5
29	传统体育、游艺与杂技	市级	查拳（北辰于氏查拳）	第五批 2021.11
30	传统体育、游艺与杂技	市级	芦新河少林长拳	第五批 2021.11
31	传统体育、游艺与杂技	区级	南王平六合门拳法	第六批 2021.12

续表 2

序号	项目类别	项目级别	项目名称	入选时间
32	传统体育、游艺与杂技	区级	天穆回族重刀武术	第六批 2021.12
33	传统体育、游艺与杂技	区级	天穆摔跤技艺	第六批 2021.12
34	传统体育、游艺与杂技	区级	五虎长拳	第六批 2021.12
35	传统体育、游艺与杂技	区级	佟氏顶花坛杂技表演艺术	第六批 2021.12
36	传统体育、游艺与杂技	区级	津派功夫中幡	第六批 2021.12
37	传统美术	市级	王氏泥塑	第五批 2021.11
38	传统美术	区级	北辰民间绘画	第五批 2019.11
39	传统美术	区级	丰氏民间绘画	第五批 2019.11
40	传统美术	区级	熊氏象形文字书绘艺术	第六批 2021.12
41	传统美术	区级	赵氏艺术剪纸	第六批 2021.12
42	传统技艺	市级	闫记酱制品制作技艺	第三批 2013.1
43	传统技艺	市级	穆氏盛斋元酱制品制作技艺	第四批 2017.5
44	传统技艺	市级	田氏船模制作技艺	第四批 2017.5
45	传统技艺	市级	何记籊筲制作技艺	第五批 2021.11
46	传统技艺	市级	尚记真丝绣绒制作技艺	第五批 2021.11
47	传统技艺	区级	大张庄周记素烩制作技艺	第四批 2016.5

续表 2

序号	项目类别	项目级别	项目名称	入选时间
48	传统技艺	区级	北辰民间女红布艺	第五批 2019.11
49	传统技艺	区级	郑氏传统发酵面食制作技艺	第五批 2019.11
50	传统技艺	区级	郑氏葫芦种植加工技艺	第五批 2019.11
51	传统技艺	区级	张氏手工刻纸技艺	第五批 2019.11
52	传统技艺	区级	伍瑞粽子制作技艺	第五批 2019.11
53	传统技艺	区级	赵氏民间剪纸技艺	第五批 2019.11
54	传统技艺	区级	“福禄缘”葫芦烙绘制作技艺	第六批 2021.12
55	传统技艺	区级	津门八法传统推拿技艺	第六批 2021.12
56	传统技艺	区级	老茂生传统饼干制作技艺	第六批 2021.12
57	传统技艺	区级	妙众堂九炙颐寿精制食品制作技艺	第六批 2021.12
58	传统技艺	区级	妙众堂五味素珍精制食品制作技艺	第六批 2021.12
59	传统技艺	区级	民胜斋牛羊肉酱制技艺	第六批 2021.12
60	传统技艺	区级	明匠盘绳技艺	第六批 2021.12
61	传统技艺	区级	“铁镜”传统踩跷镵针点穴技艺	第六批 2021.12
62	传统技艺	区级	王栗记粽子制作技艺	第六批 2021.12
63	传统技艺	区级	闫记烧鸡制作技艺	第六批 2021.12

续表 2

序号	项目类别	项目级别	项目名称	入选时间
64	传统医药	市级	中医传统制剂方法（孙氏骨科醋膏药制作技艺）	第五批扩展 2021.11
65	传统医药	区级	道医分筋点穴疗法	第五批 2019.11
66	传统医药	区级	于氏祖传膏药制作技艺	第五批 2019.11
67	传统医药	区级	胡氏针灸疗法	第六批 2021.12
68	传统医药	区级	天穆传统正骨疗法	第六批 2021.12
69	民俗	区级	天穆回族油香习俗	第六批 2021.12

【文物】 至 2022 年，北辰区有可移动文物 8 件，可移动文物收藏单位 2 家，分别为文化和旅游局机关和区档案馆；有不可移动文物 21 处，其中世界文化遗产、全国重点文物保护单位 1 处为大运河（北运河北辰段），天津市文物保护单位 1 处为大诸庄药王庙，北辰区文物保护单位 1 处为屈家店水利枢纽，尚未核定公布为文物保护单位的不可移动文物 18 处。北辰区尚无区属博物馆，有国有行业博物馆和非国有博物馆各 1 座，分别是在日殉难烈士劳工纪念馆和天津华夏石雕艺术博物馆。

北运河北辰段　京杭大运河的一部分。京杭大运河北辰境内的河段称为北运河。北运河由北部的双街镇小街村入境，南至天穆镇勤俭桥出境，全长 20.5 千米，流经双街、北仓、天穆 3 个镇，于 2006 年被国务院公布为全国重点文物保护单位，2014 年 6 月 22 日入选联合国《世界遗产名录》，成为世界文化遗产。

大诸庄药王庙　位于大张庄镇大诸庄村，明代始建，清代重修。原有前后殿和东西配殿，现仅存后殿，明三暗六，五架抬梁式，硬山人字脊，建筑面积 100 余平方米。中华人民共和国成立初期废庙兴学，后在“一平二调”过程中遭破坏，地震中东墙曾倒塌，仅存后殿。于 2014 年至 2017 年进行修缮。2013 年 1 月 5 日，被天津市人民政府公布为第四批天津市文物保护单位。

屈家店水利枢纽　位于北辰区北仓镇屈店村东北侧永定河尾闾与北运河交汇处，距北运河筐儿港枢纽 22.5 千米，距永定新河入海口 62 千米。该枢纽始建于 1930 年，是天津市北系水利枢纽工程，包括北运河船闸、北运河节制闸、新引河进洪闸和永定新河进洪闸，占地面积12.6万平方米，控制流域面积511万公顷，设计泄洪量每秒1800立方米，校核流量每秒2200立方米。工程以防洪为主，汛期泄北运河、永定河洪水，经永定新河入海，同时兼有灌溉、排涝、供水功能。2012年6月，被北辰区人民政府公布为区级文物保护单位。

2022年经济和社会发展

【概况】 2022年，北辰区全年完成地区生产总值709.1亿元、区级一般公共预算收入52.9亿元、固定资产投资356亿元，常住居民人均可支配收入45449元，同比增长2.6%，完成节能减排减污降碳目标。高标准完成20项民心工程，以全国第三、全市第一的成绩通过全国文明城区首轮复评。

【京津冀协同发展】 2022年，北辰区组织4场北京专题招商推介会，全年引进首都注册项目103个。坤鼎智能制造产业园、中船重工707所军工及民品产业化基地、麦积山鱼菜共生等项目落地，协议投资额58.4亿元。华科泰一期、华电氢能率先投产，SMC二期全面开工，中铁十八局京津城际地区综合开发、中材节能区域总部项目、京津医药谷起步区园区建设项目完成签约。国家级产城融合示范区建设进展顺利，完成核心区4条道路施工，启动11条道路建设，集聚各类企业329家，加快绿色新能源装备产业园、京东智能制造产业园等主题园区建设，努力打造承接北京非首都功能疏解“微中心”。全市出台26条支持政策，提速京津医药谷建设步伐，完成起步区土地利用规划调整、城市设计和产业规划方案，引入中电建、中国水利水电等央企共同开发建设。建成京滨高铁北辰站，成立站区办筹备组，全力做好北辰站开通前准备工作。举办京津冀联盟杯科技邀请赛北辰分区赛，加快北京市十一学校天津实验学校开学筹备工作，完成55家定点医疗机构异地门诊慢特病联网直接结算，与北京中日友好医院建立远程医疗协作。“墅外桃源—郊野公园—曙光水镇”入选文旅部全国乡村旅游精品线路。落实三地污染联防联控联治机制。

【经济建设】 2022年，北辰区主要经济指标在合理区间运行，财政收入降幅逐季收窄。全面贯彻落实“稳经济35条”及“接续26条”政策措施，为企业“退免减缓”税费超30亿元，发放稳岗返还补贴6520万元，发放各类就业补贴3987.3万元，为135家单位4301人缓缴社会保险。“网络融资超市”为253家次企业融资6.8亿元。“辰智贷”发放贷款6200万元，缓解企业资金压力。行政事业单位及区属国有企业减免房租1797.68万元，进一步降低市场主体经营成本。

招商引资　引进日立华北智能制造赋能中心、芯瑞达等项目122个，实际利用内资184.45亿元，新增注册企业2477个，注册资本111.15亿元，招商引资综合排名位居全市第三，创历史最好成绩。北辰经济技术开发区综合实力连续六年排名全国前30强，隆重举办了创建30周年庆祝活动。

制造业发展　深入实施制造业强区高质量倍增行动，实施新动能引育、科技创新赋能、产业载体提升、产业基础保障、产业生态优化“五大工程”。产业集群效应逐步显现，9条重点产业链在链规模以上企业突破420家，产值同比增长4%，占全区工业产值91.4%。企业创新能力稳步提升，国家级专精特新“小巨人”企业数量增至14家，市级“专精特新”企业增至84家。推动江天重工转型数据中心、华电重工转型氢能源，完成江铜华北、一汽富维等一批技改项目，推进伟星北方区域总部、SMC二期、弗兰德第十次增资扩能等项目建设，建科机械、水泥设计院、天锻压力机等17项成果获天津市科学技术奖表彰。特色主题园区建设稳步推进，依托爱旭、采埃孚等新能源企业，北辰区获批全市第一批绿色新能源装备产业特色主题园区。研发制造能力加速提升，培育国家级智能制造示范工厂2个、智能制造应用场景3个，获批国家级单项冠军企业2家、市级单项冠军企业2家、认定市级企业技术中心4个。22个项目获批市智能制造专项资金3215万元。新建河北工业大学科技园，深化北辰智能装备研究院建设，拓展高端装备和智能制造人才创新创业联盟载体功能，组建智能装备专家库。新引进楼宇企业554家，注册资金92.49亿元，盘活闲置楼宇2.9万平方米。

促进消费　积极融入“双中心”城市建设，加快建设淮东路商业圈，辰悦广场正式开业，北洋井项目取得新成效，耀津商业中心部分开业，天津首个亲子运动公园建成运营，潮悦汇项目整体竣工，生活性服务业档次不断提升。开展“潮北辰购实惠”促消费活动，发放消费券420万，进一步激发消费潜力。

对外经济　落实保税、跨境贸易便利化、信保等政策，增强企业抗风险能力和市场竞争力。北辰区信保企业覆盖面达到50%，184家企业获得出口信用保险承保支持。全年预计完成进出口总额264.9亿元，增长5.2%。外资到位累计实现1.45亿美元，增长64.3%，均位居全市前列。

新兴产业促进　新动能领域在建及待建项目33个、投资规模212.65亿元，储备项目17个、投资规模301.96亿元。战略性新兴产业、高技术制造业、高技术服务业增加值占比位居全市前列。全年评价入库雏鹰企业347家、瞪羚企业30家、科技领军（培育）企业28家，国家科技型中小企业652家，国家高新技术企业突破630家。发挥“科技成果超市”服务功能，征集科技成果1800余项，专家453位，签订产学研合作协议55项。全力推进知识产权强区建设，净增有效发明专利271件，获批商标质押融资2240万元，知识产权租赁融资500万元，成为首批国家知识产权强市建设试点区。

固定资产收入　2022年，全区在建项目284个、投资额2420.3亿元，新竣工项目62个、投资额219.3亿元。列入2022年市级重点项目库的24个项目全部开工，推动54个、总投资1066亿元项目列入2023年市级重点项目库。全力推动SMC气动元件、爱旭科技、朝亚大数据、精雕数控、大族激光等重点项目增资扩能，启动雅迪二期、中兴高端装备产业园、清源华越产业基地等项目建设。

融资贷款　围绕乡村振兴、生态环保、基础设施、社会事业等重点方向，聚焦专项债支持的10大领域。申报中央预算内资金、设备更新改造贴息贷款、中长期贷款等财政资金政策支持，持续为项目解决资金难题。全年专项债发行额度30.45亿元，争取中央预算内投资5501万元、中长期贷款2亿元、设备购置贴息贷款5000万元。

国企改革　完成国企改革三年行动任务，完成全部区级69项重点任务和88项市级重点任务，国企改革在市绩效考核中获得“三连优”。加快区属国企重组，组建北辰城乡发展集团，打造全区城市综合运营服务平台。推进经开公司和科园公司体制改革，实行中层干部竞聘上岗和部门精简，全面优化薪酬结构，激发加快发展新活力。

闲置资源盘活　制发《北辰区闲置资产整治专项行动工作方案》，研发北辰区国有资源管理信息系统，摸清全区行政事业单位及所属企业全部房产、土地底数，清仓见底。交易和出租房产45处、收益1968万元；处置闲置土地2宗、7.2公顷，推动5个历史遗留项目竣工验收、9个项目继续建设，收取违约金1562万元。行政事业单位及下属企业闲置资产整治专项行动取得阶段性成果。

政府服务效能提升　持续深化“一制三化”改革，完成“证照分离”改革涉企服务事项5170件，出台优化营商环境16条举措，推进政务服务“好差评”机制，实行“一窗通办”等创新举措，“网上办、一次办”比例达99%。建立“项目+团队”服务机制，企业平均跑动次数减少80%以上。构建以信用为基础的新型监管机制，拓展“信用+”惠民便企应用场景。扎实开展“双万双服促发展”活动，充分发挥三级包联作用，遴选78家产值高、税收多、潜力大的企业，由26位区级领导包联。在全区范围内开展市场主体提质增量暨服务企业“敲门行动”，服务各类市场主体1万余家次，149家企业异地迁入，新增税收1330万元。全区新注册市场主体1.4万户，累计达到8.5万户。

【社会保障服务】　举办线上招聘活动336场，为7933家次企业发布招聘岗位14万余个，实现零就业家庭动态清零。全年发放失业保险金、失业补助金累计1.3亿元。企业职工基本养老保险新增参保1.59万人，城乡居民基本医疗保险参保扩面26.03万人。对457名急难对象24小时内发放临救金123.6万元，全年临时救助1968人。新纳入低保救助815人。建成17个镇街级综合养老服务中心，新增养老床位317张。为残疾人配发无障碍辅助器具1100余件。发放优抚对象抚恤和定期生活补助金3366万元，31个退役军人服务站达到“全国示范型退役军人服务站”创建标准。

接收4所配套幼儿园和2所学校，天房璟悦府配套中学投入使用，新增学位3600个，四十七中学被遴选为市品牌高中建设项目培育学校，南仓中学被选为全市普通高中学生发展指导实验校。全区15家社区卫生服务中心和52家村卫生室实现医保联网，基层数字健共体云平台实现全覆盖。加强社区老年人健康服务，全年累计签约25.9万人，为60岁以上失能、半失能人员提供入户服务1.2万次。组织政府购买服务“送演出下基层”活动43场，举办体育赛事活动235场，新建提升各类体育健身设施33处。完成首批全区革命文物普查和第五批区级非遗代表性传承人认定工作，6个项目被评为第五批市级非物质文化遗产代表性项目，3个项目入选首批市级传统工艺振兴目录。

深刻汲取“7·4”“7·19”燃气事故教训，大力推进燃气安全“百日行动”，累计入户安检14万户，整改隐患8574户。深入开展安全生产攻坚行动、防风险除隐患保安全排查整治行动，一体推进燃气、危险化学品、建筑施工、农村自建房等重点行业领域隐患整治。增强食品安全治理能力，扎实开展中小学校外配餐、保健食品、粮食购销等专项行动，北辰区在全市食品安全工作考核中获评A级等次，入围第四批国家食品安全示范创建推荐城市名单。

【农业农村现代化】 2022年，北辰区持续加快农业农村现代化步伐，“一镇四村”获得全市乡村治理示范镇村称号。

建设高标准农田4300亩，完成设施农业种植1000亩，播种粮食面积12.91万亩，超额完成全年任务。蔬菜和食用菌产量超过5.7万吨，经济作物达到6020亩，水产产量超过3105吨，稻渔综合种养面积增至4600亩。德瑞特种业育繁推一体化基地、耕耘种业等种源基地实现种源技术自控，金亚麻蛋鸡、华园种猪场实现生态养殖。完成1050吨成品粮大米轮换工作，确保区级储备粮满足北辰区常住人口两个月口粮供应。

现代农业发展　建立益农信息社65个，市级重点龙头企业达到5家，全国农民合作社示范社1家，市级农民合作社11家，家庭农场达到158家。七里海鸡蛋、渔菜公社分别获得“津农精品”产品品牌认定。“红色河头、绿色双口”项目获得国家彩票公益金5000万元支持。庞嘴村海棠艺术园开园，民宿项目运营良好。青盛河畔农庄娱乐项目陆续开放，引进麦积山鱼菜共生项目。刘快庄村引进中逸安科标准化养鸡场和金鸿顺生猪产业建设项目，不断壮大村集体经济。

推进农村人居环境整治提升行动，完成农村污水管网和生活垃圾收运处置体系建设，卫生厕所普及率基本达到100%，新创建农村人居环境整治示范村2个，建成农村生活垃圾分类示范村8个。完成56个村乡村治理积分制推广，总量位居全市前列。扎实开展乡村振兴示范村创建工作，刘快庄村成功创建市级乡村振兴示范村。推进东西部协作和支援合作，投入财政资金9220万元，实施帮扶项目49个，助力脱贫攻坚成果巩固拓展。

【城乡建设】 2022年，北辰区加快示范镇建设和城中村改造，不断完善基础设施建设，加快推进土地出让收储。全面提升全国文明城区常态化创建水平，开展交通秩序、市容环境、乱搭乱建等10类专项治理，以全国第三、全市第一的成绩通过全国文明城区首轮复评。

全力推进“拆、建、还、出”各环节，尽快实现“四快”闭合。完成阳光卡蒂尔项目、宜兴埠A地块、勤俭村3个项目28.3万平方米还迁。吴嘴村项目完成主体竣工验收。王庄A地块、天穆0708地块完成主体施工。郭辛庄地块办理前期建设手续。青光镇韩家墅安置区1、2号地55.7万平方米开工建设。青光镇、大张庄镇75.2万平方米还迁房主体完工。示范镇完成挂牌出让252亩，具备挂牌出让条件170亩。稳妥推进双口示范镇建设，津雄高速北侧控规方案取得最终批复。

提升区域交通微循环，崇业道、尚竹路等4条道路及商河道、唐河道等配套项目顺利完工。辰永路、楚河道等7条道路进场施工，搭建起龙门东道沿线和核心区主要路网框架，打造北辰形象的“重要窗口”。青光示范镇欣永路、光照道等3条道路进场，金清路等4条道路及青光1#雨水泵站、双青2#污水泵站项目启动。完成刘安庄桥、辛侯庄桥、牛场桥3座桥维修改造，实施富善楼片区雨污水管网改造，不断补齐排水设施短板。北辰东道及综合管廊、外环东北部调线与津蓟快速路立交工程主体完工。铁东路上跨龙门东道立交工程加快建设，区域交通体系更加完善。

全年土地收储出让面积489.4亩，实现土地出让摘牌12.8亿元。科学合理确定收储规模，有序推动城市建设管理体制改革试点区域土地收储，有效保障用地需求。完成高峰路（原区园林绿化管理所、技术监督局）、辰宇实业有线电视地块、汽车工贸地块4宗29.9亩土地收储工作。

大力实施老旧小区和远年住房提升改造，完成8个小区66万平米改造任务，获评全市旧楼区长效管理工作示范区、优秀区。优化调整6条公交线路，建成2座标准化菜市场，群众生活更加便捷。全面推动智慧停车系统建设，为全区1.5万个道路停车泊位安装智能停车设施设备，新建4个临时停车场，新增车位700余个。强化城市精细化治理，完善城乡环卫一体化机制，17个垃圾分类箱房建成并投入运行，打造新村、瑞景等7个垃圾分类示范街镇。开展绿化美化行动，建设开放5座口袋公园，新建公园绿地面积1.6万平方米。

【生态环境建设】2022年，北辰区全力压减燃煤总量，银辰、万源两座供热站完成“煤改燃”，实现全区供热“无煤化”，清洁供热比例达到100%，燃煤消费低于市下达控制指标。加强节能管理24家重点用能单位节能监察全覆盖，完成14家重点用能单位在线监测系统建设。中国电建双口镇50兆瓦风电项目纳入市开发建设方案。可再生能源发电并网6万千瓦时。光大垃圾焚烧发电、晨兴力克生物质能发电装机容量提升至11万千瓦。大力发展循环经济，开展园区循环化改造。深化节水型社会建设，完成194家节水型单位创建。推进新能源汽车充电桩建设，全年新增居民小区公共充电桩436台，方便居民低碳出行。

实施蓝天保卫战，深入开展工业污染、扬尘污染、面源污染、移动污染等专项整治行动。$PM_{2.5}$平均浓度39微克，同比改善4.9%，优良天数达标率68.1%。实施碧水保卫战，加快构建水环境自动监测网络，新建13座区级地表水水质自动监测站，实现地表水水质自动监测全覆盖。实施引滦暗渠（北辰段）生态保护绿化项目，开展南水北调、引滦明渠水源保护区专项排查，确保饮用水源安全。地表水考核断面达标率为90%，优良水体比例达50%。推进地下水超采综合治理，地下用水总量和用水强度“双控”指标低于市控制指标。全面落实河湖长制，培树10名村镇级榜样河长，创建12条河道和农村坑塘沟渠“示范河湖”。实施净土保卫战，推进农药厂地块整体修复效果评估、异味控制消除。完成同生化工厂周边地块土壤污染状况调查和风险评估。

中共北辰区委

综 述

【概况】2022年，中共北辰区委以习近平新时代中国特色社会主义思想为指导，深入贯彻落实党的二十大和市第十二次党代会精神，对标对表党中央和市委重大决策部署，坚持稳中求进工作总基调，高效统筹疫情防控和经济社会发展，落实疫情要防住、经济要稳住、发展要安全重要要求，推动各项工作取得新的成效。

【党的领导】2022年，北辰区深入学习宣传贯彻党的二十大精神，制定《关于深入学习宣传贯彻党的二十大精神 奋力开创全面建设社会主义现代化强区新局面的实施意见》，组织宣传宣讲1200多场次，营造了学习宣传贯彻的浓厚氛围。扎实开展贯彻落实习近平总书记重要指示批示情况“回头看”，推动市委巡视反馈问题深度整改，逐条逐项督查检查，确保落实落地。坚决贯彻市第十二次党代会精神，制定《中共天津市北辰区委关于贯彻落实市第十二次党代会精神的实施方案》，确保市党代会精神落地见效。年内召开全体会议及常委会（扩大）会议55次、书记专题会28次。

2022年，北辰区坚持把学习宣传贯彻党的二十大精神作为当前和今后一个时期的首要政治任务，不断提高学习力度、广度、深度。通过系统宣讲报告会示范领学、邀请党的二十大代表现场讲学、举办村居干部专题培训深入研学等方式，推动全区2000多个基层党组织、4.2万名党员认真学习。将学习贯彻党的二十大精神纳入区委党校主体班次，高标准完成处级干部全员轮训，组织全体公务员参加网上专题培训。创新推出“红色随身听”，动员全区3000余名快递外卖小哥上门送货时为居民发放“党的二十大金句书签”，组织北辰退役军人艺术团、北门医院利剑艺术团创新快板、三句半、诗朗诵、红歌大家唱文艺节目等多种形式进行宣讲。（李慎龙）

区委理论学习中心组率先举办专题读书班，各级党委（党组）理论中心组和党员干部开展集中学习、集体学习、专题学习、读书班和参观践学等学习活动1000余次。发挥区委宣讲团、党校宣传团等各级各类宣讲队伍作用，开展“七进”宣讲教育1200余场次，天穆镇青年宣讲团宣讲经验在中央电视台新闻联播刊播。依托区级媒体矩阵，开设15个专题专栏进行专题报道，编发稿件1000余篇。邀请央媒市媒记者走进北辰，围绕“高质量发展北辰行”主题进行跟踪蹲点采访，推出有分量有影响的新闻稿件1800余篇，头版整版稿件110篇，《人民日报》《光明日报》、新华网等央媒刊发稿件260篇。在《天津日报》推出“非凡十年”图文专版，市电视台播出“链上倍增，加快建设制造强区”专题，“二十大代表风采”专栏采访党的二十大代表林则银，央视总台连线采访林则银。深化与《人民日报》海外版、《中国日报》等外宣媒体交流合作，推发稿件30篇专版8篇，魅力北辰活力北辰扬名海外；强力打造网络正能量，在“聚焦党的二十大”等专题专栏刊发稿件2万余篇，在新华网、中国小康网、新浪、网易等央媒市媒平台刊稿5000多篇，全网阅读1.6亿人次。引领网络大V推出《喜迎党的二十大》《平安北辰我的家》等短视频全网阅读5000万+，点赞7万多人次。

重点打造天津文化中心广场主题社会景观，让党的二十大文明风尚成为北辰最鲜亮的区域名片。在京津公路、北辰道、高峰路、辰昌路、龙门道打造重点点位大型宣传画面25个，制作铁艺小品宣传栏729余面，更换灯箱道旗300面，共制作宣传道旗600余面，更换灯箱道旗730面，张贴宣传海报1500余张。在北辰公园、集贤公园、明珠园、北辰道、京津路、光荣道等重点场所制作宣传标语、展牌18处。

开展迎庆党的二十大作品征集展播活动，组织党员群众通过创作诗歌、歌曲、短视频等形式，回顾辉煌成就，展望美好前景，创作书画剪纸、诗朗诵、短视频等作品300余篇。开展“德耀新征程·喜迎二十大”感动北辰文明人事迹展示活动，通过8名市道德模范、中国好人等典型代表线上展示，营造崇德向善浓厚氛围。依托新时代文明实践阵地，利用好草根宣讲员、身边好人、基层文化文艺骨干，通过面对面宣讲、送学入户、以演代讲等方式深入学习宣传党的二十大精神，累计开展各类学习宣传党的二十大精神主题活动300余场。（张怡然）

【京津冀协同发展】 2022年，北辰区引进首都项目103个，落地坤鼎智能制造产业园、中电建风力发电、华电氢能等一批优质项目。智能制造谷入选全市“1+16”重点承接平台，京津医药谷引入中电建等央企参与开发。京滨城际铁路及北辰站通车运营，北京市十一学校天津实验学校被确定为北辰区教育综合改革试点学校，与北京中日友好医院建立远程医疗协作。

【经济发展质量和效益】 2022年，北辰区全年实现地区生产总值709.01亿元，一般公共预算收入52.9亿元，固定资产投资356亿元，进入全市经济大区行列。招商引资和项目建设成效显著，落地内资项目117个，新增注册企业1646个，在建项目284个，新竣工项目62个，为高质量发展蓄势赋能。全区规模以上工业总产值同比增长4%，9条重点产业链产值占工业总产值比重达到91.5%，北辰区获批全市第一批绿色新能源装备产业特色主题园区，开发区综合实力连续6年进入全国前30强。积极融入“双中心”城市建设，北洋井未来天地、辰悦广场开业运营，淮东路商业圈建设加快推进。“雏鹰”“瞪羚”、科技领军企业、国家科技型中小企业和高新技术企业数量均位居全市前列。建设知识产权强区，成为首批国家知识产权强市建设试点城市。落实稳经济各项政策，“退免减缓”税费超30亿元。圆满完成区级国企改革三年行动重点任务，在市绩效考核获得“三连优”。乡村振兴战略深入实施，建设高标准农田4300亩，“墅外桃源—郊野公园—曙光水镇”旅游线路入选全国乡村旅游精品线路，一镇四村获评全市乡村治理示范镇村称号。

【城市功能和城乡环境】 2022年，北辰区城市建设和管理体制改革试点稳步推进，带动全区出让土地489.41亩。城中村改造和示范镇建设实现55.7万平方米安置房开工建设、113.9万平方米主体完工、28.3万平方米还迁入住。落实“双碳”目标，全区清洁供热比例达到100%，深入打好污染防治攻坚战，地表水水质自动监测网络实现全覆盖。以全国第三、全市第一成绩通过全国文明城区复评。

【民生保障】 2022年，北辰区高标准完成20项民心工程，新增就业1.95万人。深化与天津师大教育集团合作，新增学位3600个。分级诊疗及医联体建设深入推进，基层数字健共体云平台实现全覆盖。开展各类演出活动54场，成功举办第七届“天穆杯”全国小品展演。

【社会治理】 2022年，北辰区巩固“一核一网多元共治”工作经验，加快市域社会治理现代化试点创建，孵化基层社会治理创新项目100余个，北辰区见义勇为经验在全国工作交流会上作典型介绍，双环邨派出所获评“全国公安机关执法示范单位”。扎实推进法治北辰建设，构建重大行政决策“1+8”制度体系，北辰区获评全市法治政府建设示范区，刘快庄村、青光村入选第九批“全国民主法治示范村”。全力做好治理重复信访、化解信访积案专项工作，圆满完成党的二十大、北京冬（残）奥会等活动的安保任务。常态化开展扫黑除恶斗争，公安北辰分局扫黑大队获评全国公安优秀基层单位称号。开展安全生产排查整治行动，整改隐患问题2万余项。

【全面从严治党】 2022年，北辰区开展“迎盛会、铸忠诚、强担当、创业绩”主题学习宣传教育实践活动，创新开展“政治三日”示范和争做“八大先锋”行动，经验做法被中央电视台新闻频道报道。深化党建“标准化”“项目化”创建，征集特色党建项目117个，“五常五送”工作法写入市第十二次党代会报告，“先蜂骑手”党建品牌不断深化，建成300多个红色加油站，经验做法被中组部《组工信息》刊发。树立正确选人用人导向，探索实施政治素质考察“六个一”工程，建立“三项清单”核查机制，在全市先行先试领导干部法治素养和依法履职情况考核评价。驰而不息纠“四风”、树新风，深入开展巡察、派驻工作，深挖细查各类腐败问题，始终保持风清气正的政治生态。（蒋东华）

【“迎盛会、铸忠诚、强担当、创业绩”主题学习宣传教育实践活动】 2022年，北辰区召开“迎盛会、铸忠诚、强担当、创业绩”主题学习宣传教育实践活动工作领导小组扩大会6次，编发区级简报64期，制发宣传材料5万余份，推动全区高质量开展4个专题集中学习研讨和专题组织生活会，各级党组织开展主题党日1.1万余次，主题活动工作走在全市前列。在农村、社区、机关、窗口单位和服务行业、国有企业、“两新”组织、教育、卫健等8个领域创新开展争创“八大先锋”行动，选树5个先进集体和65名优秀个人，激励全区党员比学先进、干事创业，经验做法在《天津日报》《天津工作》上刊发，“便民利企”先锋经验在央视《朝闻天下》报道。深入推进“我为群众办实事”实践活动，指导各单位制定“两个清单”6442项，为群众解难题办实事1.5万余件。认真落实“双联双访”制度，党员领导干部走访联系点和群众6455次，解决各类问题2279个。

（李慎龙）

重要会议

【概况】 2022年，中共北辰区委员会（以下简称“区委”）坚持以习近平新时代中国特色社会主义思想为指导，持续稳步推动各项工作。全年召开区委全会5次，区委常委会（扩大）会议55次。

【中国共产党天津市北辰区代表会议】 2022年5月7日，中国共产党天津市北辰区代表会议召开，区委书记冯卫华主持会议，来自全区各条战线的272名党代表出席会议。会议以投票选举的方式选举产生了17名北辰区出席中国共产党天津市第十二次代表大会代表。

【区委全体会议】 2022年2月10日，中国共产党天津市北辰区第十二届委员会第三次全体会议暨经济工作会议召开。全会坚持以习近平新时代中国特色社会主义思想为指导，深入贯彻落实党的十九大和十九届历次全会精神，全面落实中央经济工作会议和市委十一届十二次全会暨经济工作会议精神，部署2022年全区重点任务。全会由区委常委会主持，区委书记冯卫华代表区委常委会讲话，区委副书记、区长徐晖对《中共天津市北辰区委2022年工作要点》起草情况进行说明，区人大常委会主任许南、区委副书记王旭东出席。全会传达学习中央经济工作会议和市委十一届十二次全会暨经济工作会议精神，讨论《中共天津市北辰区委常委会2021年抓党建工作情况报告》，审议通过《中共天津市北辰区委2022年工作要点》《关于将区法学会、区文学艺术界联合会、区计划生育协会列入群众团体序列的工作方案》和《中国共产党天津市北辰区第十二届委员会第三次全体会议决议》。

3月8日，中国共产党天津市北辰区第十二届委员会第四次全体会议召开。全会坚持以习近平新时代中国特色社会主义思想为指导，深入贯彻落实党的十九大和十九届历次全会精神，认真执行市委《关于做好天津市出席党的二十大代表候选人预备人选推荐提名工作的通知》要求，确定北辰区推荐提名天津市出席党的二十大代表候选人初步人选推荐名单。全会由区委常委会主持，区委书记冯卫华代表区委常委会讲话。

4月20日，中国共产党天津市北辰区第十二届委员会第五次全体会议召开。全会坚持以习近平新时代中国特色社会主义思想为指导，深入贯彻落实党的十九大和十九届历次全会精神，严格按照市委《关于中国共产党天津市第十二次代表大会代表选举工作的通知》要求，确定北辰区出席天津市第十二次党代会代表候选人预备人选。全会由区委常委会主持，区委书记冯卫华代表区委常委会讲话。

5月5日，中国共产党天津市北辰区第十二届委员会第六次全体会议召开。全会坚持以习近平新时代中国特色社会主义思想为指导，深入贯彻落实党的十九大和十九届历次全会精神，按照市委《关于中国共产党天津市第十二次代表大会代表选举工作的通知》要求，确定中国共产党天津市北辰区代表会议召开时间，审议通过《中共天津市北辰区第十二届委员会第六次全体会议决议》。全会由区委常委会主持，区委书记冯卫华代表区委常委会讲话。

12月9日，中国共产党天津市北辰区第十二届委员会第七次全体会议召开。全会高举习近平新时代中国特色社会主义思想伟大旗帜，深入学习宣传贯彻党的二十大精神，全面落实市委十二届二次全会部署要求，传达学习全市领导干部会议精神，对党的二十大精神学习宣传贯彻工作进行再部署、再动员、再推动。全会由区委常委会主持，区委书记倪斌代表区委常委会作了讲话，区委副书记、区长徐晖，区人大常委会主任许南，区委副书记王旭东出席。全会审议通过了《中共天津市北辰区委关于深入学习宣传贯彻党的二十大精神奋力开创全面建设社会主义现代化强区新局面的实施意见》和全会决议。

【区委常委会（扩大）会议】 2022年1月26日，区委书记冯卫华主持召开区委常委会暨区委党的建设工作领导小组（扩大）会议。会议传达学习《关于2021年中央政治局贯彻执行中央八项规定情况的报告》《关于2021年整治形式主义为基层减负工作情况的报告》和市委常委会暨市委党的建设工作领导小组（扩大）会议精神，观看基层党建巡查专题片，听取党（工）委书记抓基层党建述职和述责述廉汇报并进行点评，随后进行民主评议。

2月18日，区委书记冯卫华主持召开区委常委会会议。会议传达学习全国和全市组织部长会议精神、市十七届人大六次会议和市政协十四届五次会议精神、全市党管武装工作述职会议精神、十一届市纪委十次全会会议精神，听取区纪委监委2021年工作情况汇报并审议相关文件。

3月17日，区委书记冯卫华主持召开区委常委会会议。会议传达学习贯彻习近平总书记全国两会期间一系列重要讲话精神，传达学习贯彻十三届全国人大五次会议、全国政协十三届五次会议精神和市委常委会扩大会议精神、市委常委会会议暨市委党的建设工作领导小组会议精神和全市“迎盛会、铸忠诚、强担当、创业绩”主题学习宣传教育实践活动部署会暨领导小组第一次（扩大）会议精神，审议北辰区相关文件，开展换届纪律专题学习。

4月8日，区委书记冯卫华主持召开区委常委会会议。会议传达学习习近平总书记在中共中央政治局第三十七次集体学习时的重要讲话精神、中央政法委第八次新时代政法工作创新交流会会议精神、市委常委会相关议题精神和全市信访工作会议精神，听取北辰区贯彻落实思路举措和全区网格化管理工作汇报。

5月10日，区委书记冯卫华主持召开区委常委会扩大会议暨一季度经济运行分析会、区财经委员会2022年第一次会议。会议传达学习4月29日中共中央政治局常委会会议精神、4月26日中央财经委第十一次会议精神和4月21日市委常委会扩大会议精神，听取一季度全区经济运行情况汇报。

6月10日，区委书记、区委外事工作委员会主任冯卫华主持召开区委常委会会议暨区委外事工作委员会会议。会议深入学习贯彻习近平外交思想，传达学习贯彻市委外事工作委员会第五次会议精神，听取区委外事工作委员会2021年工作汇报，审议2022年工作要点。

7月15日，区委书记冯卫华主持召开区委常委会会议。会议传达学习习近平总书记给种粮大户回信重要精神、中央全面深化改革委员会相关会议精神和市委全面深化改革委员会相关精神，审议北辰区委全面深化改革委员会相关工作文件，传达学习全国和全市安全生产电视电话会议精神，听取全区上半年安全生产工作情况汇报。

8月10日，区委书记冯卫华主持召开区委常委会扩大会议暨上半年经济运行分析会、区委财经委员会会议。会议传达学习中共中央政治局会议精神和市委常委会扩大会议精神，总结分析全区上半年经济运行情况，安排部署下一阶段重点工作。

9月9日，区委书记冯卫华主持召开区委常委会会议。会议传达学习天津市学习贯彻习近平总书记给参加海峡青年论坛的台湾青年回信精神座谈会暨2022年全市对台工作中期推动会会议精神，听取北辰区上半年对台工作情况及下半年工作计划汇报，传达市纪委监委《关于严格落实中央八项规定精神做好中秋、国庆期间正风肃纪工作的通知》以及中央纪委国家监委和市纪委监委公开曝光的违反中央八项规定精神典型问题通报。

10月11日，区委副书记、区长徐晖主持召开区委常委会会议。会议研究审议了《北辰区新时代马克思主义政治人才培养工程实施方案》等事宜。

11月17日，区委书记冯卫华主持召开区委常委会扩大会议暨前三季度经济运行分析会、区委财经委员会会议，深入学习贯彻党的二十大精神，分析研判经济形势，安排部署重点任务，推动全区经济社会实现高质量发展。会议传达学习市委常委会扩大会议相关议题精神，听取了前三季度全区经济运行情况汇报，与会区领导联系实际安排部署了相关工作。

12月26日，区委书记倪斌主持召开区委常委会会议。会议传达学习贯彻中央经济工作会议精神，传达学习贯彻市委常委会扩大会议、市委各区经济工作座谈会、市委市级经济部门座谈会、市委科学家企业家座谈会、市疫情防控领导小组会议精神，听取区人大常委会、区政府、区政协、区人民法院、区人民检察院党组工作汇报，听取代表委员建议提案、20项民心工程办理情况并研究部署2023年民心工程相关工作。

【区委协调议事机构会议】 2022年1月28日，区委书记冯卫华主持召开区委审计委员会全体会议。会议传达学习了中央和市审计部门相关文件，审议北辰区相关文件并围绕推动审计工作高质量发展进行交流。

4月1日，北辰区委统一战线工作领导小组全体会议暨区委对台工作领导小组全体会议召开，深入学习贯彻习近平总书记关于加强和改进统一战线工作的重要思想，总结2021年统战工作，安排部署2022年重点任务。区委书记冯卫华主持会议并讲话。区委常委、统战部部长李洪东传达了市委民族工作会议暨全市宗教工作会议精神，与会人员审议《北辰区委统一战线工作领导小组2021年工作总结和2022年工作要点》等相关文件。

4月7日，北辰区召开安全生产工作会议暨安委会全体（扩大）会议，传达习近平总书记重要指示和李克强总理批示精神，传达全国安全生产电视电话会议和全市安全生产工作会议精神，并对全区防风险除隐患保安全排查整治行动进行部署。区委书记冯卫华出席并讲话。会议以视频形式召开，各镇街、开发区设分会场。

4月13日，北辰区召开东西部协作和支援合作工作领导小组会议，安排部署2022年东西部协作和支援合作重点任务。区委书记冯卫华主持并讲话。会上，副区长张炳柱传达学习习近平总书记重要讲话精神、国家乡村振兴局专题会精神及全市2022年东西部协作和支援合作工作推进会精神，与会人员审议北辰区东西部协作和支援合作工作相关文件及各专项工作组2022年工作方案。

4月24日，北辰区农村工作会议暨区委农村工作领导小组第二次会议召开。区委书记冯卫华出席并讲话。会上，区委副书记王旭东对2022年“三农”工作重点任务进行安排部署，副区长许伟传达了中央及全市农村工作会议精神，与会人员审议了北辰区深入推进乡村振兴等文件。

4月29日，北辰区召开2022年文明委会议，安排部署各项重点工作。区委书记冯卫华主持会议并讲话。会上，与会人员听取2021年全区精神文明建设工作开展情况及2022年精神文明建设工作计划汇报，审议北辰区精神文明建设工作相关文件。

6月10日，区委书记冯卫华主持召开

北辰区河（湖）长制工作领导小组和区防汛抗旱指挥部会议。会议传达学习了天津市河（湖）长制工作领导小组会议暨全市防汛抗旱工作会议精神，听取北辰区河长制工作和防汛抗旱工作情况汇报。

6月10日，区委书记冯卫华主持召开北辰区委教育工作领导小组会议，听取区委教育工作领导小组2021年工作情况汇报，审议了《中共天津市北辰区委教育工作领导小组2022年工作要点》。

6月13日，区委书记冯卫华主持召开北辰区京津冀协同发展领导小组会议。会议传达学习国家京津冀协同发展领导小组会议精神和市政府常务会会议精神，听取全区深入推进京津冀协同发展工作情况汇报，审议《北辰区2022年深入推进京津冀协同发展工作方案》及任务分工。

8月12日，北辰区召开革命老区建设促进会第一次全体会员大会，产生了新一届理事会及领导班子，正式成立北辰区革命老区建设促进会。市老促会会长刘长喜、区委书记冯卫华出席并讲话。会上，与会人员听取北辰区老区建设促进会第一届理事会理事、监事名单及会长、副会长、秘书长名单和《北辰区革命老区建设促进会章程》。

8月23日，区委审计委员会召开第九次全体会议。区委书记冯卫华主持会议并讲话。会上，与会人员传达学习了习近平总书记在中央审计委员会第5次会议上的重要讲话精神和市委审计委员会会议精神，审议审计工作相关文件。（张　翱）

组织工作

【概况】2022年，中共北辰区委组织部（以下简称区委组织部）扎实做好党的二十大精神学习贯彻工作，组织开展“迎盛会、铸忠诚、强担当、创业绩”主题学习宣传教育实践活动。实施政治素质考察“六个一”工程，制定年轻干部培养若干措施，开展年轻干部系列座谈会，全年提拔交流干部209人次。增强党组织政治功能和组织功能，“五常五送”工作法写入市第十二次党代会报告，“红色河头、绿色双口”项目成功获批中央彩票5000万元专项公益金，“先蜂骑手”党建品牌经验做法被《人民日报》和中组部《组工信息》刊发。实施人才强区战略，成立北辰区高端装备和智能制造产业链党委，依托人才联盟全市率先组建智能装备副高级职称评审委员会，启动首期3万平方米人才创新创业园建设，为联盟建设纵深发展提供载体支撑。2022年市委组织部刊物上稿量位列全市第一。

【干部教育培训】2022年，区委组织部全年举办处级干部进修班、专业化能力培训班等主体班次28期、网络培训7期，培训1.5万余人次，完成党的十九届六中全会、党的二十大精神处级领导干部全员轮训。加强换届后新任领导班子成员的思想政治建设，区委主要领导在区委党校春季学期开班式上作专题辅导。抓好优秀年轻干部专题培训，遴选50名处科级优秀年轻干部组建第六期“辰青班”，选派学员到经济、城建、党务宣传、基层治理、民生保障等一线岗位上实践锻炼。

2022年，区委组织部严格执行发展党员“双承诺”“联审联查”等6项制度，加大在产业工人、青年农民和“两新”组织中发展党员力度，全年举办发展对象短期集中培训班3期，新发展党员460人，党员队伍结构持续优化。创新开展“三会一课”、主题党日、政治生日“政治三日”示范展示活动，推动基层党组织举办示范展示活动100余场，形成了社区“大党委”党建联盟主题党日活动、社会组织政治生日、乡村振兴党员大会等一批典型案例，经验做法被新华社、共产党员网、天津日报等宣传报道。高标准开展农村发展党员违规违纪问题排查整顿“回头看”工作，组织各镇党委围绕3大项12小项重点问题进行“回头看”，对存在“四类问题”的党员档案进行大起底，针对问题短板、薄弱环节进行全面查漏补缺、整改提高，持续用力提升农村发展党员工作质量。

【干部监督管理】 2022年，区委组织部落实组织部门列席下级党组织会议制度，深入镇街对9个方面24个重点问题进行指导监督检查，经验做法被《中国组织人事报》刊发。创新开展“亮牌”管理模式，出台《北辰区年轻干部“亮牌”管理监督实施办法（试行）》，采取正反向测评、“啄木鸟”多方会诊等方式，为每名副处级及以上年轻干部赋分“画像”、监督“亮牌”。扎实开展领导干部个人有关事项报告工作，举办领导干部报告个人有关事项专题辅导培训会，报告对象培训覆盖率100%、按时报告率100%。持续加强选人用人监督管理，对全区82个单位进行“一报告两评议”民主测评工作，对各单位年度选人用人工作情况和新提拔82名科级干部的民主评议结果进行统计分析，进一步提高选人用人公信度。

【基层组织建设】 2022年，区委组织部推进党建标准化、项目化创建，指导推动全区2036个基层党组织建立党建工作清单，面向全区征集特色党建品牌117个、评选区级优秀项目20个。抓好党建引领基层治理工作，全域推广“五常五送”工作法，推动279个村居将“早看窗帘晚看灯”和“七彩民情图”作为必修课，“五常五送”工作法写入市第十二次党代会报告。推进物业党建联建，开展“辰馨管家”品牌创建活动，相关经验做法在《中国组织人事报》和市委内部刊物刊发。推进抓党建促乡村振兴，创新实施乡村振兴蹲点调研，形成近50万字调

2022年10月15日，双口镇中河头村党总支组织党员学习　　（区委组织部　供图）

2022年11月15日，北辰区召开第10期年轻干部座谈会　　（张森迪　摄影）

查报告。打造“红色河头、绿色双口”，复原天津第一个农村支部旧址，成立中河头红色文化研究会，成功获批中央彩票5000万元专项公益金，筹建红色文化产业园，推动村集体增收、农民致富。加强新业态新就业群体党建，创新打造艺术园区“五彩党建法”，启动小淀国际艺术区党群服务中心改造和综合党组织建设。深化外卖行业“先蜂骑手”党建品牌，全域建成300余个红色加油站，研发管理服务系统，引导外卖快递员融入基层社会治理，经验做法在中组部《组工信息》刊发。

【选人用人】 2022年，区委组织部探索实施“六个一”政治素质考察提升工程，建立基本信息清单、政治纪实清单、干部实绩清单“三项清单”核查机制，全方位做实做优政治素质考察，坚决防止“带病提拔”“带病上岗”。全市先行先试领导干部法治素养和依法履职情况考核评价，制定印发实施办法，明确正反向13种情形和9种考核方式，相关结果作为年度考核评优、提拔使用重要参考依据。全年提拔交流干部209人次，其中在斗争一线提拔晋升76名，占提拔晋升总数的78.4%。持续拓宽区管国有企业领导干部引进渠道，面向全国公开选聘、引进副总3名。持续加大年轻干部培养力度，制定年轻干部培养若干措施，建立年轻干部成长档案，常委部长主持召开年轻干部座谈会10场，统筹巡视巡察等重点工作，组织110余人次处级领导干部、优秀年轻干部培训班学员到重大任务一线、急难险重岗位锻炼。

【人才工作】 2022年，北辰区成立北辰区高端装备和智能制造产业链党委，实施党建联盟轮值企业制度，定期召开产业链党建工作现场推进会，搭建链上企业沟通交流、招才引智平台。在全市率先依托联盟组建天津市工程技术系列智能装备专业副高级职称评审委员会，7月底完成首次评审工作，79人获评副高级职称。全市唯一以联盟为申报主体，承办“高端装备和先进制造关键共性技术”国家级高级研修项目培训班，邀请天津大学、中国北方发动机研究所等知名高校院所专家教授为42家企业60名专业技术人员授课。打造高端装备和智能制造产业人才创新创业园，拨付资金800万元启动园区首期3万平方米起步区建设，为联盟建设纵深发展提供载体支撑。

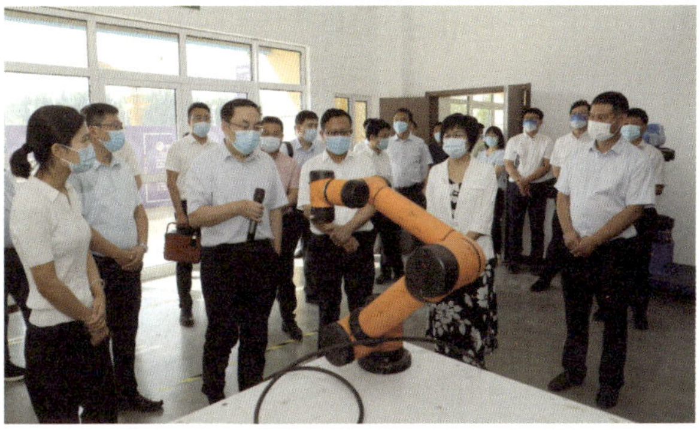

2022年9月9日，天津市高端装备和智能制造人才联盟承办"高端赋能 智造未来"跨联盟人才项目对接活动，现场参观河北工业大学北辰智能装备研究院

（区委组织部 供图）

【公务员管理】 2022年，区委组织部完成公务员公开招考、选调生定向招录以及村（社区）党组织书记定向招录等各项考录工作，全年累计招录110人，其中研究生及以上学历48人，占招录总人数的43.6%，相关经验做法在《中国组织人事报》上刊发。统筹用好职务职级两条晋升通道，充分调动公务员的工作积极性，全年提拔晋升科级及以下干部589人次。推进"组团式"帮扶模式，组建专业对口、结构互补、协同高效的帮扶团队，打造示范学校、示范医院、示范园区和示范村庄等"四个示范"工程，全年为新疆和田、西藏丁青、甘肃正宁和甘肃华池等结对地区选派干部人才80人，超额完成选派任务。平稳有序完成公务员津贴补贴清理规范工作，对各单位工资福利管理工作进行调研服务，完成公务员工资调标、晋级晋档、年终一次性奖金等日常工资审批业务15000余人次。

【绩效管理】 2022年，区委组织部紧盯区委中心工作、重点任务抓绩效管理，2021年度北辰区在市绩效考评中被评定为优秀等次，实现绩效考评"三连优"。扎实开展2021年度市绩效考评整改工作，召开市绩效考评反馈问题整改落实暨2021年度市绩效考评中期推动部署会，推动整改措施落实到位。认真开展2022年度绩效考评工作，编制下发《2022年度市绩效考评指标任务分解表》，联合区委督查室、区统计局对30家市绩效考评指标承接单位进行调研服务，举办承接市绩效考评指标年终迎检工作专题部署会。调整优化区级绩效考评指标，高标准完成全区84家单位2021年度区级绩效考核评定工作和2022年度区内绩效考评方案制定工作，引导各单位向中心聚焦、为大局聚力。（李慎龙）

宣传工作

【概况】 2022年，中共北辰区委宣传部（以下简称区委宣传部）紧紧围绕学习宣传贯彻落实党的二十大精神主题主线，认真贯彻落实《中国共产党宣传工作条例》。认真做好党的二十大和市十二次党代会精神的学习宣传，推动各级理论学习中心组学习1000余次。做好"全面学习深入领悟认真贯彻党的二十大精神""奋进新征程 建功新时代""二十大代表风采""天津这十年·非凡北辰"等15个专题专栏，编发稿件1000余篇，邀请《人民日报》、新华社等央媒市媒记者围绕"高质量发展北辰行"

进行蹲点主题采访，推出稿件1800余篇。完善“建育管用”机制，结对服务1000余户、提供菜单服务2068单、开展惠民服务6000余次。将意识形态工作纳入区委重要议事日程、全面从严治党责任范畴以及巡察、党建、述职述廉等相关工作考评内容，持续落实落细意识形态各项工作。

【思想理论建设】 2022年，区委宣传部认真做好党的二十大和市第十二次党代会精神的学习宣传，推动各级理论学习中心组学习、集体学习、专题研讨和读书班学习、参观见学活动1000余次，征订《习近平谈治国理政（第四卷）》等理论书籍20余万册，党报党刊征订超额完成年度任务。发挥区委宣讲团、党校宣讲团、老干部宣讲团、文艺轻骑兵宣讲团等特色宣讲队伍作用，开展宣讲活动1200余场次。党的二十大代表林则银、老干部宣讲团成员杨光祥宣讲事迹在“学习强国”天津平台、市委讲师团微信公众号刊发展示，阅读点赞量超10万。“微北辰”获评优秀理论宣讲微信公众号，区人民检察院闫旭彤撰写的《踔厉奋发起新程 奋楫笃行向未来》宣讲报告获评市级优秀理论宣讲报告。开展“心向党·迎盛会”主题演讲活动，筛选10个优秀作品在“微北辰”平台集中展示，阅读点赞量超10万。推广“学习强国”平台学习宣传应用，全区注册人数4万多人，覆盖率100%。10月“学习强国”北辰学习平台正式上线，策划开设“津辰撷萃、牢记嘱托、文明实践、辰星逐梦、文润沽北”5个栏目。

2022年7月6日，区委宣传部开展“深入学习宣传贯彻市第十二次党代会精神 以宣传思想文化战线高质量工作再立新功”宣讲活动 （区委宣传部 供图）

【社会宣传】 2022年，区委宣传部围绕党的二十大社会宣传，精心打造文化中心核心景观小品1处、主次干道沿线重点宣传景观25处、过街天桥及灯杆道旗1650处、整合使用LED屏309块，形成了立体覆盖的社会宣传矩阵。结合“迎盛会、铸忠诚、强担当、创业绩”主题教育实践活动工作、疫情防控、乡村振兴等重点工作，依托爱国主义教育基地、小淀国际艺术街区等红色阵地开展宣教活动，张贴海报、宣发折页、悬挂条幅5万余张条。以“北辰发布”“微北辰”等区媒平台为引领，突出正面议题设置，精心策划“深学笃用 天津行动”“学深悟透新思想 真抓实干谋发展”等宣传主题，采取微博话题、短视频、动漫、H5、长图等形式及时发布政策、传递信息，弘扬正能量。

2022 年 10 月 13 日，区委宣传部在北辰区新时代文明实践基地青光镇韩家墅村墅外桃源举办北辰区第十六届感动北辰文明人事迹展示活动　　（区委宣传部　供图）

【新闻宣传工作】 2022 年，区委宣传部做好“全面学习深入领悟认真贯彻党的二十大精神”“奋进新征程 建功新时代”“二十大代表风采”“天津这十年 · 非凡北辰”等 15 个专题专栏，编发稿件 1000 余篇。邀请《人民日报》、新华社等央媒市媒记者围绕“高质量发展北辰行”进行蹲点主题采访，推出稿件 1800 余篇。其中，央媒 260 篇、市媒头版整版 110 篇。及时妥善处置突发事件引发的社会舆情，有效协调完成市媒监督性报道 60 余次。

【精神文明建设】 2022 年，区委宣传部全面覆盖规范建设文明实践阵地 316 个，评定星级所站队 34 个。完善“建育管用”机制，结对服务 1000 余户、提供菜单服务 2068 单、开展惠民服务 6000 余次。以文明实践助力党建引领，通过“1+1+N”共建模式（1 名区级领导挂点、1 个结对单位助推、N 个共建单位融合）推进“我为群众办实事”实践活动，落实“微心愿”5 万余个。以文明实践助推社会治理，融入“五常五送”“七彩民情图”服务机制，联手织密村居“红色网格群”。以文明实践赋能乡村振兴，采取“板凳课堂”“红船党课”等形式开展服务活动 4200 余场次。创新建设模式、运行方式和活动形式，推出“家风示范街”“雷锋街区”“好人街区”等实践项目。拓展文明实践服务领域，打造“红色文旅”“双碳思政课”等特色实践品牌 26 个。以培育选树的 84 名志愿服务先进典型为引领，加强礼遇待遇和宣传推介。成立文明城区建设服务指导中心，组建辰青班学员先锋队，加强蓝军协同配合，严格日查周督、月测季评机制，排查发现问题点位 1 万余个，推动整改 25 批次，整改率 98% 以上。围绕 10 类顽瘴痼疾短板弱项，开展“文明劝导”“楼道革命”等专项治理行动，加大“城市文明我践行”媒体监督曝光力度。铺设柏油路面 2 万平方米，修缮便道 1.5 万平方米，整治违章停车点

2022 年 4 月 29 日，北辰区召开 2022 年文明委会议，安排部署各项重点工作

（区委宣传部　供图）

位205个，治理“蜘蛛网”社区32个，清理楼门堆物万余处。

【意识形态工作责任制】2022年，区委宣传部将意识形态工作纳入区委重要议事日程、纳入全面从严治党责任范畴、纳入区委常规巡察、纳入党建责任制、纳入民主生活会和述职述责等工作内容，开展风险隐患月度排查12次、专题报告通报各2次。加强阵地建设，巩固壮大主流思想舆论，践行社会主义核心价值观，推进公民道德建设。

【新闻出版工作】2022年，区委宣传部深入推动“扫黄打非”、新闻出版和网络生态治理工作，开展专项治理，全年办结出版领域案件2起、版权领域案件2起，排查属地网站2931家、APP平台323个，注销违规网站17家。（张怡然）

统一战线工作

【概况】2022年，中共北辰区委统一战线工作部（以下简称区委统战部）将统战工作纳入重要议事日程，纳入领导班子、领导干部目标管理和主责考核内容，纳入政治巡察与监督执纪问责范围。全年区委常委会会议研究部署统战工作11次，区委统战（对台）工作领导小组召开（扩大）会议2次，审议通过有关文件7个，开展调研服务8次，作出批示28次。组织召开区委统战工作会议，举办区委理论中心组学习大讲堂和学习贯彻中央统战工作会议专题研讨班，开展学习研讨活动11次，收集心得体会文章百余篇。区级党员领导与党外代表人士开展联谊交友78次，听取意见建议、帮助解决问题。组织开展“基层统战我来做、我来讲”活动，刊发基层和各领域统战故事、学习体会等30余篇。

【思想引领工作】2022年，区委统战部举办统一战线宣讲会7场，组织统战各界人士、党外干部、机关干部共760余人，收听收看党的二十大开幕会并研讨交流。在微信公众号“微北辰”开设专栏，发布党外人士热议党的二十大文章33篇。认真学习贯彻市第十二次党代会精神，坚持原原本本学、联系实际学、深入思考学，为机关党员干部、包联社区宣讲2次。扎实组织开展“迎盛会、铸忠诚、强担当、创业绩”主题学习宣传教育实践活动，与统一战线各领域主题教育紧密结合，举办相关活动40余场次，编制《统战学习资料》17期。

【服务中心大局】2022年，区委统战部全力构建“大统战大防疫”格局，面对本土多轮疫情，号召全区统战成员累计捐款捐物5650余万元。协调统战领导小组成员单位制定疫情期间货物流通标准，全力保障民营企业生产运营。抓实抓细统一战线风险隐患防范化解工作，确保二十大期间统战领域安全。

【多党合作事业】2022年，区委统战部对标《中国共产党政治协商工作条例》，完善“协商计划—明政视察—协商会议—《党外之声》—《回声》反馈”全闭环工作机制，高质量开展政党协商会议4次，50余条意见建议转交相关部门决策参考。印发《关于鼓励我区党外代表人士撰写高质量提案的通知》，在全国“两会”关键节点，提前谋划、普遍动员、重点约稿，征集意见建议近百篇，被市委统战部采纳8篇。支持各党派开展“矢志不渝跟党走、携手奋进新时代”政治交接主题教育，推进廉政警示教育，切实加强民主党派自身建设。

【民族宗教工作】 2022年，区委统战部落实中央民族工作会议精神、全国宗教工作会议精神，召开区委民族工作会议暨全区宗教工作会议，部署全区新时代民族宗教工作。深化民族团结进步创建“九进”，开展各类活动60余场次。做好少数民族流动人口服务管理工作，更新完善人口信息数据库，解决居住证办理、就业入学、生产经营等问题。举办各族毕业生校企对接、专场招聘会5场，缓解就业实习压力。加强清真食品监管，部署重要节点专项检查6次，累计完成清真食品备案318家，实现应备尽备。开展宗教界“爱国主义、集体主义、社会主义”教育系列活动，组织非遗文化行、崇俭戒奢座谈会等各类活动7场次，进一步引导宗教界坚定“五个认同”。

【非公经济领域统战工作】 2022年，区委统战部推动“问计问需、服务民企”常态化，召开助企纾困政策宣讲会6次，为企业解决实际问题30余件，协调银行机构解决民企融资需求近8亿元。搭建法律服务平台，建立企业法治体检中心，成立“聂松法官工作室”，为民企解决房屋租金、厂房租赁方面等法律诉求6项。利用微信公号开设“北辰民企风采录”专栏，助力民企宣传推介产品，促进供需双方精准对接。加强商会建设，调整优化班子结构，北仓镇商会被认定为全国“四好”商会。强化民营经济人士理想信念教育，建立分享、学习、交流、活动、总结“五个一”学习机制，举办北辰区基层商会党组织书记培训班，组织民营经济人士代表开展红色教育，3名民营企业家获2022年天津市“五一劳动奖章”。

【党外知识分子和新的社会阶层人士统战工作】 2022年，区委统战部开展党外知识分子、无党派人士、自由职业者摸底调研，细化梳理人员底册，工作基础进一步夯实。全年新认定无党派人士25人。发挥新的社会阶层人士服务帮扶机制作用，举办“新时代、新讲堂”系列主题讲堂，邀请新媒体从业人员为区内新的社会阶层人士开展“网络推介培训”，丰富实用技能。加强实践创新基地建设，新增国际艺术当代艺术区、佳荣里街文明实践所2处基地，对3处基地进行提升改造。

2022 年 5 月 3 日，北辰区新的社会阶层人士联谊会开展“强国复兴有我 踔厉奋发前行”主题活动　　（区委统战部　供图）

【港澳台统战工作】 2022 年，区委统战部团结凝聚港澳台同胞，举办“感受北辰魅力　促进融合发展”等交流活动 19 场。节日期间走访慰问港人、台胞 40 余人次，每季度召开港澳台资企业座谈会，协调解决看病就医、企业厂房租赁、用工难等问题 30 余件。

【海外统战工作】 2022 年，区委统战部通过《台湾导报》《德国侨报》等媒体积极宣介北辰，聘请区侨联海外友好使者 6 人，推动芦新河小学与意大利中意国际学校签订友好共建协议书，巩固拓展海外华文教育工作。开展侨情数据再摸排、再核实、再规范工作，完善 100 余人台账，侨务政务服务进驻区政务服务大厅。召开北辰区第一次归侨侨眷代表大会，成立北辰区归国华侨联合会，新建“北辰区党群服务中心侨胞之家”，突出党建引领侨建。

【社会动员专项工作】 2022 年，北辰区动员社会力量共募集并拨付资金 1570.42 万元，超额完成部署任务。其中，划拨华池县 1038.3 万元，正宁县 266.12 万元，昌都市及丁青县 266 万元。区委书记带队到华池县、正宁县调研社会动员工作。区委统战部主要负责人带队到镇街、开发区调研，指导镇街创新工作举措。组织召开重点镇街党（工）委书记工作汇报会、中期推动会，营造全民参与东西部协作的浓厚氛围。利用“同心北辰”等各类媒介平台，播发社会动员相关信息和 2 封倡议书。举办 3 场活动，动员雅迪公司及其产业链上

2022 年 11 月 8 日，北辰区召开第一次归侨侨眷代表大会，成立北辰区归国华侨联合会　　（区委统战部　供图）

2022 年 7 月 22 日，北辰区举办东西部协作和支援合作募捐仪式雅迪活动专场

（区委统战部　供图）

下游共31家企业现场捐赠资金56.5万元，中铁（天津）轨道交通投资建设有限公司、天津亿嘉合置业有限公司等企业捐赠资金130万元，华北物流等11家企业捐赠资金76.5万元。62家民营企业捐赠资金21.9万元充实“防返贫资金池”，帮扶甘肃、西藏89户易返贫边缘户，筑牢防返贫屏障。

（季芝瑶）

政策研究与调研

【概况】 2022年，中共天津市北辰区委研究室（以下简称区委研究室）立足以文辅政、参谋助手职能定位，主动服务全区中心工作大局，高质量完成全年各项工作任务，起草重要文稿80余篇。负责全区处级以上干部调研任务，收集调研报告170余篇。完成街村调查户信息库，为深入研究农村经济社会发展提供依据。调研科记集体三等功。

【重要文稿起草】 2022年，区委研究室完成区委十二届三次、七次、八次全会和主责大会、经济运行分析会等重要会议文稿服务工作，起草了习近平总书记重要指示批示回头看报告、区委贯彻落实市委常委会工作要点任务分解表、区委年度工作要点、区级重点工作任务清单和责任清单、十一届市委第九轮巡视深度整改报告、区委常委会2022年度民主生活会对照检查材料等重要文稿80余篇。

【政策性文件制定】 2022年，区委研究室牵头制定《区委关于深入学习宣传贯彻党的二十大精神 奋力开创全面建设社会主义现代化强区新局面的实施意见》《区委关于贯彻落实市第十二次党代会精神的实施方案》《市第十二次党代会报告重要任务举措落实工作台账》等政策文件。稳步推进全面深化改革工作，组织召开区委全面深化改革委员会会议4次，研究制定年度《北辰区全面深化改革工作总结报告》《区委全面深化改革委员会工作要点》《北辰区全面深化改革委员会工作台账》《北辰区深化国防动员体制改革实施方案》等重要文稿，推动改革工作与全区发展稳定工作同部署、同推动、同考核。做好市绩效考评中全面深化改革专项考核承接工作，在全市绩效考核“改革创新”项目中为全区加0.2分。

【重点课题调研】 2022年，区委研究室围绕乡村振兴、疫情防控、生态环境保护等工作，先后深入双街镇庞嘴村、新村街辰兴家园、区环保局环境监测中心、大双污水处理厂等地开展实地调研，通过现场观摩、查阅档案、集中座谈等方式，了解相关工作进展情况，努力掌握第一手材料。坚持党建引领，项目化推进调查研究工作，通过明确选题方向、调整调研考核应用制度、改进处级领导调研方式等举措，制定下发《关于推动全区处级以上领导干部开展调查研究的通知》，组织征集调研课题，持续全面加强领导干部调研工作，收集筛选调研报告170余篇。

2022年3月10日，区委研究室到大双污水处理厂调研　　（蒋东华　摄影）

【联系社区和全国农村固定观察点工作】2022年，区委研究室积极开展基层党建共建活动，结合“迎盛会、铸忠诚、强担当、创业绩”主题学习宣传教育实践活动，支部书记带头宣讲、讲党课2次，获评“北辰区区级机关最佳党日”。认真落实机关干部下沉制度，深入丹凤里社区、辰兴社区广泛开展志愿服务，主动认领居民微心愿，实地走访慰问对口帮扶贫困户。完成农村固定观察点新型农业主体调查和相关常规调查工作、2021年劳动力外出务工就业与当地融入等调查，完成2022年全国农村固定观察点专项调查工作，为深入研究农村经济社会发展提供决策依据。（蒋东华）

区直机关党建

【概况】2022年，中共北辰区委区级机关工作委员会（以下简称区级机关工委）制定《2022年区级机关党的建设工作要点》等文件15件，批复请示文件168件，修订完善工委会、机关工委议事规则，组织召开工委委员会议12次。召开机关党组织书记抓基层党建工作评议述职会。组织开展机关党建工作专项考核，完成28个党群部门绩效考核工作。组织63个区级机关完成北辰区出席党的二十大和市第十二次党代会代表推荐提名工作。推动区级机关“迎盛会、铸忠诚、强担当、创业绩”主题学习宣传教育实践活动，12个机关单位“项目化”创建作品入围2022年创建成果，选树宣传21名“务实高效”先锋，7名便民利企先锋，评选并表彰22个区级机关最佳党课、最佳党日作品。

【机关组织建设】2022年，区级机关工委围绕加强区级机关党组织建设，及时跟进指导服务，按季度排定换届计划，做好区级机关党组织的新建、改建、撤销、调整，捋顺党组织关系，选优配强班子成员。开展组织生活会督导检查，列席部分区级机关组织生活会，督促党员领导干部带头落实双重组织生活制度，汇总审核各单位民主评议党组织和党员情况。组织区级机关开展补交党费、党旗党徽使用自查，开展区级机关党组织专项党内统计、年度统计。2022年，集中任免区级机关基层党组织书记26名，为668名党员转接党组织关系，指导40个区级机关、106个机关基层党组织进行了组织调整，指导新建党组织13个、更名党组织10个、整建制转出党组织1个，机关党组织按期换届率100%。

2022年11月1日，区委组织部、区级机关工委组织开展北辰区党的组织制度建设和党员队伍管理专题培训班

（王海川　摄影）

【机关党员发展】 2022年，区级机关工委指导47个区级机关制定党员发展计划，筛选可发展对象，并做好联审联查。2022年，组织所属党组织开展党员档案互查，通过互查互相学习、相互借鉴，发现问题、解决问题，不断提高党员档案质量，至年底，共有党员档案289册。全年会同区委组织部举办1期党务干部培训班、3期发展对象培训班，共计培训400余人次。预审发展党员材料134人次，审批接收预备党员16人，预备党员转正36人，颁发“光荣在党50年”纪念章12人，元旦、春节、“七一”、党的二十大期间慰问老党员和生活困难党员33人次，发放慰问金27500元。

【党员教育活动】 2022年，区级机关工委在市第十二次党代会召开后，开设机关干部大讲堂，为80余名区级机关党员干部进行专题辅导。举办区级机关党组织书记培训班，全区160余名区级机关党组织书记参加培训。印发《关于在区级机关兴起学习宣传贯彻落实党的二十大精神热潮的通知》，要求各区级机关党组织将大会精神传达到每个基层党组织，覆盖到每名党员。联合区委老干部局举办“北辰区‘五老’迎庆二十大红色家风故事展览”，65个机关党组织、1300多名机关党员参观。会同区纪委、区妇联开展区级机关“树良好家风·创最美家庭”活动。

2022年6月24日，区级机关工委组织开展北辰区机关党员干部大讲堂

（王海川　摄影）

【助力疫情防控】 2022年，区级机关工委会同有关部门组建1800余名区级机关疫情防控应急储备队伍，下沉镇街村居协助开展后勤保障等工作。深化入列轮值工作，累计组织2220名区级机关干部下沉到社区，帮助解决问题164个、提出“金点子”97个、认领群众“微心愿”286个、走访慰问困难群众316个、为群众办实事

642个。为46家区级机关划拨10万元专项党费，慰问志愿人员，支持疫情防控工作。（王海川）

保密管理

【概况】2022年，北辰区国家保密局（以下简称区国家保密局）印发《中共天津市北辰区委保密委员会工作规则》《关于进一步加强基层保密组织和机构队伍建设的通知》，规范全区各级保密委员会（保密工作领导小组）建设。组织拍摄的《点亮青春 忠骨永存》微视频在中国保密在线网站进行展播。开展保密自查自评督查、区委巡察保密工作专项检查等4项督查检查，督查检查单位49个，累计提出整改意见建议310条。突出涉密会议和重大活动保密管理，全力做好党的二十大和市第十二次党代会期间保密工作，年内服务保障区涉密会议和重大活动20余次，保密服务保障能力得到持续提升。

【健全工作机制】2022年，区国家保密局修订印发《中共天津市北辰区委保密委员会工作规则》，明确区委保密委员会议事决策、请示报告和政治督查等制度，不断压实党管保密政治责任。印发《关于进一步加强基层保密组织和机构队伍建设的通知》，规范全区各单位保密委员会（保密工作领导小组）建设、严格保密工作机构设置、实行调整动态报告等工作举措，优化全区保密组织和机构队伍组成。完善保密监督管理体系，围绕办理互联网泄密案件，加强与区委网信办协作配合，联合制发工作办法，明确具体责任分工。与区委巡察办建立工作对接协调机制，将保密工作纳入区委巡察内容，于巡察进驻期间对被巡察单位开展保密专项检查。

2022年8月25日，区国家保密局在开发区管委会开展保密督查工作

（刘玲珊　摄影）

【保密宣传教育】2022年，区国家保密局组织全区各单位参与保密知识竞赛活动，线上答题阶段参与人数和总得分排名全市第7、区县第3。在“保密故事大家讲”微视频作品征集活动期间，全区80余家单位参与，征集报送微视频作品19个，其中以安幸生烈士保密事迹为蓝本，由区国家保密局组织拍摄的《点亮青春 忠骨永存》微视频，被市委保密办推荐参加国家保密局优秀作品评选，并在中国保密在线网站进行展播。依托“保密观”APP和中国保密在线网站培训系统，组织全区干部职工进行线上保密学习并进行考核。面向社会公众开展保密法律法规宣传，“4·15”全民

国家安全教育日期间，制作保密宣传挂图2000张，发放至各镇街村（社区）党群服务中心进行张贴宣传，协调区城管委、运管局等单位在区内10余个公园、公交站点、地铁站点，采取宣传素材上屏、张贴主题海报等方式，宣传新时代公民保密责任。借助区融媒资源，在北辰有线电视台播放保密公益宣传片，在“微北辰”微信公众号开设微信泄密案例警示专刊。

2022年6月17日，区国家保密局在宜兴埠人民政府开展保密教育专题培训
（宜兴埠镇　供图）

【保密检查】 2022年，区国家保密局年内组织开展保密自查自评督查、区委巡察保密专项检查等4项督查检查，采取查阅受检单位档案资料、查看环境、检查设备和进行知识测试等方式，进行49次现场督查检查，累计提出整改意见建议310条。做好高考、高自考、成人高考、研究生考试保密管理工作，会同公安部门对试卷保密室进行启用前检查，并对试卷领取、运送、分发、回收等过程进行全程保密监管，维护各类国家统一考试安全。开展保密要害部门、部位年审工作，现场核查人防、物防、技防保密管理措施，确保国家秘密集中的部门和场所万无一失。探索创新保密检查方式方法，选取16家重点单位部署网络保密检查工具，利用远程模式对138台计算机进行多轮次保密技术检查，快速发现问题，及时督促整改。

2022年11月16日，区国家保密局在区金融局开展专项保密检查，现场进行保密知识测验
（刘玲珊　摄影）

【服务保障】 2022年，区国家保密局突出涉密会议和重大活动保密管理，做好党的二十大和市第十二次党代会期间保密工作。制定任务清单，向参会代表、工作人员和新闻记者发放保密提醒、明示保密要求。向各单位配发《会议、活动失泄密案例警示》书籍，制作涉密会议禁止带入手机提示牌，增配手机屏蔽柜，在区机关重要会议室张贴手机使用“十严禁”提示，加强信息公开保密审查指导，年内服务保障区涉密会议和重大活动20余次。扎实做好涉密载体销毁服务工作，严格国家秘密、工作秘密载体销毁流程，年内累计送销计算机硬盘585块、光盘2100余张，硒鼓142个，纸质文件670余袋。（刘玲珊）

机构编制管理

【概况】 2022年，北辰区委机构编制委员会办公室（以下简称区委编办）扎实推进《中国共产党机构编制工作条例》及有关配套法律法规学习宣传工作，组织全区各级领导干部进行学习。推进编制资源向基层倾斜，通过市级核拨、区内调剂、区级部门核减等渠道，为基层做好机构编制保障。做好重点领域体制机制保障，落实国防动员体制改革有关要求，推进区法学会、文联、计生协列入群团序列并设立群团机关，深化应急管理综合行政执法改革，完成应急管理综合行政执法支队组建工作。做好权责清单动态调整、事业单位法人年度报告公示和机构编制实名制管理等工作，不断提升机构编制管理水平。

【基层编制核拨】 2022年，区委编办按照统筹使用编制等有关工作要求，通过市级核拨、区内调剂、区级部门核减等渠道，为镇街党政工作机构调剂核拨行政编制43名、事业单位185名，为基层社区卫生服务中心核拨事业编制76名，为区养老服务中心核拨事业编制10名，为卫生、文化、水务、住建等四个领域执法队伍核拨事业编制共计34名，进一步充实了基层工作力量，提升基层治理能力。

2022年8月31日，北辰区召开推进编制资源向基层倾斜工作部署会

（周　宇　摄影）

【行政执法规范化建设】 2022年，区委编办做好部门间执法衔接，强化部门之间、执法队伍之间的协调配合，加强主管部门和业务指导部门协调配合。严格按照区司法局制定的《北辰区行政执法争议协调工作办法（试行）》和《北辰区加强行政执法与刑事司法衔接工作实施办法》，及时做好协调处理。主管部门牵头推动建立内设机构和执法队伍之间的协调联动机制，明确职责分工，防止和避免对同一事项重复执法或无法及时做出处理的问题发生。结合自身编制配备和执法工作实际，明确专人对接各镇街，定期到镇街报到，并做到随叫随到。

【重点领域机构改革】 2022年，区委编办落实国防动员体制改革有关要求，调整涉及机构编制事项。推进区法学会、文联、计生协列入群团序列并设立群团机关。推进应急管理综合行政执法改革，完成应急管理综合行政执法支队组建工作。健全完善网信工作体系建设，调整区委网信办机构编制事项。强化社会主义学院工作力量，调整区委党校（区社会主义学院）内设机构设置并增加事业编制。配合中央和市级有关部门完成动物疫病防治、公立医院等机构编制调研工作。

【安全生产工作职责细化】2022年，区委编办结合各单位安全生产工作实际开展“五查”，对全区各单位“三定”规定中安全生产工作职责进行全面细致梳理，做到安全生产职责无死角全覆盖。健全完善安全生产职责备案机制，促进安全生产职责有效履行。配合区消防救援支队调整各街镇权责清单，大力推动消防安全责任落实。

【权责清单动态调整】2022年，区委编办建立健全权责清单“月自查”制度，严格按照《天津市北辰区政府工作部门权责清单动态管理办法》有关要求，根据法律法规“立改废释”，对权责清单事项内容进行自查梳理，对需要调整的权责清单事项及时完成调整公布，做好权责清单动态管理工作。2022年，涉及26个部门权责清单五批次动态调整，共计调整职权133项。

2022年10月28日，北辰开发区与大张庄镇进行社会事务管理职能交接

（周　宇　摄影）

【机构编制纪律专项检查】2022年，区委编办组织开展十二届区委第一、二、三轮机构编制纪律专项检查，对天穆镇、双街镇等9家单位及其所属单位机构编制情况进行监督检查，对发现的问题及时进行督促整改。严把用编“关口”，组织机关事业单位填报2022年度用人计划。严格落实机构编制实名制管理制度，做好编制职数使用核准和2022年度机构编制统计等工作，完善机构编制管理台账，为机构编制规范化信息化管理进一步奠定基础。组织开展化解机构编制信访积案工作，经排查，北辰区不存在涉机构编制信访积案。

【事业单位监督管理】2022年，区委编办落实事业单位法人年度报告公示工作，指导全区207家事业单位全部按期完成2021年度事业单位法人年度报告公示工作。根据中央编办关于开展事业单位法人电子证书试点的工作部署，做好事业单位法人电子证书申领使用工作，鼓励和支持符合条件的事业单位积极申领使用电子证书。全年有220家事业单位完成了事业单位电子证书的申领工作，完成率100%。（邵静雅）

督查工作

【概况】2022年，中共北辰区委督查室（以下简称区委督查室）按照区第十二次党代会部署要求和区委十二届三次全会通过的《中共天津市北辰区委2022年工作要点》确定的工作任务，以全面从严治党为统领，以推动工作落实为核心，坚持实事求是、督帮结合，坚持围绕中心服务大局，坚持突出重点把握方向，持续强化服务群众意识，努力提升督查实效。全年共编发督查专报24期、督查通报21期，疫情相关的督导快报170期。

【政治任务督查】 2022年，区委督查室对全区学习贯彻落实市十二次党代会精神开展专项督查，从信访积案化解、回应群众反映诉求、全面发展经济等方面，为北仓镇、大张庄镇、青广源街等学习贯彻落实较好的单位撰写专题报告。党的二十大召开期间，对各单位集中收听收看大会开幕式情况，以及各镇街、开发区、相关责任单位落实疫情防控、安全生产、安保工作三项重点工作落实情况开展督查。

【重点工程督查】 2022年，区委督查室针对十一学校建设进展缓慢问题，深入基层一线，了解问题症结，推动各相关单位主动进位，解决相应问题，该项目已于年底前启动建设。按照《北辰区2022年区级重点工作任务清单和责任清单》，每季度对各单位工作落实进度情况制定方案并开展对照督促检查。

【基层减负工作】 2022年，区委督查室联合区委办对基层减负工作开展专项调研，从精简文件、会议及规范清理督查检查考核事项等方面，选取4个基层单位听取意见建议。按市委要求做好统筹规范督查检查考核相关工作，对精文减会工作作出系统安排，按照市委批复情况严格执行，按季度报送相关统计情况。

【会议决策督办】 2022年，区委督查室会同区发改委、区工信局、区商务局组成联合督查组，就全区经济运行推动会会议精神落实情况和规模以上工业企业、限额以上批零业企业运行情况，对各镇街、开发区开展了专项督查推动。会同区住建委对各镇街开展经营性自建房摸排自查和信息录入工作进行了专项督查。

【领导批示督办】 2022年，区委督查室完成《关于桂平同志有关批示落实情况的报告》《北辰区关于落实市政府第195次常务会议议定事项督办清单的情况报告》《关于落实〈国务院第五次廉政工作会议任务分解表〉目标任务工作情况的报告》，上报市政府办公厅。对各镇街、开发区落实北辰区市场主体高质量发展暨服务企业“敲门行动”工作情况进行了专项督查。

（王　云）

网络安全和信息化管理

【概况】 2022年，中共天津市北辰区委网络安全和信息化委员会办公室（以下简称区委网信办）统筹安全和发展，做好网上正能量内容建设，精心组织党的二十大网上宣传，办好2022年天津市原创网络公益歌曲大赛、2022年北辰区好网民故事汇等活动。严格落实网络举报受理处置一体化机制，举报各类网络有害信息 12.6 万余条，及时辟除网络谣言 4 起。举办 2022 年国家网络安全宣传周北辰区活动，办好六大主题日。加强网络安全风险监测预警，消除潜在问题隐患 199 个。加快数字化发展，助力区智慧政务服务平台、重点关爱群体智能感知平台等建设，开展数字素养与技能培训，组织信息技术应用创新产业链企业撮合对接活动 6 场，带动区域产业转型升级。

2022 年 7 月 1 日，区委网信办组织开展“政治三日”示范展示活动暨网信业务能力提升学习培训　（徐浩然　摄影）

【体制机制建设】 2022 年，区委网信办巩固拓展“三级确保、建设四级、多级完善”的网信工作体系，为区委网信办增加内设科室 1 个。落实网信部门主要负责同志双重管理体制，制定《关于加强镇（街）网信办主要负责同志双重管理工作的通知》，完成备案 1 人。加强全区网信工作机构和力量建设，区级党政部门进一步明确专职网信干部，各镇街配齐配强网信办工作队伍。推动一体化网络应急指挥体系向委办局、镇（街）和村（社区）延伸。

【互联网行业党建】 发挥区互联网行业党委政治引领作用，召开第五次、第六次全体会议，制定印发《北辰区落实互联网企业党建工作双提升三年行动计划的工作方案》，扎实推进 14 项重点工作任务，调整行业党委委员 2 次，完成互联网企业摸排，成立互联网企业党支部 12 家，部署发展党员三年规划。

【网络内容建设】 2022 年，区委网信办组织党的二十大网上宣传，在新华网、学习强国等中央级平台刊发稿件 96 篇，在津云、北方网等市级媒体刊发稿件 2000 余篇，在网易新闻、新浪网等知名商业网站刊发稿件 2500 余篇。围绕讲好北辰故事，开展全媒体蹲点采访助力乡村振兴、“书香漫北辰 网聚好声音”2022 年线上音频主题征集展播、“德耀新征程 · 北辰区身边好人事迹展播”等系列主题活动，发布图文、音视频等多形态融媒体产品 50 个，全网传播量累计 500 余万次。实施“争做中国好网民工程”和“网络公益工程”，开展“弘扬时代新风 共建网络文明”2022 年北辰区好网民故事汇活动，评选出北辰区十佳好网民故事，相关微博话题全网阅读量突破 3200 万次。办好“喜迎二十大 唱响新时代”2022 年天津市原创网络公益歌曲大赛，征集歌曲 193 首，展播评选 20 期，精选 30 余首在网易新闻、“喜马拉雅”APP

2022 年 8 月 8 日，区委网信办举办“弘扬时代新风 共建网络文明”2022 年北辰区好网民故事汇展演暨颁奖仪式

（新浪天津　供图）

开展“献礼二十大 天津好网民原创歌曲展播”，推出 TOP20 榜单和优秀歌曲榜单，全网传播量突破 500 万次。团结引导网络大 V、网络名人专业队伍创作《喜迎党的二十大》《二十大主题画》等精品佳作，相关信息全网阅读量超 200 万。围绕党的二十大、疫情防控、打击整治养老诈骗等主题，在“网事津评”等平台刊发高质量网评作品 87 篇。2021 年承办的“天津市原创网络公益歌曲征集评选暨天津市大学生网络公益歌曲大赛”获评天津市网络文明建设优秀案例。

【网络生态治理】 2022 年，区委网信办修订完善北辰区重大决策风险评估工作机制和突发事件处置工作机制，开展重大决策风险评估，形成提示函、交办单。与宣传、政法、卫健、公安等区级部门以及属地镇街建立多部门联动机制，形成日报 207 期、专报 46 期，稳妥处置网络舆情。持续做好“护航二十大——海河净网 · 清朗北辰”“清朗 · 打击网络水军”“清朗 · 打击网络谣言和虚假信息”及“回头看”工作，依法处置发布违法违规信息的网站 103 家。持续排查属地网站平台和新媒体账号涉政错误表述，指导整改问题 90 处。上线“北辰辟谣”微信公众号和微博账号，发布权威辟谣信息 158 条。

【网络安全屏障】 2022 年，区委网信办举办 2022 年国家网络安全宣传周北辰区活动，推动广大网民树牢网络安全意识。全力做好三级政务网络、政务云、中心机房、统一安全平台等基础设施运行维护，打通与市政务网络对接通道。加强网络安全风险监测预警，全年发送安全整改通知 17 次，安全预警通知 10 次，及时消除潜在问题隐患 199 个，确保全年未发生重大网络安全事件。不断完善网络安全防护措

2022 年 2 月 16 日，区委网信办、区金融局、区工信局、区科技局举办北辰区产业链金融服务配套主题撮合对接会

（任一鸣　摄影）

施，全年调优配置网络安全防护策略420条。全面提升应急处置能力，实景实战开展网络安全应急演练1次，建立完善网络安全事件应急预案、网络数据安全事件应急预案。

【信息化建设】 2022年，区委网信办打造一体化政务服务体系，助力区智慧政务服务平台实现与全市统一身份认证平台、电子证照库、津心办、好差评等平台互联互通。组织开展全民数字素养与技能提升月活动、“我学我用大数据”系列活动。举办政务数据资源共享开放工作培训会，推动新增政务数据资源目录并成功挂接数据。推进重点关爱群体智能感知服务平台及设备安装部署，可覆盖10000户长期无人照料需重点关爱的高龄、独居等老年人家庭。组织产业链企业对接活动6场，促成产业链重点企业江天数据与紫光云签署战略合作协议。联合区金融局、工信局、科技局及驻区金融机构组织召开“北辰区产业链金融服务配套主题撮合对接会”，进行现场点对点服务对接。积极引进新动能，与华为云、锐捷、中兴等国内知名企业开展合作对话。 （彭小丹）

老干部工作

【概况】 2022年，中共北辰区委老干部局（以下简称区委老干部局）以迎庆党的二十大胜利召开为主线，结合全市开展的“迎盛会、铸忠诚、强担当、创业绩”学习宣传教育实践活动，组织老干部深入学习宣传贯彻党的二十大精神，以深入落实《关于加强新时代离退休干部党的建设工作的意见》为牵引，加强党建引领，落实老干部各项政策待遇，开展一系列主题文化活动，一体推进离退休干部党的建设、服务管理、作用发挥和自身建设，不断推动新时代老干部工作高质量发展。

【老干部理论学习】 2022年，区委老干部局开展“迎盛会、学决议、话征程”暨“两读一看”知识竞答和“深学笃用 老干部行动”每日一答活动，300余名老同志积极参与。开展“逢八必学”老干部大讲堂4次，就“市第十二次党代会精神”“党的二十大精神”等专题进行辅导。组织老干部收听收看党的二十大开幕盛况，收集学习体会55篇。深入开展“送学习上门、送服务到家、送温暖入心”党建引领三送服务活动，为100多名老干部送上党的二十大报告和自制的“党的二十大关键词”手册，为老干部印制学习笔记本600余册。组织“五老”宣讲团到中共西北乡农民支部旧址参观学习交流。

【新时代离退休干部党的建设】 2022年，区委老干部局认真贯彻落实《关于加强新时代离退休干部党的建设工作的意见》，制定北辰区贯彻落实加强新时代离退休党的建设具体举措和任务清单。召开区委老干部工作领导小组会议，部署推动全区离退休干部党的建设工作。采取理论宣讲、党性教育、座谈交流等多种形式，开展了一系列“增添正能量·共筑中国梦”主题活动，200多名老干部撰写专题征文、创作诗词楹联和书画摄影等作品。加强对全区105个离退休干部党支部的工作指导，推动落实“三会一课”、组织生活会、民主评议党员等制度，引导开展主题党日、组织过“政治生日”等活动，向离退休干部党支部书记发放补贴12.36万元。进一步规范干部荣誉退休工作，指导各单位推进干部在职与退休管理无缝对接。

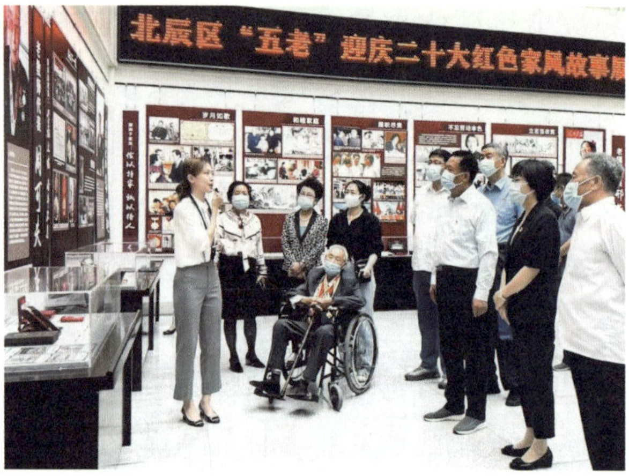

2022年9月，区委老干部局举办北辰区“五老”迎庆党的二十大红色家风故事展

（区委老干部局　供图）

【老干部文体活动】 2022年，区委老干部局组织开展“我看中国特色社会主义新时代”、离退休干部“建言二十大”“奋进新时代”群众性主题宣传教育、“我看天津发展新成就”主题征文等活动，收集老同志各类体裁文章30余篇。举办离退休干部“银发同乐·撞击精彩”第十届台球邀请赛并获得第一名。举办离退休干部“喜迎党的二十大、银发聚力新征程”书画摄影展、诗词朗诵会、北辰区离退休干部第三十七届趣味运动会，通过“北辰区委老干部局”微信公众号在线上开展10期老干部文艺作品展，共展出老同志的书画、摄影、诗词、手工作品200余幅。举办北辰区“五老”庆祝党的二十大红色家风故事展，全区70多家单位1500余人参观，主题展览活动被市区级媒体多次报道。“五老”宣讲团借助全国离退休干部先进集体品牌影响力，全年宣讲50余场，成为全区理论宣讲战线的一支红色宣讲队。

2022年8月11日，市委老干部局宣讲团到北辰宣讲《关于加强新时代离退休干部党的建设工作的意见》

（区委老干部局　供图）

【关工委工作】 2022年，区关工委先后举办了“小手拉大手 一起向未来”诗词书画展、“争做劳动小模范”评比、向安幸生故居赠送《革命先驱安幸生》连环画等活动，并开展“抗击疫情·关爱行动”慰问，向两校一园捐赠1.2万元慰问金。

【老干部服务】 2022年，区委老干部局巩固和完善离休干部“三个机制”，发放离休干部医疗预付金24万元。提高异地安置离休干部和社区“四就近”服务管理水平，划拨服务经费2.22万元。坚持“冬送温暖、夏送凉爽”和“四必访”制度，全年走访慰问近300人次。深化离休干部“一人一策”精准服务，15名党员干部结对帮扶离休干部，及时精准帮扶解决老干部所需所求。对空巢独居、失能和重病等困难离退休干部给予帮扶和更多关心照顾，帮扶困难老干部12人，落实帮扶资金5.8万元。持续开展“走千家进万户，精准服务老干部”和“暖心三送”活动。举办老年节暨80岁以上老干部祝寿活动，为全区560余名老干部发放慰问品，为102名80岁以上老干部发放祝寿纪念品。在推动60岁以上老年群体疫苗接种工作中，先后为47名行动不便老干部提供上门服务，全区老干部首针疫苗接种率达99.1%。

（孔维广）

党校工作

【概况】 2022年，中共天津市北辰区委党校（以下简称区委党校）切实发挥干部培训、思想引领、理论宣传、决策咨询、党史育人方面的职能作用，全年举办各类培训班40期，培训学员4900人次，开展各类宣讲103场，立项并结项科研和决策咨询课题6项，公开发表论文6篇，获得天津市党校系统第十二届科研成果优秀组织奖。

【干部培训】 2022年，区委党校优化课程设计，精准开展党的理论教育、党性教育和能力培训。创新培训形式，用好域内区情教育展馆、安幸生烈士故居、知名企业等干部教育培训现场教学基地。统筹做好疫情防控和教学培训工作，坚持“停课不停学、停课不停教”，积极创新思路举措，开启“线上线下相结合”教学模式。全年共开展各类主体班24期，其他各类培训班16期，累计培训4900人次。

2022年北辰区委党校培训情况表

表3

序号	班次名称	时间	人数（人）	组织单位
1	北辰区领导干部学习贯彻党的十九届六中全会精神和习近平总书记重要讲话精神专题读书班暨区委党校春季学期开学典礼	4月1日、4月2日、4月6日	407	区委组织部

续表 3

序号	班次名称	时间	人数（人）	组织单位
2	第十二期处级干部进修班	4月7日至5月6日	36	区委组织部 区委党校
3	2022年第1期党性教育专题班	5月7日—12日	36	区委组织部 区委党校
4	第六期优秀年轻干部培训班暨第五期“青年马克思主义者培养工程”培训班	4月—12月	50	区委组织部 区委党校
5	组工干部业务培训班	4月9日	60	区委组织部
6	集中隔离点工作人员心理疏导培训	4月13日	30	区委组织部
7	北辰区国家安全大讲堂	4月15日	104	区委办公室
8	北辰区贯彻新时代基层干部主题培训行动计划推进党建引领基层治理公务员示范培训班	4月27日—29日	37	区委组织部 区委党校
9	北辰区招商引资实务培训班（第一期）	4月29日	51	区委组织部 区合作交流办
10	2022年度第一期党员发展对象短期集中培训班	5月9日—11日	220	区委组织部 区级机关工委 区委党校
11	北辰区出席市第十二次党代会代表培训班	6月9日	8	区委组织部
12	北辰区第十三期处级干部进修班	6月13日至7月8日	35	区委组织部 区委党校
13	北辰区领导干部大讲堂（第二期）	6月23日	514	区委办公室
14	北辰区贯彻落实市第十二次党代会会议精神宣讲报告会暨七一专题党课	6月23日	514	区委办公室
15	贯彻新时代基层干部主题培训行动计划学习贯彻天津市委第十二次党代会精神专题讲座	6月24日	100	区级机关工委

续表 3

序号	班次名称	时间	人数（人）	组织单位
16	2022 年援派干部人才行前培训	7 月 3 日	50	区委组织部
17	村党组织书记培训班	7 月 4 日—8 日	190	区委组织部
18	社区党组织书记兼居委会主任培训班	7 月 4 日—8 日、7 月 11 日—15 日	155	区委组织部 区民政局
19	北辰区第 2 期党性教育专题班	7 月 11 日—15 日	34	区委组织部 区委党校
20	抓党建促乡村振兴专题研讨班（第 2 期）	8 月 5 日—7 日	85	区委组织部 区委党校
21	推进党建引领基层治理专题研讨班（第 2 期）	8 月 5 日—7 日	85	区委组织部 区委党校
22	“两新”组织党组织书记示范培训班	8 月 11 日—13 日	200	区委组织部 区委党校
23	贯彻新时代基层干部主题培训行动计划加强社会治理专题研讨班	9 月 16 日—18 日	109	区委组织部 区委党校
24	2022 年度第二期党员发展对象短期集中培训班	9 月 14 日—16 日	60	区委组织部 区委党校
25	2021 年新提任科级干部任职培训班	10 月 10 日—28 日	140	区委组织部 区委党校
26	学习贯彻中央统战工作会议精神专题研讨班	10 月 12 日—14 日	60	区委组织部 区委统战部 区委党校
27	推动产业链高质量发展加快推进制造业倍增行动计划专题研讨班	10 月 26 日—28 日	42	区委组织部 区委党校 区工信局
28	党的组织制度建设和党员队伍管理专题培训班	11 月 1 日	130	区委组织部 区委党校
29	2022 年北辰区党委国安干部培训班	11 月 1 日—2 日	39	区委国安办
30	法治建设专题研讨班	11 月 2 日—4 日	115	区委组织部 区委党校 区司法局

续表 3

序号	班次名称	时间	人数（人）	组织单位
31	2022 年第 3 期党性教育专题班	11 月 7 日—11 日	180	区委组织部 区委党校
32	意识形态工作暨网络素养提升专题研讨班	11 月 9 日—11 日	56	区委组织部 区委网信办 区委党校
33	新党员短期集中培训示范班	11 月 9 日—11 日	45	区委组织部
34	学习宣传贯彻党的二十大精神暨机关党组织书记培训班	11 月 9 日—11 日	130	区委组织部 区委党校
35	2022 年新录用选调生、公务员初任培训班	11 月 14 日—25 日	104	区委组织部 区委党校
36	以中国式现代化全面推进中华民族伟大复兴暨党的二十大精神宣讲报告会	11 月 16 日	120	区政府办
37	社区“一肩挑”学习贯彻党的二十大精神专题培训班	11 月 20 日—22 日	154	区委组织部
38	2022 年度第三期党员发展对象短期集中培训班	12 月 1 日—3 日	60	区委组织部 区委党校
39	第十四期处级干部进修班	12 月 14 日—1 月 10 日	37	区委组织部 区委党校
40	领导干部学习贯彻党的二十大精神专题培训班	12 月 21 日—23 日	467	区委组织部

【基层宣讲】 2022 年，区委党校巩固完善习近平新时代中国特色社会主义思想主课首课地位，充实基层社会治理、乡村振兴等方向课程，组建党的二十大精神理论宣讲团，开发党的二十大精神 10 个新专题。出台《北辰区委党校（行政学院）深化教学改革推动“用学术讲政治”的工作方案》《北辰区委党校（行政学院）教学质量奖评选办法（试行）》，带动教学品牌和教师队伍建设。开展各类宣讲 103 场，1 门课程入选天津市基层干部培训优质网络课程，1 名教师入选天津市习近平新时代中国特色社会主义思想教育培训师资库。

【科研咨政】 2022 年，区委党校立项并结项市委党校系统科研课题 1 项、市党建研

2022年7月8日，区委党校教师在安幸生故居为退役军人事务局党员干部授现场教学课　（郝杰　摄影）

究会科研课题2项。公开发表论文6篇，其中1篇在新华社客户端刊登，1篇在《天津日报》理论版上刊发，1篇在《天津支部生活》上刊发，实现了党校理论文章新突破。立项并结项决策咨询课题3项，创刊《咨政专报》，刊发4期，获区级领导批示8次。获得天津市党校系统第十二届科研成果优秀组织奖，1项课题获得优秀科研成果三等奖。

2022年8月8日，《新民主主义革命时期北辰革命斗争史略》首发座谈会在双口镇中河头村召开　（郝　杰　摄影）

【党史编研】 2022年，区委党校编修刊印《新民主主义革命时期北辰革命斗争史略》，全书共计32万字，组织召开首发座谈会。修改《党校志》书稿，修改行文规范、增补相关内容。开展《奋斗的历程（2002—2012）》（北辰区卷）的编写工作。完成《中共天津工作（2021年）》北辰区部分的编写任务。围绕中国共产党成立101周年纪念活动，开展党史宣传教育，整理党史资料4篇。开设“《习近平谈治国理政》（第四卷）”“中国共产党第二十次全国代表大会”等专栏，编辑《学习文萃》14期。整理校编出版2021年《学习文萃》合订本。

【后勤保障】 2022年，区委党校做好主体班次，区委、区政府和各委办局的培训会议服务，共接待会议培训6300人次，餐饮服务5010人次。年内，新增教室1间，整合展览室3间，改造信息化互动讨论室1间，提高后勤保障水平。开展“节能减排宣传周”活动，抓好食堂反食品浪费和垃圾分类工作。强化安全防范意识，年内无安全生产事故发生。　（郝　杰）

网格化管理

【概况】 2022年，北辰区网格化管理中心（以下简称区网格中心）围绕夯实网格基础、优化热线服务等关键点，持续推动网格化服务管理专业化、智能化、精细化水平。积极探索“互联网+”治理新路径，创建北辰区数字网格平台并及时推广使用。全区重点人员纳入网格化服务范围，累计开展民情走访105386次，帮助解决问题370件。加强“吹哨报到”业务培训，紧盯各项制度落实，强化“吹哨报到”工作保障，累计受理“吹哨”案件262件，全部办结。“12345”热线累计办结群众各类诉求20万余件，群众回访满意度超92%，北辰区“12345”热线在全市考核排名第四。

【网格建设】2022年，区网格中心印发《北辰区进一步深化党建引领基层网格化管理工作方案》，推进党建引领基层治理体制机制创新工作。对基础网格和专属网格进行调整，重点人员纳入网格化服务管理，村居网格员开展常态化走访入户，全面摸排、建立台账、动态管理、定期走访，助力保障和服务民生。在全区开展“最美网格员”评选推荐工作活动，共选树51名2021年度“最美网格员”，并在“北辰网格”微信公众号上发布先进优秀事迹。协助完成区政协召开2022年第一次专题议政性常委会“关于加强社区网格化管理”专题协商会议。

【“津治通”平台建设】2022年，全区网格员通过天津市一体化社会治理信息化平台（“津治通”平台）上报案件309240件。办结率100%。市民随手拍上报案件331件，全部办结。制发网格日报231期，周报48期，月报12期，通过对平台数据的梳理分析，找出镇街在使用“津治通”平台发挥社会治理效能上存在的问题和不足，及时加以提示修正。深入镇街开展“吹哨报到”机制调研，形成《北辰区运用“吹哨报到”机制破解基层治理难题的调研报告》一篇。平台全年共受理办结“吹哨”案件262件，有效打通服务人民群众的“最后一米”。

【“12345”平台运行】2022年，区网格中心制定《北辰区12345热线处置工作机制》《北辰12345政务服务便民热线疫情问题受理处置提质增效十条措施》等5项标准要求，进一步规范工单办理流程。针对保医保药、群众情绪激动反映强烈的紧急单、重点单，坚持“急事快办”，及时成立工作小组，24小时安排专人值班值守，以第一时间接单、第一时间派件、点对点联系沟通、全程跟踪督办，累计化解群众涉疫诉求7.9万余件。强化问题处置督办力度，对所有办理类工单实行全程跟踪督办。开展现场查勘200余件次、召开督办协调会议6次、发送督办提示函70余件，推动

2022年9月21日，召开北辰区12345热线工作督办会议（秦　涛　摄影）

解决流浪猫犬治理、商户噪声扰民等问题工单1000余件。全年“12345”热线累计办结群众各类诉求20万余件，群众回访满意度超92%。

【信息化建设】 2022年，区网格中心完成市域社会治理信息化平台建设和验收工作，平台内包括“12345”热线、便民e站、数字网格等子系统。开展数字网格平台镇街线下培训会和全区村居网格长线上培训会，为全区各镇街、村社区开通账号，覆盖面达到100%。北辰网格微信公众号全年累计发布信息641篇，阅读量达170余万次。

（闫海菊）

北辰区人民代表大会

综　述

【概况】 2022 年，北辰区第十八届人民代表大会及其常委会召开代表大会会议 3 次（十八届二次、三次、四次会议）、常委会会议 10 次、主任会议 21 次。组织人大代表参加视察、调研、执法检查等活动 276 余人（次），做出决议决定 8 项，任免国家机关工作人员 101 人（次），选举产生北辰区的市十八届人大代表 27 名。截至 2022 年年末，全区有区人大代表 233 名，市人大代表 27 名。

2022 年，北辰区人大常委会在区委的坚强领导下，坚持以习近平新时代中国特色社会主义思想为指导，全面贯彻中共二十大和十九届历次全会精神，深入落实中央和市委人大工作会议精神，坚持党的领导、人民当家做主、依法治国有机统一，认真履行宪法法律赋予的各项职责，扎实践行全过程人民民主，锐意进取、真抓实干，有力保障和促进了北辰经济社会发展和民主法治建设。

【监督工作】 2022 年，区人大常委会深入把握人大监督的政治定位、法律定位，聚焦党中央决策部署、聚焦群众所思所盼所愿，综合运用法定监督方式，探索创新机制方法，实行正确监督、有效监督、依法监督，听取审议“一府一委两院”专项工作报告 14 次，开展执法检查 5 次，视察专项工作 10 次，组织专题调研 6 次，进行专题询问 1 次，全力助推全区经济社会高质量发展。

【贯彻区委工作部署】 2022 年，区人大常委会严格执行请示报告制度，全年就年度工作安排、整体履职情况、重大事项、重要会议向区委请示报告 10 余次。围绕区委中心工作，谋划推动决定、监督、代表等工作，保证人大履职与区委工作要求同向同步。坚持党管干部与人大依法选举任免相统一，全年任免“一府一委两院”工作人员 101 人（次）。认真落实市委、区委要求，依法选举产生北辰区的天津市第十八届人大代表 27 名，选举区人大常委会副主任 1 名。

【能力建设】 2022 年，区人大常委会认真贯彻落实“四个机关”建设要求，健全制度、创新机制、凝聚合力。以政治建设筑牢履职根基，深入学习习近平新时代中国特色社会主义思想、习近平总书记关于坚持和完善人民代表大会制度的重要思想，深刻领会全过程人民民主重大理念，切实增强做好新时代人大工作的责任感使命感。履行全面从严治党主体责任，扎实开展“迎盛会、铸忠诚、强担当、创业绩”主题教育宣传实践活动，加强党风廉政建设，落实中央八项规定精神，在人大组织和人大代表中营造风清气正的政治生态。以制度建设保证规范运行，坚持“总结、继承、完善、提高”的原则，修改制定监督、代表、重大事项决定、人事任免、自身建设等方面制度规则 50 余项，提升了人大工作规范化、标准化水平。以效能建设提升工作水平，注重改进作风，区人大常委会组成人员常态化联系 170 名基层代表，通过走访、座谈等方式，收集代表对经济发展、民计民生、人大工作的意见建议89条。各专门委员会梳理法定职能，总结实践经验，形成工作规则，提升专业化水平。加强内部挖潜和干部岗位优化调配，激发内生动力，增强工作效能，营造干事创业的浓厚氛围。密切与镇街人大组织的联系，加强业务指导和工作沟通，落实人大街道工委工作条例，积极推动镇街人大组织建设，凝聚人大工作整体合力。

重要会议

【概况】2022年，北辰区第十八届人民代表大会举行会议3次，区十八届人大常委会召开常委会会议10次，召开主任会议21次，听取审议“一府一委两院”工作报告，开展专题询问，听取有关执法检查报告，决定重大事项，表决通过人事任免事项，依法接受代表辞职和确认补选代表资格等。

【人民代表大会会议】2022年8月17日，北辰区第十八届人民代表大会第二次会议在北辰区机关五楼会议室召开。应出席代表235人，实出席代表213人。会议依法选举北辰区人大常委会副主任一名。

11月29日，北辰区第十八届人民代表大会第三次会议在四十七中学召开。应出席代表233人，实出席代表167人。会议选举于静、王小宁、王旭东、王艳丽、刘春东、刘薇、闫凯境、许南、李志勇、李连元、李杰、张世新、张国庆、张秋梅、张勇、林则银、林茂、岳山刚、郑丽莉、郑清春、姜义、袁学民、徐晖、彭春杰、韩东、冀国强、穆瑞芳为北辰区的天津市第十八届人民代表大会代表。

12月28—29日，北辰区第十八届人民代表大会第四次会议在市委党校召开。应出席代表233人，实出席代表174人。会议通过了北辰区人民政府工作报告、北辰区2022年国民经济和社会发展计划执行情况与2023年国民经济和社会发展计划、北辰区2022年预算执行情况和2023年预算草案的报告、北辰区人大常委会工作报告、北辰区人民法院和人民检察院工作报告，并作出相应的决议。表决通过了北辰区2023年民心工程项目。

【人大常委会会议】1月27日，区第十八届人大常委会第二次会议召开。会议表决通过了人事任免事项，举行了区人民检察院检察长宪法宣誓仪式，审议通过了《北辰区人大常委会2022年工作要点》，表决通过了《区政府关于提请审议北辰区2022年第一批政府债务调整预算的议案》，并作出相应决议。

3月30日，区第十八届人大常委会第三次会议召开。会议集体学习了第十三届全国人民代表大会第五次会议精神，表决通过有关人事任免事项，听取并审议区政府关于推行行政执法“三项制度”工作情况的报告，书面审议区政府关于区人大常委会对北辰区2020年度审计查出问题整改情况的审议意见落实情况的报告，审议区人大执法检查组关于《天津市物业管理条例》执法检查的报告，审议通过《北辰区第十八届人民代表大会常务委员会关于加强自身建设的决定》《关于加强和规范全区人大代表联络站建设的指导意见》。

4月28日，区第十八届人大常委会第四次会议召开。会议表决通过《区政府关于提请审议〈天津市北辰区土地利用总体规划（2015—2020年）〉涉及京滨城际北辰站周边用地规划修改方案的议案》，并作出相应决定。

6月7日，区第十八届人大常委会第五次会议召开。会议表决通过人事任免事项，接受陈翠霞、赵贵增辞去北辰区第十八届人民代表大会代表职务的请求。听取并审议区政府关于2021年度金融企业国有资产管理情况的报告。书面审议区政府关于北辰区2021年度国有资产管理情况的综合报告。听取区政府关于北辰区2021年政府隐性债务化解情况的报告。表决通过《北辰区2022年第二批政府债务调整预算方案的议案》，并作出相应决定。听取并审议区政府关于北辰区“双减”工作落实情况的报告、区政府关于北辰区2021年度环境状况和环境保护目标完成情况的报告。听取并审议区检察院关于加强案件管理工作情况的报告。书面审议区政府对区人大常委会关于推行行政执法“三项制度”报告的所提意见落实情况的报告、区政府对区人大常委会关于《天津市物业管理条例》执法检查所提意见落实情况的报告。

7月26日，区第十八届人大常委会第六次会议召开。会议集体学习市十二次党代会关于发展全过程人民民主的有关论述。表决通过人事任免事项，确认补选仰东、季景明、闫凯境、刘基智四位区十八届人大代表的代表资格有效。表决通过《关于召开北辰区第十八届人民代表大会第二次会议的决定（草案）的议案》《关于北辰区第十八届人民代表大会第二次会议有关事项的议案》。听取并审议区政府关于2021年财政收支决算的报告、关于2021年区级预算执行和其他财政收支审计工作的报告。书面审议区政府关于区人大常委会审议“双减”工作情况报告所提意见落实情况的报告、区政府关于区人大常委会审议2021年度环境状况和环境保护目标完成情况报告所提意见落实情况的报告、区检察院关于区人大常委会审议加强案件管理工作情况报告所提意见落实情况的报告。审议通过《天津市北辰区人民代表大会代表建议、批评和意见办理办法（修正草案）》《天津市北辰区人民代表大会专门委员会工作规则（修正草案）》《天津市北辰区人民代表大会常务委员会邀请人大代表列席常委会会议办法（试行草案）》《天津市北辰区人民代表大会常务委员会关于进一步加强人大代表工作的若干意见（修正草案）》。

9月27日至28日，区第十八届人大常委会第七次会议召开。会议集体学习《习近平谈治国理政（第四卷）·毫不动摇坚持、与时俱进完善人民代表大会制度》。表决通过有关人事任免事项。听取并审议区政府关于北辰区2022年上半年预算执行情况的报告。听取区政府关于北辰区2022

年上半年政府债务管理情况报告、区政府关于北辰区2022年上半年国民经济和社会发展计划执行情况报告、区政府关于碳达峰碳中和工作情况的报告。听取并审议区法院关于人民法庭建设工作情况的报告、北辰区贯彻实施《中华人民共和国乡村振兴促进法》和《天津市乡村振兴促进条例》情况的执法检查报告。表决通过了《天津市北辰区人民代表大会代表考评办法（试行）》。开展北辰区养老服务及设施建设专题询问。听取并审议区监察委员会关于整治群众反映强烈问题工作情况的报告。

11月22日，区第十八届人大常委会第八次会议召开。会议集体学习党的二十大精神中关于发展全过程人民民主，保障人民当家作主有关论述。表决通过有关人事任免事项。表决通过《关于召开北辰区第十八届人民代表大会第三次会议的决定》《关于北辰区第十八届人民代表大会第三次会议的有关事项的议案》。表决通过《关于北辰区2022年财政收支预算调整方案的议案》，并作出相应决议。听取并审议区政府关于2021年度区级预算执行和其他财政收支审计查出问题整改情况的报告。书面审议区政府关于区人大常委会审议金融企业国有资产管理报告所提意见落实情况的报告、区政府关于区人大常委会审议北辰区2022年上半年财政预算执行情况报告所提意见落实情况的报告、区政府关于区人大常委会检查《中华人民共和国乡村振兴促进法》《天津市乡村振兴促进条例》所提意见落实情况的报告、区法院关于区人大常委会审议人民法庭建设工作情况报告所提意见落实情况的报告。听取并审议区人大常委会关于2022年规范性文件备案审查工作情况的报告。

11月28日，区第十八届人大常委会第九次会议召开。会议表决通过北辰区第十八届人民代表大会第三次会议主席团、秘书长名单。

12月8日，区第十八届人大常委会第十次会议召开。会议集体学习市委十二届二次全会精神。接受张炳柱辞去北辰区人民政府副区长职务的请求。听取区政府关于代表建议办理情况的报告、区政府关于2022年政府债务管理情况的报告。接受陈振东辞去北辰区第十八届人民代表大会代表职务的请求。表决通过《北辰区人大常委会议事规则（修订草案）》。

12月21日，区第十八届人大常委会第十一次会议召开。会议表决通过有关人事任免事项。表决通过《关于召开北辰区第十八届人民代表大会第四次会议的决定的议案》《关于北辰区第十八届人民代表大会第四次会议有关事项的议案》。审议通过区人大常委会工作报告，决定提请区人民代表大会审议。确认倪斌区十八届人大代表的代表资格有效。听取区政府关于2022年国民经济和社会发展计划执行情况与2023年国民经济和社会发展计划草案的报告、区政府关于2022年预算执行情况和2023年预算草案主要内容的报告、区政府关于2022年北辰区20项民心工程落实情况的报告。

【人大常委会主任会议】 2022年，召开区人大常委会主任会议21次，主要处理常委会重要日常工作。研究提请常委会会议审议的区人民代表大会议程、召开日期、主席团和秘书长名单、列席人员及其他建议事项，常委会向代表所做的工作报告和常委会年度工作安排，常委会决议、决定草案；决定常委会召开时间、议程、日程、列席人员等。对“一府一委两院”议案、任免案是否提交常委会会议审议，讨论以常委会名义召开的工作会议、组织视察及其他活动，决定常委会工作机构的建设及日常工作等，听取“一府一委两院”工作部门有关工作报告情况。

重要决定、人事任免、代表工作

【概况】 2022年，北辰区人大常委会坚持正确监督、有效监督、依法监督，围绕促进经济平稳运行、增进民生福祉、推动美丽北辰建设、深化社会治理等重点领域开展监督。弘扬宪法精神，加强法治宣传教育，组织国家机关工作人员宪法宣誓88人（次）。坚持党管干部与人大依法选举任免相统一，全年任免国家机关工作人员101人次。推进讨论决定重大事项工作制度化规范化，作出决议决定8项。尊重代表主体地位，完善代表工作制度，强化服务保障，丰富履职载体，扎实高效办理代表建议，扩大代表对常委会和专门委员会工作的参与，支持代表依法履职。

【重点监督工作】 2022年，区人大常委会促进经济平稳运行。听取审议金融国有资产和国有资产管理情况报告，促进信贷担保公司更好发挥政策性作用。听取政府债务及隐性债务化解情况报告，加强对审计查出问题整改情况的监督，促进强化风险防控。开展乡村振兴“一法一条例”执法检查，围绕产业发展、乡村文化、人才培育等方面提出意见建议。召开天津市贯彻落实稳经济一揽子政策专题宣讲会，现场答疑解惑，营造良好营商环境。

聚力增进民生福祉，关注“一老一小”。开展养老服务和设施建设情况专题询问，推动养老政策深入落实，各镇街均建成区域性养老服务中心，年内扩增养老床位300余张。听取审议教育“双减”工作情况报告，推动“双减”政策落实落地，提升素质教育质量。视察社会救助工作，兜牢民生底线。专题调研少数民族非物质文化遗产传承保护工作，完成北辰区少数民族非物质文化遗产名录编辑。紧盯民心工程实施，通过实地查看、听取汇报、视察评估等方式，推动完成了农村食品安全

2022年7月25日，北辰区人大常委会对少数民族非物质文化遗产保护与传承工作开展调研　　（于　洋　摄影）

示范店、公交线路优化、贵富路建设等项目，提升了群众生活品质。

关注生态环境保护，开展生态环境情况专题调研。听取审议环境状况和环境保护目标完成情况报告、碳达峰碳中和情况报告，跟踪视察固体废物污染环境防治法、生活垃圾管理条例专题询问意见落实情况，推动美丽北辰建设。开展土地管理条例执法检查，促进耕地保护和土地资源节约集约利用。

2022 年 10 月 18 日，北辰区人大常委会到天津农药厂视察土壤污染地块治理修复和异味管控工作情况 （孙　浩　摄影）

深化社会治理监督，积极推进全面依法治区。听取审议区政府推行行政执法“三项制度”情况报告、区监委专项工作报告、区检察院案件管理情况报告、区法院人民法庭建设情况报告，推动“一府一委两院”依法履行职权。开展物业管理条例执法检查，督促文明行为促进条例执法检查问题整改，强化相关部门执法责任，持续巩固“创文创卫”成果。听取审议规范性文件备案审查情况报告，发挥基层立法联系点作用，配合市人大常委会开展立法修法调研活动 20 余次。依法做好信访工作，开展矛盾纠纷隐患排查，接待处理信访案件 68 件次。

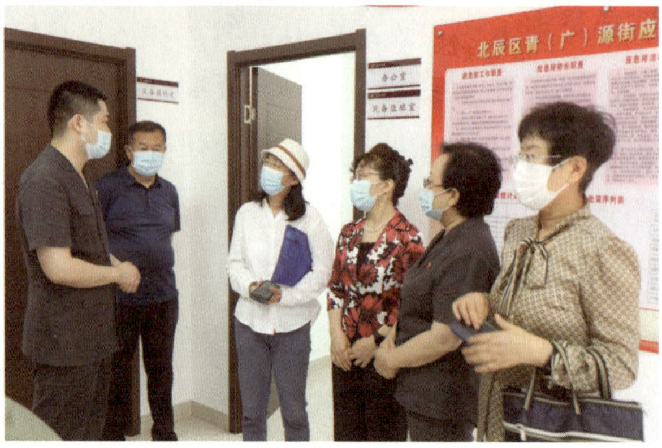

2022 年 8 月 30 日，北辰区人大常委会到法院开展人民法庭建设调研

（车　倩　摄影）

【重大事项决定】 2022 年，区人大常委会全年做出决议、决定 8 项。分别作出关于召开北辰区第十八届人民代表大会第二次会议、第三次会议、第四次会议的决定，关于同意北辰区 2022 年第一批政府债务调整预算方案的决定，关于同意北辰区 2022 年第二批政府债务调整预算方案的决定，关于同意《天津市北辰区土地利用总体规划（2015—2020 年）》涉及京滨城际北辰站周边用地规划修改方案的决定，批准 2021 年财政决算、北辰区 2022 年财政收支预算调整方案。

【人事任免】 2022 年，区人大常委会坚持党管干部与依法任免相统一，严格任前法律知识考试、到会见面、供职发言、颁发任命书、宪法宣誓等程序，依法任免国家机关工作人员 101 人次。首次开展员额法官、员额检察官履职评议，填补任后监督空白，实现人事任免与工作监督的有机统一。

【联系代表】 2022年，区人大常委会制定完善常委会组成人员联系区人大代表工作办法、加强人大代表工作的若干意见、代表履职考评办法等制度，建立组织联系、服务保障、履职监督等制度规范，进一步推进代表工作制度化、规范化、常态化。举办人大代表初任培训、履职培训和专题培训班，根据代表履职需求，设置学习中央人大工作会议精神、组织法、代表法、预算审查监督等内容，增强培训精准度，650余人次参加培训，实现代表培训全覆盖。持续扩大代表对常委会工作的参与，邀请代表列席常委会会议22人次，参加执法检查、视察、调研276人次，协助有关部门聘请代表监督员45人次。丰富拓展履职载体，设立区级代表履职服务中心，制定代表联络站规范化指导意见，统一代表联络站"八有三公开"建设标准，注重"一站一特色"，着力打造行业型联络站，全年提升和新建人大代表联络站（点）105个，实现市、区、镇三级人大代表全员编组进站，形成"中心、家、站、点"四级联动、固定便捷的活动阵地。全年接受3名区十八届人大代表辞去代表职务，3名区十八届人大代表调离本行政区，代表资格自行终止，依法补选4名区十八届人大代表。

2022年7月20日，北辰区人大常委会到集贤里街道检查代表联络站规范化建设工作

（宗钰淇　摄影）

【代表建议办理】 2022年，区人大常委会修订代表建议办理办法、制定代表建议重点督办和"二次评价"办法，采取主任会议成员牵头督办、推动会、实地督查等方式，促进建议办理从"答复型"向"落实型"转变，推动解决宜兴路建设、充电桩安装、居家适老化改造等一批事关发展和民生的问题。做好闭会期间代表建议的转交督办工作，区十八届人大一次会议期间，收到的25件代表建议，解决23件、办理中2件，答复满意率和落实满意率均为100%。

2022年北辰区十八届人大四次会议代表建议一览表

表4

序号	代表姓名	工作单位	标题	类别
1	朱润来	北辰区天穆镇王庄村	关于解决天穆镇王庄村因拆迁造成的自来水、排水管网设施损毁问题的建议	城建1

续表 4

序号	代表姓名	工作单位	标题	类别
2	朱润来	北辰区天穆镇王庄村	关于王庄新家园小区工业用电改为居民用电的建议	财经 1
3	朱润来	北辰区天穆镇王庄村	关于王庄新家园小区、辰兴园小区的房本办理的建议	财经 2
4	赵艳梅	天津市南仓中学	关于在北辰道和高峰路交口增加照明的建议	城建 2
5	高玉强	北辰区天穆镇刘房子村	关于成立社区居委会的建议	内司 1
6	黄洪生 曹德胜	北辰区北仓镇北仓村、桃花寺村	关于协调解决北仓镇北仓、桃花寺、三义村城中村改造长远生计项目落地相关问题的建议	城建 3
7	吴　静	天津佳恒物业管理有限公司	关于加快实施双街镇万源星城片区居民用气并网工程的建议	城建 4
8	李恩强	北辰区双口镇双口二村	关于尽快解决京沪高铁定向安置经济适用房项目启动资金的建议	财经 3
9	林景义	北辰区双口镇双口一村	关于解决双口镇双口一村村民饮用水源问题的建议	城建 5
10	林旭昇	天津市北辰区双口镇双口三村	关于将自来水引入双口镇安光村等 4 个村的建议	城建 6
11	李世岩	北辰区双口镇郝堡村	关于解决双口镇小五堡村民反映自来水相关问题的建议	城建 7
12	吴　建	北辰区宜兴埠镇六街	关于尽快完成宜兴埠旧村改造还迁安置房前期手续办理的建议	城建 8
13	侯子娟 薛玉芳	北辰区青光镇春天幼儿园 北辰区青光镇铁锅店村卫生服务室	关于将青光村、铁锅店村纳入环卫一体化的建议	城建 9
14	陈尔平	公安北辰分局果园新村派出所	关于北辰区涉案财物管理中心相关问题的建议	内司 2
15	刘　焱	北辰区集贤里街道	关于为清真饮食文化的少数民族老年人提供助餐服务的建议	教科 1
16	王青华	北辰区佳春中学体美劳处	关于佳春小学对面快速路绿化带规划管理的建议	城建 10

续表 4

序号	代表姓名	工作单位	标题	类别
17	刘焕敏	北辰区普东街秋怡家园社区	关于淮东路东侧地块纳入绿化养护项目建议	城建 11
18	张明月	北辰区普东街祥和园社区	关于万科花园新城东侧空地规划的建议	城建 12
19	闫凯境	天津天士力控股集团有限公司、天士力医药集团股份有限公司	关于加强高端人才引进政策力度的建议	教科 2
20	吕 丽	天津市玉丽达物业服务有限公司	关于在高峰公园修建公共卫生间的建议	城建 13
21	黄立伟	北辰区大张庄镇北何庄村	关于恢复 728 公交车部分站点的建议	城建 14
22	胡震刚	北辰区青光镇韩家墅村	关于缴存北辰西道征地涉及村村民失地险及补偿的建议	财经 4
23	刘喜强	北辰区西堤头镇东堤头村	关于加快村庄规划批复，推动乡村振兴步伐的建议	城建 15
24	侯子娟 薛玉芳	北辰区青光镇春天幼儿园 北辰区青光镇铁锅店村卫生服务室	关于加快对青光村、铁锅店村进行自来水改造的建议	城建 16
25	薛玉芳	北辰区青光镇铁锅店村卫生服务室	关于加快制定铁锅店村村庄规划的建议	城建 17

【“数字人大”建设】 2022 年，区人大常委会在全市率先推出“代表视线”平台，50 名代表在线上及时反映群众诉求，解决边远学校师生乘车难、高空抛物等 500 余件“微建议”。市人大常委会主要领导给予充分肯定，《新华社天津要情参阅》《全国人大联络动态》、今日头条等媒体进行专题报道。

【人大宣传】 2022 年，区人大常委会在全市首家出版发行《北辰区人民代表大会志》。充分发挥“北辰人大”微信公众号主阵地作用，制定加强和改进新闻宣传工作的意见，优化公众号栏目设置，聚焦学习贯彻人大工作会议精神、代表履职、学法普法，讲好人大故事。公众号全年发稿 600 余篇，普东街、集贤里街、北仓镇、双口镇报送稿件数量居前，瑞景街、果园新村街、宜兴埠镇、北仓镇报送稿件被中国人大网、央广网、天津人大网刊发。在新华社客户端、《人民代表报》等全国性媒体刊稿 20 余条，市人大媒体刊稿 90 余条，其他市级媒体刊稿 60 余条。 （宗钰淇）

北辰年鉴

2023

北辰区人民政府

综　述

【概况】 2022年，北辰区完整准确全面贯彻新发展理念，全力推动“二、六、十”工作任务，加快“两个转型”，实现了经济社会平稳健康发展。贯彻落实“疫情要防住、经济要稳住、发展要安全”的重要要求，全区经济保持了企稳回升态势，北辰区被列入全市五个“经济大区”之一。北辰区以全国第三、全市第一成绩通过全国文明城区首轮复评。

【经济建设】 2022年，北辰区实现地区生产总值709.01亿元，固定资产投资356亿元，一般公共预算收入52.9亿元，均位居全市前列。京津冀协同发展不断走深走实，引进首都注册项目103个，坤鼎智能制造产业园、中电建风力发电等29个项目落地，协议投资额58.4亿元。京滨高铁北辰站建成通车，京津冀交通路网骨架进一步畅通。全力以赴招大引强选优，引进优质项目117个，实际利用内资178亿元，招商引资综合排名位居全市第三，创历史最好成绩。着力实施创新驱动发展战略，构建先进制造业与现代服务业“双引擎”新格局，9条重点产业链在链规模以上企业突破420家，产值同比增长9%，其中新材料、新能源产业链同比增长超过15%。积极融入“双中心”城市建设，辰悦广场正式开业，北洋井项目取得新成效，耀津商业中心部分开业，天津首个亲子运动公园建成运营，生活性服务业档次不断提升。大力发展生产性服务业，引进科技研发、检验检测、中介服务等企业365家，注册资金61.1亿元，盘活闲置楼宇2.9万平方米。全区外向型经济实现新突破，外资到位同比增长64.4%，进出口总额同比增长7.3%，均位居全市前列。

【城市建设】 2022年，北辰区城市载体功能进一步增强，区域价值不断提升。国土空间规划取得阶段性成果，“三区三线”划定通过国家审批，完成京津医药谷等重点项目规划。城市建设管理体制改革试点持续推进，全区出让土地8宗、489.4亩。城中村改造和示范镇建设取得新进展，28.3万平方米安置房还迁入住、113.9万平方米主体完工、55.7万平方米开工建设。大力推进农村乱占耕地建房问题专项整治，累计整改违法用地544.2亩。启动高端装备制造产业园绿色共享服务示范区、北运河及周边区域等城市更新项目。加快基础设施建设，北辰东道及综合管廊、外环东北部调线与津蓟快速路立交工程主体完工，7条道路进场施工，9条道路整体竣工，区域交通体系更加完善。全面提升全国文明城区常态化创建水平，持续开展交通秩序、市容环境、乱搭乱建等10类专项治理，城市面貌焕然一新。

【社会建设】 2022年，北辰区坚持以人民为中心的发展思想，把宝贵的资金投入到民生领域，高标准完成20项民心工程，尽心竭力解决事关群众切身利益的现实问题。千方百计帮扶重点群体就业，新增就业1.95万人。扎实推进全民参保，新增参保1.65万人。落实临时救助备用金制度，对457名急难对象24小时内发放临时救助备用金123.6万元，全年临时救助1968人。织密三级养老服务阵地网络，建成17个街镇综合养老服务中心，新增养老床位317张。教育质量全面提升，加快建设北京十一学校天津实验学校，成立天津师范大学北辰实验学校，接收4所配套幼儿园和2所学校，天房璟悦府配套中学投入使用，新增学位3600个。医疗服务水平逐步提高，全区15家社区卫生服务中心和52家村卫生室实现医保联网，基层数字健共体云平台实现全覆盖。群众文体生活更加丰富，组织“天穆杯”小品展演、网络艺术慕课等线上线下群众文化活动43场，新建提升各类体育健身设施33处，《曲艺之花绽放北运河畔天穆镇》入选“中国民间文化艺术之乡”建设典型案例。

【项目建设】 2022年，北辰区积极开展重点项目包装谋划大讨论活动，邀请外脑集中培训，提高项目谋划的专业性和成熟度，新谋划京滨高铁北辰站周边TOD综合开发、天锻都市产业园等一批旗舰项目。实行区长面对面解难题、领导包联、专班调度等机制，力促项目快落地、快开工、快建设、快投产。列入2022年市级重点项目库的24个项目全部开工，推动54个、总投资1066亿元项目列入2023年市级重点项目库。全区开工在建项目284个、投资额2420.3亿元，新竣工项目62个、投资额219.3亿元，伟星新材北方区域总部、朝亚大数据、弗兰德、雅迪电动车等实力强企增资扩产。积极为项目解决资金难题，争取中央预算内投资4753万元、中长期贷款2亿元、设备购置贴息贷款5000万元，发行专项债项目6个、额度30.5亿元，发行率、开工率、使用率位居全市前列。

（张春明）

重要会议

【概况】 2022年，北辰区人民政府（以下简称区政府）全力推动“二、六、十”工作任务，加快“两个转型”，实现了经济社会平稳健康发展。全年召开政府全体会议1次，政府常务会议31次。

【政府全体会议】 2022年12月26日，北辰区政府召开全体会议。区委副书记、区长徐晖主持会议并讲话。会议审议《政府工作报告（讨论稿）》《关于北辰区2022年国民经济和社会发展计划执行情况和2023年国民经济和社会发展计划草案的报告（讨论稿）》《关于北辰区2022年预算执行情况和2023年预算草案的报告（讨论稿）》。

【政府常务会议】 2022年3月30日，区委副书记、区长徐晖主持召开北辰区政府第6次常务会议。会议审议了《北辰区应急管理“十四五”规划》《北辰区突发事件总体应急预案》，听取了2022年一季度全区安全生产和应急管理工作情况汇报，审议了《北辰区制造业强区高质量倍增行动方案（2021—2025年）》《北辰区关于支持企业上市融资加快新动能引育的有关政策》，研究了其他事宜。

4月13日，区委副书记、区长徐晖主持召开区政府第7次常务会议，听取2022年全区一季度民心工程建设和建议提案办理情况的汇报，审议《北辰区闲置资产整治专项行动工作方案》。

5月13日，区委副书记、区长徐晖主持召开区政府第10次常务会议。与会人员围绕“贯彻实施《信访工作条例》”进行专题集体学法，集体学习了《关于更加有效发挥统计监督职能作用的意见》等文件精神，审议了《北辰区贯彻〈民兵建设“十四五”规划〉实施意见》。

6月1日，区委副书记、区长徐晖主持召开北辰区政府第11次常务会议。会议传达学习了全国稳住经济大盘电视电话会议精神及全市贯彻落实部署会议精神和市委常委会扩大会议精神，传达学习《天津市贯彻落实〈扎实稳住经济的一揽子政策措施〉实施方案》，研究部署全区稳住经济大盘工作，传达学习了全市应对极端强降雨防汛应急工作部署会议等会议文件精神。

6月22日，区委副书记、区长徐晖主持召开区政府第13次常务会议，听取2022年上半年全区安全生产工作情况汇报，审议《北辰区妇女和儿童发展“十四五”规划》。

7月22日，区委副书记、区长徐晖主持召开区政府第15次常务会议。会议传达学习市政府民心工程办公室视频会议精神，听取北辰区2022年上半年民心工程建设和建议提案办理情况汇报，听取上半年食品安全工作情况汇报，审议《北辰区2022年食品安全监督管理计划》。

8月2日，区委副书记、区长徐晖主持召开区政府第16次常务会议，传达学习中央和市委市政府经济工作会议精神，听取2022年上半年全区经济运行情况和“稳经济”一揽子政策措施落实情况汇报，研究部署下一步工作。

8月26日，区委副书记、区长徐晖主持召开区政府第18次常务会议，传达学习了市政府工业经济运行工作推动会议精神，听取了北辰区“敲门行动”工作进展情况汇报、2022年上半年全区信访工作情况和稳就业工作情况汇报。

9月14日，区委副书记、区长徐晖主持召开区政府第20次常务会议。会议听取了北辰区工业经济运行和项目投资情况汇报、北辰区固定资产投资和重点项目建设情况汇报，研究部署下一步工作，审议了上半年国民经济和社会发展计划执行情况和预算执行情况。

9月29日，区委副书记、区长徐晖主持召开区政府第23次常务会议，听取北辰区2022年知识产权工作情况汇报，审议《北辰区国家知识产权强市建设知识产权试点城市工作方案》，对国庆节和中共二十大期间值班值守等相关工作进行安排部署。

10月10日，区委副书记、区长徐晖主持召开区政府第24次常务会议。会议听取了地区生产总值统一核算情况和全区生产总值主要支撑指标完成情况汇报，听取了全区2022年农村房屋安全隐患排查整治工作进展情况和自建房安全专项整治行动工作情况汇报，审议了《北辰区2021年耕地保护督察反馈问题整改工作方案》《北辰区供水专项规划（2015—2030年）修改（草案）》，研究调整《北辰区2022年度重大行政决策事项目录》事宜。

11月3日，区委副书记、区长徐晖主持召开北辰区政府第26次常务会议暨2022年前三季度经济运行分析会，传达学习市政府常务会议精神，听取2022年前三季度全区经济运行情况汇报，并研究部署下一步工作。

11月21日，区委副书记、区长徐晖主持召开区政府第28次常务会议，审议《北辰区深入打好污染防治攻坚战行动方案》《北辰区教育设施布局规划（2020—2035年）》。

12月17日，区委副书记、区长徐晖主持召开北辰区政府第32次常务会议。会议听取北辰区2022年20项民心工程建设和建议提案办理情况汇报及2023年20项民心工程立项初选情况，听取北辰区2022年全区安全生产工作情况汇报，审议《北辰区危险化学品事故应急救援预案》等5项应急预案，审议《政府工作报告（讨论稿）》《北辰区公立医院高质量发展实施方案》《北辰区科技计划项目管理办法》《关于北辰区2022年国民经济和社会发展计划执行情况和2023年国民经济和社会发展计划草案等报告（讨论稿）》《关于北辰区2022年预算执行情况和2023年预算草案等报告（讨论稿）》。

【北辰区第十八届政府第一次廉政工作会议】 2022年6月24日，北辰区第十八届政府召开第一次廉政工作会议，传达学习贯彻市政府第五次廉政工作会议精神，总结部署区政府系统反腐倡廉工作，对做好当前稳经济工作提出要求。区委副书记、区长徐晖出席会议，区委常委、区纪委书记、区监委主任郭莹应邀出席，区委常委、副区长李彩良主持，副区长张炳柱、李维东、许伟、贾宏伟参加，区政协副主席周再明列席会议。（徐伟翔）

重要工作

【概况】 2022年，北辰区聚焦“二、六、十”重点工作任务，坚决贯彻“制造业立市”战略，创造性提出“制造业强区高质量倍增行动”，组织开展市场主体提质增量暨服务企业“敲门行动”，梯度培育高成长企业，科技创新能力持续增强，着力推进城乡融合发展，加快城郊向都市转型，不断提升城区形象品质。

【制造业强区高质量倍增行动】 2022年，北辰区坚决贯彻“制造业立市”战略，创造性提出“制造业强区高质量倍增行动”，通过新动能引育、科技创新赋能、产业载体提升、产业基金支撑、产业生态优化“五大工程”，力争到2025年，代表高质量发展的战略性新兴产业产值、高技术制造业产值、专精特新和“小巨人”企业数量、国家级高新技术企业数量、R&D经费投入占比五项指标实现倍增，高端装备制造、中医药、新能源、信创四条产业链产值实现翻番。随着倍增行动持续开展，全区制造业质量得到有效提升，制造业增加值占比、战略性新兴产业总产值占比、首台套重大技术装备数量等重要指标位居全市首位，规模以上工业产值增速、制造业增加值、民营经济增加值、高技术增加值占比、国家高新技术企业、科技型中小企业、“雏鹰”“瞪羚”企业数量等指标均处于全市前列。

【开展“敲门行动”优化营商环境】2022年，北辰区为进一步优化营商环境，帮助市场主体持续健康发展，在全区范围内组织开展了市场主体提质增量暨服务企业“敲门行动”，由区领导带队，各街镇、开发区和区有关部门逐家逐户敲开属地内每一家企业大门，为企业搞好市场主体登记、减税降费办理、纾困政策兑现等服务。行动开展期间，共走访服务市场主体1万余家，协调解决各类问题973个，实现71家企业纳税异地回流、149家异地迁入。全区营商环境水平全面提升，“网上办”比例达到98.5%，“一次办”比例达到98.9%，企业开办时间压缩至1天，打造了企业全生命周期服务链条，垠坤启辰产业园一天“三证齐发”，做到“拿地即开工”，伟星北方区域总部一天实现工程建设“四证联发”，创下项目审批提速新纪录。

【科技创新能力建设】2022年，北辰区坚持梯度培育高成长企业，新认定雏鹰企业331家、瞪羚企业34家，国家科技型中小企业、国家高新技术企业、科技领军企业分别达到652家、630家和28家，均位居全市前列，全区17项原创性成果获得全市科学技术奖表彰。建成国家和市级企业重点实验室18家、企业技术中心78家，长荣股份和天锻压力机获批国家级单项冠军，捷强动力和七所高科获批市级单项冠军。新建河北工业大学北辰科技园，深化北辰智能装备研究院建设，拓展高端装备和智能制造人才创新创业联盟载体功能，在全市率先组建智能装备专业职称评审委员会，为制造业转型升级提供有力支撑。承办第七届中国创新挑战赛，发挥“科技成果超市”服务功能，征集科技成果1800余项，引进专家453人，签订产学研合作协议55项。推进知识产权强区建设，净增有效发明专利281件，获批商标质押融资2240万元，知识产权租赁融资500万元，成为首批国家知识产权强市建设试点区。

【城乡融合发展】2022年，北辰区深入实施乡村振兴战略，建设高标准农田4300亩，播种粮食面积达9466.67公顷，撂荒地治理完成率达到100%。坚持产业融合发展，新建青盛农庄、庞嘴村海棠艺术园等乡村旅游项目，“墅外桃源—郊野公园—曙光水镇”旅游线路入选全国乡村旅游精品线路，庞嘴村获评中国美丽休闲乡村。全区国土空间规划取得阶段性成果，“三区三线”划定通过国家审批，有效统筹生态稳控、耕地保护和长远发展关系，29个保留村村庄规划编制工作顺利完成，双口镇小五堡片区村庄规划入选自然资源部优秀案例。大力推进农村人居环境整治提升行动，完成农村污水管网和生活垃圾收运处置体系建设，卫生厕所普及率基本达到100%，新创建农村人居环境整治示范村2个、累计达到9个，建成农村生活垃圾分类示范村8个。完成56个村乡村治理积分制推广，“一镇四村”获得全市乡村治理示范镇村称号。

【经济技术开发区创建30周年】 2022年7月4日，北辰经济技术开发区创建30周年庆祝活动在开发区商务中心前广场隆重举行，区委、区政府主要负责同志出席庆祝活动并发表讲话。活动中与会代表一同参观了“时代长廊”主题展览，观看了反映北辰经济技术开发区三十周年发展壮大的纪录片，全面回望开发区的发展历程和取得的成就，展现北辰经济技术开发区三十而立再出发，坚决以中共二十大和市第十二次党代会精神为指引，主动应对挑战，牢牢把握机遇，继承优良传统，发扬奋斗精神，在新时代高质量发展中当好“排头兵”的勇气和信心。作为国家级经济技术开发区，30年间北辰经济技术开发区先后引进了弗兰德、SMC等26个国家和地区的3000余家企业，聚集了世界五百强34家、央企国企37家、中国500强72家，拥有国家级科技型企业142家，国家高新技术企业234家、国家级企业技术中心6家、国家级重点实验室1家，形成了高端装备制造、生物医药、新能源新材料、新一代电子信息技术、现代商贸物流等五大主导产业，是国家新型工业化装备产业示范基地和全市千亿级装备产业基地，拥有国家级经济技术开发区、国家级产城融合示范区、国家自主创新示范区和国家新闻出版装备产业园等一批“金字招牌”，在商务部综合发展水平考核评价中，连续多年位列全国前三十强左右，为全区经济高质量发展做出重要贡献。 （张春明）

【民心工程建设】 2022年，北辰区十八届人大一次会议期间，通过人大代表票决，确定2022年北辰区20项民心工程35个子项。北辰区政府将20项民心工程建设作为践行以人民为中心的发展思想的具体举措，汇集资源全力抓好民生建设。为30名职工发放救助金103万元。为2000名困难职工和农民工开展免费体检。向221户中低收入住房困难家庭发放住房租赁补贴。为29户残疾人家庭改造14条水泥无障碍坡道、安置15条可移动坡道、安装67处栏杆扶手。对35户四类困难家庭实施危房改造。为视力残疾人配发盲人手机25部，为听力和言语残疾人安装可视门铃34个，发放轮椅等无障碍辅助器具1100余件。高校毕业生、农民工、退役军人等重点群体新增就业1.95万人。为老年人、残疾人、失能半失能等患者提供医疗护理服务1000余次。开展心肺复苏、创伤救护应急救护知识培训2008人次。新建祥泽园养老院，在集贤街、瑞景街、宝翠花都等18个街道社区日间照料中心新增养老床位共计317张。宜兴埠镇旧村改造项目顺利启动。投资750多万元对红云新里等3个小区约10千米老旧供热管网实施改造。大张庄示范镇还迁房项目基本具备还迁入住条件。建成1500平方米泰来道标准化菜市场并投入运营。宜兴路、贵富路、崇业道、尚竹路建设完成具备通行条件。完成双青融盐池建设并投入使用。优化调整675等6条公交线路。接收星河等6所配套幼儿园和配套小学，新增学位3600个。北京十一学校天津实验学校项目进入施工建设阶段。新建“五爱”教育阵地28个。筛查孤独症儿童4000人。为全区中小学生开展四次视力筛查。在双街等镇启动5000亩高标准农田建设。培育创建80户农村食品安全管理示范店。新建智慧平安社区118个。对绿境华庭、瑞康园等27个社区（单位）54台电梯开展维保质量抽查，排查安全隐患134项，已全部督促整改完毕。所有民心工程项目全部通过代表评估，代表评估满意率100%。

【建议、提案办理】 2022年，北辰区十八届人大一次会议和政协北辰区十届一次会议期间，北辰区政府共收到代表建议25件、委员提案36件。已解决55件、正在解决6件，解决率100%，代表委员答复满意率100%、落实满意率100%。

（常　勇）

政务服务

【概况】 2022年，北辰区政务服务办实施党建引领行动、优化营商环境提升行动、深化拓展改革行动、服务效能提升行动“四大行动”，“天津市北辰区推行工程建设项目‘智慧办、无感办、免证办’”经验被

2022年6月10日，区政务服务办在北辰区政务服务大厅20号窗口设置人大代表联系点　　（区政务服务办　供图）

全国优化营商环境简报推广，2022年度营商环境常态化监测排名位于全市第6名，相较2021年提升4名。

【优化营商环境】 2022年，区政务服务办推出优化营商环境16条举措、服务北辰开发区“六条举措”等，通过建立项目直通车、“多评合一”等方式高效服务企业。面向企业组织开展营商环境大讲堂4期，提供有针对性的政策解读服务。组织召开全区优化营商环境大会，推出开展与企业家面对面服务的机制。在市政府新闻办召开营商环境专题新闻发布会，宣传推介北辰区营商环境政策举措和典型做法。针对人大代表、政协委员提出的关于优化营商环境相关措施的建议，深入企业广泛开展调研，高标准完成人大建议2件、政协提案1件，为民营企业在北辰投资兴业提供充足信心。

【提高政务服务效率】 2022年，区政务服务办持续深化“放管服”改革，全年共办结各类事项4271件，“网上办”“一次办”比例达到99%，审批“不见面”、办事“不打烊”、服务“不断档”成为常态。完成企业固定资产投资项目备案236个，投资总额260.689亿元。

2022年6月17日，区政务服务办联合项目团队成员单位深入开发区服务

（贺佳　摄影）

【优化企业开办服务】 2022年，区政务服务办免费邮寄营业执照2249件、一窗出件15000件，向新注册开办企业4241家免费发放印章12723枚。积极推广网上中介超市，完成服务全过程321个。全区完成“证照分离”改革涉企服务事项5170件。

【政务服务标准化】 2022年，区政务服务办梳理全区“三化”改革任务清单75条、行政许可事项262个、“免申即享”政策清单49项、“四免”改革事项清单130项。制作“一图读懂”12份、动画视频4份，帮助企业群众全面准确掌握政策。研究制定《北辰区政务服务“好差评”工作长效监督管理实施方案》，建立“好差评”联络机制、首办负责和预警机制、月通报机制等一系列机制，形成评价、整改、反馈、监督全流程衔接的评价机制。

【工程建设项目审批制度改革】 2022年，区政务服务办推行工程建设项目审批“集成式”改革、“全链条”服务，实现项目落地即备案、拿地即开工、竣工即交付、交房即交证。推行“项目+团队”服务机制，主动服务欧梯克、飞龙砼等重点企业

50余个，帮助企业沟通对接各部门审批事宜近百次。推行工程建设项目“拿地即开工”政策，伟星管业二期5个工作日、垠坤制造产业园2个工作日实现“四证联发”。

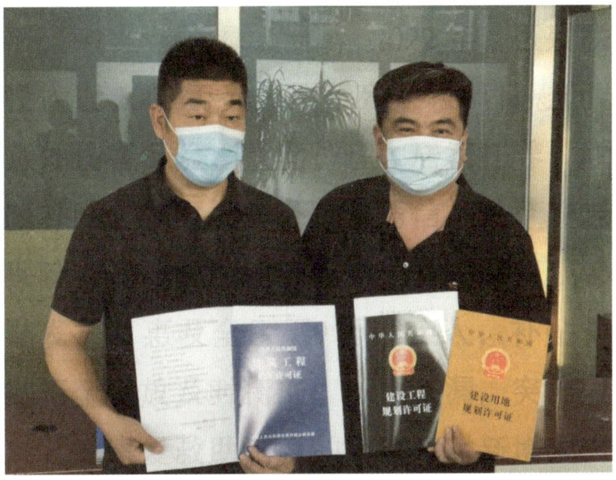

2022年8月2日，天津市伟星新材二期项目实现“拿地即开工” （刘 颖 摄影）

【优化政务服务】 2022年，区政务服务办推行“云综窗”“云评审”“云推送”，全力推进政务服务“无感化、零跑动”。“云综窗”服务推行以来已惠及企业群众1000余人次，组织开展“云评审”133次，“政策云推送”小程序汇集常用惠企政策269条、惠及企业725家。深化“综窗”改革，实现281项区政务服务事项集中到4个综合窗口统一办理，构建了“前台综合受理、后台分类审批、综合窗口出件”的工作新模式，办事效率不断提升。全市首创“星级帮办”服务，星级帮办人员为办事群众提供“一对一”政策咨询、帮办代办、导办领办、跟踪协调服务等，方便群众“少跑腿”“办成事”。 （贺 佳）

机关事务管理

【概况】 2022年，北辰区机关事务服务中心（以下简称区机关事务服务中心）完成中心党支部换届选举，全年组织开展各类学习活动50余次。加强内部控制监督，健全管理制度。推动区级重点项目建设，完成区级廉政警示教育中心建设工作。推动公共机构垃圾分类，北辰医院、北辰区引河里幼儿园获评“公共机构生活垃圾分类和资源循环利用示范单位”。推动节约型机关创建工作，截至2022年底，全区共有66家机关单位建成市级节约型机关。全年区政府序列机关运行成本同比下降1.22%，人均全年机关运行成本同比下降8.37%。 （刘晓旭）

【党政机关办公用房管理】 2022年，区机关事务服务中心开展项目相关自采、政采工作，驻场监督，倒排工期，完成区级廉政警示教育中心建设工作。按照“现有资源充分利用、用房设置优化规范、机关布局科学合理”的原则，为区委网信办、区金融局等多家单位重新调配了办公用房。为区法学会配备办公用房。协调区税务局，收回原青光税务所闲置房产。组织召开办公用房修缮装修项目联审会，完成区文化中心办公楼、退役军人局办公楼、农业农村委办公楼、小淀镇办公楼等多个办公用房维修修缮项目的审批工作。 （曹长松）

【公务用车规范管理】 2022年，区机关事务服务中心严格执行公务用车定点加油、定点维修、定点保养制度，实行各项工作专人负责，形成基础数据台账。在京滨高铁站筹备等重大活动中，完成车辆保障服务任务，全年累计进行车辆保障服务3000余次。制定《北辰区党政机关社会化租赁车辆及使用管理办法》《北辰区村集体公务车辆管理指导意见》等。审批公务车辆调拨、处置、租用及权属变更等业务共计32项次。落实节假日车辆封停报备和现场检查工作，全年共抽查公务车辆554台次。

（张炜）

【后勤服务保障管理】 2022年，区机关事务服务中心组织安保人员守好区机关入口关。组织人员对区机关内会议室、电梯间、楼梯间、卫生间、走廊等重要区域，每天至少消杀2次。做好机关的设备保障、会议服务、卫生保洁和秩序维护的工作，为区机关优质、高效、有序运行提供安全保障。（吴作辉）

政策研究与调研

【概况】 2022年，北辰区政府研究室（以下简称区政府研究室）紧紧围绕党的二十大精神和党中央、市委、市政府的决策部署在北辰的贯彻落实，聚焦“二、六、十”工作任务，大兴调查研究之风，深入基层、深入一线、深入企业积极开展调查研究，问计于民、问需于民，掌握第一手资料，形成大量有情况、有分析、有建议的调研报告，同时做好领导讲话、交流发言、项目推介等工作，为市委、市政府，区委科学决策提供依据，推动全区经济社会健康平稳持续发展。

【重要文稿起草】 2022年，区政府研究室严把“文字材料关”，起草、撰写区政府重要文字材料，涉及学习宣传贯彻落实党的二十大精神、“迎盛会、铸忠诚、强担当、创业绩”主题学习宣传教育实践活动、政府工作报告等重点工作任务，经济运行分析会、稳经济大会、廉政工作会议、安全生产工作会议等会议交流发言材料，以及各类情况汇报、主持词、致辞等材料，共计256篇。

【重点课题调研】 2022年，区政府研究室围绕先进制造业与现代服务业双引擎作用，聚焦抓项目、强工业、促消费、活资源、优国企、防风险六项重点工作，开展2022年度重点工作调研活动，形成了涵盖稳就业、市场主体发展、“敲门行动”等内容的5篇调研报告，有力推动了北辰区“二、六、十”工作任务落实落细。坚持问题导向，强化智库定位，创新编发内部刊物《瞭望与观察》，全年刊发16期，聚焦理论前沿，探究发展对策，总结成功经验，其中《1—6月我区涉税市场主体纳税情况研究分析》《北辰区市场主体发展活力情况分析》得到区政府主要负责同志批示肯定。

（张春明）

信　访

【概况】 2022年，北辰区委北辰区人民政府信访办公室（以下简称区信访办）共受理群众来信4200件，其中个体信4193件，联名信7件。受理群众来访449批，其中集体访53批711人，个体访396批。信访系统“三率”即初信初访办理信访机构及时受理率100%，群众满意率93.65%；责任单位及时受理率100%，按期办理率99.87%，满意率93.58%。

2022年10月31日，群众戎某反映孩子入学问题得到圆满解决，向北辰区信访办赠送锦旗表示感谢　　（韩增磊　摄影）

【落实信访工作责任制】 2022年，区信访办深入贯彻落实《天津市信访工作责任制实施细则》，压实信访工作责任，基层信访工作领导坚强有力，责任制落实效果明显，各级党委政府研究信访工作均4次以上。党政主要领导带头落实接访下访、领导包案、批阅信件等信访工作制度，并分片包镇街推动重点疑难信访事项落实落地。区级领导接待信访群众56人次，区委区政府主要领导批阅信访件129件。

【矛盾排查】 2022年，区信访办继续坚持好半月矛盾纠纷排查制度，及时收集汇总矛盾纠纷排查情况，加强隐患矛盾分析，努力将矛盾解决在早，解决在小，解决在基层。共开展隐患矛盾排查24次，共排查各类隐患矛盾573件。

【基层基础建设】 2022年，区信访办积极开展信访工作示范区创建，提升全区信访工作质量水平，镇街全部建立信访工作联席会议，并健全完善了工作制度和机制，合力做好重点信访事项化解协调推动。组织召开区级信访工作联席会议2次，总结信访工作情况，研究部署重点信访工作任务。召开专题会议32次，研究推动重点信访事项化解相关工作。

2022年2月8日，市级专家组到天穆镇实地指导矛调积案化解　　（韩增磊　摄影）

【信访宣传工作】 2022年，区信访办深入学习贯彻落实《信访工作条例》（以下简称《条例》），制定印发《信访工作条例宣传月活动方案》，组织全区开展《条例》学习宣传和贯彻落实工作。将《条例》学习纳入全区各级党（组）委理论学习中心组重点学习内容和区委党校各级干部培训内容，纳入北辰区“八五”普法规划，组织人员力量深入镇街、社区及有关重点单位，开展宣读辅导，努力营造学《条例》、用《条例》的浓厚氛围。推动《条例》进乡村、进社区、进学校、进企业、进单位，引导群众依法信访、理性表达诉求。（张文径）

2022 年 9 月 27 日，北辰区信访办为区教育局机关干部解读《信访工作条例》

（韩增磊　摄影）

政协北辰区委员会

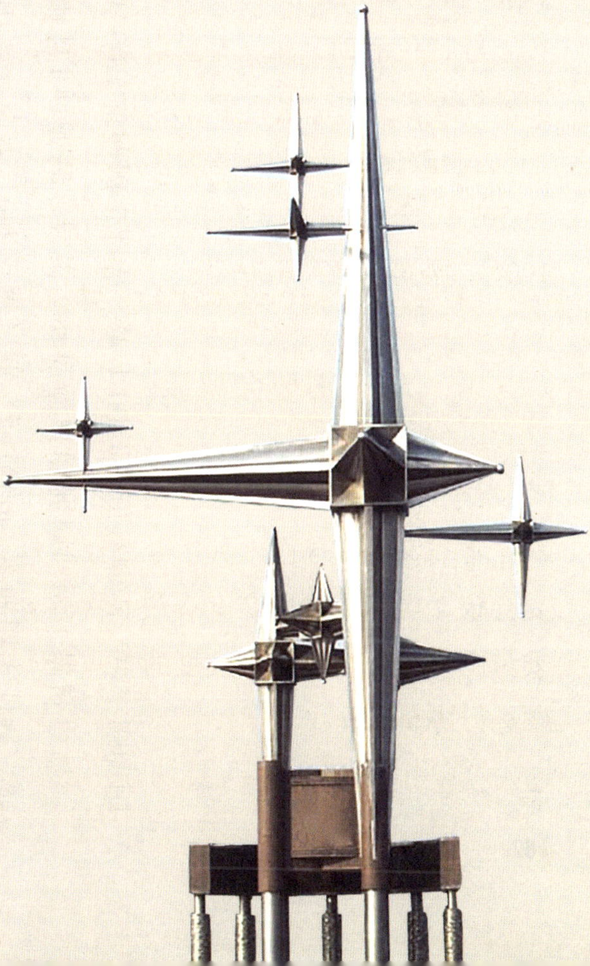

综　述

【概况】 2022年，中国人民政治协商会议天津市北辰区委员会（以下简称区政协）围绕贯彻落实《中国共产党政治协商工作条例》、中共中央办公厅《关于加强和改进新时代市县政协工作的意见》，科学布局谋划，细化落实举措形式，以2次议政性常委会会议、6次专题协商会为重点，以对口协商、界别协商、提案办理协商等为常态的“1+2+6+N”的协商议政新格局。

【基层履职平台建设】 制定《关于建立委员、界别基层联络站的实施方案》，在全区9个镇、7个街和开发区的村居党群服务中心建成17个委员、界别基层联络站，并开展常态化调研视察、座谈交流，形成农业界的“结对帮扶”、法律界的“普法宣传”等特色活动，深受基层群众欢迎。有效发挥提案“民生直通车”作用，“一老一小”、业教保医等民生提案立案占比提升至36%，全年36件立案提案办结率达到100%，委员满意率100%。

重要会议

【概况】 2022年，区政协召开全体会议1次，常委会会议5次，其中专题议政性常委会议2次，专题协商会会议6次，各位委员围绕全区经济社会发展的重点难点问题进行协商议政。

【政协全体会议】 2022年12月27日至28日，中国人民政治协商会议天津市北辰区第十届委员会第二次会议在天津市委党校召开。会议审议批准区政协副主席张红代表政协天津市北辰区第十届委员会常务委员会所作工作报告，审议批准区政协副主席王芳所作关于提案工作情况的报告。委员们列席区第十八届人民代表大会第四次会议，听取并讨论政府工作报告和其他有关报告，一致赞同并提出意见建议。区委书记倪斌等区级领导出席会议并看望委员，听取意见建议，与委员们共商北辰发展大计。

【政协常委会会议】 2022年4月2日，区政协十届一次常委会议召开。会议传达学习中央办公厅《关于加强和改进新时代市县政协工作的意见》和全国政协、天津市政协会议精神，通报区十届政协主席、副主席、秘书长工作分工，审议通过了区十届政协专门委员会的设置和有关事项，以及《北辰区政协2022年工作要点》及《北辰区政协2022年协商计划》。

8月30日，区政协十届二次常委会议召开。区政协副主席张红宣讲中国共产党天津市第十二次代表大会精神，审议《关于郝树民同志不再担任区十届政协主席、委员的建议》，审议通过《中国人民政治协商会议天津市北辰区委员会关于加强思想政治引领凝聚共识的意见》《中国人民政治协商会议天津市北辰区委员会关于进一步加强协商议政工作的意见》《中国人民政治协商会议天津市北辰区委员会关于加强委员学习培训工作的实施意见》《中国人民政治协商会议天津市北辰区委员会专门委员会联系界别的意见》《中国人民政治协商会议天津市北辰区委员会委员履职管理办法（试行）》《中国人民政治协商会议天津市北辰区委员会关于建立委员、界别基层联络站的实施方案》等有关制度、方案。

10 月 18 日，区政协 2022 年第一次专题议政性常委会暨十届三次常委会议召开，就“关于加强社区网格化管理”专题进行协商。会上相关部门领导和部分政协委员就该议题提出了意见建议。副主席王芳主持会议，区委常委、区政法委书记郭海受邀出席会议，并对协商成果给予充分肯定，表示会认真吸纳合理化建议，同时就加强社区网格化管理提出要求。副主席张红就进一步发挥政协优势，助力北辰区基层社会治理工作进行了讲话。

2022 年 10 月 18 日，区政协召开十届三次常委会议暨 2022 年第一次专题议政性常委会

（区政协　供图）

11 月 15 日，区政协 2022 年第二次专题议政性常委会暨十届四次常委会议召开，就“做大做强装备制造产业链，打造北辰制造业强区”专题进行协商。区政协副主席张红主持会议，副区长张炳柱受邀参加会议。天津经济发展研究院原院长王天伟作扩展延伸装备制造产业链讲解授课，区工信局、北辰经济技术开发区汇报北辰区装备制造业现状、存在问题、发展规划、对策建议，相关部门和部分政协委员也就相关情况提出意见建议。区政协副主席张红就如何进一步发挥政协优势，助力做大做强装备制造产业链、打造北辰制造业强区进行了讲话。副区长张炳柱对协商成果给予充分肯定，表示会认真吸纳合理化建议，同时就进一步做大做强装备制造产业链、打造北辰制造业强区提出要求。

2022 年 11 月 15 日，区政协党组在区政协十届四次常委会议上宣讲党的二十大精神

（区政协　供图）

12 月 24 日，召开区政协十届五次常委会议。审议《关于召开中国人民政治协商会议天津市北辰区第十届委员会第二次会议的决定以及会议议程（草案）的建议》

《中国人民政治协商会议天津市北辰区第十届委员会第二次会议日程安排（草案）》；协商决定委员调整事宜；审议中国人民政治协商会议天津市北辰区第十届委员会第二次会议大会秘书长和副秘书长建议人选名单，区第十届政协常委会工作报告（征求意见稿）和区政协十届一次会议以来提案工作情况的报告（征求意见稿），并决定报告人。

【专题协商会会议】2022年6月17日，召开区政协专题协商会，北辰经济技术开发区分管负责同志，天津建筑设计研究院、河北工业大学、国网天津城东公司、爱旭太阳能科技公司的专家及有关政协委员就“关于双碳背景下工业园区如何实现低碳化绿色化发展”议题提出了意见建议。

8月31日，召开区政协专题协商会，区商务局、天津商业大学、中国天辰工程有限公司、中国建设银行北辰支行、区发改委、区科技局相关负责同志和部分与会政协委员就“关于提升北辰区生产性服务业发展规模的研究”议题提出了意见建议。

9月21日，召开区政协专题协商会，区政务服务办、住建委、人社局、税务局、工信局、燃气集团、城东供电分管负责同志及有关政协委员就“关于提升城区营商环境，促进北辰经济高质量发展”议题提出了意见建议。

11月11日，召开区政协专题协商会，区民政局、天津商业大学有关负责同志及部分与会区政协委员就“关于北辰区综合养老服务工作”议题提出了意见建议。

11月16日，召开区政协专题协商会，区规划和自然资源局、工信局、北辰科技园区管理有限公司分管负责同志及部分与会区政协委员就“关于加强我区工业用地资源节约利用，促进产业高质量发展”议题提出了意见建议。

11月29日，召开区政协专题协商会，区教育局、卫健委、妇联、团区委分管负责同志及与会部分政协委员就“关于中小学生心理健康和家庭教育”议题提出了意见建议。

协商议政、提案工作

【概况】2022年，区政协在区委领导下，全面学习贯彻中共二十大精神和市第十二次党代会精神，深入贯彻落实习近平总书记关于加强和改进人民政协工作的重要思想和中央政协工作会议精神，以学习宣传贯彻中共二十大精神为主线强思想、提站位、聚共识，以服务全区发展大局为重点议大事、促发展、惠民生，以提升专门协商机构效能为目标稳基础、蓄势能、谋长远，推进履职围绕中心更加紧密，双向发力更加精准，委员作用更加凸显，为北辰区经济社会高质量发展贡献智慧和力量。

【强化政治引领】2022年，区政协围绕贯彻落实《中国共产党政治协商工作条例》、中共中央办公厅《关于加强和改进新时代市县政协工作的意见》，科学布局谋划，细化落实举措，形成以政协党组工作为统领，以协商计划、议政调研和理论学习等为重要内容的工作布局，切实做到把思想和行动统一到党委决策部署上来。扎实推进“迎盛会、铸忠诚、强担当、创业绩”主题学习宣传教育实践活动，持续深化以党组理论学习中心组带头学，主席会议专题学、常委会议重点学、委员培训交流学、机关干部集体学相配套的常态化学习体系，坚持落实“第一议题”制度，以理论学习推动思想武装，以新思想引领履职新作为。

贯彻落实中共中央办公厅《关于加强和改进新时代市县政协工作的意见》精神，制定《中国人民政治协商会议天津市北辰区委员会关于加强思想政治引领凝聚共识的意见》等制度6项，修订《中共北辰区政协机关党组议事规则》等党建制度4项，推动区政协协商履职工作更加规范有序进行。

把握履职临时党支部的定位和特点，换届后对9个党员委员履职临时党支部进行调整，由中共党员委员担任专委会主任兼临时党支部书记，制定履职临时党支部管理办法，在推动实现“两个全覆盖”上取得新进展、新成效。

2022年1月30日，区政协召开党史学习教育总结会　（区政协　供图）

2022年1月24日，区政协召开党组（扩大）会议　（区政协　供图）

【协商民主】 2022年，区政协坚持把握关键环节提高协商成效，注重强化常委会协商议政功能，增加专题协商频次，构建起以政协全体会议集中协商为龙头，以“关于加强社区网格化管理”和“做大做强装备制造产业链，打造北辰制造业强区”为议题组织召开2次议政性常委会会议，以“关于双碳背景下工业园区如何实现低碳化绿色化发展”等6项议题分别组织召开专题协商会，同时以对口协商、界别协商、提案办理协商等为常态化协商履职工作，逐步形成“1+2+6+N”的协商议政新格局。制定出台《关于进一步加强协商议政工作的意见》，健全协商全链条工作机制，做到重点性协商和经常性协商相辅相成，推动工作实践和制度完善相互促进。着眼全区发展大局，围绕贯彻落实“疫情要防住、经济要稳住、发展要安全”的重要要求，聚焦京津冀协同发展、打造区域发展新引擎、切实保障和改善民生等重要任务，科学选定协商议题。努力克服疫情影响，组织委员深入全区各镇街、相关村社区、驻区骨干企业以及政府职能部门开展调研活动39次。邀请河北工业大学、天津商业大学等高校专家学者，国网电力、江天重工、SMC（天津）制造、爱旭科技等13家企业代表以及区发改委、工信局、教育局等21个部门和界别委员广泛参与调研视察，组织重要协商会议、活动18次，征集会议发言材料45篇，撰写4篇调研报告提交区委、区政府决策参考。

发挥协商式监督的特色和优势，确定北辰区工业用地资源节约高效利用和综合养老服务工作为重点监督议题，提出盘活建设用地、完善养老配套设施等建议28条，为有关工作开展提供重要参考。有序推进调研视察监督，聚焦全区20项民心工程、安全生产、疫情防控等重点工作，组织政协委员深入危化企业、商超、物流等重点行业领域，开展履职视察、监督活动16次，推动尚河城商场燃气软管老化等安全消防隐患有效整改。发挥政协特约监督员作用，将涉及民计民生领域的网格中心、卫健委、民政局等部门纳入重点监督对象，为13个政府部门推荐聘用委员特约监督员60名，推动民主监督成果转化为基层党政部门改进工作的实效。

【提案办理】 2022年，区政协坚持提案工作与时俱进，着力推进提案工作制度化、规范化、程序化。对标全区重点任务和民生短板，组织引导广大委员从党政所需、群众所盼、自身所长的结合点上精选课题，培育了一批有共识、立得住、能办理、做得到的高质量提案。坚持提案工作全过程协商重要原则，深入开展办前、办中、办后协商，坚持建言资政和凝聚共识双向发力的目标要求，推动提案质量、办理质量、服务质量整体提升，充分发挥了提案协调关系、汇聚力量、建言献策、服务大局的作用。2022年，收到提案68件，立案36件，提案质量越来越高，提案内容涉及的领域越来越广泛，提案办理的实效越来越强，提案工作实现办结率100%，委员满意率100%。

2022年政协北辰区十届一次会议提案立案一览表

表5

序号	提案分类	提案者	提案标题	提案形式
1	C	民盟	关于提升高素质农民教育培训效能的建议	集体
2	A	民进	关于促进北辰区消费客流提升的建议	集体

续表 5

序号	提案分类	提案者	提 案 标 题	提案形式
3	C	高　明 杨彩霞	关于加强精神障碍患者关爱与管理的建议	联名
		高　明	关于加强我区精神障碍患者治疗康复与管理的建议	
		高　磊	关于重性精神障碍患者社区康复的建议	
4	D	田　晖 霍宝栓	关于加强老鼠蟑螂灭杀工作的建议	联名
5	B	田　晖 张　祎	关于提升北辰区冬季雪后道路清理效率的建议	联名
6	C	张　鹏 杨　光	关于关注孤独症患者的建议	联名
7	A	代志娟	关于加大城乡民营实体企业扶持力度的建议	个人
8	A	房乃华	关于加速工业互联网企业发展的建议	个人
9	C	侯方媛	关于提高 0—3 岁婴幼儿新手父母育儿水平的建议	个人
10	D	霍宝栓	关于禁止电动自行车进入居民楼的建议	个人
11	D	李少鹏	关于加强清真食品及餐饮管理的建议	个人
12	C	刘　彬	关于运用多元解纷模式推动涉校外培训机构矛盾纠纷源头化解的建议	个人
13	D	刘　钊	关于推动和支持社区居家智慧养老服务的建议	个人
14	B	刘　钊	关于推动建设电动自行车智能停车棚的建议	个人
15	D	孟庆杰	关于提高居民手机信息安全防护意识的建议	个人
16	B	任学勇	关于解决树枝触碰高压线存在安全隐患问题的建议	个人
17	A	王　森	关于进一步加大中小民营企业扶持力度的建议	个人
18	A	王昭荣	关于推进城市社区绿色生态屏障建设的建议	个人

续表 5

序号	提案分类	提案者	提案标题	提案形式
19	A	杨　光	关于改善科技成果转化机制，促进中小企业健康发展的建议	个人
20	D	张丽鑫	关于加强还迁房和保障性住房物业管理水平的建议	个人
21	A	黄俊成	关于进一步加强我区法治化营商环境建设的建议	个人
22	D	黄俊成	关于提高社区工作人员队伍素质的建议	个人
23	C	刘　杨	关于利用假期加强小学生阅读兴趣培养的建议	个人
24	B	穆　莹	关于进一步加强社区环境综合治理的建议	个人
25	C	穆　莹	关于进一步提升中小学生午餐质量的建议	个人
26	C	魏　娜	关于加强中学与高等职业院校紧密联系的建议	个人
27	D	王立芹	关于为空巢和独居老人加强服务的建议	个人
28	C	曾文琴	关于进一步加强中小学书法教育的建议	个人
29	A	穆怀永	关于促进基层商会发展与规划的建议	个人
30	B	赵　鑫	关于尽快完善宜兴埠镇道路及市政配套设施建设的建议	个人
31	B	邵文宏	关于加强停车设施建设和管理的建议	个人
32	B	李　涛	关于完善京津路两侧汽车停车位线施划的建议	个人
33	B	杨立顺	关于加强引河南道道路治理工作的建议	个人
34	C	李尚杰	关于搭建北辰区校企合作平台，拓展企业招才引才渠道的建议	个人
35	D	李尚杰	关于加强园区安全保障措施的建议	个人
36	A	李尚杰	关于利用现有龙头企业以商招商，打造产业集群的建议	个人

【团结统战】 2022年，区政协充分发挥“开门就是群众、出门就是基层”的优势，拓展搭建基层履职平台，制定《关于建立委员、界别基层联络站的实施方案》，在全区9个镇、7个街道和开发区的村居党群服务中心建成委员、界别基层联络站，将20类界别219名委员编入17个基层联络站。各委员、界别基层联络站组织委员围

绕制造业发展、乡村振兴、基层社会治理、红色文化发展等深入工厂车间、田间地头、村居社区开展常态化调研视察、座谈交流30余次，其中农业界的“结对帮扶”、法律界的“普法宣传”等特色活动，深受基层群众欢迎。通过委员进站亮身份、听民声、办实事，努力使联络站成为推进全过程人民民主的前沿阵地。

注重营造和谐顺畅的合作共事氛围，积极创造履职条件，支持和推进专委会同各民主党派、无党派人士共同承担协商议题、开展联合调研，推进协商民主广泛开展。

落实与党外代表人士联谊交友制度，主席会议成员定期走访各民主党派、工商联、无党派人士和有关人民团体，密切同党外知识分子、非公有制经济人士、新的社会阶层人士沟通联系，2022年主席会议成员共联系走访党外代表人士100余人次。利用全体会议和政情通报会，专委会、联络站活动，政协信息等方式定期通报政协工作，及时听取并向有关部门反映意见诉求20余件。认真贯彻落实党的民族宗教工作部署要求，征求少数民族和宗教群众意见建议，努力增进民族和睦。密切与港澳台侨界别委员沟通联系，宣传北辰发展成就，鼓励和支持他们投身全区改革发展、建功立业。

（刘洪磊）

中国共产党北辰区纪律检查委员会

北辰区监察委员会

重要会议

【概况】 2022年，北辰区纪委监委在市纪委监委和区委的坚强领导下，坚定不移地推动党风廉政建设和反腐败斗争，全年共召开全体会议1次。

2022年，北辰区各级纪检监察组织坚持以习近平新时代中国特色社会主义思想为指导，深入学习宣传贯彻中共二十大精神，忠实履行党章和宪法赋予的职责，在推进自我革命、强化政治监督、一体推进“三不腐”、深化作风建设、锻造纪检监察铁军上持续加压用力。2022年，处置问题线索496件，立案190人，给予党纪政务处分199人，移送司法机关7人，挽回经济损失2082.56万元，以严的基调强化正风肃纪反腐，为北辰区经济社会高质量发展提供坚强保障。

【区纪委十二届二次全会】 2022年2月23日召开，全会深入学习贯彻习近平总书记重要讲话和十九届中央纪委六次全会精神，贯彻落实市纪委十一届十次全会部署要求，会议听取和审议通过了区委常委、区纪委书记、区监委主任郭莹所作的区纪委常委会工作报告和全会决议。

监督执纪

【概况】 2022年，北辰区纪委监委在市纪委监委和区委的坚强领导下，严格落实全面从严治党要求，不断强化正风肃纪反腐，认真履行监督执纪问责职能，提高政治监督质效，巩固拓展作风建设新成效，持续深化反腐败斗争，高质量推进巡察全覆盖，深化纪检监察体制改革，打好能力素质夯实战。

【政治监督】 2022年，北辰区纪委监委坚决落实习近平总书记重要指示批示精神，深刻把握“三新一高”要求，围绕“十四五”规划落地落实，紧盯抢抓京津冀协同发展重大机遇、深化供给侧结构性改革、民心工程、生态建设等重点内容，不断强化政治监督。围绕“持续优化营商环境”和“农村‘三资’管理”两个重点领域，探索开展立项监督，强化监督质效。聚焦更好统筹疫情防控和经济社会发展，寓监督于服务保障之中。严肃换届纪律，强化对党的二十大代表候选人推荐、市第十二次党代会代表选举工作监督。严把选人用人廉洁关口，共回复党风廉政意见87批次、1700余人次。协助区委做好2022年度全区政治生态分析研判，提出工作建议，促进政治生态向善向好。

2022年6月23日，北辰区召开加强新时代廉洁文化建设工作会议暨党员干部警示教育大会　（王　军　摄影）

【纠治“四风”】2022年，北辰区纪委监委坚持正风肃纪一体抓，紧盯元旦、春节、中秋国庆等重要时间节点，印发节前教育通知4次，向党员干部发送廉政短信18000余条，对300余个点位开展明察暗访、交叉互查。查处享乐主义、奢靡之风问题26起、41人，给予党纪政务处分25人。对6起违反中央八项规定精神典型问题进行通报。围绕基层减负建立“直通车”机制，着力发现和解决表现在基层、根子在上级部门的突出问题。紧盯群众身边急难愁盼问题进行重点跟踪督办，督促属地、属事单位履职尽责。全年查处形式主义、官僚主义和不担当不作为问题62起、97人，给予党纪政务处分33人。

2022年6月30日，北辰区纪委监委组织年轻干部开展“五廉”教育活动

（王　军　摄影）

【深化反腐败斗争】2022年，北辰区纪委监委聚焦项目工程审批、公共资金资源使用、粮食购销、开发区等重点领域，深入开展专项整治工作。深挖细查党员干部和公职人员腐败问题，对7名涉嫌严重违纪职务违法人员采取留置措施。不断畅通“信、访、网、电”检举控告渠道，累计处理群众信访4312件次，接待群众196批、235人次。处置问题线索496件，立案190人，结案204件，给予党纪政务处分199人，移送司法机关7人，挽回经济损失2082.56万元，减存量、遏增量取得明显成效。

【巡察工作】2022年，北辰区完成十一届区委巡察全覆盖任务，协助区委制定十二届区委巡察工作规划。组织开展3轮巡察，常规巡察9个处级单位、59个村和社区党组织，专项巡察5家区属国有投融资平台。全年共发现问题1017个，移交问题线索93件。强化巡察整改和成果运用，实行“一评二审双汇报”工作模式，建立健全整改方案和整改报告联审、整改评估及整改情况向区委汇报、向群众汇报等4项工作机制，强化巡察整改和成果运用的全流程、全链条管理，督促办理巡察专题建议，推动完成祥诚新苑198户共计309套房屋还迁。

【健全权力运行制约监督机制】2022年，北辰区纪委监委建立《推进“四项监督”统筹衔接工作备忘录》，进一步推动“四项监督”贯通融合。制定《北辰区纪检监察监督与人大、司法、审计、财会监督合作事项及任务分工》，持续推进各类监督信息互通、措施互补、成果互享。探索实行纪检监察工作联络站与人大代表联络站贯通协同。

2022 年 9 月 1 日，区人大常委会到区监察委员会，就专项工作开展情况进行走访调研。图为区人大调研重点工作座谈会

（王　军　摄影）

【宣传教育】 2022 年，拍摄警示教育专题片《为政以德廉润北辰》，推动全区分层分类开展警示教育 324 场次，覆盖 12000 余人次。深入推进清廉北辰五个清廉单元建设，打造“1+2+N”廉洁文化宣传阵地，建成北辰区纪律教育中心，形成多层级、各具特色的廉洁文化载体。集中开展廉洁文化宣传主题教育月活动，举办“清风颂廉 喜迎盛会”廉洁文化展，累计接待 1 万余人次观展，营造崇廉拒腐浓厚氛围。做强媒体宣传阵地，“极目辰光”公众号及网站转载、发表各类纪检监察信息 1400 余篇，中央、市级各类媒体刊发经验做法类信息 67 篇次。

2022 年 7 月 14 日，北辰区纪委监委召开第二届特约监察员聘任会议

（王　军　摄影）

【开展“点题整治”工作】 2022 年，围绕乡村振兴、医药卫生、养老补贴、征地拆迁、常态化“打伞破网”等重点领域，精准解决群众身边腐败和不正之风问题。开展村级公务用车专项治理，督促相关职能部门出台《北辰区村集体公务车辆管理指导意见（试行）》，相关经验做法被市纪委监委以专刊形式刊发。查处群众身边腐败和作风问题 44 起，给予党纪政务处分 37 人，让群众切实感受到公平、正义、安全、幸福。

（陶　艳）

北辰年鉴
2023

民主党派

民革北辰区工委

【概况】2022年，中国国民党革命委员会天津市北辰区工作委员会（以下简称民革北辰区工委）深入学习贯彻中共十九大、二十大和历次全会精神，认真学习宣传贯彻中共天津市第十二次党代会精神，积极践行“四新”“三好”要求，以“民革履职能力建设年”为抓手，全面加强自身建设，不断提升参政履职水平，推动各项工作迈上新台阶。

【思想建设】2022年，民革北辰区工委组织民革党员收听收看中共二十大开幕盛况，制定《关于学习宣传贯彻落实中共二十大精神的工作方案》，创新开展“六个一”系列活动（组织一次集中学习、举办一场专题宣讲、开展一次座谈交流、进行一次“沉浸式”教育、开展一次送书活动、办成一批惠民实事），在全区民革党员中迅速掀起学习宣传贯彻中共二十大精神的热潮。紧密结合“迎盛会、铸忠诚、强担当、创业绩”主题学习宣传教育实践活动，深入开展“矢志不渝跟党走、携手奋进新时代”政治交接主题教育，举办庆“七一”线上诵读、“学习民革历史 牢记入党初心”座谈会、书画笔会等活动10余场次。注重开展沉浸式教育，充分利用全市红色资源，先后组织党员参观天津市宁河区俵口镇解放村于方舟故居、北辰区中河头村中共西北乡农民支部旧址等地。组织党员参加学习贯彻中央统战工作会议精神专题研讨班，加深了对习近平总书记关于做好新时代党的统一战线工作的重要思想的理解和把握。

2022年11月19日，民革北辰区工委组织党员赴宁河区俵口镇解放村于方舟故居，开展“学习二十大 重走方舟路 奋进新征程”活动　　（舒　仁　摄影）

【组织建设】2022年，民革北辰区工委制定区工委理论学习中心组学习制度和全年学习计划，组织开展集中学习4次。完善区工委领导班子述职和民主评议制度、区工委领导班子民主生活会制度。全年新发展党员3人，新联系入党申请人6人。开展“五个一”系列警示教育活动，分层次进行集体学习、集中观看警示教育片、参观廉政警示教育展、开展风险排查等活动。区工委、各支部采用“一对一”“面对面”的形式，逐级开展廉政提醒谈话，实现了主委同领导班子成员及支部主委谈、副主委和委员谈、分管副主委和办公室工作人员谈、支部主委同委员谈“四个全覆盖”。

【参政议政】2022年，民革北辰区工委认真贯彻落实民革中央“举全党之力抓参政议政”要求，《关于运用多元解纷模式推动涉校外培训机构矛盾纠纷源头化解的建议》《建议构建债权人联席会议机制保障劳动者权益》2 篇意见建议被市委统战部采用，《关于提升我市老年人照护服务质量的建议》被民革市委会“推动我市高质量发展”参政议政研讨交流会选为大会发言。

【“祖统”工作】 2022 年，民革北辰区工委立足界别特色，联合中共北辰区委统战部举办“感受北辰魅力 促进融合发展”非遗文化展演对台交流活动，促进两岸同胞共情融合。举办法律咨询服务活动，助力辖区台资企业经营发展，切实为企业纾困解难。举办“迎新春翰墨飘香 · 送祝福暖心同行”新春联谊活动，为台胞赠送春联和福字，并现场连线台胞在台亲属，传递两岸同胞共盼团圆的热切期望。（舒　仁）

民盟北辰区工委

【概况】 2022 年，中国民主同盟天津市北辰区工作委员会（以下简称民盟北辰区工委）不断加强自身建设，组织开展系列学习活动，加强组织建设，积极参政议政，发挥服务功能，较好完成全年各项任务目标。

【思想建设】 2022 年，民盟北辰区工委践行“四新三好”要求，制定了区工委中共二十大精神学习方案，并组织盟员观看中共天津市第十次代表大会开幕式及中共二十大开幕会，多名盟员积极上报学习体会。录制了喜迎二十大主题的宣传小视频，各支部组织了“深入贯彻学习中共二十大会议精神”的学习分享会。

2022 年，结合“矢志不渝跟党走、携手奋进新时代”政治交接主题教育学习活动，组织集体学习或自学。组织召开意识形态工作领域的培训专题会，组织盟员们参观安幸生故居。制定了新闻稿件制度，完善了审批责任制并规范了审批流程。组织成立了青年骨干宣传群，加强了区工委政治宣传力量。组织召开了“近三年新入盟盟员对如何发挥自身优势，为盟组织献策献力”开展交流座谈研讨会。10 名青年盟员参加“盟市委青年说主题教育活动”，其中两名盟员工作事迹被刊登在盟市委的“青年说”微信公众号。

2022 年 5 月，民盟北辰工委组织盟员参观安幸生故居　（顾　佳　摄影）

【组织建设】 2022 年，民盟北辰区工委共计接到 10 人入盟申请，经筛选和组织调查，不符合推荐条件 3 人，可发展 7 人中，中级职称占 100%，研究生及以上学历占

30%。组织开展《中国民主同盟纪律处分办法（试行）》学习宣传，深入开展廉洁自律和警示教育活动，抓好盟员的日常教育引导和管理，做好盟内监督工作。依照相关要求，聚焦党派内重点领域、重要岗位、关键环节，在民盟北辰区工委领导班子及成员范围内开展廉政谈话工作，落实细化主体责任和监督责任，抓紧抓实廉政风险排查评定、预警防范、动态处置、监督问责等工作。

【参政议政】 2022年，民盟北辰区工委组织14名参政议政骨干参加了盟市委参政议政培训班，增强履行参政议政职能的责任感和使命感。15位盟员累计向区统战部及盟市委提交26篇意见或建议，采纳率再创新高，其中调研课题《在“双碳”目标下天津农宅绿色建设、绿色改造发展研究》《关于推动工程机械行业绿色低碳发展的建议》《加快“五育融合”助推学校教育质量提升》等3篇调研课题被市委统战部采纳。《关于提升城市活力 加快城市微更新建设步伐的意见建议》《关于加强乡村建设中乡村建设工匠培训的建议》《关于法治化营商环境建设的建议》在盟市委组织社情民意及“两会”提案建议线索征集中被采用。提报给区委统战部的“关于天辰绿能历史遗留问题解决事项”的专报，区委统战部第一时间到企业调研，理清具体问题后，协调政府有关部门给出解决方案。

【社会服务】 2022年，民盟北辰工委积极开展社区普法课和专题法律讲座等多种形式普法，取得了良好的社会效果，2022年组织律师对集贤街3个社区，开展每季度一堂法治课，全年累计开展12堂法治课教育培训及民法典宣讲活动。2022年12月，受北辰区司法局的邀请，制作1个半小时的宪法宣传视频，用于对全区社区工作者、相关的社区居民，进行宪法宣传。配合盟市委社会服务部，在南仓中学等三所高中，开展线上“高考冲刺专题辅导”活动，邀请“市三所”各科名师及和平区、南开区、河西区、北辰区教育专家现场辅导、座谈。联合天辰绿能研发中心捐赠价值5.8万元的消毒液160桶，用于支援北辰区下属16个村镇进行防疫抗疫工作。中秋前夕，对敬老院老人进行慰问。春节前夕，对63名离退休盟员进行慰问。 （顾　佳）

民建北辰区工委

【概况】 2022年，中国民主建国会天津市北辰区工作委员会（以下简称民建北辰区工委）深入学习宣传贯彻中共二十大精神，组织开展“迎盛会、铸忠诚、强担当、创业绩”主题学习宣传教育实践活动和“矢志不渝跟党走、携手奋进新时代”政治交接主题教育，紧密围绕区域经济建设和社会发展的重点、难点、热点问题，积极发挥界别优势，认真履行参政党职能，各项工作取得了一定的成绩，在年度考核中民建区工委位于全市第7名，较上一年度提高3名。

【思想建设】 2022年，民建北辰区工委组织开展了一系列学习活动。全年召开4次理论中心组学习，领导班子成员带头，撰写学习体会20余篇。各支部开展学习党的二十大、学习习近平总书记在中共中央统战工作会议上的重要讲话精神等专题活动7次。工委班子成员、骨干会员、新会员参加了民建市委会、区委统战部组织学习的警示教育专题学习会、“学思践悟 民主党派青年说”学习分享会、党的二十大精神宣讲会、统战信息工作专题培训班。集中收看市第十二次党代会开幕式、党的二十大开幕会，承办2022年市委会“艾鑫园林”杯羽毛球混合团体赛。全年报送的信息被同心北辰及微北辰共采用信息20条，民建市委会微信公众号采用43条，民建中央采用16条。

【组织建设】 2022年，民建北辰区工委新一届工委对班子成员和工委委员进行了明确的工作分工。班子成员分别下沉到各支部，做好支部工作的带动和引领，完善支部组织架构和职能，推动建设“六型”支部。关注新会员的成长和培养，把青年骨干会员输送到市委会各专委会，学习锻炼，发挥特长。通过现场培训、召开会议、观看警示教育片、开展廉政谈话、开展廉政风险排查等方式，对广大会员和入会申请人加强教育。监督委员会全程参加选举出席市委会换届代表工作、民主评议、民主生活会。对工委社会公益活动所有的捐赠款项及用途路径做到全程监督，对捐赠款项及时交送至区红十字会、慈善协会、区防控指挥部门，并将结果向会员公示反馈。严把入会关，做好新会员培训工作，建立工委人才库。工委现有会员222人，新发展会员21名。区政协委员15人，其中政协副主席1人，常委1人。区级人大代表6人（其中1人为人大常委，1人为河北区人大代表，1人为南开区人大代表）。

【参政议政】 2022年，民建北辰区工委参政议政专门委员会定期召开线上线下会议，及时传达民建市委会和区委统战部的工作部署和要求。向民建市委会研究室报送社情民意及调研文章40篇。《关于天津市农村生活污水处理设施运维管理的提案》被市委统战部、市政协及全国政协三处采用。《中国新型政党制度国际话语权面临的客观形势、制约因素及对策建议》被民建中央综合采用。《天津元宇宙产业生态意见建议》《关于进一步加强北辰区城市公园管理提升公园品质的建议》2篇文章被市委统战部采用。代表、委员在区两会积极履职。《关于强化科技创新支撑助推农业发展的建议》《勇担时代重任，创新研发先行，奋力成就国家名片》2篇建议被市委统战部采用。《关于在实验小学与原实验中学校区之间架设连接天桥的建议》区住建委已答复。

【社会服务】 2022年，民建北辰区工委引导会员企业家们在疫情中积极承担社会责任，捐赠170万余元抗疫物资。东西部扶贫捐赠20万元。成立志愿服务队，组织志愿者到高峰菜市场进行消杀，为新党派办公大楼进行除甲醛服务，联合集贤里街社区卫生服务中心共同开展老年健康讲座及义诊活动。会员企业发起的“三力安康专项基金”捐赠仪式在双口镇隆重举行，并约定每年向线河二村村委会定向捐赠200万～300万元，专项用于残疾人福利事业。剪纸非遗传承人走进和平区爱众阳光工场进行助残活动。积极助力全区招商引资工作，助力总投资额约为1.5亿元的弗里生（天津）乳制品有限公司新厂投资“年产72000吨牛奶搬迁技改项目”投资到位。为宜兴埠未来城商业街共引入店面28家，引进投资1500万元。引进碳纤维预浸产业化基地项目，即将投产。开展会员企业走访活动，走访会员企业10余家，了解存在的困难并征求意见。（李晓园）

民进北辰区工委

【概况】2022年，中国民主促进会天津市北辰区工作委员会（以下简称民进北辰区工委）落实民进市委会和区委统战部工作部署和要求，在思想建设、组织建设、参政议政和社会活动方面发挥参政党作用，各项工作取得新的成绩。

【思想建设】2022年，民进北辰区工委采取多种形式进行主题教育和理论学习。开展“矢志不渝跟党走、携手奋进新时代”政治交接主题教育活动、“赓续合作初心　加强作风建设　增强自律意识　永葆廉洁本色”2022年警示教育系列活动。组织全体委员参加民进天津市委会警示教育专题会议。通过警示教育专题会议、集中观看纪录片、警示教育专题报告、梳理廉政风险点、落实会内监督等活动，夯实纪律意识。制订《民进北辰区工委学习贯彻中共二十大精神工作方案》，开展相关专题学习，组织撰写体会和感言。组织参加市委统战部举办的“民主党派青年说”活动，工委主委作为全市民进青年会员代表在第一期活动上做报告，工委委员作为区青年会员代表在民进市委会内第一期活动中发言。

【组织建设】2022年，民进北辰区工委成立民进北辰区工委理论学习中心组，由工委领导班子成员和各支部主委组成，有成员18人。全年发展会员5人，储备考察对象3人。2022年，1人当选为民进天津市第十三届常务委员，1人当选为委员。至年底，民进北辰区工委共有会员85人，分为5个支部，其中第四十七中学支部11人、基础教育支部19人、联合支部16人、医卫支部10人和退休支部29人。

人大、政协任职情况：北辰区人大常委1人，代表4人；市政协委员2人，河东区政协副主席1人，北辰区政协常委1人，委员6人。

【参政议政】2022年，民进北辰区工委向市政协提出“关于促进在校大学生深入城市了解城市”和“关于建设天津市未来产业科技园”两项提案。参加区委统战部组织的明政视察和政党协商座谈会，提出“关于推进我区发挥统战优势助推招商引资工作的几点思考”，被区委统战部采用。围绕乡村振兴工作，进行调研研讨，形成“关于促进北辰区‘市民下乡’加快推动城市要素向农村聚集的对策建议”“疫情常态下对农业生产组织化的思考和建议”“关于推动农产品供应链融资解决农户融资难问题的建议”等8篇建议稿。其中促进“市民下乡”的建议稿被区委统战部向市里推荐。申报市委会重点调研课题3份，其中“关于建立县域数字化平台促进城乡要素流动赋能乡村振兴的建议”被列入市委会2022年重点课题。

【会员活动】 2022年，民进北辰区工委积极参与抗击疫情，北辰民进会员在本职工作中、志愿服务中发挥了自身的作用。民进北辰区工委医卫支部走进双街镇国耀上河城小区，组织开展义诊咨询暨健康宣传活动，共接诊40余人次，健康知识咨询50余人次，发放宣传材料200余份。组织会员积极参与相关活动，1幅国画、1件雕塑入选“喜迎二十大·同心跟党走”北辰区统一战线成员主题作品展，1篇诗歌入选天津民进成立70周年征文活动。

（赵　鑫）

北辰年鉴 2023

人民团体

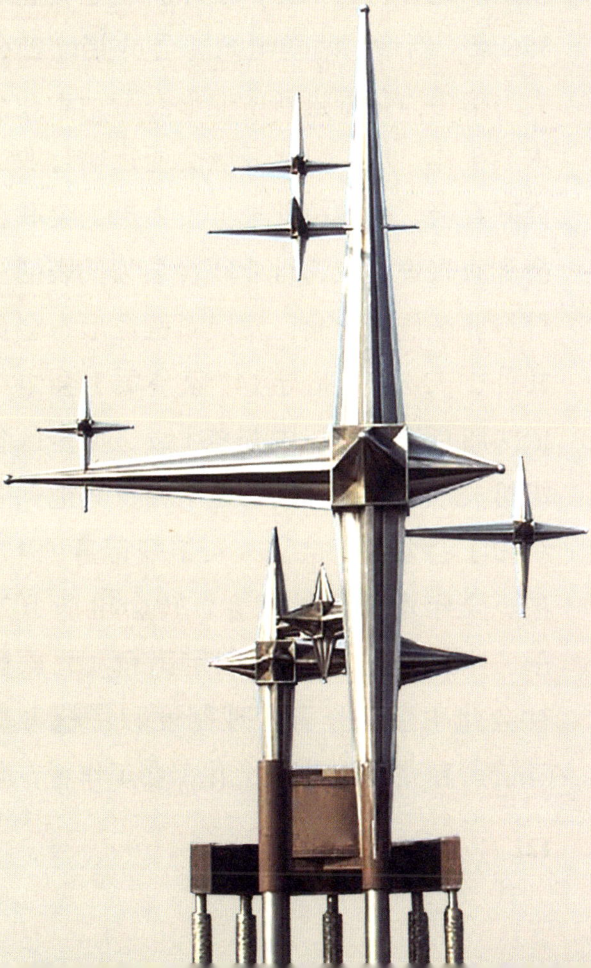

北辰区总工会

【概况】 2022年，北辰区总工会（以下简称区总工会）发挥工会组织作为党联系职工群众的桥梁纽带作用，培养选树全国工人先锋号1个、市级五一劳动奖状2个、市级工人先锋号4个、市级五一劳动奖章2人。在津云、《天津工人报》、微北辰等媒体平台，广泛宣传武海叶、黄小雷等劳模、先进人物事迹。成功向全国总工会申报“中国红色工运资源”教育基地，进一步拓展安幸生烈士故居思想引领和教育服务功能。正式出版发行《天津市北辰区工会志》，成为北辰区首部公开出版的工会工作专志。

【组织建设】 2022年，区总工会开展两新组织建会入会工作，全年新增建会企业386家，新增“两新组织”会员共计2765人。集中力量推进新就业形态劳动者建会入会工作，成立以北辰区交通运输行业工会联合会、小淀镇外来务工人员工会联合会和宜兴埠镇快递行业联合会为代表的一批行业区域联合会，发展新就业形态会员共计27720人。指导147家基层工会组织依法履行换届或届中调整手续，为全区各级机关工会、企事业单位工会及其他社会组织工会办理工会法人资格登记事项178项。全年审核会员入会、转会申请1025条，审核率达100%。制定出台《北辰区社会化工会工作者管理制度和考核办法（试行）》，举办4期社会化工会工作者专题培训，培训125人次。

2022年7月12日，北辰区道路运输行业新就业形态劳动者建会入会工作部署会
（区总工会　供图）

【思想引领】 2022年，区总工会制定《北辰区工会系统宣讲党的二十大精神的工作方案》，出台《北辰区劳模宣讲团管理办法》，组织劳动模范及各类先进人物深入基层一线，开展专题宣讲52场次，参加职工1.25万人次。协同区委组织部“两新组织工委”研究制定《关于进一步加强“党建带动工建，工建服务党建”工作的实施意见》，加强新就业形态劳动者党建工作，深入区交通运输行业工会，面向新就业形态劳动者宣讲党的二十大精神4场，参加职工158人次。组织9000余名职工参加天津市职工学习宣传贯彻党的二十大精神网上答题活动，推动在广大职工中掀起学习二十大精神的热潮。以“学习宣传贯彻党的二十大精神，推动全面贯彻实施宪法”为主题开展北辰区工会系统宪法宣传周活动。举办“学思践行二十大 踔厉奋发新时代”工匠精神图片展，宣传新时代工匠创新竞进、奋发有为的奋斗精神。利用“互

联网＋工会”，拓宽宣教工作渠道，区总工会微信公众号关注量超2.2万人，阅读量突破28万人次，小程序认证量超2.8万人。组织职工群众参加“弘扬时代新风 共建网络文明”2022年北辰区好网民故事汇活动，1名职工获十佳好网民故事奖，区总工会获优秀组织奖。区总工会管理服务平台被全国总工会评为2022年互联网＋工会普惠服务“创新型”平台。利用区总工会微信公众号开展防范电信诈骗、环境保护等方面法律法规宣传近30次。

【职工活动】 2022年，区总工会举办“中国梦·劳动美——喜迎二十大·墨影映初心”北辰区职工书画摄影比赛、“中国梦·劳动美——奋进二十大·健康伴我行”2022年北辰区职工工间操比赛，组织开展北辰区全民健身活动企业职工组气排球、五人足球、三人篮球和乒乓球比赛，组织职工参加“中国梦·劳动美——永远跟党走 奋进新征程”全国职工线上运动会天津赛区竞赛、天津市第十六届职工乒乓球比赛、天津市职工第四十届万名棋手大赛和天津市第三十二届职工羽毛球团体赛，并组织北辰区职工参加全国总工会“中国梦·劳动美——喜迎二十大 建功新时代”第九届全国职工摄影展，共计3000余人次参加各级各类职工文体活动。组织开展5场富有“工”字特色的送文化、送健康的志愿服务活动，向职工群众宣传倡导零级预防理念和健康生活方式。

【精准帮扶】 2022年，区总工会开展“求学圆梦”农民工学历提升行动，共计发放专项补贴68000元，助力17名农民工学历与能力提升。联合区人社局，发动全区各级工会参与组织直播“带岗”和线上招聘活动共计43场次，725个招聘单位25958人次参加就业岗位供需“见面”活动，达成意向598人次。组织全区5家企业登录全国工会就业创业服务平台，发布岗位招聘信息21条。组织全区各级工会开展女职工权益保护相关法律法规及劳动安全卫生知识宣传培训活动共计26场，女职工参与1084人次。开展女职工权益保护知识竞赛活动10场，女职工参与3320人次。与团区委合作开展3场“青春有约 津彩团缘”北辰区职工交友联谊系列活动，惠及单身青年职工96人次。开展两节送温暖、为农民工送“年夜饭”活动，投入资金185.34万元，慰问6913人。开展关爱货车司机温暖行动、新就业形态劳动者“温暖服务季”

2022年8月3日，区总工会全体班子成员前往垃圾分类处理中心、市容绿化服务中心、地铁四号线延吉道段、雅迪二期扩建工地等重点点位，慰问在高温天气下坚守一线的职工　　（区总工会　供图）

活动，投入7.1万元。开展“夏送清凉”活动，投入39万余元。为2000余名环卫职工进行了为期6天的免费健康查体。

【基层工会阵地建设】 2022年，区总工会开展全国工会职工书屋建设工作，为3家符合条件的机关、企事业单位成功申报全国工会职工书屋示范点，为便利型职工阅读站点配书和劳模书架配书约600本，建成1家区级职工书屋，进一步丰富职工书屋资源。为天士力控股集团成功申报全国爱心托育用人单位，为11家符合条件的机关企事业单位成功申报爱心妈咪之家，切实维护女职工的合法权益和特殊利益。拓展安幸生烈士故居思想引领和教育服务功能，加大北辰区“红色”工运阵地的影响力，向全国总工会成功申报“中国红色工运资源”教育基地。

【职工权益维护】 2022年，区总工会开展集体协商工作，独立建会正常生产经营企业工资集体协议签订率达到99.44%。健全以职工代表大会为基本形式的企事业单位民主管理制度，2022年度全区已建工会组织企事业单位职代会召开率达到80%以上。举办集体协商和职代会工作专题培训，300余人次参加。认真做好信访工作，共收到并办结市总及“12351”服务热线转办的信访件22件。组织职工参加全国“安康杯”竞赛答题活动，全区1.6万余名职工参与，区总工会获得全国“安康杯”安全文化宣传活动优秀单位。建设工会户外劳动者服务站1个，累计39个。

【产业工人队伍建设改革】 2022年，区总工会推动成立由区委副书记任组长、33个部门组成的区产改领导小组，制定《2022年天津市北辰区产业工人队伍建设改革工作要点》《新时期产业工人队伍建设改革方案落实情况评价考核指标责任清单》等文件，召开产改领导小组（扩大）会、工作推进会、业务培训会等会议8次，研究改革任务27项，推进改革事项15项。确定2家试点企业，向基层工会干部和职工群众发放《产业工人队伍建设改革职工50问》，指导开展职工思政课堂、技能提升培训等活动共计90余场，表彰、奖励优秀职工近900人。实地调研试点企业，天津吉达尔重型机械科技股份有限公司的《抓住第一资源 发展主体作用 积极推动企业产业工人队伍建设改革》信息被市推进新时代产业工人队伍建设改革领导小组办公室简报刊发。

2022年12月31日，北辰区召开推进新时代产业工人队伍建设改革领导小组（扩大）会议，全区产改领导小组各成员单位出席会议，交流产改工作进展情况

（区总工会　供图）

【劳模工作】 2022年，区总工会组织169名劳模体检，对19名80周岁以上劳模进行生日慰问。开展庆祝党的二十大劳模慰问，慰问市级劳模254人，发放慰问金12.7万元。推荐评选2022年全国工人先锋号1个及市级五一劳动奖状2个、五一劳动奖章2人、工人先锋号4个。

【工会集中审计】 2022年，区总工会开展集中审计，对16家镇街、开发区工会，教育、卫生系统工会和39家委办局工会共计57家基层工会开展审计（其中区总工会自主审计8家），审计资产总额5354.68万元。 （曲林莉）

共青团北辰区委员会

【概况】 2022年，中国共产主义青年团北辰区委员会（以下简称团区委）紧密围绕共青团主责主业和北辰中心工作，组织召开共青团北辰区第十五次代表大会，举办第二届青年创新创业大赛，做好思想引领、青年服务等各项工作任务。着力深化改革，推进县域共青团基层组织改革试点工作，试点工作被团中央评定为优秀等次。

【团代会】 2022年，组织召开共青团北辰区第十五次代表大会，选举产生共青团北辰区第十五届委员会委员35名，候补委员13名，配齐专挂兼职书记班子。大会表决通过了关于共青团天津市北辰区第十四届委员会报告的决议，大会代表、各界青年代表和有关方面负责人员近300人参加会议。

2022年8月22日，中国共产主义青年团天津市北辰区第十五次代表大会召开

（团区委　供图）

【展现青年作为】 2022年，团区委指导组建青年突击队243个，招募5000余名青年志愿者参与政策宣传、物资保障等任务，青联委员、青年企业家等青年代表捐款捐物总价值28.8万元，相关视频、信息被共青团中央微信公众号、津云等媒体转载报道。引领青年深入基层服务“双创”，开展社区志愿服务活动1500余场，累积服务时长13万小时。发挥团属青年社会组织作用，打造“社区青春行动”全国试点2个，实现建成区未成年人活动站全覆盖。打造特色项目“周末实践营”助力“双减”，全年开设校外课程680场，服务青少年16800余人次。依托韩家墅村建设“墅外青创空间”实体阵地，为青年返乡创业提供支持和服务，青年发展型城市建设重点项目被团市委评为A档并予资金支持。聚合社会资源，联合区委统战部等部门举办东西部协作和支援合作募捐活动3场，助

力结对地区巩固脱贫攻坚成果。

【服务青年发展】2022年，团区委组织区联席会议成员单位召开青年发展规划联席会议，探索实施利于青年成长发展的政策举措。持续完善青少年“全链条”帮教体系，打造青少年法治宣传教育示范基地，开展法治教育、自护教育、维权服务等主题活动284场。深化青少年维权岗、青少年零犯罪零受害社区（村）创建工作，相关经验做法入选中国法律服务网司法行政精品案例库。深化“海河青听”实践活动，关注不同领域青少年需求，面向中高考考生及家长开展减压心理辅导3场，面向外卖快递等新就业群体开展联谊融入活动6场。深入开展“扬帆计划”“返家乡”项目，为大学生提供政务实习岗位93个。举办高校毕业生专场招聘活动3场，服务毕业生1000余人。持续开展青少年模拟政协提案工作，获评全国优秀组织单位。举办第二届青年创新创业大赛，遴选优秀项目20余个，3个获得市级“创青春”大赛金奖。发挥青联委员等青年典型示范带头作用，募集资金21.8万元开展捐资助学活动，帮助困难学生147人。

【从严治团】2022年，团区委扎实推进县域共青团基层组织改革试点工作，创新探索党建带团建、党团队一体化育人、社会化资源配置等工作经验做法被《中国青年报》、央视新闻等媒体报道8次，试点工作经团中央复核定为优秀等次。2个社区成为天津市共青团城市基层组织改革试点，其中新华里社区入选全国试点。圆满完成16个镇街、开发区团（工）委按期换届和团干部配备工作，打破身份界限遴选青年政治骨干，率先实现挂兼职团干部100%配备。做强团代表联络站，构建“家站”融合工作模式，完善联络卡+任务清单+

2022年9月28日，区委统战部、区工商联、区住建委、团区委共同举办“喜迎二十大　同心聚合力　协作一家亲——北辰区东西部协作和支援合作募捐活动中铁专场”活动　（苗青瑞　摄影）

2022年7月14日，团区委、区教育局、区少工委组织少先队员到安幸生故居、中共西北乡农村支部开展“喜迎二十大　争做好队员”2022年北辰区津彩假日红领巾夏令营活动　（吕　晴　摄影）

民主评议制度，197名代表委员进站履职。抓实基础团务，“三会两制一课”、团员先进性评价、支部对标定级等各项工作位居全市前列。实现镇街校外少工委全覆盖并成立校外少先队组织，申报建设市级红领巾之家6个。规范开展少先队员推优入团工作，推优入团率达100%。唱响“红小宣”宣讲品牌，壮大区校两级宣讲队伍至700余名，深入安幸生故居、中共西北乡农村支部等教育实践阵地，用童言童语讲好红色故事。

【思想引领】 2022年，团区委以原文原著和解读阐释为重点，面向广大团员青年编发学习读本13期。在团员青年中广泛开展“青年大学习”行动，学习参与率稳居全市前列。分级分类开展团（队）干部及“青马工程”学员培训班，邀请专家学者开展党的二十大精神专题辅导，相关活动得到《天津新闻》报道。结合五四纪念日、烈士纪念日等重要时间节点开展示范性主题活动13场。建强用好青年宣讲团队伍，围绕习近平总书记重要讲话精神、市十二次党代会精神、党的二十大精神开展基层宣讲活动3200余场。坚持社会价值导向，积极选树青年典型，推报获评全国及市级先进集体和个人16个。不断完善新媒体矩阵，先后开设“抗疫志愿红”“青年运动史”“喜迎二十大”等专栏15个，连载青年热议话题12期，全网阅读量153万余人次。精心制作思想性强、青年喜爱的网络文化产品20余个，被团中央及市区级新媒体转载，“辰青e彩”微信工作室获“2022年北辰区十佳好网民TOP20作品入围奖”。

（马　越）

北辰区青年联合会

【概况】 2022年，北辰区青年联合会（以下简称区青联）聚焦强化思想认同、服务中心大局、联系服务青年、促进组织发展等主要工作，大力推动北辰青联改革，积极配合做好“返家乡”项目等工作，为助力“经济强区、魅力北辰”建设贡献青联力量。

【从严治会】 2022年，区青联积极落实《全国青联改革方案》和《天津市青联改革实施方案》精神，大力推动北辰青联改革，广泛吸纳基层一线优秀青年代表和新的社会阶层人士，新增补各界优秀青年代表22名，逐步优化委员结构，不断增强委员代表性和广泛性。制定实施《青联委员直接联系青年制度（试行）》《青年联合会提案和建议工作制度》等规范委员履职相关文件。

【思想引领】 2022年，区青联组织青联委员集中收看党的二十大开幕会，结合各自领域及自身工作实际认真学习热议党的二十大精神。组织动员全区各领域青年深入开展“青春同心·永跟党走”实践活动，引导青年群众发自内心地爱党、爱国、爱社会主义。教育引导青联委员带头树立和践行社会主义核心价值观，坚持宣传教育与实践育人相结合，选树张健超、吴莹、王少鹏等7位委员为北辰区最美青年，引导青年在实践中弘扬主旋律、传播正能量。

【担当作为】 2022年，区青联积极配合做好“返家乡”项目，组织开展委员企业招聘会3场，提供就业岗位185个，在委员企业建立大学生见习基地3个。发动委员积极参加爱心助学、圆梦大学、扮靓家园等项目，募集物资26.5万余元，帮助困难学生100余人。发动青联委员、青年企业家等青年典型为新冠疫情防控捐款捐物总价值28.8万元。（李　龙）

北辰区妇女联合会

【概况】 2022年，北辰区妇女联合会（以下简称区妇联）组织召开北辰区妇女第十一次代表大会，推动镇街妇联组织区域化建设工作，16个镇街完成妇联组织换届工作。积极搭建女性创业平台，举办线上招聘会和新农学堂培训会等。开展寻找“最美家庭”、系列亲子教育等活动。加强帮扶救助，建立多个维权工作站和工作室。组织开展了“巾帼大学习”主题学习等系列活动，推动新时代北辰妇女儿童事业进一步提升。

【思想政治引领】 2022年，区妇联聚焦党的二十大精神，聚焦习近平总书记关于妇女儿童和妇女工作、家庭建设的重要论述，开展“巾帼大学习”主题学习活动。组织4名全国、市级三八红旗手以短视频的形式，开展“三八红旗手对党说”活动。汇聚各级妇联执委、妇联干部，巾帼志愿者组成北辰区巾帼宣讲团，开展“跟党奋进新征程 巾帼建功新时代”巾帼大宣讲活动33场。围绕学习宣传贯彻天津市第十二次党代会精神，开展为期一周的“我奋斗·家国美——讲好天津故事”故事汇活动6场。举办“强国复兴有我”——巾帼精英助力北辰区高质量发展誓师大会。在《天津日报——北辰之声》上专版刊登全国妇联系统先进集体、全国巾帼文明岗、全国最美家庭事迹。依托“北辰妇联”微信公众号，常态发布各类典型事迹和巾帼志愿服务活动信息536条。推进“网上妇联”建设，运用“网言网语”增进妇女对妇联组织的认同感和归属感。

【巾帼创业就业】 2022年，区妇联积极搭建女性创业平台，联合区相关部门举办“春风行动”招聘会，举办19场线上招聘

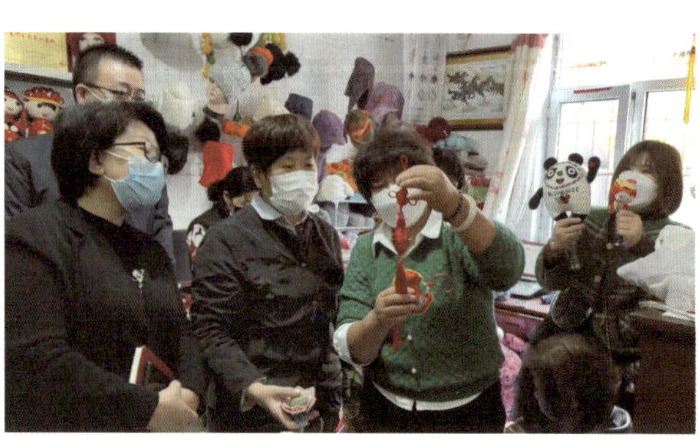

2022年11月3日，市妇联到北辰区考察津帼众创空间和津帼家庭手工坊创建工作
（区妇联　供图）

活动。深入镇街、村、社区举办烘焙、茶艺、育婴、养老护理、收纳整理、手工制作、网络直销代购等系列培训14场。接待市妇联、和田女企业家到北辰区调研，与知名企业进行学习交流，促进民族广泛交往交流交融。培育“津帼众创空间”1个、“津帼家庭手工坊”3个，进一步增强巾帼众创服务载体。培养全国巾帼新农人先进典型1个，并进行大力宣传，引导更多女性在经济建设发展中建功立业。

【巾帼乡村振兴】 2022年，区妇联开展新农学堂培训6期，提高农村妇女参与乡村振兴的素质和能力。举办“爱惜粮食 美化生活”巧手面点展示——农民丰收节活动。联合农业农村委等相关单位开展美丽庭院评选大赛，举办“播种绿色植物，整洁庭院内外，共建美好家园”美丽庭院创建培训会，开展“晒晒我家小院子”活动，精心打造10户美丽家园参加市妇联活动，引导妇女在农村人居环境整治中贡献巾帼力量。

【新时代文明实践】 2022年，北辰区作为全国妇联系统深度参与新时代文明实践工作试点区，培育全国文明实践巾帼志愿阳光站1个。依托区妇女儿童社会服务中心，与辰希社服中心联合，深入部分镇街、村居、委局举办“办公室女子瑜伽公益课”8场。发动全区广大妇女和家庭积极参加市妇联组织的“三八”健康杯网络健身大赛，成立队伍20余支，发动500余人参加活动，区妇联获得天津市妇联“三八”健康杯优秀组织奖。

【传播家庭文明】 2022年，区妇联开展寻找“最美家庭”“树良好家风•创最美家庭”活动，评选121户家庭为“北辰区最美家庭”，其中27户家庭被命名为“天津市最美家庭”，王冬鸣家庭获评“全国最美家庭”。制作并发布《你心目中的“家”》宣传短片。开展家风家教主题宣传活动，持续在妇联微信公众号开展“家风家训故事365”展播，由志愿者诵读经典家规家训、优秀家风故事。举办“喜迎二十大 共筑家国梦”家风家训故事365活动、“喜迎二十大 树清廉家风”最美家庭事迹分享等活动，开展最美家庭家风基层巡讲巡展34场、家风村风大家谈5场。举办“喜迎二十大 树清廉家风”书法创作笔会和“妇廉微展”清廉家风主题作品征集活动，充分发挥家庭家教家风在清廉北辰建设中的重要作用。创新开展“最美‘她’身影 邻里有‘她’+”活动，在社区治理中注入“她力量”，营造邻里互帮互助的和谐氛围，8对家庭成功结对。

【普及科学家教】 2022年，区妇联举办“家庭教育第一课”公益讲座1次，为20位准爸妈们讲授“家庭教育在孕期中的重要性”。开展“爱满家园 共享成长”亲子活动，为24对家庭进行“一对一”家庭教育辅导和心理疏导。举办“童心向党迎盛会 放飞梦想筑未来”亲子嘉年华活动，30余户家庭参与。开展“扣好人生第一粒扣子”主题教育实践活动，依托社区、农村儿童之家举办“童心向党”教育实践、家庭亲子阅读、中华优秀传统文化传承、“厉行节约 反对浪费”主题教育、安全教育、学雷锋志愿服务等活动20场，500余名儿童及家长参与。开展“金秋盛会 美好生活展新卷”天津家庭欢庆党的二十大线上接力活动，号召全区广大家庭积极参与，累计发布寄语、感言1200余条。

2022年12月10日，区妇联携手星耀未来社工服务中心开展“书香飘万家，亲子共阅读”线上公益课堂　　（区妇联　供图）

【关爱困难家庭】2022年，区妇联开展“娘家温情送到家”活动。协调资金25.1万元，为518名单亲困难母亲送去米面油慰问品，为272名未享受低保、低收入或特困政策的北辰户籍单亲困难母亲每人发放500元慰问金。走访慰问了11名农村患“两癌”贫困母亲，送去慰问品和11万元慰问金，同时为其中8名协调救助金1.6万元。开展“关爱母亲，圆梦微心愿”活动，投入经费4.4万元购买物品，帮助110名单亲困难母亲圆一个节日愿望。投入资金5.7万元，为475名北辰户籍单亲困难母亲每人购买一份女性安康保险。联合区妇女儿童保健中心举办“温情三月 关爱健康”关爱“母亲”公益体检活动，启用“红丝带”公益善款为100名单亲困难母亲进行免费体检。联合安捷医院为1400余名妇女群众进行免费“两癌”筛查，并慰问200名单亲困难母亲家庭。开展“把爱带回家”活动，发动各级妇联主席、妇联执委和巾帼志愿者深入10户困境儿童家庭进行集中家访及慰问。争取市、区两级财政资金18.7万元，对93名北辰区困难家庭品学兼优的学生进行援助，其中，41名贫困学子圆梦大学。

【法治宣传教育】2022年，区妇联以“建设法治北辰·巾帼在行动”为主题，在“三八”妇女维权周、国际家庭日等关键节点，线上线下灵活开展《中华人民共和国民法典》《中华人民共和国反家庭暴力法》《中华人民共和国妇女权益保障法》《中华人民共和国家庭教育促进法》及六防六无等法治和家庭建设宣传100余场。组织开展“妇联干部讲法”以及律师、警官、法官进村居活动20余场。举办妇联干部信访、婚姻家庭调解员业务培训2次，近200余人受益。推进男女平等基本国策纳入区委党校处级干部进修班培训1次40人，推动男女平等基本国策落地落实。

【维护妇儿权益】2022年，区妇联持续加强与法院、检察院、公安、司法、民政、网格中心等部门的联动协作，定期组织召开婚姻家庭纠纷预防化解暨反家庭暴力工作推动会，进一步完善婚姻家庭纠纷预防化解及反家暴多部门联动机制，有效保障妇女儿童合法权益。协调区法院签发4份“人身安全保护令”和首个“家庭教育指导令”。加强与区检察机关的协作配合，推荐1名检察官助理和1名听证员，协助参与检察机关办理涉未成年人案件。

【“平安家庭”建设】 2022年，区妇联加强对重点人群和高风险家庭的走访慰问排查，实施关爱服务。充分发挥区妇女法律心理帮助中心窗口作用，采取“心理咨询师+调解员”的模式，为广大妇女儿童提供免费的法律咨询、心理疏导、人民调解等一站式服务，全年共接待面对面和电话咨询90余人次，深入机关、村、社区开展“心灵瑜伽”减压知识讲座和团辅活动18场。继续实施婚姻家庭纠纷调解员三年培养计划，新增婚姻家庭纠纷人民调解员24名。建立区级妇女儿童维权工作站1个，区、镇两级未成年人探视基地2个，村居婚姻家庭纠纷调解工作室2个，有效预防化解婚姻家庭纠纷，促进家庭平安、社会和谐稳定。

2022年9月，区妇联在区司法局公共法律服务中心举行区级妇女儿童维权工作站挂牌仪式　　（区妇联　供图）

【北辰区妇女第十一次代表大会】 2022年召开北辰区妇女第十一次代表大会，审议通过了北辰区妇联第十届执行委员会所作的工作报告，选举产生了第十一届区妇联执行委员会委员35名。召开第十一届执委一次会议，选举产生了第十一届执委会主席1人、副主席（5人）和常务委员（5人）。制定《关于做好2022年度执委履职有关工作的通知》，发挥执委作用，不断推动妇联改革向纵深发展、向基层延伸。

2022年8月24日，北辰区妇女第十一次代表大会召开　　（区妇联　供图）

【妇联组织建设】 2022年，区妇联坚持“党建带妇建、妇建服务党建”的原则，与区委组织部联合制定《关于做好2022年镇街妇联组织换届工作的通知》，持续推动镇街妇联组织区域化建设工作。6月底前，

16个镇街妇女代表大会全部召开，选举产生新一届镇街妇联执委336名，其中妇联主席16名，专（兼）职副主席123名。围绕区级示范“妇女之家”阵地建设和使用等情况，深入果园新村街、瑞景街、双街镇等开展实地调研，进一步规范基层妇联阵地建设。

附：

全国最美家庭选介
王冬鸣家庭事迹材料

王冬鸣，北辰区农业农村委青光动物防疫中心站兽医，自2004年起，王冬鸣赡养姑姑——抗美援朝“老革命军人”曹生华的遗孀王广珍18年。2009年参加工作后，他把老人接到自己身边，努力克服各种困难，平衡自己的工作与生活，让周围的人深受感动。2021年，王冬鸣家庭被评为“天津市最美家庭”，王冬鸣被评为“天津好人”。2022年，王冬鸣家庭被评为“全国最美家庭”，王冬鸣被评为“中国好人”。

80后弘扬传统美德，践行红色传承。王冬鸣赡养姑姑——抗美援朝“老革命军人”曹生华的遗孀王广珍18年。曹生华1930年生，是参加过抗美援朝战争的老革命军人，立过战功，受过表彰，因在抗美援朝战争时表现突出，于1954年10月在朝鲜加入中国共产党，屡获晋升，后退伍转业至天津市建材局，2004年老人去世，留下体弱多病且没有固定收入的妻子王广珍独自生活。王广珍身患腿疾多年行动不便，2004—2009年，王冬鸣每逢假期就会到王广珍家中，料理所有家务，收拾院落，帮着置办储存生活必需品，一干就是6年。

谁说床前无孝子，精心服侍十八年。2012年8月，王广珍在大雨中摔断了大腿，随即被王冬鸣接到离自己工作地点近的农村家中，赡养至2021年5月离世。2014年老人的病情加重，大脑失去主动意识、双目失明，丧失语言能力，没法进行正常的沟通，丧失大小便能力。王冬鸣每天要帮她进行膀胱导尿和膀胱冲洗消毒，每隔三天要进行一次直肠助排，因为老人嘴嚼能力丧失，王冬鸣曾坚持了一年多，自己先将食物嚼碎，再喂给失去意识的老人。后经医生指导，将所有食物全部打成糊状进行喂服，一直从未间断。久病成医，因为老人长期瘫痪在床，常年的膀胱导尿等，会造成不同程度的炎症，王冬鸣每半个月还要给老人输三天液，亦是为了方便，更是为了省钱，都是王冬鸣亲自操作，这样的细心照顾，一干又是十二年。

积善润成长，小失而大得。自2012年把老人接回家，王冬鸣全家就搬回了农村老房。随着时间的推移，孩子到了上学的年龄，由于照顾病人，无暇顾及接送孩子，只能让孩子放弃好的学校，在家附近就读。其间，王冬鸣还多次放弃外出学习锻炼的工作机会，牺牲几乎所有的假期和业余时间，妻子也曾抱怨过：“自结婚至今也没出去旅游过，没有带孩子参加过任何课外体验活动”。但随着每天看着王冬鸣对老人的付出，妻子也慢慢地理解、包容，现在已经养成了全家一起出力，精心呵护老人的习惯，孩子也从小就耳濡目染了中华民族孝老爱亲的传统美德。孩子每天都会帮着大人做力所能及的事来照顾老人。

王冬鸣无微不至地照顾姑姑，不是母子，胜似母子的赡养与陪伴，既是对“老革命军人”遗孀的敬仰，是一种红色传承，更是用实际行动践行了中华民族传统美德。

（孙萌萌）

北辰区科学技术协会

【概况】 2022年，北辰区科学技术协会（以下简称区科协）常态化开展“科普星期六”和“疫苗接种科学知识普及”志愿服务活动126场。深入推进全域科普，举办各类科普活动6723场。认真落实“科创中国”天津试点区建设，天士力医药集团股份有限公司入选中国科协首批“科创中国”创新基地和2021—2025全国科普教育基地。广泛吸纳基层“三长”、大学生、基层科技人才等加入科技志愿者队伍，累计注册志愿者8363名。组织参加全国农民科学素质网络知识竞赛，71.4万人次参与，位列全国区县第30名，天津市第一名，获评“天津市科普工作先进集体”。

【基层科协组织建设】 2022年，区科协发挥科协基层组织职能优势，助力疫情防控，组织科技志愿服务活动126场。深入开展科普进学校、进军营等“七进”活动，举办千名专家进基层、科普大篷车走基层和助力乡村振兴系列活动140余场。中国科协科技志愿服务平台累计注册科技志愿者8200余人，开展活动930余场。弘扬科学家精神，组织开展致敬“追光人”——北辰区2022年“创新争先 自立自强”全国科技工作者日主题活动。

【“科普星期六”科技志愿服务活动】 2022年，区科协做强“科普星期六”科技志愿服务品牌。线上组织网络答题、推广科普中国资源，累计开展区级示范活动58场，基层活动380场。“科普星期六”LOGO获批天津市版权局作品登记，2022年被中国科协评为科技志愿服务先进典型，被市委宣传部、市文明办等21个部门评为2022年度学雷锋志愿服务“六个一批”先进典型项目。

【第36届科技活动周】 2022年4月28日—7月29日，区科协举办以“走进科技 你我同行”为主题的第36届科技周活动。主场活动线上开展“走进科技 你我同行”网络知识竞赛，6万余人次参与，线下举办“科普星期六”联合行动，表彰全域科普先进集体和先进个人。举办“走进科技 慧育梦想”科技嘉年华系列科普体验活动，学习强国北辰学习平台予以刊发。科技周期间，围绕“迎盛会”科普法规宣传、“智赋能”科技成果宣传展示和智能科技科普、“惠民生”科普“七进”等集中开展群众性智能科技科普活动6000余场。

2022年6月18日，北辰区科技周主场活动现场，科技志愿者向现场群众讲解天上之水模型科普知识　　（区科协　供图）

【全国科普日】 2022年，区科协开展以“喜迎二十大，科普向未来”为主题的全国科普日系列活动。北辰区与市科协等18个部门联合主办2022年天津市全国科普日主场活动，“科普星期六”点亮天塔科普灯光秀。线上开展全民科学素质网络知识竞赛，66万余人次参与。线下举办公民科学素质知识竞赛，开展“喜迎二十大 科普万里行”科普大篷车走基层和公民科学素质提升行动，全区累计开展各类活动3700余场。北辰区委、区政府、北辰区科协和青光镇等7个单位被评为2022年全国科普日优秀组织单位。

2022年9月17日，在2022年天津市全国科普日主场活动中“科普星期六”点亮天塔科普灯光秀　　（区科协　供图）

【青少年科技教育】 2022年，区科协开展“我和妈妈学科学”及“津彩阅读·崇尚科学精神·展望科学未来”读书活动，征集作品266件，36个获奖。组织参加天津市第36届青少年科技创新大赛，获一等奖6项，二等奖12项，三等奖19项，吴连江、张帆被评为最佳优秀科技辅导员，集贤里小学获评“十佳”科技教育创新学校。与天津商业大学联合举办“青童铸梦，喜迎二十大”科普思政科学线上公开课、开展“强国有我，青年担当”师生协同创新报告会和“放飞梦想 喜迎二十大”线上纸飞机大赛等。

【科技经济融合发展】 2022年，区科协发挥科技工作者桥梁服务作用，走访企业30余次，宣讲促进经济发展政策。在“科创中国”平台开设账号，鼓励企业和专家学会共享“科创中国”创新资源。天士力医药集团股份有限公司现代中药研发创新基地入选中国科协首批“科创中国”创新基地。北辰区科技经济融合发展典型案例《服务技术与人才，为企业发展注入双核动力》在中国科协《企业科协》上刊发。

2022年10月12日，市科协为天士力医药集团股份有限公司"科创中国"现代中药研发创新基地揭牌（区科协 供图）

（王 静）

北辰区工商业联合会

【概况】2022年，北辰区工商业联合会（以下简称区工商联）发挥桥梁和纽带作用，问计问需服务民企。成立"聂松法官工作室"为会员企业解决法律诉求6项，与公检法司等部门合作开展企业家服务日、法治专题讲座等活动24次，组织多家银行进行助企纾困政策宣讲并对45家次民企开展个性化金融服务，解决民企融资需求近8亿元。做好民营经济人士思想政治引领，编发各类学习导刊15期。全年累计为帮扶地区投入帮扶资金730.25万元，较2021年增加2%。

【服务会员】2022年，区工商联结合双万双服促发展工作要求，通过党组成员实地走访、电话、视频沟通等多种方式联系会员企业、基层商会，了解企业生产经营状况及困难，全年解决困难问题28件。推进党政领导与民营企业联系沟通机制，市区领导与6位民营企业、商会组织负责人"面对面"交流，宣讲政策措施，听取意见诉求。推进与司法机关联系沟通机制，与法院推动民营经济领域多元化解机制建设，成立"聂松法官工作室"，为天津市福恒电机有限公司、天津濠川科技发展有限公司等解决房屋租金、厂房租赁、买卖合同纠纷等方面法律诉求6项。

【"问需问计 服务民企"活动】2022年，区工商联与公安部门深化防范经济犯罪预警机制，开展企业服务日活动21次，提高企业内部安全防范能力。与司法局联合设立北辰区民营企业"法治体检"中心，开展《建设工程合同实务》、民营企业法律问题与防范等专题讲座3场，为17家民营企业开展法治体检。联合检察院编发《检察益企行》电子期刊，收集涉民营企业的刑事、民事等方面典型案例，通过深度解读有关案例，提升民营企业法治意识。推动北辰区涉案企业合规第三方监督评估机制落实，对民营企业安全生产问题适用合规整改，实现了专项整改促全面合规的效果。深入推进与金融机构联系沟通机制，联合区委统战部、金融局组织工商银行等7家银行，召开6次线上助企纾困政策宣讲，协调11家银行机构到45家（次）民营企业开展个性化金融服务，解决民企融资需求近8亿元。深入推进与政府部门联系沟通机制，联合区政务服务办、市规划资源局北辰分局、区住建委等部门召开政企对接会，推动解决天津市禹神建筑防水材料有限公司迁建项目相关政策及审批手续、资金需求等问题。联合区税务局聘任34名民营企业纳税服务监督员，提升税收服务质效。联合区人社局推动和谐企业创建。开展大学生就业创业税收政策辅导，送达优质税收服务。

【商会发展】 2022年，区工商联指导双口镇完成商会班子调整，加强商会之间的互动交流，壮大会员队伍，新增会员28家。加强执常委、基层商会微信平台的管理，做好民营经济人士思想政治引领，发布法治政府建设理论、民营企业优秀典型，编发《理论学习导刊》6期、《政策学习微课堂》9期，转发习近平新时代中国特色社会主义思想、中央和市委各项惠企纾困政策，及时在民营经济领域传递党中央重大决策部署和市委部署要求。组织基层商会和会员企业收听收看“两会”、党的二十大直播，深入学习宣传贯彻党的二十大精神、中央统战工作会议精神、市领导与市工商联新一届领导班子座谈会精神，引导民营经济代表人士坚定发展信心，激发创新发展动力。

2022年8月26日，区工商联组织所属商会党组织负责人参观安幸生烈士故居、中共西北乡农民支部旧址，开展“喜迎二十大 奋进新征程”北辰区民营经济人士理想信念教育活动 （区工商联　供图）

【民营企业培育与民营企业家健康成长】 2022年，区工商联开展第十一届天津市“健康成长工程”销售收入100强和上规模民营企业调研工作。14家企业申报“健康成长工程”销售收入100强。开展民营企业标准“领跑者”和商会团体标准“领先者”活动，天津市奶业科技创新协会申报商会团体标准“领先者”9项。协助推荐25名民营经济人士为市工商联第十五次代表大会代表，14名民营经济人士成为市工商联新一届执委。开展民营经济人士思想状况调研、“大统战格局调查问卷”调研。弘扬企业家精神，广泛宣传民营经济领域先进典型。推荐天津吉达尔重型机械科技股份有限公司申报《2021年度中国民营企业社会责任优秀案例》。开展民营经济人士专题培训班。推荐5位民营经济人士进入人大代表、政协委员资源库。3名民营企业家获得2022年天津市“五一劳动奖章”。

【公益事业】 2022年，区工商联组织民营企业赴甘肃省华池县、正宁县开展公益帮扶活动，捐赠款物合计金额631.34万元，其中用于列宁学校建设和医疗设备服务费345.8万元。新增36家企业与西藏丁青帮扶村签订合作协议，为产业合作、扶贫助困积蓄力量。向西藏丁青县捐赠帮扶资金80万元用于帮扶村乡村建设。动员民营经济人士积极参与民族团结“结对认亲”活动，6位民营经济人士与西藏丁青县贫困户结对认亲，捐赠款物0.91万元。62家民营企业捐赠资金21.9万元充实“防返贫资金池”，其中18万元防返贫资金池资金帮扶89户甘肃、西藏因病、因残等易返贫边缘户，脱贫攻坚成果得到了持续巩固。2022年，累计为帮扶地区投入帮扶资金730.25万元，较2021年增加2%。

2022年8月15—17日，北辰区—华池县东西部协作社会力量帮扶、万企兴万村工作捐赠仪式举办　　（杨凤军　摄影）

（回津驰）

法治

政法委与综治工作

【概况】 2022年，中共天津市北辰区委政法委员会（以下简称区委政法委）把政法工作牢牢置于区委坚强领导下，深入贯彻《政法工作条例》和市委《若干措施》，全年召开各类政法、公安、信访等会议40余次。深入开展平安天津建设“六大行动”，扎实做好防风险、保安全、护稳定各项工作。全面铺开市域社会治理现代化试点创建，总结基层治理特色经验100余个，其中“弘扬见义勇为精神”和“发挥德治教化作用”两经验被中央政法委进行交流推广。深入落实“一规划两纲要”，掀起学习贯彻习近平法治思想热潮，组织开展“八五”普法，积极营造公正法治环境。2022年12月，北辰区被命名为“全市法治政府建设示范区”。

【“平安北辰”建设】 2022年，区委政法委深入开展平安天津建设“六大行动”，扎实做好防风险、保安全、护稳定各项工作。依法严打违法犯罪活动，破获刑事案件1210起，包括部督案件2起、市督案件8起。“无诈社区”再创新高达110个，区打击整治养老诈骗领导小组获全市先进单位。推进扫黑除恶常态化，侦破九类刑事案件351起，打掉小淀劳务市场恶势力团伙，制发“三书一函”39份。围绕重点治安隐患，累计整治重点地区17个，健全公安部挂牌整治重点地区（小淀镇）智能防控设施，服务管理流动人口14万余人，成功摘牌脱帽。开展校园、医院、村社区等系列平安创建，创建平安单位、点位147个。

2022年11月4日，全国扫黑办第2特派督导组到北辰区天穆镇刘房子综合市场实地调研，并与商户、群众交流

（区委政法委 供图）

【市域社会治理】 2022年，区委政法委全面铺开市域社会治理现代化试点创建，依托市域社会治理实践中心和考核评价系统对治理工作实时问效，开展创建自评并加强精准督导，保障试点创建的全面推进。打造“一地一品”，形成基层治理经验100余个，“弘扬见义勇为精神”和“发挥德治教化作用”两经验被中央政法委进行交流推广。坚持和发展新时代“枫桥经验”，用好两级矛调中心，化解矛盾纠纷2200余件。运用“吹哨报到”机制解决“看得见的管不了，管得了的看不见”难题，受理案件258件，办结率超85%。强化网格建设，深化“两网”融合，配齐配强网格员队伍，创建数字网格多部门在线联动平台和数字网格台账，警网联合开展民情走访10万余次，解决基层“疑难杂症”300余件。用好“12345”便民服务热线，累计办

结群众各类诉求20万余件，群众回访满意度超92%，在全市考评中名列前茅。

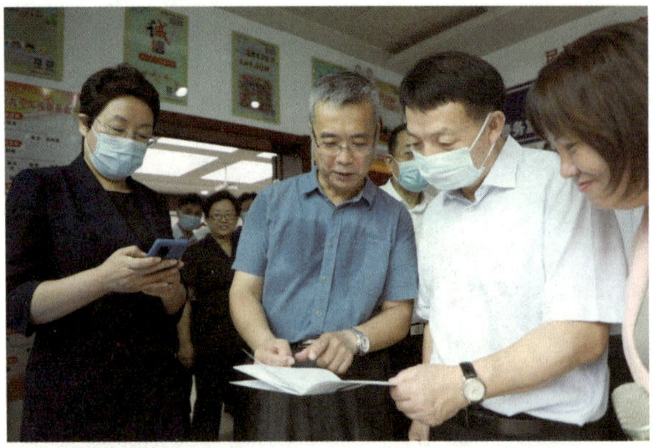

2022年8月18日，中央政法委、辽宁省委政法委及天津市委政法委领导一行到北辰区调研市域社会治理现代化试点工作

（区委政法委　供图）

【“法治北辰”建设】 2022年，区委政法委深入落实“一规划两纲要”，开展“八五”普法，组织民法典学习宣传，开展领导干部述法、“一把手”旁听庭审等活动。营造公正法治环境，制定应用重大行政决策“1+8”制度体系，建立完善区政府法律顾问“智囊团”，实现党政机关公职律师和71个部门、265个村社区法律顾问全覆盖，推动行政负责人出庭率达到100%。建成全市首家涉案财物中心，创新“警务督察大数据应用平台”，提升执法规范化水平。深化执法司法理念大讨论和“我为群众办实事”，推出“服务企业直通车”“商事速裁”等助企惠民措施，为企业开展“法治体检”和法律服务120余次，挽回各类经济损失8600余万元。执法司法能力不断提升，区法检两院2022年工作报告在区人大会上获全票通过。2022年12月，北辰区被命名为“全市法治政府建设示范区”。

【全面从严管党治警】 2022年，区委政法委深入开展“迎盛会、铸忠诚、强担当、创业绩”主题实践活动，掀起学习宣传贯彻党的二十大精神热潮。深入贯彻新时代政法干警“十个严禁”和防范干预司法“三个规定”，开展政法系统政治督察和纪律作风督查巡查，督导各政法单位整改问题27个，压实“政治体检”覆盖全警。巩固政法队伍教育整顿成果，开展肃清孙力军等问题干部流毒影响和治理不担当不作为专项行动，严防顽瘴痼疾问题回潮，持续净化政治生态。加强政治建设，纵深推进全面从严管党治警，层层压实政法单位主体责任和“一把手”第一责任，管出战斗力、管出好作风、管出好形象，相继涌现出“全国优秀公安基层单位”打击犯罪侦查支队七大队、全国第二批“枫桥式公安派出所”双环邨派出所等先进单位，“全国特级优秀人民警察”温建富等先进人物，区人民法院被评为全市法院调研工作先进集体，区人民检察院3名干警被评为2022年度全市刑事检察优秀办案能手。区委政法委获评2021年天津市政法系统人民满意的政法集体。

【禁毒工作】 2022年，区委政法委持续深入推进“飓风五号”、“净边2022”、禁种铲毒等专项行动。侦破全市第一起含有合成大麻素“上头电子烟”毒品案件，一举摧毁该贩毒团伙，央视新闻、天津电视台等媒体对该案进行专题报道。举办禁毒法知识专题有奖竞答活动，万余人参与线上答题。组织5.7万余名学生线上开展“禁毒云课堂”。在区市域社会治理实践中心举办“6·26国际禁毒日”集中宣传活动，与天津海关缉私局、益道公益志愿服务交流中心就禁毒宣传工作签署共建协议。相关做法被《法治日报》、新华社、央视新闻等国家级媒体报道6次，天津电视台、《天津日报》《今晚报》《每日新报》等市级媒体报道14次。

2022年6月21日，区禁毒办在市域社会治理实践中心举办北辰区“6·26国际禁毒日”宣传活动　（区委政法委　供图）

（马明康）

法治政府建设

【概况】 2022年，北辰区积极做好中央依法治国办法治政府建设督察迎检工作，成立创建全国法治政府建设示范区第三方评估和群众满意度测评迎检工作专班，设领导小组和5个专项工作组，逐项梳理《市县法治政府建设示范指标体系（2021年版）》104项指标和《天津市法治政府建设实施纲要（2021—2025年）》重点工作台账，以示范创建为抓手，以督察整改为契机，统筹兼顾，督促各职能部门严格落实、整改到位，推进法治建设水平不断提升。

2022年6月30日，北辰区委全面依法治区委员会执法协调小组召开第四次全体（扩大）会议暨法治政府建设工作会议

（区司法局　供图）

【规范性文件】 2022年，北辰区完善行政规范性文件制定程序，严格按照区行政规范性文件制发流程图执行，加强文件审核把关，把准材料报送、审核时限、审核内容等工作要求，合法性审核率达100%。认真落实报备制度，按规定时限、格式规范进行报备。积极做好法律法规规章规范性文件草案征求意见反馈工作，全年共反馈意见53件。

【行政执法】 2022年，北辰区推动行政执法“三项制度”落实，规范行政处罚裁量基准，创新执法方式，积极运用非强制性执法手段开展执法，实现裁量幅度与违法行为相匹配，同时坚持柔性执法，做到宽严相济、法理相融。加大行政执法协调监督力度，组织开展案卷集中抽查评查，对生态环境局、运管局等重点执法单位进行执法监督实地检查。结合疫情实际组织街镇执法人员培训，各镇街共培训17场次，参训人员240人次。发挥行政执法监督平台作用，定期通报“零执法”“参与平反”等问题并督促整改。统一全区1023名行政执法人员执法证件，组织全区行政执法人员开展公共法律知识培训考试，培训完成率、考试通过率均为100%。

2022年7月5日，北辰区司法局组织街镇综合执法新申领执法证人员开展专业法律知识考试　　（区司法局　供图）

【行政复议应诉】2022年，北辰区全年共接收行政复议申请123件，决定受理99件，已审结107件（含2021年结转15件），其中纠错10件，纠错率为9.35%；申请人主动撤回申请的37件，占结案数34.6%。持续规范和督促行政机关负责人出庭应诉，全年承接区政府被行政复议案件8件，均被市政府维持。代表区政府参加诉讼，配合法院做好行政诉讼审理工作，全年承办检察监督案件17件，应诉案件继续保持“零败诉”。　　（柴思彤）

【政府信息公开】2022年，北辰区持续深化政务公开，各政府信息公开工作机构认真履行《政府信息公开条例》法定义务，进一步完善政府信息公开属性源头认定和政策解读发布等工作制度，加大主动公开力度，规范依申请公开流程，加强工作监督保障。全年全区通过区政府官方网站主动公开政府信息6048件，受理政府信息公开申请1314件，因政府信息公开申请行政复议32件、提起行政诉讼38件。

（孔昊楠）

公　安

【概况】2022年，天津市公安局北辰分局（以下简称公安北辰分局）聚焦“喜迎二十大，忠诚保平安”主题实践活动和“迎盛会、铸忠诚、强担当、创业绩”主题学习宣传教育实践活动，紧扣党的二十大安保主线，以全国公安系统英雄模范立功集体表彰大会为激励，以开展护航二十大“九大攻坚战役”、夏季治安打击整治“百日行动”等专项行动为抓手，从严从实从细落实防风险、保安全、护稳定、战疫情各项措施，做好党的二十大安保和北京冬奥会、冬残奥会、市第十二次党代会等重大活动安保工作。双环邨派出所被评为全国第二批“枫桥式”公安派出所，打击犯罪侦查支队七大队被评为全国优秀基层单位。

2022 年 4 月，公安北辰分局双环邨派出所被命名为“枫桥式公安派出所”

（公安北辰分局　供图）

【打击犯罪】 2022 年，公安北辰分局开展“强打击、防风险、护稳定、保平安”专项工作，紧紧围绕“断卡”“雷霆”“云剑”“昆仑”“飓风”“打击养老诈骗”等专项行动，强化主业意识，严厉打击各类刑事犯罪。“八类”案件破案率 91.9%，现行命案破案率 100%；电信网络诈骗案件发案数和群众损失呈下降趋势，共打掉“两卡”犯罪团伙 13 个、抓获 527 人；破获环食药刑事案件 72 起，打击处理 113 人，查处行政案件 219 起、行政拘留 220 人；全年共打处 1923 人，移送起诉 1528 人。深入开展“凝心聚力迎盛会　忠诚履职保平安”九大攻坚战役工作，圆满完成了护航二十大任务和各项工作任务，确保了社会治安秩序的持续稳定。

2022 年 5 月 10 日，公安北辰分局召开坚决打赢“九大攻坚战”专项行动百日会战动员部署会　（公安北辰分局　供图）

【治安管理】 2022 年，公安北辰分局深化安全生产专项整治三年行动，聚焦道路运输、危化品、消防安全、城市建设、危险废物、油气长输管道等领域，开展各类检查 620 余次，检查单位 4000 余家次，整改隐患问题 130 余处，推动公共安全治理由事后治理向事前预防转型。推动矛盾纠纷多元化解，进一步完善社区警务与网格化“四合四联”工作机制和“1+2+N”联勤协作模式，推进公安警务室“入村进社”、合署办公，主动融入党建引领基层社会治理格局，累计排查化解矛盾纠纷 2034 件，切实让矛盾纠纷解决在萌芽、化解在基层。2022 年 5 月，双环邨派出所被命名为全国第二批“枫桥式公安派出所”，总结提炼“双环义盾”义警队、“三色”教育、“五小”工程等先进经验，发挥其示范引领作用，辐射和带动全局 16 个派出所提升化解矛盾、守护平安、服务群众的能力。

【道路交通安全管理】 2022年，公安北辰分局推进交通事故预防减量控大“五大硬仗、两项攻坚”，开展多警种联合行动250余次，查处酒驾醉驾违法行为669起。结合常态化“创文”工作，重点对非机动车和行人闯红灯、逆行、骑行电动自行车未佩戴安全头盔等严重违法行为开展专项整治。联合双口镇政府共同打造的精品交通安全示范乡村路——枣强路，在提升改造后事故发生率比上年下降超90%。年内，全区道路交通死亡事故起数、死亡人数同比分别下降16.3%、7.4%。结合辖区实际，科学分析研判各类交通违法的发案特点，精准指导属地大队警力部署，组织各属地大队深入开展建成区、国省道、农村地区、城市道路4大片区的交通秩序整顿，严厉打击酒驾醉驾、超载、超速、超员等严重交通违法行为，规范城市道路交通秩序，压降国省道、农村地区道路交通事故，消除道路交通安全隐患，提升道路通行能力。

【巡逻防控】 2022年，公安北辰分局构建“连点成线”全覆盖巡控新格局，坚持显性用警，最大化把警力、装备摆向街面，全区共设置7处“1、3、5分钟”快速反应点位、4处公安武警联勤巡逻点位、36处交警巡查点，对人员密集场所，全部落实联勤联动守护。按照“一警车一警组”对应“一巡区”原则，在全区划分49个“网格化”巡区，做到“定格、定点、定车、定责”，积极构建“连点成线”全覆盖巡逻防控格局，确保各巡区之间无缝隙、无死角、全链接。把反恐武装快速处突与巡逻防控有机结合，在全区划分3个特警武装巡逻战区，每个战区部署1组特警“尖刀”机动队开展定点武装值守和机动武装巡线。按照“专人驾车、专人持枪、专人持弹”要求，组建7×24小时战备特警“利剑”处突队，充分发挥“小、快、灵”优势，形成了“尖刀”机动队定点武装值守、机动武装巡线和“利剑”处突队机动叠加控面的巡逻防控和应急处突新格局。

2022年4月28日，公安北辰分局举行青年安保突击队授旗暨公安武警联勤联动巡控启动仪式　　（公安北辰分局　供图）

【警务机制改革】 2022年，公安北辰分局加强派出所工作“三年行动计划”圆满收官，对16个派出所综合指挥室和4个交警属地大队指挥作战室进行硬件改造及功能整合提升，完成派出所双正职、警探长选拔任命工作，提拔交流7名副处级领导干部，133名警探长员额按照现职副科管理，调动了年轻干警工作积极性。围绕“派出所主防”，持续完善“两队一室”职责定位，强化社区警务团队建设。结合全局民警交流、借调人员清理、新警分配等派出所警力变化情况，重新划分派出所警务区警格，共划分警务区177个、警格291个，扩充社区民警至291人、达到派出所总警力的40%以上。落实《关于加强民警辅警一体化管理的工作意见》要求，实现“一区两辅警”“一村一辅警”全覆盖。

【平安创建活动】 2022年，公安北辰分局深入贯彻《天津市平安建设条例》，深化“雪亮工程”建设应用，项目整体竣工通过验收，如期保质完成2022年20项民心工程“智慧平安社区建设”项目。持续开展“护校安园”行动，严格落实“一校一警”工作机制和高峰勤务制度，指导校方加强人防、物防、技防建设，对6所高校及196所中小学幼儿园督导检查124次，排查整改安全隐患26处。会同区卫健委对全区37家医疗机构召开保卫干部培训会，组织属地派出所对全区9家二级以上医院（含二级）开展应急演练。推进文明交通主题公园宣传阵地建设，选址朝阳公园建成全区首个文明交通主题公园。健全完善见义勇为机制，广泛发动人民群众和社会力量参与群防群治。

2022年12月2日，公安北辰分局在北辰区文明交通主题公园内组织开展北辰区“全国道路交通安全日”主题活动

（公安北辰分局　供图）

【执法规范化】 2022年，公安北辰分局以严格规范公正文明执法为总要求，以深化执法监督管理机制改革为动力，以推动执法办案管理中心建设使用提质增效为牵引，法治公安建设迈上新台阶。年内，双环邨派出所被命名为新一轮“全国公安机关执法示范单位”。成立执法监督管理委员会，并印发《执法监督管理工作规则（试行）》和《执法监督管理工作运行机制（试行）》，打破法制部门“单打独斗”的惯性思维，提出“管破案也要管办案”“管本级也要管线条”的工作要求，形成“一级抓一级、层层抓落实、齐抓共管大格局”的执法监督新机制，开启了规范执法新篇章。

【为民服务举措】 2022年，公安北辰分局深化公安“放管服”改革，丰富拓展“我为群众办实事”“我为基层解难题”实践活动，推动30项重点民生项目清单和30项群众诉求清单任务落实见效。推进交管、出入境、户籍等服务事项“网上办”“掌上办”，依托天津公安民生服务平台、“12345”政府民生服务平台办理无犯罪记录证明、居住证全程网办、身份证丢失补领等“网上办”政务服务办件量达7600余件，实现足不出户“办成事”。大力推广宣传为电动自行车上牌，累计为群众办理上牌业务 1.2 万余个。

【队伍建设】 2022 年，公安北辰分局深入开展“迎盛会、铸忠诚、强担当、创业绩”主题学习宣传教育实践活动，严格落实“第一议题”制度，创新“每月一学、上下同题”学习模式，开展党委理论中心组学习 35 次，向基层党组织刊发党委学习材料 60 期，组织各级党组织书记开展理论宣讲 4 次、全警专题研讨 4 次。加大先进典型推荐评优、表彰奖励力度，全力开展“津城警星”“最美基层民警”“北辰警星”评选等活动，队伍中涌现出全国公安系统二级英雄模范个人乔良（追授）、全国特级优秀人民警察温建富、2021 年度全国“平安之星”、第二届“天津最美退役军人”郭志龙、“全国优秀基层单位”打击犯罪侦查支队七大队，2022 年度津城警星胡春林、2022 年度北辰警星韩雅贤等一批先进典型，全年共有 19 个集体、126 名个人受到表彰奖励。

【监所管理】 2022 年，北辰区看守所坚决贯彻落实分局的各项决策部署和工作要求，从严从实从细抓好监所安全管理、队伍建设等各项工作，不断提升监所安全管理。为确保监所安全，服务诉讼工作流程，协调北辰法院派驻法警一并参加封闭勤务，利用所内驻所法庭开展视频开庭工作。2022 年，公检法办案部门和律师利用远程提讯 1400 余人次、律师会见约 1100 余人次，充分保障了监所刑事诉讼活动顺利进行。

【见义勇为】 2022 年，公安北辰分局共确认见义勇为人员 61 人次，慰问走访见义勇为人员 14 人次。见义勇为群体协助公安机关侦破了各类刑事、治安案件 2 起，抓获违法犯罪嫌疑人 2 人，抢救群众生命 9 人。全年未发生扣分项目，在全年平安天津建设考核中位居全市前列。见义勇为协会建立了见义勇为人员追踪机制，动态掌握见义勇为人员的工作、生活情况，特别关注低保、罹患重大疾病、失独、无收入来源等原因造成的生活困难人员。见义勇为协会对工作定级分层，引导工作站在日常工作中长期开展帮扶工作。中央政法委委员、秘书长陈一新在全国第八次市域社会治理现代化试点工作交流会上对北辰区经验予以肯定，中政委刊载简报推广全国。

【公安宣传】 2022 年，公安北辰分局依托“平安北辰”新媒体平台，对队伍中涌现出的先进事迹、模范典型集中发声，形成强大宣传声势，生动展示新时代北辰公安良好形象，在“平安天津”新媒体和市级及以上媒体刊播报道 960 次。通过“平安北辰”新媒体平台发布信息 5520 篇，其中微信公众号 1680 篇、新浪微博 3840 篇。通过“平安北辰”抖音、快手、津抖云微信视频号平台发布短视频 576 条，获评快手 2022 年度影响力政务账号。 （高亚慧）

2022年公安北辰分局窗口单位及派出所、交通大队地址电话一览表

表6

部门	地址	电话
北辰分局信访接待室	北辰区小淀镇北辰道11号分局院内	58975214
天津市北辰区政务服务中心（公安窗口）	天津市北辰区果园新村街北辰道389号	86814761
天津市北辰区政务服务中心（出入境窗口）	天津市北辰区果园新村街北辰道389号	58975626
北辰区人口服务管理中心	北辰区天穆镇顺义道67号	58975128
果园新村派出所	北辰区果园新村街果园南道9号	58975602
集贤里派出所	北辰区集贤街泰来道5号	58975603
北仓派出所	北辰区引河北道21号	58975601
天穆派出所	北辰区天穆镇京津公路341号	58975189
宜兴埠派出所	北辰区宜兴埠镇江北小沨对面	58975605
双街派出所	北辰区双街镇双江道	58975606
青光派出所	北辰区青光镇津霸公路248号	58975715
双口派出所	北辰区双口镇医疗产业园九合园底商2—4	58975728
小淀派出所	北辰区小淀镇小淀村津围公路75号	58975610
大张庄派出所	北辰区大张庄镇津围公路1252号	58975611
西堤头派出所	北辰区西堤头镇陆路港五纬路8号	58975652
佳荣里派出所	北辰区佳宁道10号	58975135
普东派出所	北辰区万科花园东路	58975623
瑞景派出所	北辰区瑞景街龙泉道2788号	58975607
青源派出所	北辰区青源街新致道6号（建设中）	58975711
双环邨派出所	北辰区佳东道6号	58975718
交警支队引河桥大队	北辰区双街镇双江道8号	58975137
交警支队宜白路大队	北辰区天穆镇新宜后大道普庆里小区对面	58975727
交警支队双口大队	北辰区青光镇津霸公路14公里处	58975736
交警支队西堤头大队	北辰区西堤头镇陆路港五纬路8号	58975739
交警支队事故处理大队	北辰区天穆镇天穆产业园8号	58975758

检 察

【概况】 2022年，北辰区人民检察院（以下简称区检察院）深入落实《中共中央关于加强新时代检察机关法律监督工作的意见》（以下简称《意见》），忠实履行宪法和法律赋予的职责。在2022年全市检察机关综合评价中，检察业务工作位列第一。重罪认罪认罚案件工作做法在全国检察机关转发推广，精心打造了“辰光启明”未成年人工作品牌，“守望北运河行动”项目入选全市检察机关优秀检察文化品牌，《假如反诈也“疯狂”》微视频先后被市级、国家级媒体转发。

【打击刑事犯罪】 2022年，区检察院严厉打击各类刑事犯罪，全年共办理移送审查逮捕和审查起诉案件1783人，全院人均办案数始终居全市前列。其中，批准逮捕和提起公诉1142人，不批准逮捕和不起诉465人。受理羁押必要性审查和立案监督案件162人。办案中，建立重大敏感案（事）件风险评估机制，严惩严重影响人民群众安全感的犯罪，依法快速对发生在龙门东道的以危险方法危害公共安全案的犯罪嫌疑人批准逮捕，依法对“4·16”郊野公园过失致人死亡案快审快诉。严惩侵财犯罪和电信网络诈骗犯罪。认真办理纪检监察机关移送的职务犯罪案件。常态化开展扫黑除恶斗争，积极配合法院对全部涉黑涉恶案件依法执行。积极开展四大行业领域专项整治活动，制发相关领域整改检察建议8份，均得到整改回复。深入社区及涉黑涉恶案件发案地开展反有组织犯罪法宣传，营造消除黑恶隐患的良好氛围。

【刑事检察监督】 2022年，区检察院加强与公安机关协同配合，建立了案件每周会商制度，通过对重大疑难复杂案件、新类型案件的及时会商，统一证据标准，凝聚法律共识，形成打击犯罪的强大合力。落实好检察机关三级联动机制，与区法院建立联席会议机制，共同形成维护法律权威和社会公平正义的强大合力。大力提升检察管理质效，年初召开“对标一流、精准施策、全面提升”的全院誓师会，向各业务部门定目标，压担子，以目标推进度，以责任促执行，每月进行综合统计和系统分析，每季度进行研判会商和督导。积极开展监外执行、看守所、财产刑执行等检察监督。按照市检察院统一部署，集中开展社区矫正执行检察及监狱执行检察专项工作，工作成效得到了市检察院的充分肯定。

【民事检察监督】 2022年，区检察院坚持敢于监督、善于监督，不断提升法律监督质效。深入贯彻落实最高检“五号检察建议”，常态化开展虚假诉讼监督活动，主动发现并积极移交相关案件线索，严格依法办理虚假诉讼案件。区检察院办理的潘某某等人涉嫌虚假诉讼案件获评全市检察机关“十大优秀检察建议”。加大对农民工等弱势群体保护力度，办理民事支持起诉案件61件。其中董某某等人追索劳动报酬纠纷案入选最高检“民事支持起诉典型案例”，九旬老人追索赡养费案相关做法被市检察院微信公众号及《法治日报》宣传报道。建立检、调对接机制，找准解决纠纷的切入点，尽可能多地促使当事人达成和解。

【行政检察监督】 2022年，区检察院开展护航民生民利专项监督，以检察建议、公开听证为载体，化解行政争议案件33件，其中，王某某行政争议案入选最高检“行政检察与民同行典型案例”，并被央视新闻客户端宣传报道。与行政机关紧密配合，通过会签工作文件、开展专题调研，充分发挥检察、行政一体化办案机制，及时发现案件线索32件，制发检察建议24件。区检察院在办理荣某某重婚案中，监督支持民政机关向当事人做出的撤销重复婚姻登记决定，有力地维护了行政机关依法行政的权威性。密切刑、行衔接，依法对49件不起诉案件移交行政机关做出行政处罚，有效防止“免刑避罚”的情况。

【公益诉讼检察监督】 2022年，区检察院充分履行“公共利益代表”职责，立案公益诉讼监督案件86件，制发检察建议72件，行政机关全部回复整改到位。区检察院办理的李某某等人污染环境损害社会公共利益系列案，涉案35吨危废物得到有效处置，相关公共利益得到有效保护。完善与区行政执法部门多方协作机制，形成公益诉讼合力。区检察院与区人大建立的“检察+人大”联动机制，借助人大“代表视线”履职信息化平台，拓宽公益诉讼的视野。邀请辖区邮政管理部门代表和主要快递企业负责人召开专题座谈会，共同推进收寄双方的身份信息保护。通过与相关行政部门联动，针对辖区内北运河沿岸存在的安全隐患问题，以检察建议+公开听证的方式，筑起了北运河的“安全防护网”。

2022年4月1日，区检察院与区应急管理局联合到涉案企业开展安全生产随案回访（区检察院 供图）

【维护市场经济秩序】 2022年，区检察院

2022年4月19日，区检察院到高峰路农贸市场开展“保护知识产权 自觉抵制假冒伪劣产品”宣讲活动 （区检察院 供图）

依法严惩非法吸收公众存款、集资诈骗等涉众型经济犯罪，依法严惩金融诈骗、破坏金融秩序犯罪。出台《关于办理涉民营企业刑事案件的办法》，规范办案程序，明确办案要求。通过办案为民营企业挽回或避免经济损失6000余万元。开展“定制式”法治服务，深入涉案企业进行宣讲，帮助企业解决涉法难题。推动开展涉案企业合规改革，与区工商联、区司法局等8个单位建立了企业合规第三方监督评估机制，出台相关实施意见，推动涉案企业适用合规制度。针对涉案企业存在的管理漏洞，提出检察建议，并均得到整改落实。

【化解社会矛盾】 2022年，区检察院坚持“应听证尽听证”，聘请30名社会各界人士担任检察听证员，实现“四大检察”公开听证工作全覆盖。全年共举办公开听证会71件次。注重依法稳妥办理群众身边“小案”，协调各方参与调解。全年促使31件刑事案件双方当事人达成和解。积极办理国家司法救助案件，全年共发放司法救助金21万元。全年处理203件群众来信来访均取得良好效果。落实群众信访“件件有回复”要求，7日内程序回复率和3个月内办理过程或结果答复率均为100%。

【参与市域社会治理】 2022年，区检察院全年制发涉及市域社会治理方面的检察建议30余份，且均得到整改落实。区检察院有关无障碍停车施划的检察建议被最高检评为全国“优秀检察建议”。走访劳务中介机构，开展防范“两卡”犯罪普法讲座。深入村居、公园等进行防范养老诈骗普法宣传，发放宣传材料2300余份，区检察院制作的《假如反诈也“疯狂”》微视频先后被市级、国家级媒体纷纷转发，点击观看人数达30000余人。在大学生群体中开授“云普法课”，2200余人接受法治教育。开放本院预防职务犯罪警示教育基地，全年接待参观受教人员1000余人次。

【未成年人检察】 2022年，区检察院打造“辰光启明”工作品牌，围绕家庭教育指导、未成年人权利保障、多发犯罪案件预防等内容，打造多种新型宣教场景，助力未成年人预防犯罪工作。与地铁五号线合作，联合制作、张贴醒目海报进行家庭教育专题指导。干部利用助篩之机，通过广播向现场群众宣传未成年人犯罪预防知识。到辰希青少年社会服务工作中心召开专题推动会，诚邀未成年人保护工作的政协委员参会研讨，共同开启“检察官+司法社

2022年4月21日，区检察院与团区委共同举办“安全护航，健康成长”法治宣传活动

（区检察院　供图）

工”的新模式，合力帮教涉罪未成年人尽快回归正轨。与部分区人大代表走进学校共同开展“法治进校园”宣讲活动48次，通过宣讲法律知识、分享典型案例、播放宣传短片等形式，宣传检察公益诉讼职能及工作成效。

【服务保障民生】 2022年，区检察院围绕百姓“舌尖上”的安全，深入开展“食品安全百日行动”，对“含铝油条”系列案件从严从快打击。依法监督行政机关将4件危害食品安全犯罪的案件导入刑事司法程序，保持对危害食品安全犯罪的高压态势。紧盯百姓“头顶上”的安全，在办理全区首例高空抛物案的过程中，适时开展针对性法治宣传，使尽可能多的百姓受到直观的法治教育。严防百姓“脚底下”的安全，办案中发现的窨井盖产权及维护单位履职不到位以及部分窨井盖在设置上存在安全隐患的问题，向相关单位制发检察建议，并监督指导其整改到位。 （孙树汉）

法 院

【概况】 2022年，北辰区人民法院（以下简称区法院）紧紧围绕“努力让人民群众在每一个司法案件中感受到公平正义”目标，坚持服务大局、司法为民、公正司法，忠实履行宪法法律赋予的职责，各项工作实现了新的发展。全年受理各类案件22694件，审执结案18959件，诉讼标的额123.5亿元。

【刑事审判】 2022年，区法院依法惩治各类犯罪，审结一审刑事案件786件，判处罪犯1043人。贯彻实施反有组织犯罪法，聚焦教育、医疗、金融放贷、市场流通四大行业领域整治，推进常态化扫黑除恶，审结杨某某系列涉恶案3件，实现涉黑恶案件清零。审结严重暴力犯罪、多发性侵财犯罪及“黄赌毒”犯罪366件，判处全区首例沈某某高空抛物罪案件，对李某、佟某某制售贩卖“毒豆芽”、朱某伪劣口罩等危害人民群众生命健康安全犯罪予以严厉打击。审结贪污、受贿案件11件，严厉打击利用职务便利侵吞村民拆迁补偿款等犯罪行为，挽回经济损失近1700万元。深入全区十余个社区村居，通过发放防骗手册、开设反诈课堂、拍摄主题微视频等形式，提高群众识骗防骗能力。

【民商事审判】 2022年，区法院审结婚姻家庭、“业教保医”等涉民生案件2584件，探索道交纠纷“诉前+诉中”调解新模式，多篇案例入选全市法院劳动争议、保护老年人、消费者合法权益典型案例。推进家事审判改革，发出首份家庭教育令，签发人身安全保护令4份，签发率达到100%。适用“好人条款”，化解全区首例见义勇为赔偿纠纷。审理涉及农村土地承包、宅基地“三权分置”、休闲农业等涉农案件181件。建立“一站通办”绿色通道，为农民工兑现劳动报酬460余万元。审结一审商事案件3473件。联合区工商联设立“聂松法官工作室”，注重通过调解、和解方式一次性解决涉企纠纷，案件调解、撤诉率达到52%。审结涉银行、证券、保险等案件1352件，联合区司法局、辰信公证处设立金融纠纷调解工作室，与8家银行机构建立联席会议机制，共同打造金融纠纷多元化解“北辰模式”。聚焦房地产市场健康发展，适用示范诉讼方式，化解700余件商品房合同纠纷。

2022年8月12日，区法院邀请8家银行代表进行交流座谈　（周永军　摄影）

【行政审判】2022年，区法院发挥行政审判职能作用，监督支持行政机关依法履职，审结行政案件257件、非诉审查案件66件，行政机关负责人出庭应诉率保持在100%。加强府院联动，与全区10余个委局、镇街开展座谈调研，在拆迁安置、行政处罚、社保权益等重点领域有力推动行政行为规范。定期编发行政审判态势分析，对败诉风险案件“一案一评”。参与区委、区政府重点项目决策法律论证，促进行政争议实质化解。

【执行工作】2022年，区法院常态化开展涉民生、涉中小企业专项执行及案款集中发还活动，全年执结案件5567件，执行到位金额20.79亿元，实际执结率、实际执行到位率、结案平均用时等多项质效指标始终位居全市法院前列。聚焦“黑财清底”，涉黑恶案件财产刑处置到位金额5233万元，处置到位率93.67%。针对查人找物难，依托区司法裁判执行联动中心，邀请公证机构、社区网格员等参与财产保全、调查、送达等事务，完善查控协作机制。坚持依法善意文明执行，与区妇联合作建立亲情关护室，有效打破探望权行使执行僵局。严格规范执行行为，审慎采取执行强制措施，积极探索“预处罚”执行模式，降低对企业的不利影响，平衡保护各方合法权益。

【司法为民】2022年，区法院推行立案服务“私人定制”，为老年人、残疾人等特殊群体开辟诉讼绿色通道，提供专人对接、诉讼辅导、上门立案、入户调解等便利化服务，为生活困难当事人发放救助款48万余元。完成诉讼服务中心升级改造，增设文书生成一体机、诉讼风险评估机、云柜等智能化设备，依托“人民法院在线服务”等信息化平台，实现立案、送达、保全等诉讼事项在线办理、一站解决，完成网上立案3867件，全力实现“让群众少跑腿，让信息多跑路”。

【司法宣传】2022年，区法院开展进校园讲安全、进社区讲情理、进机关讲法治、进企业促发展“四进四讲”活动23场。召开“推动人民法庭工作高质量发展”新闻发布会1场。在瀛台里、红荔花园、集贤里等社区开展“4·15”全民国家安全教育日、“美好生活，民法典相伴”、“珍爱生活，远离毒品”专题法治宣传活动6场次。“津辰法声”微信公众号推送原创普法案例82篇，打造全民共享的“法治公开课”，营造学法、尊法、守法、用法的良好氛围。

2022年6月10日，区法院在都旺新城社区组织宣讲《民法典》　（周永军　摄影）

【司法公开】 2022年，区法院强化院庭长审判监督管理职责，依托重点案件网上监管平台，对“六类案件”加强监管、全程留痕，做到放权不放任。建立每季度“重点质效指标指引”制度，推行“办案标兵”评选机制，发挥绩效考评“指挥棒”作用。院庭长带头办理重大疑难复杂案件，累计办理案件7475件，占全院结案总数的近40%。加强案件流程管控，从严把握延长审限审批，通过倒排工期、限期清理，有效防止案件久拖不决，全院长期未结案清理成果得到市高院通报表扬。定期深入社区代表联络站听取群众意见建议，召开全区律师代表征求意见座谈会，加强与新闻媒体互动，广泛接受社会监督，对收集的问题和建议，推动落实、及时办理答复。

2022年4月12日，区法院邀请辖区9家律师事务所代表开展座谈交流会　（周永军　摄影）

【司法体制改革】 2022年，区法院贯彻全市三级法院审级职能定位改革试点工作，审结首起标的额过亿案件。立足破解案多人少矛盾，在刑事、民事、执行等庭推行案件繁简分流、快慢分道，适用速裁程序、小额诉讼程序，结案4306件。全院法官年人均结案273件。选任、交流副院长各1名，提拔任命14名科级领导干部。对69名干警进行轮岗交流。完成7名员额法官遴选、51人次职务等级晋升，激励干警干事创业、建功基层。

【信息化建设】 2022年，区法院加大网上办案、在线庭审、电子送达等平台应用力度，以应对疫情对审执工作的不利影响。有序开展“跨部门大数据办案平台”试点工作，实现四类刑事案件电子卷宗、换押提讯、变更羁押期限等程序线上流转。加大信息化建设投入，增设互联网法庭2个、淮河道审判区科技法庭6个，科技法庭覆盖率超过85%，同时实现智能语音识别同步转换、庭审录像存储回传、互联网直播等功能的智慧升级。

【开门办案】 2022年，区法院建立宝翠花都社区“家事法官便民驿站”，打造“共享法庭”，将司法服务融入“五常五送”工作体系。发挥人民法庭化解纠纷的前沿阵地作用，青光法庭走进便民工作站，通过流动法庭等形式开展巡回审判、就地办案，开展法律咨询、诉前调解30余场。青光法庭打造的“3+1”便民服务模式在全市人民法庭工作会议上做经验推广。

2022年4月26日，区法院青光法庭通过流动法庭，在瑞景街道玉兰苑社区就地审理民事案件　（周永军　摄影）

（周永军）

司法行政

【概况】 2022年，全区司法行政系统紧扣市司法局和区委、区政府中心工作，以扎实举措着力抓好各项重点工作。紧扣市司法局和区委、区政府中心工作，以扎实举措着力抓好各项重点工作。后丁庄村、平安庄村、赵圈村、庞嘴村、西赵庄村5个村被命名为第五批“天津市民主法治示范村（社区）”，刘快庄村、青光村被命名为第九批全国民主法治示范村（社区）。

【法治宣传】 2022年，北辰区司法局（以下简称区司法局）召开“七五”普法总结表彰暨“八五”普法动员大会，推动“八五”普法工作全面开展。印发《2022年天津市北辰区普法依法治理工作意见》，召开守法普法协调小组第四次会议暨普法责任制联席会议。组织2022年度北辰区国家机关“谁执法谁普法”履职报告评议活动。开展以案释法活动，5篇案例入选全国司法行政（法律服务）案例库。组织开展全民国家安全教育日、美好生活·民法典相伴、宪法宣传周等主题法治宣传教育活动300余场次。推动区政府常务会议会前学法2次。组织全区国家工作人员做好应知应会“共性学法清单”和“共性题库”的学习使用。组织4202名国家工作人员参加网上学法用法考试，参考率、合格率均为100%。对12名拟提任处级领导干部进行任前法律知识考试。以习近平法治思想、民法典和法治乡村建设等内容为重点，举办法治建设专题研讨班。开展国家工作人员网上旁听庭审活动，不断提高依法行政能力水平。大力开展民主法治示范村（社区）创建工作，后丁庄村、平安庄村、赵圈村、庞嘴村、西赵庄村5个村被命名为第五批“天津市民主法治示范村（社区）”，刘快庄村、青光村被命名为第九批“全国民主法治示范村（社区）”。做好农村学法用法示范户培育工作。组织推动“八五”普法骨干、“法律明白人”网上学习培训。

2022年5月，区司法局、区文旅局在北辰区美术馆联合举办民法典主题漫画展

（区司法局　供图）

【公共法律服务】 2022年，区级公共法律服务中心、天津市辰信公证处全年共接待来电、来访法律咨询600余件，办理公证事项7147件，受理援助案件484件。严格落实法律援助值班律师制度，办理认罪认罚案件1081件、刑事案件律师辩护全覆盖案件153件。依托司法所，加强镇街、开发区公共法律服务中心建设，为乡村群众提供“一站式”服务，严格落实一村居一顾问制度。安排律师到区社会矛盾调处化解中心及检察院控申大厅与法院立案大厅值班，参与矛盾纠纷化解工作。推进天津市辰信公证处参与司法辅助事务，在区法院设立公证调解室。搭建网络平台，利用线上小程序开展公证业务，实现零接触、零跑腿。通过宣传牌、微信公众号及宣传活动等方式，不断提高“12348”公共法律服务热线、“12348”天津法网和天津掌上“12348”网络平台知晓率和使用率。全年各级公共法律服务平台共接待法律问题咨询822件，线上办理公证业务1500余件。

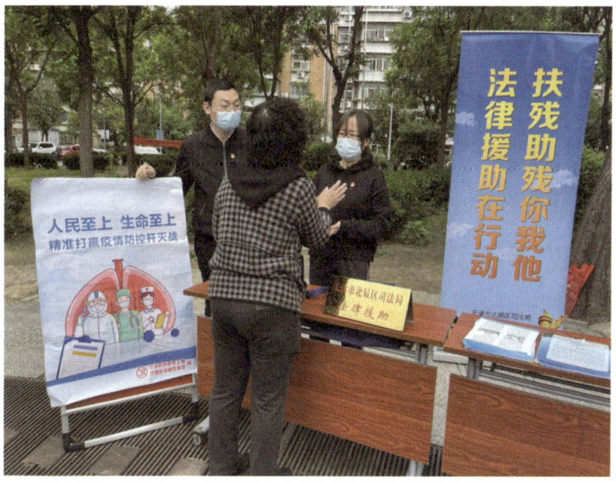

2022年5月10日，区司法局在双环邨街浩达公寓社区开展“法律服务在身边”主题党日活动　（区司法局　供图）

【人民调解】 2022年，区司法局组织开展“调解促稳定 喜迎二十大”人民调解专项活动及“门内、院内、家内、脑内”矛盾纠纷排查化解专项行动，同时强化日常矛盾纠纷排查预警，村（社区）调委会、各司法所、区司法局分别按照每周、每月、每季度至少一次的频率开展排查，对排查出来的苗头性问题早介入早化解。实行案件报告制度，对一般矛盾纠纷，依法及时就地化解；对重大疑难复杂矛盾纠纷，全面整合优势资源合力化解。坚持“五重点”排查，分类梳理，责任到人。全年共开展矛盾纠纷排查12864次，调解成功案件1137件，涉及金额765余万元，经济技术开发区人民调解委员会获2022年度“全国工作突出基层劳动人事争议调解组织”

称号。

【安置帮教】 2022年，区司法局在定期开展安置帮教人员摸底排查工作的同时，做好刑满释放人员安置帮教工作，召开专题部署会，抓实抓细对帮扶人员的服务工作的各个环节，严格落实走访制度，积极开展案卷评查，推动安置帮教各项工作快速、高效、有序地落实。

【社区矫正】 2022年，区司法局开展逐人见面核查活动，常态化开展扫黑除恶斗争。全年共开展联合执法检查17场，研判分析会议11场，各所逐人见面核查2000余人次。与专业心理咨询机构合作，全覆盖开展测评、讲座、咨询等心理矫治活动。全年共开展心理测评400余人次，发现存在攻击性、抑郁症等潜在风险20余人，开展专业心理疏导40余人次，20名社区矫正对象主动参与疫情防控工作，1名社区矫正对象协助公安机关破获一起网络信息犯罪案件，该案例被《天津政法报》刊载。充分发挥派驻警察参与社区矫正工作积极作用，全年派驻警察共参与入户走访和调查评估600余次、接收宣告477场、集中教育6场、警告和训诫教育29人次、协助保外就医病情复查25人次。积极推进区级社区矫正指挥中心建设，初步搭建起“社矫中心—司法所”两级联动网络，建成北辰区智慧矫正体系架构，全区社区矫正工作实现数字化、网络化、智能化发展。

（柴思彤）

军　事

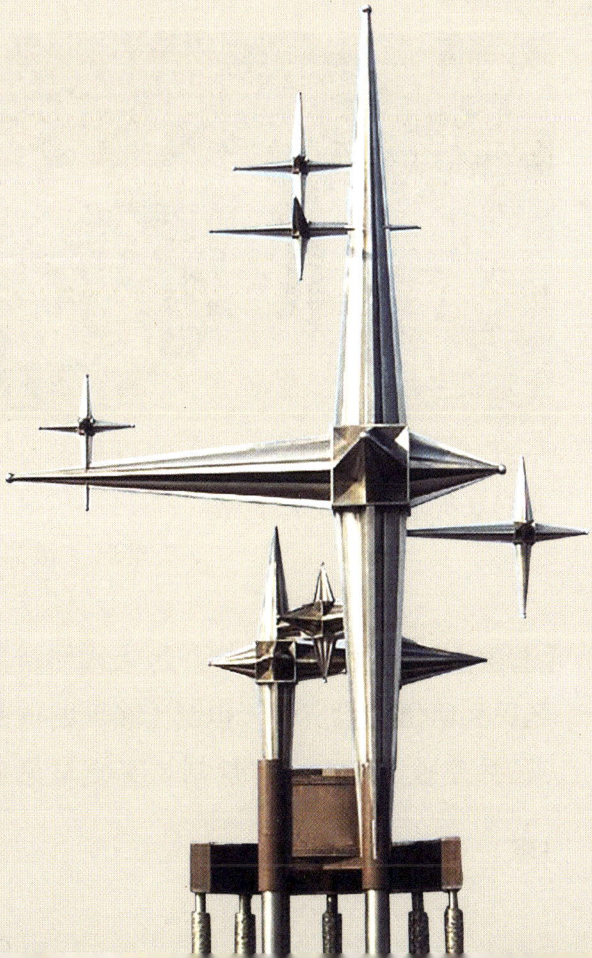

北辰区人民武装部工作

【概况】 2022年，北辰区人民武装部（以下简称区人武部）顺利完成二十大期间安保备勤任务，高标准完成年度征兵任务及基干民兵编组任务。联合区委、区政府表彰2021年度武装工作先进单位和个人，推进全区武装工作高质量发展。

【业务培训】 2022年，区人武部贯彻落实主席训令，坚持党委议战议训制度，制定本部首长机关年度训练计划，明确首长机关训练科目责任分工，组织人员参加业务培训，多次组织辖区河道、闸口勘察，会同区应急管理局，开展2022年度子牙河应急抢险救援演练，高标准完成年度训练任务。按照命令，圆满完成二十大期间安保备勤任务。

2022年10月25日，区人武部组织全体干部到双街消防站进行参观

（王琪琛　摄影）

【基层人武建设】 2022年，区人武部结合区民兵队伍建设实际，拟制《北辰区贯彻〈民兵建设“十四五”规划〉实施意见》，对北辰区“十四五”时期民兵建设主要目标、任务和2022年军事训练任务进行部署。先后3次召开党委会和首长办公会，专题研究部署整组工作。指导9个镇、7个街、8个委局、9家企业、2所学校，高标准完成基干民兵编组任务，在市交通基础设施养护服务中心创新编建桥梁抢修分队，加强民兵党组织建设，基干民兵预建党组织建设全部落实到位。

2022年6月15日，区人武部组织民兵桥梁抢通分队在道路桥梁保障基地整组点验

（王琪琛　摄影）

【征兵工作】 2022年，区人武部坚持把常态化疫情防控下的征兵工作作为一项严肃的政治任务。组织召开征兵任务部署会和工作推动会，精准组织宣传参军优待政策。军地密切配合严格把关、联合监督从严执纪，形成了廉洁征兵的良好局面，全年大学毕业生比例达80%，圆满完成年度征兵任务。

【军地双拥共建】 2022年，区人武部认真贯彻习近平主席军民融合深度发展重大战略思想，积极发挥人武部军地桥梁纽带作用。春节和“八一”期间，协调区委区政府购置50多万慰问品，走访慰问驻区部队和辖区所有现役军人家庭。协同有关部门研究年度退役军人安置方案，安置满意率100%。协调区教育局解决军人子女入学、入托。协调辖区天辰公司和中铁电气化集团第一工程有限公司为驻区部队无偿捐赠消毒液2000公斤等物资。协调驻区部队积极参与双拥共建和地方创文、创卫等活动，为北辰区蝉联“双拥模范城”，荣获“全国文明城区”发挥了重要作用。（孟庆超）

人民防空

【概况】 2022年，北辰区人民政府人民防空办公室（以下简称区人防办）坚持锻长板、补短板、固根基，着力抓好人防领域工作。2022年12月30日，按照国防动员体制改革工作要求，成立北辰区人民政府国防动员办公室，暂时保留北辰区人民政府人民防空办公室，加挂在区国动办，以下简称区国动办（人防办）。

2022年12月30日，北辰区人民政府国防动员办公室揭牌仪式（韩　超　摄影）

【人防指挥通信】 2022年，区国动办（人防办）聚焦练兵备战，加强市区联动，充分发挥二代指挥平台试点作用，实战化开展人防指挥通信训练，研究制定《北辰区2022年度人防训练工作计划》，区分不同训练对象，细化训练时间、训练内容，并按计划实施。参加京津冀三省市组训3次、市人防办实兵演练3次、拉动预演4次。拟制《北辰区人防办2022年通信专业训练方案》，每周进行市区联调联训，每月进行二代机动指挥车及信息处理车搭载设备日常训练，确保全区人防通信设备设施处于良好状态，随时能拉得出、联得上。开展地面卫星站训练6次、卫星音视频通联联合调试11次，日常指挥车训练24次。完成新增2台电声防空警报器、更新13台防空警报器、升级1台警报中间站任务。开展警报设备设施“双随机、一公开”，开展已建警报日常测试、巡查和执法检查。严格落实人防战备值班工作，保持24小时人员在岗值守，做好防汛通信应急保障工作。完成基本指挥所、预备指挥所日常巡查、维护修缮工作，编制了《人民防空指挥工程防汛抢险专项预案》，拟制防汛通信保障

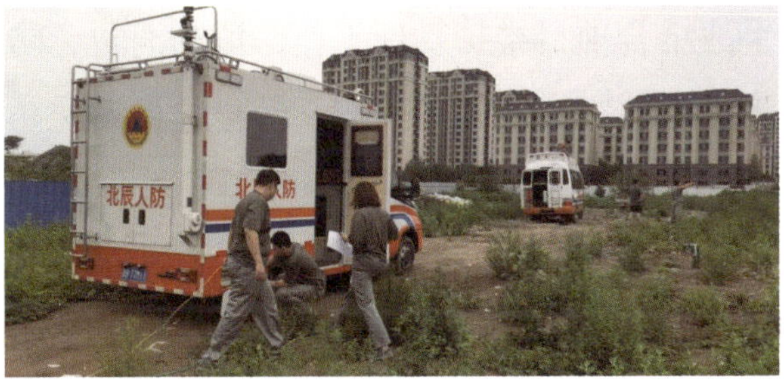

2022年6月28日，北辰区人防机动指挥平台开展防汛演练（韩　超　摄影）

方案和应急出动流程图，清点和补充了防汛物资，确保安全度汛。完成北辰郊野公园近郊疏散基地数据搜集、实地调研及建设资料汇编编制工作。有序启动区级人民防空方案计划修订工作。完成人民防空信息平台数据搜集及录入工作。

【人防工程监督管理】 2022年，区国动办（人防办）融合制度改革，大力优化营商环境，积极主动服务，配合建设单位出具人防建设意见28件。及时回复多规合一、一网通、一体化社会治理等平台信息，出具意见建议86条。规定时间内回复天津“12345”政务服务便民热线22件、政民零距离10件、督查室转办人民网3件、信访3件。依托天津市政务一网通权力运行与监管绩效系统，参加联合验收项目46个，完成联合验收竣工备案46个。协调市人防服务中心对开工项目进行监督交底项目9个、主体验收项目9个、竣工验收项目17个。同期完成历史遗留人防工程平时使用备案办理及统计上报工作。做好结建人防工程平时使用管理监督工作，制定防汛应急抢险方案155个，对消防、防汛、环保、安全等问题进行重点检查。做好公用人防工程及旭日里、御龙湾平战结合项目维护管理工作，拟制消防、防汛、极端灾害应对等预案9份，进行消防防汛安全巡查40余次。召开办内安全生产工作会议，拟定印发了《北辰区人防办2022年防汛抗旱工作方案》，购置防汛物资、维修防汛设施，对实验中学人防工程自来水管网进行切改，停车场地坪漆进行维修。

【人防法治宣传】 2022年，区国动办（人防办）充分结合疫情防控要求，拓宽人防宣传途径，利用人防示范社区LED宣传大屏滚动播放国防法、人防法、宪法等法律法规及人防知识。累计发放宣传材料2000余份、人防公告1500份，完成12个已建人防示范社区维护维修工作。启动人防工程建设标识牌工作，完成50个已建人防工程社区的疏散图、标识牌安装工作。坚持法治思维，全面推行行政执法“三项制度”（行政执法公示制度、执法全过程记录制度、重大执法决定法制审核制度），完成法律顾问聘请、公职律师共享共建工作。开展“美好生活·民法典相伴”主题法治宣传教育活动、旁听庭审活动、法治知识答题、专题学习，营造良好的学法氛围，提高党员干部的依法行政意识和能力。加强政务公开规范管理，人防微信公众号和政府信息公开网累计推送信息207条。

（韩　超）

退役军人事务管理

【概况】 2022年，北辰区退役军人事务局（以下简称区退役军人局）以落实“十四五”退役军人服务和保障规划为牵引，贯彻落实党的二十大精神为主线，充分发挥全区“一中心两站”三级服务体系职能作用，推动北辰区在退役军人落实优抚政策待遇、帮扶安置、军休服务保障、军民共建等工作继续保持全市前列。

【优待抚恤】 2022年，区退役军人局严格按照国家有关政策落实退役军人及重点优抚对象各项待遇，及时足额发放优抚对象抚恤和定期生活补助金3366万元。在全区范围积极开展退役军人和其他优抚对象优待证制发申领工作，工作进度全市领先。提升困难退役军人和其他优抚对象医疗保障水平，自星河慈善基金筹措23.3万元为全区困难退役军人和其他优抚对象购买政策性保险，其中为2079人购买“惠民保”保险，为1982人购买意外险。帮扶重病困难退役军人1人，救助资金5000元。

2022年4月19日，区退役军人局举办全区优待证申领发放工作培训
（区退役军人事务局　供图）

【安置帮扶】 2022年，区退役军人局采取档案落地即安置“无缝衔接”方式，在全市率先完成“阳光安置转业士官”安置工作任务，满意率均达到100%。接收秋冬季自主就业退役士兵，接转党组织关系19人，发放一次性补助金665.6万元，举办退役士兵就业创业适应性培训会暨专场招聘会1期。向符合帮扶政策的转业士官、退役士兵重新推荐政府公益性岗位。累计帮扶资金4.5亿元。

【双拥工作】 2022年，区退役军人局利用春节、“八一”两节为驻区部队和退役军人送去节日慰问信、福字、对联等节日问候，区主要领导带队走访慰问天津警备区、天津武警总队及驻区部队官兵，送去价值100万元慰问品。双拥成员单位、各镇街、区关爱退役军人协会，按照军地共建结对子方式对驻区（辖区）部队慰问，共计花费21万余元。春节期间，向北辰区籍现役军人邮寄慰问信，向现役军人家属发放12余万元慰问品。指导各镇街对退役军人进行覆盖式慰问，投入资金共计280万元。向烈属、“三老”、遗孀、双拥模范个人发放慰问品10.6万元。向优抚对象发放慰问金353.7万元。向荣立三等功的现役军人发放慰问金0.3万元。“八一”期间，向退役军人和部分优抚对象发放慰问金352万元。

2022年1月26日，区退役军人局和双拥办工作人员，代表区委、区政府看望慰问一级战斗英雄杨连弟长子杨长林
（区退役军人事务局　供图）

2022 年 6 月 13 日，区退役军人局召开社会化拥军工作专题会议

（区退役军人事务局　供图）

【军休服务】 2022 年，区退役军人局开展 2022 年春节慰问活动。向 49 名军休干部及遗属发放慰问金、慰问品合计 11.92 万元，完成 10 名新接收军休干部办理组织关系转入，2 名长期在外地居住的军休干部组织关系转出，按时收缴军休党员干部党费。“八一”前夕，通过集中慰问、上门看望、召开庆“八一”座谈会等形式，向老同志们传递关爱温暖，为 49 名军休干部及遗属发放慰问金、慰问品等共计 7.13 万元。中秋节、国庆节、重阳节期间，慰问 39 名军休干部共计发放慰问金 3.9 万元。春节、“八一”等重大节日期间，慰问 4 名无军籍职工发放慰问金共计 0.6 万元。积极发挥军休所关工委优势，开展爱心助学活动，募集捐款 0.84 万元，助力青少年学业有成。清明节期间，军休所关工委受邀参加天津市第四十七中学举办的线上“清明寄哀思，深情悼英烈”主题团日活动，讲述邱少云烈士的英雄事迹。

2022 年 6 月 16 日，区退役军人事务局举办北辰区首届退役军人乒乓球比赛

（区退役军人事务局　供图）

（王维志）

经济管理

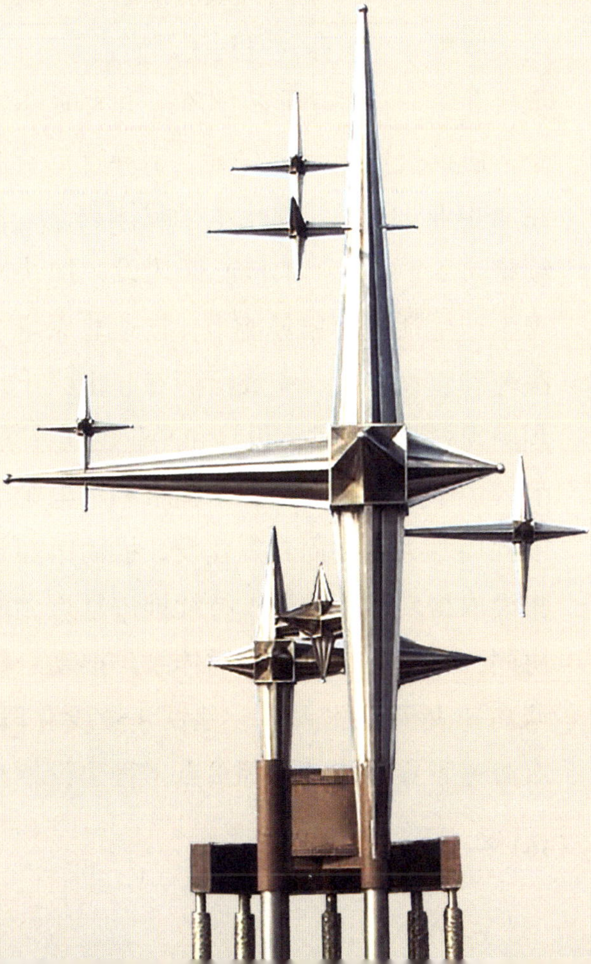

宏观经济管理

【概况】 2022年，北辰区发展和改革委员会（以下简称区发改委）落实上级决策部署，强化统筹协调职能，加大管理力度，扎实做好京津冀协同发展、供给侧结构性改革、经济运行管理、重大项目管理、示范城镇建设、“双万双服促发展”活动、石油天然气管道保护、价格管理等各项工作。

【京津冀协同发展】 2022年，区发改委强化统筹推动，承接北京非首都功能疏解。研究制定《北辰区2022年深入推进京津冀协同发展工作方案》《北辰区2022年承接北京非首都功能疏解实施方案》，召开区领导专题推动会、项目协调会、驻区央企和属地座谈等各类会议16次，邀请和接待中共天津市委天津市人民政府推进京津冀协同发展领导小组办公室到区调研指导3次。承接北京非首都功能疏解落地重大项目29个，协议投资额58.4亿元。引导首都资源注册企业116家。优化承接载体建设，持续推进5.9平方千米核心区建设，加快完善生产生活配套服务能力。提速北辰京津医药谷建设步伐，完成医药谷起步区土地利用规划调整、城市设计和产业规划方案，引入中电建路桥集团、中国水利水电第五工程局等央企共同开发建设，推动医药谷建设取得实质性进展。持续推进重点领域协同，融入京津冀大交通体系，推动京津塘高速九园路出入口、地铁4号线北段、双海道下穿京津城际等重点工程建设，京滨城际铁路北辰站实现通车运营。深化公共服务共建共享，深化“京津冀三区市教育联盟”建设，推进北京十一学校天津实验学校建设，持续推进与中日友好医院、北京301医院的远程医疗合作，落实住院及门诊相关治疗费用跨省直接结算、京津冀检验结果互认和医学影像检查资料共享以及京津冀医护跨区域注册。打造优质文旅项目，“墅外桃源—郊野公园—曙光水镇”入选文旅部全国乡村旅游精品路线。

2022年8月25日，天津市发改委协同工作处受区发改委邀请赴北辰经济技术开发区，就承接北京非首都功能疏解工作进行调研指导并召开座谈会

（区发改委　供图）

【经济运行管理监测和组织推动】 2022年，民营经济增加值占全区生产总值比重54.1%。牵头对“稳经济35条”政策、接续政策26条进行分解，细化了具体任务，逐项明确责任部门，实行半月报制度，定期跟踪、推动落实。有力落实退税减税降费政策，累计办理留抵退税18.7亿元，新增减税5.07亿元，为制造业中小微企业累计办理延缓缴纳税费7.22亿元。发放稳岗返还补贴资金6472.72万元，累计发放创业担保贷款2045万元。为服务业小微企业及个体工商户累计

减免房租 1797.68 万元。推动落实重大项目建设、粮食保障、能源供应、城市更新等非指标类的政策举措，取得积极成效。“稳经济 35 条”政策与接续政策 26 条形成组合效应，政策效应直达市场主体。

【“双万双服促发展”活动】 2022 年，开展“双万双服促发展”活动，建立健全精准包联体系，做到企业包联全覆盖，市、区领导包联重点企业，线上线下多种渠道解决企业问题。发挥政企互通服务信息化平台作用，做到专人盯守、督办预警和全过程监控，确保企业问题时时有人盯、件件有着落。政企互通服务信息化平台累计解决企业问题 2260 个，解决率 99.96%，答复满意度和解决满意度得分分别为 99.66、99.62，各项指标均位于全市前列。

2022 年 9 月 14 日，北辰区发改委采取线上线下相结合的方式组织召开产业合作项目银企对接会　　（区发改委　供图）

【重大项目管理】 2022 年，按照“谋划、储备、建设、竣工”四个阶段、“产业、基础设施、房地产、社会事业”四大领域和“拿地、购置租赁厂房、技术改造”三大类别，月度更新项目台账，协调解决重点难点问题。摸清全区重点项目底数，实施台账式、清单化管理。纳入“四个一批”台账管理项目共计 647 个、总投资 4210 亿元，其中纳入 2022 年市级重点建设项目 24 个，年内全部开工建设，完成计划投资的 104.82%。积极申报国家政策支持。2022 年，成功申报发行地方政府专项债券项目 6 个，发行额度 30.45 亿元。为京津医药谷、朝阳路综合能源站、青光综合能源站配套管网 3 个项目申报政策性、开发性金融工具补助额度共计 5.8 亿元；为精雕数控项目申报获批中长期贷款额度 2 亿元；为京滨城际铁路北辰站周边基础设施配套工程项目、精雕数控重大装备技术攻关项目争取中央预算内投资 0.55 亿元；为天锻智能化液压机项目申报获批设备购置贴息贷款额度 0.5 亿元。加强政府投资审批管理。制定了北辰区政府投资三年滚动计划和北辰区政府投资 2022 年度计划草案，列入三年滚动计划的项目 570 个，总投资约 1235.24 亿元。全年共审查要件 99 件，涉及项目 66 个，总投资 206.55 亿元。

2022 年 9 月 28 日，北辰区发改委深入企业，协调解决项目建设过程中存在的困难和问题　　（区发改委　供图）

【示范镇建设】 2022年，履行示范镇指挥部办公室的职能作用，通过牵头、组织、发动、督办、通报等形式，加大工作推动力度，取得明显进展。全面完成区重点工作任务和20项民心工程建设任务。青光示范镇韩家墅安置区1、2号地55.7万平方米安置房开工建设。大张庄镇北区F、G、J地块近40万平方米整体基本具备还迁入住条件。大张庄示范镇北区居住三、五地块、青光示范镇韩家墅出让区2、7号地、小淀示范镇刘安庄8-1地块，共28.13公顷土地实现挂牌出让和具备挂牌出让条件。

【石油天然气管道保护】 2022年，修订《北辰区石油天然气长输管道事故应急预案》，结合重要时间节点、重大活动安排开展日常巡查、专项检查、联合检查、安全宣传，做到安全检查无死角、全覆盖。对天津滨海泰达违法施工案进行行政处罚，罚款2万元，确保油气长输管道安全平稳运行。

【统筹推动双碳工作】 2022年，牵头成立北辰区双碳工作领导小组，编制完成《北辰区碳达峰实施方案》，完善顶层设计，确保各项工作协调联动、统筹推进。优化能源结构。压实用煤企业主体责任，全力压减燃煤总量，完成万源、银辰供热站煤改燃任务，实现全区供热无煤化，晨兴力克实施无煤化技改，全区全年用煤11.36万吨，完成市下达任务目标。大力发展光伏、风能发电，中电建50兆瓦风力发电项目完成项目核准，全区新能源发电并网达6万千瓦时。统筹全区节能工作。定期开展节能形势分析，狠抓重点领域节能管理工作。开展节能监察，做到24家重点用能单位节能监察全覆盖。大力发展循环经济。编制印发《北辰区循环经济发展实施方案》，完成高端园、经开区北区园区循环化改造验收，推动科技园区开展实施改造，对7家重点企业开展清洁生产审核执法检查。推进新能源汽车充电桩建设。健全完善工作机制，牵头协调属地和规划、住建、电力等多部门，新增居民小区公共充电桩451台。

【产业帮扶工作】 2022年，制定《北辰区高质量推进东西部协作和支援合作2022年产业合作专项工作方案》，建立联动机制，加强统筹调度，强化政策支持，谋划产业项目。先后组织10次项目对接会，赴甘肃华池、正宁及西藏丁青3个县进行调研3次。全年共引导9家企业赴结对地区投资落户，实际投资额3371.18万元，在东西部协作地区带动189名农村劳动力就业。与华池、正宁两县共建产业园区各1个，引导5家企业入驻园区，实际到位投资额2844.34万元，吸纳农村劳动力就业261人。

【价格管理】 2022年，深入排查“转供电”主体，221家主体全部落实“转供电”政策。完善农业水价“回头看”长效机制并实施，农业水价基本能够满足运行维护成本。完成万通文武、光华外国语2所学校成本监审。宣传法律法规政策，实地开展价格执法检查10人次。持续开展价格监测工作。定期采集上报重点商品价格。调整、新增监测点位共计 5 户。公开价格信息 20 余期。实地调查韩家墅、集贸市场等点位，形成价格分析专报 1 期。务实开展农本调查工作。圆满完成生猪、蛋鸡调查及月、季、半年和年报报送任务。获评全国农产品成本调查先进单位。

【粮食储备】 2022 年，指导粮食企业完成 1050 吨区级储备粮轮换，制定 1224 吨成品粮增储计划。加大粮食安全监管力度，开展粮食安全检查 62 次，质量检验 18 次。加强职工队伍管理，组织开展青年干部座谈会、巡察整改反思会，增强粮企职工责任感、使命感。建立健全粮食安全相关制度 11 项，推动企业运营规范化、制度化。

2022 年 11 月 1 日，北辰区发改委召开全区国有粮食企业年轻职工座谈会

（区发改委　供图）

【社会信用体系建设】 2022 年，制定《北辰区信用领域突出问题整改工作方案》，组织开展失信专项治理行动，为 1057 家企业完成信用修复。全力做好信用信息平台建设工作。在全市公共信用信息平台网络安全实战攻防演习总成绩排名第一。在 2022 年天津市区级信用平台网站观摩会获公共信用信息平台“特色平台网站”奖牌。编制并印发《北辰区公共信用信息目录（2022 版）》，加强信用信息共享应用，信用北辰平台累计归集信用信息 500 余万条、双公示数据 7.02 万条、信用承诺书 7 万余份，以此为基础开展覆盖全区市场主体的信用状况评价，加强信用公示。在医保、卫生、文旅、住建、会展、养老、人防、社会组织等 12 个领域率先探索开展分级分类监管，全面构建以信用为基础的新型监管机制。

【价格认定】 2022 年，接受公安、纪检机关价格认证协助书 1621 件，其中受理 535 件，标的额 2007.07 万元，无一例复核案件；经调查核实出具不予受理通知书 1086 件。

【大运河保护传承利用】 2022 年，调整“北辰区大运河保护传承利用暨大运河国家文化公园建设领导小组”，强化大运河文化保护传承利用工作机制。对标对表市级大运河保护传承利用重点任务，推动北辰区重点项目实施，其中“黄金祥故居修缮工程”“北辰区郊野公园景观提升一期工程”竣工验收，“桃花寺遗址保护利用工程”“庞嘴村运河美丽乡村建设工程”持续推进，“北辰运河博物馆建设”项目酝酿中；参与构建并严格落实天津市大运河

“2+4+1”市级规划体系。（孙弘玮）

国有资产监督管理

【概况】2022年，北辰区国有资产监督管理委员会（以下简称区国资委）紧紧围绕区委、区政府的重点工作部署和市国资委工作要求，着力推动实施“四大工程”，即党建质量工程、改革攻坚工程、提质增效工程、监管提升工程。至2022年4月底，区级三年行动69项重点任务100%完成；至6月底，市级三年行动88项重点任务中涉及区内的任务100%完成，并通过区审计局国企改革三年行动专项审计的检验。

【国企改革调研】2022年，区国资委深入总结国企改革和区属国有经济发展的经验，聘请天津国资研究院等专业外部咨询机构对区属全资及控股32家企业开展专项尽职调查，剖析企业发展问题并提出改革意见建议。

【优化国有资本布局】2022年，聚集整合全区资源，做大做实区属国有资产规模，提升国有资产运营质量和效率，按照北辰区建设开发公司改革相关工作会议精神，成立1家由区国资委直接出资的天津市北辰城乡发展集团有限公司。该公司将成为北辰区内区域开发投资主体、重大项目建设主体、城市运营管理主体、城乡资源开发主体和城市更新实施主体。

【完善国资监管制度】2022年，制定印发《北辰区国资委授权放权清单（2022年版）》《北辰区关于建立国资监管机构与纪检监察、巡察、审计机关协同监督工作联席会议制度》及支持基础设施建设的意见3项国资监管制度，深化国资监管制度改革。

【国有资产管理专项报告】2022年，完成《关于北辰区2021年度企业国有资产管理情况的专项报告》。主要从区国资委机构设置及主要职责、国有资产总体基本情况、国有资产管理工作与成效、国有资产管理工作中存在的主要问题及加强国有资产管理的措施建议5个方面详细总结北辰区2021年度企业国有资产管理情况。

【落实“稳经济35条”政策】2022年，落实统筹疫情防控和经济发展的要求，维护小微企业和个体工商户等市场主体稳定，帮助企业渡过难关，全面落实“稳经济35条”房租减免政策，做到“应享尽享”“应享快享”。全年累计减免服务业小微企业和个体工商户107户，累计减免房租1228.02万元。（赵欣媛）

规划和自然资源管理

【概况】2022年，天津市规划和自然资源局北辰分局（以下简称市规划资源局北辰分局）紧紧围绕“两统一”职责，积极主动作为，勇于担当负责，为推动现代化北辰建设提供坚强有力的要素保障。

【控规编制与修改】2022年，市规划资源局北辰分局完成控规项目4项，分别为北辰区13—09天穆二单元15街坊部分用地（朝阳路综合能源站）控制性详细规划修改、北辰区双口镇镇区津雄高速公路以北片区）控制性详细规划修编、北辰区13—14单元01街坊刘房子地块控制性详细规划修改、北辰区13P-05-07单元01街坊（京津医药谷起步区）控制性详细规划编制。

【国土空间规划编制】2022年，在原有国土空间规划初步方案基础上，继续深化规划编制工作。广泛吸纳意见，形成阶段方案。区委、区政府领导高度重视，多次听取国土空间方案和“三区三线”工作汇报，精准指导。市规划资源局北辰分局通过组织会议和函件的方式就规划方案和专题研究成果多次征求各镇街、委局意见，从上位规划层面保障区域重点发展和项目落位，至年底，已经构建“一心三片，三轴两带”的国土空间开发保护格局，形成北辰区国土空间总体规划阶段方案。组织细化区域协同与产业创新发展、水资源合理利用与配置、全域自然资源保护与综合利用、城市更新与土地集约利用、公共安全及综合防灾、国土综合整治与生态修复研究6个专题研究。按照自然资源部要求，结合天津市统一安排，完成北辰区“三区三线”划定工作，至年底，该方案已通过国家批准，并作为现阶段用地用海审批依据。

【专项规划编制】2022年，完成北辰区城市更新专项规划编制，规划明确了北辰区城市更新重点片区范围，有效指导城市更新项目建设。编制北辰区生态修复规划，形成初步方案，明确了区级生态格局和生态修复重点区域和重点实施项目。

【建设工程规划管理】2022年，市规划资源局北辰分局严格遵照相关法律及规范性文件，本着优化加简化的原则不断梳理规范审批事项，精简材料，简化流程，提高效率，全年累计核发用地预审与选址意见书38件，建设用地规划许可证27件，建设工程规划许可证73件。

【规划行政许可和行政审批】2022年，核发审批事项513件，其中用地预审与选址意见书117件（市政79件），建设用地规划许可证44件（市政17件），建设工程规划许可证158件（市政85件），建设工程验收合格证91件（市政0件），建设工程档案验收认可证97件，标准地名证6件。

【市政工程规划管理】2022年，市规划资源局北辰分局全年共计完成道路及配套管线工程审批181件，其中核发用地预审与选址意见书79件，建设用地规划许可证17件，建设工程规划许可证85件，其中包括京滨城际铁路北辰站周边基础设施配套工程，助力京滨城际铁路完工通车。

【证后管理】2022年，加强对建设工程规划实施的监督检查，确保建设工程严格按照规划审批的要求进行建设，全年完成规划验收91件。

【测绘管理】 2022年，按照市规划资源局要求，组织完成对北辰区从事测绘活动单位的行政检查，2022年共计核发测绘作业证26本。

【地名管理】 2022年，学习修订后的《地名管理条例》，提高依法履职能力，做好新增规划路路名与居住区地名管理工作，2022年共计核发标准地名证6本。

【土地征转报批】 2022年，全年完成土地征收转用报批22个项目，总面积101.31969公顷，新增建设用地86.10817公顷。

【卫片执法】 2022年，国家共下发新增违法图斑100宗、75.149公顷，包括未供即用33宗、48.271公顷，违法占地7宗、1.375公顷，违法建设60宗、25.503公顷。已立案11宗、9.003公顷，整改2宗、0.374公顷，移送其他单位要求依法处理59宗、24.709公顷。

【土地开发利用】 2022年，累计出让土地8宗，总面积27.38公顷，实现土地出让金12.79亿元（经营性住宅3宗11.6亿元，经营性商业项目1宗0.63亿元，工业项目2宗，协议出让项目2宗），划拨土地32宗，总面积137.52公顷。2022年3月1日，新版国有建设用地基准地价颁布实施。

【节约集约用地】 2022年，在保证依法依规供应土地的前提下，北辰区全年共消化“批而未供”土地183.6公顷。涉及区内的2宗闲置土地问题，已办理延期手续。

【国土变更调查】 在“三调”统一时点调查成果基础上，以2021年12月31日为标准时点，全面完成内外业调查，掌握2021年度北辰区国土利用变化和耕地种植属性等变化情况，形成年度国土变更调查更新数据增量包并上报市规划和自然资源局，做到及时更新国土利用数据库，保持国土调查数据的现势性。此次国土变更调查工作共涉及图斑987块，面积1172.73公顷。

【不动产登记管理】 2022年，办理各项各类不动产登记70608件（其中新建商品房登记12232件，新建经济适用房登记1549件，存量房屋买卖登记6391件，房

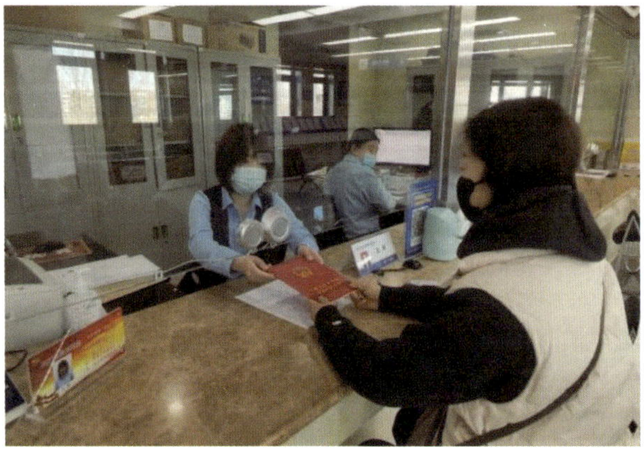

2022年12月15日，北辰区不动产登记中心党员先锋岗发证窗口工作人员为群众办理业务（李 萌 摄影）

屋抵押登记10402件，期房预告登记6750件，期房抵押登记15754件，其余各类登记17530件），共计打印存量房屋买卖协议4399件，完成北辰区不动产登记任务。登记中心长期坚持压缩时限、绿色通道、一窗受理、证书邮寄、志愿者服务站等便民利企措施，在登记大厅配备急救箱、饮水机、老花镜、充电宝、糖果盒、雨伞等便民设施，受到企业群众的好评；拓展一站式办理业务种类，在登记大厅一楼设立公证业务延伸服务窗口，形成“不动产登记+公证事项办理”的新格局。重视并化解历史遗留登记问题和群众急难愁盼的登记难题，维护群众合法权益。

【权籍调查】 2022年，按照“统一基础、多规并行、合一调查、规范成果”的调查原则，2022年共计完成权籍调查234宗，其中登记前期权籍调查134宗，征转前期权籍调查100宗。

【执法监察】 全年共立案6宗，包括违法占地5宗、未按照规定向城市建设管理部门移交建设工程档案1宗。开展农村乱占耕地建房专项整治补充摸排工作，持续推动“违法用地一本账”的整改工作、“大棚房”问题专项清理整治行动“回头看”工作。

【信访和依申请公开】 2022年，共处理各种途径信访问题约2751件次，其中智慧信访信息系统交办线索130件，政民零距离交办线索115件，自然资源信访系统交办线索3件，区矛调中心交办线索9件，“12345”便民服务热线平台交办线索2494件。行政诉讼21件，行政复议0件，依申请信息公开314件。（王美图）

财　政

【概况】 2022年，北辰区财政局（以下简称区财政局）坚持稳中求进工作总基调，高效统筹疫情防控和经济社会发展，防疫情、稳经济、促发展、保民生各项工作取得积极成效。财政部门坚持算大账、算长远账，努力克服减收影响，全面落实国家组合式税费支持政策，“真金白银”为企业提供支持。增收节支，盘活资源资产，压减行政运行开支，集中有限财力保障重点项目，预算执行情况总体良好。

【一般公共预算收支决算】 2022年，全区一般公共预算收入52.87亿元，完成调整预算100.52%，同比2021年59.46亿元下降11.08%；剔除留抵退税因素，可比口径下降5.65%。其中，税收收入33.13亿元，同比2021年41.84亿元下降20.81%，剔除留抵退税因素，可比口径下降12.77%；非税收入19.74亿元，同比2021年17.61亿元增长12.04%。税收占比62.67%。

全区一般公共预算总收入合计106.18亿元。即一般公共预算收入52.87亿元，加上年结转结余16.40亿元、市税收返还和转移支付收入21.95亿元、一般债券转贷收入8.32亿元、盘活调入资金1.24亿元、调入预算稳定调节基金 17.31 亿元，减上解市级支出 11.91 亿元。

全区一般公共预算支出合计 86.34 亿元，其中一般公共预算支出 68.33 亿元（区本级 58.34 亿元，镇及开发区 9.99 亿元），完成调整预算的 70.54%；一般债务还本支出 7.67 亿元，安排预算稳定调节基金 10.34 亿元（区本级 5.83 亿元）。年末结转结余 19.84 亿元。其中，区本级 17.45 亿元、镇及开发区 2.39 亿元。年末预算稳定调节基金 10.34 亿元。2022 年初全区预算稳定调节基金 17.31 亿元（含镇级 15.13 亿元），全部调入一般公共预算补充财力。全年预算执行后，补充预算稳定调节基金 10.34 亿元（含镇及开发区 4.51 亿元）。

【政府性基金收支决算】 2022 年，全区政府性基金预算总收入合计 109.53 亿元。其中，2022 年政府性基金收入 3.32 亿元，完成调整预算 41.40%（受房地产市场下行影响同比 2021 年 18.61 亿元下降 82.16%），加上级转移支付收入 35.98 亿元、上年结转结余 19.45 亿元、调入资金 7.65 亿元、专项债券转贷收入 43.13 亿元，减结转结余超 30% 部分调入一般公共预算 0.0024 亿元。

全区政府性基金预算支出合计 76.09 亿元，其中：政府性基金预算支出 63.41 亿元，完成调整预算 72.83%，主要用于 2021—2022 年新增政府专项债券、土地出让成本及净收益返还、专项债券付息等支出；专项债务还本支出 12.68 亿元。年末结转结余 33.44 亿元，其中，区本级 32.02 亿元、开发区 0.59 亿元、镇级 0.83 亿元。

【国有资本经营预算收支决算】 2022 年，全区国有资本经营预算总收入合计 1835 万元。其中，2022 年国有资本经营预算收入 2019 万元，完成调整预算 101.30%，加上级转移支付收入 60 万元、上年结转结余 362 万元，减调入一般预算 606 万元。全区国有资本经营预算支出 177 万元。年末结转结余 1658 万元。

【转移支付资金收支决算】 2022 年，市对北辰区转移支付资金 50.19 亿元，主要是一般公共预算 14.20 亿元，政府性基金预算 35.98 亿元（其中 95 平方公里城市建设和管理体制改革试点和中东欧特色小镇起步区土地整理成本返还 34.98 亿元），国有资本经营预算 0.01 亿元。累计拨付资金 37.23 亿元，主要用于教育、科技、文化体育、社会保障、医疗卫生、养老服务、节

2022 年 7 月 1 日，北辰区财政局在天津市财校开展全区惠民惠农财政补贴“一卡通”服务平台支付功能操作培训工作

（郭　娜　摄影）

能环保、农业农村、基础设施建设等民计民生支出。

区对镇及开发区转移支付17.96亿元。其中，一般公共预算补助支出1.22亿元，主要用于农田建设补助、城镇老旧小区改造、示范工业园区补助、居委会退养干部生活补贴等支出。政府性基金预算补助支出5.48亿元，主要用于高标准农田、土地出让成本及净收益返还等支出。

2022年9月13日，北辰区举行“三公”经费专项检查工作会议 （何 倩 摄影）

【地方政府债务】 截至2022年底，北辰区政府债务余额327.45亿元。其中，一般政府债务46.04亿元，专项政府债务281.41亿元。

2022年，北辰区共发行地方政府债券51.45亿元，包括新增债券31.13亿元，再融资债券20.32亿元。当年全区偿还地方政府债务本息30.17亿元，其中偿还本金20.35亿元（一般债务还本7.67亿元，专项债务还本12.68亿元），支付利息9.82亿元（一般债务付息1.56亿元，专项债务付息8.26亿元）。

【财政支出规范管理】 2022年，将政府过紧日子要求贯穿于预算编制执行、政府采购、资产管理等各项工作中。严控一般性支出，压减非刚性、非重点项目支出。公用经费定额支出标准压减15%，节约资金0.36亿元，盘活部门存量资金1.58亿元。实施政府采购项目908个，节约资金0.27亿元，节约率3.60%；评审政府投资项目93个，审减金额4.45亿元，审减率18.72%。完善“三公”经费执行常态化监控机制，2022年全区一般公共预算“三公”经费支出较上年下降69.83%。

深入推进预算绩效管理，印发《天津市北辰区地方政府专项债券项目资金绩效管理暂行办法》《北辰区预算绩效管理指标参考手册（2022年版）》。推进绩效信息公开，随同2022年部门预算公开项目绩效目标765个、随同2021年部门决算公开绩效自评1501个。

【专项债券管理】 2022年，健全专项债券全生命周期管理。严格落实市政府办公厅印发《地方政府专项债券项目管理库暂行办法》要求，实行储备库、需求库、发行库和存续期库滚动接续、分级管理。积极组织专项债券项目申报，全年发行政府专项债券30.45亿元，有力支持京滨城际北辰站周边基础设施、青光小城镇二期及产城融合示范区二期项目建设。专项债券发行率、资金拨付进度及总体支出进度位列全市前列，为拉动北辰区固定资产投资、稳定经济增长发挥了“压舱石”作用。

【推进财政改革】2022年，加强财源体系建设，促进区域协调发展。充分发挥区税源建设工作专班作用。按照全市的统一工作要求，寓财源税源建设于“双万双服”服务企业全过程，强化市、区、镇三级联动机制，加强各部门信息共享，着力强税源、扩税基。做好产业链龙头和重点税源企业跟踪服务，持续做好重点企业走访。围绕“激活区域发展”的核心目标，建立以“引育增量”和“促进存量”为基础的财政扶持政策——《关于建立财政促进镇街开发区高质量发展机制的实施意见试行》。落实市政府关于闲置资产整治专项行动部署，制定《北辰区闲置资产整治专项行动工作方案》，成立以区长为组长的闲置资产整治专项行动工作领导小组，制定《北辰区闲置资产整治专项行动工作领导小组议事规则》。研发北辰区国有资源管理系统，全面摸清、夯实家底。积极推动工信局所属企业的福士登酒店、原规划局办公楼、汽车工贸地块和惠辰担保公司房产资产确权登记、盘活处置工作。实现资产处置收入1326.17万元，闲置资产整治工作取得阶段性成果。

【减税降费】2022年，落实组合式税费支持政策。加大增值税留抵退税力度，聚焦小微企业和制造业等重点行业，建立留抵退税政策资金保障工作机制，存量留抵税额一次性全额退还，增量留抵税额按月全额退还，2022年全年全口径退税20.01亿元。落实2022年新出台小型微利企业所得税减免、扩大“六税两费”享受范围、提高科技型中小企业研发费用加计扣除比例、减免困难企业房产土地税等政策，累计办理全口径退税5.25亿元。延续实施小规模纳税人减征增值税、生产生活性服务业增值税加计抵减、制造业研发费用加计扣除等政策，累计全口径减税2.94亿元。制造业中小微企业缓缴税费政策、阶段性缓缴企业社会保险费，累计缓税缓费8.63亿元。

推动国有房屋租金减免政策落实，涉及政策的13家行政事业单位及其所属企业的101处国有房屋总计减免金额569.66万元。加大政府采购支持中小企业力度，保障各类市场主体平等参与政府采购活动，全年政府采购意向向社会公开共682条政府采购项目。政府采购向中小企业倾斜政策，阶段性提高采购预留份额，全年授予中小企业采购合同采购份额5.19亿元，占北辰区政府采购合同69.04%，其中面向小微企业采购份额4.68亿元，占北辰区授予中小企业政府采购合同总金额比例90.06%。

【民生保障资金落实】2022年，保基本、兜底线，切实保障和改善民生。推动教育高质量发展。拨付专项资金1.27亿元，完善普惠性学前教育保障机制，公办、民办并举扩大学前教育资源，巩固完善城乡义务教育经费保障机制，助力课后服务提质增效，支持集团化办学模式，落实各阶段学生资助政策。拨付1.33亿元，落实企业职工、城乡居民基本养老保险财政补贴政策。支持高校毕业生、农村转移劳动力、城镇就业困难人员等重点群体就业创业。支持保障低保人员、特困人员、临时救助对象等困难群体基本生活。促进基本公共卫生服务均等化，人均财政补助标准由每人每年104元提高至109元。拨付资金1.24亿元，用于筑牢公共卫生基础。拨付1.54亿元，落实城乡居民基本医疗保险、城乡医疗救助、优抚对象医疗救助政策。大力实施乡村振兴战略。拨付资金0.58亿元，支持耕地地力保护、农业保险保费补贴、农机购置、实际种粮一次性补贴等惠农强农政策。争取中央彩票公益基金0.40亿元支持“红色河头绿色双口”项目，助力革命老区（安幸生故居）乡村振兴。深入推进人力社保、民政、农业农村三大领域财政补贴“一卡通”管理改革，实现“一卡统发”“一网统管”惠民惠农。依托“832平台”推进政府采购脱贫地区农副产品，支持巩固拓展脱贫攻坚成果同乡村振兴有效衔接。

【整治财经秩序】 2022年，区财政局深入开展财经秩序专项整治行动，聚焦贯彻落实减税降费政策、政府过紧日子、加强基层“三保”保障、规范国库管理、加强资产管理、防范债务风险、涉农补助资金管理等七项重点领域，组建工作专班，细化制定分领域整治方案，全面开展核查。同时，开展代理记账行业专项整治，对涉嫌无证经营企业依据有关规定作出行政处理，促进行业健康发展。（马　娜）

税　务

【概况】 2022年，北辰区税务局健全“抓好党务、干好税务、带好队伍”机制体系，锚定“打造智慧税务、提升服务质效、锻造税务铁军”三件大事，贯彻“疫情要防住、经济要稳住、发展要安全”重要要求，全面落实税费支持政策，做好组织收入工作。全年累计完成总口径收入77.12亿元，深入推进税收征管改革，提升税费服务质效。

【组织收入】 2022年，区税务局坚持“一把手”挂帅，建立提升税费收入质量专项工作组，定期召开税源分析推动会议。加强科学研判，注重调研走访，严守组织收入原则，及时分析重点税源收入增减变动情况，做到心中有数。全年累计完成全口径税收收入77.12亿元，完成市一般公共预算收入40.4亿元，完成区级税收收入33.13亿元，社会保险费收入59亿元，非税收入13.58亿元。

2022年7月29日，北辰区税务局与区财政局、9镇和开发区召开税源分析推进会

（孙艺航　摄影）

【减税降费】2022年，区税务局强化组织领导，夯实制度根基，做好扎口管理，创新打造“一二三”退税减税工作模式、“六税两费”减征“3个1”工作法，保障政策红利直达快享。全年退税减税降费累计为市场主体释放资金达34.56亿元。其中，为符合条件的企业办理留抵退税19.98亿元；新增减税6.02亿元；办理制造业中小微企业延缓缴纳税费8.02亿元；阶段性缓缴企业社会保险费0.54亿元。

【税收征管改革】2022年，区税务局推动《关于进一步深化税收征管改革的意见》（以下简称《意见》）工作任务落实落地。完成市局、区局两级任务16项、持续推进任务35项，取得26个成效，14个创新经验。以智慧税务建设工作领导小组组织推进智慧税务三年规划。2022年网上申报率达99%以上，主要业务电子税务局办理率达80%以上，“非接触式”办税缴费效用显著提升。成立“全电发票”受票扩围试点工作专班；通过电话、微信等方式进行政策宣传，完成“预先服”“随票服”“网格服”工作；做好受票企业后续跟踪，及时通过运维化解难题。开发大数据可视化分析工具，数据赋能打击虚开发票、护航留抵退税，对2022年申请留抵退税和预计申请留抵退税的4298户企业进行风险扫描，增值税留抵退税缴回税款1211.44万元。

【税费服务】2022年，区税务局增设8部对外直拨电话，解决“咨询难”问题。组织15名工作人员组建导税服务组，优化导税服务。增加自助办税电脑至36台，在邮储银行内设置自助办税终端，电子税务局累计受理业务量较2021年增长15.63%。开展纳税人学堂线上培训39场，覆盖12592人次。制作发布“北辰税务云剧场”微视频12期；编写《税费高频问题答疑手册》，发放“办理事项告知卡”9441张。累计对纳税人缴费人进行电话回访2793户次，招募纳税服务体验师72名，聘请纳税服务监督员920名。深入落实“便民办税春风行动”相关举措，开展“一把手走流程”活动。联合区市场监管等部门开展“敲门行动”，走访服务企业10690户次，解决问题1075个。

2022年4月20日，北辰区税务局业务骨干开展税法宣传　　（孙艺航　摄影）

【依法治税】2022年，区税务局推动主要负责人法治建设“第一责任人”职责落实和处级领导干部述法工作完成。规范税务行政处罚，严格落实税务轻微违法行为“首违不罚”清单和《京津冀税务行政处罚裁量基准》，抽查区局2022年行政处罚文书3902份，全市税务处罚文书评查中在“首违不罚”方面得到市局通报表扬。录制法治培训

2022年4月12日，北辰区税务局举行纳税服务监督员聘请启动仪式

（孙艺航　摄影）

视频7期，上报政策执行反馈报告4篇、新的组合式税费支持政策落实问题及意见建议30篇。组织全体干部，开展税法宣传、第31个全国税收宣传月等宣传活动。

（孙艺航）

审　计

【概况】2022年，北辰区审计局（以下简称区审计局）围绕重大政策跟踪审计、财政审计、资源环境审计、固定资产投资审计、国有企业审计和经济责任审计等6个重点方面，开展审计项目25个，2022年完成23个，结转2023年2个。按照市区部署开展临时交办审计任务5项。继续开展审计整改跟踪检查和“回头看”工作，整改历史遗留问题8项。同时，加强天津市北辰区委审计委员会办公室工作，研究制定《天津市北辰区“十四五”审计工作实施方案》，对“十四五”时期北辰区审计工作进行总体部署。向十二届区委三轮巡察提供审计报告21份，向纪检监察机关、组织部门提供审计结果文书16份。

【审计成果】2022年，区审计局共查出主要问题金额170652万元，其中违规金额753万元、管理不规范金额169899万元；审计发现非金额计量问题61个；出具审计报告和专项审计调查报告25篇，被批示、采用34篇次。审计处理处罚金额759万元，其中应上缴财政756万元、应归还原渠道资金3万元；移送司法机关、纪检监察机关和有关部门处理事项1件。审计促进整改落实有关问题金额3235万元。审计提出建议57条，被采纳23条；提交审计信息80篇，被批示、采用34篇次。向社会公告审计结果2篇。

【财政审计】2022年，完成2021年区级财政预算执行及决算草案和其他财政收支情况审计、4个部门预算执行及其他财政收支情况审计和3个镇级财政决算（草案）审计。通过审计不断促进财政资金提质增效，促进各部门规范管理。完成网络安全和信息化建设审计，揭示资产管理不规范等问题。完成政府性债务审计，推动健全政府债务管理制度和风险防控机制，提高政府新增债券资金使用绩效。

【经济责任审计】2022年，完成7个单位13名区管党政主要领导干部经济责任审计，促进领导干部规范用权、秉公用权、廉洁用权，促进反腐倡廉。充分发挥经济责任审计联席成员单位监督合力。组织召开经济责任审计联席会议1次。综合考虑审计全覆盖的整体部署和领导干部任职时间、岗位特点、接受审计频次等情况，科学规范制定经济责任审计项目计划。坚持与其他类型审计项目统筹协调，促进审计成果共享。

2022年8月17日，北辰区审计局召开年度经济责任审计工作联席会议

（陈　栋　摄影）

【国有企业审计】 2022年，完成《国企改革三年行动方案（2020—2022年）落实情况专项审计调查》，提出持续推动改革、加强参股管理，强化监管责任、落实绩效考核建议，推进国企改革依法有序进行。

【政策落实跟踪审计】 2022年，完成中央直达资金政策落实情况审计，促进直达资金及时分配下达、规范安全使用、提高资金效益。完成北辰区行政事业单位闲置资产盘活专项审计，有效盘活闲置资产。

【资源环境审计】 2022年，完成1个部门和2个镇领导干部自然资源资产任中审计，促进领导干部履行资源管理和环境保护等方面的责任。

【审计跟踪整改】 2022年，对北辰区2017年至2020年审计未整改问题，持续开展审计整改跟踪检查和“回头看”工作。加强审计整改全口径、全周期规范管理，将审计反映的所有问题全部纳入整改范围。向区人大报告审计问题整改情况，向区纪检移送审计问题线索1件。

【内部审计】 2022年，开展全区内部审计情况调查，深入被审计单位进行现场指导和服务，接受20余家单位电话咨询答疑。

2022年3月30日，北辰区审计局在西堤头镇发放审计法规宣传材料

（张　宇　摄影）

【专项审计】 2022年，完成市审计局统一组织实施的党费审计、“保交楼”专项审计检查、抽调人员配合市审计局开展水务资金管理使用情况专项调查，区担保资金财务调查、双街示范镇财务调查等5项任务。

（卢丽娜）

统计

【概况】2022年，北辰区统计局（以下简称区统计局）统筹安排好疫情防控和各项统计调查工作，严格落实防范和惩治统计造假弄虚作假责任，全面推进“深化筑基工程提升数据质量”专项行动，扎实做好统计造假不收手不收敛问题专项纠治，巩固提升基层统计工作规范化水平。

【生产总值统一核算】配合市统计局开展天津市各区生产总值统一核算工作，在市统计局指导下，做好统一核算中的搜集整理相关数据、基础数据审核、特殊情况处理、初步数据复核等各阶段工作，并完成基础数据可比性、协调性审核评估以及经济运行情况数据分析。

【常规统计】2022年，完成全区一、二、三产业各专业2021年统计年报及2022年定期统计报表任务。加大科室内各专业间的协调力度，收集基层基础数据，加强与相关部门和上级统计部门的沟通。按照统计制度对各专业数据进行审核，加强主要统计数据质量评估，确保各项经济指标符合时序进度，客观反映经济运行情况。

【专项调查】2022年，完成道路运输能源调查、文化产业核实认定、妇女儿童发展规划年度监测、社会消费品零售总额限额以下部分抽样调查、各行业调查对象数据核查、工业企业数字化智能化绿色化转型调查、计算机软件和数据库投资统计调查、企业研发填报资格实地核实工作。进行重点工业、服务业企业基本情况调研工作。

【人口变动抽样调查】2022年，贯彻落实市人口变动抽样调查培训要求，组织基层开展专题培训，制定“人调30分”工作法，即2分钟说明来意，介绍调查的目的意义，初步了解调查户的基本情况；3分钟进行“党的二十大精神”“无疫社区”微宣讲；20分钟深入调查，通过“唠家常”方式询问家庭同住人员的变动情况，对文化程度、工作就业、婚姻生育等内容进行登记，5分钟开展智能手机“微课堂”，帮助不会使用智能手机的人员掌握“数字防疫”等常用APP的使用技巧，取得良好工作成效。坚持依法开展工作，完成全区入户登记2216户。狠抓数据质量，按照2022年最新区划代码完成村居社区表填报288个，完成2022年人口变动抽样调查。

【数据质量提升】2022年，制定《北辰区统计局“深化筑基工程 提升数据质量”行动实施方案（2022年）》，将专项行动与年报工作紧密结合、共同推进，将11项数据提升重点指标融入对基层统计人员和各调查单位的培训内容中。安排全区统计系统71名统计人员参加统计业务培训学习，学习测试均取得100分；组织全区1711家调查单位按时参加线上学习，提前完成线上测试，测试通过率达100%。部署各在报单位对11项重点指标数据进行全面自查

（其中从业人员工资总额、从业人员期末人数指标1605家，工业总产值指标529家，工业生产电力消费量指标456家，建筑业总产值指标133家，商品房销售面积指标85家，商品销售额指标706家，净服务收入指标160家，研究开发费用指标230家，应付职工薪酬指标1613家，应缴增值税指标1613家），针对自查出现的各类问题，及时指导，减少误差数据影响。2022年累计对500余个统计调查对象（项目）数据进行核查，现场帮助指导。

2022年6月30日，北辰区统计局召开规模以上工业数据质量管控座谈会

（蒋　洋　摄影）

【达限企业和项目入库统计】 2022年，区统计局时刻关注预达限单位情况，将市局反馈数据资料及时下发各镇街、开发区，组织统计人员逐一走访、按月收集相关企业财务报表，随时掌握企业实际经营状况，做到达限一家入库一家，让“应统尽统”落到实处。全区入库企业281家，其中小长大企业234家，新开业企业47家。分行业看，工业企业54家，建筑业企业5家，商业企业167家，服务业30家，房地产开发业企业5家，5000万元以上投资项目企业20家。强化固定资产投资项目入库工作，及时跟踪掌握项目审批和开工情况，对符合条件的项目第一时间收集资料申报入库。2022年新入库固定资产投资项目140个。

【贯彻执行统计法律法规】 2022年，以2022年执法检查计划为遵循，对20家单位进行“双随机”统计执法检查，并对7家单位组织开展重点指标统计专项执法检查，对8家单位进行入退库专项执法检查，牵头组织市场监管局、税务局、人社局对10家统计调查对象进行“双随机一公开”联合检查，全面完成各项执法检查工作任务，实现镇街全覆盖、重点领域重点指标全覆盖。

2022年6月17日，天津市统计局为北辰区相关负责人和各主管经济部门分管负责人开展统计知识专题宣讲

（高静怡　摄影）

【统计服务】 2022年，报送统计专报26篇、统计分析20篇、各类调研报告15篇，共获区级领导批示10次，其中区主要领导

批示6次，撰写信息237篇，被国家局采用分析、信息共14篇。在区政府第24次常务会上就地区生产总值统一核算相关统计知识进行专题汇报，并提出工作建议。2022年，在北辰政务网向社会公开《2021年北辰区统计年鉴》全部内容，并按月将《北辰统计月报》中涉及的工业、投资、商业、服务业等多行业分区域汇总数据进行公开，累计对外提供统计服务52次，满足各部门和社会公众对统计数据的需求。

（王　芳）

统计调查

【概况】 2022年，国家统计局北辰调查队（以下简称北辰调查队）主要组织实施住户收支与生活状况调查、农户固定资产投资调查、农民工监测调查、农民工市民化进程动态监测调查等住户类专项监测调查。组织开展劳动力调查、新设立小微企业及个体经营户跟踪调查、服务业零售结构调查工作、居民消费品和服务项目的价格调查、农业抽样调查、对地抽样调查、农业全面统计。直接开展工业生产者价格调查、房地产价格调查。全年组织实施国家统计快速反应调查11次，上报调研分析29篇。

（党若涵）

【住户收支与生活状况调查】 2022年，国家统计局在北辰区抽取25个社区或乡村的250户居民家庭开展住户收支与生活状况调查工作，其中城镇住户160户，农村住户90户。全面、准确、及时了解城乡居民收入、消费及其他生活状况，客观监测居民收入分配格局和不同收入层次居民生活质量，满足研究制定城乡统筹政策和民生政策的需要。

（张　苹）

2022年8月22日，北辰调查队召开北辰区住户调查大样本轮换工作动员部署会

（北辰调查队　供图）

【农民工市民化进程动态监测调查】 2022年，北辰调查队严格贯彻落实农民工市民化样本轮换方案和工作要求，落实抽中的新一轮调查小区，完成6个调查小区农民工市民化建筑物清查表，组织镇和村的调查员进行培训，讲解调查方案和培训e调查操作，对60户开展入户调查，完成大样本轮换工作和2022年农民工市民化进程动态监测调查工作。

（闫明月）

【农业调查】 2022年，北辰调查队完成农业农村统计调查，包括粮食作物生产情况全面统计、主要畜禽生产情况全面统计、对地抽样调查、农户耕地流转情况抽样调查、主要畜禽监测抽样调查、农产品价格抽样调查等，其中抽样调查样本共计94

2022 年 6 月 13 日，北辰调查队召开北辰区 2022 年农作物对地调查样本轮换工作培训会议现场　（刘长卿　摄影）

个。完成各专业数据审核，确保各专业统计数据质量。（刘长卿）

【劳动力调查】 2022 年，北辰调查队加强对劳动力调查督导员、调查员调查流程、业务知识、统计法律法规的培训，深入一线随调查员入户陪访对调查员现场调查工作进行指导，不断深化、细化审核要点对劳动力数据坚持随报随审，切实增强劳动力调查规范化、标准化，保障每月 832 户样本调查数据质量。（张书凤）

【工业生产者价格（PPI）调查】 2022 年，对 74 家样本企业进行工业生产者价格调查集中培训，包括制度和统计法，并督促企业开展自查工作。北辰调查队坚持实地走访工业生产者价格报表企业，并继续加强线上核对企业原始凭证，每月抽取部分企业对其报表价格原始凭证进行核对。

【居民消费价格（CPI）调查】 2022 年，北辰调查队发挥“轻骑兵”精神，实地走访全部 15 处消费价格调查网点。每月走访侧重点不同，多方面了解调查员采价工作、调查点经营以及规格品价格变动情况。并指导调查员规范规格品更换、价格波动说明填报以及质量月自查工作，从源头上加强消费价格调查数据基础工作。

2022 年 11 月 10 日，北辰调查队进行居民消费价格调查采价　（高子龙　摄影）

【其他调查项目】 北辰调查队每月坚持实地走访 3 家房地产中介机构和 1—3 家新建楼盘，并实地核验楼盘信息。针对小微企业调查，每季度核实 78 家企业存活情况，并强化平台审核和电话核实工作。（高子龙）

【总队调研指导】 2022 年，国家统计局天津调查总队多次至北辰区调研指导。1 月 7 日，总队至区调查队指导 2021 年度考核工作。5 月 11 日，总队至区调查队开展住户与农民工调查基础工作检查。6 月 15 日，总队至区调查队调研督导全面从严治党工作。8 月 4 日，总队至区开展农业统计调查基础工作和数据质量检查，并与基层人

员进行深入座谈。9月29日，总队至区小淀镇温家房子村和嘉阳花园社区进行督导检查和业务指导。（周　茜）

市场监督管理

【概况】2022年，北辰区市场监督管理局（以下简称区市场监管局）全力激发市场活力、推动质量提升、稳控市场秩序、守牢安全底线，服务北辰高质量发展，开创市场监管新局面。先后获国家级、市级、区级集体和个人荣誉8个，其中药品医疗器械科获得天津市“人民满意的公务员集体”称号。市、区领导先后20余次对区市场监管局工作作出肯定性批示，给予高度评价。

【政务服务】2022年，牵头推动服务企业“敲门行动”，动员81家区外注册纳税企业迁入北辰。推进“一制三化”“证照分离”等商事制度改革，深化“互联网+政务服务”，全面推行“市场主体一网通办”，压缩企业设立审批时限至平均1.17小时、企业简易注销公告期至20天。落实承诺办理机制，推行企业标准化登记，通过微信专人指导、公众号指南等手段，为企业提供保姆式登记服务。加大便企政策宣传力度，推广电子营业执照应用，推进《市场主体登记管理条例》实施。2022年，全区新注册市场主体14380户，新增注册资本252.05亿元，办理中小企业股权出质登记59件，助力企业融资91.01亿元。

【消保维权】2022年，围绕“共促消费公平”主题，持续开展专题宣传、社区宣讲、警示教育等活动，动员和协同社会各界强化公平消费意识。发挥行政调解委员会职能作用，推进ODR在线纠纷解决，企业与市民通过ODR自行和解纠纷488件。畅通消费维权渠道，受理投诉举报14927件，为消费者挽回经济损失640.2万元，维护消费者合法权益。区市场监管局调解处理的1个消费投诉案例入选2022年度天津市十大消费投诉典型案例。

【食品安全监管】2022年，以入围第四批国家食品安全示范创建推荐城市名单为契机，成立区委书记、区长任“双组长”的北辰区创建国家食品安全示范城市常态化领导小组，推动北辰区通过市级模拟验收。健全食品安全“两个责任”领导机制，成立以区食安委主任、区长为组长、各镇街开发区食品安全委主任为成员的领导小组，区党政领导带头包保25家食品重点企业，1526名包保干部全覆盖开展督导，全区食品生产经营企业100%配备食品安全总监或管理员。完成2022年区级民心工程80家区级销售环节食品安全管理示范店创建工作。结合“你买我检”“你点我检”等活动，加大食品安全抽检力度，抽检28大类食品4750批次，合格率98.4%。聚焦容易引发系统性、区域性风险的食品生产经营领域，开展“守底线　查隐患　保安全”、中小学校外配餐等专项行动，整改隐患17001个次，捣毁食品黑窝点9个。连续3年在2022年度天津市各区食品安全工作考核中获得A级评价。

2022年4月25日，北辰区市场监管局联合区供销社、新村街道办事处，在高峰路菜市场开展“你买我检”宣传活动

（区市场监管局　供图）

【药品医疗器械化妆品安全监管】 2022年，成立北辰区药品安全委员会暨集中打击整治危害药品安全违法犯罪工作领导小组，加强药械安全综合治理组织领导。结合药品安全专项整治“利剑”行动，开展药械经营使用、执业药师配备等专项行动，检查各类药店、医疗机构2616家次，实现对二级以上医疗机构、疫苗接种单位等的全覆盖检查。加大药械领域靶向治理力度，完成药品抽样222批次、化妆品抽样30批次、医疗器械抽样25批次。以非法收售药品、违规销售药品等为重点，严打药械领域违法行为，取缔非法收售药品摊窝点5个，查扣各类药品2400余盒。

2022年12月15日，北辰区相关负责人带领区市场监管局工作人员到同润堂大药店第75店检查药品供应及价格情况

（区市场监管局　供图）

【特种设备安全监管】 2022年，全力落实2022年区级民心工程，对25家电梯维保单位54台电梯开展维保质量抽查，整改问题104项，立案查处违法行为2起，罚没2万余元。继续推进“特种设备（电梯）安全监督信息化平台”二期预警系统建设，选取老旧小区300台电梯试点运行一年，事前预警命中率60.1%，平均救援时长缩至5.86分钟，提升电梯管理的科学性和精准度。持续推进安全生产专项整治三年行动巩固提升，开展“防风险、除隐患、保安全”、燃气安全“百日行动”等专项排查整治，突出超检验期特种设备和非在用状态特种设备监管，通过网络巡查和现场检查双轨模式，检查特种设备生产、充装、使用单位1247家次、特种设备1968台套，整改事故隐患244项，核实停用报停设备2779台，实现超检验期设备动态清零，保障全区特种设备安全。

【质量强区战略】 2022年，在2021年度天津市各区人民政府质量工作考核中北辰区获得A级评价，连续两年获此荣誉。推动3家企业申报天津市质量奖，11家企业申报42项质量攻关重点项目，其中3个项目获得一等奖、4个项目获得二等奖、13个项目获得三等奖，连续5年被评为质量攻关最佳组织奖。有序推进优质乳工程“一站式”综合服务站获批成为天津市第二批质量设施“一站式”综合服务站试点。以质量认证示范区建设为抓手，推动6家认证机构与16家小微企业开展质量认证提升对接帮扶，先后有3家企业获评市场监管总局、天津市“小微企业质量管理体系认证提升行动”优良案例。为企业办理CCC认证免办手续71件，涉及货值1749万余元，为企业科研维修等活动保驾护航。以加强重点工业产品质量监督为重点，扎实开展燃气具相关产品、危险化学品、消防安全、检验检测机构、认证从业机构等专项治理，检查生产经营企业952家次，开展产品质量监督抽检694批次，整改隐患问题107个。

【知识产权战略】 2022年，以北辰区获评首批国家知识产权强市建设试点城市为契机，推动区委区政府印发《北辰区知识产权强区建设纲要（2021—2035年）》。健全知识产权保护与服务体系，大张庄镇、宜兴埠镇、双街镇成为天津市首批商标品牌工作指导站。加大知识产权服务力度，依托区级知识产权服务窗口，办理各类商标业务383件，助力企业获得商标质押融资2240万元，服务企业获得全区首单知识产权租赁融资500万元，开创知识产权融资新模式。积极推动知识产权扶持工作，组织红星美凯龙世贸家居有限公司申报知识产权保护规范化培育市场，推动10家企业获得市级高价值专利培育项目支持。开展打击非正常专利申请专项整治行动，督促企业（个人）主动撤回非正常专利申请842件。全链条加强知识产权保护，查处各类侵权案件38件，含移送公安机关7件，罚没19.88万元。北辰区在2022年度天津市区域知识产权保护工作考核中再获优秀等次。

【计量标准工作】 2022年，以加油机、电子计价秤等强检计量器具和计量行为为监管重点，检查检定强检计量器具2866余台件，强化诚信计量体系建设。持续开展计量服务中小企业行活动，为企业减免计量检定校准费用125.9万元。指导119家企业在企业标准信息公共服务平台公示标准425项，组织2家企业申报3项企业标准“领跑者”重点领域，组织3家企业开展对标达标提升活动，指导5家企业申报国家标准13项、行业标准3项，指导中国天辰工程公司、天津工程机械研究院申报中国标准创新贡献奖，发挥标准支撑引领作用。

【事中事后监管】 2022年，推进市场主体年报工作，企业、个体、农专年报率均超90%，创历年最好成绩。牵头推进部门联合“双随机、一公开”工作，完成33个领域142户市场主体的联合抽查检查。完善信用分级分类监管，列入异常名录5829户，移出异常名录623户，依法修复信用等级1户。持续加大价格监管力度，深入开展涉企收费、教育收费、公共停车等重点领域收费治理，以及商超市场、药店药批企业等重点场所的价格执法，督促转供电主体及供水企业清退涉企电费水费86万余元、教育机构清退违规收费8万余元。不断加大稽查执法力度，深入开展各类专项执法行动，重点打击扰乱市场秩序违法行为，2022年，查处违法案件1257件，罚没523.58万元，查办行刑衔接案件24件。

（滕晓雨）

应急管理

【概况】 2022年，北辰区应急管理局（以下简称区应急局）在区委、区政府的正确领导下，以为冬奥会、冬残奥会和党的二十大胜利召开营造安全环境为主线，全力抓好风险防范，严防严控重大安全风险，稳扎稳打提高防灾减灾救灾能力，常抓不懈打造协同高效应急救援体系，完成各项工作任务。

【安全生产责任体系】 2022年，制定出台《天津市北辰区应急管理“十四五”规划》；狠抓国务院安委会“十五条硬措施”落实，制定印发《关于进一步强化安全生产责任落实坚决防范遏制重特大事故的具体措施》和《北辰区关于进一步强化安全生产责任落实坚决遏制重特大事故的具体措施任务分解表》，确保各项任务落实落地落细；重新调整区安委会成员，研究制定《北辰区委常委会成员和区政府领导班子成员安全生产职责清单、年度工作清单》，着力构建“横向到边、纵向到底”的安全生产责任体系和大安全生产格局。

【生产安全隐患排查治理】 2022年，持续推进安全生产专项整治三年行动，统筹推动危险化学品安全风险集中治理、自建房安全专项整治、城镇燃气安全整治“百日行动”、电动车“飞线充电”、工贸行业“百日清零行动”攻坚战等专项行动。推动118家工贸重点企业完成双控机制建设，18家铝镁粉尘企业完成湿式除尘改造。推动天津灯塔涂料有限公司按期停产，引导天津三木化工销售有限公司主动退出危化品储存经营，督促天津蓝玺冷链物流有限公司实施制冷系统提升改造。坚决落实党的二十大、全国“两会”等重点时期，春节、国庆等节日期间和岁末年初安全防范任务。研究制定“安全周”“安全生产日”等区领导带队检查工作方案，成立区安委办重点时期督导检查工作组，以“四不两直”、暗查暗访等方式，深入各行业领域和重点企业、重点点位进行督导检查，全年全区各单位、各部门共检查生产经营单位31562家次，排查整改隐患问题30270项，对存在违法违规行为的企业及个人实施行政处罚1529.701万元。

【事故和举报案件查处】 2022年，北辰区生产安全责任事故共处罚企业17家，处罚企业主要负责人18人，处罚约762.2万元。全年受理举报事项219件并全部办结，回复满意率100%。

【防汛抗旱】 2022年，推动落实防汛行政首长责任制和区、镇（街）、村（居）三级防汛责任制，编制印发《北辰区应对极端强降雨防汛应急23项机制》《极端强降雨天气防汛应急处置实施方案》《城市内涝转移安置方案》，全面压实防汛抗旱工作责任。组织开展应对极端强降雨防汛应急处置桌面推演，组建6000人防汛抢险队伍，加大防汛物资储备，在原有应急物资储备的基础上，购置移动泵车、救生衣、租赁卫星电话等，代储3.5万吨砂石，潜能储备砂石料6万吨、钢管50吨。前置防汛力量，组织摸排全区47处易积水点位和片区、142处在建工程、1处地下商业设施、90间危房、15处下沉地道、下穿立交桥等重要风险点，对11处易积水点位实施“一处一预案”。全年成功应对10次较强降雨天气及3次台风过程，7次启动区防洪Ⅳ级应急响应。

【防灾减灾救灾】 2022年，国务院普查办质量抽查工作组高度评价区第一次全国自然灾害综合风险普查工作，秋怡中学获评2022年度国家防震减灾科普示范学校，辰兴小学、翊辰小学获评2022年度天津市防震减灾科普示范学校。成立森林防灭火三级队伍，组织开展森林火灾隐患排查整治和查处违规用火行为专项行动，加强与相关部门会商研判并对郊野公园、河道护岸林、大兴水库等重点区域进行联合检查。组织参加“森林草原防灭火业务大讲堂”学习，累计7批300余人次接受培训。组织召开2次地震加固及信息采集培训会，切实增强各级各类加固工作队伍业务能力。

【应急体系建设】 2022年，全面推进全区应急预案体系建设，修改《北辰区突发事件总体应急预案》，完成《北辰区防汛抗旱应急预案》《北辰区森林火灾应急预案》《北辰区自然灾害救助应急预案》和《北辰区危险化学品事故应急预案》等30个预案编制修订工作。推动262个镇街基层预案和272个村（居）基层应急预案的印发执行。10月12日，在天津市北辰区津宁易达物流有限公司举行重大火灾事故应急救援演练；12月30日，组织开展“北辰区森林火灾应急预案培训和桌面推演”。推动相关部门组建危化、防汛、地震、特种设备、清融雪、气象、粮食等22支4650人的专业应急救援队伍。推动各镇街、开发区组建17支758人的镇街应急救援队伍。与天津赛边斯紧急救援服务中心签订应急联动协议，根据实际情况与社会救援力量进行联动，完善区应急救援力量体系。

【应急管理法治建设】 2022年，编制并落实年度安全生产监督检查工作计划，全面落实行政执法“三项制度”，严格规范公正文明执法、行政处罚案件审核、规范性文件合法性审查。严格办案程序，切实维护企业合法权益，确保重大行政执法决定必经法制部门进行合法性、适当性审核和局集体审议讨论，坚决做到未经法制审核或者审核未通过的，一律不得作出决定。2022年，累计审核案件75件。

【应急管理综合行政执法改革】 2022年，落实《天津市深化应急管理综合行政执法改革实施方案》和区委关于深化综合行政执法改革的有关要求，制定落实《天津市北辰区应急管理综合行政执法支队组建方案》，理顺体制机制，明确安全生产监管、应急抢险、灾害救助、防震减灾等方面的行政执法职责，强化队伍建设，不断推进全区应急管理综合行政执法改革走深走实。区应急管理局获2022年度天津市安全生产执法监察队伍"岗位练兵活动"二等奖、杨志业获2022年度天津市安全生产执法监察队伍"岗位练兵活动"优秀个人奖。

【宣教培训】 2022年，坚持提升应急管理队伍综合素质，举办"北辰区应急管理大讲堂""以案释法"案卷评查解析培训会等24期。深入开展"'5·12'防灾减灾日""安全生产月""'119'消防宣传月""森林防火宣传月"等主题宣传活动，推动全区各单位开展安全宣传"五进"活动1904场，引导社会公众关注安全。

2022年6月13日，北辰区应急管理局在瀚庭伟业家具有限公司开展"安全生产月"宣传活动 （赵　溪　摄影）

（王林之）

农业农村

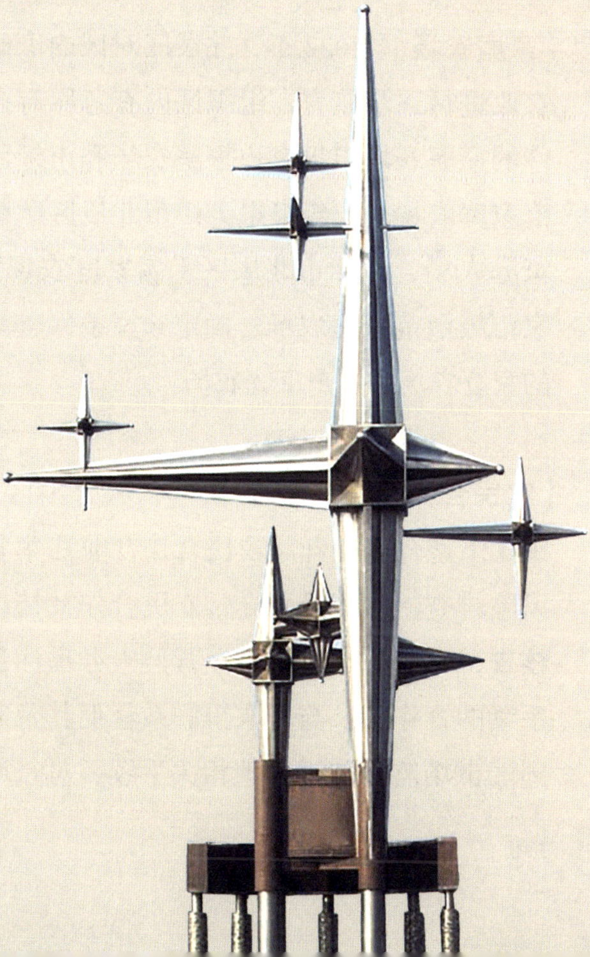

种植业

【概况】2022年，北辰区粮食播种面积8612.4公顷，其中种植小麦2234公顷、水稻1082公顷、玉米4400公顷，大豆520公顷，油料66.64公顷。全区蔬菜播种面积1326.67公顷，产量6840千克。第一产业实现增加值6.36亿元，固定资产投资1.545亿元。农民人均可支配收入33197元。

2022年9月，大张庄镇10000余亩玉米陆续进入收割期（大张庄镇 供图）

【家庭农场】2022年，北辰区对区内家庭农业进行逐步培育，组织区内有意愿有条件的家庭农场申报农户家庭农场和市级示范家庭农场。全年申报天津市北辰区欣麟家庭农场、天津市北辰区禾园家庭农场2家市级示范家庭农场，确定6家条件较好的家庭农场为农户家庭农场。

【农民合作社管理】2022年，联合本区7镇321家合作社开展农民合作社非法集资风险排查，做好经营异常农民合作社情况核查，对于失联、停止经营但未办理注销手续的合作社，与其取得联系督促其及时到区市场监管部门办理相关手续。对行政区内10家市级社进行复核，并组织申报推荐新一批的市级农民合作社示范社和市级农民合作社示范社形成工作报告。天津市雨农果蔬种植专业合作社计划自愿解散并注销，放弃复核，其余9家合作社均通过复核。

【农业龙头企业】2022年，完成2021年度北辰区农业产业化发展调查，向市农业农村委提交调查报告，对企业提交数据进行初审并通过市级审核。组织农业产业化经营国家重点龙头企业和市级重点龙头企业的监测工作，对企业提供的材料进行初步审核，出具审核意见，交市农业农村委审查。

【“一村一品”】2022年，组织“一村一品”示范村申报，区级向市级推荐2家，其中辛侯庄村获评市级“一村一品”示范村。督促各已获评“一村一品”示范村完成网上监测数据填报并进行初审。

【休闲农业】2022年，组织双街镇庞嘴村申报2022年中国美丽休闲乡村，已获认定。按季节组织报送北辰区精品农业休闲旅游路线，青光镇韩家墅村的墅外桃源和双街镇双街村的双街现代农业示范园被列入天津市发布的精品旅游线路“武清—北辰”运河游路线进行推介。协助筹备8月在墅外桃源举办的夏秋休闲农业与乡村旅游精品路线推介会。

【“大棚房”清理清查】 2022年，对全区设施农业点位逐个进行排查，未发现违法违规三类问题。联合市规划资源局北辰分局持续开展拉网式排查，针对已备案的设施农业项目、全部种植类温室和大棚、规模化养殖场，建立排查清单及问题清单，全年开展联合巡查52次。

【撂荒地整治】 2022年，全区排查出862.46公顷撂荒地块，实现整改到位地块面积7195.55公顷。其中，因土地管理问题导致的227公顷完成相关手续，农业沟渠道路8.9公顷，弃种耕地202.55公顷种植小麦、玉米等作物，堆积物占地18.47公顷、坟地16.85公顷、生态退化141.17公顷、坑塘洼地0.33公顷，及其他原因180.27公顷按照市政府《津政督查》的指导意见完成整治工作，并以镇为单位进行全面档案管理。难以恢复耕种条件的退化耕地、坑塘、耕作层破坏耕地等66.9公顷撂荒地块，按照市农业农村委《关于深入推动整治耕地保护督察反馈耕地闲置荒芜问题的通知》部署，上报市级机关纳入农村全域土地综合整治范围，逐步消化。

【高标准农田工作】 2022年，完成承担市区重点工作、乡村振兴实绩及粮食省长责任制考核工作。完成2021年民心工程建设任务并通过区人大评估考核，完成2022年民心工程287.07公顷高标准农田建设任务并通过区人大评估考核。完成“十四五”期间的1600公顷的高标准农田建设任务。完成2021年度双口镇866.67公顷高标准农田建设任务并通过区级验收；实施2022年度高标准农田建设项目建设并完成单项工程验收；完成2023年度拟实施高标准农田建设项目申报筛选工作；完成区2020年度和2021年度高标准农田建设统计调查工作并上报市农委；完成2012年至2021年建成高标准农田项目排查整改工作并将排查整改报告上报市农委；配合市审计局完成水务专项资金审计涉及高标准农田节水灌溉工程建设情况审计工作，并发函涉及镇按市审计要求进行整改。

畜牧养殖业

【概况】 2022年，北辰区生猪存栏2.5482万头，比上年增加6.82%，出栏3.5464万头，比上年增加0.66%；奶牛存栏0.33万头，比上年减少15.91%，奶产量2.18万吨，比上年增加5.31%；蛋鸡存栏59.38万只，比上年增加7.36%，鲜蛋产量0.82万吨，比上年增加1.23%；肉牛存栏0.78万只，比上年增加2.63%，出栏0.89万只，比上年减少7.29%；肉羊存栏2.51万只，比上年增加11.06%，出栏4.22万只，比上年增加12.83%。

【畜禽粪污治理】 2022年，按照《天津市北辰区畜禽粪污治理和资源化利用2022年行动方案》要求，制定《北辰区畜禽养殖粪污治理核查工作指南》，区农业农村委、区生态环境局联合属地镇政府对198家养殖户进行现场粪污治理核查工作，粪污治理模式符合粪污资源化利用要求。2021 年至 2022 年全区累计完成规模以下畜禽养殖场户粪污治理 364 户。

【奶业集群建设】 2021 年至 2022 年共完成奶业集群 4 个子项目，合计争取中央财政补贴 2800 万元。4 个子项目全部完工，并全部通过专家验收。该项目主要完成奶业科技创新中心实验室等建设工作，全面提升乳品高质量发展品质，有效提高乳品加工产能。

【动物检疫工作】 2022 年，产地检疫 3258 批次，检疫畜禽 11.1176 万头（只）；屠宰检疫 6750 批次，检疫畜禽 461.0756 万头（只），产品检疫出证 4.6355 万批次、2330.6586 万千克；仓储检疫入库 1460 批次，检疫产品 1250.0321 万千克，检疫出证 1.7609 万批次，检疫产品 731.3703 万千克，自 2023 年 1 月 1 日起，仓储检疫工作取消。

【重大动物疫病防控】 2022 年，组织开展全年重大动物疫病防控工作，严格落实强制免疫、排查监测、检疫监管、消毒灭源、应急管理、病死动物无害化处理等综合防控措施。高致病性禽流感、口蹄疫、布病和小反刍兽疫群体免疫密度均达到 90% 以上，应免免疫率均达到 100%。全年共免疫畜禽（包含猪瘟、猪蓝耳病）144.23 万头（只、次），全区重大动物疫病保持稳定。

【非洲猪瘟防控】 2022 年，持续开展非洲猪瘟防控，严格网格化管理，落实养殖环节“密闭式”、运输环节“管道式”、屠宰环节“终端式”防控机制，推进规模生猪养殖场生物安全提升；加强网格化疫情排查，累计排查生猪养殖场户 6552 户次，排查生猪 122.19 万头次；开展非洲猪瘟流调工作，采集 2 家农贸市场 6 个猪肉摊位环境样品 20 份，按规定送检。严把生猪出栏检疫关，规范实施产地检疫，全年检疫生猪 244 批次，11287 头，严格生猪贩运人员和车辆备案管理，加强车辆定位跟踪监管。

水产养殖业

【概况】 2022 年，北辰区完成水产品产量 3105 吨，与上年 3108 吨基本持平，全年投产面积 575 公顷。全区虾苗中间培育面积 1.5 万平方米，2 家育苗场淡化培育虾苗 5 亿尾，全区对虾养殖面积约 466.67 公顷，占全区水产养殖面积 83.5%，以精养对虾为主，单产每亩 200 千克～600 千克。

【工厂化养殖】 2022 年，受环保政策影响，全区的温室和工厂化养殖车间冬季处于生产停滞状态。实施生产养殖车间面积约 1.5 万平方米，主要用于虾苗淡化。受市场价格和养殖成本影响，鲈鱼和鳜鱼的工厂化养殖基本暂停。全年新建设施渔业

12.13公顷，包括水生蔬菜设施基地10.67公顷，钢架结构虾苗小棚1.47公顷，全部生产使用。

【稻渔综合种养项目】2022年，北辰区完成373.33公顷稻渔综合种养任务，水稻平均亩产量685千克，平均亩效益202.5元，河蟹平均亩产量17.5千克，平均亩产值1058.75元，平均亩效益442.4元。参加稻渔种养基地项目面积66.67公顷并通过区级验收，全部材料递交市农委。66.67公顷稻蟹综合种养基地稻蟹平均亩产量17.5千克，亩产值875元，平均亩效益16.82万元。

【水生动物检疫】2022年，4月至8月累计检疫水产苗种4.9187亿尾，其中虾苗4.9184亿尾，观赏鱼3万尾，水产苗种检疫率达到100%。合计发放检疫合格证明151个，其中A证15个（0.5亿尾虾苗），发往河北省唐山市，B证136个（4.5184亿尾虾苗和0.0003亿尾观赏鱼），分别发往宁河、宝坻、滨海新区、武清、东丽、津南、西青和本区养殖户，检疫结果全部合格。

【种质资源普查】2022年，完成对全区种质资源普查的查漏补缺和信息补充，全区4个涉及水产养殖的镇街，共有41个主体单位（包含193户）。完成村股份经济合作社6家的普查和录入，覆盖养殖户12个，养殖池塘面积26.13公顷。完成村民委员会23家的普查和录入，覆盖养殖户169个，养殖池塘面积430.18公顷。

【外来入侵物种调查】2022年，完成北辰区12条河流踏查，共调查点位26个，走访养殖企业5家，问询河流附近渔民、垂钓爱好者60余人次。在永定新河、北运河、永金引河各设置3个点位进行地笼捕获调查，每个点位布设5套地笼，结果均未见外来入侵物种。

【渔业污染治理】2022年，以优质苗种培育推广和小棚囤养技术模式推广为重点，指导大张庄镇、小淀镇、西堤头镇连片对虾养殖池塘，降低虾苗投放密度，减轻养殖水体环境压力，利用微生态制剂调控水体微生物结构和理化指标，实现养殖用水不排放，原位净化再利用。重点治理霍庄子村北大荒大沟（长1.82千米）、季庄子鱼池周边水渠（长1.62千米），通过治理改造，作为鱼池尾水的净化水渠使用，覆盖周边48.93公顷水产养殖池塘，带动周边水产养殖区域养殖用水循环利用效果整体提升。

【投入品专项治理】2022年，实施“中国渔政亮剑2022”北辰区系列专项执法行动，开展水产养殖及投入品检查养殖场25家次，出动执法人员55人次，检查持有养殖证、水产苗种生产许可证情况，是否有超越许可证规定范围的生产行为，检查过程中未发现使用违禁药品及假劣兽（渔）

药。发现存在记录不规范、不清楚、不完整的情况，执法人员现场责令相关养殖企业立即整改，并统一印制发放《池塘养殖生产管理记录表》给各养殖企业，累计发放《水产用药明白纸》300份，提高各村、场、户的安全用药守法意识。全年共完成质量安全抽检68批次，其中监督抽检样品53批次，风险监测抽检样品15批次，未检测出不合格样品。

【增殖放流】针对区域内水环境状况，2022年5月6日，在永定新河（北辰郊野公园）开展鱼类增殖放流，共投放平均体长8厘米以上的白鲢、花鲢、鲫鱼苗种75.27万尾。其中，白鲢、花鲢64.02万尾，鲫鱼11.25万尾，共计投入资金30万元。

林　业

【概况】2022年，北辰区有重点生态林管护面积695.6公顷。区农业农村委加强林木保护，召开森林防火工作会议进行防火演练。组织人员进行林木病虫害防治和林木产品安全检测，促进全区林业发展。

【造林绿化】2022年，天津市下达更新造林任务2.67公顷，大运河沿线养管23.33公顷。至年底，完成更新造林4.13公顷和大运河沿线养管23.33公顷，栽植树木3500余株，完成总任务的155%。

【重点生态林管护】2022年，全区重点生态林有京津城际铁路环外段160.13公顷，京津塘高速两侧绿化带48.33公顷，宁津高速两侧绿化带22.47公顷，京津高速两侧绿化带1.72千米津蓟高速两侧绿化带72.27公顷，津保高速两侧绿化带77.87公顷，津保高速两侧绿化带133.73公顷，津宁高速两侧绿化带37.33公顷，津蓟（京山）铁路两侧绿化带31.47公顷，双口镇滨保高速和津保高速两侧生态林16.53公顷，西堤头镇永定新河南侧外坡脚外侧及华北河废弃段生态林40.4公顷。全年坚持对管护重点工作（涂白、除草灭荒，防治以美国白蛾、春尺蠖、杨扇舟蛾等为主的林业有害生物等）进行现场检查指导，对林带进行持续、不间断的巡查。

【森林防火】2022年，制定印发《关于印发北辰区森林火情早期处理办法的通知》，为森林防火工作提供制度保障。2022年9月30日、11月10日，2次召开森林防灭火工作会议；12月12日，召开北辰区森林防灭火专题视频会议，将《关于切实做好森林防火工作的令》落实落地。全年累计巡查383次，巡查人次1149人次。10月19日，联合区应急局、区消防支队、区城管委等部门在郊野公园组织开展森林防火应急演练。组织开展森林防火宣传月、防灾减灾等宣传活动，强化群防群控，营造“森林防火，人人有责”的浓厚社会氛围。全年设立森林防火警示牌40余块，悬挂防火布标30余幅，发放各类宣传单、海报等宣传品3000余份，发送森林防火短信1400余条。

【古树名木保护】2022年，全区登记古树名木共计234株，按科属分属于豆科槐属的国槐18株，属于鼠李科枣属植物216棵。按照保护级别（500年以上的为一级，300～500年的为二级，100～300年的为三级）分一级古树1株，二级古树1株，三级古树232株。单株生长古树名木19株，古树群1个（215株）。区农业农村委负责环外224株古树名木的管理工作。组织开展农村地区古树后备资源调查。将树龄在80年以上接近100年的具有生态、社会、人文、历史价值的树木，纳入古树后备资源，对符合要求的古树开展资源摸底、实地调查、信息录入、梳理归档和总结上报。

【义务植树】2022年，按照《天津市绿化委员会办公室关于做好2022年全民义务植树工作的通知》要求，开展全面义务植树。4月2日，区委、区政府、区人大、区政协等主要负责人到植树点进行植树。植树点位于双街镇城际铁路（汉沟村段），面积约2.67公顷，植树树种为国槐等。干部群众共150余人参加此次植树活动，共计栽植树木2200余株。

【森林病虫害防治】2022年，进行各类虫害越冬蛹、幼虫发生情况调查30余次，发布虫情通知简报，为镇村防治队伍派送防治药剂8000千克，通过采用地面喷洒高效低毒类生物药剂、人工剪网等措施，全年累计防治以美国白蛾、春尺蠖为主的林业有害生物11666.67公顷，完成市规划资源局北辰分局成灾率控制在4‰以下、无公害防治率达到90%以上的防治指标。对全区现有11家苗木生产基地进行产地检疫，完成市局产地检疫率达到99%以上的任务指标。对调入调出区境内的木材产品进行调运检疫，全年签发植物调运检疫证书110份。

【食用林产品质量安全监测工作】2022年，建立健全食用林产品台账，督促食用林产品生产经营者落实主体责任，引导生产经营者依法、规范、科学使用农药化肥，严禁使用国家禁止、淘汰或未经依法许可的农药等投入品。做好食用林产品安全监测工作，依据相关规定和标准进行检测，做好抽样、检测工作。

【森林、草原、湿地调查监测】2022年，为查清全区林草资源现状和年度变化情况，以第三次国土调查及2021年国土变更调查成果为统一底图，开展2022年森林、草原、湿地调查监测工作。对区内两期共计173个图斑开展图斑监测工作。对全区15个森林样地、1个草地样地、1个湿地样地开展样地调查，获取林草湿资源的储量、质量、结构及变化数据。经市局实地检查，质检全部合格。

农业技术推广

【概况】2022年，北辰区农业农村委采取控制农药、化肥使用量，引进林果、粮食新品种，推广轮作种植方式和新农机等措施，全面提高农业技术水平。

【实施现代种业提升行动】 2022年，组织协调2022年天津国际种业博览会北辰地展项目，在近12万平方米的地展展区集中展示花椰菜、甘蓝、苤蓝、辣椒、萝卜等8000多个品种，通过线下展示和线上微信商城等方式，加快名特优新品种的推广速度，扩大品牌的市场影响力。

【农药使用量零增长】 2022年，实施小麦一喷三防和赤眼蜂防治玉米螟技术措施，共实施5206.67公顷，项目经费共计63.93万元，其中小麦一喷三防实施面积2206.67公顷，项目经费36.93万元；赤眼蜂防治玉米螟实施3000公顷，项目经费27万元。项目涉及西堤头、大张庄、小淀、双口、青光及双街镇。向各镇发放草地贪夜蛾性诱捕器150余套，全区未发生重大病虫害。

【化肥使用量零增长】 2022年，实施《北辰区2022年化肥使用量零增长项目》，建立化肥零增长核心示范区183.33公顷，建立商品有机肥施用示范区10.67公顷，分别在双街镇建立水稻配方施肥示范区66.67公顷，在大张庄镇北何庄村和小田庄村，建立玉米配方施肥示范区116.67公顷，在双口镇前丁庄村建立有机肥示范区10.67公顷。在主要农作物、蔬菜水果等作物上推广测土配方施肥技术9760公顷，全区测土配方施肥技术覆盖率达到91.2%以上，化肥利用率达到40%。

【粮食作物主推品种】 2022年，水稻主要推广品种有津育粳22号、金稻919号，推广面积为1066.67公顷；小麦主要推广品种有济麦22号、津强10号、乐土808号，推广面积2200公顷；玉米主要推广品种有农大372号、京科968号，推广面积4400公顷；其他豆类、薯类等粮食作物主要推广品种有豆类齐黄34号、冀豆12号、薯类红瑶、烟薯等，面积1633.33公顷。

【果树新品种引进、推广】 2022年，在双口镇、青光镇等地进行果树种植技术指导，解决农民生产中遇到的各种问题，并向农民宣传安全生产。在双街镇双街采摘园、双口镇前丁庄村幸福维尼家庭农场引进新黄金巨蟠、8月甜黄油、春雪、红梅等桃树、梨树品种，以其作为重点示范点，向周边辐射推广果树新品种、新技术，提高农民种植技术水平和品种竞争力，丰富全区果树品种。

【推动设施甜瓜生产】 2022年，根据《天津市2021年设施农业建设实施方案》的安排部署，在双街镇德虎种植业合作社和西堤头镇冠亚家庭农场推动甜瓜大棚191个，总面积9.13公顷。与镇农口部门开展联合检查验收工作，全部通过验收。

【麦豆轮作】 2022年，天津市农委下达的麦豆轮作任务指标为麦豆轮作66.67公顷，大豆333.33公顷，油料53.33公顷。结合全区农业生产实际，麦豆轮作安排在双口镇，大豆种植安排在双口镇、双街镇，油料安排在双口镇、西堤头镇。9月底，经区、镇及合作社三方联合验收，采用无人机测量麦豆轮作面积约为82.16公顷，大豆种植面积约为366.33公顷，油料种植面积约为58.03公顷，超额完成市里下达任务指标。

【推进农业生产社会化服务】 2022年，推进农业生产社会化服务，重点在集中连片种植区开展以农业生产托管服务为主的农业社会化服务。完成北辰区托管服务任务666.67公顷。实际服务农户4792户。实施托管服务作物为玉米、小麦和水稻。玉米托管面积274.53公顷，小麦托管面积154.67公顷，水稻托管面积237.47公顷。

【农机推广】 2022年，为全区7家合作社引进示范新型无人植保机T407台（套）。为全区设施农业引进小型拖拉机、开沟机、旋耕机3台（套），引进油菜籽播种机3台（套），自走式喷雾机1台（套），推动农业机械规模化、标准化、集约化，提高工作效率，发挥农机化在农业中的提升带动作用。引进粮食烘干、清选技术装备2台（套），改善粮食储存质量，降低粮食损耗，提升粮食品质。

农田水利

【概况】 2022年，北辰区加快农田水利工程建设，推进水资源价格改革。全年完成大张庄镇田庄村渠道清淤3.79千米。

【小型农田水利工程】 2022年，完成耕耘地展中心节水工程验收和增量工程核实确认工作和志玲农场节水工程建设。节水灌溉面积合计34公顷，工程计划投资为199.9184万元。完成大张庄镇八支渠泵站应急维修工程和大张庄镇鼎牛设施农业水源转换工程。完成西堤头镇赵庄子村龙凤河闸口维修工作。完成为2021年设施农业配套节水工程，为双街镇、西堤头镇及青光镇3个镇新建172公顷设施农业配套节水工程。工程招标控制价为425.5746万元。实际请款423.108702万元（西堤头镇刘快庄未实施）。完成设施农业配套节水工程（二期）立项申报工作。

【综合水价改革】 2022年，与区水务局共同制定农业灌溉设施备案表、台账、运行记录表。全区现有水量计量的灌溉设施177个，全部正常运行使用。完成水资源管理制度考核工作。建立农田水利设施台账，全区有泵站213座，灌排干渠87条，灌排支渠111条。完成农田水利设施运行维护半年自评工作和年终考核工作。

农业机械管理

【概况】 2022年，北辰区合理使用中央和天津市农机购置补贴资金，提高秸秆综合利用率，加强农机监管，提高农业机械管理水平。

【农机补贴】 2022年，制定《北辰区农机购置补贴机具核验工作规范》，保障财政资金安全使用。全区农机购置补贴资金有中央补贴资金80万元、市级补贴资金10万元。至11月14日，签订补贴申请合同45份，受益农户28户，购置补贴机具55台，使用补贴资金100.3575万元。至2022年底，通过一卡通兑付第一批中央补贴资金32.8780万元。全年预登记补贴申请合同14份，受益农户9户，购置补贴机具14台，使用中央资金29.304万元。

【秸秆综合利用】2022年，北辰区农作物秸秆综合利用工作所涉及的农作物秸秆包括小麦、玉米、水稻及其他（大豆、高粱等）等。全区农作物秸秆基本实现全量化利用，且全年未发生农作物秸秆焚烧现象。至2022年11月底，结算完成2021年秋季农作物秸秆综合利用补助资金462.03066万元。

“三夏”期间，从6月7日开镰至29日，累计投入各型农机具100余台，其中拖拉机30余台、小麦联合收割机28台、播种机30余台、秸秆粉碎还田机10余台、农用运输等机械30余台。完成小麦机收作业2233.33公顷，播种下茬作物2233.33公顷，小麦秸秆综合利用率100%，完成“三夏”农业生产任务。

“三秋”期间，投入各型农机具120余台，其中拖拉机30台、玉米联合收割机25台、播种机械25台、秸秆粉碎还田机10台、深松机7台、农用运输车20台。完成玉米机收作业4333.33公顷，播种冬小麦1266.67公顷，秸秆综合利用率达到99%以上。

【农机深松整地作业】2022年，完成深松整地项目机械化有效作业面积636.27公顷。4家农机专业合作社全年投入各类型作业机具24台套，其中深松机7台、大型拖拉机7台、深松智能监控设备7套。全部作业均符合相关技术要求，判定为验收合格，给予结算作业补贴。

2022年北辰区作业机具作业质量统计表

表7

作业主体	作业车辆	有效作业面积（亩）	达标比（%）
新鑫顺悦	津01-26221	1987	98
新科利民	津01-27735	1164	96.6
	津01-26218	1039	96.2
	津01-37737	1610	97.4
德太	津01-27732	327	95.6
	津01-30371	1439	95.5
晨麟	津01-28712	1978	96.2

【农机监管】2022年，服务机手，简化手续，发放跨区作业证5个，将跨区作业信息发布于“全国农机化综合管理系统”。开展送检下乡服务，实现拖拉机收割机注册登记27台，农机年检138台，结合农机年检粘贴反光贴，保障行车安全。完成2022年度北辰区农机化统计工作，包括农机化作业情况、农机拥有量、农机服务组织人员、农机投入产出情况。

乡村振兴

【概况】2022年，北辰区继续加大实施乡村振兴力度，从农村厕所问题、水源污染治理、生活污水治理和全域清洁化工程等方面改善农村环境。开展农村人居环境整治示范村、乡村振兴示范村、“三美四乡”与美丽庭院建设，促进农村居住环境全面提升。

【乡村振兴工作统筹领导】2022年，调整完善区委农村工作领导小组成员构成。制定《关于做好北辰区2022年全面推进乡村振兴重点工作的分工方案》《北辰区深入学习习近平总书记“三农”工作的重要论述工作方案》《北辰区2022年农民增收工作实施方案》等政策文件，确保各项任务落实到位。先后召开领导小组会议3次，专题推动会1次，落实“五级书记”抓乡村振兴要求、区领导联系基层推进乡村振兴制度、重要涉农政策文件征求意见和备案制度，发挥好党委农办决策参谋作用，近距离指导服务“三农”工作。针对35个部门的71项考核指标，制定印发《北辰区对接做好全市2022年推进乡村振兴战略实绩考核的工作方案》《北辰区2022年实施乡村振兴战略实绩考核办法》。制定系统学习安排，推动从事“三农”工作领导干部提高政策水平和工作本领。利用中组部红色美丽村庄试点村等区内红色资源，开展各级干部推进乡村振兴特色教育培训，打造以中河头村为圆心，辐射周边的“红色河头”教育基地。

2022年2月17日，双口镇在四楼会议室召开乡村振兴初步规划汇报会

（赵　洋　摄影）

【农村“厕所革命”】2022年，制定印发《北辰区农村厕所问题摸排整改工作方案》《北辰区农村厕所问题摸排整改协调督导检查机制》《北辰区农村厕所革命服务站建设与管理实施方案》，推动完成6个镇、44个村的358座（262新建、96座往年建设）农村公厕和2个镇、27个村新建的20152座农村户厕存在问题摸排工作，28个农村公厕问题整改到位，543个农村户厕问题整改完毕，未发现不能使用和不能全年使用的问题厕所。加快构建以“政府引导、

村为主体、群众参与、有偿服务”的农村厕所革命服务站为综合平台的长效管护机制，在西堤头镇季庄子村开展农村厕所革命服务站建设并正式试运行。

【农业面源污染治理】 2022年，完成2021年度农田残膜和农药包装废弃物回收处置工作，累计回收农田残膜19860千克，农药包装废弃物14040千克。农田残膜和农药包装废弃物回收工作有序开展，回收处置农田残膜33000千克，回收率超过82%，农药包装废弃物13000千克，无害化处理率达到100%。

【农村生活污水治理】 区分农村生活污水处理设施区级统建和镇村自建，针对27个规划保留村和17个待拆未拆村，联合区水务局、各相关镇，分季度深入开展农村生活污水处理设施运行管护排查，整改存在问题。联合区生态环境局做好全区20000千克以上农村生活污水处理设施出水水质监测。做好纳入市级管理的5个村农村生活污水处理设施运行维护依效付费评价工作，2022年度北辰区总分第一。

【农村全域清洁化工程】 2022年，制定下发《北辰区农村全域清洁化工程“百日攻坚”活动的实施方案》《关于开展“迎盛会 洁家园 美环境”村庄清洁行动的通知》《关于扎实开展村庄清洁行动秋冬季战役的通知》《关于进一步扎实做好农村人居环境整治相关工作的通知》《关于进一步开展好疫情期间村庄清洁行动的通知》等文件，强化“三级网格”管理体系，配合做好农村生活垃圾分类、“户集村收镇运区处理”收运处置体系和“环卫一体化”体系实施。累计清理各类垃圾杂物3800万千克，清理河道3000余千米。区级和镇级分别明察暗访和自查检查，其中区级巡查通报点位51处，镇级自查点位575处，均基本整改完毕或列入整改计划。发挥基层党组织领导核心作用，督促各镇村将农村人居环境整治纳入村规民约。

【人居环境整治示范村】 2022年，在完成第一批7个农村人居环境整治示范村创建工作的基础上，学习借鉴浙江“千村示范、万村整治”工程经验，持续推动开展第二批2个农村人居环境整治示范村（双口镇后丁庄村、赵圈村）创建工作，拨付区级资金330万元、市级资金142万元，创建工作全部完成，实现村庄多层次绿化、立面美化、景观节点靓化、村内道路硬化的基本目标，村庄环境得到质的提升。

2022年，北辰区第二批农村人居环境整治示范村——赵圈村　　（栗先锋　摄影）

【乡村振兴示范村建设】 2022年，针对“5+1”个乡村振兴示范村，推动美丽田园、美丽村庄、美丽庭院规划建设工作。制定完成“5+1”个乡村振兴示范村的产业规划和创建方案，按照方案开始逐步实施。2022年11月，完成刘快庄村、中河头村、郝堡村、青光村的村庄规划；12月完成刘快庄村创建方案的市级评估和备案工作，完成刘快庄村示范村验收工作，创建北辰区第一个乡村振兴示范村。全年示范村创建项目取得一定成果。青光村青盛河畔农业园区项目初具规模。庞嘴村打造410公顷海棠园，举办首届海棠花艺术节。郝堡村着力打造森林康养项目，完成健康义诊小院和日间照料中心项目建设，新建2处精品民宿，提升村内基础设施，休闲民宿示范基地初见雏形。双口镇“红色河头、绿色双口”项目被批复为中央专项彩票公益金支持欠发达革命老区项目，获得4000万中央财政支持。

【“三美四乡”建设与美丽庭院】 2022年，深入贯彻落实《天津市建设“三美四乡”深入推进乡村振兴实施方案（2021—2025年）》要求，结合“迎盛会、铸忠诚、强担当、创业绩”主题学习宣传教育实践活动，区委农办、团区委、区妇联、区农业农村委联合农行北辰支行开展“美丽庭院”创建评选活动，以“小家美”带动“大家美”，全面改善农村人居环境，推动区加快建成“兴业之乡、宜居之乡、文明之乡、幸福之乡”。在全区评选出“美丽庭院”创建的50户典型代表，牵头制作《北辰区“美丽庭院”创建示范户展示集》。

【农民丰收节】 2022年9月，以“庆丰收·迎盛会”为主题，联合区相关部门在曙光水镇举办“中国农民丰收节”各项活动。活动总体安排为“1+3+N”形式，即1个开幕式，3项展示活动（农产品展示，政策、成果展示区，惠农宣传区），N个分会场系列活动。主要以视频方式，记录开幕式精彩表演和展示活动。举办“惠农助农”进乡村活动，邀请区内银行、保险等金融机构，为群众介绍“惠农助农”金融产品，助力乡村振兴。各镇依据实际情况、地域特点、乡村文化资源分别开展相应的庆祝活动。

农村经济经营管理

【概况】 2022年，北辰区加强农村经济经营管理，清查集体经济合同及村集体资产，开展农村项目审计和产权制度改革，推动农村经济高质量发展。

【依法清理规范集体经济合同】 2022年，梳理清查村集体各类经济合同6296份，其中问题合同3729份，综合整改完成率达到100%。追回欠缴合同款项以及其他涉案款项1511.35万元，防止资产流失，确保集体“颗粒归仓”。

【村集体非现金结算】 2022年，制定出台非现金结算指导意见，多措并举督导推动“银农直连”进度。到2022年11月，全区

123个村基本实现非现金结算，按照进度安排完成考核任务。

【集体资产进场交易】 2022年，强化农村集体产权流转交易体系建设，制定《关于规范农村集体产权流转交易管理的实施意见》，按照“应进必进”标准推动集体资产进场交易。2022年，完成交易340笔，成交金额4.7亿元。历年累计完成农村产权交易589笔，总成交金额12.4亿元。

【农村产权制度改革】 2022年，区农业农村委、区档案馆和第三方服务机构，全面完成区、镇、村三级农改档案数字化工作，所有档案正式移交区档案馆。

【集体资产清查】 2022年，开展2021年村集体资产清查，共清核资产总额259.75亿元、土地287.20公顷。全年审批、备案村集体大额资金2.99亿元。

【农村审计工作】 2022年，全区开展审计项目152个（村级经济组织审计项目100个、村下属企业审计项目52个），审计总金额1631968.72万元，不合规金额405113.52万元，整改金额19521.57万元。完成村级组织换届集中审查任务，对2022年村级“两委”人选资格进行审查，审查5批次、145人次。

农业综合行政执法

【概况】 2022年，北辰区农业农村委全面深入履行种植、畜牧、渔业、农机、农资、野生动物保护等农林领域执法职责，累计出动执法人员3049人次，检查农资、种植、养殖、动物诊疗、农机、水产养殖、人工繁育野生动物等农林生产经营场所931家次，开展河道巡查巡护78次，开展森林及野生动物巡查巡护213次。无害化处理非疫病死亡生猪5112头，审核通过委托代销备案单和经营不分装备案单241份，备案审核通过品种近400个。全年立案查处行政违法案件27件，罚款金额8.2157万元，没收违法所得金额0.2245万元，罚没共计8.4402万元。

【食用农产品“治违禁 控药残 促提升”三年行动】 2022年，结合食用农产品“治违禁 控药残 促提升”三年行动，组织开展系列农业专项执法、农产品质量安全专项整治等行动，如“农村假冒伪劣食品专项治理”、“农资打假专项整治”、“瘦肉精”专项整治、农兽药残留专项整治等。在农药、兽药等投入品使用高峰期间如夏、秋季加强日常监督管理。通过专项集中整治和日常监管相结合，引导农药、肥料等农资店建立连锁经营模式，实行规范经营，打击销售经营高毒禁用农药和假劣农资行为，确保农产品生产源头安全。全年累计出动执法人员2404人次，检查农资生产经营单位、养殖场、屠宰场等农业生产经营场所899家次。立案查处违法生产经营农资案件7起，违法使用农药案1起，违法使用禁用农药案2起，违法使用食品添加剂案1起。

【农产品质量安全检测】2022年，加大政府主导支持力度，持续投入310余万元用于农产品质量安全检测。加大农产品质量安全隐患排查、例行监测、风险监测、监督抽查力度，将全部农产品生产销售企业、农民专业合作经济组织纳入农产品质量安全监测范围，继续加大食用农产品的抽检数量和频次。全年累计完成定量检测1776批次，监督抽检不合格3批次，完成定性检测17000余批次。经与区市场监管局沟通协调，天津市北辰区产品质量监督检验所申报获得CATL资质证书。

【推行农产品承诺达标合格证制度】2022年，更新农产品生产主体监管名录数据库，将农产品生产企业、农民专业合作经济组织、种植大户、收购储运企业等规模化生产经营主体及小农户全部纳入监管名录，责任书签订率、告知率、培训率均达到100%。重点加强对6家放心菜基地、5家水产养殖场户、4家屠宰企业、18家规模化畜禽养殖场户及40家农资经营单位的指导和监管。将食用农产品承诺达标合格证制度宣传和开具纳入日常巡查检查重要内容，严肃查处虚假开具合格证、承诺与抽检结果不符的生产主体，并纳入农产品质量安全信用管理，加强执法监督频次。

【农资打假专项执法行动】2022年，以农村和城乡结合部、农资经营集散地、种植养殖生产基地、菜篮子产品主产区为重点区域，以农资生产经营企业、农村和城乡接合部门店、乡村流动商贩等为重点监管对象，履行农资打假日常监管职责，严格种子、农药、肥料、兽药、饲料等生产经营环节执法检查，全年出动执法人员1291人次，检查农资生产经营单位448家次。立案查处农资相关行政处罚案件9件，罚没金额共计2.185万元。联合区市场监管局、公安北辰分局、区供销社等单位，开展“3·15”农资打假联合执法行动，出动执法人员19人次，检查农资生产经营单位6家次，发放科学施用肥料、农民购种注意事项、禁限用农药名录等农资打假相关宣传材料50余份。联合区市场监管局开展农资打假暨联合“双随机、一公开”抽查检查专项执法行动，出动执法人员22人次，对辖区范围内8家农资生产经营单位开展执法检查。做好检打联动，依法严厉查处。监督抽检种子6个品种、农药8个品种、肥料6个品种，风险监测抽检农药40个品种、肥料27个品种，抽检结果全部合格。

【动物防疫领域专项执法行动】2022年，推进畜牧健康养殖和畜产品安全，全年处理各类投诉举报件27件，解决率100%。严格饲养环节动物防疫执法，年初与养殖场签订承诺书，按照随机抽查加强对畜禽饲养场的执法检查，全年检查养殖场289场次，查处不符合动物防疫条件从事动物防疫活动案件2起。开展农产品安全抽检，抽检鸡蛋27批次、牛尿4批次。严格调运环节动物防疫执法。完善跨省调运监管机制，利用“放心猪肉质量安全全程监管可追溯系统”，接收61条跨省调运活畜禽信息并核查，做好相关记录。落实生猪运输车辆备案管理要求，开展生猪贩运运输备案登记工作，对符合备案条件的车辆进行政策告知和备案，全年备案生猪贩运车辆2辆。严格屠宰环节执法，全年检查屠宰场40场次。联合区市场监管、公安、属地政府等部门开展打击生产经营含“瘦肉精”牛羊肉的违法行为的专项行动，开展突击夜查，抽检牛肉7批次。开展农产品安全抽检，鸡肉18只份、牛肉93批次、牛肝42批次。严格诊疗环节动物防疫执法。加强对动物诊疗机构及其从业人员的执法检查，重点检查无证诊疗经营、未经备案行医、违法诊疗、违法使用药物、未按规定处置动物及其排泄物和医疗废弃物等违法行为。全年检查动物诊疗机构55家次，查处无证诊疗机构1家。

【陆生野生动物保护专项执法行动】 2022年，加强野生动物保护日常巡护。全年共出动人员581人次，重点检查鸟类繁殖地、越冬地、停歇地、迁徙通道以及湿地、河流、鱼池、坑塘、林地等，检查点位899处次，未发现非法猎捕、毒杀、贩卖、运输、食用候鸟等违法犯罪行为，未发现野生动物异常死亡等疫情。加强人工繁育野生动物监管。区有野生动物人工繁育许可的场所共3家，全年开展检查8家次，出动执法人员16人次，3家均未开展养殖活动。开展北辰区“2022清风行动”。区农业农村委、公安北辰分局、区交管局、区市场监管局等部门以及9个镇、6个街、郊野公园共出动执法检查人员4229人次、车辆1756辆次，检查栖息地、人工繁育场所、经营利用场所、交通运输、口岸和沿海沿边地区等重点点位3814处次。办理非法猎捕野生动物案件1件，处罚金1500元。加强秋冬季候鸟迁徙保护。制定《北辰区2022年秋季候鸟迁徙保护专项行动实施方案》，组织开展“黑鸟市”执法检查，对葡萄地、农田、林带及其他果园等重点区域联合巡查，组织开展专项检查17次，出动人员100余人次、巡查车辆38辆次，拆除捕鸟网300余米、拆除诱捕器15个、救助候鸟200余只。

【森林资源保护专项执法行动】 2022年，加强行政许可事项事中事后监管。全年区林地上的林木采伐许可证事项59件，检查13件，出动执法人员30人次，检查比例22%，检查结果全部合格；处于监管期的林地征占许可45件，抽查27件，抽查比例60%，检查结果全部合格。开展森林督查疑似点位调查，区森林督查点位28个，判读面积15.5064公顷，投入人员60余人次，进行覆盖外业调查，现场核实坐落位置、小班面积，收集变化原因佐证和拍摄现场照片，森林督查未发现问题。开展打击制售假劣林草种苗和侵犯植物新品种权专项行动，重点打击制售假劣林草种苗和侵犯植物新品种权行为，规范市场秩序，出动执法人员 65 人次，开展检查 29 次，其中联合检查 6 次，发放宣传资料 500 余份。查处未按规定建立保存林木种子生产经营档案的违法行为林业行政处罚案件 1 起。

【“中国渔政亮剑 2022”系列专项执法行动】 2022 年，制定工作方案，明确目标职责。印发《关于开展“中国渔政亮剑 2022”北辰区系列专项执法行动的通知》，成立专项执法行动领导小组，建立联席会议制度，全年共召开联席会议 5 次。开展清理整治涉渔“三无”船舶和“绝户网”专项行动，在北仓、双街、小淀、大张庄及北辰郊野公园等重点区域开展联合清整行动 13 次，出动执法人员 150 余人次、河道清理人员 50 余人次，清理“三无”船舶 20 条，各类违规网具 100 件；开展水生野生动物保护和规范利用专项执法行动，对全区 12 家水生野生动物人工繁育单位和 13 家经营利用单位开展监管检查 19 次，出动执法人员 57 人次；开展海河流域禁渔期专项执法行动，对北运河、永定新河、金钟河等重点水域，加大行政执法力度，强化执法联动。禁渔期期间开展执法检查 6 次，其中联合行动 4 次，夜查 2 次，出动执法人员 24 人次；开展水产养殖用投入品规范使用专项行动，对区内 7 家水产苗种企业开展检查 26 次，出动执法人员 58 人次，监督抽检样品 53 批次，风险监测抽检样品 15 批次，未检测出不合格样品；开展打击电鱼行为专项执法行动，对北运河、金钟河、丰产河、永定新河等水域加大执法力度，提高法律震慑力；开展专项巡查 78 次，其中晨查 2 次，日查 73 次，夜查 3 次，出动执法人员 187 人次。

【农机安全生产专项执法行动】 2022 年，强化农机安全日常监管。对全区 10 家农机合作社、1 家维修网点和 3 家设施园区开展日常执法检查，出动执法检查人员 139 人次，检查农机合作社 37 家次，检查设施农业园区 13 家次，农机维修网点 2 次，检查相对人 29 人，排查车辆 102 台次，下达责令改正 12 件，办理行政违法案件 1 件，罚款 100 元。结合安全生产月活动，与区交管部门开展联合执法行动 4 次，重点排查达到报废年限的拖拉机（变型拖拉机）违法上道路行驶、拖拉机运输机组等农业机械无牌无证等严重违法行为，出动执法人员 8 人次，检查拖拉机 8 辆、收割机 3 台，悬挂宣传标语 4 幅，发放安全宣传资料 80 份，发现 1 辆未悬挂牌照收割机。

【人工繁育野生动物场所监管】 2022 年，北辰区现有野生动物人工繁育许可的场所 4 家，全年开展检查 8 家次，出动执法人员 16 人次。至年底，4 家养殖场中 3 家已停止养殖活动，1 家为 2022 年新核发许可证的，正在筹备养殖工作。

【秋冬季候鸟迁徙保护】 2022 年，9 月 30 日，召开 2022 年秋冬季候鸟保护工作专题会议，安排部署北辰区2022年秋冬季候鸟保护工作，并印发《北辰区2022年加强秋冬季候鸟保护工作方案》。10月25日，制定《北辰区2022年秋季候鸟迁徙保护专项行动实施方案》下发各有关单位。组织开展“黑鸟市”执法检查；葡萄地、农田、林带及其他果园等重点区域联合巡查；联合普法宣传等专项行动。加强药店、医院、依法登记注册的商品交易市场、网络交易平台、餐饮饭店等的监督管理，杜绝市场内活禽销售和宰杀行为。秋冬季候鸟迁徙期间，野外巡查湿地、河流、鱼池、坑塘、林地以及鸟类迁徙通道、停歇地、繁殖地、越冬地等9600处次，出动人员3000人次，车辆1000辆次。组织开展专项检查17次，拆除捕鸟网300余米、拆除诱捕器15个、救助候鸟200余只。对交易市场、农产品经营户、餐饮企业、药店等进行检查。

（齐群生）

工业　建筑业

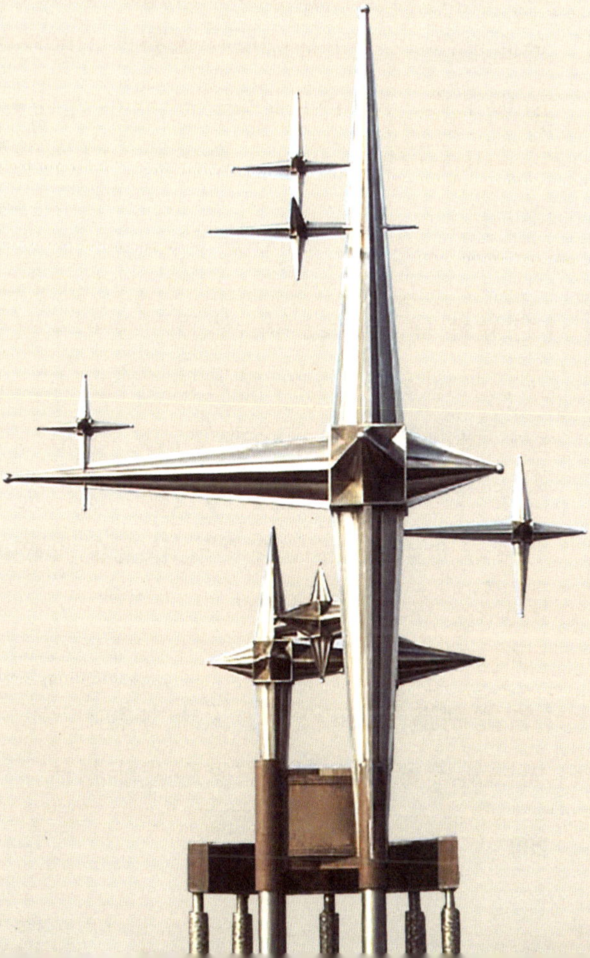

工　业

【概况】 2022 年，北辰区 556 家规模以上企业累计实现产值 1361.5 亿元，比上年增长 4.0%；增加值比上年下降 1.1%；战略性新兴产业实现产值 655.3 亿元，占比 48.1%，增速 9.7%；高技术制造业实现产值 107 亿元，占比 7.9%，增速 -6.9%。

【项目建设】 2022 年，全区工业固定资产投资中制造业项目 167 个。其中，1 亿元以上制造业项目 72 个，投资占比 81.6%；战略性新兴企业投资项目 39 个，投资占比 22.7%；高技术（制造业）产业项目 21 个，投资占比 21.8%。

【工业园区围城治理】 2022 年，按照“保留一批、整合一批、取缔一批”的要求，全面推进 43 个工业园区（集聚区）的分类治理工作，36 个工业园区完成治理任务，包含 6 个保留类、13 个整合类、17 个取缔类园区。

【创新体系】 2022 年，森罗科技等 4 家企业获批国家级重点专精特新“小巨人”企业；玛斯特等 38 家企业被认定为 2021 年度专精特新中小企业；弗兰德、斯巴克斯等 4 家企业获批 2022 年度市级企业技术中心。

【智能制造】 2022 年，天士力集团、长荣集团等 5 家企业获批国家级智能制造示范工厂和应用场景；长荣股份和天锻压力机获批国家级制造业单项冠军示范企业，捷强动力和 7 所高科获批 2022 年度市级制造业单项冠军企业。22 个项目获批 2022 年第一批智能制造专项资金 3215.21 万元。

【绿色发展】 2022 年，雅迪实业获批国家级绿色工厂，可耐福新型建筑系统入围国家绿色供应链管理企业。组织爱旭太阳能、先知邦科技等 9 家企业开展 2022 年工业节能诊断服务工作，举办主题为“绿色低碳，节能先行”的 2022 年节能宣传周线上活动，加快推广国家鼓励的先进节能节水工艺、技术和装备。

2022 年 2 月 13 日，在 2022 年全市工业和信息化工作会议上，北辰区获“绿色新能源装备产业主题园区”称号

（郭　诚　摄影）

【“双万双服促发展”活动】 2022 年，走访调研江铜华北、天士力、海皇食品、采埃孚、金海兴业等 200 余家企业，协调解决报考叉车司机证书、办理健康证、基站建设、办理在京空运进口货物提离监管仓库、产业链上下游对接等重难点问题

2022年4月13日，北辰区在长荣集团组织召开高端装备产业链数字化转型培训会暨第二期产业链专题活动

（徐思宇　摄影）

32个。

【“1001”工程】 2022年，完成电网建设任务9项，新建输电13.77千米，电缆线路13.9千米，新增变电容量480兆伏安，新立杆塔52基，工程项目总投资7.8739亿元。

【通信基础设施建设】 2022年，39个选址、建设及室分类问题全部完成。完成新建通信基站52座，公共资源站址占比40.38%，直供电比例73.08%；完成现有基站5G升级改造156站。（蒲洪彪）

建筑业

【概况】 2022年，北辰区住房和建设委员会（以下简称区住建委）推进基础设施建设、施工扬尘防治、规范建筑市场管理等业务工作开展，持续推进城中村改造，抓好老旧小区及远年住房安全整治，各项工作均取得明显进展。

【建筑人才队伍】 2022年，建筑业队伍专业人才比例不断增加。至年底，有正高级工程师1名，副高级工程师11名，工程师36名，助理工程师26名。专业人才结合全区城市发展战略，制定区域建设阶段性计划，组织实施主干道路、市政基础设施、配套道路和管网等建设项目自开工建设至竣工验收的全过程。

【基础设施建设】 2022年，完成商河道、阳江路、宜兴路、崇业道、尚竹路、辽河道、辽河北道建设。持续推动铁东北路上跨龙门东道立交工程建设，并同步开展重要节点建设项目龙门东道下穿前期工作。持续推进朝阳路下穿铁道建设项目前期工作。持续推进市级重点下放项目建设，实现青光示范镇欣永路、光烁道、光照道3条道路进场施工，完成金清路施工招标，推进铁西路、潭青路、棠湾道等项目前期工作。

【安全监管】 2022年，监管工程268个标段，建筑面积1386万平方米，完成竣工验收55个项目，验收合格率100%。开展实施城镇燃气安全和房屋质量排查整治、房屋市政工程安全生产治理行动、防风险除隐患保安全等专项检查，结合大型机械和质量安全外包服务检查，对全区在建工程进行全覆盖检查。营造安全生产浓厚氛围，

2022年10月19日，北辰区住建委组织人员开展建筑工地安全生产检查工作
（杨容森　摄影）

组织开展“安全生产月”“119消防月”等活动，组织全区项目开展应急演练。开展扬尘管控，落实“六个百分之百”控尘措施和重污染应急响应减排措施，开展臭氧专项防控和非道路移动机械整治工作，加大巡查检查力度，减少施工扬尘污染影响，推动空气质量不断改善。

【建筑市场管理】2022年，落实招投标服务电子化，持续推行“不见面招标”，借助电子信息技术手段，建设工程类项目招标工作实现网上办理，提高招标投标效率，降低企业成本，减少因疫情停工造成的各方损失。5月，推进公开招投标工作开展，组织开展“北辰区朝阳路综合能源站配套供热管网工程”等10余个重大项目的开评标工作，保障区重点民生改造项目稳步建设。全年平台共发布招标公告184个、中标项目数326个、中标规模约246.22万平方米、中标金额约83.39亿元，合同签订登记237项。

【建筑管理】2022年，稳步推动配套非经营性公建配套审批、验收、移交工作，全年共完成21个项目非经营性公建现场验收工作，对17个项目核发新建住宅商品房准许使用非经营性公建配套证明，移交接管非经营性公建共计48处。完成农村困难群众危房改造37户，涉及4个镇，改造房屋2200平方米。完成城乡自建房专项排查整治，共排查自建房11.48万栋，其中经营性自建房10033栋，实现经营性自建房排查录入率100%。完成农房抗震改造19户，组织镇、村、第三方技术单位竣工验收，全部合格。持续推进绿色建筑节能管理工作，对34个装配式建筑项目提出装配式建设要求；审核并函复民用建筑指导意见10件；对34个项目提出绿色建筑指标。

【重点工程项目建设】京滨城际铁路北辰站周边基础设施配套工程。2022年5月，

2022年2月25日，北辰区住建委对勤俭新苑城中村改造项目小配套建设进行验收
（李　强　摄影）

进场施工。至年底，完成新建道路4条（含给水、排水）约2754米，分别为迎悦路、迎智道、迎理道、迎辰道；完成新建站前广场建设任务，总面积约2.18万平方米；完成自来水工程，敷设DN600管道长约3840米，敷设DN300管道长约4300米。完成污水泵站1座；雨水泵站完成主体施工。

北辰东道道路、综合管廊及附属工程PPP项目。至2022年年底，北辰东道除中石化小淀加油站占压部分外，可施部分基本建设完成，综合管廊于6月23日完成竣工验收。

外环线东北部调线与津蓟快速路立交工程，道路工程、桥梁工程，同步实施交通设施、照明、绿化、切改等工程。至2022年年底，主体结构基本完成，照明工程、绿化工程、交设工程同步施工中。

【城中村改造项目建设】 2022年，城中村指挥部发挥统筹协调职能，持续推动全区城中村改造工程项目建设。全年完成阳光卡蒂尔、宜兴埠A、勤俭新苑3个项目的建设任务并实现交付，3个项目建筑面积为28.32万平方米，共计2777套住房，为实现北辰区城中村改造工作顺利“闭环”迈出坚实的一步。　（王雅君）

商贸服务业

商业服务业

【概况】 2022年，北辰区商务局（以下简称区商务局）科学筹划全区服务业发展，加强与重点企业合作，推进楼宇经济建设，推动招商引资和促进消费扶贫，保障群众生活。

【扶持中小微企业】 2022年，区商务局联合市商务局、人民银行、外管局、北辰海关、信保天津分公司等相关单位，举办政策宣讲会、“春雨行动”北辰专场座谈会、应对风险服务指导暨重点企业交流座谈会等会议共计6场，其中线下会议4次，累计参会企业70余家；线上会议2次，累计参会企业70余家。活动重点将新出台的保税政策、跨境贸易便利化政策、信保政策等面向企业进行详细讲解，帮助企业了解、用好政策，增强企业抗风险能力和市场竞争力。

联合北辰海关、中信保天津分公司和属地政府走访重点外贸外资企业10余家，包括弗兰德传动系统有限公司、天津金锚集团有限公司等，详细解答企业提出的关于政策解读、海外业务拓展、境外加工贸易开展等问题。

2022年8月24日，北辰区商务局在宜兴埠镇组织召开“北辰区促进外贸保稳提质　通关政策宣讲会”　（张莫云　摄影）

【与中信保加强合作】 2022年5月，与中国信保天津分公司签订战略合作协议，强化双方合作。至年底，全区共有184家企业获得出口信用保险承保支持，涉及出口规模6.45亿美元，比上年增长30%以上。全区信保的企业覆盖面达到约50%，支持出口金额渗透率约25.5%，比上年提高5.5%。天津盛华金鑫冶金矿料制造有限公司等6家企业获得赔款超过700万元。天津市万达轮胎、天津杰锋伟业国际贸易有限公司获得免抵押、低成本贸易融资支持7200万元，解决企业资金需求，稳定企业生产经营。

【服务业指标完成】 2022年，全区服务业增加值累计实现352.7亿元，比上年（可比价）下降0.6%，占全区生产总值比重49.7%；限额以上销售额累计实现1595亿元，比上年下降7.8%；累计实现限额以上社会消费品零售额86.6亿元，比上年下降16.8%；累计实现限额以上住餐营业额3.01亿，比上年下降20.6%；15个重点服务业行业累计实现营业收入143.8亿元，比上年增长3%。

【服务推动重点项目】 2022年，全区累计新开发服务业4万元以上项目160个，总投资114.5亿元，其中亿元以上项目34个，总投资94.9亿元；5000万元以上第三产业项目总计129个，总投资3142.9亿元，其中建成7个、在建100个、待建14个、在谈8个。在建项目中服务业项目15个，总投资额391.68亿元。

【流通领域综合治理】 2022年，开展对全区12家一级冷库进口冷链企业的疫情防控工作；持续加大对非法加油加气的打击力度，联合公安、市场监管等部门查处非法存储、销售汽柴油窝点，全年累计整治点位41个，没收疑似汽油共计44.26吨，规范油品市场经营秩序。强化服务企业意识，协调冷链企业与天津商业大学对接，加强智慧冷链建设，提高冷链企业管理智能化、数字化、高效化；组织大型商超召开专题会议，安排部署推动商贸领域消防安全和安全生产、追溯体系建设、诚信建设、食品安全等相关工作，全面提升大型商超的场所安全运营水平。

2022年9月19日，北辰区商务局组织召开一级冷库防疫工作部署会

（石　健　摄影）

【楼宇管理】 2022年，全区新引进楼宇企业554家，比上年上升7.16%，注册资金总计92.49亿元，比上年上升71.63%。全区商务楼宇37座，总建筑面积175.5万平方米，商务面积158万平方米。累计入驻企业5078家，注册资本762.9亿元，从业人员1.68万人。全年商务楼宇实现全口径税收11.3亿元，其中留区税收4.81亿元。全年盘活空置商务楼宇面积2.9万平方米。

【实际使用外资】 2022年，全区实际使用外资14514.72万美元，完成率77.7%，比上年上升64.34%，完成数在全市排位第4名，比上年上升1位。完成数中的10715.2265万美元是由弗兰德传动系统有限公司与中方股权交易而产生，占比73.82%。

【繁荣夜间经济】 2022年6月29日，为促进夜间经济发展，双街尚河城市集开业，推出多种创意活动和精彩舞台表演，满足消费者消费娱乐需求，为周边地区带来新的商业活力，增添了该区域的文化氛围。

【市场管理】 2022年，建成集贤里街道泰来道菜市场和青（广）源街道盛锦园菜市场。组织区内各菜市场负责人召开推动会，开展日常督导检查，指导企业聚焦“风险点排查”，加强场内外环境卫生管理。督促企业牢固树立底线思维，增强做好安全生产责任感，时刻筑牢安全生产“防火墙”，落实好企业安全生产责任。

【消费帮扶】 2022年，做好消费帮扶工作。利用元旦、春节、中秋、国庆等传统节日消费高峰节点，开展受援地区农副产品消费帮扶活动。开展北辰区消费帮扶月活动，通过线上线下融合方式，推介宣传受援地区商旅资源，动员全社会力量加大受援地区产品采购力度。召开北辰区消费帮扶工作部署培训会，解读区消费帮扶专项工作方案及天津市消费帮扶服务平台相关政策。推动“三专一平台”布局，通过现场查验、材料审核，推荐天津娜娇植食品科技有限公司、天津锋毅绿缘商贸有限公司进入天津市消费帮扶服务平台，累计入驻平台企业13家。全区实现消费扶贫金额1.38亿元，完成任务143%。

2022年5月11日，北辰区商务局在三楼会议室组织召开消费帮扶工作部署会

（张作群　摄影）

（郭志昂）

对外经济贸易

【概况】 2022年，北辰区商务局采取一系列措施促进进出口额增加，提高为外贸企业服务水平，推进全区对外贸易发展。

【对外经济指标】 2022年，全区进出口总额实现264.9亿元，增量位列全市第四名，比上年增长5.2%，增速位列全市第四名。其中，出口总额205.9亿元，比上年增长4.8%；进口总额59亿元，比上年增长6.6%。全年新增备案企业138家，全区共有外贸备案企业2522家。全年办理技术进出口备案31件，涉及金额6691.1万美元。

【组织企业参会第五届中国国际进口博览会】 2022年，按照天津市第五届进博会工作方案要求，组织全区各相关单位及各镇街、开发区召开专题筹备会，对照区内企业需求和参展商目录，有针对性组织属地对企业进行邀请，扩大参会企业范围，做好采购意向的统计摸底工作。有71家企业参加线上线下对接活动。其中，博威动力设备有限公司与卡特比勒公司签订燃气机组采购合同，订单总额880.1万美元。

【外贸企业服务】 2022年，加强为企业解决实际困难力度，促进企业更好更快发展。减轻企业资金压力，与北辰海关协调为天津三协塑料有限公司、天津韩信精密电子有限公司等7家企业出具免征海关加工贸易风险保证金的保函，预计免征2022年全年保证金约2100万元，缓解外贸企业资金周转困难。

（郭志昂）

招商合作

【概况】 2022年，北辰区合作交流办以高质量招商引资工作为总抓手，构建“纵向联动、横向协同”的招商引资服务体系，吸引更多大项目好项目落户北辰，不断增强全区高质量发展的经济实力和发展动力。

【招商引资】 2022年，围绕全区重点产业链，开展“走出去”“请进来”对接活动80余次，多次赴北京、上海、江苏、浙江、四川等地外出招商；主动会见重点企业和项目负责人，推进项目签约和落地；借助第二届智能制造创新大赛平台优势，深入比赛现场，挖掘优质项目信息；赴石家庄市和武清区、保税区学习招引首都资源先进经验做法，重点对接坤鼎集团、中科控股、格清生物、航天兴邦等京冀企业40余家，推动中科产业园、中铁二十三局、北京联合智业、诺鹏传媒、精益智能制造等项目落户北辰。全年举行3次重点项目签约活动，签约日立智研园、坤鼎产业园、707产业化基地、华电氢能、垠坤产业园、中电建产城融合综合开发、芯瑞达显示屏、少年得到、易世恒医疗、彼合彼方机器人、河工大先进装备研究院、脆升升、虎驰印刷13个项目，投资总额97.6亿元。

2022年6月23日，北辰区合作交流办在区政府会议室举行第六届世界智能大会北辰分会场“云签约”活动

（刘 承 摄影）

【承接北京非首都功能疏解】 2022年，围绕区内龙头企业产业链上下游企业，面向京津冀地区，深化与国家部委、科研院所、高等院校和大企业产学研合作，重点引进符合北辰产业发展方向的优质项目。在北京举办“北辰高端制造业招商会”，会议共邀请30余家企业参会，与5家企业达成合作意向。

2022年4月8日，北辰区在北京举办京津冀协同发展天津北辰高端制造业招商会

（谢 达 摄影）

【推介营商环境】 2022年，利用新媒体手段宣传推介北辰，设计改版招商宣传册、宣传片、H5电子招商宣传手册、北辰招商PPT等宣传材料，利用新华社客户端、“北辰交流”微信公众号、“北辰交流”抖音账号等新媒体平台，宣传北辰区现有招商政策、载体资源，多渠道、多途径进行宣传推介，扩大北辰影响力。

【服务企业】 2022年，坚持为企护企宗旨，完成区“双万双服促发展”第八工作组工作任务，区、镇两级帮扶干部共计走访企业1390户次。小淀镇平台企业数181家，共走访企业1268户次，收集企业问题187个，问题收集率103%，问题办理率100%，问题解决率100%，答复及解决满意度均是100分。协助青（广）源街走访企业，平台走访企业数77户次，发放宣传材料100余份，妥善解决企业线上问题19个，线下问题10个，解决率和满意率均为100%。

【双周调度机制】 2022年，压实招商主体责任，实行“双周调度、每月通报、半年约谈、年底考核”工作机制。2022年8月至12月，召开8次调度会，印发6期《招商引资工作简报》，确保项目洽谈半月有进度、月月有排名、时时有成果。

【项目联审机制】 2022年，召开3次会议，联审松洋智能制造、坤鼎智能制造园、垠坤智能制造产业园、天津易世恒医疗科技有限公司医疗器械生产基地、七〇七所军工与产业化基地建设、脆升升食品加工、少年得到互联网新视听7个重点产业项目。

【组织专题培训】 2022年，围绕区域发展方向、招商引资动态、必备专业知识等内容，全年开展11次专题培训，打造一支招商嗅觉灵敏、专业性强的招商引资队伍。

（陈　擎）

东西部协作和支援合作

【概况】 2022年，北辰区合作交流办助力高质量接续助推结对地区发展和乡村全面振兴，确保巩固拓展脱贫攻坚成果同乡村振兴有效衔接，推动东西部协作和支援合作工作有序开展。

【劳务协作】 2022年，华池、正宁两县农村劳动力转移就业3781人，其中脱贫人口3537人，分别完成任务数（600人、440人）的630.17%和803.86%；开展劳务协作技能培训361人，完成任务数（350人）的103.14%，3项任务指标均超进度完成。

【消费帮扶】 2022年，全区完成消费帮扶1.38亿元，完成全年任务的143.4%。其中销售甘肃华池5000余万元，正宁3000余万元，西藏丁青县20余万元，其他地区5800余万元。组织受援地区及北辰企业参加9月23日至10月23日“津城献爱心 消费助振兴”2022年乡村振兴消费帮扶月活动，通过线上宣传、线下展销方式销售更多帮扶产品。

【产业合作】 2022年，引导9家企业赴结对地区投资落户，实际投资额3371.18万元，带动189名农村劳动力就业，分别完成总任务的128.57%、129.66%、118.13%。其中，华池县落地项目4个，实际投资额2141.6万元，带动67名农村劳动力就业（含脱贫人口9人）；正宁县落地项目1个，实际投资额1019.6万元，带动122名农村劳动力就业（含脱贫人口55人）；西藏丁青县落地项目4个，实际投资额209.98万元，带动22名农村劳动力就业。在共建产业园区方面，与华池、正宁2个县共建产业园区各1个，任务完成率100%，引导5家企业入驻园区，完成任务的125%，实际到位投资额2844.34万元，完成任务的284.43%，吸纳农村劳动力就业261人，完成任务的261%。

【人才支援】 2022年，区内共选派干部人才80名，包括党政干部9名，专业技术人才6名，西藏丁青“小组团”柔性专业技术人才3名，华池、正宁柔性专业技术人才62名。其中，1年以上的22人，占比35.4%，半年期以上10人，占比15.4%，选派比例均高于全市统一规定。针对西藏昌都疫情，紧急选派1名处级干部赴昌都指导工作。创造条件做好到北辰挂职学习干部接收安置工作，全年共接收各结对地区选派干部人才30名，其中包括中央3部委选派挂职干部3名，甘肃选派到北辰挂职干部11名（甘肃华池5名、甘肃正宁5名、甘肃甘南州1名），西藏昌都选派到北辰跟岗学习干部6名。

【资金支持】 2022年，支援西藏丁青县对口帮扶资金820万元。通过市级财政向甘肃省华池县拨付4200万元，向正宁县拨付4200万元，全部计划财政帮扶资金拨付率100%。

【社会动员】 2022年，动员社会力量共募集并拨付款1570.42万元。其中，划拨华池县1038.3万元，正宁县266.12万元，昌都市及丁青县266万元。召开重点镇街党（工）委书记工作汇报会，听取工作计划，研究重点帮扶项目落实举措，在提高社会动员工作参与度和覆盖面上下功夫，营造全民参与东西部协作的浓厚氛围。

【教育帮扶】 2022年，制定《北辰区高质量推进东西部协作和支援合作助力巩固拓展脱贫攻坚成果同乡村振兴有效衔接2022年教育帮扶专项工作方案》。加强结对校帮扶，与结对地区建立“手拉手”学校125对。双方参与教师10120人次。26210名学生参与“小手拉小手”活动，捐赠书籍5000册、学习用具680余套、捐款2000元、心脏模型12副。6月27日，华辰学校华辰名师团“1+1”甘肃行赴华池、正宁两地进行为期4天的送课、送研并商榷列宁学校特色建设项目以及班级手拉手签约等事宜，培训当地教师737人次，390名学生受益。加大互访交流，选派13名干部教师赴丁青县开展送教上门活动，培训丁青干部教师205人次。接收26名幼儿园园长到北辰进行两周的学习，集中组织开展4场线上集中专题培训。利用互联网的优势，让26名园长进行云端观摩、云端交流、分享教育资源，两地共有500余人参与线上交流。9月，华池县34名优秀教师和区16所学校书记、名校长、名教师、名班主任共19位“三名”人员进行线上交流培训。共选派16名优秀教师及领导干部赴庆阳、昌都两地进行支教。为深挖特色，打造教育协作品牌，集中力量对示范校进行“全链条式”教育帮扶，派往华池的9名老师全部安排在列宁学校支教。

【健康帮扶】 2022年，开展专业技术人员选派工作，全年选派13名专业技术人员前往甘肃、西藏结对地区开展健康帮扶，组织中医医院专家队伍16人前往西藏丁青开展柔性帮扶，北辰医院利用远程会诊开展线上学术交流及疑难病例会诊。继续承接结对地区专业技术人员进修和管理人员培训任务。至年底，承接正宁、华池地区到北辰区三级医院进修人员64人次，涉及医疗、护理、影像、康复、药学等专业，进修时间为1个月至6个月。通过交流座谈、集中培训、跟岗学习、实地考察等方式，面对面传授经验，一对一开展教学，确保进修人员掌握最新的医疗技术和医院管理方法。

【万企兴万村】 2022年，制定《北辰区“万企兴万村”专项工作2022年实施方案》，到结对地区开展帮扶活动，考察食用菌、农业示范园等产业项目，为帮扶地区捐赠帮扶资金、开展公益帮扶活动。“防返贫资金池”新增捐助资金21.9万元，为救助帮扶困难户注入活水；引导6位民营经济人士参与民族团结“结对认亲”活动；动员民营企业参与帮扶数量106家，比上年增加31%；累计投入帮扶资金730.25万元，比上年增加2%；新增36家民营企业与西藏丁青帮扶村签订合作协议，累计参与村企结对民营企业78家，比上年增长86%。

【文化旅游帮扶】 2022年，搭建线上平台开展公共文化交流，形成产业助力推介文旅资源，增进东西部文旅人才交流。举办“踔厉奋发 勇毅前行”学习宣传贯彻党的二十大精神——天津北辰、河北兴隆、甘肃华池、甘肃正宁、西藏丁青四省5个区文化交流展，扩大结对地区文化旅游资源在北辰的知名度和影响力。推荐区优秀文创企业竭威文化有限公司前往华池落地，促进当地文创产业发展。通过对结对地区的旅游和非遗资源进行整理，在区文旅云线上平台上开辟东西部协作文化旅游合作专栏，发布结对地区旅游景区、非遗项目和部分文物资源信息，扩大结对地区文化旅游资源在区的知名度和影响力。

【总结宣传】 2022年，利用各种形式，展开持续报道，营造良好氛围。共刊发刊播《探店！北辰区结合资源优势拓展新疆和田农、特色产品产销渠道》《让革命老区的孩子们“上桌学习”》等重点稿件12篇。结合迎庆党的二十大主题宣传和迎盛会主题教育实践活动，推出具有特色的各类稿件，其中《从日常工作的兢兢业业到化身“大白”的冲锋在前　一名甘肃干部在天津北辰区挂职的239天》得到央广网的全网推介。与中国小康网合作开展专题报道，《北辰区举办东西部协作和支援合作募捐仪式雅迪专场活动》等融媒体作品在中国小康网刊发，央广网、《今晚报》等媒体都同时刊发推出。

【乡村振兴示范村】 2022年，聚焦当地特色林果、畜牧养殖、产业化经营模式，紧盯基础设施提升改造工程，助力结对地区开展乡村振兴示范村建设。至2022年10月底，华池县900万元乡村振兴示范村建设资金全部下拨，已使用项目资金878万元，占全年总投入资金的98%，正宁县共安排468万示范村建设资金，已使用项目资金395.3万元，占全年总投入资金的84%，丁青县共安排720万示范村建设资金，已使用项目资金689.69万元，资金使用率达到95.8%。

【科技帮扶】2022年，北辰区开展与结对地区科技部门交往交融、实施农业科技特派员制度、推广使用“津科帮扶”科技平台、集成一批农业优势生产技术在结对地区推广运用等方面开展科技帮扶工作，天津商学院相关专家为甘农生物科技有限公司指导沙棘浓缩清汁研发项目，天津商业大学与甘农生物科技有限公司签订《共建沙棘加工利用协同创新中心合作协议》，天津北辰科技园区管理有限公司与华池县科学技术局签订《2022年北辰与华池县产业园区结对框架协议》，为产业发展和科技创新提供人才支撑。全年选派111名科技特派员，进驻8个农村合作社、6个龙头企业及各乡镇，促进名、特、优农产品生产加工产业发展。在华池县、正宁县等结对地区推广应用“津科帮扶”在线咨询平台，实现线上答疑解惑，使农民足不出户便可解决农业相关技术问题。至2022年底，登记注册农户800余户。（赵　政）

供销合作

【概况】2022年，北辰区供销合作社（以下简称区供销社）融入乡村振兴发展战略，贯彻新发展理念，牢记为“三农”服务根本宗旨，持续深化综合改革，促进各项工作顺利推进。全年实现营业总收入1923万元，完成预期指标。

【综合改革】2022年，成立综合改革领导小组，结合市区有关文件要求，研究起草《关于持续深化北辰区供销合作社综合改革的实施意见（征求意见稿）》。

【双线运行机制】2022年9月，召开第一次社员代表大会，选举产生区供销合作社第一届理事会和监事会，区供销社“三会”制度正式建立。规范明确理事会、监事会职责任务，出台议事规则和工作规则等一系列配套制度，成立社有资产管理委员会，推动“双线运行”机制不断深化。

2022年9月19日，北辰区供销合作社召开第一次社员代表大会　（刘凤凤　摄影）

【联合社治理】2022年，调整天供资产管理咨询中心机构，下设行政管理部、业务服务部、资产管理部、会计核算中心4个部门，为全系统实现社企分开、双线运行奠定基础。

【基层社组织建设】2022年，制定加强基层组织建设的工作规划，出台规范开放办社指导意见、成员社入社退社管理办法等制度，对全系统基层供销合作社进行重新检查认定。推进基层社建设，成立青光、庞嘴村供销合作社2家村级社。根据两村发展需要，建设设施农业蔬菜大棚，采用股权质押方式分别予以500万元、160万元的资金支持，助力乡村振兴。领办农民专业合作社，区供销社与君益农业农民专业合作社、五强农作物种植专业合作社、柯宝畜牧养殖专业合作社3个专业合作社，欣麟家庭农场、德虎家庭农场2个家庭农场签订入社协议，5家企业成为区供销社成员社。

2022年9月14日，北辰区庞嘴村供销合作社设施农业大棚投入使用，种植的首批蔬菜出苗　（刘　挺　摄影）

【现代农业建设】2022年，继续向领办的益多利来水产养殖有限公司融资500万元，帮助公司解决虾苗培育及养殖生产、扩大饲料生产的资金缺口，助力公司辐射和带动农民参与发展现代农业，促进区农业向高、新、特、优方向发展。组织参加市社系统以“聚焦为农服务、推介津农精品、助力乡村振兴”为主题的供销大集年货节暨供销系统优质商品对接洽谈会，推荐区8个涉农企业、农民专业合作社和农户的20余种名特优农副产品参展，扩大产品影响力。

【农产品流通服务体系建设】2022年，在区政府主导下，区供销社与天穆村委会签订租赁天穆综合市场项目，成立辰供市场管理服务有限公司，为发展区域经济，促进区内和谐稳定工作发挥作用。

【为民办实事】2022年，小淀供销社东大院修建集水井，避免汛期来临造成安全隐患及次生灾害。北仓市场斥资8万余元，在市场二楼安装6部新空调，保证用电安全。高峰市场投入19万余元，新建长约330余米围墙，保证群众生产生活安全和市场环境秩序。

【打造亮点窗口】2022年，高峰路农贸市场全年接受全国、市、区创文创卫及农产品安全检查93次，检查结果全部为优秀，为全区顺利完成各项验收工作做出贡献。3月，国务院联防联控机制第一督查组专家组对高峰农贸市场进行专项督查，市防控指挥部办公室督查组对此进行通报表扬。市商务局、市场监管委等多次检查高峰农贸市场工作都予以表扬，天津电视台等多家市级主要媒体、北辰电视台对市场疫情防控工作的突出成效进行多次报道。（张雪茹）

金 融

金融业发展

【概况】 2022年，北辰区金融工作局（以下简称区金融局）全力以赴"组织和调动区域金融资源服务地区经济社会发展"，为区域经济发展做出应有的贡献。主要在推动创新服务实体经济发展、加强银政企对接、推动"新辰智贷"政策落实、开展网络融资超市平台建设、加大推动上市服务和防控金融风险等方面完成全年各项目标任务。

【存贷款额数】 截至2022年底，驻区31家银行存款余额为1345.09亿元，比上年同期增长204.2亿元，增幅为17.90%；贷款余额为1163.7亿元，比上年同期增长8.2亿元，增幅为0.71%，存贷比86.5%。5家小额贷款公司期末贷款余额4.8亿元，期末贷款笔数93笔。2家担保公司期末担保余额1.7亿元，期末担保笔数为33笔。

【保险业务】 2022年，全年财产保险金额1630.8亿元，赔款2.13亿元，赔款2.76万件。其中，企业财险成交484笔，保险金额291.7亿元，保险费753.44万元，赔款100件、3099万元；机动车险31.03万辆，保险金额1745.4亿元，保险费4.26亿元，赔款3.78万件、2.75亿元；家庭财产保险成交64748户，保险金额24.64亿元，保险费886.37万元，赔款452件、113.42万元；工程险104笔，保险金额8.53亿元，保险费53.54万元，赔款0件、0万元。

金融服务

【概况】 2022年，北辰区金融工作局搭建网络融资超市平台，推动银企对接新模式，贯彻落实政策宣传及服务对接企业，强化对区内注册的融资性担保公司、小额贷款公司和典当行的监管和服务力度。

【网络融资】 2022年，利用大数据、云计算等前沿技术，依托中国移动云网络平台搭建"网络融资超市"对接服务平台，不断优化完善平台服务功能，扩大平台应用的覆盖面，创新市场主体的融资渠道，提升"网络融资超市"的服务功能。至年底，入驻网站金融机构达到39家，发布融资产品125个，注册上线企业1459家，为235家次企业解决融资5.4亿余元。

2022年6月28日，北辰区金融局组织召开融资租赁和商业保理专题培训会议

（区金融局　供图）

【金融帮扶】 2022年，按照就近原则把全区划分成10个片区，组建101人的融资专员队伍，并制定《融资专员对接各镇街、

园区一览表》，组织全区 496 家企业开展融资服务对接活动，开展政策宣讲 434 家次，为 46 家企业落实 1.9 亿元融资贷款需求。准确把握区内科技型企业融资需求新变化，持续推动“新辰智贷”政策优化升级落地实施，全年累计为区内 8 家科技型企业实现知识产权质押贷款 6200 万元，缓解部分企业融资难、融资贵的问题，推动高技术轻资产企业快速成长壮大。持续加大企业上市服务工作力度，不断加强对企业上市的引导、扶持和服务工作，修订出台《北辰区关于支持企业上市融资加快新动能引育的有关政策》，为先众新能源申报新三板挂牌转板补贴及万德凯建设申报 OTC 挂牌融资补贴；疫情防控期间，邀请北交所专家与拟上市企业召开线上培训对接会。点对点为企业排忧解难，为中重科技、金米特、森罗科技等企业协调相关部门出具支持函件 16 份。至年底，全区共有沪深港上市企业 10 家，除滨海新区外全市位列第一，2 家企业进入上市辅导期。

【金融风险防控】 2022 年，持续加强对地方金融机构高管及财务人员教育培训，推动机构完善治理结构，强化内控风险管理，防控风险漏洞，引导地方金融机构回归本源，服务实体经济，促进行业持续健康发展。将“迎盛会、铸忠诚、强担当、创业绩”主题宣传教育活动和防范非法集资有机结合，通过组织开展防非宣传“进社区”“进家庭”等系列活动，增强人民群众对非法集资的防范意识和识别能力，营造良好金融生态环境。全年开展集中宣传活动 20 余次，“七进”活动 30 余次，印制及发放宣传材料 5 万余份，在津云、天津政法报、微北辰、网信北辰等市、区级媒体登载公益广告片、“以案说法”教育文章等 94 次，形成铺天盖地的舆论宣传氛围。

2022 年 3 月 11 日，北辰区金融局在嘉谷华庭社区组织开展防范非法集资宣传教育“进社区”专题讲座活动

（区金融局　供图）

（鲁红海）

北辰经济技术开发区

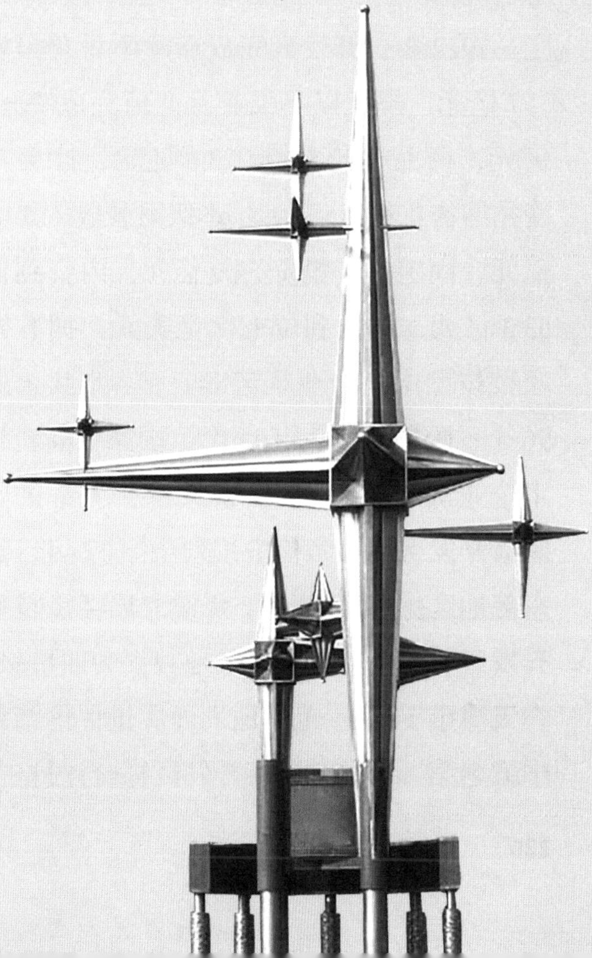

载体建设

【概况】 2022 年，开发区持续加强载体建设，抓重点、补短板、强弱项，加快提升园区基础配套硬环境水平。通过主动靠前服务、科学合理规划，提升园区项目承载能力，继续优化营商环境，为园区高质量发展夯实基础。

2022 年，天津北辰经济技术开发区（以下简称“开发区”）深化体制机制改革，坚持稳中求进工作总基调，持续推进基础设施完善提升，稳步推动京津医药谷建设，深化国有企业体制改革，盘活闲置资产，积极拓展融资渠道，有效化解债务压力，多措并举提升自主造血能力，较好地完成创收盈利目标。深入推进干部人事、劳动用工和收入分配三项制度改革，激发员工干事热情。

2022 年，开发区完成在建项目总投资 157 亿元，规模以上工业总产值完成 790.8 亿元，商品销售总额 223.6 亿元，社会消费品零售总额 1.5 亿元，本级财政收入 14.3 亿元，固定资产投资 54.9 亿元，内资到位 53.3 亿元，外资到位 1.38 亿美元；拥有国家科技型中小企业认定 141 个，雏鹰企业 96 个，瞪羚企业认定 12 个，国家级高新技术企业认定 234 个。在 2022 年商务部的国家级开发区综评考核中位列全国 32 名，在东部地区排名第 24 位。天津北辰经济技术开发区装备制造业示范基地被评为四星级，在天津市 11 家示范基地发展质量评价结果中排名第一。在天津市开发区综合评价中，北辰开发区在天津市参评的 10 家国家级开发开放区域中综合排名第 5 位，绿色发展方面处于国家级开发开放区域领先水平。

【规划设计】 2022 年，开发区完成京津医药谷整体规划 7 平方千米、起步区 1 平方千米，总规论证报审以及控规编制工作；完成北区、高端园、医药园等规划环评自查报告报审工作；完成环东控规修改编制和公示工作；完成高端园、陆路港区域地质灾害评估报告；完成各片区土地利用集约评价和医药园蒸汽供热专项批复；完成高端园、陆路港成片开发方案审批。

【基础设施建设】 2022 年，开发区完成高端园、环东片区八处道路塌陷点位维修工程，以及片区多处高危点位检测，确保道路基础设施正常运行。坚持高标准建设配套设施，积极与有关镇、委局协调沟通，破解拆迁、征地和工程建设方面难点问题，加速推进产城融合示范区 5.9 平方千米起步区核心区国际京津医药谷功能服务配套区开发建设，提升园区载体功能，为投资者营造优质发展环境。2022 年核心区内 12 条道路已通车，14 条道路正在进行施工，3 条道路及和融道雨水泵站正在办理前期手续，核心区内已落户绿地贸易港、苏宁云仓、北科建、滨海联创等多个项目。实施了京津塘高速出入口项目管线迁改施工招标、合同签订、涉路施工审批。

【京津医药谷】 2022 年，开发区全面提速京津医药谷建设进度，起步区1.2平方千米土地利用规划调整、城市设计和产业规划方案已上报，引入中电建、中国水利水电等央企共同开发建设，至年底京津医药谷一期工程1平方公里已取得控规、立项、可研、初步设计等相关批复，征地安置补偿公告、地上物核量确认、耕地占补资金、森林植被恢复费均已完成，地上物补偿方案及协议已通过区政府常务会审议。医药谷一期工程内的双海道、兴河路、康清道等11条道路的项目初步设计评审取得批复，完成11条道路的总承包EPC与代建、设计、勘察、监理单位的招标工作。

（王文慧）

项目建设

【概况】2022年，开发区把抓“项目建设”作为经济发展的“生命线”，细化、完善各项手续办理，推动项目攻坚“加速度”，确保项目建设顺利推进和高质量完成，同时持续深化国有企业体制改革，为经济平稳发展不断积蓄动能。

【重点项目出让开工】2022年，开发区完成垠坤、中新收储地块9.73公顷出让工作，出让金9348万元。完成盛澳、美达王、中兴物流、松洋等8个项目稳评、征地公示等程序。其中，中兴6.67公顷地块完成征转批文，松洋、保温管履行审批程序，隆域报预审，707地块、坤鼎已完成征地程序。

2022年，开发区范围内在建项目32个，总建筑面积270万平方米，总投资157亿元，其中2022年新开工项目包括雅迪二期、捷强二期、宝辰、优元、可耐福、金石二期、中逸安科、欧梯克二期、垠坤、中兴产业园、爱旭二期等15个项目，总建筑面积119万平方米，总投资68亿元。2022年竣工项目包括台力二期、新伟动力、松洋二期、采埃孚、台力、赛迈斯、大陆融商等14家，总建筑面积75万平方米，投资51亿元。推动包括爱旭、SMC、飞龙砼待建项目前期手续，同时推进包括松洋、美达王等7个项目启动拿地即开工程序。

2022年11月4日，天津北辰经济技术开发区举办重点项目集中签约仪式

2022年10月，年产一万吨纸铝塑高性能复合包装材料研发与生产项目二期开工

（开发区　供图）

2022年北辰经济技术开发区在建项目情况表

表8

序号	项目名称	所属片区	企业名称	总投资（亿元）	占地面积（亩）	规划建筑面积（万平方米）
1	数控机床制造项目	高端园	天津精雕数控机床制造有限公司	12	370	21
2	中新药业滴丸智能制造基地一期项目	医药园	天津中新药业集团股份有限公司	3.09	141.61	2.1
3	天津高端印刷产品扩建二期项目（二号车间、高架立体自动库）项目	高端园	天津中荣印刷科技有限公司	2.28	153	3.43
4	年加工2500万套家具用金属配件项目	高端园	天津市飞龙砼外加剂有限公司	1.56	100	6.33
5	中兴环保智慧仓储物流园项目	陆路港	天津中兴环保科技有限公司	15	348.86	20.1
6	产线结构升级厂房扩建项目	经开区	弗兰德机电传动（天津）有限公司	1.9		3.95
7	盛景铭都花园23-34#楼及配建4项目	高端园	天津景浩投资有限公司	3.9	209.67	7.98
8	盛辰花园项目	高端园	天津市宏升房地产开发有限公司	13	120	11
9	商贸服务智能终端机制造项目	产城融合示范区5.9平方千米起步区	天津绿地铂选电子商务有限公司	1.4	60.74	4.7
10	保温管技术研发生产基地建设工程项目	高端园	天津太合节能科技有限公司	1.8	115.8	6.2
11	汽车工业设计和地铁疏散平台制造项目	高端园	天津奥普提莫斯科技发展有限公司	1.5	20	1

续表 8

序号	项目名称	所属片区	企业名称	总投资（亿元）	占地面积（亩）	规划建筑面积（万平方米）
12	天津医药器械数字化生产及供应链综合平台项目	医药园	国科恒翔医疗科技有限公司	4.5	149	12.1
13	汾河南道地块定向安置房项目	科技园区	河北区环金安居建设工程有限公司	8.4	52	3.1
14	京东智能产业园项目	高端园	天津益海智能科技有限公司	10	363	28
15	盛景铭都花园 1-8# 楼、35-38# 楼、幼儿园项目	高端园	天津景浩投资有限公司	4.65	59	9.9
16	朝亚（天津）1A 地块大数据项目	高端园	天津朝安兆亚科技发展有限公司	1.37		1.9
17	智能化钢筋加工装备产业化发展研发生产基地项目	陆路港	建科机械（天津）股份有限公司	2.3	100	6.1
18	电力物联网智能设备产业化基地建设项目	高端园	天津清源华越科技有限公司	2.4	37	3
19	新型防化装备及应急救援设备产业化项目	高端园	天津捷强动力装备股份有限公司	2.5	50	3.5
20	高端电动车生产研发基地二期项目	医药园	天津雅迪实业有限公司	13.8	419.36	42
21	华涛二期项目	陆路港	天津华涛汽车塑料饰件有限公司	0.08		0.71
22	联东 U 谷（A 地块）五期项目	医药园	天津联东金达产业园投资有限公司	0.72		2.1
23	联东 U 谷（C 地块）五期项目	医药园	天津联东金达产业园投资有限公司	1.08		3.1
24	宝供（天津）国际商贸物流城项目	陆路港	天津宝辰智慧物流发展有限公司	6.67	237.5	12.14

续表 8

序号	项目名称	所属片区	企业名称	总投资（亿元）	占地面积（亩）	规划建筑面积（万平方米）
25	联创·京津制造园项目	产城融合示范区 5.9 平方千米起步区	天津优元仓储有限公司	8.74	67.96	15.95
26	年产 3000 万平方米石膏板密闭原料库项目	经开区	可耐福新型建筑系统有限公司	0.35		1.08
27	年产 1 万吨纸铝塑高性能复合包装材料研发与生产项目二期	高端园	金石（天津）科技发展有限公司	1.5		3
28	重组新型冠状病毒疫苗（CHO 细胞）等生产建设项目	科技园区	中逸安科生物技术股份有限公司	10	53	5
29	欧梯克二期厂房项目	高端园	欧梯克工业（天津）有限公司	1.3	11.69	0.78
30	产线结构升级厂房扩建（G、H 车间）项目	经开区	弗兰德机电传动（天津）有限公司	0.46		0.9
31	垠坤智能制造产业园项目	高端园	天津垠瑞万辰智能科技有限公司	2.2	61	3.1
32	中兴高端装备产业园光电子器件制造项目	高端园	中兴环保（天津）有限公司	15	440	18
全年				157		270

【深化国有企业体制改革】 2022 年，开发区通过建立开发区国有独资、全资、控股、参股公司分类管理台账和开发区国有企业股权架构图，深入推进国有企业体制机制改革，及时更新并掌握企业基本情况及股权关系。制定监管权责清单、投资项目负面清单以及资产评估管理暂行办法等管理制度，完善国有资产评估备案流程，明确

对下属子公司的监管范围及权责边界，健全国资监管体系。分析当前存在的问题，拿出“脱困、破局”的措施，编制开发区国有企业“十四五”经营发展战略规划，经理层任期制改革全部完成，在一级企业和重要子企业全部建立董事会。

全面优化党委会、董事会、经理层之间的决策沟通机制，党委会、董事会、经理层三者依法履职，实现议事决策规范高效、科学民主、运行顺畅。深入推进国企改革三年行动，规范国有企业组织架构，全年召开董事会12次，成立4个专门委员会并完成议事规则，完成14家企业出清出让和4家企业改制，开展开发区高质量发展改革大讨论活动。面向全国公开选聘业务水平强、职业素养高的经理层领导和专业人员，组建招商团队，开展中层管理岗竞聘上岗，涌现一批专业技能高、文化素质好，敢担当、有活力的年轻干部，中层干部学历等级、年龄层次、职称结构实现优化，人员素质得到提升。优化收入制度，通过市场调研和行业对标，形成科学合理、标准统一、同级同酬分配机制。建立“能上能下、能进能出”选人用人机制，实行任期制和契约化管理，全面实行绩效和任期联动，实行绩效考核，激发干部员工的主动性积极性。（王文慧）

管理服务

【概况】 2022年，开发区深入贯彻市场化经营的新发展理念，深化国有企业体制机制改革，高效盘活存量资源，有效防范风险，积极创收盈利，以高度的责任感和紧迫感切实提升企业市场化、现代化经营水平，管理服务再上新台阶。

【盘活闲置资产】 2022年，开发区按照“收回一批、处罚一批、清退一批”原则，对区域内包括金石、美图等49个逾期项目进行梳理。截至2022年年底，第一批美图试点项目已签订调解书并缴纳违约金1562.238万元，实现北辰区首个通过法律途径解决逾期问题案例，为法治化推进土地资源集约利用，发挥重要示范作用。中车项目已提请诉讼正在洽谈回收方案，通过一系列加压盘活，实现包括金石、台力、中荣、华涛项目二期建设。高效盘活闲置资产，最大限度提升资源利用率，建立资产租赁管理台账，确保自持资产有效利用，完成自持资产3.17万平方米的租赁工作，取得森氏、佳成项目4500万元补偿款项，加强自持资产的日常管理，编制租金收缴、水电费和基本电费收支管理系统。

【化解债务】 2022年，开发区积极拓展融资渠道，有效化解债务压力，在原有的融资方式的基础上，充分利用政府专项债、项目融资、股权融资等渠道，实现金融机构债务期限由短变长、利率由高变低，用发展的途径解决债务问题。全年完成融资108.64亿元，合理调度资金，各债务主体均已按时间节点完成化债任务，均无逾期欠息情况。

【创收盈利】2022年，开发区各经营性子公司积极运用市场化经营理念，提升自主造血能力，完成创收盈利目标。盛创公司累计取得项目分红及退出分配8.7亿元，包括爱旭减持已收回资金3.1亿元，智慧出行基金退出5亿元，其他项目分红6000万元。因化债因素造成2022年净利润-30000万元。辰悦公司完成2宗居住地块挂牌出让，出让面积10.53公顷；2022年营业年收入1400万元，净利润2万元。盛耀公司重点推进政务服务中心、津乾园保障性租赁住房、英才园、城市更新四个项目建设，2022年营业收入104700万元，净利润5300万元。新衢物业做好开发区300万平方米道路保洁、绿化养护及泵站管理、防汛、清融雪等工作，完成营业收入6980万元，净利润538万元。医药谷公司加快推动京津医药谷开发建设，开展市政施工、盘活闲置资产，实现营业收入1027万元，净利润22万元。担保公司开展担保业务，营业收入86万元，净利润92万元。开发区所属子公司国有资产保值增值率考核指标全部为100%。（王文慧）

三项制度改革

【概况】2022年，开发区为坚决贯彻党中央、国务院关于深化国有企业改革的决策部署，经开公司、科园公司在开发区党工委的大力支持下，公司党委结合公司发展实际，深入推进了干部人事、劳动用工和收入分配三项制度改革，从2月28日开始至5月20日结束，历时不到三个月。

【干部人事制度改革】2022年，开发区实施干部人事制度改革。2月28日、3月2日、3月5日分别召集区国资委、开发区管委会、经开公司党委相关负责人就经开公司、科园公司的部门设置和中层岗位设置充分酝酿、研究，确定内设部门的组织架构、部门编制人数。为做好中层竞聘工作，成立经开公司、科园公司中层竞聘工作领导小组，集体研究通过《北辰经济技术开发区有限公司、北辰科技园区管理有限公司中层管理岗竞聘方案》，并于3月11日正式发布。此次竞聘面向公司及下属子公司全体员工开展。

经开公司、科园公司累计参与报名且资格审核通过人数67人、102岗次，根据最终综合评价结果，按照综合成绩由高到低排序的原则，经开发区党工委、经开公司党委会议研究决定，最终聘任中层正职干部18人、中层副职干部11人。其中，2人由中层副职竞聘为中层正职，2人由一般职员竞聘为中层正职，9人由一般职

2022年3月11日，经开公司、科园公司在商务中心103室召开中层管理岗内部竞聘部署大会　　（开发区　供图）

员竞聘为中层副职，共计13人提职晋升，占新聘任中层干部的45%。现任中层干部中，原始本科学历以上22人，增加7人，占比73%，提高21%。现中层干部30人，平均年龄38.33岁，下降3.26岁。现任中层干部中，具有中级以上职称12人，占比40%，提高6%。公司人力、财务、法务、安全等部门实现专业技术资格人岗相适。

【收入分配制度改革】 2022年，开发区全面推行价值导向薪酬分配制度，打破“大锅饭”，建立与公司战略发展相适应、更具灵活性和市场竞争力、按照业绩贡献决定薪酬的收入分配机制。

2022年5月10日成立天津北辰经济技术开发区所属国有企业薪酬和绩效考核工作领导小组，经征求国资委、管委会相关领导的意见建议，并参考市场同类型企业的薪酬水平，制定薪酬管理办法和实施细则。5月17日，工会主席召集全体职工大会，分层级征求全体人员的意见建议，并由第三方专家现场对员工提出的问题进行解答。5月21日新的薪酬管理办法正式颁布实施。

薪酬管理方案取消原有的“老人老办法、新人新办法”的薪酬标准，形成科学合理、标准统一，部长、副部长“同级同酬”的分配机制。根据竞聘过程中涌现、挖掘的人才情况，新增设主管级岗位薪酬标准。根据自身学历、职业资质、职称等3类因素，对一般员工设定6档工资标准，形成“一岗多薪”机制。

薪酬管理方案委托第三方制定组织实施，明确了薪酬管理机构、薪酬标准、个人薪酬管理、薪酬支付等，健全完善公司薪酬体系，强化竞争机制。通过员工自身能力、资质、业绩考核形成差别的薪酬，让优秀的员工得到更合理的报酬。

【劳动用工制度改革】 2022年，开发区聚焦提高用工效率、激发队伍活力，实行“两制一契”“岗位合同制”为核心的用工管理制度，打破身份界限，建立健全以合同管理为核心、以岗位聘任管理为基础、人岗匹配、进出畅通、灵活高效的市场化用工制度。

严格管控职能部门编制，依据公司定位，经开公司设置7个部门，科园公司设置12个部门。实行绩效与任期联动、打破“一任终身”观念，全面推行“两制一契”管理。经开、科园公司领导班子及中层干部实行任（聘）期制（统称任期）和契约化管理。领导班子人员任期为3年，中层干部任期为2年，聘任工作与现行任期相衔接。

建立员工优胜劣汰机制，实行全员绩效考核，全年绩效奖励分为月度岗位绩效和年度绩效奖励两部分，兼顾过程性考核与结果性考核相结合，根据考核结果兑现绩效奖金。形成科学、客观、公平、公正的考核评价体系，建立按业绩贡献决定薪酬的分配机制。

考核结果合理分布，将员工绩效考核等级统一设定为“优秀”“良好”“称职”“基本职称”“不职称”五类。明确界定员工退出标准，对绩效考核等级为“不职称”的员工转岗培训，重新上岗后考核结果仍为“不职称”的，依法解除劳动合同。加大员工绩效等次比例与组织绩效挂钩力度。

（史玉华）

北辰年鉴
2023

交通运输

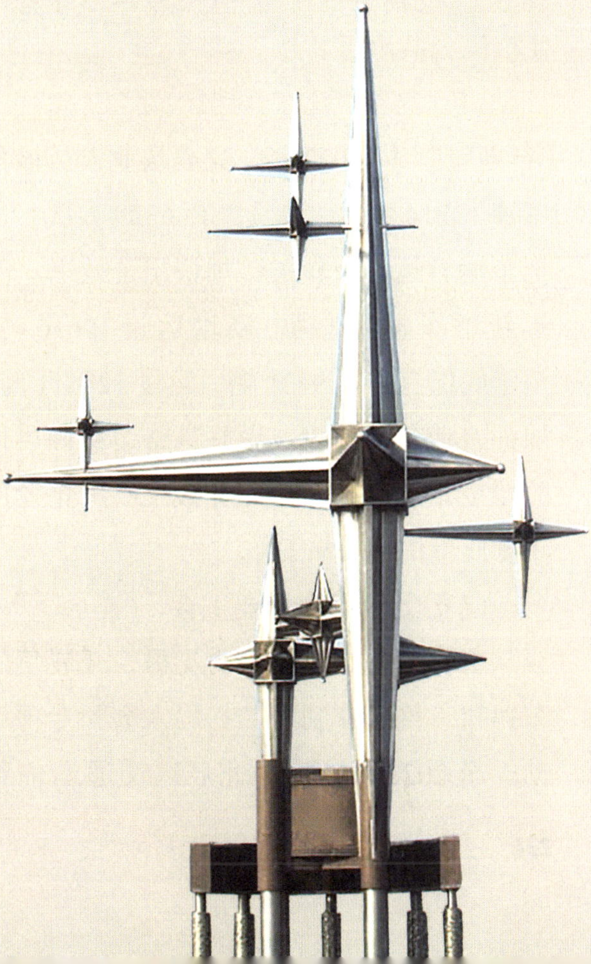

运输管理

【概况】 2022年，北辰区交通运输管理局（以下简称区运管局）做好公交线路、安全生产、行政执法等工作。调整优化6条公交线路，保障11条150千米383万平方米国、省干线公路安全畅通，维护好行政区域内电子警察、监控设备等交通设施。

【公交线路】 2022年，重新规划公交174路、721路、722路设站位置，新增双口卫生院公交站，解决双口卫生院不通公交的问题。投资5000万元，统筹推进建设未来城公交站，以公交站为依托引入公交675路，解决周边群众出行问题。协调区公交集团、区城投公司等单位现场勘验确定北仓公交站北移至天桥下方案，同步调整涉及的610路、611路等18条公交线路，方便市民公共出行。

【行业管理】 2022年，完成从业人员诚信考核13214人次，继续教育6329人次。严把车辆营运证审核关，加快出证效率。全年新增车辆998辆，新增运量10616吨，至年底保有车辆9431辆，运量128611吨。加强企业日常监管，做好道路运输许可证的年度审验工作，全年完成150户企业的年度质量信誉考核工作。

成立交通运输行业工会，“建会”“入会”工作双向启动、互为支撑，开展货运车司机、网约车司机“扫码入会”专项活动。至2022年年底，北辰区交通运输行业工会联合会建会企业252家，涉及会员7531人，成立联合会以来，新增扫码入会人员562人。

2022年8月30日，北辰区交通运输行业工会联合会召开第一届委员会第一次全委会
（胡玲玲　摄影）

全年共对126家一类、二类维修企业进行年度质量信誉考核，评定AAA级企业6家，AA级企业38家，A级企业69家，B级企业0家，新开业不定级企业13家，企业考核合格率达到100%，向市道路运输局推荐6家AAA级企业参评全国诚信汽修企业，打造守法诚信的汽车后服务市场。

2022年8月30日，北辰区运输管理局与市道路运输局对机动车维修考核AAA级企业进行复核　（吕德超　摄影）

加强对各驾培机构的监督管理，全年共审核通过新增各类教练车27辆，审核通过拟聘、过户、核查教练员共95名，审核通过更新、过户、转出、注销教练车共85辆。

开展道路运输车辆达标车型实车核查工作，全年共完成实车核查355辆。强化运输车辆技术性能管理，全年共对4396辆营运车辆进行等级评定，其中一级车况3122辆（含危险品运输车辆62辆、客运36辆），二级车况1274辆。

交通安全生产

【概况】 2022年，北辰区运管局持续推动安全生产三年行动13大项、73小项工作任务，深化6项重点，攻坚3项难点，整改完成隐患问题点位约550个。

【安全应急】 2022年，部署法定节假日、冬奥会及党的二十大等重大活动、重点时期安全生产工作，制定《北辰区交通运输行业安全生产督查检查工作方案》，采取“领导＋执法＋专家”的模式，成立5个督导组，局领导带队督导检查企业87家次，确保行业安全稳定。牵头制定4部区级专项应急预案。组织区级道路危险化学品运输泄漏应急演练。迎战超长汛期10次较强降雨和3次台风过程。

【安全生产专项整治】 2022年，巩固提升安全生产三年行动专项整治。制定《天津市北辰区交通运输管理局安全生产专项整治三年行动2022年巩固提升阶段工作方案》，动态更新“一情况两清单”。做好2个专题、7个专项整治任务，交通运输（渔业船舶）和道路运输专项隐患整改率均达到100%。完成京滨铁路开通前铁路沿线安全环境整治工作，牵头协调难点问题10余个，整改完成隐患问题点位约550个。开展危化品风险集中治理、燃气“百日行动”、安全生产强化年等18个专项多轮次隐患排查整治专项行动，联合区公安交警、区市场监管局等部门及属地，以警示约谈、公开曝光、宣传教育等形式形成强大震慑，累计检查724家次，出动人数1767人次，排查各类隐患526处，现场下达责令整改通知书21份，约谈23家次，全部整改完成。

【安全生产执法检查】 2022年，开展安全生产执法大检查工作。针对安全生产风险管控与隐患排查治理双重预防机制体系建立及执行情况、动态监控管理情况、危险货物罐

2022年10月11日，北辰区运管局邀请安全专家对浩物汽车园汽修企业进行督查检查

（吕德超　摄影）

车运营情况等5大专项行动重点工作开展执法检查，对委托未依法取得危险货物运输许可、擅自从事道路危险货物运输行为、未按照规定随车携带危险货物运单、安全卡，监控平台未接入联网联控系统、开展教育培训等事项实施检查，实施首违免罚2件，实施行政处罚15件，处罚34.8万元。

行政执法

【概况】 2022年，北辰区运管局整治客运车辆违法营运，出动执法人员1036人次，派出执法车辆286辆次，查处违法客运车辆共计100部，其中首违免罚案件57件，处罚14.75万元；查处网约车平台违规派单208件，处罚104万元；开展联合执法行动19次，共出动路面执法人员40余人次，查处超限超载车辆2745辆次，累计卸载超限货物27493.58吨。

【打击超限超载】 2022年，区交通运输行政执法支队对40家道路运输违法企业给予停业整顿15天的行政处罚，对14部货运车辆给予吊销道路运输经营许可证的行政处罚，对1名货运车辆驾驶员作出停止从事营业性运输的处罚决定，全部列入“严重违法失信超限超载运输当事人名单”，实施联合惩戒，加大联合执法力度。2022年组织路警联合行动19次，共出动路面执法人员40余人次，查处超限超载车辆2745辆次（其中查处“双百”32辆次），累计卸载超限货物27493.58吨，消违率100%，结案率100%，超限率控制在1%以内。打击“双百”违法超限超载行为。对查扣的32辆“百吨王”违法货车，严格落实“一超四罚”，共处罚70.75万元，其中处罚改装车辆4辆次，金额5万元，处罚31起短途驳载违法行为，金额64.4万元，处罚源头企业6家，金额0.6万元，对15名无资格证驾驶员实施处罚，金额7500元。

【打击非法营运车辆】 2022年，区交通运输行政执法支队出动执法车辆286辆次，执法人员1036人次，查处违法客运车辆共计100部，其中首违免罚案件57件，处罚14.75万元；查处网约车平台违规派单208件，处罚104万元，提升出租车、网约车司机法治交通意识和安全运营水平。

2022年10月19日，北辰运管局、北辰分局交警支队与西青分局交警支队、西青运管局、交通运输综合行政执法外环和天津大道支队在外环线子牙河桥组织开展跨区路面治超联合执法

（区交通运输综合行政执法支队 供图）

公路建设养护

【概况】 2022年，北辰区公路建设养护中

心推进重点项目建设，提升路域保护水平，加强公路设施和交通设施养护，保证道路质量。

【重点项目启动】 2022年，区公路建设养护中心完成武静公路拓宽改造立项、工可批复，编制初步设计方案，推进项目前期工作。完成北辰区G112京环线、G233克黄线、G205山深线、津武线排水4项修复养护工程，维修养护公路29千米，维护骨架路网便捷畅通。完成武静公路与津永公路交口安全整治工程，确保公路设施安全运行。

2022年8月，北辰区公路建养中心在京环线进行公路面层施工 （庄宏达 摄影）

【公路设施养护】 2022年，区公路建设养护中心累计维修路面98388平方米，维修桥头护坡513平方米，清理涵洞110座，维修路肩105150平方米，边坡除草436400平方米，维修道路边坡170910平方米，更换波形护栏板180片，养护标志39630块，维修道路标志560块，树木除虫80599株，树木刷白3次，油饰桥梁杆18666平方米，更换维修止水带290米。

2022年5月，北辰区公路建设养护中心在北杨线进行桥栏杆油饰工作

（封永明 摄影）

【路域环境提升】 2022年，区公路建设养护中心加大路面保洁力度，利用单位14台机扫水洗设备对养管10条国省干线公路进行机扫水洗作业，保证路面干净整洁，无杂物。重点对克黄线地铁段及北杨线霍庄中学等人员密集场所采取延时清扫、增加作业频率等措施，做到科学扫保。对克黄线地铁段人行道花砖进行不定期冲洗，保证人行道干净整洁。利用自行购置的2台干扫设备，保障低温天气下的路面清扫保洁工作。

【防治安全隐患】 2022年，按照窨井盖安全隐患排查治理工作要求，区公路建设养护中心落实公路产权窨井盖管理，共计建档公路产权窨井盖1702个，其中服务区、停车区内22个。对窨井盖安全隐患进行全面排查，发现并维修更换窨井盖6个。

【民心工程】 2022年，建设"四好农村路"2千米。创建西堤头镇"美丽乡村示范镇"和霍庄中学路、安光道"美丽乡村示范路"。建立区、镇、村三级"路长制"管理体系，全面推进区农村公路建、养、管工作。协办市级人大建议 2 件、区级政协提案 2 件，满意率 100%。巩固“双创”成果，完成环境清整等各项志愿服务活动。结合“12345”热线平台，开展“我为群众办实事”实践活动。

【交通设施维护】 2022 年，维护好行政区域内电子警察、监控设备、信号灯、交通标线、安全标志等交通设施，保障 235 处红绿灯、372 处电警、118 条道路 2858 处交通安全设施正常运行。（胡玲玲）

水务　环境保护

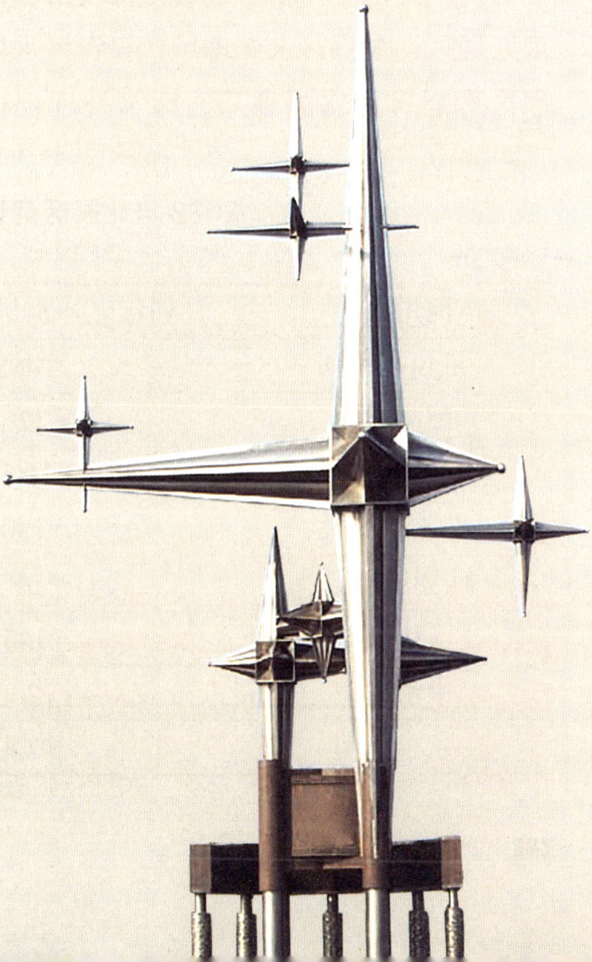

水　务

【概况】2022年，北辰区水务局（以下简称区水务局）践行新时期治水思路，以提升水安全保障能力为主线，坚持“五水共治”，通过促节水、保供水、防洪水、调蓄水、治污水“五措”并举，推进全面从严治党向纵深发展。截至2022年底，区水务局管理泵站共63座，总流量每秒216.433立方米，其中管理雨水泵站23座，运行台时22330.21小时，总排水量203304256.28立方米；污水泵站40座，运行台时207877.75小时，总排水量106320340.27立方米。雨水、污水管道共计1332千米，各类收水井、检查井、化粪井9.8万座。市管正常运营的污水处理厂1座，为北辰污水处理厂，区管正常运营的污水处理厂4座，分别为科技园区污水处理厂、大双污水处理厂、双青污水处理厂和新区污水处理厂，污水处理规模合计每日48万吨，城市污水处理率达到97.23%，污泥无害化处理率达到100%；区管农村污水处理站共计19座，处理规模合计每日3660吨，村污水处理站处理水量约为104.58万吨，出水水质主要指标达标率100%。2022年自来水供水量每年5445.1621万吨，较2020年提升约26.6%。

到2022年底，北辰区界内有一级河道7条，河道总长105.97千米；二级河道9条，河道总长度106.58千米。全区现有景观湖3座，坑塘及微小水体221个，农村干支沟渠299条。全区在用普通深机井101眼。

【水资源开发利用】统筹全区生态用水需求，科学配置生态水源。至2022年年底，共计生态补水9983万立方米。其中通过泵站闸门补水5870万立方米，通过污水处理厂再生水补水4113万立方米。

2022年北辰区河道水循环调度情况一览表

表9

河道名称	计划年度补水量（万立方米）	实际年度补水量（万立方米）
机场排水河	408	260
郎园引河	1267	952
淀南引河	100	300
丰产河	1306	2990
永青渠	388	469
卫　河	1459	508
中泓故道	230	248
永金引河	729	143

保障供水安全。农村饮水方面，加强除氟供水站监管，强化水质监测，委托专业机构完成90个村镇供水点位抽检。城市供水方面，实施引滦暗渠（北辰段）生态保护绿化项目，建设生态恢复绿地。开展城镇供水设施安全生产专项整治检查，排查整治隐患12处，督导供水企业落实常态化自检自查。开展城市供水水质抽检，确定并定期抽检36个点位。二供设施管理方面，监督二供设施管护，现场抽查并督促隐患整改16处，开展新建二供设施验收专项监督检查9次，协调推动二供设施改造移交。定期抽检36个点位的二供设施水质。处置供水舆情，针对二次供水管网爆管停水维修频发问题，完成北润华庭小区二次供水管网改造工程，推进江南春色小区管网改造工程。

再生水利用管理。按照《北辰区再生水利用规划（2016—2030年）方案》逐年推进再生水利用率提升，2022年再生水利用量4113万立方米，至年底，再生水利用率达到50%。

【水资源节约与保护】 2022年，北辰区持续深化节水型社会建设。在“世界水日”“中国水周”活动期间，开展线上线下节水宣传活动。区水务局牵头组织建设节水型社会领导小组成员单位宣传《公民节约用水规范》，线上利用“微北辰”“北辰水务”等公众号平台，推送节水宣传原创视频、海报等宣传材料。线下开展进基层宣传活动，发放宣传册及宣传品100余份，受宣群众150余人次。发挥节水宣传教育引领作用，推动节水进校园，联合区教育局开展“节水大使”评选，评选出10名优秀中小学生为“节水大使”并授予证书。制定节约用水督查检查方案，开展节约用水管理集中整治。制定并印发《北辰区特种行业用水管理工作方案》，开展特种行业用水监督检查，要求辖区内4家供水企业对特种行业用水户安装和使用计量设施情况进行自查，推进一户一表计量。对特种行业用水户特业水价执行情况进行排查，对未执行的用水户立整立改。开展取用水管理专项整治提升行动，为127个取水项目、270个取水口核发取水许可电子证照。

【用水计划管理】 2022年，贯彻落实《天津市节约用水条例》，实行用水总量和用水强度双控，对区管户用水单位核定计划用水指标，核定自来水用户603家，分配指标量1746.52万立方米。完成用水计划行政许可审批，全年累计审批37件（其中用水计划指标变更许可11件，临时用水计划指标许可11件，新增用水计划指标15件），回访获得用水企业37家，回访满意度达到100%。每季度定期开展3类节水用水统计监控。针对8家天津市重点监控用水单位每月开展水量监控，定期对用水量做出合理分析并适时调整。

【地下水资源管理】 2022年，发挥区控沉压采领导小组职能，建立并落实联防联控、督查监管、定期例会制度，加快实施地下水超采综合治理。全年召开区级控沉专项推动会2次，下发各类文件通知10余件。实施机井封填；做好对全区机井的维护和管理；加大对高铁沿线和各类非法机井巡查治理力度，查处即回填，全年封填各类普通机井17眼。全区年平均沉降量1毫米，无50毫米以上沉降严重区面积，30毫米沉降区域消失。根据市控沉办印发的《2022年度天津市地面沉降监测专报》，2018年至2022年北辰区平均沉降量减幅全市最大，减小32毫米。

【节水型单位创建】 2022年，开展节水型系列创建工作，共创建2家工业企业、2个小区、1所高校。各单位（小区）全部达到市节水型单位（小区）标准，由市下发命名文件并授予节水型单位企业（小区）奖牌。

【水生态环境建设】 2022年，现场检查污水处理厂5次，发现并整改各类问题40项，定期开展水质、水量监督监测，强化污泥外运监管；逐步提高19座农村生活污水处理站的运行效率和管理水平，开展运营维护绩效考核，确保农村生活污水处理站平稳安全运营。加强排水许可管理。对纳管排水户建档立册，定期进行水质监测，确保达标排放。开展城市排水设施“乱泼乱倒”专项治理行动，抽查企业、商户116家。实施环外医院、学校、保留工业聚集区主干管网补建工程，解决公厕污水排放问题。实施王庆坨排干渠截污管线部分检查井维修，解决部分检查井及管道破损导致污水外溢问题。推动解决永定河泛区二期工程压占双街镇复垦地块问题。协调推动青排渠北丰产河连通工程，解决环内段清淤治理排水出路。开展河道底泥清淤治理，完成中泓故道北辰段4.13千米清淤治理工作。科学调配生态用水，协调市水务局争取外调水量，累计完成调水9983万立方米。配合区生态环境局，指导镇村开展农村黑臭水体治理工作。加强对城市黑臭水体日常检查，配合开展水质检测，发现问题督促属地落实整改。

【水务规划】 2022年2月28日，区政府办公室正式印发《天津市北辰区水土保持规划（2020—2030年）》。规划借助遥感和GIS等技术方法对北辰区水土流失影响因子及水土保持状况进行分析研究。10月19日，区政府办公室正式印发《天津市北辰区供水专项规划（2015—2030年）修改（天津市北辰区供水专项规划（2021—2035年））》。规划以服务经济建设、保障用水安全为总体目标，共分为6个章节。

【水旱灾害防御】 2022年5月30日，组织召开北辰区水旱灾害防御工作动员部署会，部署2022年北辰区水务局水旱灾害防御工作，组织各镇街、开发区开展防汛自查和隐患排查治理。开展隐患排查，排查重点水利设施199处，发现并整改防汛隐患7处。组织开展移动泵车养护，对辖管184个小区、413条道路、63座雨污水泵站、1332千米管道、9.8万座井池开展“管网大会战”，确保挖净掏清疏通。完成刘安庄桥、辛侯庄桥、牛场桥3座桥维修改造，实施富善楼片区雨污水管网改造，确保汛期出行安全。开展防洪薄弱环节普查体检，组织排查各类跨河、临河、穿堤工程设施410处，排查出并推动15项风险隐患整改。汛期出动防汛人员5200人次，运输车辆120台次，各类泵站（车）累计运行14392台时，总排水量12365万立方米，增援宜兴埠镇、小淀镇、北仓镇等8个镇街应急排水28次。

2022年5月30日，北辰区水务局组织召开水旱灾害防御工作部署会

（尹伊凡　摄影）

【排水设施维修改造】 2022年，因属地镇清理河道导致部分检查井及管道出现破损，污水外溢，影响河道水质，实施王庆坨排干渠截污管线部分检查井维修工程，对17座检查井进行维修。项目于5月10日开工，6月20日完成，总投资52万元。

【防汛应急】 2022年3月4日，组织召开汲取河南郑州“7·20”特大暴雨灾害教训工作会议，牢固树立防汛安全责任意识。6月28日，参加区防指组织的北辰区应对极端强降雨防汛应急处置桌面推演活动。9月8日，在引河里小区开展易积水片区防汛应急排水演练。组织进行物资储备。汛期租用1000千瓦移动发电机组2套、200千瓦发电机组2台、自有720千瓦发电机组2台，作为单电源泵站应急备用电源和移动排水应急电源。落实储备重型挖掘机18台、推土机18台、自卸货车40辆，应急抢险人员400名。

2022年6月26日，北辰区水务局组织人员在三千路南侧检查移动泵车排水

（孙冰竹　摄影）

【抗旱调水补水】 2022年，组织编制《北辰区河道水库水系用水调度保障方案（2022年度）》，加强全区水循环科学调度，向沉降严重区域倾斜。至2022年年底，共计生态补水9983万立方米。其中通过泵站闸门补水5870万立方米，通过污水处理厂再生水补水4113万立方米。

【村镇供水】 至2022年年底，全区剩余普通机井101眼，其中居民用水井76眼，工业企业井25眼。现存农村生活井中，涉及17个计划拆迁村54眼机井需暂时保留，居民饮用水源仍为地下水（经除氟设备处理后桶装水），未经处理地下水仅供生活杂用。全年地下水总开采量250万立方米，其中居民生活用水量215万立方米，工业企业用水量35万立方米。

【水土保持】 2022年，全区批复水土保持方案37件，水土保持设施自主验收备案34件。对辖区内批复的生产建设项目开展监督检查，检查生产建设项目151个，对1家生产建设单位进行约谈，对4家生产建设单位进行通报。开展水土流失监测和水土保持遥感监管工作，完成水利部、天津市下发的疑似违法违规图斑等3期复核工作，其中对2个生产建设项目进行立案查处。开展水土保持系列宣传活动，向市民、生产建设单位发放宣传品和宣传册。

【工程建设】 2022年，区水务局完成北辰区双口窑地桥、刘安庄桥等4座桥梁提升改造工程，双口窑地桥拆除重建，刘安庄桥、辛侯庄桥、牛场桥维修改造，工程立项总投资408.61万元，于2022年3月8日开工，12月27日全部完工，完成各项法人验收工作。

引滦暗渠（北辰段）生态保护绿化工程（第1标段）。工程实施范围约3.6千米，丰产河两侧实施绿化工程面积71833平方米，铺装工程铺设砖石21434平方米，砌筑挡土墙5771米。工程于2022年9月22日开工，至年底，完成主要建设内容。

对卫河水毁堤防、穿堤排水口进行应急抢修项目。工程主要建设内容是对卫河水毁堤防、穿堤排水口进行拆除重建，新建穿堤涵管段进出口挡墙、钢筋混凝土管道、钢筋混凝土连接井，回填堤防，新建出口护砌段钢筋混凝土翼墙和钢筋混凝土连接井护底，对排水口及上下游各20米护砌进行重建。工程总投资66.8万元。工程于2022年9月1日开工，10月20日全部完工，完成各项法人验收工作。

2022年8月31日，天津市防办、市水务局及北辰区相关负责人一行在卫河与永清渠交口查看安光引河首闸运行情况

（区水务局　供图）

【引滦暗渠（北辰段）生态保护绿化工程】 2022年，区水务局落实引滦暗渠（北辰段）生态保护绿化工程（第1标段）。工程主要建设内容是于引滦暗渠（北辰段）生态保护红线范围内，建设生态恢复绿地，并配套建设所需的养护管理道路，工程总投资为1397万元，至年底，工程状态为在建。

【供水工程建设与管理】 2022年，针对舆情较为严重的二次供水频繁爆管停水小区，多次现场实地调查研究，召开协调会议。至2022年年底，解决江南春色小区二供频繁爆管停水问题；完成北润华庭小区二供设施改造。开展供水企业检查和水质监测。全年赴宜达水务、津北水务等单位进行安全生产工作现场检查11次，发现应急物资不足、危化品使用无审批记录等安全隐患12处，均督促完成整改。审核发放清洗消毒证明186份。完成城市供水、二次供水、村镇供水（自来水管网覆盖村和除氟供水站）水质抽检130个点位，各点位水质指标均正常。

【排水工程建设与管理】 2022年，区水务部门管理的雨污水泵站63座，其中雨水泵站23座、污水泵站40座，均正常运行，养护排水管道1332千米，检查井73606座，化粪池1545个，收水井23420个。完成掏挖小区污水检查井6遍、小区雨水及道路雨污水检查井4遍、收水井4遍，清掏化粪池4遍，疏通收水支管4遍、小型管渠2遍、中型管渠1遍。环外排（灌）水泵站14座，完成汛前水泵设施设备大检查，重点对机泵、闸门和启闭机等设备，防雷、监控系统维护检修，对变压器预防性试验，设施设备运行正常。

【科技教育】 2022年，区水务局组织开展安全生产专项学习培训。开展《中华人民共和国安全生产法》《天津市生产经营单位安全生产主体责任规定》学习宣传贯彻活动，共计100余人参加。组织全体干部集中学习习近平总书记关于安全生产工作重要指示精神，观看《生命重于泰山——学习习近平总书记关于安全生产重要论述》电视专题片。7月13日，组织开展水务建设领域行业监管培训会。组织开展“美好生活·民法典相伴”主题法治宣传教育活动，邀请法律顾问进单位开展民法典专题讲座，组织参加市水务局民法典培训。开展“世界水日”“中国水周”宣传活动，在基层单位开展普法专题讲座，在机关及周边利用电子显示屏滚动播放宣传口号、宣传公益片等。

【水政监察】 2022年，区水务局组织召开法治政府建设工作专题会议，组织开展行政执法案卷评查工作，完成中央法治督察迎检工作。全年公示“双随机、一公开”抽查检查结果116项，公示用水计划指标许可事项结果662项。立案查处案件56起，累计罚款5.9万元。全年接收“12345”平台群众举报投诉2898件，政民零距离投诉22件，智慧天津平台投诉25件，全部按时处理。发挥法律顾问参谋作用，邀请法律顾问参与起草、修改、审核重要的法律文书、合同、协议41件，参与信访接待、矛盾调处、政府信息公开等工作8件，参与行政处罚审核工作56件，参与讨论决定重大事项提供法律意见10件，参与重大行政决策审查、论证2件，参与普法宣传教育4件，开展行政执法专题讲座1次。实行行政执法人员持证上岗和资格管理制度，70名行政执法人员换发、新发全国统一标准样式行政执法证件。制定《北辰区水务局行政执法职责分工工作办法（试行）》和《北辰区水务局案件审理委员会工作制度（试行）》。

【水利工程安全监管】2022年，区水务局对工程管理资料及施工现场安全管理情况进行7次监督检查。核备新区污水处理厂配套管网切改工程等9个项目的质量结论。明确双街3号雨水泵站工程项目法人，办理3个工程开工备案和法人验收计划备案，组织北辰泵站更新改造工程大兴水库泵站工程等项目竣工验收。开展水务工程项目“未批先建”“边建边批”等问题排查整治专项工作，排查区级立项的水务工程项目136个，其中114个项目列入无问题台账，22个项目列入存在问题台账，排查出43个问题。至年底，完成23个问题的整改工作。

2022年，组织开展安全生产集中整治、水务工程建设安全生产监督检查、防风险除隐患保安全排查整治、防风险保稳定安全排查整治专项督查整治行动，成立4个督导检查组，对领域内在建工程、水利设施运行（堤防、水闸、泵站）、城乡供排水、污水处理等重点方面进行监督检查，形成《安全生产专项整治三年行动问题隐患清单》。至年底，排查隐患2345处，整改完成2345处，整改完成率100%。开展领导干部讲安全宣讲活动2次，召开局安全生产会议和水务系统安全生产会议8次。全年水务系统签订安全生产责任书390份。推进“安全监管+信息化”，至2022年年底，组织各镇、街及局下属各单位上报事故和隐患月报12期。向参建单位宣讲《天津市建筑施工行业水务工程安全生产责任保险政策汇编》，完成3个应保在建工程项目完成安责险投保工作。落实《生产安全事故综合应急预案》，推动基层单位及时修订应急预案。

【河（湖）长制工作】2022年，完成15项河湖长制制度修订工作。发挥考核指挥棒作用，将考核结果纳入2021年度全区绩效考核并修订实施考核办法实施细则。开展河（湖）长制满意度问卷调查，让公众直接参与河（湖）考核。全年组织召开区级河（湖）长会议4次和区级河（湖）长制联席会议4次，专题学习《河湖长制工作规范》，调度年度重点工作。推进河（湖）长制年度主要工作任务。制定印发《北辰区2022年河湖长制主要工作任务》。完成区级总河湖长“向群众汇报”工作，组织督促各镇（街、开发区）开展2022年度“向群众汇报”工作。强化河湖长制公示牌日常管理和河湖名录更新。通报印发《北辰区河湖长制工作简报》11期。开展帮扶行动，组织业务骨干走进各镇（街、开发区）“上门服务”。采取线上模式开展工作培训，对全区326名区、镇（街）、村（居）河湖长和河湖长制工作人员进行河湖长制培训，培训覆盖率达到100%。

2022年，组织开展河湖垃圾清整、

“清河湖”“健康大运河”等专项行动，排查整改问题2100余个，清理水面垃圾55吨，整治堤岸垃圾198吨。落实历年总河湖长1号令要求。组织区级（总）河（湖）长全年开展巡河65次，发现解决问题3处。落实《关于开展妨碍河道行洪突出问题清理整治的决定》要求，组织全区对65处点位开展整治，其中完成63个点位核查和资料收集，建立档案、填报水利部系统；完成2个点位共计1.57万平方米建筑物拆除，通过市级验收。持续开展河湖“清四乱”常态化规范化工作，完成包括永定新河赵庄村厕所、华园种猪场和永金引河驰骏腾冷库3处历史遗留四乱点位的清拆任务。深入组织推动河湖突出问题排查整治。督促生态环境、农业农村、城市管理部门制定“一源一策”治理计划；发现并整改问题50余个，开展社区商户宣传60余次，发放各类宣传材料670余份。

【水务改革】2022年，持续深化“一制三化”改革，推行用地清单制。依托“一张蓝图、多规合一”平台，在土地出让前，收到土地储备机构及土地整理单位的进件后，统一组织各业务科室审查，对是否开展水资源论证和水土保持方案的编制给予相关意见，汇总形成清单一并交予土地储备机构，土地受让单位根据清单申请办理相关许可事项，做到拿地即开工。完成工程建设项目审批“体外循环”和“隐性审批”问题整改工作。优化项目策划生成服务，在项目策划生成阶段汇总各个业务科室提出的本部门审批阶段需申报的审批服务事项至平台，提交至区规划资源部门汇总并提供给建设单位。

【水务经济】2022年，实际收到财政拨款收入为13762.89万元，其中一般公共预算财政拨款收入13719.13万元，政府性基金预算财政拨款收入43.76万元，主要包括2022年污水处理厂污水处理费、北辰区引滦暗渠占压建（构）筑物拆除补偿费用项目、移动污水处理设备运行经费、北辰区新区污水处理厂配套管网切改工程、大张庄泵站扩建工程、泵站运行及技术人员外包服务费、北辰区天穆镇顺义道积水片区排水及环境提升改造工程、北辰区天穆镇顺义道积水片区排水及环境提升改造工程（2021）等，经济效益和社会效益显著提升。（尹伊凡）

环境保护

【概况】2022年，北辰区环境空气质量综合指数4.65，比上年改善5.1%；$PM_{2.5}$平均浓度每立方米39微克，比上年改善4.9%，达标天数比例68.1%。区域水环境质量不断提升，地表水考核断面达标率90%，优良水体比例达到50%，劣V类水体断面全面消除。重点建设用地安全利用率达100%。3月，完成区首例生态损害赔偿协议。区生态环境综合行政执法支队在生态环境部举办的2021年生态环境保护执法大练兵中获表现突出集体奖。

2022年6月16日，北辰区生态环境局组织召开生态环境保护执法大练兵动员部署会
（区生态环境局 供图）

【大气污染防治】 2022年，北辰区生态环境局（以下简称：区生态环境局）为冬奥、冬残奥大气重点保障任务做好基础性工作，开展精细化管控，其间处置上级督查提示119起。林发、银辰2家供热企业4台燃煤锅炉全部拆除完毕。完成13家碳交易试点纳入企业和重点排放报告企业现场核查。对1000余家工业企业提前制定生产调控方案，科学调整生产计划，降低污染排放。加强施工工地等面源应急管控，列入项目150余个，严格保障类工程审核把关，将地铁建设、水务工程、保障性住房建设等项目列入保障施工清单。完成8家企业挥发性有机物综合治理工作。制定工业企业低VOCs源头替代实施计划，完成1家企业替代项目。完成一轮灯塔油漆公司动静密封点泄漏检测与修复（LDAR）工作。完成金隅振兴公司2号回转窑脱硝治理工程。聚焦大户制管理，深入重点企业开展移动源管控帮扶，与55家单位签订环保达标承诺书。

【水污染防治】 2022年，区生态环境局抓好饮用水水源地保护。联合区农业农村委、区水务局、属地政府及南水北调工程管理单位对南水北调水源保护区进行联合巡视巡查。完成万人千吨村的取水及监测工作。制定《天津市北辰区入河排污口排查溯源实施方案》，召开专题培训会议，重新梳理2019年以来入河排污口排查的相关工作资料，督促各相关单位按照时间节点抓好工作落实，完成骨干河道的排查溯源工作。加快构建水环境自动监测网络，以购买服务的方式（服务期3年）补充13座区级地表水水质自动监测站，实现地表水水质自动监测全覆盖，精准把控水质变化，综合施策解决问题。

【土壤污染防治】 2022年，区生态环境局严格加强污染地块再开发利用，联合市规划资源局北辰分局组织召开6个地块的土壤污染状况调查专家评审会，确保污染地块不流入供地环节。组织区4个暂不开发利用地块开展制度管控和动态监测工作。对医疗废物收集、暂存、处置工作进行监督指导。完成1359家重点产废单位管理计划备案审批工作，转移危险废物5.9万吨。组织各镇开展黑臭水体动态排查整治，牵头完成辛侯庄村村西排干渠黑臭水体治理工作。对区日处理能力20吨以上的农村生活污水处理设施进行2次出水水质检测，出水水质全部合格。完成规模以下198户畜禽养殖场户粪污治理。

【环境执法与处罚】 2022年，区生态环境局深入打好污染防治攻坚战。全年开展行政执法检查875家次，立案处罚36件，查封扣押4起，移送行政拘留案件1起、涉嫌刑事犯罪3起。持续开展法治建设，落实执法“三项制度”，主动公示行政处罚决定书、“双随机、一公开”等执法信息，召开案件审议会10次。聚焦蓝天、碧水、净土三大保卫战，组织实施大气污染防治、挥发性有机物污染等专项执法检查行动，完成436家企业单位年度检查任务，并进行信息公开。推进“信访突出问题攻坚化解”行动，提升信访工作质效，妥善办理各类环境信访举报投诉1348件。坚持执法与服务并重，实行全程说理式执法机制，将执法与普法合二为一，对31家违法企业下达《执法情况反馈单》，做到办案标准、处罚要求、帮扶指导“合法、合理、合情”相统一。

2022年5月12日，北辰区召开生态环境保护委员会第四次会议暨深入打好污染防治攻坚战工作推进会议

（区生态环境局　供图）

【环境宣传教育】 2022年，区生态环境局通过微信公众号等新媒体平台发布信息4705条，在人民网、《中国环境报》、津云等国家和市级媒体发布亮点信息12篇。落实环保设施向公众开放制度，以线上线下相结合的方式组织开展公众开放日活动6次。精心策划“6·5”环境日宣传工作，开展《“专业人”谈生态环保》、先进典型选树、“美丽北辰，我是行动者”生态环保作品征集评选等多项主题宣教活动。利用线上平台开展民法典宣传月法律知识培训活动，163家企业参与学习。组织开展环保卫生志愿服务活动、创文创卫复审志愿活动7场，完成国家卫生区复审志愿服务任务。妥善处置网络舆情7起。加大信用惩戒力度，将涉案单位行政处罚信息在区政府信用网公开，全年公开行政处罚信息29件，行政强制4件。

2022年8月30日，北辰区生态环境局开展“环保设施公众开放日”活动

（区生态环境局　供图）

（邵　岷）

北辰年鉴

2023

城乡建设与管理

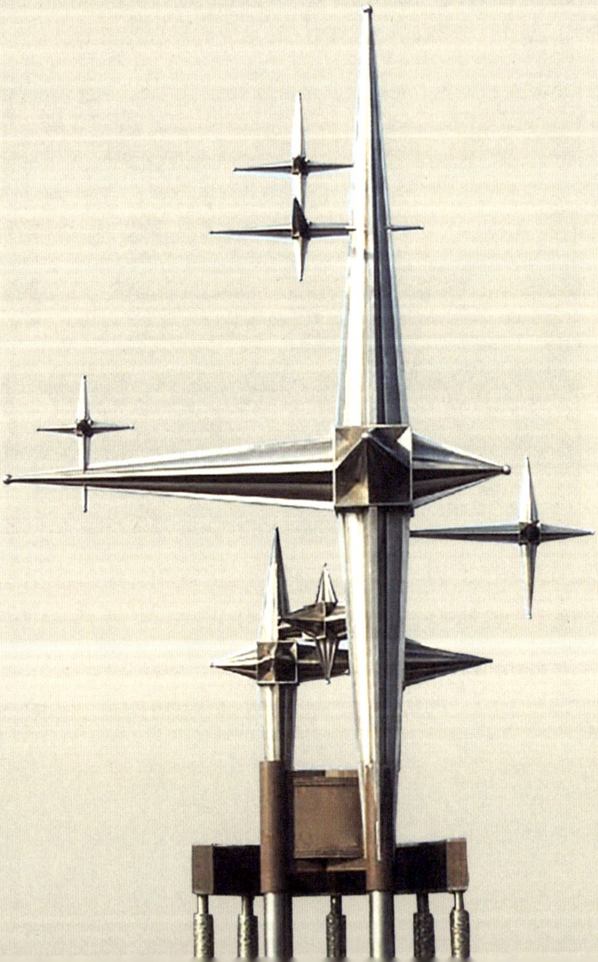

房地产管理

【概况】 2022年，北辰区住房和建设委员会（以下简称区住建委）加强全区房地产市场管理，保障群众住房安全，提升全区物业管理水平，推动房地产管理健康发展。

【海绵城市健身实施方案】 2022年，北辰区贯彻落实《天津市北辰区海绵城市建设实施方案（2021—2023年）》，并正式印发《北辰区海绵城市规划建设管理办法》，确立从“规划—设计—建设—验收—运营”各管控阶段的管理制度，落实“两证一书”机制，因地制宜地制定海绵城市建设项目管控相关措施，提高径流总量控制率。坚持海绵城市相关设施与主体工程同步规划、同步设计、同步建设、同步使用。2022年，全区共安排海绵城市建设排水分区9个，已达标排水分区7个，在施排水分区2个，达标区域总面积占建成区面积比例为32.76%。全年上报海绵城市建设项目14个，项目总投资120.40亿元，完成投资81.17亿元，其中海绵设施投资5585万元。

2022年10月，北辰区海绵城市建设项目辰府嘉苑　（李　强　摄影）

【老旧小区及远年住房安全问题整治】 2022年，推进9个城镇老旧小区改造项目，涉及果园新村街、集贤里街、普东街、佳荣里街、宜兴埠镇4个街、1个镇，分别为新华里11号、12号楼，讷河里9号、10号、11号楼，饶河公寓、普发里、普达里、今日家园、佳平里、人民家园、翠金园。是年11月，区住建委联合属地镇街联合验收完毕，全部竣工。

【房屋征收】 2022年，推进全区房屋征收项目进程。发电楼1号至5号征收项目，项目共计238户，至年底，完成236户的签约工作，剩余2户已向北辰法院提出强制执行申请；6月，完成96户还迁工作。玉翠里1号、2号楼项目，项目共计153户，其中住宅126户，底商27户，至年底，完成152户签约工作；10月，1号楼楼体完成拆除。炭黑厂宿舍完成12户企业完全产权房屋签约工作。民悦园还迁小区完成竣工验收后交付使用，涵盖4个镇街6个项目共计419户。

2022年11月10日，北辰区民悦园小区还房现场　（王　晴　摄影）

【住房保障】 2022年，受理审核二类租房补贴141户、发放资格证明141户，受理审核三类租房补贴155户、发放资格证明155户；公租房共受理申请375件（补贴类：300件，非补贴类：75件），发放符合条件通知单365件（补贴类：300件，非补贴类：65件）；经济适用房共发放资格证明706件；向出租人发放补贴181户；加强房屋租赁备案管理，办理租赁备案3151件。

【房屋管理】 至2022年年底，全区有5处D级危险房屋，6处C级严损房屋，均已采取管控措施或纳入重点监控范围内。

【既有住宅加装电梯】 2022年5月，9个城镇老旧小区改造项目验收完毕后，天士力花园小区既有住宅加装电梯2号楼1门、3门、4门加梯工程，竣工验收完毕并投入使用。

【物业管理】 2022年，对部分镇街、居委会管理干部和业委会、物业企业相关人员进行2次培训。组织指导4个小区成立业主大会。严格应急维修资金及专项维修资金监管，有140件应急维修资金工程建立使用方案，有21件专项维修资金工程建立使用方案，完成54项应急维修资金划拨，维修资金现场查勘200余件。新增物业合同备案项目7个。参加天穆镇、北仓镇、青广源街、普东街等召开物业管理联席会20余次，商讨物业企业选聘与退出、业主大会成立、车库管理、电梯卡授权、业主信访等问题。

【市场管理】 2022年，贯彻落实《天津市商品房管理条例》《天津市房地产交易管理条例》执法要求，加强对全区46家销售中心、209家中介机构的执法检查，全年开展销售中心执法检查262次，中介机构执法检查302次，进行口头警告30次，下发执法文书2份，整改意见2条，全部完成整改。 （王雅君）

建设开发公司

【概况】 2022年，天津市北辰区建设开发有限公司（以下简称区建开公司）承载着区重点工程项目的融资、建设和运营职能。区建开公司注册资金45.14亿元。主要负责基础设施建设工程、城中村改造项目建设、小城镇建设项目，全年新增融资47.0525亿元。

【融资】 2022年，区建开公司及子公司全年还本付息44.39亿元，其中本金38.92亿元、利息5.47亿元。新增融资47.0525亿元，其中直接融资35.37亿元，间接融资11.6825亿元。

【城中村改造项目建设】 2022年6月，北辰区工农新村城中村改造（阳光卡蒂尔地块）定向安置经济适用房项目还房。该项目位于北辰区延吉道与高峰路交口，总建筑面积为63196平方米，总计可安置665

户还迁业主。至年底，该项目已还房321套，缓解北仓镇等还迁业主住房难的问题。

北辰区天穆老村城中村改造农民还迁定向安置经济适用房07、08地块工程项目。该项目总建筑面积144274.63平方米，2022年11月10日全面复工建设。

【产权证办理】 2022年，区建开公司办理产权证工作涉及4个小区，总计办理产权证97套，其中辰发花园办理产权证33套，总共办理1548套，完成率79.54%；富锦华庭办理产权证8套，总共办理1292套，完成率80%；普东新苑办理产权证9套，总共办理1369套，完成率93.38%；蓝岸森林办理产权证47套，总共办理3741套，完成率90.42%。

【小城镇建设】 2022年，北辰区青光示范小城镇二期农民安置用房韩家墅安置区1号地、2号地项目，6月21日开始施工，总建筑面积508613.9平方米，地上建筑面积340563.31平方米，地下建筑面积162650.59平方米，包括47栋住宅楼、配建及地下车库，同步配建室外道路广场、景观、绿化及围墙大门等附属设施。

2022年11月，北辰区青光示范小城镇韩家墅2号地块，开槽及地基施工

（津辰仕佳　供图）

【国有资产管理】 2022年，区建开公司自持商业用房对外租赁面积154272.2平方米，对外无偿使用2.78万平方米，自用0.4万平方米，应收租金4338万元，实收租金3194万元；住宅类华云大厦出售4套，回笼资金724万元，江南春色出售2套，回笼资金697万元。

【业务拓展】 2022年10月17日，天津北宸曲江城市发展有限公司获取区青光示范小城镇2号地，成交土地价款6.36亿元。该项目由天津市北辰城乡发展集团与曲江新鸥鹏文化教育控股集团合作，依托曲江新鸥鹏20余年文化教育产业基础，在青光示范小城镇构建起以“文化+”为核心，依托文化旅游、文化商业、文化教育、文化会展、文化演艺、文化健康6大文化产业板块及多业态、多样化文化产品矩阵，形成以区域综合提升为主导，XOD大型文商旅综合体、城市有机更新为两翼，“一体两翼”的产业生态体系。　（陈文宇）

城发集团

【概况】 2022年4月，北辰区国资委直接出资，组建成立天津市北辰城乡发展集团有限公司（以下简称“城发集团”），注册资本为10亿元人民币。城发集团以城市综合运营服务商为发展定位，承担区内区域开发投资主体、重大项目建设主体、城市运营管理主体、城乡资源开发主体和城市更新实施主体五大使命，为北辰区提供城市投资、建设、运营、运维、管理全周期服务。成立后完成朝阳路综合能源站建设，中标北辰区智慧停车及北辰区城乡环卫一体化特许经营项目。

【重点工程项目建设】 2022年10月23日，天津市辰为新能源科技发展有限公司建设完成朝阳路综合能源站，于11月1日达标供热。至年底，朝阳路综合能源站总供热面积约22万平方米，覆盖居民小区2个，约2684户居民用户。

【业务拓展】 2022年9月13日，天津津辰停车管理有限公司中标北辰区智慧停车项目，特许经营期20年，实施范围共包含30477个停车泊位，其中已划线道路停车泊位15007个，未来施划道路停车泊位15470个，总投资为11.13亿元。依托智慧停车特许经营项目及新能源车辆的日益增长的现状，先行启动10000个路侧停车泊位充换电基础设施及相关配套设施建设，该项目总投资约11.68亿元。12月9日，天津津辰环境科技有限公司中标北辰区城乡环卫一体化特许经营项目，特许经营期为15年，为政府付费项目，年服务费约3.61亿元，特许经营期内服务费总额为53.09亿元。该项目负责区内道路清扫保洁、小广告清除、垃圾收集和转运、转运站运维管理、农村地区坑塘沟渠卫生管理及农林垃圾收运、冬季清融雪、公共厕所运维管理、渣土及大件物处理和智慧管理系统及平台运维。（陈文宇）

土地整理

【概况】 2022年，北辰区土地整理中心坚决落实区委、区政府各项决策部署，全力助推北辰区城市化建设水平不断提升。

2023年4月6日，北辰区土地整理中心到天重地块调研土壤修复项目进展情况

（黑锦莉　摄影）

【土地出让】 2022年，统筹协调全区土地出让工作。全年共完成8宗土地出让，面积约32.63公顷，实现土地出让金约12.79亿元。具体包括完成改革试点区域范围内朝阳路综合能源站、双立路燃气调压站、辽河东道天士力地块3宗3.14公顷土地出让，实现土地出让金0.75亿元；协助大张庄示范镇完成居住项目3、居住项目5约10.98公顷土地出让，实现土地出让金5.06亿元；协助青光示范镇完成2号地块约9.09公顷土地出让，实现土地出让金6.36亿元；完成崇仁道北侧工业地块、万河路

（工业项目 25）等 2 宗地块 9.42 公顷土地出让，实现土地出让金 0.62 亿元。

【土地收储】 2022 年，结合土地出让及基础设施建设需求科学合理确定收储规模，推动土地收储工作，保障用地需求。改革试点区域内完成高峰路（原区园林绿化管理所）地块、辰宇实业有线电视地块、高峰路（原区技术监督局）地块、汽车工贸地块 4 宗约 1.992 公顷土地收储工作；红旗农场地块 11.87 公顷履行平移手续。改革试点区域外完成回民公墓扩建地块 17.47 公顷收储工作，缓解第一回民公墓用地紧张状况。（赵金英）

市政管理

【概况】 2022 年，北辰区城市管理委员会（以下简称区城管委）聚焦重点工作，推动监督责任落实，提升环境面貌水平，做好日常环境卫生、垃圾分类、园林绿化、市政市容、供热燃气等各项工作，持续推进口袋公园建设、供热燃气旧管网改造、停车管理市场化等重点工作，推动全区城市管理各项工作高质量发展。

【环境卫生管理】 2022 年，区城管委推动城乡环卫一体化工作，新增扫保面积 170 万平方米。启动“无废城市”建设，采用“定期循环 + 随叫随到”模式收运建成区社区、企事业单位的有害生活垃圾。

【环卫基础设施建设】 2022 年，补齐融盐池设施短板，推进双青融盐池建成运营，从根本上解决北辰区清融雪工作的痛点、难点问题。完善城乡公厕适老化改造，推动 66 座公厕设置无障碍便器、第三卫生间等，262 座农村公厕无障碍设施普及率超过 90%。

【建筑垃圾专项整治】 2022 年，开展施工工地建筑垃圾专项整治，对运输车辆车轮带泥污损路面、私设建筑垃圾弃置场所等现象进行有效治理，下达责令限期整改 8 起，行政处罚 14 起，罚款 3.72 万元。

【推进垃圾分类】 2022 年，推进垃圾分类箱房试点建设，全区 17 个分类箱房建成并投入试运行，在巩固果园新村街、瑞景街垃圾分类示范街的基础上，创建 5 个垃圾分类示范街镇。完成 17 座箱房试点、4 个智能箱柜建设，在全市率先打造垃圾分类

2022 年 10 月 28 日，北辰区青光镇举行垃圾分类示范教育基地启动仪式

（张李泰　摄影）

嘉年华游园特色宣教项目、垃圾分类特色早教中心项目、银行ATM垃圾分类24小时园地，央媒宣传展播观看58万人次。

【绿化新建及提升改造】 2022年，区城管委打造口袋公园亮点工程，完成高峰路、辰柳路、沁河中道、淮河中道和天允道5座口袋公园项目建设，新建公园绿地面积1.6万平方米，提升改造绿化景观，丰富完善公园载体功能，惠及周边15个小区居民3.8万人。完成“迎盛会”绿化景观提升改造，以“花扮北辰，喜迎盛会”为主题主线，以“一带八点”为重点，对全区部分重点道路和节点进行绿化提升改造总面积4300平方米。

2022年6月，北辰区沁河中道口袋公园完工图（周　寅　摄影）

【停车管理市场化】 2022年，区城管委推进城区智慧停车管理工作，对全区1.5万个道路停车泊位进行市场化运营，利用闲置地块提供700余个车位，缓解停车压力。

【供燃设施管理】 2022年，完成546户内供热设施维修改造，完成8台燃煤锅炉关停改燃工作，实现全区供热“无煤化”，助力“双碳”目标实现。开展供热旧管网改造，完成红云新里、万源星城、双迎里3个小区共计10千米的供热旧管网改造工作，约2000户居民受益。推进燃气旧管网改造，组织燃气公司全面巡查检修管网，科学确定改造区域，超额完成15千米燃气旧管网改造任务，消除安全隐患。

【燃气安全排查整治】 2022年，区城管委全面开展学校、医院、养老院、集市、夜市等公共场所、人员密集场所燃气安全检查，累计入户安检9万余户。针对燃气违法行为下达责令限改通知书192个，立案172起，罚款136.42万元，清理违规燃气经营企业5家，以罚促管，实现执法过程全闭环。

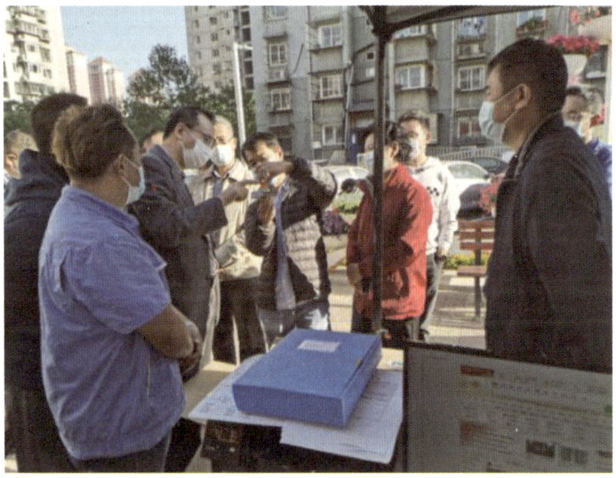

2022年10月18日，天津市安委会第五督导组到区瑞益园小区查看老旧小区燃气排查整治“六个百分百”工作

（杜帅成　摄影）

【文明城区常态化】 2022年，区城管委强

化网格管理，解决设施缺失、坑洼破损、绿化提升、渣土治理、路灯不亮、清脏治乱、占路经营、访民问暖、燃气安全等问题。累计出动环卫作业人员1.7万人次，出动机械化洒水、机扫车辆1000余车次，清理各类乱倒垃圾41.5吨；补植乔、灌木7500余株，治理裸露地块6万平方米，维修、维护园林设施150处；维修车行道2万余平方米，人行道2000余平方米，更换修复侧缘石600余米、路名牌26座，维修检查井57座、树穴石10套；出动执法人员3900多人次，对占路经营、运输撒漏、共享单车、燃气安全累计开展执法1400余次，为北辰区常态化文明城区建设顺利验收提供保障。（高　奇）

消防安全

【概况】 2022年，北辰区消防救援支队共接处警4244起，其中火灾1923起，抢险救援712起，社会救助1342起，其他267起；其中立案54起（一般程序19起，简易程序35起）。出动警力47496人次，出动车辆8713辆次。先后完成北京冬奥会、冬残奥会及党的二十大安保勤务20余次。处置“5·18”君合晟冷库火灾、“7·19”欢颜里燃气爆炸事故等警情，保护人民生命财产安全。

【执法检查】 2022年，共检查单位1794家次，发现火灾隐患2275处，督改隐患2245处，下发责令整改通知书1167份，查封20家，“三停”（停止施工、停止使用、停产停业）22家，处罚114起，罚款127.3万元。

【优化营商环境】 2022年，区消防安全委员会结合实际制定推动企业消防安全主体责任落实。规范“双随机、一公开”消防监督抽查工作；服务企业复工复产。优化群众聚集场所使用、营业前消防安全检查消防行政许可服务。优化消防宣传培训模式、5项消防执法营商环境措施，落实“六稳”“六保”工作，为全区经济发展提供消防安全保障。

【整治电动自行车专项行动】 2022年，对公安派出所开展消防培训，组织召开镇街执法工作例会，督促居（村）民委员会、建设管理单位、物业服务企业落实安全管理责任，发动居（村）民委员会、住宅小区管理单位、网格员等基层力量，加强防火巡查，逐栋、逐户排查摸排，全面摸清业主电动车使用充电情况，共发现并整改隐患438处。

【重大事故】 2022年7月19日7时15分，

2022年7月19日，北辰区欢颜里小区燃气爆燃事故现场（区消防救援支队　供图）

天津市北辰区天穆镇欢颜里小区3号楼6单元发生燃气爆燃事故，造成该单元楼体3层至6层部分坍塌，6名人员被困。经过23个小时的艰苦鏖战，成功救出全部6名被困人员（2人生还、4人遇难），疏散群众21人。

【消防宣传】 2022年，发动家“预”户“消”宣传攻势，建立50人以上消防安全志愿者服务队11支，联合网格员、物业人员、志愿者等群体，开展“扫街行动”，重点普及消防法律法规，协助孤寡老人等特殊群体开展消防安全隐患排查。共走进农村与社区2000余家，举办讲座培训140余次，敲门入户对弱势群体开展贴身式、警示性宣传1000余家，发放宣传单及宣传品148000份。疫情期间，调整宣传战略，联合区教育局，将消防知识嵌入“直播网课”中，3万学生家长在线观看，推荐区教育局获第六届全国“119先进集体”称号。对接区城管委、邮政等部门，将消防知识纳入燃气安全宣讲、快递宣传内容。

2022年11月6日，北辰区消防救援支队在天人智慧广场举行2022年度“119消防宣传月”活动启动仪式

（区消防救援支队　供图）

（张志星）

北辰年鉴
2023

教育

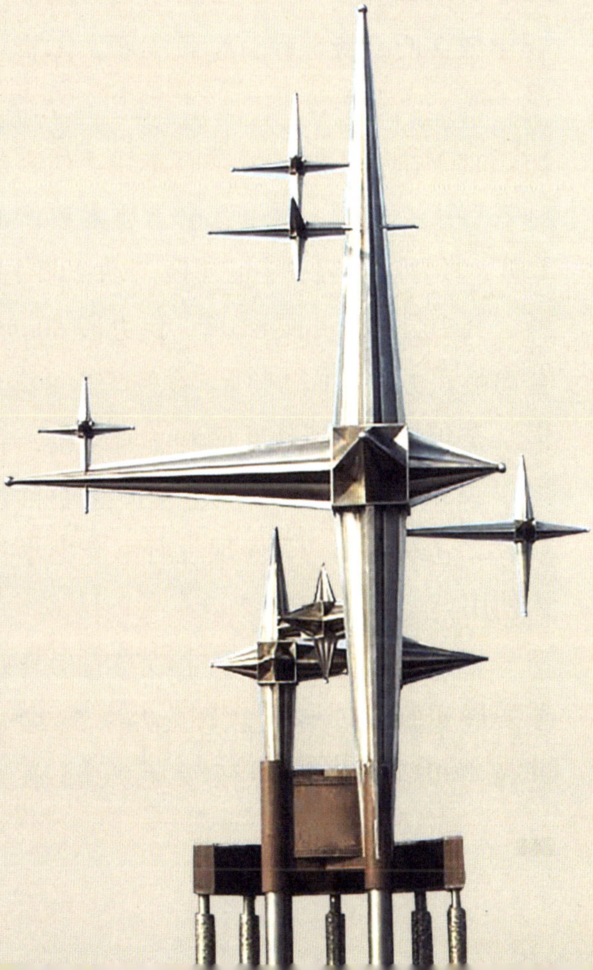

教育管理

【概况】 2022年，北辰区教育局（以下简称区教育局）加大资金统筹力度，优化整合资源，保障经费科学合理使用。发挥“双减”工作专班协调机制，强化部门协同联动。坚持学校安全常态化管理，维护校园平安稳定。加强信息网络、平台体系、数字资源、智慧校园、可信安全等基础设施建设。落实立德树人根本任务，培养学生德智体美劳全面发展。严格贯彻执行教师职业行为规范，深入推进师德师风长效机制建设。引导广大教师传承师道，涵养情怀，知行合一，营造风清气正的教书育人环境。（蔺广萍）

2022年，北辰区有小学48所，初中12所，九年一贯制学校2所，十二年制学校1所，高中5所（含2所完中校），中职学校2所，特殊教育学校1所，体育中学1所，成人学校15所，广播电视大学1所，青少年宫1所，科学技术馆1所，教师发展中心1所、学生综合素质发展中心1所、教育综合服务中心1所。幼儿园121所，其中公办幼儿园61所，民办园60所。普惠性民办幼儿园54所。在校学生82401人。全年接收4所幼儿园和2所学校，新增学位3600个。加快新建改扩建项目建设，北仓幼儿园、天房璟悦府配套中学投入使用。

北辰区为天津市唯一“国家学前教育改革发展实验区”，学前教育公办率54.27%，普惠率93.76%，学前三年毛入园率为88.13%，均已达到普及普惠指标水平。在全市率先推行“三级联动”研训网络模式，深化幼小双向衔接，构建联盟发展管理体系。

2022年4月，北辰区被教育部确定为义务教育优质均衡先行创建区。推进集团化办学，完善集团化管理细则，集团校内部深入开展互学共研等活动。创新教育教学模式，开拓“名师课堂”等线上教学资源，开展线上教研246场、巡课3090节、“一对一”指导2342余次，提升线上教学水平。特殊教育融合发展，义务教育随班就读学生生均经费达到1万元标准，融合支持师资队伍服务融合学生109人。

普通高中多样化特色发展，南仓中学遴选为天津市普通高中学生发展指导实验校，第四十七中学遴选为天津市“品牌高中”，通过重点培育、示范引领，推进普通高中育人方式改革。职业教育成绩保持前列，2022年春季高考北辰中专219名春考考生全部上线，民族中专414人上线。实训能力进一步增强，民族中专参赛选手斩获2022年天津市职业技能大赛一等奖。

选优配强各学校书记、校长，大力选拔45岁左右的年轻干部补充学校领导班子，评选出“立德树人”优秀集体10个和优秀教师15名，广泛宣传优秀教师典型事迹。2022年度教师校长交流轮岗校长20人，教师254人，其中骨干教师人数占比73.62%。

推进全国校外培训监管与服务综合平台监管银行核验和支付渠道开通工作，银行核验率为100%，位列全市第一，支付渠道开通率为86.46%，位列全市第二。围绕“隐形变异”“恶意涨价”“退费难”等问题开展4次联合执法检查，共计出动398人次，查处3起隐形变异开展学科培训案件，通过兑课、法律途径为群众化解37.6万元的退费问题。

义务教育阶段学校继续开展“5+2”课后服务全覆盖。课后服务学生参与率达96%以上，教师参与率达94%以上。教育部大数据统计显示，学生、家长满意率均超97%，北辰区在市专项会上分享经验。五育并举，协同育人。抓实德育活动，抓牢体育工作，抓好美育建设，推进劳动教育。

教育协同合作深入推进，成立天津师范大学北辰实验学校。推进北京十一学校天津实验学校办学筹备工作，完成首批教师招聘，持续东西部教育协作交流互访，选派16名优秀教师及领导干部赴甘肃庆阳、西藏昌都两地支教，赴西藏丁青县开展“组团式”支教学访。（刘亚文）

【教育经费】2022年，北辰区教育经费总收入181702万元（其中：国家财政性教育经费166759万元，捐赠收入0万元，事业收入10633万元，民办学校中举办者投入2594万元，其他教育经费1716万元），比上年192991万元减少11289万元，减少0.06%。北辰区教育经费总支出182188万元（其中：人员支出144311万元，公用支出37877万元），比上年199811万元减少支出17623万元，减少0.09%。全年支出主要用于支付教师工资、教育教学运转、学校提升改造工程、设备购置及信息化建设等，保证教育教学所需。（刘艳）

【“双减”工作】2022年，北辰区的“双减”专班召开“双减”相关工作会议9次，机构资金监管、问题机构善后处理等问题得到及时解决。建立“双减”重点工作总台账。各部门成立联合工作组，各镇街专班成立联合检查组，开展联合检查和联合执法共5次，出动4597人次。市级部门对北辰区进行4次检查，均高度肯定评价。严厉打击学科类隐形变异培训及“地下黑机构”，成立专项工作组，对培训材料、从业人员开展专项检查。开展“暑期专项治理”“大起底、大排查专项治理”和“常态化排查工作”。常态化监测“爆雷”“冒烟”机构，妥善处理退费欠薪问题。瑞友、优思辅、津榜、学智和明出机构的消课、诉讼案件稳步推进。维稳工作高效有力，群众满意度高。“12345”回复市民满意度100%。

2022年，全区校外培训机构由2021年的167家压减到96家，国家平台数据反馈，北辰区校外培训机构资金监管账户核验通过率、支付渠道开通率均为100%，位列全市第一。如期完成“双减”各项任务，取得良好社会效果。（王光健）

【平安校园】2022年，区教育局投入经费3510余万元用于提升学校幼儿园的“三防建设”。为全区所有学校和国办幼儿园配备专职安保人员520名，校园专职保安配备率达到了100%。为36家单位配备消防控制室值守人员，将全区所有教学单位纳入消防维保范围，发现故障及时排除。“一键报警”实现了学校与分局和属地派出所可视双联接，每学期联合公安北辰分局对中小学幼儿园进行报警测试。防冲撞设施、电子围栏等设施设备做到了应装尽装。不断完善幼儿园三级监控系统，151所幼儿园、托幼点全部接入三级监控平台，所有重点点位视频保存时间不少于90天，均与公安部门连接，覆盖率和视频在线率均达到了100%。压实校园安全主体责任，落实“党政同责、一岗双责”要求，成立以书记、局长为组长，副局长、各科室负责人和中小学校长、幼儿园园长为成员的安全工作领导小组，层层签订安全责任书。对学校的“三防”措施落实情况进行地毯式排查，做到全覆盖，不留死角。

（刘　珺）

【信息化建设】至2022年年底，北辰区教育城域专网覆盖全区118个教育单位，100所国办中小学、幼儿园1000M独享光纤接入教育专网，形成一网一中心两平台的区域网络架构，考场监控、视频监控、一键报警、校园访客等系统依托教育专网平稳运行，电子白板或触摸式一体机100%覆盖所有中小学教学班，校园网、无线Wi-Fi覆盖所有办公、教学区域。制定下发《北辰区基础教育学校信息化发展水平评价指标（试行）》等系列文件，颁布“北辰区学校首席信息官与数据专员管理制度”、数字资源发布内容审核指南等规章制度。首批确定68位学校首席数据官、82位数据专员。实验小学、秋怡中学两所学校被认定为天津市智慧教育学校，河头学校、盛青小学被认定为天津市国家智慧教育平台试点校。开展“2022年北辰区信息技术与教学融合展示交流活动”全区80个教育单位759位教师参与了区级展示交流活动，533位教师获得区级奖励，50位教师获得市级奖项，25位教师获得全国信息技术与教学融合活动奖项，佳园里小学教师党新昊获得全国特等奖，教师发展中心获得“优秀组织奖”。在市教委举办的天津市“三个课堂”展示交流活动中北辰区34件作品获得市级奖项，约占全市获奖的10%，获奖作品数量仅次于滨海新区，其中名校网络课堂全市只有4个作品获奖，北辰区实验小学、华辰学校、南仓中学均有斩获。第二十三届全国学生信息素养提升实践活动中北辰区有23所中小学报送学生作品，其中48件作品入围市级奖项，7件作品入围全国奖项，北辰区教师发展中心获得“优秀组织单位”称号，师生数字素养得以有效提升。

（任学忠）

【教师队伍建设】2022年，区教育局抓实师德师风建设，继续实行教师师德考核，规范各校师德档案建设，建立“一人一案”，组织开展北辰区教育系统师德师风大讨论活动，评选出“校级师德师风先进个人”207名，“区级师德师风先进个人”20名，并开展第一期“北辰区师德师风巡讲”

活动，充分展现新时代人民教师为党育人、为国育才的奋进风貌，在教育系统营造建功立业谱写新篇的热烈氛围。加强教师考核管理，充分利用好、组织好教育系统所属事业单位工作人员平时考核工作和年度考核制度，激励教师提升专业素养。开展“三层五级”培训，助推各类教师成长，积极开展教师培训工作，力促北辰区教师队伍整体素质不断提升，2022 年北辰区 2 人通过正高级评审，组织教师参加市、区两级各类线上、线下培训项目，参训教师 2400 余人次。开展“点对点”乡村学校帮扶活动，促进乡村教师各项素质提升。开展乡村教师专项线上培训，340 名乡村教师参加。师资配置得到进一步优化，2022 年校际教师调动 134 人，录用新招聘教师 29 名，发布公开招聘公告招聘教师 144 人，政策性安置服务期满“三支一扶”人员 30 名，公费师范生 1 名；认定 506 名初中、小学、幼儿园教师资格。推进“组团式”教育帮扶，选派优秀干部、教师 2 名赴西藏昌都市职业技术学校任教，选派优秀教师 14 名赴甘肃华池、正宁支教，2022 年共接待甘肃华池县、正宁县三批次共 80 名幼儿园园长、中小学管理干部、骨干教师赴北辰跟岗学习，组织开展了 32 场线上、线下的集中培训，到 9 所特色学校园所走访并开展 2 场幼儿园园长及教学主任论坛。全面保障教师待遇落实到位，完成 2021 年教师考评绩效奖励金发放，教育系统所属各单位发放资金 7363 万余元。

（张　慧）

2022 年 7 月 8 日，区教育局在 24 楼会议室组织召开北辰区教育系统校级干部大会

（陈月冉　摄影）

基础教育

【概况】 2022 年，区教育局接收星河配套幼儿园等 4 所幼儿园、双青 34 号地小学、188 地块配套小学等 2 所小学，新增学位 3600 个。完成璟悦中学装修工程，新增学位 1500 个。完成 6 所公办园和 40 所普惠性民办园等级认定工作，落实公办园生均经费和普惠性民办园奖补资金。2022 年北辰区中考平均分 605.2 分，高于全市 38.3 分。高中教育优质发展迈上新台阶，高考本科上线人数为 1636 人，上线率 75.95%，高于全市 3.76 个百分点，高于 2021 年 1.8 个百分点，清华北大录取人数 11 人（四十七中学 4 人、南仓中学 7 人），达到历史新高。扎实推进“品牌高中”和“强校工程”建设，抓两头促中间，全面提升天津市普通高中办学质量。（蔺广萍）

【学校布局结构调整】 2022 年，《天津市

北辰区教育设施布局规划（2022—2035年）》已履行重大行政决策程序，由区政府办公室印发并主动公开。扎实推进教育资源建设，不断优化教育资源布局，接收星河配套幼儿园等4所幼儿园、双青34号地小学、188地块配套小学等2所小学，新增学位3600个。加快教育基础设施建设，完成璟悦中学装修工程，新增学位1500个。加快推进特教学校加固工程、天穆东苑配套幼儿园和盛福园配套幼儿园装修工程学校的建设装修工程，补齐局部教育资源不足短板，提升教育配套水平。消除学校安全隐患，打造良好的育人环境，完成九十六中学、秋怡小学、芦新河小学、温雅幼儿园等19所学校的暑期维修工程、全区106所学校防雷设施检测检修工作、2022年燃气安全整治和自建房屋专项整治“百日行动”工作，为学校正常教学工作开展提供有力硬件保障。（李　科）

【学前教育】 2022年，区教育局出台《北辰区2022年幼儿园招生工作指导意见》，落实防疫一线、消防、烈士等子女入园优待政策，招生工作平稳有序。出台《天津市北辰区创建国家县域学前教育普及普惠区实施方案》，大力推动普及普惠督导评估工作顺利进行。完成6所公办园和40所普惠性民办园等级认定工作，落实公办幼儿园生均公用经费和普惠性民办幼儿园补助资金。制定《北辰区教育局关于开展2022年学前教育宣传月活动的方案》，大力宣传《3～6岁儿童学习与发展指南》教育理念。完善联盟工作机制，开展宣传月展示交流活动，定期对联盟内幼儿园进行视导，形成常态化监管工作机制。制定北辰区幼儿园疫情期间游戏资源库建设方案，完成幼儿园幼小衔接教育活动、游戏环境创设、户外环境创设三方面资源的认定工作，丰富区级学前教育资源库，为幼儿园相互学习借鉴提升奠定基础，带动各类型幼儿园全面提高和发展。制定并落实《天津市北辰区深入推进幼儿园和小学科学衔接实施方案》，成功举办了2场幼小科学衔接专题活动。天津市北辰区引河里幼儿园作为天津市唯一一所幼儿园在津门教育、教育部官网等发布交流分享幼小衔接工作经验。视频案例《三方共奏协作曲 最强衔接合伙人》通过全国评选，在教育部官网推广展播。特殊教育小学附属幼儿园撰写的《孤独症幼儿“校—家—社”一体化的社会性教育模式构建与实施》获得市级成果特等奖，教师发展中心教研员和五所幼儿园园长合作撰写的《以儿童为中心的“六有”

2022年10月26日，区教育局联合学前成教科在区政府会议室开展普及普惠幼儿园检查（区教育局　供图）

域本游戏课程建构》和引河里幼儿园的《生态型幼儿园课程体系的实践研究》均获得市级成果奖二等奖。北辰区引河里幼儿园、北仓幼儿园、实验幼儿园、集贤里幼儿园，在天津市教育科学研究院“构建园所文化 打造特色品牌”获首批实验园。

（祝丽文）

【教育教学】 2022年，线上线下教学频繁切换，全区各中小学校制定周密教学工作方案，确保线上线下教学工作有序衔接，保证学生疫情期间的学习质量和学习效果。义务教育优质均衡发展，北辰区中考平均分605.2分，高于全市38.3分。高中教育优质发展迈上新台阶，高考本科上线人数为1636人，上线率75.95%，高于全市3.76个百分点，高于2021年1.8个百分点，清华北大录取人数11人（第四十七中学4人、南仓中学7人）。区教育局扎实推进“品牌高中”和“强校工程”建设，抓两头促中间，全面提升天津市普通高中办学质量。修订第四十七中学“品牌高中”培育三年建设规划方案，组建项目专家组，成立学校课程改革研究中心，制定课程体系建设方案，构建学校德育课程群、体育课程群，有序推进品牌建设与培育工作。落实天津市“强校工程”实施方案，明确两所“强校工程”学校（青光中学、朱唐庄中学）工作目标、主要任务和发展方向。发挥南仓中学普通高中学生发展指导市级实验校作用，重点培育、示范引领，推动北辰区普通高中学生发展指导工作。

（郑德伟）

2022年北辰区教育所属机构一览表

表10

序号	单位	学段	校址	邮政编码	电话号码（固定电话）
1	教师发展中心	—	天津市北辰区富锦道1号教育中心大楼4—10楼	—	26838055
2	综合服务中心	—	天津市北辰区富锦道1号教育中心大楼14—15楼	—	26877891
3	学生素质发展中心	—	天津市北辰区富锦道1号教育中心大楼11—12楼	—	26391627
4	天津市北辰中等职业技术学校	职专	天津市北辰区北仓镇富锦道5号	300400	26390772

续表 10

序号	单位	学段	校址	邮政编码	电话号码（固定电话）
5	天津市民族中等职业技术学校	职专	天津市北辰区京津公路天穆村北	300400	26348462
6	天津市第四十七中学	高中	天津市北辰区京津公路 466 号	300400	26918825
7	天津市九十六中学	高中	天津市北辰区三千路 9 号	300402	26300788
8	天津市朱唐庄中学	高中	天津市北辰区大张庄镇朱唐庄村南	300402	86985275
9	天津市南仓中学	高中、初中	天津市北辰区天穆老道 102 号	300400	86565038
10	天津市青光中学	高中、初中	天津市北辰区青光镇青光村东	300401	26951982
11	天津市北辰区华辰学校	高中、初中、小学	天津市北辰区京津公路 517 号	300400	26391036
12	天津市集贤里中学	初中	天津市北辰区虎林路 11 号	300400	26911231
13	天津市北仓第二中学	初中	天津市北辰区北医道 11 号	300400	26391332
14	天津市河头学校	初中、小学	天津市北辰区双口镇上河头村西	300401	86832332-8014
15	天津市小淀中学	初中	天津市北辰区小淀镇政府北侧	300402	26990333
16	天津市大张庄中学	初中	天津市大张庄村	300402	86853741
17	天津市东堤头中学	初中	天津市北辰区西堤头镇西堤头村	300400	86849718
18	天津市霍庄中学	初中	天津市北辰区西堤头镇霍庄中学	300400	86822967
19	天津市北辰区秋怡中学	初中	天津市北辰区普东街汾河北道 19 号	300400	26866513
20	天津市北辰区普育学校	初中、小学	天津市北辰区宜兴埠镇北下坡	300400	86312208

续表 10

序号	单位	学段	校址	邮政编码	电话号码（固定电话）
21	天津市北辰区体育中学	初中	天津市北辰区北仓镇引河南道 45	300400	26854800
22	天津市北辰区璟悦中学	初中	天津市北辰区北仓镇辰景路 6 号	300134	86862658
23	天津市佳春中学	初中	天津市红桥区佳春里 18 号	300134	022-86513110
24	河北工业大学天津附属中学	初中	天津市北辰区双口镇西平道 5446 号	300401	86835003
25	天津市北辰区实验中学	初中	天津市北辰区科峰路 205 号	300400	022-86817859
26	天津市九十二中学	初中	天津市北辰区双街镇沙庄村西	300402	26979681
27	天津市北辰区特殊教育学校	特教	天津市北辰区集贤里街安达路 2 号	300400	022-86818110
28	天津市北辰区实验小学	小学	天津市北辰区果园北道与高峰路交口处	300400	58127903
29	天津市北辰区苍园小学	小学	天津北辰区果园新村城建北路	300400	86911583
30	天津市北辰区集贤里小学	小学	北辰区讷河道 6 号	300400	022-26393973
31	天津市北辰区引河里小学	小学	天津市北辰区引河里	300400	26391496
32	天津市北辰区北仓小学	小学	天津市北辰区延吉道	300400	26911752
33	天津市北辰区王秦庄小学	小学	天津市北辰区北仓镇王秦庄村	300400	86875995
34	天津市北辰区逸阳文思小学	小学	天津市北辰区龙岩道与辰永路交口东北侧	300400	—
35	天津市北辰区天穆小学	小学	天津市北辰区京津公路 270 号	300400	26341645

续表 10

序号	单位	学段	校址	邮政编码	电话号码（固定电话）
36	天津市北辰区南仓小学	小学	天津市北辰区天穆镇南仓村	300400	26341615
37	河北工业大学天津附属小学	小学	天津市北辰区双口镇双口二村西平道5446号	300401	86836002
38	天津市北辰区王庄小学	小学	天津市北辰区天穆镇王庄村	300134	26663053
39	天津市北辰区宜兴埠第一小学	小学	北辰区宜兴埠镇津围公路114号	300400	26300021
40	天津市北辰区宜兴埠第三小学	小学	北辰区宜白路北	300402	26301247
41	天津市北辰区模范小学	小学	天津市北辰区双街镇双街新家园旁	300400	26972861
42	天津市北辰区第二模范小学	小学	天津市北辰区双街镇第二模范小学	300400	26865099
43	天津市北辰区盛青小学	小学	天津市北辰区新景道1号	300400	86838233-8201
44	天津市北辰区青光小学	小学	天津市北辰区青光镇青光小学	300400	26951838
45	天津市北辰区杨嘴小学	小学	天津市北辰区青光镇杨嘴村	300401	26650147
46	天津市北辰区韩家墅小学	小学	天津市北辰区青光镇韩家墅小学	300401	26955110
47	天津市北辰区沿河小学	小学	天津市北辰区青光镇李家房子村	300401	26954317
48	天津市北辰区安光小学	小学	天津市北辰区安光村	300401	26940004
49	天津市北辰区前丁庄小学	小学	天津市北辰区双口镇前丁庄村前丁庄小学	300401	86836000
50	天津市北辰区线河小学	小学	天津市北辰双口镇线河二村线河小学	300401	81123600

续表 10

序号	单位	学段	校址	邮政编码	电话号码（固定电话）
51	天津市北辰区小淀小学	小学	天津市北辰区小淀镇小淀村	300402	26999651
52	天津市北辰区刘安庄小学	小学	天津市北辰区小淀镇刘安庄村西	300402	26852146
53	天津市北辰区温家房子小学	小学	天津市北辰区温家房子村	300402	84814495
54	天津市北辰区大张庄小学	小学	天津市北辰区大张庄镇大张庄村北	300402	86853062
55	天津市北辰区朱唐庄小学	小学	天津市北辰区大张庄镇朱唐庄村南	300402	26990063
56	天津市北辰区辰庆小学	小学	天津市北辰区辰庆路10号	300400	86877389
57	天津市北辰区辰风小学	小学	天津市北辰区大张庄风电产业园A区	300402	86826988
58	天津市北辰区东堤头小学	小学	天津市北辰区西堤头镇东堤头村	300408	86842289
59	天津市北辰区西堤头小学	小学	天津市北辰区西堤头镇西堤头村	300408	86842523
60	天津市北辰区刘快庄小学	小学	天津市北辰区西堤头镇刘快庄村	300408	86841933
61	天津市北辰区霍庄子小学	小学	天津市北辰区西堤头镇霍庄子村	300408	86823284
62	天津市北辰区辛侯庄小学	小学	天津市北辰区西堤头镇辛侯庄村	300408	86991431
63	天津市北辰区芦新河小学	小学	天津市北辰区西堤头镇芦新河村	300408	86843559
64	天津市北辰区瑞景小学	小学	天津市北辰区辰达路西侧	300400	86684728
65	天津市北辰区秋怡小学	小学	天津市北辰区汾河北道20号	300400	86940628

续表 10

序号	单位	学段	校址	邮政编码	电话号码（固定电话）
66	天津市北辰区辰昌路小学	小学	天津市北辰区辰昌路与龙岩道交口	300400	86673451
67	天津市北辰区翊辰小学	小学	天津市北辰区奇峰路1号	300400	85304917
68	天津市北辰区荣辰小学	小学	天津市北辰区沁河北道105号	300400	86877810
69	天津市北辰区金艺小学	小学	天津市北辰区淮东路63号	300400	26724875
70	天津师范大学北辰实验学校	高中 初中 小学	天津市北辰区奇峰路1号	300400	—
71	天津市北辰区佳园里小学	小学	天津市红桥区千里堤外佳园里中心路	300134	26661590
72	天津市北辰区佳宁里小学	小学	天津市北辰区佳宁里小区内	300134	86513180
73	天津市北辰区佳春里小学	小学	天津市红桥区佳春里小区	300134	86513184
74	天津市北辰区辰星小学	小学	天津市北辰区永康道20号	300400	86858978
75	天津市北辰区荣馨小学	小学	天津市北辰区新畅路2号	300400	26950226
76	天津市北辰区实验幼儿园	幼儿园	天津市北辰区果园北道11号	300400	26393653
77	天津市北辰区北仓幼儿园	幼儿园	天津市北辰区果园北道19号	300400	26390468
78	天津市北辰区新华幼儿园	幼儿园	天津市北辰区果园中道商业局东路	300400	26390144
79	天津市北辰区引河里幼儿园	幼儿园	天津市北辰区北仓镇祥辰路泽天下顺泽园20号楼底商	300400	26391497
80	天津市北辰区集贤里幼儿园	幼儿园	天津市北辰区延吉南道5号	300400	26391405

续表 10

序号	单位	学段	校址	邮政编码	电话号码（固定电话）
81	天津市北辰区淮盛幼儿园	幼儿园	天津市北辰区姚江东路与汾河北道交口	300402	86441736
82	天津市北辰区宸宜幼儿园	幼儿园	天津市北辰区姚江东路 50 号	300402	26177928
83	天津市北辰区双青第一幼儿园	幼儿园	天津市北辰区北辰西道北侧欣永路 102 号	300400	86838622
84	天津市北辰区双青第二幼儿园	幼儿园	天津市北辰区北辰西道北侧荣翠园	300400	26958409
85	天津市北辰区双青第三幼儿园	幼儿园	天津市北辰区嘉康西路 13 号	300400	26958776
86	天津市北辰区双青第四幼儿园	幼儿园	北辰区欣永路盛康园小区内	300400	86831235
87	天津市北辰区双青第五幼儿园	幼儿园	天津市北辰区嘉定东路 9 号	300401	26950876
88	天津市北辰区欧铂城幼儿园	幼儿园	天津市北辰区景丽路 7 号	300409	26990148
89	天津市北辰区温雅幼儿园	幼儿园	天津市北辰区小淀镇温馨家园 b 小区	300400	86826587
90	天津市北辰区半湾花园幼儿园	幼儿园	天津市北辰区双街镇双进道顺达路 6 号	300400	26971880
91	天津市北辰区润辰新苑幼儿园	幼儿园	天津市北辰区天重道 31 号	300400	86877835
92	天津市北辰区郡德花园幼儿园	幼儿园	天津市北辰区京津公路 805 号	300400	26885996
93	天津市北辰区恒逸华庭幼儿园	幼儿园	天津市北辰区天穆镇洛河西道二号	—	86331839
94	天津市北辰区绿境华庭幼儿园	幼儿园	天津市北辰区北仓镇至信路 8 号	300400	86875968
95	天津市北辰区鸿泰幼儿园	幼儿园	天津市北辰区祥辰路与引河里南道交口东北侧	300400	26013586

续表 10

序号	单位	学段	校址	邮政编码	电话号码（固定电话）
96	天津市北辰区祥泽幼儿园	幼儿园	天津市北辰区泰来道 8 号	300400	26947973
97	天津市北辰区第十九幼儿园	幼儿园	天津市红桥区佳园里佳园道 17 号	300134	86513221
98	天津市北辰区第二十三幼儿园	幼儿园	天津市北辰区佳园东里	300134	86513226
99	天津市北辰区第二十四幼儿园	幼儿园	天津市红桥区双环东路 6 号	300134	26640946
100	天津市北辰区碧春园幼儿园	幼儿园	天津市北辰区连环道以北碧春园小区	300400	26647960
101	天津市北辰区辰悦幼儿园	幼儿园	天津市北辰区辰悦道 2 号	300400	86915531
102	北辰开大	成人教育	天津市北辰区富锦道 3 号	300400	26830177
103	北辰区青少年宫	—	天津市北辰区果园东路文化中心 A 座	300400	26391622
104	科技馆	—	天津市北辰区中学西路与北辰道交口文华中心 B 座	300400	86941642
105	天津市天外大附属北辰光华外国语学校	小学	天津市北辰区永进道与万河路交口永进道 85 号 2 号楼	300405	86839888
106	万通文武学校	小学	天津市北辰区青光镇韩家墅幸福道 3 号	300401	26950088

素质教育

【概况】 2022 年，区教育局实施党建工作联系点、专题大会、党建述职、党建工作纳入“千分考核”等措施，强化班子主体责任。分期分批对党组织书记、党员干部培训 4 期，全年选优配强党组织书记 62 人。推动“大思政课”建设，开展大中小思政课集体教研活动 7 次。开展区级思政课教师集体备课、专题讲座 56 次，1900

余人参加。开展中小学思政课教师能力素养提升培训工作，200余名思政课教师参训，开展“精彩一刻”磨课活动1人获评“金课”，立项区级思政专项微型课题19项、市级思政课题4项，其中6篇思政论文获天津市2022年教育创新二、三等奖。完善社区教育三级办学网络，推进非学历继续教育和社区教育、老年教育。举办心理健康教育月，落实学生心理健康教育和心理危机干预工作，加强心理健康教育品牌创建。体美劳动教育工作融教学与管理为一体，整体推进有实效。天津市第十五届全运会青少年组获团体总分第二名。

（蔺广萍）

【思政工作】 2022年，区教育局深化新时代学校思政课改革创新，推动“大思政课”建设，落实大中小一体化思政课教学协同机制，开展大中小思政课集体教研活动7次。开展区级思政课教师集体备课、专题讲座56次，1900余人参加。开展中小学思政课教师能力素养提升培训工作，200余名思政课教师参训。骨干教师参与市级交流及获奖18项。推进中小学课程思政改革，30余人参与“三进”培训会。举办思政教育与学科教学融合现场会，分享区域经验与思考。每一位思政教师都要有1节“二十大进课堂”精品课，每所学校每一个学科至少有2节“二十大进课堂”课程思政精品课，聘请院士专家进校讲思政课3场。组织思政课教师开展红色教育实践活动。开展“精彩一刻”磨课活动1人获评“金课”，立项区级思政专项微型课题19项、市级思政课题4项，其中6篇思政论文获天津市2022年教育创新二、三等奖。充分利用区内红色教育资源，组织广大青少年深入开展思政红色体验活动，开展“讲党史故事、学英烈精神、做红色传人”主题实践活动，北辰区“红小宣”实践基地在中共西北乡第一党支部旧址挂牌，打造红小宣特色品牌，用“童言童语”讲述红色故事，成功申报全国课题。暑期组织开展67个线上线下校级夏令营、16个社区夏令营，开展红色宣讲40余场，参与学生2万余名。

（王冬丽）

【成人教育】 2022年，区教育局完善社区教育三级办学网络，不断提高区、乡镇（街道）、社区（村居）3个办学层级覆盖率，提高终身学习载体服务能力。推进非学历继续教育和社区教育、老年教育深入开展。截至2022年底，完成全区老年（社区）学校挂牌工作，实现了16所镇、街老年（社区）学校及279个村、居老年（社区）学习中心的成立。2022年12月5日至11日，由北辰区教育局主办，西堤头镇协办，圆满召开北辰区第十六届全民终身学习活动周暨社区教育成果展示周活动。围绕此届活动周围绕“学习贯彻二十大，终身学习向未来”这一主题，从“全民笃学、全民智学、全民悦学、全民享学、全民参与、成果展示”六大板块出发，共组织开展97项活动，参与人数5606人。活动周期间，获“百姓学习之星”称号市级

2人，区级12人；特色活动中被评为“终身学习活动品牌”市级1个，区级13个；教育科研中荣获“社区教育实验项目”市级二等奖1个，三等奖9个。（王光健）

【心理健康教育】 2022年，区教育局举办心理健康教育月，落实学生心理健康教育和心理危机干预工作，加强心理健康教育品牌创建。成立以区中小学心理健康教育指导中心为依托，以24名专职心理教师为骨干成员，以“引领儿童成长 培养阳光心态”为服务宗旨的心理志愿者团队，通过线上和线下开展心灵主题志愿服务活动。疫情期间，发布《同舟共济携手抗疫——给全区中小学生的倡议书》等，通过微信公众号发布“居家学习心理防护小贴士”等23篇，强化学生心理疏导、关爱帮扶，引导学生及家长调整心态。制作15条心理微课和心理小视频，推送给全区中小学。2022年举办3场专题培训，560人次参加培训，派出60人到天津市安定医院进行专场培训和实操训练。心理志愿者团队开展家庭教育讲座70场次，个案心理辅导1100余例，累计开展活动300余次，受益人达6余万人次，及时挽救多个急迫危机个案。（丁　静）

【体美劳工作】 2022年，区教育局把体美劳动教育工作融教学与管理为一体，整体推进。天津市第十五届全运会青少年组获团体总分第二名，本年度天津电视台对北辰区传统体育展示赛、足球比赛分别进行报道。创办区域特色“美育实践工作坊”，扎实有序开展年度“北辰区美育实践课堂”文艺展演活动。建立“区师生合唱团”“名师美术工作室”，搭建以美育人成果展示交流平台。美育实践课堂获得一等奖23个、二等奖58个、三等奖69个，获得天津市颁发的优秀组织奖，在全国文艺展演比赛中，东堤头中学获得全国一等奖、92中学获得全国二等奖，北辰区教育局被评为全国优秀组织奖。构建“活动+课程+师资”三轮驱动模式，即活动引领劳动教育、课程夯实劳动教育、师资保障劳动教育。不断完善全面加强中小学劳动教育工作方案、中小学劳动实践清单。2022年，利用线上和线下相结合的形式，组织10余场次的劳动主题实践活动。75名学生获得“争做劳动小模范”市级优秀奖。申报的天津市“十四五”重点课题《加强专兼职劳动教育师资培训的策略研究》已进入结题阶段。承接市教科院基础教育课程研究《多学科渗透劳动教育》专题研讨活动。2022

2022年5月6日，区教育局德育艺体科在北辰职专报告厅组织召开“五四精神 传承有我”主题会演（北辰职专　供图）

年，心理健康教育工作、军训工作、体育工作、家庭教育工作均在市级专题会议上做典型发言。（刘泽霞）

2022年11月15日，北辰区学生中心体育部在第四十七中学联合各义务教育学校共同开展学生体质监测

（北辰区学生中心体育部　供图）

2022年11月18日，区教育局在集贤里小学开展科技嘉年华活动　（陈月冉　摄影）

教育合作交流

【概况】 2022年，北辰区与华池县、正宁县、丁青县三地开展支教送教、跟岗学习、线上交流培训。39所结对校线上交流302次，为结对地区培训专业技术人才6745人次。在“小手拉小手”活动中，全区共有15102名学生捐款2000元，捐书5000余册，学习用具680余套，心脏模型12副。助推3地学科教学水平的提升。

【京津冀教育联盟工作】 2022年，区教育局加大三地区教育合作交流力度，开展以“奋进新征程 一起向未来”为主题的书法、绘画、剪纸、班级合唱等形式的京津冀联盟北辰区艺术活动、京津冀“联盟杯”科技邀请赛北辰分赛区赛、运动员选拔等多样的艺体活动。开展教学交流，开放共享网络课程资源，开展同步教研、在线课堂、协同备课等跨区域、跨学校教育教学互动。组织全区校级干部参加京津冀高级校长研修班（线上），与兴隆的结对学校开展课堂教学分享、教学研讨、主题学习讨论等线上教学活动。引河里幼儿园、东堤头中学结合本校（园）教学特色，以“课程思政”为教育理念，融合思政元素的教学设计开展一系列教育教学研讨，两地教师互相学习、互相促进。推动跨区域合作办学，积极引进北京市优质教育资源“十一学校”项目，推进北京市十一学校天津实验学校筹备工作，完成首批教师招聘，确定该校为北辰区教育综合改革试点校。

【驻点支教】 2022年，区教育系统共选派16名优秀教师及领导干部赴庆阳、昌都两地进行支教。其中，4名教师分别担任华池县、正宁县八所学校的教研室主任，北辰区民族中等职业技术学校副校长到昌都市职业技术学校担任党委副书记、副校长。

其他 11 名派到昌都、庆阳的老师在担任课堂教学的同时，还开展了学科教学、教师培训等活动，助推华池、昌都两地学科教学水平的提升，从“输血”式支教转变为“造血”式支教，为当地留下一套可复制、可推广的教学经验。

【送教支教】 2022 年 6 月，由华辰学校组成名师团赴华池、正宁两地进行为期 4 天的送课送研、商榷列宁学校特色建设项目、班级手拉手签约等事宜，共培训当地师生 1200 余人次。7 月，北辰区名师团队、三所示范校领导共 13 人赴丁青县开展为期一周“组团式”柔性的支教任务。以教学、管理、教研室建设为专题的教育教学交流活动 17 场次，参与听课评课、教学研究，培训当地师生 1000 余人次。（蔺广萍）

科学技术

科技开放创新

【概况】 2022年，北辰区科技局（以下简称区科技局）以《天津市科技创新三年行动计划（2020—2022年）》为政策依据，以充分发挥企业技术创新主体作用，推动创新要素向企业集聚为工作目标，推动科技型企业发展，其中评价入库雏鹰企业、瞪羚企业、科技领军（培育）企业居于全市前列。

【科技型企业发展】 2022年，区科技局大力推动高成长企业梯度培育，统筹推进高新技术企业倍增，建立完善“雏鹰”“瞪羚”“领军”“高新技术企业”培育库，分类精准施策助推企业梯次壮大，高新技术企业数量快速增长。2022年，已评价入库“雏鹰企业”360家、“瞪羚企业”31家、“科技领军（培育）”企业30家，科技型中小企业达到了675家，国家高新技术企业总数达到675家。中国天辰工程有限公司、建科机械（天津）股份有限公司等8家企业入选天津市科技领军（培育）企业前25名。

【科技创新载体建设】 2022年，区科技局强化创新平台建设，提升创新体系整体效能，至2022年年底累计建成北方发动机、水泥设计院、天辰工程等31家国家级、市级企业重点实验室、工程中心。发挥高校科技资源优势，利用区内河北工业大学优势科技资源，合作共建大学科技园（北辰园）与北辰智能装备研究院。大学科技园（北辰园）为创业者提供全产业链一站式服务，入驻企业45家。智能装备研究院入驻特种环境机器人、机电装备故障智能诊断、高端装备结构技术等由500余名师生组成的6支高水平研究团队。研制开发的爬壁机器人全面解决金属立面的运行与维护问题，产品在山海关船厂、大连船厂等开展场景应用。

科技成果

【概况】 2022年，区科技局积极围绕企业发展需求，聚焦产研合作平台建设，以科技成果超市为依托，畅通校企对接渠道，推动科技成果在全区转移转化；积极发挥政策激励作用，服务企业创新能力提升，企业科技创新取得新突破。

【产学研合作项目】 2022年，区科技局积极促进科技成果转化落地。推动全市首家区级科技成果超市建设，促进科技成果转移转化。至2022年，成果超市累计征集科技成果1886余项，进驻专家472位，参观对接人员3000余人次，累计与企业签订产学研合作协议55项，推进科技成果与技术需求有效对接；积极探索“企业出题、能者破题”揭榜机制，与河北工业大学联合承办“第七届中国创新挑战赛（天津）”赛事，围绕全区高端装备制造产业，通过“揭榜比拼”方式，共征集企业技术需求113项，企业关键技术需求解决方案3项，召开46场对接洽谈会，签订11项技术合同，签订21项意向合作协议，预计技术合同金额2100万元。建立大学生就业实习基地2个，产学研合作基地4个。

【科技重点项目】 2022年，区科技局落实科技扶持政策，发挥政策的引导激励作用，激发企业创新发展。中重科技的“超大规格H型钢热轧成型技术”获批科技部重点研发计划，爱旭、捷强动力、中荣入选天津市科技领军（培育）计划项目，水泥院“水泥窑废气典型污染物全过程控制及深度治理关键技术与装备”、天士力集团“面向国际的现代中药创新体系建设”等4个项目获天津市科技进步奖一等奖。

金融资源助力科技产业

【概况】 2022年，区科技局落实市级企业股改奖励政策，利用金融手段助力企业科技创新。推进企业梯度培育，邀请市科技企业为北辰企业培训，讲授科技型企业政策及科技金融政策，100余家企业参加培训。

【创新资源与金融资源衔接】 2022年，区科技局落实市、区金融政策，完善创新资源与金融资源有效衔接，对接“雏鹰贷”“瞪羚贷”“辰智贷”“银税贷”等金融产品，及时落实市级雏鹰企业贷款奖励、瞪羚企业股改奖励等政策，引导企业申报高成长初创科技型企业专项投资扶持，用金融手段助力科技型企业创新能级持续提升。2022年，组织推荐75家企业申请雏鹰贷款。彼合彼方（天津）科技获批天津市高成长初创科技型企业专项投资项目600万元扶持资金。

2022年2月22日，河北工业大学科技园举办2022年度首场科技金融与科技成果对接会 （区科技局　供图）

【科技型企业政策宣讲】 2022年，区科技局推进“雏鹰—瞪羚—领军”企业梯度培育，助力创新型高成长企业发展，对科技型企业进行政策宣讲。举办2022年度科技型企业政策宣讲会，宣讲会以发挥企业技术创新主体作用，推动创新要素向企业集聚为工作目标，邀请市科技局、科技信息

2022年4月15日，北辰区科技局组织召开线上政策宣讲会 （区科技局　供图）

所、科技战略研究院、科融集团人员讲授科技型企业政策及科技金融政策。培训采取线上线下同步方式进行，参与培训的北辰区企业100余家。（杜飞腾）

气象服务

【概况】2022年，北辰区气象局（以下简称区气象局）全面学习贯彻落实习近平总书记关于气象工作的重要指示精神，以提高气象服务保障能力、发挥气象防灾减灾第一道防线作用为重点，落实区委区政府和全市气象工作会议精神工作部署，推动北辰气象事业高质量发展。

【气象观测与预报】2022年地面观测无错情，数据传输及时率、数据可用性均达标。3月31日09时20分地面综合观测业务软件Ver：3.0.3.508升级为Ver：3.0.4.215；7月28日10时10分地面综合观测业务软件Ver：3.0.4.215升级为Ver：3.0.4.701。

年内分三次对16个区域自动观测站巡查维护，完成10套智能微型观测设备、1套大气电场仪、1套大张庄站称重式雨量观测设备安装。完成区气象局新址观测场的建设和仪器设备安装，于12月31日20时正式对比观测。完成质量管理体系的管评和培训，定期巡检北辰国家气象观测站新址观测设备。年内，在南仓铁路127涵洞安装1套积水监测设备。齐浩主持区科技局备案项目《基于反馈机制的突发公共事件预警信息发布系统基层应用管理》；马庚雪于2022年11月在《河南科学》上发表论文《基于Lamb–Jenkinson方法的天津地区$PM_{2.5}$污染环流型分析》。

年内完成2月12—13日大暴雪、3月16—18日雨雪大风、7月5—6日暴雨、8月18—19日暴雨、11月28—30日寒潮大风等天气过程预报预警服务。完成春运、中高考、供暖等气象服务保障，全年共发布气象灾害预警信息126期，雨情公报54期，空气质量保障气象服务专报365期，气象信息快报98期，重要气象信息专报10期，情况专报2期，气象信息专报（一周预报）51期，春运、中高考、疫情防控、生态遥感、供暖、旅游、战地文艺会演等专题气象服务产品276期，制作发布关键农时气象服务专报33期，气候服务专报8期。

2022年3月29日，北辰区气象局业务人员对国家站雨量观测设备进行维护和现场鉴定（齐　浩　摄影）

【天气预报预警服务体系】2022年11月1日，北辰区人民政府办公室印发《北辰区气象灾害应急预案》。12月28日，北辰区政府办印发《关于加快推进北辰区气象高质量发展的工作方案》，明确区气象高质量发展的总体要求、主要目标、主要任务以及保障措施。

制定《天津市北辰区气象局气象灾害预警信号发布业务规范》，规范气象灾害预警信息发布业务，完善预警信号制作、签发等流程。修订气象防灾减灾规范制度"一本账"，规范基层气象灾害"叫应"制度及气象灾害分级防御服务、面向党政领导"叫应"标准和流程。完善中小河流域、城镇易涝点监控信息，旅游景区、医院、中小学校、水库、避难场所、易燃易爆场所等"一本账"数据。完成8种气象灾害危险性评估和危险性评估与区划。5月30日，区气象灾害应急指挥部办公室联合区防震减灾和抗震救灾指挥部办公室召开2022年自然灾害防御联席会议暨灾害信息员培训会议。拓宽公共气象服务发布渠道，加强微信、微博、抖音等新媒体发布渠道的使用和推广。6月28日参加北辰区应对极端强降雨防汛应急处置桌面推演。

区气象局与农业农村部门的合作，开展"分时段、分作物、分区域"的直通式为农气象服务。全年到各涉农镇、种植养殖大户种植区域调研9次，将益农合作社、家庭农场和新型农业主体信息纳入"12379""121"短信平台，通过手机短信方式建立气象信息传播绿色通道。各镇（街）通过突发公共事件预警信息发布系统发布气象预警信息1094条，各对接部门共发布119条，未出现错情。与区生态环境局本着"数据交互、资源共享"的合作原则，通过监测、预报和评估及高水平的环境模式支撑，提升本地区大气污染防治保障服务能力。与应急管理局、交警北辰支队联防联动，建立预警信息和气象服务信息发布的绿色通道，做好防汛、森林防灭火、交通运输保障等重点环节气象保障服务。

【气象科普】 年内开展"3·23"世界气象日、"5·12"国家防灾减灾日、区科技周、宪法宣传日等气象科普宣传，通过线上科普形式为大张庄中学和宸宜幼儿园的学生们讲授气象观测预报、防灾减灾等科普知识，推进气象知识在青少年和幼儿中普及。大张庄中学校园气象站入选"第八届全国气象科普教育基地——示范校园气象站"。配合区应急局开展综合减灾示范社区建设。

2022年5月12日，北辰区气象局联合大张庄中学采用线上科普的形式，为学生们带来了一堂气象防灾减灾科普课

（大张庄中学　供图）

【人工影响天气】 4月1日至4月10日，区气象局对全区人工影响天气指挥人员和

炮站作业人员上岗资格培训。制定下发“三案一计划一措施”（《北辰区人工影响天气安全生产实施方案》《北辰区人工影响天气安全生产应急处置预案》《北辰区人工影响天气地面作业事故处理救助预案》《北辰区人工影响天气2022年度工作计划》《北辰区人工影响天气安全生产目标管理措施》）。全年共实施了11个作业日，作业21站（次），消耗人雨弹138发，火箭弹23枚，燃气炮作业1622次（其中，防雹作业日4个，消耗人雨弹138发，消耗火箭弹16枚；增雨（雪）作业7个，消耗火箭弹7枚），总增雨量510万立方米，防区内无雹灾。

2022年4月7日，北辰区气象局业务人员针对春季和汛期易出现的断网、断电、系统平台故障等突发状况开展应急演练

（赵淑兰　摄影）

【气象行政执法】 2022年，区气象局联合区应急管理局下发文件《关于做好2022年度防雷减灾工作的通知》，对防雷减灾工作作出部署。年内，参与法治政府建设示范创建活动。北京冬奥会、国庆等期间开展禁放气球巡查。对重点行业领域、危险化学品防雷安全生产执法检查，全年检查单位83家。完成防雷行政审批1件，“多规合一”平台审批事项96件。年内，采用线上线下、集中辅导及答卷测试相结合方式开展普法工作。

【气象工程项目建设】 2022年7月，区气象局办理完成区气象监测预警站项目建筑工程施工许可证，于9月15日项目开工建设，12月底完成观测场建设、消防水池基坑开挖和地板垫层、办公楼桩基础和地下基础梁以及短柱工程。

【气象文化建设】 2022年10月26日《北辰区气象志》正式出版发行。全志上限1958年，下限2017年，共七章三十五节，总计40余万字。志首设序言、凡例、概述和大事记，志末置附录、索引和编后记。《北辰区气象志》是北辰区第一部气象专业志书，填补北辰区气象专业志的空白，客观地叙述北辰区的气候特征、气象要素和主要灾害性天气出现的规律以及60年区气象事业的发展历程。（周仲秀）

文化旅游

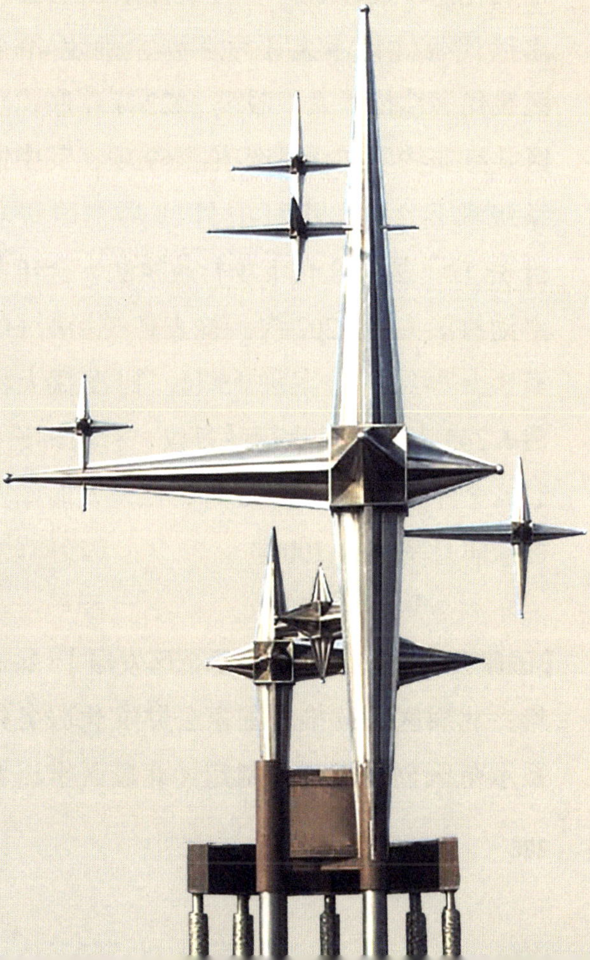

公共文化活动

【概况】2022年，北辰区文化和旅游局（以下简称区文旅局）推进国家公共文化服务体系发展创新，丰富北辰区公共文化服务内容，开展全民阅读、综合演出、电影放映、文艺培训、艺术展览等文化惠民服务。支持北辰区文化品牌活动，举办“新农村 新文化 新风尚”第七届“天穆杯”小品展演，第十七届和谐文化大舞台文艺展演，增强北辰区文化凝聚力。北辰区农民画得到国家级媒体的多次报道。

2022年，北辰区广泛开展全民阅读及文艺惠民活动，累计开展136场线上线下阅读推广活动，成功举办“新农村 新文化 新风尚”第七届“天穆杯”小品展演和第十七届和谐文化大舞台文艺展演。全面加强文化遗产传承保护，开展北辰区第五批非遗代表性传承人评审工作，确定40名区级代表性传承人，截至2022年年底，全区共有非物质文化遗产项目69项，其中国家级项目2项，市级项目29项，区级项目38项。加强文化市场行政执法，全年共出动执法人员1202次，检查各类场所601家次，办结行政案件15起，罚没款人民币6.243万元，发生行政复议、行政诉讼0起，全年共处理举报73件，回复及时率及群众满意率均为100%。（李华建）

【国家公共文化服务体系示范区发展】2022年，北辰区继续推进国家公共文化服务体系示范区创新发展，制定《北辰区推进国家公共文化服务体系示范区创新发展实施办法》。4月24日，召开国家公共文化服务体系示范区创新发展工作推动会，明确示范区创新发展标准。在全区大力开展文化志愿者招募工作，促进文化志愿者常态化、制度化，志愿者累计人数达6000人。

2022年4月27日，北辰区文化和旅游局在金玺大厦1号楼16层会议室，组织各有关单位及镇街开展北辰区国家公共文化服务体系示范区创新发展推动暨复核工作培训会（区文旅局 供图）

【文化惠民活动】2022年，区文旅局通过政府购买服务，以“喜迎二十大 奋进新

2022年7月11日，北辰区文化和旅游局在双街镇“柴楼兴园综合文化服务中心”开展“喜迎二十大 奋进新征程”2022年“我们的中国梦文化进万家”惠民演出进基层，表演古彩戏法《雅华献彩》

（区文旅局 供图）

征程”为主题向基层配置综合性文艺演出39场，包含戏曲、舞蹈、歌曲、杂技、魔术等多种类型节目，深入乡村、社区、景区，持续扩大北辰区文化惠民覆盖面。是年，天穆镇“曲艺之花绽放北运河畔”入选文化和旅游部中国民间文化艺术之乡建设典型案例展示。

【“新农村 新文化 新风尚”第七届“天穆杯”小品展演】 2022年，区文旅局为庆祝迎接党的二十大会议胜利召开，充分发挥“天穆杯”品牌在公共文化服务体系的引领和示范作用，由中共天津市委宣传部、天津市文化和旅游局、天津市北辰区人民政府共同主办“新农村 新文化 新风尚”第七届“天穆杯”小品展演于6月9日至12月30日在北辰区举办，此次展演面向全国各省市征集作品80个，经专家评审，评出一等奖6个，二等奖6个，三等奖8个，最佳创作奖3个，优秀组织奖8个。

（任　蕊）

2022年11月16日，北辰区文化和旅游局与天穆镇政府在文化馆小剧场组织开展“新农村 新文化 新风尚”第七届天穆杯小品展演成片录制工作　（区文旅局　供图）

【惠民展览】 2022年，区文化馆面向群众举办9个主题惠民展览。举办“小手拉大手 一起向未来”书画作品展、“天津市民法典伴我好生活”主题漫画展巡展、“你好北辰”童心童趣2022年北辰区少儿美术作品展、“清风颂廉·喜迎盛会”2022年北辰区廉洁文化展、“助力乡村文化，共享文明社区”书画作品专场展览、“喜迎二十大·奋进新征程”多彩北辰·翰墨飘香北辰区2022年线上书法作品展、“喜迎二十大·奋进新征程”线上精品书画展、“凝心聚力新时代 团结奋进新征程”学习宣传贯彻党的二十大精神——天津市2022群文优秀中国画小品作品展、“踔厉奋发 勇毅前行”学习宣传贯彻党的二十大精神——天津北辰、河北兴隆、甘肃华池、甘肃正宁、西藏丁青4省5区文化交流展，为群众提供丰富文化展览。

【惠民演出】 2022年，区文化馆举办主题

2022年3月9日，北辰区文化馆举办“小手拉大手 一起向未来”书画作品展，参观群众在美术馆展厅合影留念

（区文化馆　供图）

惠民演出23场。举办2022年北辰区“村晚”——“迎新春”京剧传统戏专场演唱会、“传承红色精神，争做时代先锋”——北辰区庆祝中国共产主义青年团成立100周年音乐会、“喜迎二十大 放歌新时代”——北辰区庆祝中国共产党成立101周年红色歌曲演唱会、举办“喜迎二十大·奋进新征程”2022年北辰区文化馆国庆日主题活动——红色歌曲讲解与教唱、2022年北辰区“喜迎二十大 奋进新征程”文化惠民演出季综合专场、2022年北辰区第十七届和谐文化大舞台文艺展演专场演出16场、学习宣传贯彻党的二十大精神2022年北辰区文化惠民系列活动2场，演出主题鲜明，内容丰富。

2022年11月16日，北辰区文化馆在龙顺庄园录制2022年北辰区第十七届和谐文化大舞台文艺展演双口镇专场

（区文化馆　供图）

【“我们的节日”系列活动】 2022年，区文化馆组织开展7场“我们的节日”系列活动。“我们的节日——春节”剪纸作品展、“我们的节日——元宵节”猜灯谜主题知识竞答活动、“我们的节日——清明节”诗词鉴赏主题活动、“我们的节日——端午节”风俗故事与诗词欣赏、“我们的节日——七夕节”乞巧节主题线上讲座、“我们的节日——中秋节”慰问抗疫一线医务工作者手工烘焙活动及“我们的节日——重阳节”“九九重阳·敬老孝亲”主题活动观看《中医养生学概况》讲座，丰富群众的精神文化生活，弘扬中华民族悠久历史文化。

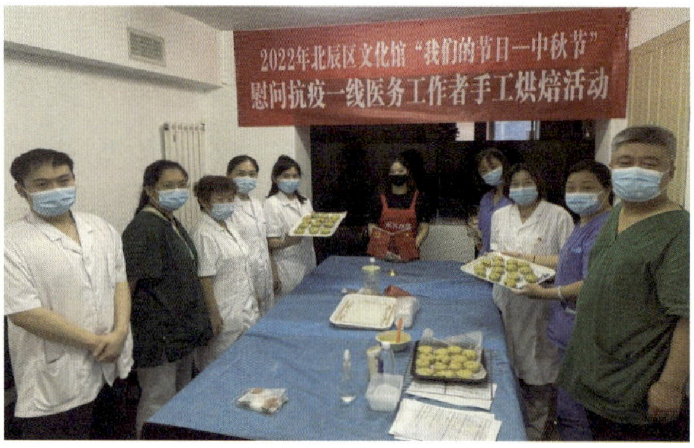

2022年9月8日，北辰区文化馆在果园新村街社区卫生院举办2022年北辰区文化馆“我们的节日——中秋节”慰问抗疫一线医务工作者手工烘焙活动（区文化馆　供图）

【传统文化类培训】 2022年，区文化馆举办5门类传统文化类培训，包括传统茶艺、京剧表演、传统剪纸，陶艺和古筝培训班，丰富青少年的精神文化需求，各门类课程

2022年7月13日，北辰区文化馆在15楼活动室开展茶艺培训　（区文化馆　供图）

共计20课次，总课时共计40课时，每个门类参与人均数达15人次。

2022年8月10日，北辰区文化馆在15楼活动室开展古筝培训 （区文化馆 供图）

【全民艺术普及系列讲座和课程】 2022年，区文化馆开设全民艺术普及系列讲座和课程。邀请专家用网络直播形式举办“文化有约”——2022年北辰区文化馆全民艺术普及系列讲座3讲，录制艺术“云”课堂视频，全年共发布艺术“云”课堂活动231期，包含钢琴、声乐、舞蹈、书法、绘画等多个领域。在区文化馆微信公众号平台推出“北辰区文化馆艺术慕课”系列课程，以开放在线课程的形式将众多优质的专业艺术课程资源呈现给广大群众，有精读《论语》《口才艺术与社交礼仪》等，全年共发布147期；至2022年年底，已开设声乐和书法两类公益直播课活动，每周按时在线上面对面向大家普及艺术知识，加强互动性。 （温 凡）

【全民阅读推广活动】 2022年，区图书馆围绕12个优势品牌，精准有效对接和满足不同群体的阅读需求，累计开展馆内外线上线下阅读推广活动136场。“我们的节日”、文旅融合“世界旅游日”等特色阅读推广活动，重点打造“沉浸式体验”活动。注重加强基层阅读服务，为各分馆、基层服务点、农家书屋建设“党史学习专架”。在双口镇中河头村“安幸生烈士故居纪念馆”红色旅游景区书屋建设“党史学习专架”配送党史和理论学习图书，开展各类讲座、阅读推广活动。开展图书流动服务下基层活动，举办“党史连环画巡回展”“优秀图书推荐展览”等。 （黄尤精）

文化遗产保护

【概况】 2022年，北辰区文化遗产保护中心（以下简称区文保中心）积极推荐区内非遗项目入选天津市传统工艺振兴目录和市级非遗代表性项目名录，开展北辰区第五批非遗代表性传承人评审工作，确定了40名区级代表性传承人。区文保中心组织开展非遗特色线下展览、研学活动3次，开展40余次线上宣传，打造特色北辰文化品牌。

【传统工艺振兴】 2022年，经区文保中心筛选、推荐，田氏船模制作技艺、闫记酱制品制作技艺、穆氏盛斋元酱制品制作技艺3个市级非遗项目入选天津市文化和旅游局、天津市工业和信息局制定发布的第一批天津市传统工艺振兴目录。

【非遗项目建设】 2022年，经区文保中心推荐申报、市级专家评审，北辰区查拳（北辰于氏查拳）、芦新河少林长拳、王氏泥塑、何记籂筲制作技艺、尚记真丝绣绒制作技艺、中医传统制剂方法（孙氏骨科醋膏药制作技艺）6个项目入选第五批市级非物质文化遗产代表性项目名录。

【非遗传承人评审】 2022年，区文保中心开展第五批北辰区非物质文化遗产项目代表性传承人评审工作，经北辰区相关镇街和保护单位申报、专家小组和专家评审委员会审核评议、社会公示、复核等工作，共确定八大类别40名传承人为北辰区第五批非物质文化遗产项目代表性传承人。

2022年8月23日，北辰区文化遗产保护中心组织北辰区第五批非遗代表性传承人申报材料培训工作会

（区文化遗产保护中心　供图）

【非遗展示宣传】 2022年，北辰区文保中心在非物质文化遗产展示中心开展“运河帆影”——田氏船模制作技艺专题展览和“喜迎二十大 童心绘非遗”北辰民间绘画李嘴小学学生作品专题展览，举办首届“精彩非遗 魅力暑假”暑期非遗研学活动。区文保中心通过《人民日报》、天津电视台、《天津日报》、津云APP、北辰新闻、微北辰等媒体，对全区非遗资源进行40次以上的大力宣传，持续发力打造富有特色的北辰文化品牌。

2022年6月17日，北辰区文化遗产保护中心在北辰区非物质文化遗产展示中心组织“运河帆影——田氏船模制作技艺展览”闭幕仪式　（区文化遗产保护中心　供图）

2022年11月15日，北辰区国家级非物质文化遗产项目——刘园祥音法鼓在刘园新苑出会

（区文化遗产保护中心　供图）

（曹承怡）

【文物保护与利用】 2022年，北辰区积极协助相关部门做好涉文物用地审批服务工作，完成文物相关“多规合一”系统意见反馈96

件，书面征求意见复函35件，协助上报文物影响评估报告和考古申请各2个。加强不可移动文物巡查力度。共巡查62处次，其中涉及北运河北辰段13次，聘请专业机构开展文博建筑消防安全专项检查3次。开展第一次北辰区革命文物普查工作，复核不可移动文物1处、可移动文物213件。开展石刻文物拓印管理专项整治行动，全区2家属地博物馆均不存在违规违法文物拓印行为。完成类博物馆社会机构摸底调查工作，向市文物局上报8家符合要求的类博物馆，进一步摸清全区类博物馆和藏品资源底数。参与《中国少数民族文物图谱·天津卷》资料收集工作，上报少数民族文物图谱线索条目45项。完成2022年度文物安全管理直接责任单位公示公告工作。（张丽鑫）

【“5·18”博物馆日活动】2022年，为迎接党的二十大，结合“迎盛会，铸忠诚，强担当，创业绩”的时代主题，增进群众对文化遗产事业的了解、参与和关注，推动文化遗产工作贴近实际、贴近生活、贴近群众，北辰区文保中心举办“博物馆的力量”线上有奖竞答活动，共计1296人次参加有奖竞答。（樊昊坤）

文化市场管理

【概况】2022年，区文化市场行政执法支队坚持日常监管与专项整治相结合，加大文化娱乐场所的监管力度。开展未经许可经营旅行社业务及不合理低价游专项治理。发挥“扫黄打非”文化执法主力军作用，持续开展系列专项行动，对出版物市场进行专项检查，严厉打击非法、违禁出版物。全年共出动执法人员1202次，检查各类场所601家次，办结行政案件15起，罚没款人民币6.243万元，发生行政复议、行政诉讼0起，全年共处理举报73件，回复及时率及群众满意率均为100%。

【文化市场未成年人保护行动】2022年，区文化市场行政执法支队在文化市场领域，以违规接纳未成年人为重点，全面开展寒暑期文化市场集中整治工作、贯彻落实新未成年人保护法专项行动、保障党的二十大文化和旅游市场专项执法检查等专项行动，加强对娱乐场所、互联网上网服务营业场所的现场检查，严格查处未经许可擅自从事、互联网上网服务营业场所未按规定核对登记上网消费者的有效身份证件、游艺娱乐场所设置未经文化和旅游行政部门内容核查的游戏游艺设备，以及歌舞娱乐场所播放曲目和屏幕画面含有禁止内容违规经营行为。

【重点清查印刷企业】2022年，区文化市场行政执法支队采取对各类印刷企业进行重点清查、对出版物集中经营场所进行重点巡查和加强对各类培训机构的暗访明查相结合的方式，在“扫黄打非”领域开展了冬奥知识产权保护专项行动、涉藏违禁出版传播活动专项整治、严打整治侵权盗版教材教辅违法犯罪专项行动、网络出版物经营单位专项整治行动、涉党史领域境外有害出版物专项整治行动等，认真检查印刷企业证照是否齐全、有无委印手续、委印手续是否正规以及印刷业承印管理“五项”制度落实等情况，依法严厉查处各类非法出版物及非法承印侵权盗版教材教辅读物、从非法渠道进购和销售的侵权盗版教材教辅读物和违反规定擅自发行各类教材教辅读物等违法行为，严厉打击使用侵权盗版教材教辅读物以及擅自非法编印教材教辅读物的行为。

【旅游市场专项整治】 2022 年，区文化市场行政执法支队在旅游市场领域开展未经许可经营旅行社业务、“不合理低价游”专项整治工作严查组团社以低于属地行业公认的合理价格销售的包价旅游产品，重点是“一日游”产品。严查地接社“买团”或接待“不支付或不足额支付团费”的旅游团队的行为，整治和规范通过互联网等线上方式开展招徕、组织旅游者，从事旅行社业务经营过程中的不规范经营行为。

【广电领域专项巡查】 2022 年，区文化市场行政执法支队在广电领域全年开展非法卫星电视广播地面接收设施专项巡查，重点检查是否存在未经许可擅自安装和使用卫星地面接收设施违法行为，对经营户宣传《卫星电视广播地面接收设施管理规定》《广播电视管理条例》等法律法规，增强抵制非法销售安装使用卫星地面接收设施行为的自觉性，增强经营户遵法守法意识。（申　阳）

文联活动

【概况】 2022 年，北辰区文学艺术界联合会（以下简称区文联）学习贯彻习近平总书记在中国文联十一大、中国作协十大开幕式上的重要讲话精神，紧跟时代步伐，用文艺作品抒发爱党爱国情怀和人民奋斗的最美篇章，号召各协会艺术家深入基层，走进人民群众的生活。全年组织会员参加志愿服务活动 8 次，组织众志成“辰”“艺”心御疫——北辰文学艺术界助力津门战疫作品展 12 次，组织书香天津、书香北辰——跟着作家读书作品展 15 次，组织“庆国庆 迎盛会”“文艺献礼二十大，携手奋进新征程”北辰区文艺作品展览 20 篇，组织廉洁文化主题创作、我们的节日、天津市乡村旅游、山乡巨变、城市记忆主题创作 100 多篇，组织或参加文学艺术云课堂 140 期，开展文化惠民演出 5 场。加强区作家协会队伍建设，区属市级作家协会会员增加到 80 多人。北辰区作家协会成为天津市“深入生活 扎根人民”新时代文学实践基地。

【开展文艺活动】 2022 年，区文联积极响应区委、区政府号召，发挥宣传轻骑兵的作用，开展丰富多彩的文艺活动。用诗歌、诗词和书法、农民画、摄影、曲艺等多种艺术形式，开展众志成“辰”“艺”心御疫——北辰文学艺术界助力津门战疫作品展示活动，创作的抗疫作品在“天津日报·北辰之声”和“文联北辰”微信公众号上陆续刊发。紧密围绕“迎盛会、铸忠诚、强担当、创业绩”方针，以“文艺献礼二十大，携手奋进新征程”为主题，开展“庆国庆，迎盛会”北辰区文艺作品展；开展“喜迎党的二十大　聚力再出发”诗词朗诵会。围绕弘扬传统文化开展各具特色的文艺创作宣传，在清明、端午、中秋等重大传统节日组织作协会员和文艺爱好者进行诗歌、散文和戏剧等文艺创作，作品在“天津日报·北辰之声”和“文联北辰”微信公众号上均进行了集中刊载和展示。

2022 年 9 月 15 日，区文联举行北辰区“喜迎党的二十大　聚力再出发”诗词朗诵会，图为与会人员合影　（杨光祥　摄影）

【文学创作】 2022 年，区作家协会会员文学作品成果丰硕。报告文学《中国有个诗上庄》由花山文艺出版社出版，《王者承诺书身寄国》由中国作家协会结集出版，《爱国三问 志存高远——读张莨画作〈爱国三问〉有感》发表于《光明日报》上。文学作品 247 篇（首）发表于《天津日报》《今晚报》《中老年时报》《泉州晚报》《池州日报》《淮河早报》《京九晚报》《天水晚报》《绥化晚报》等市级报刊上。《津北百村诗话》、诗集《时代的放歌》《a o e 啊喔哦》、散文随笔文集《岁月之痕》由区文联内部印发。区作家协会组织会员参加全市征文活动，《和平路上的书店》获“城市记忆”主题征文优秀奖。

【志愿服务活动】 2022 年，区作家协会围绕挖掘红色文化，加强爱国主义教育，培养读书习惯、提升文化素质，学习宣传贯彻党的二十大精神，推介乡村旅游，助力乡村振兴等主题开展志愿服务。市作协开展“深入生活　扎根人民”新时代文学实践基地和职业道德教育与文学服务社会示范北辰基地揭牌活动，中河头村为职业道德教育与文学服务社会示范基地，北辰区作家协会为天津市新时代文学实践基地。

2022 年 10 月 21 日，践基地和职业道德教育与文学服务社会示范北辰基地揭牌仪式举行　（林逢水　摄影）

【加强协会建设】 2022 年，区文联加强协会建设，增加新鲜血液，焕发新活力，提高各文艺协会整体艺术水平，15 名会员加入天津市作家协会，1 名会员成为中国作家协会会员。区作家协会重视培养青年作者，注重发现人才，吸引年轻人多参加文学创作活动。在《北斗星》期刊上开辟“校园开阳”栏目，发表中小学生的作文，培育新苗。制定青年人才培养计划，推荐青年作家到鲁迅文学院学习深造。

（刘风雷）

融媒体建设

【概况】 2022年，北辰区融媒体中心（以下简称区融媒体中心）积极发挥媒体+服务作用，构筑起全方位、立体式、无死角的立体宣传网。在宜兴埠镇创建首家镇级媒体+实践基地，与天津外国语大学国际传媒学院签订战略合作协议，打造媒体+高校发展模式。深入推进媒体+服务，提升新闻宣传“四力”。配合区纪委拍摄制作专题片20分钟的《为政以德 廉润北辰》，在北辰区党员干部廉政教育大会上播放。

在天津市委网信办每月新媒体线上影响力报告排名中始终保持中上游。各融媒体平台累计更新新闻1.6万余条，获市级新闻二等奖1篇，三等奖2篇，较上年度涨粉11.5万人。“微北辰”“北辰发布”账号在天津市政务新媒体2022年度传播力和影响力排名中名列第三，微信公众号“微北辰”获评天津市委宣传部颁发的2022年度“天津市基层理论宣讲优秀理论宣讲公众号”，区融媒体中心获2022年天津市“新春走基层”活动先进集体称号。《萌萌讲党课》在新华社县级融媒参评中获“优秀专题报道入围奖”。

【电视新闻报道】 2022年，区融媒体中心共制作播出《北辰新闻》276期，在天津电视台《天津新闻》《都市报道60分》等栏目中播出反映北辰经济社会发展的各类新闻200余条。报送的北辰区政务服务办助力企业发展的新闻线索被央视采用，5月1日、2日两天在央视《朝闻天下》《新闻直播间》等栏目中先后播出8次，在央广《新闻纵横》《新闻和报纸摘要》《全国新闻联播》栏目中各播出1次，在北京卫视《北京你早》中播出1次。报送的北辰区积极保障封管控区内居民生活的新闻线索被央广采纳，在5月30日《新闻纵横》栏目中播出。协助中央电视台《焦点访谈》栏目拍摄屈店闸开闸放水的画面，在5月23日晚《焦点访谈》——《千年运河 重焕生机》中播出。

【“法治北辰”栏目】 2022年，区融媒体中心运用网络视频连线、嘉宾做客演播厅等多样化的形式制作并播出“法治北辰”栏目，内容涵盖财产纠纷、婚姻案件、劳动仲裁、法治政府建设等，每周一期，共计53期。

2022年北辰区融媒体中心“法治北辰”栏目制作播出情况表

表11

播出日期	节目名称	播出日期	节目名称
2022年1月1日	离婚事件中，女性应该关注的3个法律问题	2022年7月9日	《法治政府建设》专题宜兴埠镇党委副书记、镇长 赵岩
2022年1月8日	全民协力筑牢疫情防控屏障	2022年7月16日	《法治政府建设》专题运管局党组书记、局长王勇
2022年1月15日	全民协力筑牢疫情防控屏障	2022年7月23日	《法治政府建设》宜兴埠镇党委副书记、镇长赵岩
2022年1月22日	网络主播涉嫌偷逃税款的法律解析	2022年7月30日	《法治政府建设》专题运管局党组书记、局长王勇
2022年1月29日	春节节目《法不容情》	2022年8月6日	《法治政府建设》区人民政府政务服务办
2022年2月6日	春节节目《法不容情》	2022年8月13日	《法治政府建设》市场监管局党委委员副局长王欣
2002年2月12日	健身被砸伤，索赔挺麻烦	2022年8月20日	《法治政府建设》宜兴埠镇党委副书记、镇长赵岩
2022年2月19日	阻止不了的亲情	2022年8月27日	《法治政府建设》专题运管局党组书记、局长王勇
2022年2月26日	带孙费该不该给	2022年9月3日	《法治政府建设》区人民政府政务服务办
2022年3月5日	疫情期间要注意哪些法律问题	2022年9月10日	《法治政府建设》市场监管局党委委员副局长王欣
2022年3月12日	“00后”巨额打赏女主播	2022年9月17日	《法治政府建设》宜兴埠镇党委副书记、镇长赵岩

续表 11

播出日期	节目名称	播出日期	节目名称
2022 年 3 月 19 日	带孙费该不该给	2022 年 9 月 24 日	《法治政府建设》专题运管局党组书记、局长王勇
2022 年 3 月 26 日	小泰和小冰劳动争议案	2022 年 10 月 1 日	《法治政府建设》宜兴埠镇党委副书记、镇长赵岩
2022 年 4 月 2 日	“00 后”巨额打赏女主播	2022 年 10 月 8 日	《法治政府建设》区人民政府政务服务办
2022 年 4 月 11 日	《高额利息借贷》与《疫情防控容易触犯到的法律法规》	2022 年 10 月 15 日	《法治政府建设》区人民政府政务服务办
2022 年 4 月 16 日	自行车撞上电动自行车致人死亡构成什么罪？	2022 年 10 月 22 日	《法治政府建设》市场监管局党委委员副局长王欣
2022 年 4 月 23 日	婚姻忠诚保证书	2022 年 10 月 29 日	《婚约财产》硕鼎律所王大卫
2022 年 4 月 30 日	《法治政府建设》生态环境局党组书记局长高俊杰	2022 年 11 月 5 日	《继承——侄女动了我的房》天津行通律所王欣雨
2022 年 5 月 7 日	《法治政府建设》生态环境局党组书记局长高俊杰	2022 年 11 月 12 日	解读天津市北辰区供水专项规划（2015—2030 年）修改
2022 年 5 月 14 日	《法治政府建设》市场监管局党委委员副局长王欣	2022 年 11 月 19 日	《侵害商业秘密纠纷一案》硕鼎律所王大卫
2022 年 5 月 21 日	《法治政府建设》市场监管局党委委员副局长王欣	2022 年 11 月 26 日	《曲艺律师离婚变继承》
2022 年 5 月 28 日	婚姻忠诚保证书	2022 年 12 月 3 日	《曲艺律师二胎引发的婚姻危机》
2022 年 6 月 4 日	自行车撞上电动自行车致人死亡构成什么罪？	2022 年 12 月 10 日	《昊哲所末位淘汰制与竞争上岗制合法么》冯小娟

续表 11

播出日期	节目名称	播出日期	节目名称
2022 年 6 月 11 日	小泰和小冰劳动争议案	2022 年 12 月 17 日	《自行车撞上电动自行车致人死亡构成什么罪？》范雨乔
2022 年 6 月 18 日	《法治政府建设》区人民政府政务服务办	2022 年 12 月 24 日	《违法和犯罪》王新宇
2022 年 6 月 25 日	法治北辰“‘60+’疫苗接种大家谈”（上）	2022 年 12 月 31 日	《自行车撞上电动自行车致人死亡构成什么罪？》范雨乔
2022 年 7 月 2 日	法治北辰“‘60+’疫苗接种大家谈”（下）		

【“星共北辰”栏目】 2022 年，区融媒体中心制作并播出“星共北辰”栏目 52 期，其中《我在翠金园》系列报道得到天津电视台的转发和跟踪报道。《疫情下的人家》《小干果 大生意》等报道平凡人在疫情下守望相助的主题内容，引起了较好的社会反响。该栏目在“微北辰”和北辰电视台定期播出。

2022 年北辰区融媒体中心“星共北辰”栏目制作播出情况表

表 12

播出日期	节目名称	播出日期	节目名称
2022 年 1 月 2 日	守望足球：张美全	2022 年 7 月 3 日	“60+”疫苗接种大家谈（下）
2022 年 1 月 9 日	一只口罩的诞生路	2022 年 7 月 10 日	攻坚有我：张佳骏
2022 年 1 月 16 日	我在翠金园	2022 年 7 月 17 日	小干果 大生意（上）
2022 年 1 月 23 日	去留之间是真情：王永丰	2022 年 7 月 24 日	小干果 大生意（下）
2022 年 1 月 30 日	一只口罩的诞生路	2022 年 7 月 31 日	医养结合 北门中医又一次尝试（上）
2022 年 2 月 6 日	台胞在辰过大年	2022 年 8 月 7 日	医养结合 北门中医又一次尝试（下）
2022 年 2 月 13 日	台青在辰度元宵	2022 年 8 月 14 日	乐在悠然（上）
2022 年 2 月 20 日	足球达人：张建全	2022 年 8 月 21 日	乐在悠然（下）
2022 年 2 月 27 日	津城警星：李永杰	2022 年 8 月 28 日	青盛河畔（上）

续表 12

播出日期	节目名称	播出日期	节目名称
2022 年 3 月 6 日	乐在棋中：谷利	2022 年 9 月 4 日	青盛河畔（下）
2022 年 3 月 13 日	钢铁脊梁	2022 年 9 月 11 日	刘璨：家风进瑞盈
2022 年 3 月 20 日	光明的使者（三）	2022 年 9 月 18 日	五老家风故事（一）周可夫
2022 年 3 月 27 日	共抗疫情 有你有我	2022 年 9 月 25 日	五老家风故事（二）邢燕子、姜焕起、郭荣昌
2022 年 4 月 3 日	我来说妇科：李杉	2022 年 10 月 2 日	五老家风故事 唱响红色旋律
2022 年 4 月 10 日	守望社区——林则银（上）	2022 年 10 月 9 日	五老家风故事（一）周可夫
2022 年 4 月 17 日	守望社区——林则银（下）	2022 年 10 月 16 日	五老家风故事（二）邢燕子、姜焕起、郭荣昌
2022 年 4 月 24 日	津城警星：李永杰	2022 年 10 月 23 日	五老家风故事 唱响红色旋律
2022 年 5 月 1 日	好少年——杨竺卿	2022 年 10 月 30 日	守望社区——林则银（下）
2022 年 5 月 8 日	好少年——潘美琪	2022 年 11 月 6 日	五老家风故事（三）殷栋梁
2022 年 5 月 15 日	疫情下的人家（上）	2022 年 11 月 13 日	一分耕耘 一份收获（上）
2022 年 5 月 22 日	好少年——杨竺卿	2022 年 11 月 20 日	一分耕耘 一份收获（下）
2022 年 5 月 29 日	好少年——潘美琪	2022 年 11 月 27 日	守护团结——人民满意的公务员史悦
2022 年 6 月 5 日	疫情下的人家（上）	2022 年 12 月 4 日	菲菲的驻点日记（上）
2022 年 6 月 12 日	守望社区——林则银（上）	2022 年 12 月 11 日	菲菲的驻点日记（下）
2022 年 6 月 19 日	疫情下的人家（下）	2022 年 12 月 18 日	守护团结——人民满意的公务员史悦
2022 年 6 月 26 日	“60+”疫苗接种大家谈（上）	2022 年 12 月 25 日	菲菲的驻点日记（上）

【平面媒体宣传】 2022年，《天津日报·北辰之声》围绕区委、区政府中心工作、重要决策和重大活动，开设“迎盛会、铸忠诚、强担当、创业绩”“深学笃用 天津行动”“北辰非遗”等新闻专栏，形成声势、集成亮点，起到营造氛围、推动工作的作用。累计出版17期，刊发新闻稿件30万字，新闻图片185张。

TIANJINDAILY 天津日报·北辰之声

17 天津日报 TIANJIN RIBAO

北辰之声 Beichen Zhisheng

中国共产党天津市北辰区代表会议召开

选举产生出席市第十二次党代会代表

北辰区委常委会召开会议

北辰区召开2022年文明委会议

牢记初心使命 坚持守正创新 不断开创全区精神文明建设新局面

区委理论学习中心组开展专题学习研讨

区领导检查安全生产工作

北辰区召开疫苗接种推进会

北辰区召开为企业纾困解难题服务对接座谈会

优化营商环境 为企业排忧解难

区校合作谱新篇 共建发展大格局

区人大代表联络站规范化建设推动会召开

2022年5月12日，《天津日报·北辰之声》版面截图　　（区融媒体中心　供图）

【新媒体宣传】 2022年，区融媒体中心突出专题专栏专版声势引导。围绕党的二十大重大主题宣传，开设“全面学习深入领悟认真贯彻党的二十大精神”“喜迎二十大”“天津这十年·非凡北辰”“奋进新征程 建功新时代”“迎盛会、铸忠诚、强担当、创业绩”“法治政府建设”“高质量发展北辰行”等专题栏目，累计发布稿件上千篇。“微北辰”阅读量过万热文超过260篇，阅读量10万+人次热文34篇，“微北辰”公众号粉丝量从年初8万人升至21万人。短视频《众“智”成城！全员大筛，北辰区工作人员自创效率神器，彰显为民服务情怀》总阅读量累计超百万人次。参加积极策划推出具有影响力、传播力的短视频作品“你好，天津”网络短视频大赛，12个短视频作品入围月度获奖作品，3个作品入围季度获奖作品，3个获年度二等奖，9个获年度三等奖。

【“学习强国”北辰学习平台上线】 2022年，区融媒体中心组建“学习强国”北辰学习平台编辑团队，“学习强国”北辰学习平台如期上线，开设“津辰撷萃”“牢记嘱托”“文明实践”“辰星逐梦”“文润沽北”等5个栏目，采用图片+文字+视频等多种形式组稿，呈现北辰各行各业学习习近平新时代中国特色社会主义思想新思路、新举措、新业绩，2022年累计发稿201篇。

【首家“镇级媒体+实践基地”揭牌】 2022年6月27日，区融媒体中心在宜兴埠镇举办“迎盛会 看发展”首家“镇级媒体+实践基地”创建活动启动仪式，进一步推进“迎盛会、铸忠诚、强担当、创业绩”主题学习宣传教育实践活动。区委宣传部、区

2022 年 6 月 27 日，区融媒体中心与宜兴埠镇联合举办“迎盛会 看发展”首家“镇级媒体 + 实践基地”创建活动启动仪式

（区融媒体中心　供图）

委“迎盛会 铸忠诚 强担当 创业绩”主题教育实践活动督导组、区融媒体中心、宜兴埠镇主要负责人和走基层采访小分队成员，各镇宣传干事，宜兴埠镇各街宣传员共计 50 余人参加。启动仪式后，区融媒体中心记者与各镇基层宣传干事组成 3 支联合采访小分队，相继推出《宜兴埠镇：还新居不舍乡愁 幸福溢满还迁房》《党建 + 文化，宜兴埠镇真正让红色阵地“活起来”》等融媒作品，并在全媒体平台发布，其中未来城等重点项目图片在《天津日报》上刊发。

【媒体 + 高校共建】 2022 年 7 月 13 日，区融媒体中心联合天津外国语大学国际传媒学院建立就业见习基地并在融媒体中心举行战略合作签约仪式。天津外国语大学主要负责人为区融媒体中心授牌，为 6 名区融媒体中心记者颁发帮带老师聘书。融媒

2022 年 7 月 13 日，区融媒体中心联合天津外国语大学国际传媒学院建立就业见习基地并举行战略合作签约仪式

（区融媒体中心　供图）

体区中心发挥实践基地作用，提供记者、编辑等实践岗位，截至年底累计帮带实习大学生 16 人。

【中国记者节庆祝活动】 2022 年 11 月 8 日，区融媒体中心在双口镇中河头村举行“‘党的二十大精神在基层’采访小分队出征仪式”暨第 23 届中国记者节庆祝活动，区委常委、区委宣传部部长为“党的二十

2022 年 11 月 8 日，区融媒体中心举行“‘党的二十大精神在基层’采访小分队出征仪式”暨第 23 届中国记者节庆祝活动

（区融媒体中心　供图）

大精神在基层”采访小分队授旗。活动现场，参加人员共同重温入党誓词，出征小分队分赴安幸生故居、中共西北乡农民支部旧址等地，以双口镇学习贯彻党的二十大精神举措为切入点，深入报道各基层单位落实党的二十大精神的做法，在“微北辰”公众号上开设“全面学习深入领悟认真贯彻党的二十大精神”等专栏，累计报道基层信息200余篇。

2022年北辰区融媒体中心获市级奖项作品情况表

表13

获奖时间	获奖单位（作者姓名）	获奖作品名称	奖项	授予单位
2022年6月	王巍、冯暐、张丽、韩雨晴、季晓涓、李萌	新闻作品《民族团结一家亲 乡村振兴携手行》	2021年度天津市新闻奖二等奖	中共天津市委宣传部、天津市新闻工作者协会
2022年6月	冯暐、王巍、刘斌、刘承	新闻作品《首届天津楷模发布三位楷模北辰人独占两席》	2021年度天津市新闻奖三等奖	中共天津市委宣传部、天津市新闻工作者协会
2022年6月	冯暐、王巍、刘斌、刘承、季晓涓、张纯	新闻作品《走上天安门观礼台的“小巷总理”——全国优秀共产党员林则银》	2021年度天津市新闻奖三等奖	中共天津市委宣传部、天津市新闻工作者协会
2022年7月	刘承、于凡、牟文鹏	坚守（上、下）	2022年“新春走基层”活动优秀作品	中共天津市委宣传部、天津市新闻工作者协会
2022年7月	冯暐、王巍、陈灏元、牟文鹏、穆怡、张聪聪	众“智”成城！全员大筛，北辰区工作人员自创效率神器，彰显为民服务	2022年“新春走基层”活动优秀作品	中共天津市委宣传部、天津市新闻工作者协会

（陈红亮）

档案　地方志工作

【概况】2022年，北辰区档案局、北辰区档案馆（方志办）[以下简称区档案局、区档案馆（方志办）] 完善档案工作体制机制，坚持依法治档，坚持民生导向抓好档案接收收集，接收档案5万余卷（件），接待查档利用1167人次，查阅各类档案

32296件。抓好重点任务，推进数字档案馆建设。双街镇及所辖15个村被国家档案局、民政部确定为档案工作服务农村基层社会治理第一批试点地区。天津市地方志编修委员会对《天津市北辰年鉴》第二次获评全国县级综合年鉴特等年鉴，提出通报表扬。

【完善档案工作体制机制】 2022年，区档案局、馆完善区级档案工作领导小组及其工作机制，印发《天津市北辰区档案工作领导小组工作规则》及《天津市北辰区档案工作领导小组办公室工作细则》，制定《北辰区档案事业发展“十四五”规划》。出台《北辰区档案局、档案馆联动工作程序（试行）》意见，明确局馆协同工作清单及联席会议、业务通报等联动方式，强化工作的对接和衔接。严格落实《重大活动和突发事件档案管理办法》，加强疫情防控、创文创卫、“7·19”事故善后处置等重大活动和突发事件档案追踪服务。强化协同联动，抓牢基层基础工作。将全区各单位分成3个协作组，明确档案局、档案馆专人负责指导服务。采取线上线下培训、到基层点对点、面对面指导服务等方式，把《天津市机关、团体、事业单位档案工作检查评价办法》《乡镇档案工作办法》《机关档案管理规定》等内容落到实处。会同退役军人事务局、区人力社保局、区国资委共同抓好退役军人、流动人员人事和区属一级国有企业档案的规范化管理。

【依法治档】 2022年，区档案局认真履行全区档案监督指导职责，切实加强执法检查工作。完善执法检查流程，规范检查程序，及时上传执法监督平台。在全区范围内组织各单位开展档案工作自查自纠，局馆组成联合检查组对贯彻实施档案法律法规和规范性文件情况进行实地检查，提出整改意见。为充实执法力量，强化档案监督检查工作，区档案局积极组织区委办其他科室人员以及档案馆业务骨干考取执法证件，2022年新增行政执法人员5名。积极组织全区各单位领导和干部认真学习档案法和习近平总书记关于档案工作的重要批示精神。建立区党性教育主题教室，并将档案法纳入全区处级干部培训内容，邀请天津市档案馆规划部主任、中共天津市委“四史”主题宣讲团成员王绍惠为区处级干部培训班学员授课。

【档案服务】 2022年，区档案局开展农村基层社会治理试点创建工作，双街镇及所辖15个村被国家档案局、民政部确定为档案工作服务农村基层社会治理第一批试点地区。全力推进小淀镇开展天津市档案工作服务农村基层社会治理试点创建工作。完善城市记忆工程，开展馆藏红色档案资源整合，制定《北辰区档案馆红色档案资源保管保护和开发利用方案》，完成858条红色档案目录整合。面向社会发布《北辰区档案馆关于面向社会公开征集红色档案史料的公告》，征集线索2条，征集先进人物照片80余张。

【档案接收征集】 2022年，制定下发《北辰区档案馆“十四五”期间档案接收工作安排》《关于开展2022年档案接收工作的通知》，编写《北辰区档案馆2022年档案移交工作指南》，对接收范围、工作流程及具体要求做出明确规定，并针对计划接收的20家单位开展专题培训。区档案馆成立3个档案验收组，与接收单位逐个对接指导，把好进馆档案质量关。完成实体档案及相应数字化副本的接收工作，接收党史学习教育、疫情防控、农村集体产权制度改革档案50527卷（件），接收图书资料149册。

2022年5月7日，北辰区档案馆开展北辰区农村集体产权制度改革档案接收验收
（区档案馆　供图）

【档案保管利用】 2022年，区档案局指导全区各单位在本单位、本系统开展档案安全检查、整改落实、防汛备汛等工作，加强对使用数字化加工、信息系统建设等档案外包服务单位的监管，组成联合检查组抽取大张庄镇、残联、统计局调查队等单位，开展档案安全专项监督检查，并将检查结果纳入落实全面从严治党主体责任档案工作考核内容。区档案馆（方志办）制定《北辰区档案馆突发事件应急预案》。组织全馆干部进行防汛知识培训，开展防汛实操演练。修订完善《北辰区档案馆2022年档案开放鉴定工作方案》《北辰区档案馆档案开放鉴定细则（暂行）》等制度。完成1993—1994年档案开放鉴定工作，向社会开放53个全宗248卷1799件，延期开放档案3395卷43578件，相关工作方法被《中国档案》杂志报道。采取寄存的方式接收区法院2011年至2015年诉讼档案4931盒，有效缓解该单位档案库容不足的问题。拓宽档案利用渠道，与山东省德州市和河北省石家庄市档案馆签订了跨馆服务利用协议，利用全国档案查阅服务平台，为外地群众提供查档服务9人次。优化档案查阅流程，为群众提供预约查档、函话咨询等多项便捷服务，查档大厅共接待1167人次，查阅各类档案32296件。

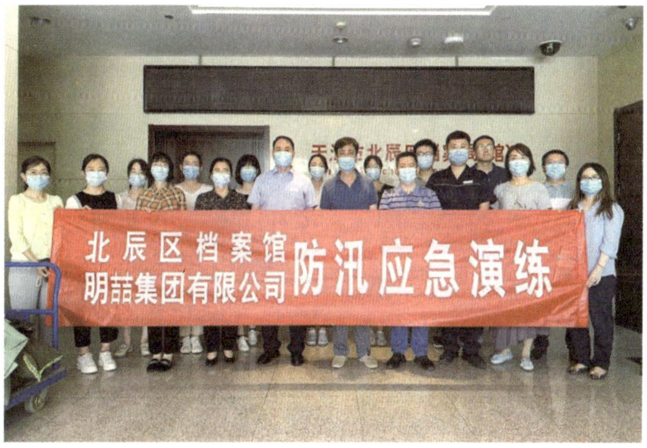

2022年6月29日，北辰区档案馆与明喆集团有限公司联合开展防汛应急演练
（区档案馆　供图）

【档案宣传教育】 2022年，区档案局、区档案馆（方志办）抓住档案工作宣传节点，丰

富宣传内容，拓展宣传阵地。“6·9”国际档案日，组织“纪念新修订档案法颁布两周年”线上有奖竞答活动，3700余人参与答题。与区教育局联合，面向全区中小学生，打造云上档案思政课，开展红色档案宣传进课堂活动，全区3万余名师生参加。“9·5”档案开放日，组织档案干部参加“读红色档案 悟初心使命”线上读档活动。联合区委党校主动策划红色档案党性教育主题实践课，将档案红色故事纳入党校主体培训班课程。与普东街联合开展“北辰革命历程”红色档案微展览。组织档案青年开展“庆建团百年·展青春风采”活动。与区文明办、区委老干部局等9个单位联合举办“五老红色家风展”。在《天津日报·北辰之声》上，开辟“北辰史话”专栏。编辑北辰区获得国家级荣誉录，完成北辰史馆北辰区国家级“荣誉展”布展。“北辰档案”微信公众号本年度共发布文章297篇，点击量34318次，在《中国档案杂志》《中档案报》《方志中国》等业务核心期刊上稿10篇文章。

2022年6月23日，北辰区档案局、区档案馆开展国际档案日活动

（区档案馆　供图）

2022年7月6日，北辰区档案局、馆联合区委党校开展红色档案现场教学暨档案法培训活动

（区档案馆　供图）

【数字档案馆建设】 2022年，按照天津市“十四五”档案事业发展规划要求，将数字档案馆建设列为全区档案工作年度重点任务，区档案馆（方志办）组织人员开展调研论证，完善数字档案馆建设总体方案，提交市局审核。根据本年度资金投入情况，规划北辰区数字档案馆一期建设内容为按照B级机房标准建设主机房和网络设备，现一期项目已建设施工，并开展了对馆藏2007年至2020年文书档案数字化工作。

【地方志编纂】 2022年，区档案馆（区方志办）调整北辰区地方志编修委员会成员单位及人员名单，制定《北辰区地方志事业发展“十四五”规划》，建立北辰区地方志人才库。组织召开《北辰区农业志》等10部志书评审会，联合区统战部等单位，完成《大张庄镇志》等6部镇志重大选题审验。推进5部镇志完成付印对红，1部镇志进入印刷程，《北辰区工会志》等7部志书完成出版发行，《北辰区市容园林志》

2022年8月10日，北辰区档案馆（方志办）领导调研推动《北辰区检察志》出版事宜 （区档案馆 供图）

等24部志书完成验收稿。北辰区地方志相关工作经验在《方志中国》和“方志中国”微信公众号刊登，天津市地方志编修委员会对《天津市北辰年鉴》第二次获评全国县级综合年鉴特等年鉴，提出通报表扬。

（王 斌）

旅游业

【概况】 2022年，北辰区文化和旅游局（以下简称区文旅局）推动北辰区乡村旅游业持续发展，新增乡村旅游景区3处，分别为大张庄镇嚒嚒兽梦幻森林、青光镇青盛河畔农庄、双街镇庞嘴海棠艺术园。天士力大健康城、韩家墅村、曙光水镇三地入选天津文旅消费新场景。截至2022年底，全区共有国家A级旅游景区两处，分别是天士力大健康城景区（AAAA）、龙顺庄园景区（AAA）；国家乡村旅游重点村2处，分别是西堤头镇赵庄子村、青光镇韩家墅村；天津市乡村A级旅游景区8处，分别是前堡村（AA）、后堡村（AA）、徐堡村（AA）、郝堡村（AA）、庞嘴村（AA）、龙顺庄园（AAA）、墅外桃源（AAA）、曙光水镇（AAAA）；国家级乡村旅游精品线路一条，为“墅外桃源—郊野公园—曙光水镇”；未定级旅游景区3处，分别为嚒嚒兽梦幻森林、青盛河畔农庄、庞嘴海棠艺术园。

【旅游项目营销】 2022年，在疫情防控政策允许情况下，北辰区各景区结合不同节庆假日开展了各类活动，丰富游客的游园体验。曙光水镇景区开展第二届田园乡村文化节、两周年园庆活动、电音节、音乐狂欢嘉年华等；墅外桃源景区开展音乐啤酒节、消夏夜市、两周年园庆活动、夏日亲子泡泡浴、军事夏令营等；天士力大健康城景区开展青少年中医药研学活动；嚒嚒兽梦幻森林景区举办中秋汉服游园灯会、欢乐周末夏日派对等；庞嘴村举办首届海棠艺术节。此外“北辰文旅”公众号开辟每周文旅资讯专栏，每周推介全区各文旅项目的旅游活动，不断扩大北辰文旅景区的影响力。

【文旅融合产业引导】 2022年，北辰区景区不断丰富旅游业态和旅游供给，推动文化与旅游产业融合发展。曙光水镇景区与天津市文旅局经过多次洽谈，于中国旅游日期间签署战略框架协议。墅外桃源景区新建文化中心1座，丰富了景区的室内功能。天津国旅、春秋旅行社等天津大型旅行社考察了墅外桃源、曙光水镇、郊野公园、嚒嚒兽梦幻森林、小淀国际艺术园区、中河头村等区内优质文旅项目，并成功落地“春野秋梦”露营地等文旅项目。

（刘　涛）

卫生　健康

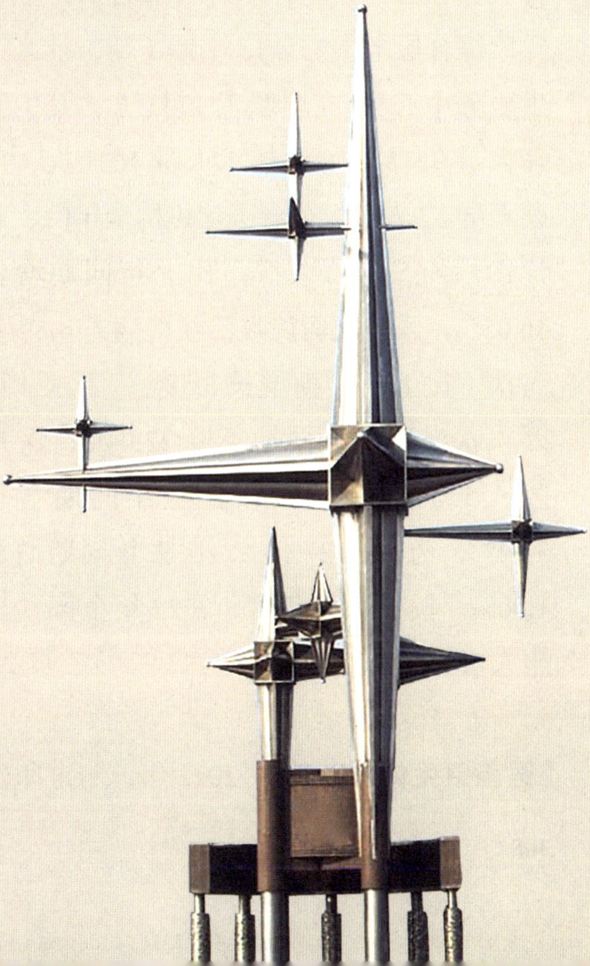

综 述

【概况】 2022年，北辰区卫生系统坚持统筹联动，推动深化卫生体制改革向纵深发展，医疗服务质量持续优化，进一步推进“优质服务基层行”，中西结合促进中医药传承创新发展，不断健全完善优质高效的中医药服务体系。

2022年，北辰区卫生健康委员会（以下简称区卫健委）坚持以习近平新时代中国特色社会主义思想为指导，深入贯彻落实党的二十大精神，把保障人民健康放在优先发展战略地位，全面推进健康北辰建设，全区卫生健康事业持续健康发展。2022年区卫生健康系统有国办医疗机构21个［北辰医院、北辰区中医医院、区疾病预防控制中心、区妇女儿童保健和计划生育服务中心、卫生计生综合监督所、卫生健康综合服务中心、15个镇（街）社区卫生服务中心］，在职职工1743人，其中管理人员95人，专业技术人员1631人，工勤人员17人。区公立医疗机构全年门、急诊诊治465.54万人次，比上年同期增长36.05%。区公立医院收治住院病人4.89万人次，比上年同期增长3.58%；手术3.15万人次，比上年同期下降22.04%；医疗收入125445.05万元，比上年同期增长3.54%；药占比27.44%，比去年同期增加1.00%。按照自然年度，2022年全区共出生人口3708人。

【医药卫生体制改革】 2022年，制定印发《北辰区关于深入推广福建省三明市经验深化医药卫生体制改革实施方案》《北辰区推动公立医院高质量发展实施方案》，高位推进医改工作全面开展。分级诊疗及医联体建设持续深入，全区基层医疗机构累计上转患者14430人，三级医院累计下转患者10251人；区医学影像中心累计出具诊断报告18482例，检验中心累计完成委托检验34399例，病理诊断中心累计出具病理诊断报告305例；三级医院派出专业技术人才诊疗患者5730人次，带教查房960人次。公立医院薪酬制度改革持续深化，完成两所公立医院2021年度薪酬水平增长15%审批工作。镇村卫生服务一体化纵深推进，完成天穆镇润辰新苑村级卫生室建设。持续推进基层数字健共体建设，全区社区卫生服务站和村卫生室基层数字健共体云平台实现全覆盖。通过“云药房”已累计服务患者16.4万人次，“云服务”累计提供上门医疗护理服务2507人次。天穆镇社区卫生服务中心作为北辰区示范基层慢病管理中心正式建成。

2022年8月4日，北辰医院联合国家创伤医疗中心举办学科合作交流会

（区卫健委　供图）

2022年北辰区属医院机构一览表

表14

序号	中心名称	等级	详细地址
1	天津市北辰医院	三级	天津市北辰区北医道7号
2	天津市北辰区中医医院	三级	天津市北辰区京津公路东拜泉里南
3	天津市北辰区果园新村街社区卫生服务中心	一级	天津市北辰区果园新村街中学西路与晨光南道交口
4	天津市北辰区北仓镇社区卫生服务中心	一级	天津市北辰区北仓镇王秦庄村
5	天津市北辰区集贤里街社区卫生服务中心	一级	天津市北辰区安达路1号
6	天津市北辰区青光镇社区卫生服务中心	一级	天津市北辰区青光村津霸公路116号
7	天津市北辰区双街镇社区卫生服务中心	一级	天津市北辰区双街镇庄园南道66号
8	天津市北辰区西堤头镇社区卫生服务中心	一级	天津市北辰区西堤头镇刘快庄村（镇政府西侧）
9	天津市北辰区小淀镇社区卫生服务中心	一级	天津市北辰区小淀镇小淀村
10	天津市北辰区宜兴埠镇社区卫生服务中心	一级	天津市北辰区宜兴埠镇吉庆胡同8号
11	天津市北辰区大张庄镇社区卫生服务中心	一级	天津市北辰区大张庄镇永康道31号
12	天津市北辰区普东街社区卫生服务中心	一级	天津市北辰区国宜道10号
13	天津市北辰区瑞景街社区卫生服务中心	一级	天津市北辰区辰昌路奥园运动城南侧
14	天津市北辰区双口镇社区卫生服务中心	一级	天津市北辰区双口镇富鸿路288号
15	天津市北辰区双青新家园社区卫生服务中心	一级	天津市北辰区北辰西道北侧
16	天津市北辰区双环邨街社区卫生服务中心	一级	天津市红桥区佳园东里街办事处旁

续表 14

序号	中心名称	等级	详细地址
17	天津市北辰区天穆镇社区卫生服务中心	一级	天津市北辰区京津公路 276 号

【医疗质量管理】 2022 年，北辰区药品供应保障体系更加完善，进一步实施基本药物制度，加强合理用药管理，促进临床用药合理规范。北辰医院获批“国家药物临床试验机构”，标志着北辰医院已具备独立承接药物临床试验项目的资格。医疗护理及医保服务扎实推进。以北辰医院、北辰中医医院为试点医疗机构，制定北辰区住院患者无陪伴及老年医疗护理服务试点工作实施方案，全年完成区级老年护理培训共 47 人，老年护理专业护士培训率达 100%。北辰区中医医院老年病科入选天津市首批老年护理标准化病房。全区社区卫生服务中心根据实际服务能力开展了 55 项“互联网 + 护理服务”中的部分项目，累计开展居家医疗护理服务 490 人次，满足群众多元化的护理服务需求。全面推行以按病种、按人头付费为主的多元复合式医保支付方式改革，区属三级医院已申报单病种共 108 种，个人负担下降近 30%。北辰医院作为天津市首批 DRG 实际付费试点医院，在全市试点机构阶段运行情况评比中名列第五并受到表彰。推动糖尿病门诊特定疾病按人头总额付费改革，实施连续性同质化医疗健康管理，累计完成 1000 余人签约量。

2022 年 6 月 30 日，天津市北辰区医疗联合体糖尿病按人头总额付费项目启动会暨合作签约仪式　　（区卫健委　供图）

【中医药管理】 2022 年，北辰区建立中医药工作联席会议制度，制定《北辰区落实〈“十四五”中医药发展规划〉任务分工台账》，推进区中医药可持续发展。支持北辰区中医医院做优做强，现有中医优势病种 57 个，中医优势病种临床路径 57 个。推进中医药特色基层医疗机构创建工作，双街镇社区卫生服务中心被确定为天津市中医药特色基层医疗机构。中医药健康服务能力不断提升，区中医院积极开展“治未病”服务项目，门诊量累计 9959 人次。持续开展 0 ~ 36 个月儿童、65 岁以上老年人等重点人群的中医药健康管理，管理率达到 83.04%、72.14%。发挥中医药在疫情防治中的优势，区中医院院内中药协定处方抗病毒合剂累计服务 20000 人次，累计使用中药预防方剂3615人次。申报市级中医康复中心分中心已通过市级专家现场审核。持续推进名医工作室建设，北门医院王遵来名医工作室成功申报天津市名中医传承工作室建设项目。发展中医药师承教育，完成中医传统医学师承备案26人，组织11人参加2022年传统医学师承出师考核。持续开展中医药健康文化惠民月等活动，推进中医药法、《天津市中医药条例》的贯彻实施。

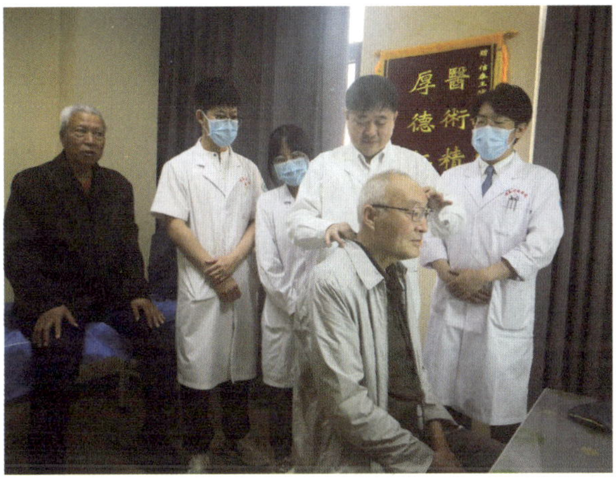

2023年4月24日，主任医师王遵来在“王遵来天津市名中医传承工作室”开展门诊诊疗及带教工作 （肖国光 摄影）

【应急保障工作】 2022年，区卫健委扎实推进卫生应急处理和食源性疾病监测工作，开展公共卫生风险评估12次，处理预警信号1771条，响应率100%。全区哨点医院报告食源性疾病病例409例。组织起草《北辰区突发公共卫生事件应急预案》《北辰区突发事件医疗卫生救援应急预案》并报经区政府印发，突发公共卫生事件应急处置体系进一步完善。

【依法监督执业】 2022年，区卫健委强化安全管理。建立健全安全生产责任体系，签订安全生产责任书2734份。持续开展安全生产专项整治三年行动、消防、自建房等专项治理行动。抓紧抓实重点时期安全生产工作，全年开展自查210次，整改隐患560项。推进医疗机构安防系统建设，提升安全防范系统建设水平。加强警医联动，推动二级以上医疗机构与属地公安部门建立常态联络机制。推进法治监督，加强法治学习、宣传和培训，落实“谁执法、谁普法”普法责任制，开展《职业病防治法》等主题宣传活动30场，网络答题957人次，参加培训3958人，印发宣传材料2700余份，宣传受众万余人。完成法治政府建设迎检工作。落实“三小”等重点场所疫情防控监督检查，强调“三件套”要求，检查重点场所3万余户次，因疫情防控落实不到位停业整顿400余户，约谈150户，4户因违规营业交由公安处置。

【职业健康监管】 2022年，区卫健委开展职业病防治法宣传周活动，加强用人单位职业健康管理培训，提高企业职业健康管理水平。北辰医院、小淀镇社区卫生服务中心发挥职业健康体检机构优势，向群众发放职业病宣传资料，宣传受众近万余人。开展重点人群职业健康素养监测统计调查，做好重点职业病监测与职业健康风险评估，完成尘肺患者随访和信息录入676例。检查工业企业150余家，对1家企业下达责令限期改正意见。核实616家企业职业病危害信息，602家完成职业病危害项目申报，1起职业卫生技术服务机构出具虚假证明文件案被市监督所作为标杆广泛宣传。

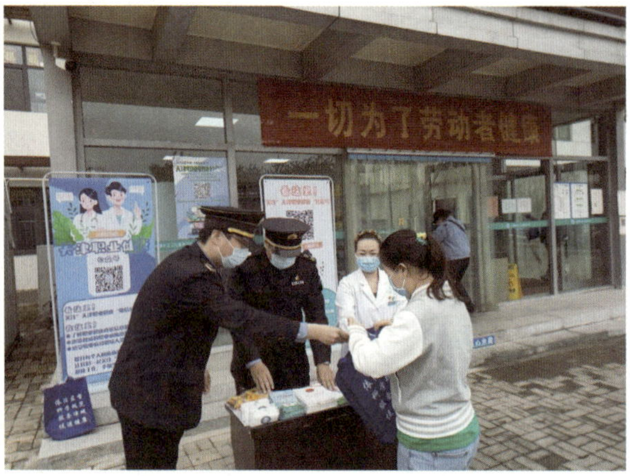

2022年4月27日，在小淀镇社区卫生服务中心进行职业病防治法宣传

（区卫健委　供图）

妇幼保健与疾病防控

【概况】 2022年，北辰区实施天津市妇女儿童健康提升计划，全面做好25项政府惠民项目，各项目累计收益11.43万人次。

【妇幼保健】 2022年，区卫健委实施天津市妇女儿童健康提升计划，全面做好25项政府惠民项目，各项目累计受益11.43万余人次。落实母婴安全五项制度，高危孕产妇管理率达100%，全年未发生孕产妇死亡，婴儿死亡率和5岁以下儿童死亡率控制在5‰和6‰以下。深化出生缺陷三级预防，全年完成免费孕前优生检查2890人，目标人群覆盖率达到96%以上。开展胎儿染色体非整倍体无创基因检测项目，筛查率达95%。新生儿甲低、先心病、髋

2022年8月1日，北辰区卫健委牵头组织相关单位在区党群服务中心开展母乳喂养周主题宣传活动　　（区卫健委　供图）

关节、白内障筛查率均达到96%以上，有效减少儿童残疾和死亡。推进人工流产后即时落实高效避孕节育措施，保障女性生育能力和身心健康，全年共发放1000个流产后避孕包，避孕工具70余箱，自助发放机运转上线率达90%以上。做好疫情期间孕产妇就医保障工作，严格落实市防控指挥部分级分类保障孕产妇就医要求，开通孕产妇就医绿色通道，协调解决孕产妇电话咨询就医问题共545件。

【疾病预防控制】 2022年，区卫健委对传染性疾病监测与规范处置不断加强。是年全区甲、乙类传染病报告发病率为288.80/10万，较2021年同期上升了85.66%。丙类传染病发病率为111.49/10万，较2021年同期下降了37.70%。持续做好精神卫生工作，全区严精检出率3.978‰，管理率95.94%。建立区级心理健康体验中心，开通区级心理健康服务热

线，免费向辖区居民开展心理辅导服务。区疾控中心被授予2022年天津市五一劳动奖章及2018—2020年度天津市文明单位称号。

基层卫生与生育管理

【概况】2022年，北辰区加快完善公共卫生服务体系，基层公共卫生服务水平稳步提高。老年健康服务体系不断完善，家庭发展服务能力持续提升，健康天津行动扎实推进，全力推进国家卫生区镇村创建复审，爱国卫生运动深入开展。

【社区卫生服务】2022年，全区累计建立电子健康档案85.3万份，建档率达89.4%。管理高血压患者80865人，血压控制率为69.4%，糖尿病患者33765人，血糖控制率为64.4%，均完成市级指标。在稳定签约服务人口数量的基础上做好签约服务，全年共计签约28.5万人，提供特需上门医疗服务1219次，开具长处方及延伸处方776143张，慢性病用药制定计划完成率81.3%，为60岁以上失能、半失能人员提供入户服务16298次。帮扶困难人群签约413人，提供上门医疗服务249次。瑞景、小淀2个社区卫生中心的基本公共卫生服务项目受到市卫健委高度评价。做好公共卫生项目工作，累计完成大肠癌筛查29774人，完成窝沟封闭筛查17607人，完成心血管筛查及心脑血管筛查9750人，完成重点人群脑卒中筛查1900人。

【老龄健康管理】2022年，区卫健委推进老年健康促进行动，扎实开展全国示范性老年友好型社区创建活动，宝翠花都和秋怡家园社区成功获评全国示范性老年友好型社区。全面落实《关于加强新时代老龄工作的意见》重点任务，"老年人科普健康周""敬老月"等工作有力开展。开展医养结合机构服务质量提升行动，深入开

2022年4月26日，开展家医团队现场签约
（区卫健委　供图）

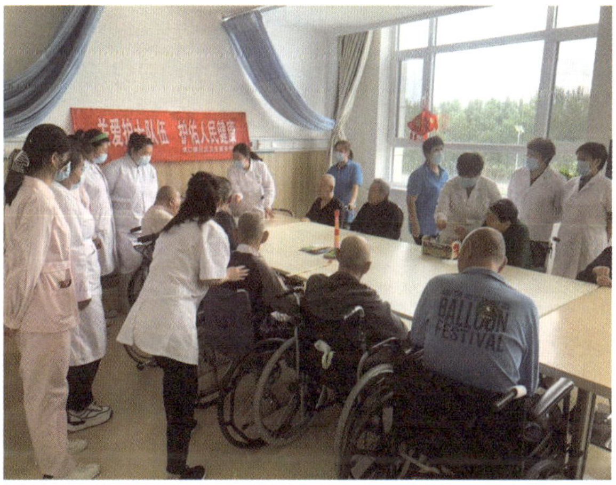

2022年10月11日，双口镇社区卫生服务中心在双口养老院开展"敬老月"健教巡诊工作
（区卫健委　供图）

展医养结合服务，为养老机构入住的老年人提供医疗巡诊、健康管理等医疗服务，养老机构签约覆盖率达到100%。支持医疗卫生机构开展医养结合服务，双口镇社区卫生服务中心设立双口养老院，设有养老床位110张。发展居家社区医养结合服务，累计为老年人提供医疗健康服务8695人次。

【爱国卫生运动】 2022年，区卫健委扎实履行健康天津行动协调推进职责，组织制定《2022年健康北辰行动任务台账》。开展北辰区“健康中国医者先行”案例征集等活动，发放健康北辰行动“健康福袋”，积极推进健康天津行动。围绕31项考核指标和97项监测指标，完成2021年度考核工作，北辰区以高分位列滨海环城四区组监测评估指标第一位。国家卫生区镇村创建复审稳步推进，制定印发《北辰区国家卫生区复审工作实施方案》《北辰区巩卫工作任务分解表》，开展季度督查暗访，全年共整改点677个，巩卫长效机制进一步完善。开展爱国卫生月、爱卫70周年等系列宣传活动，印发张贴宣传海报6000余张。推荐瑞景街宝翠花都社区参评，获爱国卫生运动70周年先进集体称号。加强病媒生物防制，全区病媒生物密度控制水平达到国家标准C级。结合巩卫督导检查，全面开展环境清理工作，共清理自查点位1500余处。持续巩固全区无烟党政机关、无烟学校、无烟医院创建成果。开展“控烟专项执法月”活动，控烟执法176次，下发整改通知书6次，减少群众对于烟草的危害。

【人口家庭发展】 2022年，区卫健委贯彻落实三孩生育政策及其配套措施。加大《天津市人口与计划生育条例》相关政策宣传力度，促进生育政策和相关经济社会政策配套衔接。推动婴幼儿照护服务健康发展，建立北辰区促进0～3岁婴幼儿照护服务发展工作联席会议制度。科学谋划托育服务设施数量、规模和布局，扎实推进“十四五”时期千人口托位年度指标建设任务，全区提供0～3岁托育服务的机构共106家，可提供托位数1835个，实际收托婴幼儿924个，完成本年度千人口托位数指标。制定出台北辰区3岁以下婴幼儿照护服务工作奖补办法（2021—2022年），奖补托位共145个，奖补普惠项目2个。强化奖扶特扶扶助保障，完善对特殊群体关怀照顾，实现失独人员投保全覆盖。对计划生育特殊家庭实施精准帮扶，实现双岗联系人落实率100%、就医绿色通道（协议医院）落实率100%、优先签约家庭医生。依托国家计生协、天津市人口基金会“暖心家园”示范项目和区“暖心之家”帮扶阵地，全面开展心理疏导等各项活动，走访慰问450余户，送去慰问品、慰问金达58万元。

人才队伍培养

【概况】 2022年，北辰区医疗卫生行风建设稳步推进，落实创建“无红包、无回扣”医院三级承诺书制度，坚持人才强卫，强化卫生健康人才科研建设，推动事业单位专业技术岗位聘用工作实现制度化、科学化。

【行风建设】 2022 年，医疗服务质量持续优化，继续推进“优质服务基层行”，开展 2022 年民营医院专项巡查行动，诊疗行为进一步规范。医疗卫生行风建设稳步推进。全区“清廉医院”建设、规范医疗行为促进合理医疗检查等行动有力开展，机构主体责任进一步压实。坚持开展“改善医疗服务质量闭环行动”，全区医疗卫生机构及工作人员完成自查报告 248 份，签订廉洁承诺书 2682 份。

【科研与人才队伍建设】 2022 年，区卫生健康系统申报天津市卫生健康科技项目 4 项，完成科技项目备案申报 35 项，北辰医院心内科、脑系科、呼吸科、骨科、泌尿外科、妇科共 6 个专科新确定为北辰区重点专科。推动卫生专业技术人员职称制度改革，严格落实卫生系统职称评价最新标准，全年完成全区卫生资格考试申报 714 人，护士执业申报 13 人。以“招、聘、引、培”的方式，全面加大卫生人才招聘力度，启动编外招聘工作 3 次，共批复编外人员招聘补充计划 207 个，为推动基层学科建设和学科发展注入“新鲜血液”。全年聘用专业技术职务 101 名，晋升岗位等级 155 名。申请增加高层次人才引进计划 5 名，两所医院麻醉科、泌尿外科等重点学科项目建设不断加强。

扶贫工作与献血工作

【概况】 2022 年，区卫健委推进健康扶贫成果与乡村振兴有效衔接，累计选派 117 名卫生专业技术骨干对口开展帮扶，健康扶贫工作扎实推进。全年全区开展国家工作人员及团体献血工作，全区累计献血 926600 毫升。

【东西部扶贫和对口帮扶】 2022 年，区卫健委推进健康扶贫成果与乡村振兴有效衔接，为受援地群众提供疾病诊疗、义诊等基本医疗和公共卫生服务。累计选派 117 名卫生专业技术骨干前往甘肃、河北、西藏等地开展健康帮扶，组织北辰医院、中医院专家队伍 20 余次 160 余人赴西藏丁青、甘肃华池、甘肃正宁、河北兴隆开展柔性帮扶。

2022 年 8 月 10 日，北辰医院与华池县中医医院医护人员，开展“送健康 温情呵护父老乡亲”义诊活动 （白晓清 摄影）

2022 年 10 月 19 日，北辰区中医医院援藏医护人员深入丁青县结对帮扶户开展走访慰问　　（王　鑫　摄影）

2022 年 6 月 13 日，北辰区献血办庆祝第 19 个“世界献血者日”主题宣传活动
（高文超　摄影）

【献血工作】 2022 年，区卫生健康系统为缓解疫情下血源紧张，减轻全市用血压力，按照市献血办要求，开展国家工作人员及团体献血工作，制定北辰区国家工作人员及团体献血方案，合理核算各单位献血指标，统筹组织全区各委办局、各镇街开展集中献血，全年累计团体献血 157 人，献血量 36800 毫升；街头献血 2300 人，献血量 790000 毫升；应急 333 人，献血量 99800 毫升，共计 2790 人，献血量达 926600 毫升。　　（魏　然）

体育

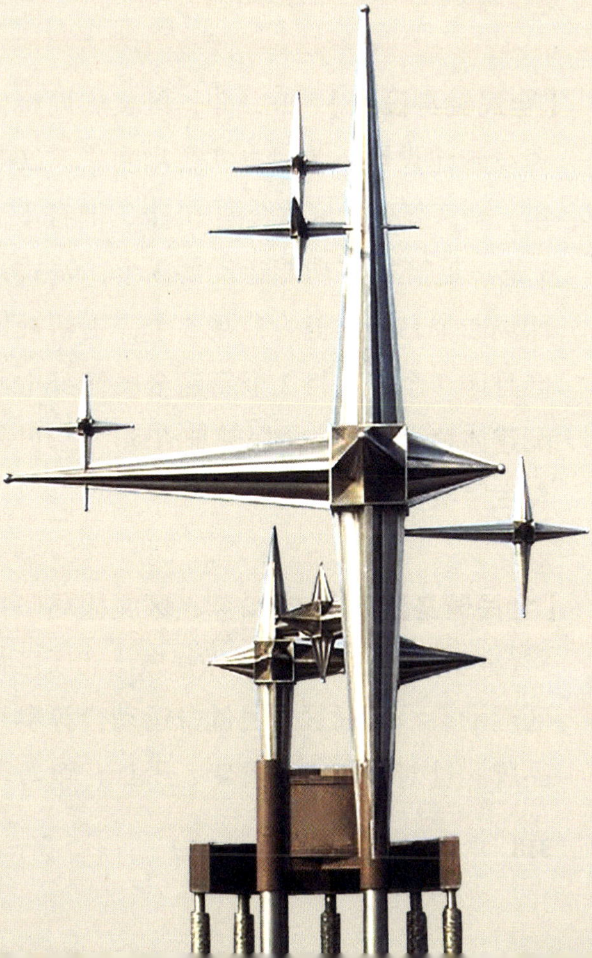

全民健身

【概况】 2022年，北辰区全民健身公共服务体系已基本建成。截至2022年底，全区共有体育场地1400余处，总面积280.3万平方米，人均面积达到2.96平方米，注册社会体育指导员2253人，人均比例达到2.38‰，全区经常参加体育锻炼的人数比例达到45%以上，全民健身融入群众日常生活，增进了民生福祉和全民健康。

2022年，北辰区体育事业在区文旅局领导下，深入贯彻落实习近平总书记在北京冬奥会、冬残奥会总结表彰大会上的讲话强调的“完善全民健身体系，增强广大人民群众特别是青少年体育健身意识”的指示精神，促进北辰区全民健身运动蓬勃发展，推动北辰体育强区和健康北辰建设，巩固北辰区双创工作成果。

【全民健身设施】 2022年，区文旅局将体育设施建设纳入为民办实事项目中。2022年，全区新建社区体育园10个，健身步道3条，足篮排多功能运动场3个，笼式足球场2个，乡村健身广场5个，更新社区健身园7个，支持3个新建全民健身中心配建体育设施。为全民健身活动广泛开展，奠定坚实基础。

【全民健身赛事】 2022年，区文旅局坚持“普惠于民”办赛宗旨，做强做优北辰区社区运动会、北辰区全民健身运动会等赛事品牌，针对老年人、青年、少年儿童等不同群体特点，差异化设置比赛项目。围绕“喜迎二十大”“全民健身日”等主题，举办各类赛事活动，参加人数达1.2万人次，激发全民健身热情。

【全民健身组织】 2022年，区文旅局持续推动体育社会组织改革发展，北辰区共有协会21个，俱乐部14个，形成了以区文旅局为统领，以单项体育协会、体育俱乐部为骨干，以体育健身爱好者为基础的全民健身组织网络。

竞技体育

【概况】 2022年，北辰区籍运动员参加多项国家级、市级竞技体育运动赛事，并取得优异成绩，体育运动水平不断提高。区青少年业余体育学校向天津市体育运动学校培养输送优秀体育后备人才20名，涵盖7个项目类别。增设短道速滑等冬季业训项目。

【国家级赛事】 2022年，区青少年业余体

2022年，左菊（左一）参加跆拳道世锦赛女子53公斤级比赛获得银牌

（区文旅局　供图）

2022 年，穆俊丰参加跆拳道亚洲青年锦标赛男子 73 公斤级比赛获得银牌

（区文旅局　供图）

育学校输送的两名运动员取得世界和洲际大赛优异成绩。其中，左菊在 2022 年跆拳道世锦赛女子 53 公斤级比赛中获得银牌；穆俊丰在 2022 年跆拳道亚洲青年锦标赛男子 73 公斤级比赛中获得银牌。

【市级以上体育赛事】 2022 年，区青少年业余体育学校组队参加天津市第十五届运动会青少年组比赛，共获得金牌 108 枚、银牌 97 枚、铜牌 108 枚，位列团体总分第二名，金牌榜第三名。　（李华建）

社会生活

居民生活

【概况】 2022年，北辰区统筹疫情防控和经济社会发展，持续加强基本民生保障，居民收入保持平稳增长。受疫情影响居民消费意愿减弱，消费支出下降，其中教育文化娱乐消费下降较多。

【居民收入】 2022年，北辰区居民人均可支配收入45449元，比上年增长2.6%，增幅比上年回落5.3个百分点，北辰城镇居民人均可支配收入46744元，比上年增长2.5%。四大项收入来看，工资性收入26802元，经营净收入2679元，财产净收入4223元，转移净收入11745元。

【居民消费】 2022年，北辰区居民人均消费支出29929元，比上年下降1.4%，由增转降，回落12.2个百分点。北辰城镇居民人均消费支出30942元，比上年下降1.1%。在居民消费支出中，食品烟酒支出8610元，占消费支出的28.8%，比上年下降1.4%；衣着支出1554元，占消费支出5.2%，教育文化娱乐支出1762元，比上年下降31.1%。 （张　苹）

社会保障

【概况】 2022年，北辰区民政局（以下简称区民政局）切实履行基本民生保障职责，提升救助温度，扩宽救助广度，累计发放救助资金1.2亿元，走访排查高龄、残疾等特殊群体，将符合条件的17名群众纳入特困供养保障范围。加快救助速度，实现了救助事项“掌上办”，全年线上受理53份，答复难题67个。提升服务能力，采取购买服务方式委托北辰安津医院针对试点社区1700名左右患者完成4轮随访评估工作。

【社会救助】 2022年，区民政局健全主动发现机制，发挥区、镇街、村居上下联动作用，确保求助有门、受助及时，累计发放救助资金1.2亿元。新纳入低保救助414户721人，对急需救助的448人发放临救金128.78万元，全面保障了困难群众基本生活。救助特殊家庭16户，转介基金会帮扶47户，发放救助资金83.97万元。将17名群众纳入特困供养保障范围。将28名事实无人抚养儿童、147名困境家庭儿童、698名残疾人纳入补贴范围，共发放儿童福利补贴223.57万元，残疾人两项补贴资金2212.15万元。制定《关于做好北辰区

2022年8月24日，北辰区民政局召开北辰区社会救助联席会议　（张　辰　摄影）

2022 年困难人员生活救助险工作的通知》，重点关注因病支出型困难家庭、孤寡老人、重病儿童等群体，生活救助险救助 735 人，发放资金 193.6 万元，提高了救助精准度。

【救助体系建设】 2022 年，区民政局实现救助事项“掌上办”，全年线上受理 53 份，答复难题 67 个。指导镇街和村居动员社工、楼门长、民政专干、志愿者等 3500 余人次，巡查 1200 余次，巡查点位 281 个，建立“特殊应急”期间巡查救助制度，开展“夏季送清凉”专项救助行动，救助 28 人，临时遇困救助 9 人，就医 3 人，6 名流浪人员送返回乡，劝返职业流浪乞讨人员 20 余人。采取购买服务方式开展精神障碍社区康复服务，委托北辰安津医院针对试点社区的 1700 名左右患者完成 4 轮随访评估，组织完成生活、社交、职业等训练，覆盖到 684 人次，服药训练覆盖 1300 人次，全面促进个人发展。是年，区民政局向低保家庭、低保边缘家庭及特困供养人员发放春节一次性补贴和过节费 1220.25 万元。 （张轶楠）

基层自治和社区建设

【概况】 2022 年，区民政局推动基层治理不断精细化、精准化，旧楼区长效管理在市级综合考评工作中，连续 7 年被评为全市第一。制定《北辰区民政服务设施规划验收移交工作流程》，完善规范社区居委会、社区综合服务中心等非经营性配套公建规划审核、项目验收、移交属地等程序。全年累计移交属地镇街 18 个项目，共计 9648.32 平方米。完成行政区划勘界工作。优化社区居委会设置，加强社区工作人才管理，招录社区工作者 138 名。

【基层组织建设】 2022 年，区民政局优化社区居委会设置，撤销 2 个社区居委会、新建 5 个社区居委会、调整 1 个社区居委会管辖范围。对涉及村居“两委”人选，及因调整任职要求的 5 批 240 人开展联审，依法依规指导相关镇街做好 15 个村居民委员会成员补选、换证工作。联合有关部门印发《关于开展规范农村基层组织民主议事程序专项整治的工作方案》等文件，采取“听、查、阅、评分、总结”的方式共检查了 19 个村的 274 项履行“六步决策法”的民主决策事项。

【社区工作者队伍管理】 2022 年，区民政局指导镇街对两类人员 545 人开展 2022 年度社区工作专业人才续聘和三类人员 1418 人年度绩效考核工作。组织招录 138 名社区工作者，入职 133 人。组织社区“两委”班子成员培训，680 余人参加。完成第十五、十六批天津市社区社会工作者职业资格考试报名审核工作，353 人报名，242 人通过。

【社区服务设施建设】 2022 年，区民政局制定《北辰区民政服务设施规划验收移交工作流程》，完善社区居委会、社区综合服务中心等非经营性配套公建规划审核、项目验收、移交属地等程序。全年共规划8个项目，验收9个项目，移交属地镇街18个项目。

【行政区划勘查】 2022年，区民政局做好区界、镇、街、开发区的勘界工作，明确对5处穿越建成小区、居住地块的镇界进行调整，形成北辰区行政区划管理图册，完成印制发放工作。 （张轶楠）

2022年3月17日，北辰区民政局工作人员去北辰区普东街富宜里社区进行旧楼区长效管理巡查 （张雅飞 摄影）

2022年3月17日，天津市民政局指导“快递小哥 暖心益站”揭牌仪式

（陈 晨 摄影）

社会事务管理

【概况】 2022年，区民政局加强社会组织党建引领工作，完善社会组织综合监管体系，完成2021年度标准化考评，参评241家，开展行业协会商会乱收费专项清理整治“回头看”工作，落实公益项目活动，新建社工站7个。慈善事业健康发展，发放慈善助困、助学、助孤款28.7万元，困难救助金280万元，拨付扶贫款18万元，接收捐赠620.5万元。落实丧葬补贴惠民政策，拨付丧葬补贴款163万元。办理婚姻服务5205对。

【社会组织管理】 2022年，区民政局开展“空壳”“挂牌”社会组织党建排查。完成2021年度标准化考评，参评241家，2家优秀、2家良好、237家合格。完善社会组织综合监管体系，完成13家“僵尸型”社会组织撤销登记及行政处罚。开展2021年度检查工作，年检合格242家，送达《责令整改通知书》10份。大力培育发展社区社会组织，备案2102家，实行动态管理，标准化服务。开展行业协会商会乱收费专项清理整治“回头看”工作，排查42家协会和11家商会，6家商会主动减免会员企业会费20.55万元。

【公益项目】 2022年，区民政局加强社工站建设能力提升，社工站新建7个，完成市级评估，3站完成续签。组织驻站社工社会工作服务人才参加能力提升培训班。制定《北辰区社区公益事业专项补助经费使用监督管理办法》。社会组织开展“喜迎二十大，暖心送关爱”活动。推动开展“快递小哥 暖心益站”关爱活动。

【慈善救助】 2022年，区民政局开展市区联合救助活动。慈善助困，为240户困难群众发放米、面、油和救助款共计24万元。慈善助学，为11名困难学生发放爱心助学款1.06万元，为5名家庭困难大学生发放资助金2.5万元。慈善助孤，为9名孤儿发放救助资金1.14万元。慈善协会开展“慈善助孤爱心圆梦”项目，为北辰区孤儿募集救助资金采购“六一爱心礼物”。发放优抚金、信访困难群众救助金、一次性困难救助金、特殊困难互助金约280万元。开展“关爱困难儿童，助力疫情防控”公募项目。接收东西部扶贫“防返贫资金池”、信访困难基金、定向助学捐赠款620.5万元，为西藏丁青县、甘肃正宁县和华池县拨付扶贫款18万元。

【殡葬管理】 2022年，区民政局在重点节日期间会同区市场监管局、天穆、北仓、青光等属地镇政府组成联合检查组，对第一殡仪馆周边、王庄、韩家墅等农贸市场进行联合执法检查。对13家销售封建殡葬用品的商贩进行查抄，没收冥纸冥币700余公斤，封建迷信用品320余件。加强公墓、公益性骨灰堂等重点部位宣传教育和检查指导，督促经营者积极引导办丧家属文明治丧，提供文明、规范殡葬服务。落实丧葬补贴惠民政策，开展无丧葬补助居民丧葬补贴发放相关工作调研，对容易出现部分群体丧葬补贴重复申领等问题进行业务指导，确保资金发放符合规定。拨付镇街丧葬补贴款163万元。

【婚姻登记】 2022年，北辰区民政局积极推进婚姻服务大厅建设进程。2022年办理婚姻服务5205对，其中结婚登记3078对，离婚登记1356对，补证771对。

（张轶楠）

老龄事业

【概况】 2022年，区民政局扎实推进居家养老服务和养老机构建设，养老服务内涵不断延伸拓展，建立“区—镇街—机构”三级工作专班，健全职能部门定期沟通会商机制，超额完成民心工程任务，新建17家镇街级综合养老服务中心，新增养老床位317张。完善养老机构安全生产检查工作机制，加大巡查检查力度，累计出动2300余人次，发现问题隐患126处，全部及时整改完毕。发放养老补贴652.21万元。

【养老服务】 2022年，北辰区新建17家镇街级综合养老服务中心，6家开始社会化运营，提升综合养老服务水平。新增养老床位317张，其中日照中心新增床位

2022年，北辰区瑞龄老人家食堂采取社会化运营方式，为有需求的老年人提供就餐、配餐服务，满足老年群体用餐需求

（区民政局　供图）

217张，祥泽园乐龄颐养服务中心新增床位100张。按时发放养老服务相关补贴资金。发放居家养老服务政府补贴598.82万元，全年新增享受补贴老年人122名。发放百岁老人营养补贴32.26万元，全年新增百岁老人8名，其中由外区迁入北辰区4名。发放助餐服务补贴21.13万元，助餐服务较2021年增加2398人次。连续5年为无工作老年人购买意外保险，全年保险赔付率达到75%。持续发挥清晨问候制度优势，指导镇街、村居每天了解独居孤寡老人生活状况，全年共服务2349名老人。

【养老机构管理】 2022年，北辰区民政局在压紧压实监管责任，深入推进养老机构自建房、燃气安全等排查整治工作，累计排查9轮，189家次，严守机构安全生产防线。13家使用罐装液化气机构全部整改到位，其中4家使用电厨设备。9家使用新型醇基燃料。3家自建房屋养老机构通过安全鉴定，均在B级及以上。建立“专业三方＋联合检查”工作机制，采取线上线下相结合方式对全区养老机构开展督导检查，全年累计检查养老机构780家次，累计出动2300余人次，发现隐患126处，均整改完毕。

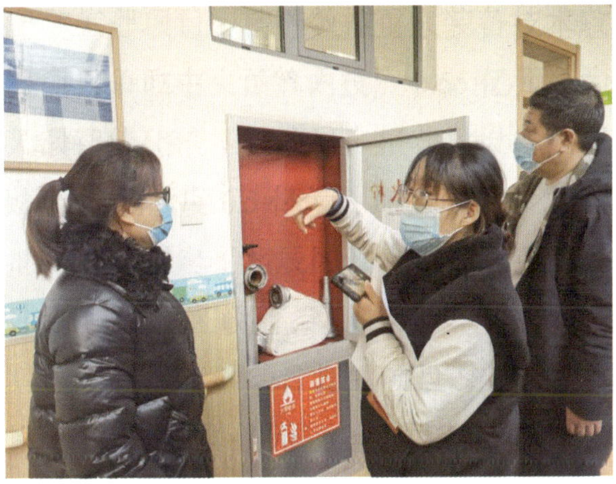

2022年1月4日，区民政局检查爱馨瑞景园老年公寓消防设施　（康　智　摄影）

2022年北辰区养老机构统计表

表15

序号	所属镇街	机构名称	机构地址	建筑面积（平方米）	床位数（个）	住养老人数（人）	员工数（人）	备注
1	瑞景街	爱馨瑞景园老年公寓	瑞景街环瑞北路8号	10150	320	156	84	—

续表 15

序号	所属镇街	机构名称	机构地址	建筑面积（平方米）	床位数（个）	住养老人数（人）	员工数（人）	备注
2	广源街	安馨托老所	青源街嘉定西路 22 号	1136.81	37	13	17	—
3	青源街	荣溪园托老所	双青新家园荣溪园	892	40	2	5	—
4	普东街	秋怡托老所	姚江东路汾河北道	1288	57	48	8	—
5		舒欣养老院	宜白路强宜里 4 号楼增 1	526	80	38	8	—
6		万科老年日照中心	普东街万科美墅丽舍	680	41	24	9	—
7	双环邨街	慧元老人院	双环邨街佳园北里	618	100	63	12	—
8	果园新村街	金玺城综合养老服务中心	果园新村街金玺城配件 1	680	8	11	8	—
9	开发区	红光老年公寓	双街镇双江道	10447	675	103	33	—
10	双口镇	凯达老年公寓	双口镇安光村北	5083	240	137	39	—
11		双口养老院	双口镇富鸿路 288 号	2680	110	38	14	—
12		秋阳养老护理中心	双口镇津永公路北侧河工科创园 2 号楼底商	896.5	47	—	—	暂停运营
13	北仓镇	龙驰养老院	技峰路 29 号	6800	300	155	48	—
14		养心园老年公寓	北仓镇引河里北道 8 号	3081	200	48	13	—

续表 15

序号	所属镇街	机构名称	机构地址	建筑面积（平方米）	床位数（个）	住养老人数（人）	员工数（人）	备注
15	天穆镇	海德颐寿养老院	天穆镇辰远路2号	2700	108	56	14	—
16		德曾养老中心	天穆镇金苑公寓内	1100	82	34	8	—
17		天府养老院	天穆镇柳滩东道	500	52	2	5	—
18	天穆镇	柳滩养老院	天穆镇柳滩东道	2222	138	51	9	—
19		十佳老人院	佳园里佳庆道8号	2500	165	127	35	—
20	青光镇	慈愿养老院	青光镇李家房子村	2600	130	46	16	—
21		民心养老服务站	青光镇韩家墅村	1100	50	21	6	—
22	宜兴埠镇	凯祥养老院	宜兴埠镇宜泽路12号	2600	125	13	10	—
23	大张庄镇	惠颐托老所	大张庄镇永康道31号	2500	83	—	—	暂停运营
合计	—	—	—	62780.31	3188	1186	401	—

（张轶楠）

医疗保障

【概况】 2022年，北辰区医疗保障工作坚持以人民健康为中心，加快推进建设覆盖全民、城乡统筹、权责清晰、保障适度、可持续的多层次医疗保障体系。通过逐步统一制度、完善政策、健全机制、提升服务，不断增强医疗保障的公平性、协调性，不断扩大医疗保险政策宣传服务覆盖面，推进医疗保障和区域医药服务高质量协同发展，促进健康中国战略实施，使人民群众有更多获得感、幸福感、安全感。

贯彻落实国务院新颁布《医疗保障基金使用监督管理条例》等法律法规政策，全区医保定点医药机构达到153家（不含村卫生室、社区卫生站）。

【医保政策宣传和参保扩面】 2022年，北

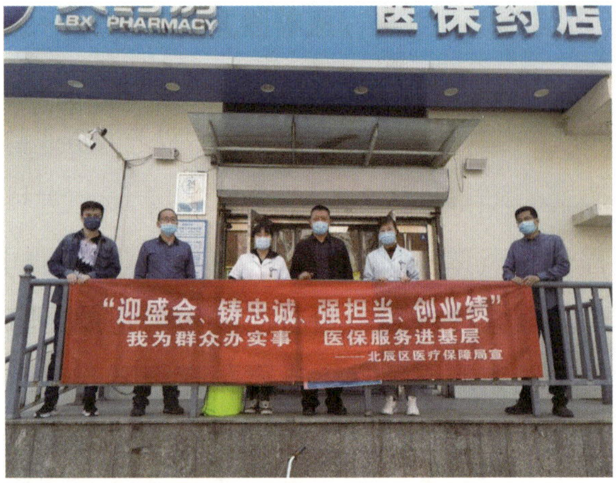

2022年4月20日，区医保局结合“迎盛会、铸忠诚、强担当、创业绩”主题学习宣传教育实践活动到老百姓、同润堂、瑞澄、国大零售药店开展打击欺诈骗保、政策宣传　（区医保局　供图）

辰区医疗保障局（以下简称区医保局）结合天津市年度参保调整后新政策，会同区民政局、区教育局、区税务局、医保北辰分中心、社保北辰分中心等部门，组织对全区各镇街党群服务中心、村居社区、学校、幼儿园、托幼机构等开展宣传培训工作。加强指导监督，做好全区二十项民心工程医保项目，贯彻落实医疗保障基本政策，提高城乡居民基本医疗保险住院报销待遇，报销比例在现行基础上提高5个百分点。积极开展医疗保障救助，对符合因病支出型困难家庭救助范围的人员，安排区财政专项资金进行救助。全年支付救助金额3万余元。

2022年度城乡居民基本医疗保险参保缴费档次表

表16　（单位：元/人）

人员类别	参保档次	个人缴费标准
成年居民	高档	950
	低档	320
学生儿童	学生儿童档	320

【医保监督管理和维护基金安全】2022年，区医保局全面启动全区100余家医保定点医药机构“2022年医保基金监管集中宣传月”活动，组织区内定点医药机构通过张贴海报条幅、电子屏幕滚动播放、播放打击欺诈骗保相关视频、微信群转发等多种形式广泛宣传，发放各类宣传材料。在北辰医院门诊大厅共同举行“织密基金监管网，共筑医保防护线”集中宣传，联合北辰中医医院到部分镇街社区共同举行“迎盛会、铸忠诚、强担当、创业绩——织密

2022年8月24日，区医保局开展医保社会监督与服务满意度调查座谈会
（区医保局　供图）

基金监管网，共筑医保防护线”现场宣传活动。结合全区信用分级分类评价，指导督促定点医药机构履行主体责任，对定点医药机构开展全覆盖自查自纠。积极落实市、区两级“双随机、一公开”工作要求，确定“两库”名单，联合区卫健、市场监管等部门完成实地检查，对检查结果依法进行信息公开。定点医药机构实现检查全覆盖，会同市医保结算中心对全区大数据筛查部分存疑问题进行全面自查自纠，督促定点医药机构主动退费，全年累计开展医保监督检查145家次，责令整改32家，警示约谈20家，追缴处罚医保基金50余万元。会同市医保结算中心对全区大数据筛查部分存疑问题进行全面自查自纠，督促定点医药机构主动退费240多万元。

【医保咨询接待与经办服务业务】 2022年，区医保局接待咨询参保缴费、生育、大病保险报销、异地就医等相关医保政策来电来访及处理“12345”、政民零距离等服务热线群众反映问题102件。积极协助镇街党群服务

2022年6月30日，区医保局领导班子检查窗口服务工作（区医保局　供图）

中心对接落实国有企业退休人员社会化管理下沉医保经办服务业务，持续推进医保异地联网结算，组织医保定点机构开展信息系统建设和医保新系统切换，广泛宣传推广电子医保卡、“津医保”APP等“互联网+医保”服务应用，不断提升安全便捷的医疗保障信息化、智能化服务水平。

【稳妥落实“长护险”实施试点工作】 2022年，区医保局因地制宜开展长期护理保险政策宣传活动，解决参保群众急难所需，将服务提质增效落到实处。联合长护险分中心和街居社区对接，通过面对面零距离的答疑解惑，让群众对天津市长期护理保险政策有更进一步的认识，推动长期护理保险政策健康运行。全年累计制定护理服务计划9001人次、实际享受待遇7723人次。（苗　琳）

2022年7月8日，区医保局在集贤公园开展“长护险”政策活动（区医保局　供图）

人力资源管理

【概况】 2022年，北辰区人力资源和社

会保障局（以下简称区人社局）坚持以习近平新时代中国特色社会主义思想为指导，认真贯彻落实区委、区政府决策部署和市人社局工作要求，较好地完成全年各项指标任务。新增就业位列全市第五位，全民参保工作综合考评排名全市第二位，深入落实“海河英才”行动计划，做好人才引、育、留、用各方面工作，持续推进和谐劳动关系创建，优化“综合柜员制”服务模式。

【就业创业政策兑现】 2022年，区人社局落实就业优先政策，全力稳就业保就业。全年城镇新增就业20275人，完成目标任务19500人的103.97%，完成进度列全市第五位，继续保持就业大局的基本稳定，全区没有出现规模性经济裁员。落实惠企政策稳岗位。积极贯彻市政府“稳经济35条”“稳就业32条”举措、落实市人社局“稳就业14条”措施，及时审核发放五类20项就业创业补贴3987.3万元，较2021年增加14.5%。审核发放创业担保贷款3155万元，创业担保贷款贴息286.4万元。通过助企纾困政策“红利”落实落地，提振企业信心，助力企业稳住就业岗位。

【就业服务】 2022年，开展“10+N”公共就业服务专项活动，相继开展春风行动等七项就业服务专项活动，组织开展制造业专场等特色招聘活动。区级组织线上招聘活动132场，为3792家次企业发布招聘岗位8.67万个，初步达成就业意向7542人。各镇街、开发区开展线上招聘活动204场，实现了招聘活动不停歇、就业服务不打烊。创新开展“春风行动”“高端赋能，智造未来”等8场专题线上直播带岗招聘活动。

聚焦重点群体，举办5场政、校、企对接撮合会，实现高校与企业就业岗位“定向招聘”和“靶向引才”。开展离校未就业高校毕业生服务攻坚行动，实现联系率100%，帮扶就业率98.43%。新增就业见习基地23家，96家见习基地提供见习岗位2149个。认定就业困难人员3068人，精准施策确保零就业家庭动态清零，其他就业困难人员全部实现就业。

【重点企业走访】 2022年，加强政企互动，开展3次重点企业走访服务活动，走访企业130余家。举办人社巡回大讲堂，深入各镇街宣讲惠企政策。制作《北辰区促进就业创业补贴政策明白纸》等补贴清单，一图看懂十类26项补贴政策。开展就业创业政策“敲门行动”，主动上门精准服务。

2022年6月8日，区人社局干部走访佳荣里街道办事处宣传“海河英才”落户政策和发放宣传册 （边维维 摄影）

高效开展就业服务，办理就业登记55297人次；办理退工备案44195人次，失业登记9034人。

2022年8月5日，区人社局组织召开2022年北辰区离校未就业高校毕业生实名制就业服务培训会　（赵　磊　摄影）

【技能培训】 2022年，规范技能培训，开展补贴性职业技能培训2711人。审核2021年结课未发放补贴班期，发放职业技能培训补贴等各类费用4300余万元。开展“强管理、提质量”专项行动，对1家企业培训中心、6家职业培训机构涉嫌违规培训开展调查，追回培训费补贴142.013万元。制定出台《北辰区民办职业培训机构管理办法（试行）》，健全完善职业培训制度。积极推动“海河工匠”建设，长荣科技刘帅获评第三届“海河工匠”，天士力现代中药郭凯、长荣科技罗文斌2人入选“天津市技术能手”。选拔109名选手参加天津市第三届“海河工匠杯”技能大赛，在多个赛项中获得第一名。

【东西部劳务协作】 2022年，3次赴甘肃省正宁县、华池县对接劳务协作工作，对到津就业、到其他省市稳定就业的继续分别发放2000元和600元的就业奖补金，全年累计发放就业奖补金119.66万元，助力1628名脱贫劳动力和“三类户”劳动力稳定就业。联合举办东西部协作招聘活动6场，吸引373名农村劳动力到津就业。举办2场直播带岗活动，面向甘肃籍劳动力开展专场招聘，取得良好效果。全年助力华池、正宁两县完成农村劳动力转移就业3781人，其中脱贫劳动力3537人，圆满完成目标任务。

【就业政策引导】 2022年，发挥区就业工作领导小组、农民工工作领导小组办公室牵头作用，年初、年中召开会议强化部署推动。研究制定《关于加强北辰区充分就业社区、充分就业村建设的实施方案》《北辰区劳务品牌建设工作实施方案》，积极发现、培育有北辰特色的劳务品牌。开展“想就业、找人社”主题宣传服务活动，深入推进提升就业服务质量工程。研究制定《关于落实扶持零工市场发展政策的具体办法（试行）》，推动零工市场建设，零工市场线上服务平台正式上线运营。

【养老保险】 2022年，企业职工基本养老保险新增参保人数达15902人，完成全年目标任务16563人的96.0%，排名全市第四位。制定北辰区2022年全民参保工作方案和社会保险扩面综合考评办法，联合就业部门开展新注册企业参保情况摸排，向各镇街每月通报排名。实地走访、现场约

2022 年 7 月 28 日，区人社局到普东街开展社会保险政策宣传会议（张珊珊　摄影）

谈 300 余家重点未参保企业，联合社保北辰分中心对 1800 余家企业开展保险基数核查，畅通被征地农民待遇审核渠道，审批被征地农民参加城乡居民养老保险待遇 4196 人，被征地农民参保工作在全市养老保险审核审批警示教育活动中做优秀典型汇报。为 288 人预存养老保险费到市财政专户 3468.96 万元，落实参保 5525 人，落实资金 1.5 亿元。示范小城镇建设项目落实参保 74 人，落实资金 705.28 万元。在被征地农民资金系统和市人社局对账工作中，北辰区第一个完成既定任务。

【失业保险】 2022 年 7 月 1 日起依规完成提高失业保险待遇标准工作，提前完成北辰区 20 项民心工程任务。严格依规做好失业保险待遇核定、申领和失业动态监测工作，核定 2678 户企业 5660 名职工失业保险金，累计为 6828 人次发放失业补助金 313.05 万元。采取“免申即享”方式发放 9767 户参保单位的失业保险稳岗返还补贴 6487.89 万元。

【工伤保险】 2022 年，落实工伤预防五年行动计划，组织开展工伤预防培训讲座 5 次，培训企业职工 300 余人。推动建筑业按项目参加工伤保险，排查新开工建设项目 83 个，新开工工程建设项目工伤保险排查率、参保率 100%。推动工伤保险扩面工作，深入镇街、开发区、用人单位开展政策宣传，惠及企业 300 余家。工伤保险待遇支付 7522 人，各项待遇支付 8605.5 万元。全年受理工伤认定案件 1237 件，受理劳动能力鉴定 807 人次 。

【人才引进】 2022 年，区人社局围绕产业精准引才，深入落实“海河英才”行动计划，全区引进各类人才 1026 人。成功举办“高端赋能，智造未来”网络招聘会。落实博士（后）专项资助政策。推荐天士力医药集团股份有限公司申报博士后科研工作站引进项目资助 10 万元。全年建立博士后工作站 1 个，博士后工作分站 2 个，引进博士后人员 4 名，为全区持续引入高层次人才奠定基础。指导企业参加 2022 年高层次和急需紧缺人才需求目录编制和 2022 中国 · 天津投资贸易洽谈会暨 PECC 博览会人才智力引进活动，积极挖掘满足全区发展的人才岗位。

【职称评定】 2022 年，组建智能装备专业副高级职称评审评委会专家库，面向全市启动首次职称评审申报工作，首次评审通过副高级工程师 79 人，通过率 82.3%，位居全市各评委会前列。面向全市启动 2022

年度副高级、中级职称评审申报工作，通过率75%。作为天津市唯一的区级承办单位，申报的"高端装备和先进制造关键共性技术"高级研修项目，入选人社部2022年专业技术人才知识更新工程国家级高级研修项目，举办研修班。开展第二批天津市留学人员企业升级培育计划推荐工作，推荐海天云创1家企业入选。推荐天津福云天翼科技有限公司参加第一届全国博士后创新创业大赛，获得创业赛优胜奖。

持续优化人才服务，在天津市营商环境考核中，承担的人才流动便利度指标排名全市第三。打造人事人才小讲堂品牌，强化人才政策宣传和经办指导。完善发布北辰区用人单位自主聘任初级职称经办流程，在局微信公众号设立职称服务专区，公布相关政策文件9条、职称评价标准34个、职称经办流程1条。持续开展"科创企业评职称"服务，首次全区两家拟上市企业共27人评审取得职称，第二次1家拟上市企业5人申报并通过职称评审。

【事业单位人员管理】 2022年，完成首次北辰区镇街所属事业单位管理岗位职员等级晋升工作，15个镇街40个事业单位的71名干部晋升职员等级。及时准确完成事业单位工资调标工作。高效完成机关工人绩效奖发放和事业单位奖励性补贴建立工作。2022年，共为343人办理了人事关系接转手续，其中区内调配209人，区外调入7人，新招录39人，选聘事业编17人，安置退役士官18人，调出区12人，调任公务员3人。牵头成立北辰区"三支一扶"工作领导小组，完成2020年招募的38名"三支一扶"人员期满转聘事业编制工作。持续完善事业单位工作人员信息库建设。

【治理欠薪】 2022年，区人社局加大力度治理欠薪，治欠办搜集农民工欠薪类问题线索4243件，为2668名农民工追讨欠薪5361万元。组织开展2021—2022年度冬季专项行动、2022—2023年集中整治拖欠农民工工资问题专项行动，检查单位、项目372个，为692名农民工追讨工资待遇956.3万元。完成市治欠办对北辰区2021年根治欠薪考核工作，对6个在建项目进行实地检查，北辰区在全市位列第六名，等级良好。全年受理举报投诉380件，其中立案查处77件，行政处罚5件，案件结案率100%，执法管理系统案件录入率100%。完善工资支付监控预警平台工作机制，推进农民工工资专用账户和工资保证金两类账户的日常监管。

【劳动关系和谐企业创建】 2022年，深入开展劳动关系和谐企业创建，2家企业获评全国和谐劳动关系示范企业，占全市新评定国家级和谐企业的16.6%。推荐4家企业获评市级劳动关系和谐企业。深入推进"和谐同行"能力提升三年行动计划，成功培育天津红星美凯龙世贸家居有限公司成为区级和谐企业，"和谐同行"三年行动累计培育企业16家。推选申报2022年度天津市金牌劳动关系协调员5名、金牌劳动关系协调组织1家。探索新就业形态劳动者集体协商工作机制，针对新就业形态劳动者工作状态、劳动保护需求等情况，开展快递行业专项集体协商，并通过工会渠道提供专享绿色救助。

【行风建设】 2022年，区人社系统扎实开展“万名党员连万户”“双联双访”“双万双服促发展”活动，精准深化企业服务专员机制。常态化组织开展练兵比武活动，成功举办2022年度练兵比武大赛，在全区掀起“大学习、大练兵、大比武”的热潮，选拔产生的北辰区代表队，团体成绩排名全市第二，两名选手个人成绩排名全市第六和第十三，获天津“人社知识通”称号，代表天津市参加全国赛。全域全员开展争创北辰人社服务标兵活动，评选先进典型20人。

持续优化“综合柜员制”服务模式，设立并完善“打包办”窗口，开展人社服务经办流程治理质量提升专项行动，提升改造“学雷锋志愿服务站”，设立“办不成事反映窗口”，发挥“跨省通办”专区作用，打造人社便民服务圈。选拔推荐天穆镇《就业困难人员托底安置再就业》案例成功入选市级优秀就业服务案例，崔晓汀在全市公共就业服务专项业务竞赛中取得职业指导组第一名的成绩，并代表天津市参加全国赛，获评职业指导“全国十佳”。

【法治人社】 2022年，申报全国法治人社示范创建单位，成为天津市4家通过初审推荐单位之一。开展法治化营商环境专题行动及市域治理行动，组织开展3期“八五”普法等专题法治培训。严格执行“三重一大”决策办法，落实部门法律顾问制度，全面推进政务信息公开。全年保持行政机关负责人出庭率、案件胜诉率100%。全年办理政府信息公开申请12件，均按期答复。办理人大代表议案2件，政协委员提案1件，均按期办结并反馈。

【信息化建设】 2022年，区人社局制定出台《北辰区镇街流动人员人事档案转移接收办法》，圆满完成3个镇、2个街共计1333册流动人员人事档案接收工作。成功建立“北辰区企业家和创业人才人事档案专库”。充分发挥“互联网＋人社”、局官方微信公众号和“北辰职介”公众号线上招聘、对外政策宣传的主阵地作用，连续两年政务信息采用量在全市人社系统排名前三名，在2022年全市人社系统宣传工作会上作为优秀单位进行典型发言。加强意识形态阵地建设，“北辰区人力社保局”官方微信公众号影响力连续三年位列全区前三名，打响了北辰人社的金字宣传招牌。

（王新宇）

劳动人事争议仲裁

【概况】 2022年，北辰区劳动人事争议调解成功率79%，排名全市第四位。劳动人事争议仲裁结案率99.9%，排名全市第一位。全面推广使用“互联网+”立案庭审系统，线上远程立案1554件，极大方便群众。探索开展3次线上庭审，加快了纠纷调处进程。组织各镇街、开发区企业开展劳动争议调解业务培训，培训人员537人，通过调解员资格考试人员279人，持续夯实调解工作基础。落实同区人民法院联席会议制度，加强日常业务沟通，通过多种形式开展法律适用问题交流。加强劳动人事争议处理裁审工作信息数据交流，召开裁审衔接联席会议1次，开展案例研讨，统一裁审尺度。建成新就业形态劳动者维权驿站，有效维护新就业形态劳动者权益。全年为劳动者挽回经济损失2390.16万元。

【争议预防】 2022年，区仲裁院结合疫情期间企业用工特点和经济下行压力下的企业用工难题，重点聚焦劳动合同解除问题，组织72家企业开展3期劳动争议预防培训班。开展仲裁员志愿服务工作，每名在编干部联系3家企业开展帮扶工作，解答人社法规政策。结合业务范围，积极解答群众关心关注的热点问题，解决“12345”热线各类投诉和咨询共245件。针对部分企业劳务派遣用工突出问题，与综合执法支队开展联合约谈工作，为职工依法维权提供保障，不断提高企业依法用工能力。就农民工权益保障执法与仲裁衔接工作开展讨论，形成工作合力解决农民工欠薪问题。

2022年6月23日，区仲裁院开展劳动人事争议预防培训　（李瑞刚　摄影）

【争议调解和立案】 2022年，区仲裁院做好常态化疫情防控形势下劳动人事争议调解仲裁工作，开通线上和远程立案功能，当事人通过手机即可实现远程快速立案。同时实现案件信息快速导入二期网，提高工作效率。开通线上庭审功能，开展3次线上庭审，当事人因疫情或其他原因无法进行线下庭审的情况下，通过手机即可实现远程参与仲裁庭审。组织各镇街、开发区企业从事调解业务人员进行劳动争议调解业务培训，培训人员537人，通过调解员资格考试人员279人，拟定《企业劳动人事争议调解员工作职责》及《企业劳动人事争议调解员承诺书》，进一步规范调解员开展企业内部调解工作。与区总工会、区司法局沟通协调，积极推动联合调解工作室建设，制定《北辰区劳动人事争议联合工作室工作方案》。

【仲裁办案】 2022年，区仲裁院提升仲裁员业务素质水平，组织集体学习3次，学习《关于劳动人事争议仲裁和诉讼衔接有关问题的意见（一）》，结合学习召开业务研讨会3次。3人通过了市级组织的业务培训，取得仲裁员证，聘用兼职仲裁员1名。组织6名仲裁员开展专项检查，全面复盘2021年以来确认劳动争议案件审理过程和仲裁文书制作，做到应查尽查。完成2021年1月1日以来356件认定双方当事人存在劳动关系案件的自查工作。经全面检查，不存在违规确认劳动关系仲裁案件。积极与社险分中心协调联动，完成2批58人仲裁案件和合同鉴证审查工作。

2022年10月26日，北辰区劳动人事争议调解组织交流座谈会在区仲裁院召开

（渠　妍　摄影）

【智慧仲裁】 2022年，区仲裁院全面推广使用“互联网+调解仲裁”新模式，建立线上立案庭审系统，实现远程立案、在线调解和线上庭审。加大全国在线调解服务平台推广使用力度，在基层窗口摆放调解专属“二维码”，引导当事人“云上解纷”。通过网上远程立案1554件，实现疫情防控期间北辰仲裁立案“零延误”，有效压缩工作时间，降低当事人仲裁成本。（王新宇）

残疾人事业

【概况】 2022年，北辰区残疾人联合会（以下简称区残联）贯彻落实各项残疾人社会保障政策措施，提升残疾人康复服务水平，按时间节点做好持证残疾人意外伤害保险投保、适龄重度残疾儿童少年送教上门服务，推进困难残疾人家庭无障碍改造项目，改善残疾居民居家条件，重点做好残疾人居家托养服务、冬暖、通信信息消费、水电燃气、个体工商户社会保险、残疾人自主创业、助学金等各项补贴的审核发放，每季度按时完成残疾儿童康复救助制度结算工作，保障残疾儿童及时享受政策补贴，开展有效康复。

【民心工程工作】 2022年，区残联开展残疾人无障碍坡道进家庭、进社区建设，改造残疾人家庭水泥坡道14处，提供可移动坡道15个，安装栏杆、扶手合计67处。超额完成全年建设20条移动或固定坡道的任务，并通过区人大代表验收。向符合条件残疾人发放盲人智能手机23部、安装可

2022年3月1日，区残联积极推动无障碍设施改造进家庭工作，图为区残联前往双口镇残疾人家中实地调研坡道改造项目

（韩　赟　摄影）

视门铃34部。组织80名康复指导员培训工作，完成市残联规定培训任务。协调区卫健委、区民政局，牵头落实区政协委员“关于加强精神障碍患者关爱与管理的建议”的提案。

【残疾人社会保障工作】 2022年，区残联投入近2000万元，用于残疾人节日慰问、意外伤害保险、重度护理、居家托养、取暖补贴、水电燃气补贴、通信补贴、养老保险补贴、机动轮椅车燃油补贴等惠残补贴发放，惠及全区1.9万残疾人，补贴救助资金发放及时精准、不重不漏。突出残疾儿童康复救助制度的落实，对新增残疾儿童康复定点机构进行评审。开展白内障患者复明手术救助，精神病患者住院、服药补贴发放，假肢、助听器及小型辅具适配，残疾人免费体检等，为有需求的残疾人提供医疗救助和康复服务。向有需求并符合条件残疾人配发双拐、助行器、防走失手环等无障碍辅具1000余件。开展“融畅”APP无障碍设施导向标识系统宣传推广活动，辅导残疾人学习使用。

2022年5月13日全国助残日，区残联在残疾人扶贫就业基地开展第三十二次全国助残日暨“助力企业疫情防控 关心关爱残疾职工”主题活动（杨爱云 摄影）

【残疾人组织建设工作】 2022年，区残联组成4个督导组深入镇街推动落实各镇街残联换届工作，121个村，151个社区残协全部完成换届。落实残疾人专职委员各项薪酬待遇，按时足额发放。完成2022年持证残疾人基本服务状况和需求信息数据动态更新调查工作。截至2022年年底，全区办理残疾人证新证申领、重新评残、遗失补办、关系迁移等785件；办理残疾人证跨省通办40件。为90余名重度残疾人开展残疾评定上门服务。

2022年9月29日，北辰区镇街残疾人联合会换届工作部署会（霍楠楠 摄影）

【残疾人就业服务工作】 2022年，区残联发挥区残疾人辅助性就业基地（阳光工场）和农村残疾人扶贫基地示范引领作用，吸纳带动残疾人就业创业。发挥就业政策导向作用，协助税务部门做好安排残疾人就业单位残疾人审核工作。投入27.6万余元，为符合条件的自主创业、个体经营户、新招用及超比例安置残疾人单位发放就业创业补贴，30余名残疾人、10余家企业享受政策红利。充分利用网络为残疾人创业、就业、培训提供支持和服务，与区人社局联合举办了3场网上招聘会，对8名新毕业残疾人大学生给予就业指导，其中6名大学生与单位签订就业协议。

2022年10月19日，区残联前往农村残疾人就业基地天津市北辰区润森电子厂考察走访，了解残疾人就业情况

（杨爱云　摄影）

（高　原）

北辰区红十字会

【概况】 2022年，北辰区红十字会（以下简称区红十字会）团结引领广大会员、志愿者，高举“人道 博爱 奉献”旗帜，秉承“人民至上、生命至上”理念，依法履行职责，提高服务质效，在参与常态化疫情防控、人道救援救助、全面推进乡村振兴、助力健康平安北辰建设、培育和践行社会主义核心价值观等方面，积极作为、砥砺奋进，各项工作取得新进展新成效。是年，好榜样红十字志愿服务队获“全国红十字模范单位”称号，董庆泓被推选为“中国红十字会会员之星”。

【组织建设】 2022年，区红十字会建立健全理事会、监事会工作机制，通过信函形式增补北辰区红十字会第八届理事会理事、常务理事。在全区各镇街、学校、社区、企事业单位建立基层红十字组织211个，成立北辰区南丁格尔志愿服务队。发挥博爱家园、生命安全健康体验教室、救护培训基地等基层阵地作用，大力发展会员，完善规范会员注册制度，累计吸纳2100名会员。完善红十字志愿服务队伍建设，累计注册1519名红十字志愿者，实施“爱·公益”“博爱自习室”等红十字志愿服务项目，志愿服务总时长达3140小时。

【人道救助】 2022年，区红十字会聚焦乡村振兴和疫情防控，凝聚社会力量，全年累计接受乡村振兴捐款1300余万元，疫情防控捐款700余万元，疫情防控捐赠物资价值200余万元，并根据捐赠人意向拨付相关单位。组织100余名红十字志愿者持续开展志愿服务活动，打造红十字民生救助品牌，持续开展“四助一送”博爱救助活动，筹集发放款物45余万元。其中，春节期间区红十字会筹集30万元，深入各镇街开展“红十字博爱送万家”活动，慰问全区困难群众600余户。“助残日”期间，筹措资金4.2万元，联合区残联开展“点亮星星灯”“博爱助残”等活动，慰问困难残疾人家庭、孤独症儿童114户。拓宽筹资渠道，提升全系统动员筹资能力，利用“5·8”红十字日以及“99”公益日，在腾讯公益平台开展人道募捐活动，累计接受善款1.5万笔，金额共计10万余元，用于特困儿童、血液病患病儿童的救助。发动爱心企业开展“博爱助学”活动，为122名困难学生发放生活物资。重阳节期间开展“博爱助老”活动，慰问14户因疫情影响的困难孤寡老人，发放慰问金7000元。

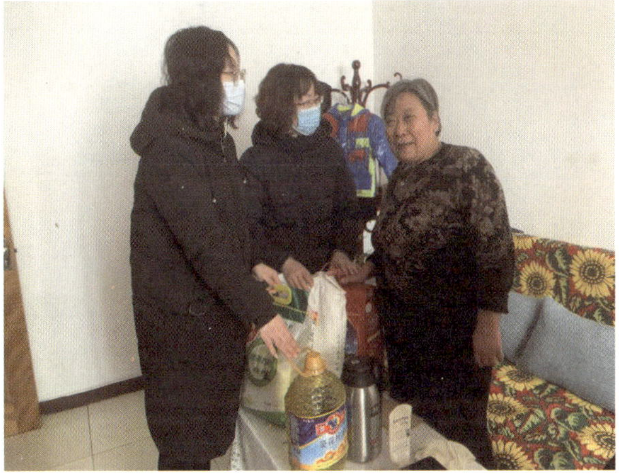

2022年1月27日，区红十字会深入各镇街组织开展“博爱送万家”活动

（区红十字会　供图）

【应急救护培训】2022年，区红十字会将群众性、普及性应急救护培训纳入区民心工程，扎实开展应急救护培训工作。组织全区各级红十字会扎实有序推进应急救护培训“进社区、进农村、进企业、进机关、进学校”活动，全年完成应急救护普训1968人次，应急救护培训取证800人次，提前超额完成区民心工程任务。开展“救在身边——校园守护”行动，会同区教育局印发《进一步在校园推动应急救护工作的通知》，广泛传播应急救护、防溺水、应急避险知识，受益学生人数超过1.2万人次。依托博爱自习室全年常态化开展应急救护培训，累计培训学生80场次，共计2000人。

【关爱生命行动】2022年，区红十字会利用“学雷锋日”“5·8红十字日”“世界献血者日”“世界急救日”等时间节点，组织各镇街红十字会及志愿服务队伍深入社区、

2022年6月14日，区红十字会组织全区开展“世界献血者日”宣传活动

（区红十字会　供图）

2022年9月10日，在普东街雷锋广场区红十字会组织开展“2022年北辰区世界急救日主题活动”　（区红十字会　供图）

农村、地铁站周边，开展“器官捐献、造血干细胞捐献、无偿献血”科学知识宣传普及活动50余场，普及“三献”知识人数超过11000人。规范人体器官捐献流程，全年新增人体器官捐献登记志愿者807例，新增遗体捐献报名登记27例，实现遗体捐献3例。在全市率先完成造血干细胞捐献报名血样采集服务站建设，组织全区机关事业单位开展造血干细胞采样活动，共计180人加入中华骨髓库，天津市造血干细胞捐献管理中心在全市范围内对北辰区红十字会给予通报表扬。（时为良）

镇 街道

天穆镇

【概况】 2022 年，天穆镇镇域面积 27.1 平方千米，辖 10 个行政村、2 个集体经济组织和 24 个社区居委会，常住人口 14.6 万人，共有基层党组织 170 个，党员 4371 名。全年实现本级税收收入 3.4 亿元；全社会固定资产投资 95.9 亿元，比上年增长 30.5%；到位内资 31.4 亿元；规模以上工业总产值 14.7 亿元；限额以上商品销售额 365.2 亿元。

【经济发展】 2022 年，落实千万元以上项目 15 个，引进首都资源项目 8 个，认定国家级科技型中小企业 60 家。利用扶持政策和资金促进亿元楼宇做大做强，天辰大厦、中储大厦、天物大厦共入驻企业 300 余家。绿地、金隅、新城、金侨等重点商住项目建设进展顺利。刘房子产业创新园区招商入驻率 90%，入驻企业以高新技术、教育、产品设计、太阳能研发等高端产业为主。鹿鸣青年社区商业板块出租率 100%，办公板块出租率 60%，节能环保和科技创新型企业中材节能进驻辰美广场。聚焦新增长引擎，撬动存量转型，支持百特医疗等工业企业更新生产线，升级新产品，进军全国一流医药研发制造行列。深入贯彻“双万双服促发展”活动，帮助百特医疗、发利汽车等重点企业协调解决各类问题近 200 个。开展市场主体提质增量暨服务企业“敲门行动”，走访服务市场主体 880 余家。持续深化“一制三化”改革，办结行政许可事项 121 件，限时办结率 100%。推动信用体系建设，构建诚信建设长效机制，引导 207 家企业注册天津市“信易贷”平台。

【城镇建设】 2022 年，解决郭辛庄村民久未还迁问题，安置 33 户；完成勤俭、霍嘴两村 209 户居民还迁工作；完成二建宿舍大楼 74 户居民及中储南仓二库宿舍 24 户居民还房工作。全力推动 0708 地块还迁房复工，与市、区相关部门对接，推动落实外购房政策取得重要进展。加紧推进安置房建设，王庄 A 地块配套设施恢复进场施工；吴嘴村安置房配套设施建设有序推进。京津城际提升改造稳中有序，解决粮库地块历史遗留点位天和机械公司拆迁事宜。加大重点项目落地助推力度，配合市规划资源局北辰分局调整朝阳路能源站规划方案，协助区住建委核实龙岩道和辰永路征地范围、地铁 4 号线加油站朝阳路地块调整控规工作。

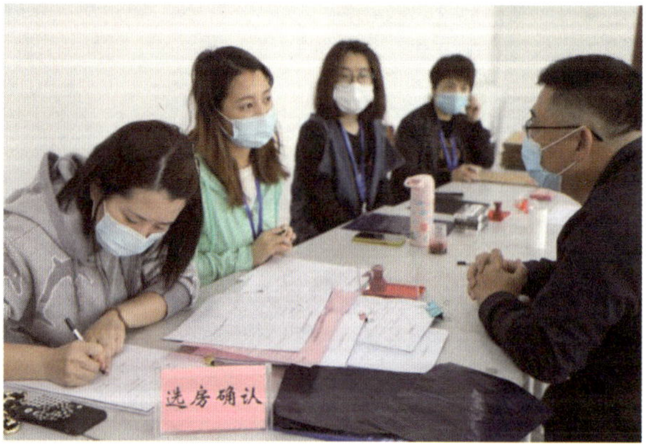

2022 年 4 月 27 日，勤俭村还迁村民现场选房签订协议 （天穆镇 供图）

【基础设施建设】 2022年，实施镇村居联动，推进0708地块配套及临时路建设，完成雨污管线铺设330米。完成顺义西道地上物核量，解决北寺停车场遗留问题，实现进场施工。配合设计院、威立雅水业公司进行现场踏勘，完成天穆老村基础设施改造设计方案。解决地铁4号线施工征地问题。洛河道、嫩江北路等道路基础设施建设进展顺利。完成佳宁里和普天东里老旧小区改造工作。

【环境治理】 2022年，全过程监管企业危险废物管理，零容忍防控建筑工地扬尘，全覆盖排查132家餐饮油烟单位净化设备。全面落实河长制，做好水域岸线管理和水环境治理。持续推进清洁取暖，协调发放3281户居民电费补贴524.96万元。全面提升全国文明城区常态化创建水平，开展交通秩序、市容环境、乱搭乱建等10类专项治理，持续开展“精品美丽社区”、无违建村居创建工作。全年累计清扫保洁道路209.6万平方米，清运垃圾3.85万吨。市容秩序综合治理效果显著，累计治理占路摆卖5400余人次，规范商铺门脸2432余户，清理乱堆乱放1020余处，拆除广告牌、布标横幅等176块，拆除违建约11525平方米。

【安全管理】 完成全国“两会”“党的二十大”、北京冬（残）奥会等重要时期的安保维稳工作。完善“吹哨报到”工作机制，化解积案14件。深入开展安全生产攻坚行动、防风险除隐患保安全排查整治行动，推进燃气安全百日攻坚行动，入户排查76个小区252个网格片64601户，完成19个老旧小区13500户燃气设施改造工作，同步开展危险化学品、建筑施工、农村自建房等重点行业领域隐患整治。增强食品安全治理能力，开展中小学校校外配餐、冷库等专项排查行动，加强牛羊肉市场、养老机构、校园、工地食堂等食品安全监管力度，确保食品安全有保障。

【文化建设】 加大对教科文卫体等社会事业支持力度，持续提升基层公共文化服务效能，获评文旅部中国民间文化艺术之乡建设典型案例；2022年，举办“新农村 新文化 新风尚”第七届“天穆杯”小品展演，收到来自18个省市的82个作品报名，提升文化强镇知名度和影响力。树立科学的教育观念，落实“双减”工作要求，强化校外培训机构和幼儿园的规范管理，保障学生及幼儿权益和健康。

2022年12月，天穆镇人民政府举办迎新年文艺会演 （天穆镇 供图）

【网信工作】 2022年，在天穆镇微信号公众平台开设“迎盛会、铸忠诚、强担当、创业绩”“我为群众办实事”“喜迎二十大”“盛会进行时”等多个专栏，深入挖掘红色资源，主动回应群众关切，及时准确发布权威信息，宣传报道镇统筹做好疫情防控和经济社会发展的举措进展。至年底，粉丝量8170人，净增长2399人，累计发稿650余篇，阅读总量481922人次。“青春亮相新时代”理论宣讲团推出“点单式”宣讲模式，开展宣讲活动75余场，提升宣讲广度和深度。

2022年8月，天穆镇青年之家理论宣讲团深入基层开展学习《习近平谈治国理政》第四卷主题团日活动　（天穆镇　供图）

【民生保障】 坚持就业优先政策，开发就业岗位，2022年新增就业1112人。打通“社保缴费最后一公里”，在村居安装税务征缴系统，开设医保政策咨询及社保征缴窗口，形成“线上为主、线下兜底”多元化缴费方式。新增低保、低保边缘救助46户68人，发放低保、低保边缘救助、特困供养救助金等各类救助资金1325.75万余元。全面落实优抚政策，发放优抚对象抚恤、定期生活补助及各类慰问金80万元。

【基层党建】 2022年，制定主题学习宣传教育实践活动“1+4”工作方案，开展中心组专题学习研讨12次，开展“政治三日”“红动七一”等线上线下主题活动120余场，发挥“书记宣讲团、青年突击队、文艺轻骑兵”3支队伍优势，深入村居和两新组织开展“三讲三学”“三宣六进”主题宣讲100余场。健全发展党员工作制度体系，全年新发展党员17名。“七一”和党的二十大期间，为54名党员颁发“光荣在党50年”纪念章，走访慰问老党员、困难党员和困难村干部125人次，发放慰问金和慰问品11.63万元。持续深化正风肃纪反腐，2022年共计处置问题线索91件，办结73件，立案12人，给予党纪政务处分7人，第一种形态13人次，下达纪律检查建议书6件。共受理16件群众反映的不作为不担当问题，给予1名干部第一种形态处理。全年协调解决群众急难愁盼事项1616件。　（孙裕祥）

北仓镇

【概况】 北仓镇自元朝在北京定都以来，就成为皇粮漕运的集散地，因而得名“北仓”，是历史上的漕运要道、仓敖重地。建有天津市爱国主义教育基地——革命烈士陵园，是登高英雄杨连弟的故乡。

2022年，北仓镇镇域面积32.47平方千米，辖13个村和13个社区居委会，户籍（或常住）人口6.2万人。本级财政收入1.54亿元；规模以上工业总产值完成

16.86亿元；销售额完成160.87亿元；零售额完成4.91亿元；固定资产投资完成37.24亿元。

【经济发展】 2022年，持续推进“敲门行动”，走访摸排企业1000余家。全年完成镇本级财政收入1.54亿元，增速30.5%。规模以上工业总产值完成16.86亿元；固定资产投资完成37.24亿元；销售额完成160.87亿元；零售额完成4.91亿元；内资到位21亿元。新增内资注册项目118个；引进首都资源项目8个；引进千万元项目15个，其中亿元项目3个。服务扶持企业做大做强，推进科技型企业发展。推荐评定国家级高新技术企业14家；累计评价国家级科技型中小企业44家、“雏鹰”企业21家、“瞪羚”企业1家，累计为26家企业申请科技资金686.57万元。

【城镇建设】 2022年，实现新市镇建设、城中村改造和京津城际重点工程联动推进。保障李嘴、屈店、周庄3个村足额发放租房费，发放王秦庄村拆迁补偿及租房费等费用5500余万元，化解6户拆迁遗留问题。有序推进建设工作，开工还迁住宅面积约61.61万平方米。辰永路、至正路正在施工，济永道、至信路部分路段实现通车。李嘴出让区1、2号地块成片开发方案获市政府批复并完成土地细分调整、取得规划条件，土地出让前期要件全部完成。密切对接中建交通、中建八局、中交集团等央企资源，寻求合作模式转换；协调区

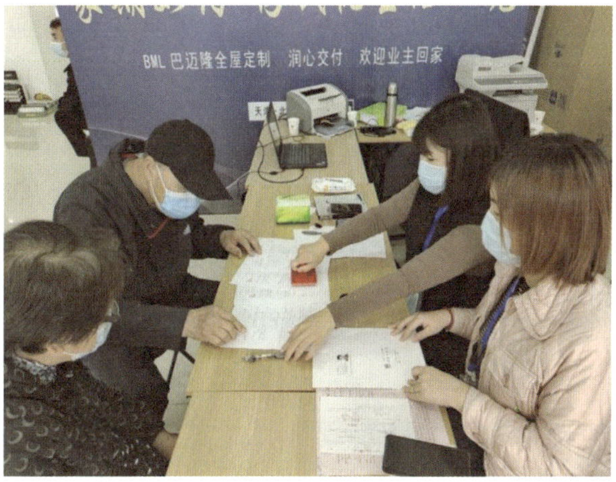

2022年11月22日，北仓镇讷河里6号、7号、8号楼启动还迁工作。图为居民入住北仓镇还迁安置小区——民悦园小区

（北仓镇 供图）

级平台支持示范镇平台公司拓宽融资渠道，全力推动土地加速出让。推动城中村改造，完成北仓工农新村最后86户的还房事宜，还迁147套房屋1.02万平方米。继续推动还迁小区办理资格证，全年为56户村民办理各类拆迁房屋资格证83个。加快推进京津城际扫尾，对京津城际95万平方米各拆迁地块进行除草、苫盖，共完成约90万平方米。创建四好乡村路，修建王秦庄小学路，为盛仓北道、裕辰路等安装太阳能路灯。完成讷河里地块还迁工作，居民拿到新房钥匙。

【环境治理】 2022年，镇域空气质量持续向好，蝉联全区第一名。对涉气企业进行严格管控，制定低VOCs源头替代任务清单，开展燃煤使用“回头看”，对危险废物进行规范化管理，开展一般工业固体废物专项检查，完成13家涉气企业环境保护规范化建设。修订重污染天气减排清单，细

化企业重污染天气应急操作方案，有效应对2次重污染天气。开展“6·5”环境日及全国低碳日宣传活动，盛耀华府社区完成安静小区创建。镇域内46条沟渠全部纳入河长制日常监管范围，水质环境得到整体改善。推进乱占耕地建房专项治理工作，整改完成23宗，完成任务总量的50%；加快推动土地领域“一本账”治理，通过动员部署、签订责任书、巡检督办等方法，压实村级职责，完成总任务量的62.5%，排在全区第2名。规范治理御龙湾商业圈、永辉超市商业圈立面广告牌匾管理，清理违法广告100余处，清理面积1000余平方米。加强生活垃圾分类执法、监督工作，在镇域村居新增投放点20个，更换破损垃圾收集设备150个，张贴分类标识2000余处。持续开展城乡环境综合整治，对建成区、示范镇拆迁的村继续开展清洁化工程，陆续清除辖区脏乱点位的垃圾、杂草、渣土等5500余吨，累计发现扑灭火险50起，苫盖裸露渣土60余万平方米。刘园村、三义村、桃口村、闫庄村和周庄村5个村被评定为乡村治理积分制试点村。

【安全管理】 2022年，开展老旧小区燃气改造工作，改造完成率超过全市平均水平，其中延吉东里社区改造完成率达到98.04%。对全镇餐饮企业进行专项燃气排查整治，检查企业155家，为用气餐饮企业和困难家庭免费安装燃气报警器。开展3次城镇燃气宣传活动，设置横幅展牌150个，发放宣传资料7.6万份，宣传影响覆盖6.2万余人。全年累计检查各类生产经营单位786家次，发现并完成整改安全隐患1251项。与镇域内76家运输企业签订安全目标责任书，完成运输车辆道路运输证年度审验367部。运输车辆技术等级评定完成259部，道路运输许可证年度审验完成67家。完善处级领导和职能部门坐班接访工作，共接待群众来访450批次1500多人次，群众满意度超过95%。深入村居开展入户调研走访，累计走访群众近150批次460余人次，解答和解决防疫变码、物业服务等诉求250余件。开展禁毒、扫黑除恶、防电诈、铁路护路等宣传活动10余次，发放各类宣传材料3.5万份。开展线上线下法治宣传80余场。

【网信工作】 2022年，组织理论中心组学习32次，交流研讨6次。组建“声入人心”理论传播志愿服务队，深入村居、企业开展宣讲，全年宣讲50余场，受众2000余人。以春节、元宵节、清明节、端午节等为重点，镇村居开展“我们的节日”活动50余场；以中国民间艺术为内容，组织书画、剪纸、宫灯、串珠活动等20余场。坚持网上网下联动处置、属事属地齐抓共管。深入开展“清朗”“净网”等专项整治行动，坚决防范化解网络意识形态风险。定期对600余家设有网站企业进行巡查，查看网页现况，发现问题及时督促其整改。走访网站企业1家，督促整改风险企业10家，网络违法信息举报80余条。

【民生保障】 2022年，深入开展“60+”疫苗接种工作，共接种12059人，按照“七人普”数据，接种率达到106.1%。全镇享受低保260户，390人，发放救助金36万余元，护理补贴、生活补贴154万余元。组织线上招聘会11次，提供岗位3275个，安置各类失业人员831人。新建御园综合养老服务中心项目。组织村居开展各类文化、体育、娱乐活动160余场。北仓镇成人文化技术学校获2021至2022学年度教育系统综合办学（管理）水平一等奖。

2022年11月14日，北仓镇开展“北运河之夏”第十七届和谐文化大舞台文艺展演活动　　（北仓镇　供图）

【基层党建】 2022年，组织理论中心组集中学习32次，专题学习18次，交流研讨6次。开展“迎盛会、铸忠诚、强担当、创业绩”主题学习宣传教育实践工作，推行固化党日学习+“红色口袋三件套”，编印“红色口袋屋169”期、发放“红色口袋随身听”44期、“红色口袋卡”4000张，实现2100余名党员主题学习宣传教育全覆盖，经验做法在全市推动会上交流。制定《北仓镇关于做好党的二十大精神学习宣传贯彻落实工作的实施方案》《一表读懂学习宣传贯彻二十大精神安排》。巩固“先蜂骑手”党建品牌影响力，全年开展“先蜂骑手小喇叭”红色宣传送到家活动，在党的二十大和市十二次党代会后，及时制作党代会精神红色书签3000套，推动党的最新理论“飞入寻常百姓家”。御龙湾社区“五色学堂”培养“五色达人”，在天津都市报道60分播出；闫庄村党员积分“红蓝”榜党建特色项目在天津新闻播出。打造7类红色社区精品，逐步形成主题突出的特色社区。深挖“政治三日”多元性创建，“四型”课堂、线上线下相结合“政治生日”庆祝活动成效明显。组建“声入人心”理论传播志愿服务队，深入村居、企业、田间地头为党员群众讲授党的创新理论60余场。持续推进年轻干部培养锻炼“135”计划、启动社区“红雁培育”计划。2022年选拔、晋升、聘用干部21人。加大对村书记和农村党务工作者培养力度，将3名村书记通过定向招录选拔到公务员和事业单位领导干部岗位，2名村和社区书记进入事业编制。持续开展“我为群众办实事”主题实践活动，办理群众反映的各类问题3114件，完成率100%。深入开展巡察整改，制定整改措施140条，整改率100%。对照“五查五看”要求，村两委换届“回头看”查摆整改问题26条。落实监督举措，对13名村级“一肩挑”进行家访。开展监督检查78次，反馈问题16条。强化监督执纪，全年开展警示谈话12次，处置问题线索37件，其中立案审查11件。

（丁　怡）

双街镇

【概况】 2022年，双街镇镇域面积42.21平方千米，辖15个行政村和9个社区居委会。户籍人口16260户、42625人。本级公共财政收入完成1.3亿元，工业总产值完成56.8亿元，全社会固定资产投资完成6.4亿元，到位内资完成17亿元。

【经济发展】 2022年，承接北京非首都功能疏解，引进帝广节能等8个首都资源项目。推动企业技改升级、智能改造、增产扩能，不断扩大工业投资，新增技改开工项目7个，总投资额2.2亿元。统筹安排保留类园区发展空间，对双街、双源、汉沟3个工业园区实施“腾笼换鸟”，腾换面积3000平方米，引入广运电缆等优质项目，新增投资6000万元。招商引资持续发力，先后赴甘肃、成都等外省市考察招商，累计开展招商活动60次，引进1千万元以上项目15家，其中亿元项目2家。推进奥动新能源项目落地落户，建成首间样板换电站，项目计划总投资25亿元。新建以尚河城购物中心为依托的“双街市集”，引入斯凯奇、祥禾饽饽铺等北辰首店，打造域内经济流量聚集地。优化营商环境，开展服务企业“敲门行动”和“双万双服促发展”活动，走访服务市场主体1000家次，协调解决各类问题226个，帮助对接融资5000万元，实现8家异地回迁。深化“一制三化”改革，综合便民服务中心受理行政审批事项、服务事项3.8万件。加强企业创新能力建设，新增国家高新技术企业56家、科技型中小企业49家，“瞪羚”“雏鹰”企业40家，科技研发投入显著提升，争取市、区政策资金和研发补助321.5万元。

【乡村振兴】 2022年，推进乡村振兴，加快农业基础设施建设，新建设施农业配套节水工程，完成第三期36.67公顷高标准农田改造任务。依托现代农业园、家庭农场等农业载体，引进食用菌种植技术和七星萝卜、大樱桃、水蜜桃等高附加值品种，合理利用稻蟹混养、麒麟瓜种植、红薯种植开发农旅采摘项目，持续壮大农业产值效益。打造庞嘴村牡丹园、芍药园、海棠园，举办首届海棠艺术节，形成农业休闲观光旅游新“卖点”。严格落实耕地保护任务，完成17.33公顷“撂荒地”复垦复种。科学调整种植结构，明晰“粮地粮用”的种植要求，主粮种植面积733.33公顷，比上年增长40%，蔬菜种植面积133.33公顷，比上年增长33.3%。现代都市型农业发展持续向好，双街种植养殖专业合作社被评为“国家级蔬菜标准园”“天津市放心菜基地”，德虎家庭农场被评为“市级示范家庭农场”。

2022年7月15日，北辰区双街古街的“津夜百戏主题街区”开市，提振夜间经济
（陈立兴　摄影）

【示范镇建设】2022年，加快示范镇建设，依法合规解决好示范镇建设停滞问题，重新划定建制镇建成区范围，为重启示范镇建设奠定坚实基础。筹措资金，稳步推进张湾还迁区A地块7.27万平方米建设工程。推动“保交楼、保民生、保稳定”工作，做好高风险房地产企业风险防范化解工作，保障运河宸院23.3万平方米项目早日交房。发挥规划龙头引领作用，科学划定镇域国土空间规划“三区三线”范围。完成镇域城镇开发边界、永久基本农田、生态保护红线3条控制线划定工作，优化生态、农业、城镇空间布局，形成可持续发展的国土空间格局。推进基础设施，启动顺境北路等6条道路建设，完成3.7千米管线铺设。完善区域电网结构，基本完成张湾110千伏变电站工程建设。铺设管线7千米，更换照明设施170余处，解决双进道路灯照明历史遗留问题。做好“1001”工程服务保障，完成双青—北郊Ⅱ500千伏新建线路工程。解决疑难供热问题，完成万源供热站燃煤锅炉改造、工业职业学院和家属楼供热管网改造、双街新家园等5个小区30千米供热管网改造工程。

【环境治理】2022年，紧盯重点项目、重点企业改造进度和改造成效，完成林发供热站煤改燃工程和金隅振兴环保二线回转窑超低排放改造任务。建立精细化环境监管体系，发挥“环保管家”作用，将日常监督监管与帮扶指导相结合，出动检查人员824人次，累计检查工贸企业206家次，整改问题隐患200余项。开展废物管理情况检查190次，整改危废管理问题220个。提升人居环境，深入开展农村人居环境整治5年提升行动，持续深化3年整治专项行动成果，庞嘴村获评“中国美丽休闲乡村”。落实河湖长制工作，开展镇域47条河湖划界工作。整治北运河、永定河重点区域河道“四乱”，制定“一户一策”整改方案，清理“四乱”点位13处、6000余平方米。常态化开展北运河大堤违章停车治理行动，下达违停提示单1000余份，规范农村道路交通秩序。

【安全管理】2022年，加强隐患排查整治和矛盾纠纷化解，处理信访矛盾460件，完成党的二十大、北京冬（残）奥会等系列安保任务。双街村乡村治理市级示范村通过验收。规范中小学校园食堂和校外配餐管理，加大中小学校外配餐治理力度。深入开展安全生产攻坚行动、防风险除隐患保安全排查整治行动，推进燃气安全百日攻坚行动，同步开展危险化学品、建筑施工、农村自建房等重点行业领域隐患整治，累计整改隐患问题427个。

【网信工作】 2022年，围绕党的二十大精神、“迎盛会、铸忠诚、强担当、创业绩”主题学习宣传教育实践活动等主题主线开展活动300余场。“新双街”公众号开设“深学笃用二十大”“学习课堂”等各类专题，推送政策解读、特色活动等信息1800余篇，发布各类宣传信息700余条。综合利用报刊、电视、微信公众号、学习强国等宣传渠道，在央级、市级媒体发表稿件170余篇。创新宣传模式，创新拍摄制作《我和我的祖国》快闪MV、《希望》河长纪实、《一心向党 绽放青春之光》《心相近 疫相远》等主题短视频40余个，在微信公众号、抖音、津抖云、微博等平台播放量达100万余次，其中在区第九届“心向党·迎盛会、铸忠诚、强担当、创业绩”主题演讲活动和团区委“青春喜迎二十大 百年奋发正芳华”主题微视频大赛中获一等奖，“你好天津”津云短视频大赛获得三等奖，“网事津评”公众号“津门里巷”“津玉良言”专栏话题多次上稿。

2022年8月27日，北辰区双街镇在上河花园篮球场举办社区运动会。图为参加乒乓球比赛人员合影　（双街镇　供图）

【文化建设】 2022年，推进业余文艺团队建设，指导、培训群众自办文化活动。定期对属地不可移动文物进行巡查。加大健身器材巡检力度，村居每月上报巡查记录表。丰富居民文化生活，举办“开启新征程·共享双街情”双街镇第二届网络迎新年文艺会演。11个演出团队为观众呈现出16个精彩节目，节目在“文化双街”微信公众号发布，点赞量达到12336次，投票率96%。组队参加区级全民健身系列活动及北辰区第二届社区运动会，获斗地主第一名，射箭团体比赛第二名，足球、篮球镇街组第五名，羽毛球男子单打第五名、女子双打第五名。

【民生保障】 2022年，完成10项民心工程。推动“双减”政策有效落实，义务教育、学前教育水平位居全区前列。举办线上招聘会12场，提供岗位数4063个，就业安置1071人。建设1400平方米镇级综合养老服务中心，推进“老年食堂”建设，提高养老服务质量。强化基本民生保障，为城乡低保、低收入、特困供养等困难群体发放各类救助资金123.9万余元。常态化开展文明城区创建，组织志愿服务活动1000余次，通过全国文明村镇验收。

【基层党建】2022年，围绕迎盛会主线，开展中心组理论学习16次、新时代干部主题培训6次，镇领导班子成员到基层讲党课、作宣讲53次，组织基层党组织开展专题研讨600次。履行全面从严治党"第一责任人"责任，开展党风廉政教育、警示教育活动6次，开展履职谈话、廉政谈话39次。全年处理问题线索70件，给予党纪政务处理8人、第一种形态3人。实施党建"项目化"工程，24个村社区全部申报立项申请，双街村"数字党建"项目多次在市级媒体上宣传报道。全域推广"五常五送"工作法，组建"邢燕子志愿服务队"等特色团体，对独居老人家庭和"四失五类"困难群体定期走访慰问，落细关心关爱举措，解决200余个百姓身边的急难愁盼问题。提升发展党员工作质量，及时将全国农业劳动模范鲍秀岐吸纳到党组织中。深化"先蜂骑手"党建品牌创建，创新开展"717"骑士节等特色主题党日活动，4名外卖员成为入党积极分子，经验做法在天津新闻专题报道。聚焦园区、楼宇、菜市场等领域，建立56个"两新"党建指导站，选派12名党建指导员，推动"两个覆盖"质量有效提升。实施抓党建促乡村振兴主题培训，组织开展理论创新、农业技能等专题培训45次。抓实"辰兴漫谈"主题调研，蹲点庞嘴乡村振兴示范村，为全面推动乡村振兴提供一手资料。完成33.33公顷苗圃基地水电路"三通"，推动海棠艺术园开园。推进"双联双访"，走访帮扶157家重点包联企业，协调解决230个问题。常态化开展"我为群众办实事"实践活动，新建4个公共厕所、21个电动汽车充电桩、100个电动自行车充电棚。服务好市政府主要领导负责包案推动化解重点信访事项，第一时间调处化解包保信访积案。

2022年7月17日，北辰区双街镇组织开展"党建聚合力 夏日暖蜂行""717骑士节"主题党日活动（陈立兴 摄影）

（邱宝亮）

双口镇

【概况】2022年，双口镇镇域面积72.40平方千米，耕地面积2336.4公顷，辖21个行政村。户籍人口1.52万户4.05万人。建有天津市爱国主义教育基地——安幸生故居。全年完成本级收入5290万元，固定资产投资1.1亿元，规模以上工业总产值34.15亿元，商品销售总额22.07亿元。

【经济发展】2022年，引进中国电建50兆瓦风力发电、下河头智慧基建服务基地、河工大银龙新能源研发等重点项目7

个，签约金额7亿元。累计完成新增注册企业285家，其中首都资源项目6家，累计引进服务业1千万元以上项目10个，其中亿元项目1个。开展“双万双服促发展”活动，累计走访企业246家次，平台收集问题156个，企业问题收集率、解决率均为100%。加强高新技术企业创新主体建设，落实“梯度培育、分类指导”行动，申报国家高新技术企业33家，国家科技型中小企业60家，天津市“雏鹰”企业32家。发展农业产业，累计种植粮食作物面积2270余公顷、产量2万吨，蔬菜面积251.67公顷、产量1.6万吨，出产各种肉类1987吨，禽蛋3245吨。推广村集体资产进场交易，累计完成农村产权流转业务17笔，成交金额877.8万元。双口商会新吸纳会员企业20家。

2022年11月15日，双口镇召开商会会员大会（赵 洋 摄影）

【城镇建设】2022年，全面推进产业融合发展、城乡协同共进。“红色河头、绿色双口”乡村振兴示范区建设项目获得国家彩票公益金5000万元支持，平安庄村美学示范营地、徐堡村鸵鸟特种养殖合作社、双河村高端马术基地等一批特色项目进展顺利，“小五堡”片区村庄规划入选全市唯一的自然资源部优秀案例。与中铁方签署合作投资协议并搭建融资平台公司，并帮助平台公司获得区政府批准，加快建设进程。规划编制工作进展顺利，项目环评编制、公示完毕，北部片区控规获得市政府批复。

2022年7月6日，双口镇农村发展服务中心组织召开非现金结算业务培训会暨第三季度村级财务业务培训会

（赵 洋 摄影）

【环境治理】2022年，发挥“环保管家”技术优势，督促1家涉VOCs企业、22家重点排污企业在全区率先完成环保规范化建设，整改规范企业危险废弃物问题156个，指导52家企业错峰生产，完成企业环保设施安全评估及问题整改72家。完成双一、双二、双三、安光4个非规划保留村污水管网空白区工程建设，委托有资质的第三方公司进行日常管理，每日对管道及泵站进行检修维护。针对水泵功能下降问题，投入9万余元修建幸福渠闸门并更换水泵，确保汛期设施运行顺畅。执行最严

格的耕地保护政策，深入落实“田长制”工作，整治销号撂荒地126块、41.77公顷，实现大棚房零新增。

【安全管理】 2022年，深入开展“双百行动”，践行“枫桥经验”，累计接待来访群众485人次，受理办结群众来信来访138件，化解积案8件，通过“津治通”APP自行处置事项1万余件。落实安全生产及消防安全专项整治三年行动，累计检查重点领域企业2700余家次、重要点位1200余处，排查整改隐患2800余条。开展禁毒宣传活动24场、防范邪教宣传活动12场、反恐怖宣传4场、国安宣传3场。拍摄的禁毒宣传短片被天津禁毒抖音官方公众号、天津禁毒快手官方公众号、北辰政法委微信公众号展播。发挥“北辰百姓”平安志愿者及各村巡逻队重要作用，组织全镇21支巡逻队、75名巡逻队员参与治安巡逻工作。

【文化建设】 2022年，举办线上健身大拜年活动、红色阅读活动，瑜伽培训、文化管理员培训、喜迎二十大 奋进新征程健步走活动5次。开展健全全民健身体育设施建设，申请线河一村、下河头村全民健身设施体育园2个，安光村全民健身设施——硅PU篮球场1个。按周检查网吧KTV、棋牌室、健身房等娱乐健身场所；按月对不可移动文物、健身器材进行检查，及时上报存在的安全问题，督促解决。

【网信工作】 2022年，组织镇党委理论学习中心组共集中学习研讨22次，学习主题141个。围绕党史学习教育、疫情防控等主题在“学习强国”平台发稿23篇，“微双口”公众号累计推送1000余条新闻信息，区级及以上媒体采纳报道200余条，影响力在各镇街排名前三。抓好专题学习，开展专题研讨、党课、讲座、参观教育基地等宣教活动，申请区级文明单位1个、文明村6个、文明家庭1个系列创建，申请安幸生烈士故居为天津市首批新时代文明实践基地，深入开展“扫黄打非”和各类文明实践活动，完成全国文明镇的测评任务。举报不良信息400余条，通过线上线下加强社会宣传。开展2次镇政协联络组活动。做好清真食品场所检查。

【民生保障】 2022年，全力筑牢疫情防控屏障，60岁以上人群疫苗首针接种率94.9%。深入推动全民参保，累计办理城乡养老保险申报352人，落实被征地农民城乡养老保险1721人。做好社会救助工作，发放救助金114余万元。开展就业服务，举办线上招聘会10场，解决安置就业740人。调解企业用工劳动纠纷案件53起，涉及金额46万余元。落实农村自建房“百日行动”，全覆盖排查整治经营性自建房270处。统筹推进危房改造任务，接收危房改造34户，完成修缮8户。联合凯达老年公寓开展“扶老助老公益活动”，实现对镇域内24位分散供养特困老人的服务全覆盖。

【党务政务】 2022年，深入落实《党委（党组）落实全面从严治党主体责任规定》，先后开展全面从严治党工作部署会、中期推动会、年度总结会等专项活动8次。落实意识形态主体责任制，召开专题工作会议17次，学习研究主题71个。深入落实民主集中制，先后组织召开党委会53次，研究确定“三重一大”事项500余件。履行“四议两公开”民主决策程序，审核各村决策事项370项，涉及金额7000余万元。依法依规公开各类政务信息233条、村务信息216条，“12345”热线回复群众诉求5000余件。

【基层党建】 2022年，强化理论武装，提升培训实效通过专题培训、以会代训等方式，举办“领头雁”培训班、辰兴漫谈调研等培训班共8期，培训村干部820人次，提高党员干部的综合能力素质。新发展党员30名，其中35岁以下青年农民党员15名，吸纳入党申请人326名，入党积极分子204名。组织开展入党积极分子培训班，共计培训180余人次。结合“七一”慰问活动，做好全镇17名“光荣在党50年”老党员纪念章发放工作，拍摄《跟党走过50年》老党员专题视频，通过“微双口”平台宣传镇域内基层党组织和党员先进典型。发挥镇域内“光荣在党50年”老党员、“两优一先”、先进模范“传帮带”作用，创新开展“我是党员我帮您”“一家一策”等活动。依托安幸生烈士故居，创建红色文化研究会，复原出天津市第一个农民党支部旧址，建成中央党校“红色联创”党建学习平台示范基地。

2022年2月23日，双口镇中河头村召开中河头红色文化研究会筹备会

（赵　洋　摄影）

（赵　洋）

青光镇

【概况】 2022年，青光镇镇域面积41.61平方千米，辖6个行政村和1个居民委员会，户籍人口10883户29432人。实现镇本级收入0.83亿元；规模以上工业产值15.5亿元；商品销售总额17.2亿元；固定资产投资21.5亿元，内资到位6.25亿元。

【招商引资】 2022年，落实各项惠企政策，依托谷川青光产业园等载体资源，发展实体经济。先后引进利夫特电动自行车配套、德铝智能装备制造、一诺康生物试剂研发和瑞能新能源等项目，培育各类市场主体发展壮大。全年新增市场主体约1200家，引入1千万元以上注册项目10个，1亿元以上注册项目1个；引入首都资源项目4个，转入异地税收经营企业2家。

2022年4月22日，青光镇在青光村谷川产业园召开招商视频会，谋划园区招商工作（青光村 供图）

【营商环境】2022年，借力“敲门行动”“双万双服促发展”等活动加大对企帮扶力度，释放政策红利，助力企业平稳发展。累计组织各个层面政策宣讲活动4次，参加政策宣讲人数500余人次；组织召开问题协调会3次，政企政策对接会3次；实地走访企业100余家。共收到企业融资、用工、环境等8类问题120个，问题收集率102.6%，问题解决率、满意率均为100%。完成国家科技型中小企业认定60家，“雏鹰”企业认定32家，国家高新技术企业认定8家，均超额完成年初既定目标。

【园区治理】2022年，编制青光工业区村庄规划、区域现状环评，将工业区用地作为村庄产业用地规划发展，逐步转型为第一、第二、第三产业融合发展的新产业新业态。对于韩家墅工业区食品三厂地块，逐步退出不符合产业政策企业，利用现有厂房转型发展，打造天津市首家以户外婚礼为主的一站式婚礼主题公园。该项目已于2022年9月开工建设。

【城镇建设】2022年，完成示范镇拆迁68.72万平方米。集中研讨《青光示范小城镇拆迁补偿还迁方案》，为启动拆迁工作做好准备。建成韩家墅3号、4号地37.4万平方米和李家房子二期13.6万平方米还迁房，推进红线内配套、园林景观工程；韩家墅1号、2号地55.7万平方米开工建设。欣永路、光照道、光烁道、金清路完成工程招标手续，其中，光烁道、欣永路和光照道进场施工，金清路正在办理征转。引进曲江新鸥鹏文教城项目，2号地于是年10月摘牌。7号地具备挂牌出让条件。推动杨嘴城中村改造历史遗留问题解决，接待重点人员170余人次，协调解决各类纠纷470余起，协助法院保权及执行查封50起。发放租房费3521万元，完成祥诚新苑60套房屋还迁，保持杨嘴还迁工作的总体稳定。

【乡村振兴】2022年，打造农业特色文旅项目，推进第一、第二、第三产业融合发展。至年底，墅外桃源旅游线路入选全国乡村旅游精品线路，韩家墅村获评全国第三批乡村旅游重点村。青盛河畔农庄项目建成千亩果蔬温室大棚，在建鱼菜共生设施农业、植物萌宠中心等观光体验文旅产业，累计吸纳游客10万余人次。推进韩家墅名丰农庄、杨嘴子牙河农庄项目。发展家庭农场，青光村禾园家庭农场被认定为市级示范家庭农场，一禾家庭农场被认定为区级农户家庭农场。加强精神文明建设，培育文明乡风。完成青光村全国文明村复评工作，以新时代文明实践站所为依托，开展志愿服务活动200余场。青光村、李家房子村开展乡村治理积分制推广工作。开展农村基层组织民主议事程序专项整治和依法清理规范农村集体经济合同专项行动，排查各类经济合同1077份。是年，青光镇获评市级乡村治理示范镇，青光村获评市级乡村治理示范村，韩家墅村连续两年被认定为市级乡村治理示范村。

2022年8月23日，北辰区组织相关人员到韩家墅村墅外桃源召开乡村振兴推动会（刘　强　摄影）

【社会保障】 2022年，抓好就业再就业工作，举办线上招聘会12场，提供就业岗位5000余个，指导1600余人完成失业金申领。开展欠薪工作，追回各类款项240余万元。推进社会保险扩面工作，企业职工缴纳社会保险5597人。落实临救备用金制度，为52户93人申请临时救助。发放低保低收入特困金、慰问金等各种补助320万元。加强对老年人的关怀，为百岁老人及61名困难老年人发放各类补贴20余万元。加大残疾人扶助力度，为48名残疾人发放无障碍辅助器具53件。对6家现役部队开展八一慰问，对全镇34名现役军人家属，844名退役军人、烈属遗孀，97名参战老兵和重点优抚对象进行春节慰问和“八一”慰问金发放。强化退役军人保障水平，完成优待证申领730人。

【社会事业】 2022年，镇财政投入42.12万元，修缮改造青光中学食堂。开展农民技能培训135期，培训6300余人次。完成1所托幼点升园任务。支持镇社区卫生服务中心开展工作，推动全科门诊示范化建设。完成5300余名65岁以上高血压、糖尿病等重点人群的健康查体及随访工作。开展60岁以上人群疫苗攻坚战，全镇“60+”人群首针接种率达到98.12%以上。在“七一”、国庆等重大节日，以线上形式开展《中国梦组合》歌曲联唱、朗诵培训16期，开展迎新春、喜迎二十大等系列主题线上文化活动12场。新增5处室外健身器材点位，维护保养镇域内42处健身器材。组织参加全区台球、足球、羽毛球、象棋等系列赛事，其中象棋比赛获个人第一名、团队冠军。

【社会治理】 2022年，增加20名治安警务网格员和8辆巡逻车辆，提高巡查管控能力和快速处置能力，治安案件较2021年下降19.2%。发挥“12345”热线便民服务主渠道作用，全年累计受理群众举报投诉和意见建议4857件，办结率100%，满意率98.56%。加强矛盾纠纷排查化解，办理信访件201批次，化解历史积案7件，调解工伤、劳资、医疗等各类民事纠纷52件，群众满意率100%。完成全国“两会”、北京冬奥会、党的二十大等重要节点安保任务。借鉴推广“五常五送”工作法，配强红光农场社区“两长四员”，把常住的779户居民情况绘制七彩民情图，定期走访，为群众排忧解难。

【“双违”治理】 2022年，发挥网格作用，加大镇域土地巡查频率。做好历史清查整治违法用地工作，深入开展农村乱占耕地建房问题专项整治行动，杜绝违法地块新增。2022年，整改完成核销269宗、占地面积99.42公顷，均在“一本账”中销号销账。继续深入做好“大棚房”专项治理，重点对全镇原有7个农业设施共157个大棚进行台账管理，防止“大棚房”死灰复燃。

【安全生产】 2022年，深入开展安全生产隐患排查整治。通过聘请第三方安全专家机构等方式，开展涉爆粉尘、有限空间、金属冶炼、危化品等各类专项整治工作，累计检查企业1041家次，发现隐患1735项，全部整改完毕。深刻汲取区“7·4”“7·19”燃气安全事故教训，排查管道气住户和液化气住户1万余户，排查沿街商户1400余户。开展消防安全检查，累计检查各类九小场所200余家，排查物流园企业149家。开展农村自建房隐患治理，排查自建房20500处，按期完成排查工作。采取拆除、维修、腾空、包保等措施对70处农房进行整改，完成2户困难群众危房改造。加大对建筑工地检查频次，保障施工安全。取缔和清理食品黑窝点4处，确保舌尖上的安全。

【环境治理】 2022年，开展重点行业、企业排查治理。完成26家重点企业环保规范化建设。开展扬尘污染源综合治理。督促施工单位落实“六个百分百”控尘措施，核销治理裸露地块22块。做好冬奥期间空气质量保障和重污染天气应急响应，全面提升空气质量。推进全镇河湖长制工作从“有名有责”到“有能有效”转变。坚持巡河机制，坚持对垃圾问题零容忍。开展水利部妨碍河道行洪突出问题排查整治，拆除子牙河左岸李家房子村段临河建筑1万余平方米，清理土石方2.1万立方米，作

2022年8月20日，青光镇开展青光村河道治理工作　　（青光镇　供图）

为全市年度重点工作在“津沽河长”、“学习强国”等媒体进行宣传推广。青光村秦岗子干渠获2021年天津市“农村示范河湖”，村级河长王晓东被评为天津市村级“榜样河长”。

【双创成果】 2022年，全面提升全国文明城区常态化创建水平和全国卫生镇创建标准，开展市容环境、私搭乱建、交通秩序专项治理。针对津霸公路、京福公路路段重难点问题，全力引导各商户、流动摊贩门前三包、文明经营，彻底清除杂物堆积、横幅标语、沿街广告、私搭乱建等不文明元素。推进农村人居环境整治五年提升行动，清除各类脏乱点位98处。加强72座农村卫生公厕管理，卫生厕所普及率达到100%。健全完善垃圾收运体系，设立智能垃圾分类箱房4座，垃圾分类亭10座，购置侧翻桶垃圾收集车2辆、分类垃圾桶900个，垃圾无害化处理达到100%。对道路保洁及垃圾清运实施市场化管理，建立健全日常清扫保洁和垃圾收集、转运制度，提升环卫工作管理水平。推进垃圾分类工作。建成青光镇垃圾分类示范教育基地，开展垃圾分类宣传活动20余场。推广“交警+村干部+劝导员+志愿者”工作模式，新建“蓝色小屋”交通劝导站4处，文明交通理念深入人心。

【基层党建】 2022年，履行全面从严治党主体责任，构建廉洁政府。严格落实中央八项规定及其实施细则精神，开展形式主义官僚主义和不作为不担当问题专项整治。严明政治纪律和政治规矩，强化政治监督，开展干部家访工作，实施从“八小时之内监督”向“全天候监督”转变。新打造廉洁文化宣传阵地1处，开展警示教育6场，增强党员干部拒腐防变的思想自觉。自觉接受镇人大监督，全面加强审计监督，主动接受社会监督，完成政务公开62件。支持工会、共青团、妇联、科协等群团组织更好地开展工作。加快推进法治政府建设，坚持法治思维，严格履行法定程序，发挥法律顾问作用，推动机关形成办事依法、遇事找法、解决问题用法、化解矛盾靠法的思维方式和工作方法。（闫学立）

宜兴埠镇

【概况】 2022年，宜兴埠镇镇域面积22.72平方千米，耕地面积578公顷。辖10个街（村）和10个社区居委会。户籍人口15539户33140人，常住人口21963人，实现本级财政收入1.07亿元。是国务院原总理温家宝的家乡。

【经济发展】 2022年，打造未来城北洋井商业新地标，商业综合体Mall、潮悦汇商街和耀津商街3个板块均已竣工招商。商业综合体Mall建设面积3.8万平方米，华润万家、艾克仕健身等75家品牌完成进驻。潮悦汇商街建设面积8700平方米，商铺120余个，马路边边、跳跳猫烤鱼、达美乐比萨等33家品牌完成进驻。耀津商街建设面积1.51万平方米，商铺门脸279个，中国银行、联通、小米、松下等107个品牌完成进驻。

聚焦优质项目引育，加强项目谋划和前期工作，推动项目建设提速提效。新增注册企业376家、注册资金25亿元，首都资源6家、注册资金850万元，首都产业2家、投资金额10亿元。推动道合冷链、摩天电子、顺翔金属增资扩能。完成高丘六合、云帆医疗、动物疫病防控中心实验室新项目竣工投产，固定资产投资2200余万元。对接津围高新产业园、英联模塑销售公司、未来城联合办公、无人机碳纤维产业基地等项目，全力争取政策资金，推进项目早日落地。完成国家科技型中小企业申报15家、高新技术企业8家、专精特新企业3家、“小巨人”企业1家。

实施服务企业“敲门行动”，为企业提供市场主体登记、减税降费办理、纾困政策解答等服务，累计走访企业500余家，排查解决问题30余个。组织120家企业注册参与“信易贷”等融资平台，开展重点企业稳经济政策培训1次，线上银政企对接会8场。开展工业园区综合整治，实施园区主干道和公共场所秩序整顿，做好企业摸底清理及厂区整合，引导企业内部腾挪和升级改造，盘活闲置低效载体资源，为招商引资和增资扩产做好资源储备。

2022年6月10日，宜兴埠镇召开深入贯彻“稳经济35条”、助企纾困走访服务暨“双万双服促发展”工作推动会

（孟晓旭 摄影）

【城镇建设】 2022年，完成1B地块与4D地块地上物清零攻坚，推进3A地块拆迁进度，为后续项目建设提供保障。加速推进还迁房建设，宜淞园二期3000余套还迁房交付入住；1B、1C约14.6万平方米还迁房地块正在办理相关建设手续并进场施工，完成围挡搭建和土地平整工作。推进商品房建设，7B、4C地块约33万平方米于11月交付；7A、4D地块约47.8万平方米正在进行主体施工。

【基础设施建设】 2022年，镇域内北京十一学校项目正负零已完成85%，底板完成，地上钢结构和地下室结构正在施工。贵富道、宜兴路正在进行基础施工，其中宜兴路“宜兴埠地铁站至天士力地铁站路段”已通车。宜兴埠卫生服务中心完成方案设计，宜白路雨水泵站正在有序施工。

【环境治理】 2022年，持续开展环境综合治理，聚焦主干道、背街小巷等重点区域，推进违规占道、户外广告、违法建设等热点问题专项整治，提升城市环境面貌。规范店外经营640余处次，取缔占道经营390余处次，清除违法小广告4500余处次，拆除违法建设和违法占地8处、3000平方米。落实河（湖）长巡查机制，清理垃圾杂物1200余吨，河道及周边环境得到有效改善。2月、8月河（湖）长制综合考核中，位列全区第一。投资40万元，实施二五四泵站出水口清淤工程，清淤沟渠150米，清淤量约1600立方米，提升汛期排水能力。投资520余万元，建设环外垃圾转运站，垃圾日处理量提升至300吨，满足全镇垃圾处理清运需求。打响垃圾分类攻坚战和持久战，持续巩固国家卫生镇创建成果，全面提高精细化管理水平。

【安全管理】 2022年，完成疫苗攻坚任务，攻坚任务完成率116.9%，排名全区第三。持续巩固安全生产专项整治三年行动工作成果，开展安全生产执法检查，常态化排查治理重点行业领域安全隐患，开展工贸企业安全检查1900余次，排查整改隐患4900余处；开展燃气用户安全排查，累计出动600余人次，排查整改问题230余处，完成2300余户老旧小区燃气改造。“津治通”一体化平台共上报案件7200余件、民情日志4500余件、吹哨案件24件、受理办结矛盾调解案件300余件、12345便民专线受理工单1.1万余件。

【文化建设】 2022年，组织开展各类文体活动。镇直属包括舞蹈、声乐、京剧、二十四式通背拳、天津时调大数字等非遗项目在内10支文化团队在镇文体中心定期活动。做优“云上文旅宜兴埠”微信公众号，分别组织“3·8”才艺展示活动、世界读书日分享活动、国际博物馆日——“博物馆里知多少”主题有奖知识竞答活动、“秋月尚有信 猜谜会月圆”线上中秋主题活动、古镇书画活动、“喜迎二十大、奋进新征程”全民阅读推广活动、电影放映活动以及群众性体育等各类群众参与性强的重点活动63场，接待参观未成年人、老人及市、区级领导干部人数2000余人次。10月底，完成宜兴埠镇足球场地扩建项目，建成2个笼式足球场和2个多功能运动场以及健身步道，约扩建4000平方米。拆除非法安装使用的卫星电视接收设施93个，出动工作人员30人次。

【微信公众号运行】 至2022年底，“古镇宜兴埠”政务微信公众号累计发布原创信息3004条，转发6109条，在全镇上下营造浓厚的正向舆论氛围。

【民生保障】 2022年，完成宜淞园选房约800户1300套，办理还迁入住约2000户3500套。完成翠金园小区提升改造工程，解决了路面坑洼、停车难等问题。投入1300余万元用于民计民生支出，完成1家镇级综合养老服务中心、7家社区级养老服务机构招标工作，累计发放低保、低收入、特困供养人员及优抚对象春节补贴救助款共计80余万元，发放低保、特困、老年人、残疾人、失业、优抚、义务兵、退役军人等救助款共计1078万元，发放失业金4100人次约663万元，提高社会保险覆盖面，受理社会保险办理业务6600余人次。

（孟宪冬）

小淀镇

【概况】 2022年，小淀镇镇域面积43.12平方千米，辖5个行政村、4个社区居委会，户籍人口26019人。实现镇级公共财政收入1亿元，全社会固定资产投资30.73亿元。

【经济发展】 2022年，招优引强，全年引进1000万元以上项目10个，其中1亿元以上项目2个，引进首都资源项目6个，现有建设项目30个、储备项目6个、谋划项目7个。梯度培育创新型企业，新认定国家高新技术企业11家、国家科技型中小企业61家、“雏鹰”企业34家、“瞪羚”企业2家，推进全市第二家、北辰首家知识产权特色小镇创建工作。落实“双万双服”活动，加大惠企政策宣传。协助8家企业申报政策补贴，对王府井、天锻压力机、普天单向器等重点企业实行保姆式服务，协助解决电力施工、地铁站口连通、员工子女入学、厂区功能规划等问题。按照全区统一部署，开展“敲门行动”，摸清企业底数明细，共梳理异地经营企业25家，动员13家企业迁入镇内。

【城镇建设】 2022年，持续动员温家房子村和小贺庄村剩余拆迁户，完成拆迁面积约2300平方米。与区司法部门密切沟通，破解区供销社历史遗留问题。对接市属国有企业，推动刘安庄机电仓库国有土地征收工作取得进展。三村安置区B地块19.1万平方米还迁房全部封顶；A地块18万平方米还迁房完成前期建设手续，具备进场施工条件。新增10户温家房子村民还迁入住。推动主干路网建设问题，推进示范镇项目区内次支道路管网建设，21条次支路网均完成立项、可研和方案审查等前期手续，尚梅路南段和尚洁路北段开工建设。妥善处理北辰东道历史遗留点位拒不交还土地问题，协助办理相关征地手续。推动北白一220千伏、北白二220千伏、和重110千伏3条高压线切改工作，完成地上物评估并与村委会签订拆迁补偿协议，启动征收前期工作。小贺庄出让区4宗地块和刘安庄出让区8-1地块具备挂牌出让条件，正在积极接洽津辰银河、中海、保利等多家开发企业，推动土地出让。

【环境治理】 2022年，完成30家一般管理企业、21家重点涉气企业规范化提升改造，销号危险废物专项整改问题46个。梳理完善320处工业污染源点位，实行清单化管理。加强农业面源污染治理，回收农业废弃物1.26吨。落实扬尘治理、露天禁烧、散煤治理等专项治理措施，空气质量指数持续改善。压实镇、村两级河长责任，全镇一、二级河道和农村沟渠全部纳入河长制管理，镇级河长带头开展巡河100余次。回填农村机井35眼，保护地下水资源。做好“大棚房”清理整治“回头看”，逐一实地检查全部22个点位。整治撂荒地106处、101.27公顷，整改土地领域问题整治“一本账”点位110宗、37.27公顷，护好用好耕地资源。持续开展创文创卫和农村人居环境改善工作，累计清除道路两侧垃圾200余吨、田间地头沟渠内各类积存垃圾80余吨、庭院杂物100余吨，清理违法布标500余条，拆除各类违规灯箱广告牌20余块，清理占路经营200余起。先后在各村开展排查、扫除、清整专项行动，开展垃圾分类宣传工作，提高日常扫保清运效率，改善镇域环境质量。

【文化建设】 2022年，完成小淀体育文化公园的验收工作。委托物业专人做好整体卫生清理清扫、简易维修维护公共设施、园内秩序维护、按时开关公园进出口、疫情期间防疫执勤及对公共体育设施消毒消杀。全年组织开展羽毛球赛、羽毛球培训（成人组）、瑜伽培训、爵士舞培训、有氧搏击操培训、跆拳道活动、茶艺鉴赏、陶艺制作公益等镇村居群众文体活动20场。

【民生保障】 2022年，开展“我为群众办实事”活动，办理民生实事、群众诉求105件。累计为305户困难家庭发放保障资金250余万元，为475名残疾人发放各类补贴130余万元，城乡养老和医疗保险覆盖率达到100%，社会保障更加健全。举办线上招聘会12场，新增就业824人。解决劳资纠纷26起，帮助312名工人追回工资5300余万元，确保劳有所得。抓早抓小治理社区违建，制止违法建设行为75起，拆除新增违建20处、1100余平方米。落实“双减”政策，关停校外教育培训机构3家。累计开展文体活动130场，新建健身园1个，丰富群众文体生活。推进东西部协作和对口支援，募集社会捐款90余万元，帮助对口帮扶地区巩固拓展脱贫攻坚成果。配合市民政局完成回民公墓扩建征地工作。

【安全管理】 2022年，发展新时代“枫桥经验”，提升镇村（社区）两级矛调中心，开展矛盾隐患排查24次，累计化解矛盾隐患106件（批），基本实现小事不出村，大事不过镇。完成党的二十大、全国“两会”、北京冬（残）奥会、市第十二次党代会等重大活动安保任务。持续推动安全生产三年专项行动，落实党政领导干部安全生产工作职责和属地监管责任，累计检查生产经营单位1526家次，整改安全生产隐患4600余条，责令企业停业整改35家，防止事故发生。加强安全生产宣传培训，压实企业主体责任。强化应急管理体系建设，修订编制镇村应急预案28个。开展食品安全示范城市创建工作，累计排查各类食品药品经营户1835家次，督促整改隐患问题480条，推动“两个责任”落实见效。开展城乡自建房安全隐患排查，排查房屋1.45万余栋。开展燃气安全排查，宣传覆盖20000余户，入户检查4109户，消除安全隐患11处。开展夏季治安专项整治“百日行动”，全年刑事案件和治安案件量比上年分别下降34%和23.1%。着力补齐基层社会治理短板，投资500余万元，建立小淀镇流动人口及房屋信息管理平台，并根据不同场景，综合运用路面监控、人车卡口、AR全景等技术，织密镇域内平房片区视频感知网络，提升社会治安基层治理智能化水平。

【网信工作】 2022年，加强互联网思维建设。围绕党的二十大精神、“迎盛会、铸忠诚、强担当、创业绩”主题学习宣传教育实践活动工作、疫情防控、经济社会发展等中心工作，策划系列新闻选题报道，加强与市、区市新闻媒体对接。全年被市、区级媒体采用新闻稿件100条。持续走好网上群众路线，用好、用足新媒体，加强“微小淀”的发声力度，并结合重点工作、时事热点、重大节日，开设“‘迎盛会、铸忠诚、强担当、创业绩’主题学习宣传教育实践活动”“学习宣传贯彻党的二十大精神”“我们的节日”“我为群众办实事”等专题专栏，开展分众化、差异化、互动化传播，吸引广大网民参与。至年底，共发布《微小淀》418期，发送各种动态、资讯1600余条，阅读量累计80万余人。

【基层党建】 2022年，将学习宣传贯彻党的二十大精神作为首要政治任务，通过专题学习、研讨交流、主题党日、专题党课等形式，掀起学习热潮。启动基层党组织书记全员教育培训计划，协调优秀师资集

2022年4月15日，小淀镇2022年度年轻干部培训班举行开班式　（许　磊　摄影）

中讲授习近平新时代中国特色社会主义思想等党的创新理论13场，开展党性锻炼、廉政教育、团队拓展等4次。结合疫情防控、经济发展等重点工作，在火线甄别考验农村青年，发掘并储备农村青年人才150名。加强基层党组织建设，分领域制定《抓基层党建工作清单》，开展基层党建标准化、项目化互学互比互看活动，打造一村（社区）一品，形成“拆迁村党建‘三融合’工作法”等10个基层党建特色品牌。结合“迎盛会、铸忠诚、强担当、创业绩”主题学习宣传教育实践活动，开展争创“八大先锋”行动，支持指导村干部开展“辰兴漫谈”蹲点调研，形成调研报告5篇。全域铺开“五常五送”工作法，推进“辰兴管家”试点工作，成立嘉阳花园社区物业党支部。在小淀国际当代艺术区新阶层和新就业群体中，探索推行“五彩党建法”，成为区党建特色亮点。

（陈　娜）

大张庄镇

【概况】 2022年，大张庄镇镇域面积98.15平方千米，耕地面积4790公顷。辖31个行政村，户籍人口3.2万人。外环东北部调整线工程全线贯通，具备通车条件。九园公路东扩和杨北公路拓宽工程实现通车。产城融合示范区核心区5.9平方千米项目建设稳步推进。京滨高铁穿镇而过并在镇设北辰站，区位和交通优势明显。

2022年，完成本级公共财政收入11153万元，增幅位居全区前列；固定资产投资完成23.6亿元，比上年增长17.1%；服务业商品销售额完成354.1亿元，比上年增长54.8%；实际利用内资6亿元，比上年增长13.2%；居民人均可支配收入与经济发展同步增长。

【经济发展】 2022年，引进首都资源项目2个，1000万元以上项目7个，谋划、储备项目39个，为产业升级持续赋能。提升创新力，国家高新技术企业39家、科技型中小企业45家，培育领军企业1家、“瞪羚”企业2家、“雏鹰”企业20家，累计发放奖励金和研发补助390余万元。落实制造业立市战略，规模以上工业企业37家，产值实现291亿元，比上年增长15%，为稳住经济基本盘提供有力支撑。服务业繁荣发展，发展楼宇经济，辰翔大厦成为招商新载体，麦当劳得来速餐厅等一批知名品牌陆续进驻。开展服务企业“敲门行动”，落实“稳经济35条”等政策，走访服务企业240余家次，协调解决各类问题70余个，为企业“退免减缓”税费866万元，实现3家企业异地迁入，营商环境优化提质。项目建设持续加力，伟星新材北方区域总部项目开工建设，成为全区首个“四证联发”项目，实现“拿地即开工”，江铜华北、金锚家居等实力强企完成技改项目，增资扩能迈出实质步伐。

【城镇建设】 2022年，示范镇北区38.9万平方米还迁房基本建成，还迁后将成为全区首个拆迁、建设、还迁闭合的示范镇项目。南区起步区B地块28万平方米还迁房建设稳步推进，15栋住宅楼及小镇中心主体竣工，A地块30万平方米还迁房项目正在进行土地征转。推动土地挂牌出让，完成2个地块出让。新城、金侨等实力地产项目建设有序推进。永顺道、义安路、佳安路建成通车，双富路、通锦路完成征地手续，修缮张何路3.3千米，镇域交通体系持续完善。

2022年8月5日，大张庄镇天津市伟星新型建材有限公司二期项目举办增资扩产仪式

（大张庄镇　供图）

2022年，航拍建设中的大张庄示范镇区南区还迁房　　（大张庄镇　供图）

【环境治理】 2022年，响应秋冬季错峰政策，督促130余家企业落实减排措施，对49家餐饮服务单位开展常态化油烟检查，完成3家涉VOCs企业末端设施提升改造，面向24家重点企业推广环保规范化建设，处置“四烧”问题140余起，对15个施工工地进行面源管控，开展扬尘污染巡检80余次，裸地全部核销。全年空气质量达标突破200天，$PM_{2.5}$年均数值降至每立方米29.92微克，质量位居全区第三。落实土壤污染防治监管责任，把关农业生产废物处置，开展废旧农膜和农药包装废弃物服务网点建设，回收残膜32.67公顷，农药包装废弃物3194千克，面源监管力度持续加强。

【文明创建】 2022年，深入推进文明创建，建成新时代文明实践主题公园，成立志愿服务队20余支，累计开展“我们的节日”、志愿关爱行等各类活动40余场，各村居自发组织志愿活动200余场，做到“群众在哪里，文明实践就延伸到哪里”。对标对表常态化建设全国文明城区重点任务，统筹开展市容环境、小区治理、道路交通、背街里巷等专项整治，解决好文明创建中的问题。

2022年11月，大张庄镇建成新时代文明实践主题公园　　（大张庄镇　供图）

【安全管理】 2022年，落实安全生产责任，推进安全生产攻坚行动，燃气安全排查成效显著，累计入户安检25500余户次，筹集36万余元为2592户村民更换液化石油气瓶，为1668户“四失五类”人员加装物联网表、燃气自闭阀，全力保障燃气安全。推动防风险除隐患保安全等专项排查整治行动，狠抓危险化学品、建筑领域、农村自建房等重点行业领域隐患排查整治，累计检查企业1140家次，整改问题隐患2200余个。

【媒体宣传】 2022年，注重与中央和市、区级媒体沟通对接，围绕伟星二期项目建设、千亩高粱丰收等全镇重点工作开展新闻宣传，累计上稿量100余条，其中，新华网、人民网、学习强国、《天津日报》、津云等中央、市级媒体近60条。强化正面引导，加强信息发布力度，运用镇微信公众号累计发布疫情防控、经济发展、城镇建设以及上级部署等各类信息130余期，累计阅读量15万人次，网络宣传阵地作用持续发挥。

【民生保障】2022年，办好民生实事，财政民生支出占项目支出比重达到81.3%。举办线上线下就业招聘会14场，新增就业906人。推进全民参保，城乡居民养老保险实现应保尽保。教育事业稳步发展，完成辰星小学交接工作，新增学位960个，3所幼儿园、小学加快建设。落实义务教育“双减”政策，学生素质全面发展提升。落实兜底保障政策，发放生活保障金、临时救助金、残疾人补贴金1000余万元。落实优抚政策，办理优待证1187人，发放优抚金、补助金等600余万元。

【社会事业】2022年，推进镇级综合养老服务中心建设。优化卫生健康服务，推动社区卫生服务中心开设发热门诊及综合病房，开展免费健康查体4500余人次，健康宣教2.5万余人次，依托“心灵驿站”开展“一对一”心理咨询指导服务。组织第五届广场舞大赛、和谐文化大舞台等线上线下活动100余场，在全区第二届社区运动会上取得良好成绩，群众文体生活更加丰富。农民画作品在多家中国文化中心展出，品牌效应逐渐显现。全域推广科普活动，科普阵地实现村居全覆盖。

2022年7月14日，大张庄镇举办“喜迎二十大 奋进新征程”广场舞大赛文艺展演
（大张庄镇　供图）

【网信工作】2022年，加强对全镇意识形态工作的领导，镇党委专题听取工作汇报4次。微信公众号累计发布各类信息130余期，累计阅读量达15万次，发挥网络宣传阵地作用。做好意识形态工作监督检查工作，压紧压实村居抓意识形态工作责任。

【人居环境】2022年，深入巩固农村人居环境整治成果，加强精细化管理，逐步推动农村向城市环卫职能转变，推动4个未拆迁村环境提升，落实“门前三包”责任制，推进垃圾分类工作全面开展，清除非正规垃圾存放点位9处，镇容村貌得到明显改善。持续推进“厕所革命”，水冲式公厕28座。落实河（湖）长制，对43条沟渠、72个坑塘以及10条河道实施巡河全覆盖，推进黑臭水体、河湖环境、“清四乱”等专项整治行动，水环境质量持续好转。开展引滦明渠水源保护专项排查整治行动，推进地面控沉工作，饮水安全得到保障。

【政府建设】2022年，加强政府系统党的建设，开展“迎盛会、铸忠诚、强担当、创业绩”主题学习宣传教育实践活动。增强“过紧日子”意识，规范财务资金管理。加强审计监督，加强村级组织“三资”管理，实现主要负责人经济审计工作全覆盖。落实中央八项规定及其实施细则精神，开展形式主义官僚主义和不作为不担当问题专项整治。自觉接受人大依法监督和工作监督，听取人大代表、群众对政府工作的意见和建议，工会、共青团、妇联等群团组织扎实开展工作。加快法治政府建设，强化学法、突出用法、公正执法，优化法律顾问服务，建成法治主题公园，推进“八五”普法。

【农业发展】2022年，农业经济持续稳产增收，整治撂荒地172.67公顷，种植规模和产量连年增长，面积1920余公顷、产量13980余吨，分别比上年增长8.3%、9.3%。现代都市型农业发展持续向好，以小田庄、张五庄等村为代表的产业发展模式让村民的增收致富路越走越宽。

2022年9月，大张庄镇千亩水稻秀美胜景

（大张庄镇　供图）

【重点工程】2022年，京滨城际高铁北辰站完成建设，配合做好4条道路、1座雨水泵站和车站广场用地征拆工作，具备开通条件。提速京津医药谷建设步伐，完成起步区地上物测量和土地征转前期手续办理，编制完成土地利用规划调整和城市设计方案。京津塘高速九园路出入口项目加快建设。

【社会治理】2022年，深化市域社会治理现代化创新试点，发挥矛盾调处化解中心作用，加强隐患排查整治和矛盾纠纷化解。全年化解各类案件121件，化解率为97%，信访案件受理率、办理率、办结率、满意度均达到100%，群众诉求得到最大限度回应和办理。完成党的二十大、全国“两会”、北京冬（残）奥会、天津市第十二次党代会等重大安保任务。

【基层党建】2022年年初，召开落实全面从严治党主体责任工作会议，研究制定《中共大张庄镇委员会2022年工作要点》和履行全面从严治党主体责任的“责任清单”“任务清单”，压紧压实主体责任和“一岗双责”。召开党委会议22次，学习传达、研究部署全面从严治党议题，将管党治党责任贯穿工作始终。发挥“头雁效应”，党委每半年召开会议专题听取班子成员和基层党组织书记落实全面从严治党主体责任情况报告，带头深入村居开展包联检查，进行集体谈话、廉政谈话、履职谈话，推动责任落实到位。理清村居党组

织全面从严治党主体责任任务清单，实现31个村和1个社区全面从严治党主体责任监管全覆盖。（宋佳庆）

西堤头镇

【概况】2022年，西堤头镇镇域面积89.65平方千米，其中耕地2820公顷。辖10个自然村，户籍人口39057人。

全年完成本级财政收入0.83亿元，完成规模以上工业总产值30.8亿元，全社会固定资产投资完成5.5亿元，到位内资1.3亿元，商品销售总额完成12.8亿元。

【农业产业发展】2022年，粮食播种面积2749.21公顷，总产量19689.78吨，增产10.68%；稻渔综合种养面积134.67公顷，产蟹2.6万斤；蔬菜播种面积370.4公顷，产量15889.3吨；水产品养殖面积3566.公顷，产量2161吨；生猪存栏5583头、出栏3302头；蛋鸡存栏30万羽，蛋产量3239吨。培育新型农业经营主体。培育冠亚、万农等家庭农场4个，完成42公顷土地适度规模经营流转，引进金鸿顺种猪、晟鸣蛋鸡、农垦宏达现代农业产业园3家规模化农业产业项目，项目总投资预计1.6亿元；盘活姚庄子、韩盛庄20余公顷低效土地，促进村集体增收。强化精农品牌打造，金亚麻“七里海鸡蛋”成功申报“津农精品”；召开耕耘种业蔬菜地展，推广展出优质蔬菜品种4000余个。

【优化产业结构】2022年，新培育国家高新技术企业9家，国家科技型中小企业60家，“雏鹰”企业22家，“瞪羚”企业7家，领军企业1家，九为实业被评为天津“瞪羚”百强企业。加快重点项目建设落地。华北江铜智慧产业园完成建筑封顶，百利二通机械完成搬迁试产，30兆瓦风电项目、润辰水务污水处理厂等7个重点项目顺利竣工，总投资7.1亿元。推动现代服务业发展。江天大数据一期建成，引领镇大数据产业加快发展；融万低碳冷链园运营，12家一级库和5家二级库聚集效应初现，镇冷链产业知名度和行业占有率持续提升。加强企业服务。开展“双万双服促发展”和服务企业“敲门行动”，累计走访企业268家次，协调解决各类问题167个；做好疫情期间运输管理，累计审核进出车辆1100余辆，保障企业正常生产经营；关注潜力企业发展动态，狠抓企业申规培育和体量壮大，新增规模以上工业5家，限额以上服务业9家。

【城镇建设】2022年，统筹镇域内土地资源，适时启动镇国土空间规划，协调推进控规和村庄规划编制。确定工业区南区控制性详细规划方案，落图工业用地48.73公顷、仓储物流用地7公顷；完成工业区北区控规用地调整方案，落实发展备用地转为工业用地28.31公顷，优化园区规划道路3条，激发工业区北区载体效能。推动刘快庄村村庄规划方案完善提升，村庄空间规划用地方案报区政府常务会审议；

统筹优化姚霍赵片区村庄规划用地布局，破解曙光水镇项目规划建设难题。

加快农业基础设施建设，引进粮食烘干塔，改变传统收割晾晒方式，实现节粮减损8万余斤；刘快庄牛角地、芦新河台田泵站建设及季庄子设施农业节水工程完工，解决133余公顷耕地灌排问题；“志玲农场”26.67公顷农田节水工程和92.2公顷高标准农田建设施工进度过半。保障市、区重大基础设施建设项目，完成京滨自来水管网、北陈服新220千伏电力跨越京滨铁路线路工程，津蓟跨线桥、津蓟高速天津站外迁项目进展顺利，京滨城际北辰至宝坻段具备通车条件。

【重点工程】 2022年，完成京滨城际北辰站配套（自来水管网）工程、北陈线220千伏电力线路改造和服新220千伏电力线路工程跨越在建京滨铁路段等重点工程，新区污水处理厂工程竣工投产。

【生态环保】 2022年，持续美化亮化镇容村貌。开展农村全域清洁化“百日攻坚”“人居环境整治冬季专项行动”，整治问题点位1627处，清理垃圾2100余吨。加强学校周边、道路沿线等重要点位市容环境整治力度，持续做好垃圾清运工作，提升镇容村貌整体水平。

常态化开展扬尘污染专项整治，对企业、工地、物料堆场进行全面排查，实现物料全苫盖；增加道路清扫，加强涉气企业检查力度，累计检查240余家，督促整改问题300余个，镇域扬尘污染问题得到有效抑制。加强露天焚烧管控，发放禁烧倡议书到每家每户，开展专项巡查100余次。全面推进秸秆粉碎还田，共计0.253万公顷，实现还田率100%，持续改善镇域空气质量水平。

全面加强河（湖）长制工作，水岸环境持续向好。镇村累计巡河6336人次，巡河长度6750千米，镇级河（湖）长有效巡河率100%，整改问题点位563处，清理各类垃圾565吨、渔船17条、地笼5000余米，拆除龙凤河阻碍行洪断桥1座，清理阻碍行洪高秆作物3处共1.33公顷。河道“四乱”点位整治取得阶段成果。完成丰产河老年公寓、驰骏腾冷库、华园种猪原址、赵庄子公厕点位整改，实现历史遗留“四乱”点位清零；拆除新发现点位3处。河道水体水质持续改善。完成丰产河3.5千米清淤工程，延伸排查雨污合流雨水管网3千米，切改合流点位100余处。整改各河道污水直排口门55处，河湖水生态环境明显改善。加强源头治理，农业面源污染防治持续推进，推进玉米虫害生物防治，投放“赤眼蜂”1396.13公顷，回收农田地膜800千克、农药瓶350千克，减少农业种植化肥、农药使用及农田废弃物污染。完成41.33公顷鱼池尾水治理和72家畜禽粪污治理，达到畜禽养殖粪污治理整治三年行动预期目标，防止畜禽粪污及养殖尾水直排入河。

【社会事业】 2022年，举办“网上招聘会”11期，累计提供就业岗位1764个，举办茶艺、手工、农业技能等各类培训28场，累计参与人数1000余人。完成106名离校未就业高校毕业生帮扶任务，帮扶39名困难人员实现灵活就业。调解劳动争议，化解欠薪案件15起，涉及143人、解决欠薪161万元。做好热源转换工程收尾工作，完成集中供热站纳入北辰综合能源站项目。持续做好“煤改电”补贴统计发放工作，累计发放2020年度至2021年度补贴16073户、3214.6万元。完成刘快庄村、霍庄子村健身步道铺设，完成刘快庄村活动中心及公园提升改造工程的设计、勘测、立项等工作，举办庆“七一”文化演出、文化惠民演出、阅读推广、健步走等文体活动14场。推动社保扩面工作，新增参保211人，累计9168人。完成民政帮扶、残联助残各项补贴的统计发放工作，累计发放2636万元，惠及2564人。成立镇“双减”工作专班，发挥属地管理职责，加强对校外培训机构及课后托管服务场所的日常监督管理。持续做好退役军人关爱及优待证发放工作，完成东西部扶贫协作和支援合作工作任务。

2022年11月14日，赵庄子村新时代文明实践站举行歌舞排练活动（王　志　摄影）

【社会治理】2022年，开展网络生态治理专项行动，排查监管属地网站128家，各类社交媒体平台信息700余条。落实“四铁”要求，推进燃气安全百日攻坚行动，累计排查餐饮商户292家，整改隐患272处，各类企业、工地68家，村民煤气18135罐，隐患全部整改完成。开展危险化学品、道路运输、建筑施工、消防等重点行业领域隐患整治，累计检查企业323家，发现并整改隐患1023处。持续加强食品药品安全、农产品质量安全工作，取缔黑窝点2处。推动房屋安全隐患排查整治，累计排查自建房34388处，非自建房1009处，发现并鉴定为C、D级房屋1461处，全部完成整治。加强“大棚房”问题常态化监管，排查大棚1350栋，设施农业39家。推进土地领域问题整治，完成69.73公顷违法占地问题整治，实现56.18公顷撂荒地复耕复种。加强公共卫生安全，集中开展灭鼠、灭虫、病媒生物滋生地清除行动，防范媒介生物传播疾病。

深入践行新时代“枫桥经验”，全年接待群众来信77件、来访20件，信访事项受理率和办理率、信访积案化解率均100%。指导各村编制完善积分制管理实施方案，全镇积分制管理全覆盖，积分制运用实现常态化，村民对村情村务的知晓率、参与率有显著提升，季庄子村创建市级乡村治理示范村。

加强制度建设，制定并实施《西堤头

镇关于进一步加强村集体土地使用监督管理的指导意见》《西堤头镇股份经济合作社财务制度》，开展农村基层组织民主议事程序专项整治。开展清理规范农村集体经济合同专项行动，累计清查各类资产资源承包租赁合同2184份，发现问题合同1118份，其中完成整改1007份，履行司法诉讼程序111份，累计追缴欠收款264.2万元，实现村集体资产“颗粒归仓”，提升村集体经济合同制度化、规范化、信息化水平。

【基层党建】 2022年，开展“迎盛会、铸忠诚、强担当、创业绩”主题学习宣传教育实践工作，实现全镇66个党支部和1700余名党员主题学习宣传教育全覆盖。组织每个支部开展专题研讨4次，专题组织生活会1次，举办“七一”专题党课，镇班子成员、各基层党组织书记累计讲授党课近100次。开展村“两委”换届“回头看”，查摆问题104条，制定整改措施80项，全部完成整改。完善评星定级指标，改进评分方法，完成行政村评星定级工作。全年提拔晋升干部3次15人。以“党建引领乡村振兴”为主题，组织各村党组织轮值开展“观摩学习强服务，交流借鉴促提升”活动。在两新党组织中开展“为民办实事，圆梦微心愿”主题活动，采取“点单”“派单”“接单”“评单”的服务工作模式，实现群众“菜单式”供需对接。出台制定《西堤头镇村党组织议事规则》《西堤头镇关于进一步规范在职村干部报酬待遇的实施办法（试行）》《西堤头镇农村发展党员考核管理办法（试行）》，实现基层组织管理由抽象向具体转变，为推动农村发展提供坚实的组织保证。 （苑　超）

果园新村街道

【概况】 2022年，果园新村街道街域面积3.67平方千米，辖12个社区居委会，有常住人口近5万人，户籍居民22997户、40276人。是年，街道实现本级财政收入1226万元。

【经济发展】 2022年，全力推动市“稳经济35条”等援企稳岗政策落实落地，开展“双万双服促发展”活动。完成税收2435万元，完成限额以上企业社会消费品零售额2528万元，限额以上企业商品销售额60.1亿元，累计走访、服务企业1100余户次，协助解决实际经营难题40余项，引导市场主体入驻“信易贷”平台210户、入驻“金融超市”平台63户，新增外地到津注册企业99户（注册资本4.93亿元），实际利用内资739万元；承接首都资源项目4个（协议投资额950万元），分别完成全年目标任务的184%、73.9%和200%。以“敲门行动”为抓手，开展异地经营整治，排查外区注册企业22户，其中2户企业迁入街道。

【环境建设】 2022年，集中开展社区楼道革命、综合治理等专项行动，推动旧楼区精细化管理常态化、长效化，答复解决墙体裂缝、下水管道堵塞、“蜘蛛网线”整治等群众诉求600余件，提升社区人居环境质量。配合区住建委完成新华里11号、12号楼和“城市双修”二期工程前期民意调查和方案设计，收集合理化建议90余条，搭建“五方议事平台”，对施工矛盾隐患点早预判、早部署。

【安全管理】2022年，联合职能部门、主管企业、第三方专业公司，深入街域企业商户、社区群众开展“拉网式”燃气安全隐患排查工作，累计检查社区3800余户次，商户220余家次，排查整改隐患531条。深化“一核一网多元共治”社会治理体系建设，累计排查调处各类纠纷59件，法律咨询40人次，完成安保维稳任务。街域内12个社区电动自行车充电车棚全面配齐运营，从源头上化解电动自行车进楼入户、飞线充电等消防安全隐患。开展安全宣传“五进”工作，开展宣传活动63场，发放宣传材料36500余份，参与人数37000余人。

【民计民生】2022年，研究制定领导班子为民服务“两个清单”70余项，组织开展入户调研90余次、座谈交流20余场，完成率100%。引入“区块化三级”成熟运营模式，推进红郡雅苑和街居家养老服务中心建设运营，为街居家养老服务中心加装电梯，构建完善“悦·享新村”区块化“1+6”居家养老服务体系。累计发放救助金和慰问补贴387.6万元，办理低保复审调标、居家养老和残疾人2项补贴3145户，安置下岗失业人员312人。逐门逐户宣传发动，“60+”老年人疫苗接种覆盖率93.46%。

2022年10月27日，果园新村街道温泉花园社区党群服务中心便民电梯竣工交付
（果园新村街　供图）

【文体活动】2022年，精心组织第二届“春晖”文化艺术节、第十五届廉政文化展示等线上线下群众文化活动83场，依托新媒体平台打造“云端会客厅”8期，宣传推广社区民间文艺家8名。推进街道新时代文明实践所建设，打造“半亩方塘”非遗文化学院，构建完善街道“一轴一带”

2022年10月17日，果园新村街道举办建街50周年暨第二届“春晖”文化艺术节闭幕式活动
（果园新村街　供图）

综合文化服务体系，全年组织开展各类文明实践活动400余场。

【便民服务】 2022年，落实国务院“放管服”和“五减四办”的工作要求，办理城镇职工社保缴费、困难人员认定、灵活就业保险补贴等便民服务事项1355件，为群众解决急难愁盼问题200余件。依托党建网格压实“四失五类”及老年人群体管理服务责任，分级分类定期走访服务10580名“60+”老年人，对219名三、四级老年人施行精准化定制服务，为253名独居老年人安装智能化“安全管家”报警监测器。

【公众号运行】 2022年，发挥“新航线”公众号作用，组织开展“12路新村文明号专列”“新村红”社工之声等特色栏目，发布《新·时光》《新村烟火气》等原创“微视频”17个，观看量达到5万人次，街级公众号平台共刊发信息955条，308篇稿件在市、区级以上媒体刊转。

【打造社区品牌】 2022年，组织“八大先锋”争创行动，挖潜街域红色党建文化和家风廉政文化优势，开展“政治三日”示范展示观摩交流特色活动9场，推广“五常五送”党建工作法，巩固拓展“一社区一特色”创建成果，先后推选新华里“心服务”、霞光里“三色圈”工作法和朝阳里书记“文明服务”先锋等一批先进典型和经验做法。

【网信工作】 2022年，持续深化网络综合治理体系建设，发挥党员、楼门长、志愿者等“外援”队伍“千里眼”“顺风耳”作用，对100余家属地网站实施“周巡查、月上报”，打击网络违法犯罪行为，协助19家网站完成注销、整改工作，全网平台举报违法不良信息435条。

发挥网络传播优势，制作推出系列“互联网+文化”作品，开设“话新村榜样”“新村网格故事”等专题板块，拓宽社情民意反馈渠道，提升基层治理的智能度和精准度，开展“你好·网安周”、主题MV录制、知识竞赛等活动23场。

【基层党建】 2022年，强化社区星级评定考核“指挥棒”作用，细化分解二级22三级136项考评内容，将基层党建与重点任务同部署落实、同检查考核，树立“一切工作到支部”鲜明导向。实施“红色雏雁”选育工程，坚持“赛场选马”建立社区优秀年轻干部人才库，选优配强社区“两委”班子力量，提拔任用和换岗交流22人。深化“大党建”3个清单联调联动机制，以疫情防控、文明城区创建、社区建设等为实践载体，先后帮助解决社区硬件“短板”问题320余项，参与环境卫生清整等社区志愿服务19000余人次。深入推进“两个覆盖”，建立“两新”党组织3个，选派党建指导员12名，做优做强都旺新城“辰馨管家”红色物业和“先蜂骑手”红色加油站党建品牌，以物业公司和业委会为主体组建“安蓝”志愿服务队，累计参与社区治理服务4000余人次，市级媒体刊发《跑在奋斗路上的“先蜂骑手”》等事迹，为社区治理注入新的红色动能。

2022年7月4日，果园新村街道举办社区工作者心理减压培训会

（果园新村街　供图）

（廖媛媛）

集贤里街道

【概况】2022年，集贤里街道街域面积0.84平方千米，辖10个社区，29个自然小区，常住居民10958户25269人，户籍人口23502人。街道党工委下辖6个社区党委、5个党总支、34个党支部。是年，本级税收完成700万元，商品销售总额达到1.78亿元，社会商品零售额突破1500万元。

【经济发展】2022年，有市场主体1180家，其中企业429家，个体工商户751家。引进天津市行政区域以外企业18家，注册资本8287万元，新登记注册市场主体180家。持续开展“敲门行动”，走访企业商户520家，解决问题32件，协助5家企业商户与银行达成贷款意向，2家企业完成贷款。

【环境建设】2022年，开展绿化美化工程，修剪高大树木630株，更新破损花箱20处。重新规划社区内部及道路停车线100余处，集中清理不规范LED电子屏。宣传“双碳”目标和绿色发展理念，强化环境卫生管理，加强发电楼、北医道等社区及周边道路环境管控，治理煤炭散烧、道路扬尘、餐饮油烟排放等空气污染行为，收缴内燃煤炉3个，散煤10公斤，整治降尘措施不完善等问题8件。

【安全管理】2022年，持续开展安全生产专项整治三年行动，建立三级安全监管体系，组织开展“冬春火灾宣传”“防灾减灾科普宣传”等主题宣传活动70场，检查生产经营单位（场所）1800家，整改问题隐患450处。全力保障群众“舌尖上的安全”，创新创建食品安全示范城区监管方式。开展燃气安全整治“百日行动”，排查检查商户230家，入户检查更换燃气设施设备比率超过70%。

【民计民生】2022年，全部479户低保、低收入家庭各项救助金统一发放到位，春节前夕发放慰问金74.8万元，申办保障性住房111件，残疾人相关事宜100件，新增外省市户籍参保人员143人，发放退役军人及重点优抚对象优抚金466144.5元，办理退役军人优待证620人。组织高校毕业生专场招聘活动12场，线上推送招聘信息2400条，招募企业240家，提供岗位4917个，新增就业人数748人。提升改造现有街道为老服务中心，实现社区养老服务机构全覆盖。开展计划生育特殊家庭“三个全覆盖”专项行动，管理帮扶人员131人。

【老旧小区改造】 2022年，旧楼区长效管理工作被评定为“2022年度天津市旧楼区长效管理工作示范街镇”。市级民心工程之一的泰来道菜市场建成并投入使用。完成饶河公寓、讷河里9号至11号楼提升改造和志和里、泰来东里、瀛洲里等小区楼体外檐排险修缮。投入1153万元，对集贤里、虎林里社区进行老旧小区提升改造，主要包括新建社区大门、重铺屋面防水、社区飞线治理、内外墙面粉刷等29项改造项目。做好创文复检工作，持续优化旧楼区长效管理，完成小区坑洼路面修补，晾衣架、休闲座椅、路灯等便民设施安装，管理评估验收优良率达到100%。

【网格管理】 2022年，加强一体化平台党建引领的建设，重新梳理划分网格58个，发布区级典型案例44条。平台上报案件65049件，民情日志21161条，“12345”便民热线受理工单2232件，全部办结，“吹哨报道”解决问题48件。

【网信工作】 2022年，完成传统媒体上稿115条，学习强国、微北辰等新媒体原创上稿50条，“微集贤”微信公众号推送亮点工作210期。开展“政治三日”示范展示活动上稿新华社客户端，社区书记扎根社区等热点新闻上稿《天津日报》、学习强国、津云平台。召开意识形态（网络）分析研判4次，上报舆情风险点28个，强化敏感信息处置，举报各类信息400余条，发声12000余次，为街域高质量发展营造清朗的网络环境。

【社区教育】 2022年，推进公共文化服务标准化、均等化，注重培养文化人才综合素质和文化队伍专业水平，参与区“和谐文化大舞台”“舞动辰星”广场舞大赛和第二届社区运动会。举办趣味运动会、羽毛球比赛等文体活动。发挥群团桥梁纽带作用，开展关爱帮扶活动100余场，相继获区五四红旗团支部1个、区最美家庭5户，天津市最美家庭1户。

【基层党建】 2022年，落实全面从严治党主体责任，用好街居两级监管平台，填报工作日志1060条。学习推广“五常五送”工作法，深化“我为群众办实事”实践活动，持续开展“四个走遍”，收集解决群众诉求123条。抓实“两新”党建工作，激发区域党建联盟活力，为居民提供菜单式服务，2022年签订共建项目139个，认领居民“微心愿”158个。北医道社区新党群服务中心建成并投入使用。红云新里社区服务居民“马上办”项目和安达里社区志愿服务“三常化”项目纳入区级党建创新项目。集贤里街道新时代文明实践所、红云新里社区新时代文明实践站获“北辰区首批‘星级’新时代文明实践所（站）”称号。

2022 年 4 月 13 日，集贤里街道红云新里举办“践初心强担当 党旗映照夕阳红”主题党日活动 （袁 巍 摄影）

（侯凤媛）

普东街道

【概况】 2022 年，普东街道街域面积 3.49 平方千米。辖 23 个社区居委会，常住居民约 8.8 万人。街道办事处驻地位于普济河东道与万科花园路交口处。是年，实现本级财政收入 1337 万元。

【经济发展】 2022 年，实际利用内资完成 2070 万元，固定资产投资完成 2.3 亿元，限额以上批发零售业商品销售额完成 12 亿元，各项重点指标完成率均好于预期。

【基础设施建设】 2022 年，配合区住建委完成天士力花园 3 部电梯加装使用。完成纳入旧楼改造的今日家园社区路面改造工作。翻新重建普康里社区倒塌围墙。解决田园、万达、金宜里、国宜里 4 个老旧小区 33 处外檐修缮，富宜里、普祥里 600 平方米屋顶漏雨维修及富宜里和普祥里 200 平方米外墙维修。联合区水务部门，将富善楼片区居民反映无排水问题纳入施工改造方案，并于 6 月完工。指导宸宜物业规范停车位开启车场事宜。

【环境治理】 2022 年，每日 3 次对街域内裸地进行巡查，对宸欣、红旗农场工地日巡夜查 150 余人次，责令停工 5 次。定期检查餐饮商户油烟净化设施。安排网格员展开夜查，重点对餐饮商户及烧烤商户进行检查，及时制止环保违规行为 4 次。联合区住建委、区城管委、区交警支队对汾河南道上汽车进行规范治理，减少国控点周边汽车尾气污染。检查街域内 4S 店喷漆净化设备使用情况及危险废弃物处置情况。加强对辖区内现存的固定烧烤点位严密监控，清理取缔流动烧烤摊点 30 余处。

【民计民生】 2022 年，为街内 2 名低保保障人员申请救助基金会慰问金。将 18 个家庭纳入最低生活保障、低收入家庭保障范围，对 60 个低保家庭进行保障金调整。临时救助 50 户，涉及 71 人，发放救助金 334335.32 元。推进助残各项服务，办理残疾人证 32 人，办理残疾关系迁移 20 人。解决今日家园社区因残疾等级变更，残疾人家庭上访问题。关爱老年人，对独居孤寡老人清晨问候 464 人。办理老年证 223

件，发放满 65 岁本户籍老年人敬老卡 348 张。享受居家养老补贴人数 24 人，百岁老人补贴 2 人。办理租房补贴 30 人，租房补贴年审 10 人，公租房申请 6 人，公租房减免 8 人。

【街道管理】 2022 年，办理“12345”来件 9705 件，处理不满意工单 698 件，政民零距离 206 件，网络热线按时受理率 100%，按时回复率 97.93%，满意率 92.8%。受理办理各类信访事项 202 件，其中上级交办 25 件、上级转送 140 件、本级来访 57 件，全部按要求办结。

【安全管理】 2022 年，组织领导班子成员、各科室、社区、重点单位、底商门店签订安全（消防）责任书 2156 份，防汛责任书 23 份。对街域内各类生产经营单位检查 387 家次，下达文书 406 份，排查隐患 641 项，整改隐患 535 项，治理“三合一”问题商户 15 家，清理违规加工点位 1 处，工作约谈 1 家安全工作不重视、隐患整改迟缓的单位负责人；利用安全工作会议、微信群等途径，组织警示案例学习 9 次。汛期累计出动检查车辆 60 余台次，检查巡查人员 960 余人次，检查点位 320 个次，开展防汛应急演练 6 次。强化联合监管，保障食药安全。对辖区食品药品经营单位开展联合检查，共计检查单位 890 余家次，取缔清理非法收药摊点 2 处；查处食品安全违法案件 68 起，罚款 17.9 万元。加强宣传教育，强化培训演练。组织对重点企业、物业负责人和社区专干开展安全生产教育培训会 3 次，覆盖人员 500 余人，举办 1 场消防安全知识培训及应急演练，党政领导班子深入企业、社区开展安全宣讲 10 次。全年累计开展安全宣传活动 11 次，张贴各类安全宣传布标 120 余个，发放安全宣传材料 2600 余份。

【文化建设】 2022 年，组织社区利用各种节日，开展线上线下活动，利用“普东之窗”微信公众号进行线上“迎新春、助冬奥”主题优秀作品展、“喜迎二十大 讴歌新时代”线上文艺会演；线下举办廉洁文化专题书画创作笔会，党风廉政专题书画、“翰墨颂党恩”书法笔会活动、剪纸作品展览等活动；线上线下相结合开展普东街第六届诗诵会等活动，举办合唱、剪纸、书法、舞蹈公益培训 36 场。组织文化管理员工间操培训 2 场。组织放映公益电影 100 场。带队参加北辰区第二届社区运动会斗地主、射箭、跳绳、踢毽、台球、象棋等比赛项目，其中获得第一名 4 项、第二名 1 项、第三名 3 项；工间操比赛获最佳展示奖。对街域内 450 余件体育健身设施进行安全检查。

【法治宣传】 2022 年，全面履行法治政府建设，完善行政执法制度。履行“三项制度”目标任务，将法制审核贯穿执法全过程，督促执法队落实巡查检查、案件上传。完善法律顾问工作制度，聘用通致纶律师事务所为街道法律顾问，发挥法律顾问在制定重大行政决策、推进依法行政中的积极作用。履行重大行政决策法定程序，制定出台《普东街重大行政决策事项清单和年度目录管理办法》，建立健全决策机制。按照《重大决策社会稳定风险评估年度计划表》要求，按期进行6次重大事项风险评估，并达到预期效果。

【网信工作】 2022年，撰写稿件400余篇，“普东之窗”微信公众平台发布930条。其中，国家级上稿46篇、市级上稿108篇、区级上稿247篇。用好网络新媒体，做好重大时间节点社会宣传，举办“红船党课”“贯彻学习二十大 奋楫扬帆再出发”各界人士交流座谈会，创新营造浓厚学习氛围。加强网络意识形态阵地、队伍建设管理，进行网信干部培训2次，处理普东新苑房屋屋顶及外檐漏雨、兴盛祥和爆水管、普康里社区东侧围墙倒塌等网络舆情10余条。落实属地平台管理责任，开展23个社区属地重点直播、短视频自媒体账号摸底排查。培育文明新风，组织申报2020年度至2022年度十项文明创建，其中红荔花园社区被评为2021年度天津市优秀“五爱”教育示范阵地。推出“寻找新时代的新雷锋”招募，上报新雷锋榜样近百名、评选出事迹感人、成就突出的七大类、42名新时代的身边雷锋。

【“三·三”多彩平安建设工作法】 2022年，推行“三·三”多彩平安建设工作法。构建“红金绿”三色矛盾纠纷排查化解工作模式。提出基层组织“一厅三会”制度和“韩秀工作室”等人民调解优秀工作经验，深挖总结基层社会治理经验成效，从党员带动、品牌驱动和机制联动3个维度，总结出“一支红色队伍，二张金色名片，三条绿色通道”的“红金绿”三色矛盾纠纷排查化解工作模式。设立“红橙黄”三色预警分级处置工作机制，对“线下＋线上＋双援”3条通道汇总登记的矛盾纠纷和投诉意见进行综合评估，以红、橙、蓝三色为代表，进行分类预警。各类矛盾纠纷和投诉意见由同级矛盾纠纷调处化解中心汇总登记，分色预警后，明确牵头部门、社区及责任人分级进行调处。

【基层党建】 2022年，深入开展“迎盛会、铸忠诚、强担当、创业绩”主题学习宣传教育实践活动工作。持续深入开展“我为群众办实事”实践活动，完成112项办实事清单和83项群众诉求清单，帮助群众协调解决问题336个，党组织书记累计走访1600余人。做好入列轮值工作，累计对接市区机关入列轮值干部274人。打造特色党建品牌，依托党建项目化活动，秋怡家园社区入围全区擂台赛。秋怡家园社区着力打造抓“点”连“线”拓“面”促“融入式党建”落地生根党建品牌；红荔花园社区精心谋划“同心助‘荔’”用“绣花功夫”织就美“荔”社区党建品牌；普东新苑社区探索实施精细服务卡、红色能量卡“双卡”服务模式；今日家园社区织密织牢高龄、独居等重点人群服务保障网，探

2022年11月3日，普东街道和区文旅局联合开展以“党建引领志愿服务 践行初心暖民心”为主题的联合党日活动

（刘虹宇 摄影）

索实施今日温度、今日力度、今日态度的“今日三度”工作方法等等。全街初步形成23个社区“一居一品”党建品牌，形成“点上出彩、线上成景、面上提升”的品牌示范带动效应。（王子婈）

瑞景街道

【概况】 2022年，瑞景街道街域面积2.92平方千米。辖11个社区居委会，18个自然小区。有户数21215户40242人，户籍人口13637人。

2022年，瑞景街道办事处下设1委6办3中心。街域内有天津市儿童医院（龙岩院区）、天津医科大学朱宪彝纪念医院。

【经济发展】 2022年，街道完成本级收入1388万元，比上年增长13.9%，完成全年任务的95.1%；完成社会消费品零售额2110.7万元，比上年下降31.99%；完成商品销售总额销售额2.52615亿元，比上年下降26.81%。

【环境建设】 2022年，全域推行垃圾分类工作，推进宝翠花都、瑞益园、瑞盈园、江南春色4个社区垃圾分类试点建设任务。组织各社区开展“津彩纷呈 晨夕行动”垃圾分类志愿服务活动及8场垃圾分类直播活动，活动累计1500余名志愿者参加。组织开展爱国卫生运动，推进健康单位、健康社区、心灵驿站、无烟机关建设，巩固国家卫生区创建成果。深入打好污染防治攻坚战，加大环境污染监管，加强日常巡查，共计出动230余人次，排查餐饮企业350余家次。加强生态文明建设宣传，累计发放宣传材料200余份，在公众号、网格群转发宣传文章、视频累计500余条次。落实河（湖）长制各项工作任务，持续开展市容和社区环境治理，沿街商户里空外卖，刘园、瑞景新苑2个地铁站和瑞景鞋城周边流动商贩等专项治理，维护街域内环境秩序。统筹做好迎接全国文明城区年度复评工作，通过实地复评。

【安全管理】 2022年，落实安全生产责任制，开展综合性安全隐患大排查大整治，全年出动检查组203组次，610人次，检查1039家次，下达执法文书数309份。制定《瑞景街道党工委成员和办事处领导班子成员安全生产职责清单、年度工作清单》，组织签订安全生产责任书285份。开展食品安全专项整治和宣传活动，全年累计出动巡查人员1000余人次，巡查食品药品商户

600余户次，取缔黑窝点1处，助力全区国家食品安全示范城市创建工作。开展燃气安全排查整治工作，成立社区燃气排查工作专班，累计完成“四失五类”人群物联网表更换6块、金属连接管49件、自闭阀73件、熄火保护灶具18件。开展燃气安全宣传，制作横幅36条，发放宣传明白纸2万余张。整合公安、司法、信访等资源力量，推进领导干部接访、约访、走访、下访活动，排查化解矛盾纠纷139件。加强社会治安防控，重点预防电信诈骗、非法集资等违法行为，社区内刑事案件比上年下降28.6%。开展反恐反邪教宣传，更新反邪教宣传栏23处。继续加大“教育转化”工作力度，深入推进禁毒工作，持续巩固扫黑除恶行动成果。

【民计民生】 2022年，开展“敲门行动”。完成翡翠城社区960户供热计量表安装并投入使用，配合供热站为不热户进行维修，实现全部居民供热达标。完成2520户保障房小区居民燃气改造工作。为居民申请发放严精看护奖励14.78万元。审批通过5户困难家庭的救助申请，为7户困难家庭申请到临时救助，走访慰问32户困难家庭，共发放慰问金15700元。完成瑞景街首届社区残疾人协会成立选举工作，保障残疾人合法权益，为困难、重度残疾人解决实际困难84件，发放生活补贴、住院补贴2.5万余元。推动“双减”政策落地落实，规范校外培训机构；举办瑞景街2022年终身教育活动周，开展“终身教育活动品牌”“百姓学习之星”遴选，提升“馨生活系列”培训质量。举办线上招聘会10场，达成就业意向38人；为1家小微企业申请担保贷款230万元，为个人创业申请贷款30万元，为创业带动就业提供有力保障。

【文体活动】 2022年，举办11场“我与冬奥同行 健身大拜年”健身趣味运动活动，组织居民参加北辰区全民健身系列活动各项比赛，在各社区开展2022年北辰区瑞景街第二届社区运动会。开展瑞景街2022年社会体育指导员培训，共培训33人。举办“喜迎二十大 奋进新征程”瑞景街第十届群众歌咏展示活动。举办“迎七一　颂党恩”线上诗歌朗诵活动。联合区文旅局在宝翠花都、瑞康、瑞盈园、紫瑞园等社区举办2022年“喜迎二十大 奋进新征程”惠民演出进基层活动。开展“翰墨飘香歌盛世 书法涵蕴砺初心”书法展示活动。完成2022年北辰区第十七届“和谐文化大舞台”文艺展演瑞景街专场演出。开展“书写新思想 奋进新征程”瑞景街学习宣传贯彻党的

2022年9月29日，瑞景街道举行“喜迎二十大 奋进新征程”第十届群众歌咏展示活动。图为合唱表演《党啊亲爱的妈妈》
（白海涛　摄影）

二十大精神书法笔会活动；组织全街各社区开展学习宣传贯彻落实党的二十大精神活动社区文化展演。开展“红色电影”进社区活动，完成全年100场的放映任务。

【便民服务】 2022年，完善社区党群服务中心功能，11个社区党群服务中心图书室实现24小时开放。在宝翠花都社区党群服务中心建成快递小哥“暖心益站”，为快递员、外卖员提供24小时休息服务。完成街道妇女创业就业服务中心、秋瑞家园社区新时代文明实践站的提升改造。完成瞰景园小区、焕景园小区、江南春色、宝翠花都社区电动自行车充电桩建设156个。秋瑞家园社区改造水泥路面6000余平方米，紫瑞园社区改造柏油路面1800余平方米；秋瑞家园打造小花园1个、瑞盈园社区打造小花园3个、瑞益园打造民俗生态园1个，并改造月季园门厅；提升改造瑞益园楼门6个。奥园社区打造健身文化园1000余平方米，瞰景园社区乒乓球活动室铺设运动地胶60米；在瑞盈园社区科普广场安装室外配置乒乓球台和健身器械15件；焕景园安装智能健身器材10件。推进城乡居家社区养老服务设施建设，划分出独立式照料中心4个（瑞益、翡翠城、秋瑞、爱馨）、物理隔离式照料中心5个（宝翠花都、瑞康、江南春色、瞰景园、瑞盈园）、内嵌式照料中心3个（紫瑞园、奥园、熙景园），完成街道综合养老服务中心升级打造。

【网信工作】 2022年，做好市第十二次党代会、党的二十大网上舆情和网络安全服务保障工作。排查各类网络风险和政府网站和政务新媒体，加强对街域内78个网站、3个App、直播、短视频自媒体账号日常监督管理。与天津市外国语大学开展网络文明共建。为网评员打造13个微博实时账号，参加2022年北辰区好网民故事评选活动。全年在公众号制作刊发“迎盛会、铸忠诚、强担当、创业绩”主题学习宣传教育实践活动文章84篇，在央媒刊稿33篇，市媒上稿115篇，区媒上稿68篇。

【打造社区品牌】 2022年，持续开展“星级社区”创建、实施“十小工程”、争夺“十面红旗”。制定“五常五送”工作法推广实施方案，制作《“五常五送”工作法实务操作手册》，举办“五常五送”工作法宣传推广日启动仪式，发布“五常五送”工作法标识及“五常五送”宣传推广片，将

2022年5月5日，瑞景街道在新时代文明实践所举行宝翠花都社区“五常五送”工作法宣传推广日启动仪式。图为宝翠花都社区党总支书记林则银介绍“五常五送”工作法 （吕铁义 摄影）

每年的5月5日定为“五常五送”品牌推广日，全域推广“五常五送”工作法。创建全过程人民民主基层实践点，探索完善“民事民提、民事民议、民事民决、民事民办、民事民评”的“五民”工作法，打造“家门口协商”议事平台，把民主协商、民主决策、民主管理、民主监督贯穿社区治理全过程、全链条，实现社区治理方式由行政化管理向自治化管理转变。

【基层党建】2022年，围绕学习宣传贯彻党的二十大精神，深入开展“迎盛会、铸忠诚、强担当、创业绩”主题学习宣传教育实践活动，推进党史学习教育常态化长效化，开展党的十九届六中全会精神专题读书班，围绕忠诚教育和净化政治生态主题开展党日活动。结合“敲门行动”，开展“四个走遍”活动，征集居民“小心愿”化解社区“大难题”。在社区、机关、“两新”组织等领域开展争创“八大先锋”行动，引导党员干部主动担当作为。开展党建标准化、项目化“政治三日”示范展示活动。做好北辰区出席党的二十大代表候选人初步人选推荐提名和市第十二次党代会代表选举工作。为21名老党员颁发“光荣在党50周年”纪念章。组织街居党员干部开展两期专题培训，提升党员干部履职能力水平。瑞盈园社区党委与天津宁夏银行北辰支行党支部签订党建共建单位，形成共建共治格局。（张　爽）

佳荣里街道

【概况】2022年，佳荣里街道街域面积约2.26平方千米。现辖自然小区21个，社区居委会13个，居民1.5万户40812人。全街有13个社区党组织，注册志愿者队伍24支，志愿者6054人，各类文体队伍55支772人。

【经济发展】2022年，新增注册企业52家。其中，批发零售业16家、咨询服务类26家、建筑业及其他10家，注册资金在100万元以上的29家。全年限额以上企业社会消费品零售额完成2741万元，比上年增加10.3%，限额以上企业商品销售额完成2.3亿元，比上年增加57.3%。全年完成税收1337万元。

【社区建设】2022年，启动佳安里和佳欣里老旧小区改造工程，惠及居民1470户。对瑞通里、瑞顺里、井田公寓南北院4个小区大门进行提升改造；实施并完成暖洋家园绿化提升改造工程，包括新建休闲长廊1座、安装体育健身器械18处、硬化地面1500余平方米、打造3300余平方米社区小广场；启动暖金社区居委会服务中心提升改造工程，含一站式服务大厅、日间照料中心、文体活动中心等功能分区。为瑞达里新建2个垃圾分类厢房。

【安全管理】2022年，接待来信来访99件，满意率96.6%，化解各类矛盾纠纷39

件。结合安全生产专项整治三年行动，检查生产经营单位1933家（次），问题隐患全部整改，全年未发生安全生产事故。以全市燃气安全“百日行动”为契机，主动与区城管委沟通，将燕宇艺术家园社区纳入第一批旧楼燃气入户改造范围。

【民计民生】 2022年，成立佳荣里街社会救助审核确认领导小组，全年新增低保8户，调整低保家庭28户，累计发放低保、低收入及特困金83.6万元，办理临时救助25人次，发放救助金12.8万元。新申请残疾人证18人，转入14人，在管残疾人251人，累计发放残疾人各项补贴37.4万元，帮助申请助学金、小型辅助器具54人次。组织召开线上招聘会12场，提供就业岗位2609个，达成就业意向48人次。认定就业困难人员253人，累计减免保险200余万元。新增灵活就业登记人员158人，完成全年任务的105.3%。对离校未就业高校毕业生和35岁以下失业青年建立实名制帮扶台账，提供“131”就业服务，实现就业25人，帮扶就业率达到100%。

【文化建设】 2022年，以新时代文明实践为抓手，全力打造“服务百分百”志愿服务街区。建成1所13站新时代文明实践矩阵，开发文明实践数智化管理平台，运用大数据手段，不断满足群众需求。成立社区学院老年人大学分校，开展教育培训100余次，建立志愿服务企业联盟，组织志愿者活动200余次。

【便民服务】 2022年，借助津治通平台，加大网格事件处置和日常巡查走访工作力度，全年上报自处案件40004条，撰写民情日志6406条。累计受理“12345”热线工单3164件，所有工单均得到有效处置，办件满意度始终保持在90%以上。发挥法律顾问参与依法行政、化解矛盾纠纷的作用，建立街道、社区、派出所、法律顾问、群众调节的“五位一体”矛盾化解调处机制，全年举办法律讲座6场，开展法律咨询216小时，接待居民260余人次，化解各类矛盾纠纷32件。

【网信工作】 2022年，调整更新《佳荣里街意识形态工作责任制》，调整佳荣里街意识形态领导小组，明确相关责任和监督落实等要求。建立意识形态内容审核把关机制，对内部相关消息信息等进行把关。强化对本级新媒体账号的管理，通过微信公众平台“微佳荣”发布官方新闻信息1500余篇。

【社区建设】 2022年，以佳园新里社区为试点，深入开展廉洁文化建设，社区党员发挥手工艺特长，打造廉洁文化墙，推动廉洁文化进楼门、进家庭。以瑞达里社区为试点，开展“一长三员、多元共治”（楼门长，宣传员、调解员、安全员）的网格化创新行动，解决群众关心关注的难点问题。

【基层党建】 2022年，实施党建工作规范

2022 年 4 月 8 日，佳荣里街道召开 2022 年度工作部署会暨“迎盛会、铸忠诚、强担当、创业绩”主题学习宣传教育实践活动动员会（张　毅　摄影）

化、标准化、创新型工程，建立红色物业、红色网格、红色楼门，督导全街 13 个社区党组织找准自身问题，建立“标准化”问题清单，创建“项目化”品牌。深入开展主题学习宣传教育实践活动，组织集中学习 25 次，专题学习 10 次，领导干部下社区讲党课 3 轮。持续开展“我为群众办实事”活动，全年完成民心项目 62 项，满足群众诉求 242 件。新提拔 2 名年轻干部到大社区担任书记，调整党组织书记 6 名，选拔调整社区“两委”班子副职 19 名。完成全年党统信息核查报送工作，对全街 1539 名党员信息进行更新维护。

（王冠丁）

青源街道　广源街道

【概况】 2022 年，青源街道街域面积 1.43 平方千米，有居民总户数 12906 户，共计 1.7088 万人，常住人口 10114 人，户籍户数 454 户，户籍人口 620 人。辖区内已建成 9 个小区，设立 5 个居民委员会。广源街道街域积 1.59 平方千米，有居民总户数 26166 户，共计 4.78 万人，常住人口 3.59 万人，户籍户数 2195 户，户籍人口 4563 人。辖区内已建 14 个小区，10 个居民委员会。

青源街、广源街行政区域合并称为“双青新家园”又名“双青”。双青新家园主体由公租房、异地安置房、限价商品房、普通商品房 4 类片区和经营性及配套公建组成。

公租房片区包括盛福园、盛泰园、盛安园、盛康园 4 个小区，办理入住 9758 户（实际居住户数 7264 户），入住居民 2.11 万人（实际居住人数 1.2621 万人），入住率 97.26%（实际居住率 72.4%）。异地安置房片区包括盛青园、盛锦园、盛泽园、盛逸园 4 个小区，办理入住 6193 户（实际居住 2457 户）、9528 人（实际居住 5186 人），入住率 77.68%（实际居住率 30.82%）。限价房片区包括荣翠园、荣康园、荣居园、荣乐园、荣溪园、荣雅园、荣馨园、荣翔园、荣业园、荣欢园、荣畅园、荣悦园、荣诚园 13 个小区，办理入住 19739 户（实际居住 12044 户）、33835 人（实际居住 28243 人），入住率 95.62%（实际居住率 58.34%）。

商品房片区位于双青新家园西北侧，共有 7 个地块，占地 26.2 万平方米。2022 年，商品 6 号、8 号两个地块完工交付，商品 2 号正在开发建设。其中商品 6 号地为天津泽信开发建设，占地面积 1.69 万平方米，建筑面积4.22万平方米；商品2号、8号地为上海大华开发建设，2号地占地面积4.86万平方米，建筑面积12.01万平方米；8号地占地面积4.51万平方米，建筑面积10.21万平方米。剩余的商品1号、3号、4号、5号地4个地块共计15万平方米，其中，商品4号地正在挂牌出让，剩余3个地块处于待开发状态。

【经济发展】 2022年，青（广）源街召开小型招商推介会10余场，吸引20余家优质企业到双青调研，陆续有5家达成初步合作意向；共注册企业366家，个体工商户805家，共完成本级税收203万人。持续走访企业，累计服务市场主体379次，收集问题25个，解决问题25个。帮助79家企商减免租金300余万元。双青新家园第一个加油站开业，第一个老字号餐饮企业正阳春开业；完成住保一期二期供热管道联网；推进充电桩建设，完成12个小区安装任务，共在小区内安装充电桩232个；落实消费扶贫任务，完成200387.89元任务指标，完成东西部扶贫捐款任务100227元。

【党的二十大精神宣讲】 2022年，开展“迎盛会、铸忠诚、强担当、创业绩”主题学习宣传教育活动，结合多样学习载体，开展专题理论中心组学习15次，开展培训课堂4期，22个基层党组织开展学习40余次，参学党员600余名。举办“红心向党迎盛会 欢庆‘七一’启征程”系列活动，提高广大党员群众爱党爱国的热情。组织各社区包园领导干部进行党的二十大精神、第十二次党代会精神宣讲16次、党课16次，专题组织生活会22场，将党的声音传递到基层。

【社区建设】 至2022年底，全街道有社区工作者151人，党务工作者6人，社区物业管理专职工作人员6人，劳动协管员1人，共计164人。其中，研究生学历4人，本科学历158人，大学专科学历2人，本科及以上学历占比超过98.8%。评选季度“社工之星”4次，两委人员培训1次。通过天津市社会工作员考试44人，完成区民政局学习培训和参观交流活动60人，区红十字会应急救护培训2次，残疾人学习培训15人。

【社区接收】 2022年，青（广）源街新建商品房小区辰泽园（6号地）和锦清园（8块地1期）分别于6月底、11月底开园办理入住。辰泽园小区办理入住412户，锦清园小区办理入住548户。

【民计民生】 至2022年底，共有60岁以上老年人9672人，占居住总人数的21.39%，共有托老所2家，日间照料中心3家，有老人家食堂12家，其中一级食堂1家，二级食堂10家。全年为社区60岁老年人办理老年证52张，为社区65岁老年人发放敬老卡70余张。全年新增低保家庭3户，共计低保家庭12户、低收入家庭

2 户。全年新增残疾儿童 1 人，肢体残疾 9 人，智力残疾 2 人，精神残疾 1 人，多重残疾（言，肢）1 人，共有残疾人 1214 人（其中我街户籍残疾人 72 人）。全年为符合标准的残疾人办理相应补贴 24719 元，完成 15 个党群服务中心基础无障碍设施数据更新，申请小型辅具 3 件，申请无障碍器具 20 件。有低保、孤老、空巢共计 5230 人，失独及单亲家庭 408 户，全年累计发放临时救助金 34293 元。

【环境建设】 2022 年，推动垃圾分类工作，提高居民的参与度，在 22 个小区公示栏和 325 栋楼门口设置垃圾分类宣传海报，印制并发放垃圾分类宣传手册 5000 余份，各物业印制垃圾分类便民卡 3 万余张。至 11 月，青（广）源街组建垃圾分类志愿服务队伍 16 支，志愿者 160 余人，累计开展垃圾分类宣传活动 64 场，组织观看市垃圾分类直播 10 期，累计参加志愿者 600 余人次，宣传面覆盖双青 22 个小区，培养垃圾分类讲师 17 人，各社区每月至少开展 1 次垃圾分类宣讲活动。对荣康园、荣翠园、盛康园等 22 个小区集中力量开展环境清理工作，修补便道坑洼（内陷）200 余处，约 1500 平方米，更换（修补）井盖 20 处，更换人车分离栅栏 10 余组，清理楼道堆物 80 余处，清理社区内卫生死角 60 余处。全年接受并处置津城管通平台案件 200 余件，处理率 100%。

2022 年 4 月 21 日，青（广）源街道在双青公园开展“践行可持续发展 我是地球小卫士”变废为宝作品展　（周学谦　摄影）

【劳动保障】 2022 年，利用“微双青”发布线上招聘会 14 场，涵盖企业 292 家，提供就业岗位 3232 个，累计浏览量达 3 万余人次，达成意向 139 人次。为 175 人办理就业困难人员认定，开展就业援助服务 150 人次，签订就业帮扶协议 350 份，实现新增就业 206 人。为 1 家企业申报创业贷款补贴 30 万元。按照“1311”工作要求，通过打电话、上门走访等方式对未就业毕业生进行全面集中摸排；做好 2022 年离校未就业高校毕业生就业服务工作，建立服务台账；并针对零就业等困难家庭高校毕业生开展“一对一”专项帮扶，优先提供就业帮扶。落实农民工工资支付保障条例，开展根治欠薪夏季冬季专项行动，实现拖欠农民工工资动态消零并长期坚持，做好欠薪平台案件回访工作。做好统计归档，对欠薪密集的在建工地、单位严格监管并上报区监察部门。对辖区内 26 家企业进行书面审查，营造和谐劳动关系。本年度调处建筑领域农民工讨薪事件 75 起，共为 200 余名农民工讨要工资 300 万余元。

2022年10月21日，青（广）源街道联合区劳动监察大队、区住建委及公安部门，在大华一期项目部会议室现场监督欠薪分包为农民工发放工资　　（王志远　摄影）

【工会保障】 2022年，为丰富工会会员日常生活，青（广）源街机关工会举办“迎新春”春节联欢会和青（广）源街总工会第五届（2022年）职工趣味运动会；青源街机关工会举办女职工瑜伽形体培训；并举办为期2个月疫苗攻坚劳动竞赛。安泰、盛福、荣溪3个“妈咪之家”投入使用。春节前夕集中慰问困难职工41人，其中区总工会慰问3人，街工会慰问38人，发放慰问金45400元。

【妇女权益】 2022年，青（广）源街完成第二届妇联组织换届工作，选举产生街妇联主席1人、专职副主席1人、兼职副主席6人和委员13人，投票推选区妇女代表5名。完善单亲困难母亲数据库，累计单亲困难母亲32人，为2位困难母亲发放困难补助5000元；开展庆“三八”系列活动10场，“家风家教教训巡展”10场，推选区级“最美家庭”5户、市级“最美家庭”2户；开展妇女维权服务宣讲会5场，调解家庭暴力案件10例，完成重点人群和家庭摸底排查693人，建立一户一册台账，每周电话询问每月入户走访。

【卫健保障】 2022年，办理生育登记服务证220余件、办理退证14件，办理新增严精看护补贴12件，全年共计发放严精看护补贴208800元，发放避孕药具5000余件。元旦、春节期间开展失独家庭及计生困难家庭慰问活动，共计发放慰问品3份，慰问品、慰问金共计1500余元、发放“爱心就医卡5张”，做好失独家庭帮扶工作。制作健康教育宣传展板共64块，完成6个健康社区督导工作。开展“爱卫月”“爱卫知识有奖竞答”“老年健康周”等主题宣传活动，冬春季养生、慢性病的预防等各类健康知识讲座5次。联合执法队做好区卫生监督所“控烟执法”检查工作，检查商超50余家，全年检查360余次。开展社会心理服务体系建设工作，组织“沟通技巧在抗疫期间社工工作中的应用”解压活动1次。依托双青大讲堂云课堂平台举办情绪疏导专题讲座1次。做好“心灵驿站”建设工作。联合街道综治部门共同开展“沐浴心灵阳光+健康快乐成长”心灵驿站活动2次，惠及中小学生20余人。做好辖区内托育机构卫生管理工作。加强2所托管服务机构疫情防控管理，组织托育机构参加保育培训2次，消防安全培训1次，卫生检查2次，疫情防控落实情况检查50余次，协调办理备案1件。做好“防治饮水型氟中毒宣传周”工作。组织各社区开展防治饮水型氟中毒宣传活动，发放宣传材料30余份。

【病媒防治】 2022年，规范开展病媒生物防治工作，加大消杀工作力度，消灭卫生死角，彻底清除病媒生物滋生场所，联系消杀公司定期进行消杀，确保做到街域内病媒消杀全覆盖。开展冬春季集中灭鼠活动，发放杀鼠剂1箱，溴敌隆蜡丸3箱，鼠夹200个，粘鼠板3箱；开展7月至9月夏秋季病媒生物专项整治工作，10月，协调区爱卫办治理社区病虫滋生1次。

【优抚安置】 2022年，完成春节、“七一”和“八一”74人（次）退役军人的走访慰问，发放慰问品价值9900元、慰问金16600元。完成各社区退役军人服务站地理位置信息采集工作。完成年度优抚确认工作。召开退役军人庆“八一”暨表彰大会。组织“绿橄榄”退役军人志愿服务队开展“春风吹新绿，志愿暖双青”学雷锋志愿活动。完成7名新转入帮扶退役军人的审查、接收、岗前教育培训和人员管理工作。为200名退役军人办理退役军人优待证。征集青（广）源街首批社会化拥军企业、门店，举办授牌仪式为代表企业挂牌。依据政策落实好优抚工作。

2022年3月4日，青（广）源街道“绿橄榄”退役军人志愿服务队举办学雷锋活动
（曾皓辰　摄影）

【工地监管】 至2022年年底，青（广）源街有在建工地8个（5个工地处于停工状态），待建地块17个，约39.25万平方米。全年共出动400余人次，解决夜间不文明施工、扬尘管控不到位、垃圾清理不及时、街域内施工不报备等问题30多次，并督促施工方现场及时整改。对在建工地的消防设施、食品安全等方面开展联合检查，至11月，累计开展联合检查10次，出动检查人员70余人次，检查整改问题10余项并全部整改完成。

【燃气排查】 2022年，青（广）源街有天然气用户36117户（其中四失五类重点人群2290户），公共场所9处。餐饮商户共有64家，无燃气生产流通企业。全年完成60家液化气使用餐饮商户防爆管、防爆阀、燃气报警器的安装，9家公共场所全部完成“六个百分百”工作要求。燃气公司对盛逸园“四失五类”重点人群开展入户安检工作，总共入户安检33户，更换物联表33块，更换软管10条，更换燃气自闭阀32个，更换带熄火保护灶具1个。

【综合执法】 2022年，开展违法占路经营治理工作，对双青菜市场、新景道、嘉泰路进行集中整治，全年共清理占路经营和流动摊贩3500余次；开展辖区内违法建设整治工作和社区清洁活动，全年开展社区清理整顿活动12次，共清理毁绿破绿185起，乱堆乱放400余处，确保社区秩序；打击污染道路行为，对工地各类运输车辆进行全天候管控，全年巡视检查工地500余次，查出撒漏事件65起，保障辖区道路环境；治理辖区露天烧烤，提前入手发放告知书，规劝185起非经营性烧烤，全年共取缔29起顽固型露天烧烤，实现辖区零露天烧烤的目标。

【创文创卫】 2022年，青（广）源街开展创文创卫工作，按照人员分工及时调整创文创卫工作领导小组，对全街21条道路、15个社区、23个小区进行全面梳理，建立包保到人的工作机制。全面整改区反馈点位约200个，开展创文常态化志愿服务清整活动50余次，动员志愿者500余人次，彻底清除辖区环境死角。集中发放“文明养犬”“文明出行”宣传资料，发放“文明祭扫”“垃圾分类”倡议书，解读“双创”知识，提高居民知晓率、参与率和满意率。

2022年8月9日，青（广）源街道召开全国文明城区常态化建设工作部署会

（刘　颖　摄影）

【科普活动】 2022年，开展常态化科普宣传活动300余场，科技周和科普日系列活动200余场，“科普星期六”志愿服务活动40场，普及科学知识，提高居民科学素质。参与农民素质答题、“重温党史忆辉煌、科技战疫筑屏障”等答题活动10余场，累计答题超1000万道。召开专题培训2次，对各社区科普天津云平台操作事宜及注意事项进行学习，提升科普影响力。开展打击非法集资、非法加油加气、节能减排、诚信建设、保护知识产权等宣传活动共35余次，发放宣传单页7000余张，张贴海报500余张。

【新时代文明实践】 2022年，依托新时代文明实践所站二级架构，建设志愿者队43支，注册志愿者1000余名，开展各类活动100余次，覆盖群众近万人。与辖区内幼儿园、小学、医院等机构联合开展各类未成年人、医疗志愿服务活动，以实际行动践行“学习雷锋、奉献他人、提升自己”的志愿服务理念。开展第二届“双青好人”的评选工作，评选出23人为青（广）源街第二届“双青好人”，加强思想道德建设、弘扬社会文明新风。

【社会保障】 2022年，办理灵活就业社保补贴申请199人次；办理城乡医疗保险报销76人次，报销金额58万余元；办理城职医疗保险报销69人次，报销金额5万余元。办理城乡医疗保险参保2350人次；办理城镇职工保险参保648人次。办理失业登记77人次；经办失业金申领2562人次，发放失业保险金399万余元；经办失业补助金申领450人，发放金额18万余元。

【政务服务】 2022年，梳理街道及社区268条政务服务事项，完成政务服务经办要件及流程的自查补录工作。推进“好差评”工作；落实窗口行风建设，规范窗口服务。响应“容缺受理”“跨省通办”相关要求，作为区“网格+政务服务”一体化工作模式试点单位，推动一体化政务服务工作进程，为居民提供更为全面的帮办、代办服务。

【基层党建】 2022年，开好2021年度民主生活会和主题宣传教育专题组织生活会，征求意见建议42条，累计开展谈心谈话324人次，制定整改措施75条，达到既红脸出汗、触动思想，又增进团结、促进工作的效果。学习推广“五常五送”工作法，统一制作“七彩民情图”317张，强化“四失五类”困难群体服务工作。分批次调整社区两委班子成员共9人，累计培训472人次、64学时，加强干部队伍建设，强化干部监督管理。全面加强党建引领疫情防控，组建临时党支部22个、党员突击队22支，动员全街2000余名党员冲锋“疫”线。先后抽调82人次，组织47名社区干部支援津南、小淀疫情防控工作。

（管　青）

双环邨街道

【概况】 2022年，双环邨街道街域面积1.4平方千米，户籍居民3.6万人，常住人口4.4万人。辖9个社区居委会。全年本级税收163万元，完成率326%；全年实际利用内资9.0713亿元，完成率9071%。

【经济发展】 2022年，开展“敲门行动”。街道新增注册内资企业16个，注册资本2990万元。市场主体新增222户（企业57户，个体工商户165户）；限额以上批零业销售额3610.8万元，零售额11.2万元，完成率112%。

【民计民生】 至2022年年底，全街有在保救助对象877人，其中低保480户701人，低收入15户29人，困境儿童122户144人，特困供养10户10人，事实无人抚养

2022年8月29日，双环邨街道组织召开“敲门行动”推动部署会（张生朋　摄影）

儿童3人，领取残疾人两项补贴共859人，其中残疾人生活补贴248人，残疾人护理补贴611人。全年共发放低保、残疾人两项补贴等各类救助保障金1370余万元，改善困难居民生活。

【社区建设】2022年，双环邨街道完成基层组织和社区建设全年目标任务，新建成孟春里社区居委会，完成佳园北里社区、浩达公寓社区居委会主任补选工作，对社区工作者进行职务薪资调整。规范社区组织工作事务、机制牌子和证明事项工作，推动健全社区减负常态化机制。引入专业机构，成立双环邨街道社会工作服务站，开展为老、帮困、儿童等领域的社会工作服务。完善社区体系，强化社区管理，为社区开办对公账户，出台社区居委会办公经费财务管理办法，提高社区财务管理力度。

【文化建设】2022年，开展文体活动90余场，惠及辖区居民2500余人。完成街道体育健身中心建设，增加片区内运动服务设施，完善形成社区15分钟健身圈。打造双环邨街道首个科普样板间，夯实基层科普阵地建设，与党群服务中心实现共建共享融合发展。新建安装健康教育宣传栏26个，全年更换宣传栏内容136张次，提升辖区居民健康素养。

2022年11月15日，双环邨街道参加北辰区第十七届和谐文化大舞台文艺展演
（李 卿 摄影）

【安全管理】2022年，出动检查320组次、672人次，检查企业992家次，发现隐患135处均已整改。党的二十大安全生产攻坚行动期间出动检查61组次、181人次，检查企业113家次，发现隐患16处。持续开展“迎盛会、兴文化”安全宣传专项行动工作，定期组织安全培训会议，邀请讲师为街道、社区工作人员进行授课，将最新的法律法规、政策方针及安全警示教育片传达到基层，提升街道、社区工作人员安全工作水平；在各社区组织开展安全知识讲座20余次，为辖区居民普及消防安全知识，提高辖区居民预防火灾、火场逃生自救能力。加大宣传力度，宣传栏内粘贴宣传海报100余张，印制并发放消防、

2022年4月28日，双环邨街道对中交三公局报春里项目部建筑施工安全生产工作情况开展实地检查 （张 宁 摄影）

交通安全主题宣传页10000张，在社区居民党员群、楼门院长群等微信群里转发安全知识1000余次，动员广大干部群众投身安全生产工作。

【社区治理】 2022年，加强社区治理现代化建设，加强对“吹哨”调度工作的落实，综合协调各部门，跟踪反馈问题的落实，持续推进网格员的日常考勤，巡查情况，检查反馈保证日常打卡率等工作，提高居民群众的幸福指数。全年共报件10257件，其中吹哨14件，全周期15701件，红橙码位移86件，区发表的典型案例12件。规范“12345”热线承办单流程，完善承办基础性工作，建立承办模板，为双环邨街道便民专线工作奠定基础。“12345”投诉案件共接到4082个案件，按时接单、按时办结、接单和办结率在全区街镇系统领先。

【环境建设】 2022年，组织推动佳园北里、佳园南里旧楼提升改造工程。组织开展“爱国卫生70周年系列”活动。以“文明健康，绿色环保”为主题，开展第34个爱国卫生月，组织社区大清整、大治理活动，共出动1200余人次，共清理脏乱点位4000余处、近100车。结合《天津市控制吸烟条例》颁布10周年，联合各社区开展控烟主题宣传活动。“5·31”世界无烟日当天，全街各社区参与“千屏同亮”活动，统一播放控烟宣传视频。组织街道干部开展爱卫知识竞赛，提升爱卫知晓率。开展“爱国卫生三部曲”线上趣味活动，通过摄影、绘画等多种形式宣传健康生活知识。推选新佳园东里社区王静文为北辰区爱国卫生先进典型，激发社区工作者参与爱国卫生运动的积极性。

【燃气安全治理】 2022年，对街域内燃气工程进行安全排查，保障人民群众生命和财产安全。督促81家重点餐饮企业全部安装燃气报警器并投入使用；重点对辖区内36家早餐车开展全面燃气安全教育，规范使用瓶装液化气；对辖区内燃气管网进行全面排查，共排查出社区建筑占压燃气管网209处；对辖区内19个小区（按院落划分）18927户居民进行全面排查；对辖区内公共场所进行排查，共排查出涉气单位11家；对“四失五类”特殊群体和出租户进行排查，共排查“四失五类”特殊群体2274户，出租户1517户；主动联系燃气公司对辖区范围内“四失五类”住户免费更换丝扣连接管、燃气自闭阀、物联网表。在社区、重点道路等醒目位置累计悬挂横幅20处，印发宣传单页30000份。公众号

2022年7月25日，双环邨街道组织召开燃气安全隐患排查整治部署推动会

（贾艳钟　摄影）

发布燃气安全信息近40篇，微信群、朋友圈转发燃气安全知识120余次。

【行政执法】2022年，街道综合执法大队以“创文复检”工作为契机，全年累计拆除佳园南里、佳园北里等点位的乱搭乱建、违章圈占51处，拆除面积约300平方米，累计治理违章信息牌、灯箱广告、LED灯、窗贴等违规户外广告设施340余处，广告外摆200余处，治理占路经营行为420余起，店外摆卖210余起，批评教育违规占路摊贩及商户800余人，处罚各类案件共计39起，处罚金额累计15300元，为辖区居民营造良好的居住环境。

【便民服务】2022年，以“好差评”服务为抓手，实行“一个窗口受理、一次性告知、一条龙服务”，坚持公开透明原则，大屏幕滚动播放服务事项、工作流程、办事须知等。至午底，办理线上业务4551件，线下办件8455件，“一次办”比例达到90.2%、“马上办”比例占90%，可承诺事项占全部事项的85%以上，“就近办”比例达到95%，接待咨询来访13000余人，电话咨询上万人。

【优抚工作】2022年，退役军人服务站着力健全完善退役军人服务体系，促进与社会治理深度融合。春节、八一建军节对1005名退役军人及优抚对象进行慰问，送去党和政府对退役老兵的关心和关爱。全面为退役军人建档立卡，完善信息采集数据，完成优待证申领发放工作，年底实现“一人一卡”总的目标任务。

【结对帮扶】2022年6月20日至22日，双环邨街道分管负责人赴正宁县宫河镇及王录村开展学习考察，双方交流工作经验，分享工作思路，助力巩固拓展脱贫攻坚成果，全面推进乡村振兴落地见效。先后组织祥宜科技有限公司、家洁辉物业公司、建泊物业公司分别与宫河镇、王录村签订定向捐赠协议，共捐赠价值4万余元花生油。

【宣传教育】2022年，组织开展“强国复兴有我”群众性主题宣传活动8次，持续开办“双环老照片”“双环友能人”等专题栏目，“津彩双环”微信公众号共宣传正能量信息400余条。《天津日报》、《今晚报》、天津广播电台、“微北辰”微信公众号、北辰新闻等市区媒体对双环街道、社区共刊播报道正面信息50余次。开展“扫黄打非”宣传，组织开展“绿书签·伴成长”

2022年6月28日，双环邨街道开展“心向党·庆七一”迎盛会、铸忠诚、强担当、创业绩主题学习宣传教育实践活动

（李瑞起　摄影）

普法宣传活动，引导未成年人提高预防网络沉迷能力，线上活动参与的青少年人数达到400余人。

【网信工作】 2022年，上报各类不良信息200余条，接受各类网信任务95次，网评队伍转发正面网评信息5000余条，为宣传正能量发挥重要作用。结合“2022年网络安全宣传周”“全民数字素养与技能提升月”，开展户外宣传活动6场，张贴宣传海报16张，微信公众号转发网络安全宣传周主题文章45篇，发放“网络安全知识宣传手册”、防电信诈骗等宣传材料350份，主动参与网络宣传活动的群众400余人次，线上线下开启“同频共振”，筑牢网络安全铜墙铁壁。

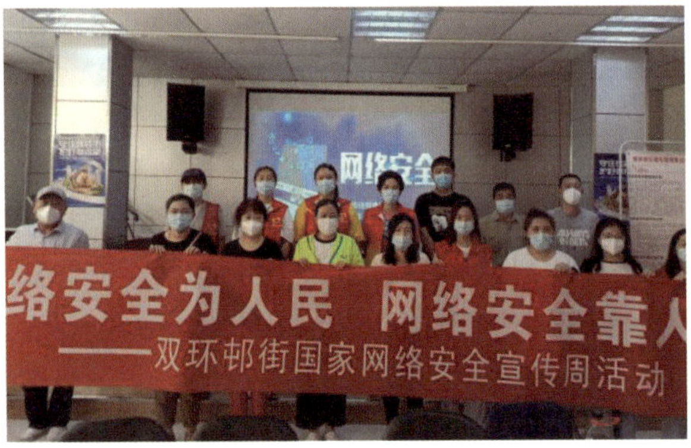

2022年9月9日，双环邨街道开展国家网络安全宣传周活动 （李瑞起 摄影）

【基层党建】 2022年，开展“迎盛会、铸忠诚、强担当、创业绩”主题学习宣传教育实践活动工作。全街49个党支部围绕4个专题开展学习交流研讨，共查摆问题265个，制定整改措施265项。将“五常五送”工作法同街道社区实际相结合，形成以体察民情为“锚定点”，以群众需求为“指南针”的“邻里互助1+1>2”项目，把党的触角延伸到邻里，延伸到楼门里。建立“红石榴”老年日间照料中心，配建图书室、活动室、休息室等场所及活动设备，针对老年人不同需求，提供周到细致的服务，增强辖区群众的获得感、幸福感、安全感。 （李金杰）

北辰年鉴 2023

人物 荣誉

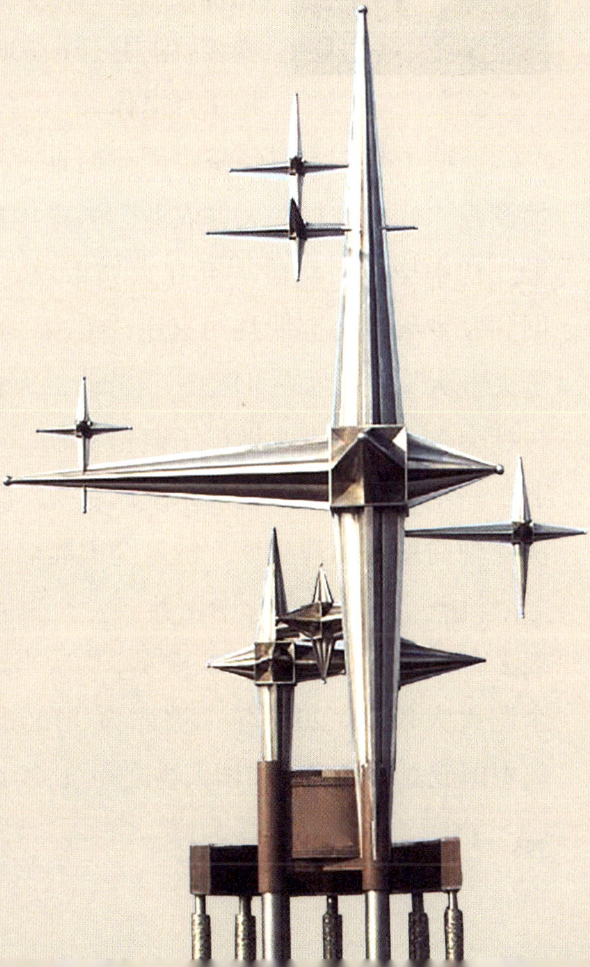

逝世人物

新中国“最美奋斗者”邢燕子

邢燕子（1940.12—2022.04），女，汉族，天津市人，1958年10月参加工作，1960年9月加入中国共产党。1958至1967年，在天津市宝坻县大钟庄乡司家庄村参加劳动，任党支部副书记；1967至1973年，任天津市宝坻县委副书记；1973年至1980年，任天津市委书记、市革委会副主任；1980年至1982年，任天津市委书记、市政协副主席；1982年 至1984年，任天津市政协副主席；1984年至2001年，任天津市北郊（辰）区人大常委会副主任；2001年1月退休。

邢燕子是在农村经济最困难时期“发愤图强，扎根农村，大办农业”的青年典型。初中毕业后毅然放弃在大城市就业，回到家乡天津市宝坻县司家庄，组成“燕子突击队”，数年如一日地忘我劳动，为农村社会主义建设事业做出了突出贡献。邢燕子一生曾5次受到毛泽东主席接见，13次受到周恩来总理接见。她是全国闻名的“知青楷模”，5次当选中国共产党全国代表大会代表，3次当选中央委员，2次当选全国人大代表。2009年，被评为“100位新中国成立以来感动中国人物之一”；2019年，被授予新中国“最美奋斗者”称号。2022年4月6日7时40分，因病医治无效去世，享年81岁。

因公牺牲的乔良

乔良（1967.06—2022.02），男，回族，中共党员，本科学历，1985年9月参加公安工作，生前为北辰分局瑞景派出所社区警务队一级警长，一级警督警衔，曾获个人嘉奖3次。2022年2月4日上午，乔良在执行北京冬奥会安保和疫情防控安保工作中突发心脏病，经医务人员全力抢救无效，于19时47分去世。2022年4月，被公安部追授为全国公安系统二级英雄模范个人。

忠诚履职，奋斗不止，全心全力投入疫情防控一线。生命中的最后这几天，身边的同志和群众看到的依然是乔良忙碌的身影。2022年2月3日，乔良在前台与同事一起盯班至次日凌晨。2022年2月4日5时30分许，参加了所内召开的安保任务部署会。9时30分许，乔良在执行任务时，突感身体不适，由群众扶至小区保安室休息；同时要送他去医院看病，但乔良说，“不用，没事，你们忙去吧，我休息一会儿就好”，这时，乔良同志已经脸色发红、嘴唇发紫，失去知觉。送至医院救治时，医生诊断为突发性心源性心脏病，经全力抢

救无效，于19时47分不幸殉职。

敬业担当、善抓敢管、创新招法保障一方平安。近5年来，乔良始终以维护辖区平安为己任，把群众的平安记在心中、担在肩上。2017年3月，他针对当时王庄市场治安秩序复杂，随窃、扒窃现象时有发生的实际，自掏腰包购买了3个小喇叭，提醒群众做好防窃防盗宣传，被群众亲切地称为“乔良小喇叭”，有力震慑了违法犯罪分子。他还自学抖音、微信等新媒体知识，以楼门为基础，建立了200余个邻里守望群，每天定期发布“当日警情、安全防范、防电信诈骗、禁放烟花爆竹”等信息，辖区群众有困难、有诉求、有矛盾也随时在群里发帖，他总会第一时间对群众要求逐一回复。

心系一方，情系百姓，热情奉献温暖辖区群众。乔良常说，“群众的事情，在民警这里或许只是千百件事情中的一桩，但在群众心中则是铭记于心的大事，只有一件件小事处理好了，我们的警民关系才会更加和谐”，乔良是这样说的，也是这样做的。2021年8月，乔良在社区走访中获悉，熙景园17号楼居民张某某在内蒙古自治区老家的妹妹因病致困，已无力抚养其11岁女儿，张某某咨询能否将孩子过继到身边、孩子能否在天津上学。乔良了解情况后，根据有关户籍政策，认真进行了核查，多方收集资料，以最快的速度，在学校开学前帮助其解决了“心病”。对此，张某某逢人就夸：“乔警官是我们家的大恩人”。

因公牺牲的魏俊强

魏俊强（1977.11—2022.10），男，汉族，中共党员，天津市人，生前为天穆镇综合便民服务中心主任，先后获得全国人力资源社会保障系统先进工作者、天津市五一劳动奖章、2022年第四季度天津好人等荣誉。在疫情防控工作中，他始终全身心投入，冲在一线，2022年10月14日上午6时，在包保社区工作时，因突发疾病不幸逝世。同月，被北辰区委追授为北辰区优秀共产党员。

魏俊强自2006年起，一直从事劳动保障工作，在这个平凡岗位一干就是16个春秋。多年来，他以一丝不苟的敬业精神，严于律己的工作态度，用亲和力、感召力凝聚集体智慧和力量，发挥基层劳动保障工作者的重要作用。

多年来，魏俊强始终坚持刻苦学习劳动保障相关业务知识，他不遗余力地推动保险扩面，尤其是为新参保企业提供全方位服务，力促做到合法用工。他带领工作人员为群众分门别类制作了13种“便民服务告知单”，标明办理业务的时间、地点、携带材料、联系电话、交通路线等，设身处地为群众解决了“办事不清楚、多跑冤枉路”等问题。

他在镇域内建立就业平台，规范求职管理，定期走访企业，根据企业需求召开招聘会。在西堤头镇工作期间，开发区陆路港园区曾出现企业招不到工，百姓求职进不去的情况，魏俊强主动联系园区管委会，多次协调召开园区企业用工协调会，组织定向招聘会25次，解决富余劳动力就业1000余人。在天穆镇工作期间，他把提升政务服务审批便利和效率作为服务基层群众的重要内容，持续优化审批流程，压缩办理时限，提高审批效率；完善政务服务“好差评”制度，大力推广窗口服务“一次一评”、网上服务“一事一评”和社会各界“综合点评”；在便民服务中心设立“跨省通办”窗口，接待群众咨询、办件，促进办事企业、群众异地办事“一网通办”。2年来，累计受理咨询各类服务事项8.8万余件次，办结行政许可事项276件，办结率和限时办结率均达100%，获赠锦旗23面。

工作中，他要求自己做到“三入”：身入、心入、情入；对求助者做到“四不”：不推诿、不哄骗、不怕烦、不怕难。面对突如其来的新冠疫情，魏俊强深入包保社区，和社区干部一道宣传政策、安抚群众，经过一个个日日夜夜的努力，他包保的小区从未发生过重大疫情和病例。

先进人物

全国“诚信之星”林则银

林则银，女，布依族，1974年2月生，中共党员，天津市北辰区瑞景街道宝翠花都社区党总支书记、居委会主任，中共二十

大代表，天津市第十八届人民代表大会代表。天津市第十八届人民代表大会社会建设委员会委员。先后获得“全国优秀共产党员”“中国好人”“全国三八红旗手”“全国抗击新冠肺炎疫情先进个人”“全国道德模范候选人”“天津市优秀共产党员”“天津楷模”等称号。2022年1月，被中央宣传部、国家发改委评为全国“诚信之星”。

小干部大情怀，她是把温暖送到群众心坎上的“社区天使”。从贵州大山到海河之滨，扎根基层14年，她始终牢记“要把居民的事当作天大的事，服务群众马上办”的承诺，全心全意为社区居民服务，办了大量好事、实事、难事。

她是党建引领社区治理的“排头兵”。推动社区与高校、企业等13家单位开展区域化党建共建，构建“一核多联”社区治理共同体；创新民情联系机制，发起“星期五义务劳动”，号召社区党员每星期为社区服务1小时；推动“三长负责制”和“绿地认领管养制”，维护改造社区环境，使老旧社区变成“大花园”。她致力于帮扶弱势群体，为下岗女工、单亲母亲成立“中空妈妈工作室”，搭建“织梦桥”妇女

公益平台；将家中无人照料的独居老人、空巢老人等一一统计，谁家有困难一目了然；实行网格员+党员“二对一”帮扶，为社区弱势群体居民提供免费洗衣、物品代购等服务累计5000余人次。她创建的社区“13579”工作法被民政部评为“全国十佳”“五常五送”经验做法在全市推广并被中央文明办收入《建设新时代文明实践中心工作方法100例》中，开创了天津市社区工作的新局面。

全国特级优秀人民警察温建富

温建富，男，汉族，1972年1月出生，2000年11月8日加入中国共产党，任公安北辰分局北仓派出所社区警务队一级警长。荣立个人一等功1次，个人三等功7次，个人嘉奖7次；2018年，被市局授予第一季度“津城警星”称号；2019年6月，获“天津政法系统新时代新作为模范人物”提名奖；2017年、2020年、2021年度被市委政法委授予“政法系统人民满意政法干警”称号，多次被评为“天津市优秀人民警察”。2022年5月，被公安部评为“全国特级优秀人民警察”。

解决小困难，赢得大民心。“小事情也要认真做，小困难也要热心帮。”这是温建富经常说的一句话。他分管的王秦村人员相对复杂，仅外来人口就有3000多人。温建富刚当片警时，为尽快熟悉村里工作，他从“人熟、地熟、情况熟”基本功练起，三天两头扎进村内学校、养老院和村民家中，与群众“拉家常”、促膝谈心，细心体察村情民意。很快，村里的大事小情他都烂熟于心。这些年来，村民们已经把温建富当成村里人，不管谁家有什么大小事儿，都会第一时间告诉温建富，他准会忙前跑后帮忙。

化解小纠纷，铸就大和谐。“老百姓的事，只要你真正把它当个事，一般就不会出什么大事。”这是温建富多年的工作心得。在近几年的王秦庄村村级组织换届期间，温建富经常吃住在村里警务室，有时连续一个月不回家，积极做上访村民的思想工作，推动换届工作平稳完成。温建富说，“像解决纠纷、化解疙瘩这样的事情，出彩不容易，却很容易出差错，作为片警一定要用心再用心。”担任王秦庄村社区民警以来，他妥善处理群众纠纷1200多起，被群众亲切地称为“温司法”。

利用小办法，打造大平安。“民警的使命，就要守护群众的安全”，这是温建富的座右铭。为确保辖区平安，温建富创立了多思、多巡、多跑、多访、多查“五多”工作法。为做好群防群治工作，他发展20名专职协警力量，倾力构建了社区群防群治防控网络。2018年以来，他以万名民警走百万家活动和综治警务网格融合“进门”大清查活动为契机，先后查获“1·13生产销售不符合安全标准食品案件”1起，抓获犯罪嫌疑12名；捣毁非法储存烟花爆竹窝点一个，抓获犯罪嫌疑人2名；抓获系列盗窃案件团伙1个，抓获犯罪嫌疑人5名。

从警27年，温建富在平凡的岗位上忠诚履职，守护辖区安稳。

先进集体

2022年北辰区获全国先进单位、集体一览表

表17

获奖单位	颁发时间	称号	授予部门	上报单位
北辰区	2022.08	国家知识产权强市建设试点城市	国家知识产权局	区市场监督管理局
北辰区税务局老干部科	2022.03	税务系统离退休干部工作表现突出的集体	国家税务总局	区税务局
北辰区生态环境保护综合行政执法支队	2022.03	2021年生态环境保护执法大练兵表现突出集体	生态环境部	区生态环境保护综合行政执法支队
大张庄中学	2022.03	第八批“全国气象科普教育基地——示范校园气象站”	中国气象局	大张庄镇
天士力医药集团股份有限公司质量检验中心	2022.04	2022年全国工人先锋号	中华全国总工会办公厅	区总工会
北辰区科学技术协会	2022.04	科技志愿服务项目先进典型	中国科学技术协会	区科协
天津市公安局北辰分局双环邨派出所	2022.04	全国第二批“枫桥式公安派出所”	公安部	公安局北辰分局
天津市公安局北辰分局打击犯罪侦查支队七大队	2022.05	全国优秀基层单位	公安部	公安局北辰分局
天津市公安局北辰局双环邨派出所	2022.08	全国公安机关执法示范单位	公安部	公安局北辰分局

续表 17

获奖单位	颁发时间	称号	授予部门	上报单位
好榜样红十字志愿服务队	2022.10	全国红十字模范单位	中国红十字会总会	区红十字会
普东街秋怡家园社区	2022.10	全国示范性老年友好型社区	国家卫生健康委全国老龄办	普东街
瑞景街宝翠花都社区	2022.10	全国示范性老年友好型社区	国家卫生健康委、全国老龄办	瑞景街
北辰区教育局	2022.11	第六届全国 119 消防先进集体	中华人民共和国应急管理部	区教育局
秋怡中学	2022.11	国家防震减灾科普示范学校	中国地震局	区教育局
链接东西部 助学向未来——天津市北辰区税务局格桑花助学助困项目	2022.11	第六届中国青年志愿服务项目大赛银奖	第六届中国青年志愿服务项目大赛暨志愿服务交流会全国组委会	区税务局
瑞景街宝翠花都社区	2022.12	国家级爱国卫生运动70 周年先进集体	全国爱卫会	瑞景街
瑞景街宝翠花都社区	2022.12	全国文明实践巾帼志愿阳光站	全国妇联宣传部、中央宣传部志愿服务促进中心	瑞景街
北辰区计生协会	2022.12	中国计生协先进单位	中国计生协	区卫健委
北辰区霍庄子小学五（2）中队	2022.12	全国优秀少先队中队荣誉称号	共青团中央、教育部和全国少工委	区教育局
北辰区税务局工会	2022.12	全国工会职工书屋示范点	中华全国总工会	区税务局
北辰区北仓镇商会	2022.12	2021—2022 年度全国“四好”商会	中华全国工商业联合会办公厅	北仓镇
北辰区天穆镇	2022.12	“中国民间文化艺术之乡”建设典型案例	文化和旅游部公共文化司	天穆镇

2022 年北辰区获天津市先进单位、集体一览表

表 18

获奖单位	颁发时间	称号	授予部门	上报单位
北辰区	2022.12	全市法治政府建设示范区	中共天津市委全面依法治市委员会办公室	区政法委
北辰区委政法委	2022.01	天津市政法系统人民满意的政法集体	中共天津市委政法委员会	区政法委
北仓镇武装部	2022.01	新时代先进基层武装部	天津市警备区	北仓镇
普东街	2022.03	天津市妇联系统先进集体	天津市妇女联合会	普东街妇联
北辰医院	2022.03	2017—2021 年度天津市妇联系统先进集体	天津市妇女联合会	区卫健委
中共北辰区委老干部局	2022.03	天津市老干部工作先进集体	中共天津市委组织部 中共天津市委老干部局 天津市人力资源和社会保障局	区委老干部局
北辰区应急管理局	2022.03	防震减灾救灾年度考评先进单位	天津市地震局 天津市应急管理局	区应急管理局
北辰区应急管理局	2022.03	地震灾害风险防治单项奖	天津市地震局 天津市应急管理局	区应急管理局
瑞景街宝翠花都社区妇联	2022.03	天津市妇联系统先进集体	天津市妇联	瑞景街
天津市伟星新型建材有限公司	2022.04	2022 年天津市五一劳动奖状	天津市总工会	区总工会
天津市北辰区疾病预防控制中心	2022.04	2022 年天津市五一劳动奖状	天津市总工会	区总工会
北辰区人民政府普东街道办事处秋怡家园社区居委会	2022.04	2022 年天津市工人先锋号	天津市总工会	区总工会

续表 18

获奖单位	颁发时间	称号	授予部门	上报单位
晨虹（天津）科技股份有限公司任向征创新工作室	2022.04	2022 年天津市工人先锋号	天津市总工会	区总工会
天士力医药集团股份有限公司王凯班组	2022.04	2022 年天津市工人先锋号	天津市总工会	区总工会
天津金山电线电缆股份有限公司导体车间束丝组	2022.04	2022 年天津市工人先锋号	天津市总工会	区总工会
北辰区粮食安全专项审计调查项目组	2022.04	集体二等功	天津市审计局	区审计局
北辰区税务局格桑花志愿服务队	2022.05	天津“青年五四奖章”	共青团天津委员会	区税务局格桑花志愿服务队
天穆镇团委	2022.05	天津市“五四红旗团委”	共青团天津委员会	天穆镇团委
北辰公安分局团委	2022.05	天津市“五四红旗团委”	共青团天津委员会	北辰公安分局团委
果园新村街团工委	2022.05	天津市“五四红旗团委”	共青团天津委员会	果园新村街团工委
佳荣里街瑞达里社区团支部	2022.05	天津市“五四红旗团支部”	共青团天津委员会	佳荣里街瑞达里社区团支部
北仓镇三义村团支部	2022.05	天津市“五四红旗团支部”	共青团天津委员会	北仓镇三义村团支部
北辰区人民法院团支部	2022.05	天津市“五四红旗团支部”	共青团天津委员会	区法院团总支
民革北辰区工委	2022.06	民革天津市祖国统一工作先进集体	中国国民党革命委员会天津市委员会	民革北辰区工委
足球北辰 U14 代表队	2022.08	天津市足球冠军赛冠军	天津市体育局	区教育局
田径北辰区代表队	2022.08	天津市中小学田径冠军赛冠军	天津市教育委员会	区教育局

续表 18

获奖单位	颁发时间	称号	授予部门	上报单位
北辰区税务局格桑花志愿服务队助学助困项目	2022.09	天津市青年志愿服务项目金奖	共青团天津市委员会	区税务局
北辰区市场监督管理局药品医疗器械监管科	2022.09	天津市人民满意的公务员集体	中共天津市委员会 天津市人民政府	区市场监督管理局
北辰区科学技术协会	2022.11	天津市科普工作先进集体	天津市科学技术局 中共天津市委宣传部 天津市科学技术协会	区科协
北辰区税务局	2022.11	2022 年天津市民族团结进步示范单位	天津市民族和宗教事务委员会	区税务局
集贤里街道办事处	2022.11	2022 年天津市民族团结进步单位	天津市民族和宗教事务委员会	集贤里街
北辰区财政局	2022.12	天津市退役军人服务保障先进单位	天津市退役军人事务局 天津警备区政治工作局 天津市关爱退役军人协会	区退役军人事务局
北辰区人民武装部	2022.12	征兵工作先进单位	天津市人民政府 天津警备区	区人武部
北辰区天穆镇经济发展和环境安全办公室	2022.12	天津市统计系统先进集体	天津市统计局 国家统计局天津调查总队	天穆镇
集贤里街道办事处	2022.12	2022 年度旧楼区长效管理示范街镇	美丽天津·一号工程清洁社区行动分指挥部	集贤里街
第四十七中学	2022.12	天津市第二届思政辩论赛亚军	天津市教育委员会	区教育局

续表 18

获奖单位	颁发时间	称号	授予部门	上报单位
青光中学高三一班	2022.12	天津市十佳班集体	天津市教育委员会	区教育局

2022 年北辰区获全国先进个人一览表

表 19

姓名	性别	颁发时间	称号	授予部门	上报单位
高　峰	男	2022.01	2021 年全国文化科技卫生“三下乡”活动服务标兵	中央宣传部	区文明办
孙福玲	女	2022.02	全国优秀城乡社区工作者	民政部	区民政局
张树强	男	2022.03	全国信访系统优秀信访局长（主任）	国家信访局	市信访办
张嵩涛	男	2022.03	2021 年生态环境保护执法大练兵表现突出个人	生态环境部	区生态环境保护综合行政执法支队
李富荣	女	2022.04	全国“优秀共青团干部”	共青团中央委员会	青源街团工委
乔　良	男	2022.04	全国公安系统二级英雄模范个人（追授）	公安部	公安北辰分局
温建富	男	2022.05	全国特级优秀人民警察	公安部	公安北辰分局
王冬鸣	男	2022.05	中国好人	中央文明办	区农业农村委
王冬鸣	男	2022.05	2022 年全国最美家庭	中华全国妇联	市妇联
牛　淼	女	2022.07	2022 年度全国司法行政系统劳动模范	人力资源和社会保障部 司法部	区司法局
崔晓汀	女	2022.07	第二届公共就业服务专项业务竞赛全国赛职业指导“全国十佳”选手	中国就业培训技术指导中心	区人社局

续表 19

姓名	性别	颁发时间	称号	授予部门	上报单位
康荟杰	女	2022.09	第 21 届全国青年岗位能手	团中央 人力资源社会保障部	北辰区税务局
薛　铭	男	2022.09	全国第十四届运动会男子自行车 40 公里个人计时赛比赛冠军	国家体育总局	王庄村
董庆泓	男	2022.11	中国红十字会会员之星	中国红十字会总会	区红十字会
李　静	女	2022.12	中国计生协先进个人	中国计生协	区卫健委
李红立	女	2022.12	全国优秀少先队辅导员	共青团中央 教育部 全国少工委	区教育局
郝香香	女	2022.12	全国优秀少先队员	共青团中央 教育部 全国少工委	区教育局
魏炜男	男	2022.12	2022 年夏季监督帮扶工作表现突出个人名单	生态环境部	区生态环境保护综合行政执法支队

2022 年北辰区获天津市先进个人一览表

表 20

姓名	性别	颁发时间	称 号	授予部门	上报单位
郭志龙	男	2022.01	第二届“天津最美退役军人”	中共天津市委宣传部	公安北辰分局
王丽芳	女	2022.01	天津市政法系统人民满意的政法干警	中共天津市委政法委员会	区检察院
赵宗阳	男	2022.01	天津市政法系统人民满意的政法干警	中共天津市委政法委员会	区法院
徐　鹏	男	2022.02	天津市 2021 年优秀气象信息员	天津市气象局	区气象局
曹凤喜	男	2022.03	天津助人为乐好人	天津市文明办	大张庄镇

续表 20

姓名	性别	颁发时间	称 号	授予部门	上报单位
孙维红	男	2022.03	2022 年度天津市防震减灾救灾先进工作者	天津市地震局天津市应急管理局	北辰区应急管理局
孔维广	男	2022.03	天津市先进老干部工作者	中共天津市委组织部 中共天津市委老干部局 天津市人力资源和社会保障局	区委老干部局
张纯雁	女	2022.03	天津市先进老干部工作者	中共天津市委组织部 中共天津市委老干部局 天津市人力资源和社会保障局	区委老干部局
杜振华	女	2022.03	天津市先进老干部工作者	中共天津市委组织部 中共天津市委老干部局 天津市人力资源和社会保障局	区委老干部局
张 艳	女	2022.03	天津市敬业奉献好人奖	天津市文明办	区卫健委
李永杰	男	2022.04	2022 年天津市五一劳动奖章	天津市总工会	区总工会
李庆来	男	2022.04	2022 年天津市五一劳动奖章	天津市总工会	区总工会
韩 野	男	2022.05	天津青年五四奖章	共青团天津市委员会	天津昊野科技有限公司
赵晓蕾	女	2022.05	天津市“优秀共青团干部”	共青团天津市委员会	大张庄镇
王 茜	女	2022.05	天津市“优秀共青团干部”	共青团天津市委员会	朱唐庄中学
李 亮	男	2022.05	天津市“优秀共青团干部”	共青团天津市委员会	宜兴埠镇社区卫生服务中心
付坪乐	男	2022.05	天津市“优秀共青团干部”	共青团天津市委员会	天津市四十七中学
王珂妍	女	2022.05	天津市“优秀共青团干部”	共青团天津市委员会	区委统战部

续表 20

姓名	性别	颁发时间	称 号	授予部门	上报单位
施立军	男	2022.06	天津“创新创业”好青年	共青团天津市委员会	天津华曼航空制造有限公司
高　磊	男	2022.06	天津“崇德守信”好青年	共青团天津市委员会	天津北辰隆泽医院
刘凤远	男	2022.06	2022 年度天津市司法行政系统先进个人	天津市司法局	区司法局
燕朋波	男	2022.06	天津市优秀科技工作者	天津市委组织部 天津市人力资源和社会保障局 天津市科技局 天津市科协	区卫健委
崔晓汀	女	2022.06	天津市公共就业服务专项竞赛职业指导人员一等奖	天津市人力资源和社会保障局	区人社局
李淑芝	女	2022.07	天津市农村集体产权制度改革工作先进个人	天津市农业农村委	区农业农村委
张宝宇	男	2022.07	天津市农村集体产权制度改革工作先进个人	天津市农业农村委员会	北仓镇人民政府
赵丽梅	女	2022.07	天津市农村集体产权制度改革工作先进个人	天津市农业农村委员会	双口镇
崔长虹	男	2022.08	天津市敬业奉献好人	天津市精神文明建设委员会办公室	区消防救援支队
刘志虹	女	2022.08	2022 年度天津“人社知识通”	天津市人力资源和社会保障局	区人社局
张　然	女	2022.08	2022 年度天津“人社知识通”	天津市人力资源和社会保障局	区人社局
史　悦	女	2022.09	人民满意的公务员	中共天津市委员会、天津市人民政府	区委组织部
史俊雨	男	2022.09	人民满意的公务员	中共天津市委员会 天津市人民政府	宜兴埠镇
林则银	女	2022.09	基层理论宣讲先进个人	天津市委宣传部	区委宣传部

续表 20

姓名	性别	颁发时间	称 号	授予部门	上报单位
胡春林	男	2022.10	2022 年度津城警星	天津市公安局	公安北辰分局
周　君	女	2022.11	2022 年“天津市优秀公诉人”	天津市人民检察院	区检察院
张坤淑	女	2022.11	2022 年“天津市优秀公诉人”	天津市人民检察院	区检察院
曾　斌	男	2022.11	2022 年“天津市优秀公诉人”	天津市人民检察院	区检察院
高连旺	男	2022.12	天津市退役军人服务保障先进个人	天津市退役军人事务局 天津警备区政治工作局 天津市关爱退役军人协会	双口镇
徐　旭	女	2022.12	天津市红十字系统先进工作者	天津市红十字会 天津市人力资源和社会保障局	宜兴埠镇
王盈又	女	2022.12	2022 年天津市优秀志愿者	天津市文明办	区文明办
唐希梦	女	2022.12	2022 年天津市优秀志愿者	天津市文明办	区文明办
李　娜	女	2022.12	天津市十佳班主任	天津市教育委员会	区教育局
王　萌	女	2022.12	天津市统计系统先进工作者	天津市统计局	区统计局
何　梦	男	2022.12	天津市统计系统先进工作者	天津市统计局	区统计局
杨　娜	女	2022.12	天津市统计系统先进工作者	天津市统计局	区统计局
杨福君	女	2022.12	天津市统计系统先进工作者	天津市统计局	区统计局
孙　伟	女	2022.12	天津市统计系统先进工作者	天津市统计局	区统计局
张树红	女	2022.12	天津市统计系统先进工作者	天津市统计局	区统计局

续表 20

姓名	性别	颁发时间	称 号	授予部门	上报单位
刘　强	男	2022.12	第三届“海河工匠”杯技能大赛——第五届全国农业行业职业技能大赛天津选拔赛农产品质量安全检验员（畜禽组）第三名	天津市农业农村委员会	区农业农村委
解　臣	男	2022.12	第三届“海河工匠”杯技能大赛——第五届全国农业行业职业技能大赛天津选拔赛动物检疫检验员第二名	天津市农业农村委员会	区农业农村委

附录

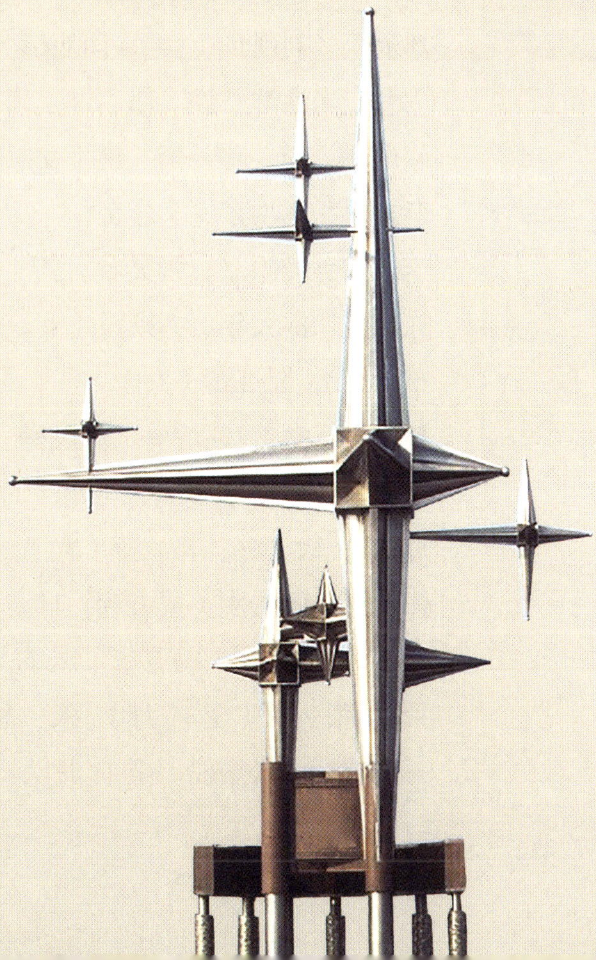

组织机构负责人名录

（2022年1月1日至2022年12月31日）

中共北辰区委

书　记：冯卫华（至11月）、
倪　斌（11月始）

副书记：徐　晖、陈　健、王旭东

常　委：倪　斌（11月始）、徐　晖、陈　健、王旭东、李洪东、康志刚（蒙古族，11月始）、李彩良、郭　莹（女）、周红蕾（女）、袁茂盛（11月始）、郭　海、贾春宁、冯卫华（至11月）、张　斌（至11月）、张　磊（至9月）

委　员：马云洪、王旭东、王振卫、刘永炬、刘砚华（女）、闫旭彤（女）、米洪健、许　伟、许　南、苏德禄、李　晖、李　悦（女）、李志勇、李洪东、李彩良、李维东、吴佩立、张昊君、陈　健、邵大年、林则银（女，布依族）、周红蕾（女）、郑丽莉（女）、赵增琦、袁茂盛（11月始）、贾春宁、倪　斌（11月始）、徐　晖、郭　莹（女）、郭　海、康志刚（蒙古族，11月始）、缴　玥、冯卫华（至11月）、张　斌（至11月）、张　磊（至9月）、张炳柱（至11月）、郝树民（至7月）

候补委员：（按得票多少为序）
刘　淼（女）、许　艳（女）、李顺利（回族）、苗永贵、范荀禹（蒙古族）、高文申

中共北辰区委工作部门

纪委书记、监察委员会主任：郭莹（女）

办公室主任：张　磊（至9月），康志刚（蒙古族，12月始）

组织部部长：周红蕾（女）

老干部局局长：吴佩芩（女，至5月），王春玲（女，5月始）

宣传部部长：贾春宁

文明办主任：刘季春

统战部部长：李洪东

民宗委主任：左　夫（回族）

台办主任：李凤娥（女）

政法委书记：郭　海

研究室主任：刘春刚（至5月），李新晟（5月始）

督查室主任：刘春斌

机关工委书记：张　磊（至9月），康志刚（蒙古族，12月始）

编委办主任：（空缺）

网信办主任：王　莹（女，至5月），

韩颜洁（女，5月始）

中共北辰区委直属事业单位

网格化管理中心主任：卢　磊
档案馆馆长：王春玲（女，至6月），
　　刘彦森（6月始）
党校校长：冯卫华（至12月），
　　倪斌（12月始）
党校常务副校长：黄福义（至5月），
　　王　莹（女，5月始）
融媒体中心主任：朱京立

北辰区人大常委会

主　任：许　南
副主任：王志刚、陈秀华（女）、刘基智（8月始）、祁惠红（女）、杨彦杰
委　员：（按姓氏笔画为序）
于美芳（女）、于　静（女）、王一争、王艳丽（女）、王瑞强、车玉萍（女）、冯运英（女）、刘国华（女）、刘国茹（女）、孙华红（女）、李士久、李永花（女）、李增平、张国庆、张　涛（回族）、陈莉明（女）、陈鸿雁（女，满族）、季建虎、金万秋、周庆耕、周　军、赵绍军、胡震刚、顾　宁（女）、翁欣（女）、梅亚刚、蔡青山、阚胜勇、魏建忠

北辰区人大常委会工作机构

办公室主任：张水亭（至6月）、
　　刘金亮（6月始）
财经城建工委主任：刘国茹（女）
内务司法工委主任：孙华红（女）
代表联络室主任：冯运英（女）
教科文卫工委主任：王瑞强
法制室主任：车玉萍（女）

北辰区人民政府

区　长：徐　晖
副区长：李彩良、李维东、李　晖、许　伟、贾宏伟（女，民进）、张炳柱（至11月）

北辰区人民政府工作部门

政府机关党组书记、政府办主任：苏德禄
发改委党委党组书记、主任：
　　郭献军（至6月），
　　高俊杰（6月始）
教育局党委书记、局长：郑丽莉（女）
科技局党组书记、局长：丁庆兰（女）
工信局党组书记、局长：霍俊伟
民政局党组书记、局长：李国春
司法局党组书记：刘春杰（至9月），
　　刘永炬（9月始）
　　局长：刘春杰（至11月），
　　刘永炬（11月始）
财政局党组书记、局长：吴佩立

人力社保局党组书记、局长：张德军
生态环境局党组书记：高俊杰（至8月），马志刚（8月始）
局长：高俊杰（至9月），马志刚（9月始）
住建委党委书记、主任：王振卫
城市管理委党组书记、主任：张振军
运管局党组书记、局长：王 勇
水务局党委书记、局长：王志勇
农业农村委党委书记、主任：张志旺
商务局党组书记：米洪健
局长：周再明（民建）
退役军人事务局党组书记、局长：周晓军
文旅局党组书记：郭建新
局长：张振海（至8月），郭建新（9月始）
卫健委党委书记、主任：张景江
应急管理局党委书记、局长：马洪军
审计局党组书记、局长：徐继清（女）
国资委党委书记、主任：张昊君
市场监督管理局党委书记、局长：冯文革
统计局党组书记：张柏林
局长：张柏林（至9月），胡建勋（回族，民革，9月始）
医保局党组书记、局长：陈 刚
金融局党组书记、局长：谢瑞强
政府研究室党组书记、主任：张春明（9月始）
信访办党组书记、主任：张树强
人防办党组书记、主任：赵金锁（至12月）
国动办党组书记、主任：赵金锁（12月始）
合作交流办党组书记、主任：许 艳（女）
政务服务办党组书记、主任：魏 卉（女，回族）

北辰区人民政府派出机构

果园新村街道党工委书记：王 芳（女）
办事处主任：刘建波
集贤里街道党工委书记：刘 焱（女）
办事处主任：孟祥华
普东街道党工委书记：张 涛（回族）
办事处主任：郭凌云（女，至11月），周云兴（11月始）
瑞景街道党工委书记：王凤革
办事处主任：王 钺（至8月），陈志军（9月始）
佳荣里街道党工委书记：杨 杰
办事处主任：时 亭（女）
青源街道党工委书记：李士久
青源街道办事处主任：郭凌云（女，11月始）
广源街道党工委书记：李士久（9月始）
广源街道办事处主任：周云兴（至11月），张国兴（11月始）
双环邨街道党工委书记：缴 玥
主任：李少恒（回族）
天津北辰经济技术开发区党工委书记、管委会主任：庞 镭（至1月），张炳柱（1月始，至11月）

北辰区人民政府事业单位

土地整理中心党组书记、主任：刘立军
供销社党委书记、理事会主任：李世忠

北辰区管国有企业

天津市北辰城乡发展集团有限公司党委书记、董事长：郭洪赞（4月始），
高宇川（10月始）
总经理：高宇川（4月始，至10月）
天津市北辰经济技术开发区有限公司党委书记、董事长：刘春海
总经理：武桂宝
天津北辰科技园区管理有限公司党总支书记、董事长：武桂宝（5月始）
总经理：李　亮（5月始）
天津辰融投资控股有限公司党支部书记、董事长：蒋树信（至10月），
郭洪赞（10月始）

政协北辰区委员会

主　席：郝树民（至8月）
副主席：张　红（女）、庞　镭、王　芳（女）、胡建勋（回族）、李广明、马国海、周再明、王京梅（女）
秘书长：李作营
常务委员：于长友（回族）、王　伟、王立芹（女）、邓　妍（女）、左　夫（回族）、田法伟、曲建平、任学勇、刘福颖（女）、孙　建、严贤发、李尚杰、
李佳萍（女）、李耘涛、
杨　波、杨印江、杨柏东（满族）、
张秀伟、季立春、金东活（朝鲜族）、胡晓蓉（女）、徐继昆、郭万超（至12月）、崔莉培、
穆怀永（回族）

北辰区政协工作机构

办公室主任：李作营
研究室主任：韩春雁（女）
专门委员会第一办公室主任：郑永建
专门委员会第二办公室主任：白绍云
委员联络室主任：赵学壮
提案委员会办公室主任：张立海

北辰区民主党派

民革北辰区主委：（空缺）
民盟北辰区主委：李佳萍（女）
民建北辰区主委：周再明
民进北辰区主委：卢铮松（仫佬族）

北辰区群众团体

总工会党组书记主席：
裘　地（兼，至1月），
祁惠红（兼，1月始）
团区委书记：许　艳（女，至5月），

狄璐璐（女，5月始）
妇女联合会党组书记、主席：于美芳（女）
工商联党组书记：王春雷
主席：陈秀华（女，无党派）
残疾人联合会党组书记、理事长：门洪凯（9月始）
红十字会常务副会长：石柱峰
科协党组书记、主席：段玉环（女）

北辰区政法机构

人民法院党组书记、院长：刘砚华（女）
人民检察院党组书记、检察长：闫旭彤（女）

镇

天穆镇党委书记：刘永炬（至9月），
马云洪（9月始）
镇长：王维柱
北仓镇党委书记：马云洪（至9月），
邵大年（9月始）
镇长：于　淼
双街镇党委书记：赵增琦
镇长：付振柱
双口镇党委书记：孙艳云
镇长：李　悦（女）
青光镇党委书记：仰　东
镇长：邱忠义
宜兴埠镇党委书记：李志勇
镇长：赵　岩
小淀镇党委书记：高　源（回族）
镇长：高　源（回族，至5月），
季景明（5月始）
大张庄镇党委书记：邵大年（至9月），
陈　亮（10月始）
镇长：陈　亮（至11月），
李学远（11月始）
西堤头镇党委书记：张富国
镇长：屈洪剑

北辰区其他单位

国家统计局北辰调查队党组书记、队长：
刘永彩
市规划资源局北辰分局党组书记、局长：
郭万超（至5月），
杨春余（6月始）
税务局党委书记、局长：翟秀清
市公安局北辰分局党委书记、局长：李　晖
政委：郑国帅
气象局党组书记、局长：韩学亮
消防救援支队党委书记、支队长：马全军

重要文献选录

天津市北辰区人民政府
关于印发北辰区全民健身实施计划2021—2025年的通知

北辰政发〔2022〕5号

各镇人民政府、街道办事处，各委、办、局，区直各单位：

《天津市北辰区全民健身实施计划（2021—2025年）》已经区人民政府同意，现印发给你们，望遵照执行。

2022年8月25日

天津市北辰区全民健身实施计划
（2021—2025年）

“十三五”时期，区委、区政府的坚强领导下，我区全面贯彻全民健身国家战略，深入落实健康天津、体育强市建设的部署要求，着力推进《北辰区全民健身实施计划（2016—2020年）》，全民健身公共服务水平显著提升，“全运惠民工程”取得显著成效，群众健身的环境得到明显改善，群众健身热情日益高涨，全民健身事业蓬勃发展。“十四五”时期是全民健身国家战略落实落细的关键时期，既要承上启下巩固提升全面建成小康社会阶段的全民健身发展成果，又要深入落实为建设社会主义现代化强国夯实健康基础的新要求。根据《天津市人民政府关于印发天津市全民健身实施计划（2021—2025年）的通知》（津政发〔2021〕21号），结合我区实际，制定本计划。

一、指导思想

以习近平新时代中国特色社会主义思想为指导，全面贯彻党的十九大和十九届二中、三中、四中、五中、六中全会精神，深入贯彻落实习近平总书记对天津工作“三个着力”的重要要求和关于体育工作的一系列重要指示批示精神，坚持以人民为中心，坚持新发展理念，深入贯彻实施健康中国和全民健身国家战略，加快体育强国建设，大力推动全民健身与全民健康深度融合，加快构建更高水平的全民健身公共服务体系，为充分满足人民群众的健身与健康需求，为建设社会主义现代化大都市和体育强市做出新的更大贡献。

二、发展目标

到2025年，全民健身公共服务体系更为高效、便捷，全民健身公共服务更为丰富、均衡，全民健身场地设施得到全面提升，社区15分钟健身圈实现全面覆盖，全民健身活动更加普及和丰富，经常参加体育锻炼人数比例保持45%以上，体育社会组织蓬勃发展，每千人拥有社会体育指导员不少于2.7人，多元化健身服务成为群众健身的重要供给方式，人民群众的体育健身意识和身体素养显著提升，50%以上的镇街体育工作实现“三个有”，即：有体育公园、有全民健身活动中心、有定期举办的镇街赛事活动，快速推动全民健身事业，为建设“排球之城”“运动之都”贡献力量。

三、主要任务

（一）加强全民健身场地设施规划、建设与利用，加大全民健身场地设施供给

1. 制定实施北辰区公共体育设施布局规划和“十四五”全民健身设施建设补短板行动计划，严格执行《城市居住区规划设计标准》（GB 50180—2018）。（责任单位：区文旅局、规划资源北辰分局、区住建委、区发改委、各镇街）

2. 推动社区健身设施提档升级，加强体育公园、全民健身中心、社区体育园（智慧健身园）、健身步道、健身广场、小型足球场及多功能运动场、冰雪设施等建设。（责任单位：区文旅局、规划资源北辰分局、区住建委、区城管委、各镇街）

3. 倡导复合利用模式，鼓励社区体育设施与文化、残疾人康复等场地设施共建共享。（责任单位：区文旅局、区残联、各镇街）

4. 采取有效措施解决我区人均场地设施面积不足问题，新建改建体育公园1个以上、社区体育园20个、健身步道10公里以上。（责任单位：区文旅局、规划资源北辰分局、区城管委、区发改委、区住建委、各镇街）

5. 加强户外休闲健身场地设施建设，结合大运河文化保护传承利用、绿色屏障建设等，在符合条件的河边修建适合群众使用的户外休闲健身场地设施。（责任单位：区文旅局、规划资源北辰分局、区城管委、区发改委、区运管局、区水务局、各镇街）

6. 落实学校体育场馆向社会开放制度，建立完善开放服务的管理体制和运行机制。通过委托运营等方式，提升场馆开放规模和使用效率。落实公共体育设施免费或低收费开放政策，对青少年、老年人、残疾人群等群体适当倾斜，强化对场馆开放使用的监督和评估。（责任单位：区文旅局、区教育局、各镇街）

7. 加强体育场馆智能化建设，完善公共健身设施无障碍环境，做好场馆应急避难（险）功能转化预案。（责任单位：区文旅局、区委网信办、区残联、区应急局、各镇街）

8. 做好新冠肺炎疫情防控常态化条件下，学校体育场馆和公共体育场馆设施的开放工作。（责任单位：区文旅局、区教育局、各镇街）

9. 向社会公布可用于建设全民健身场地设施的非体育用地、非体育建筑指引，支持社会力量投资兴建全民健身场地设施，按照国家在建设土地、委托运营、减免税费、行政审批等方面的有关规定给予政策扶持。（责任单位：区文旅局、区发改委、

规划资源北辰分局、区住建委、区城管委、区税务局、各镇街）

（二）打造全民健身赛事品牌，建设群众身边的赛事活动体系。

1. 完善多元主体办赛机制，提升全民健身赛事管理服务水平，创新赛事活动组织架构，结合“我要上全运”群众体育赛事活动，打造以区、镇街、村居三级群众运动会和社区运动会为重点的多层次、多项目、多元化的群众性全民健身赛事活动体系。（责任单位：区文旅局、各镇街）

2. 积极打造“京津冀”“一带一路”“乡村振兴”“大运河”“民族”“非遗”等系列特色主题全民健身赛事。重点办好“三大球”“三小球”等项目赛事活动和传统武术、中国式摔跤、智能体育等赛事。（责任单位：区文旅局、区委统战部、区水务局、区农业农村委、公安北辰分局、各镇街）

3. 扶持推广各类民族民间民俗传统运动项目和乡村趣味运动项目。办好“健身大拜年”、全民健身日、“三八”健康杯、职工庆“五一”等特色系列活动，不断推进全民健身生活化。广泛开展冰雪运动，深入推进冰雪运动“七进”（进机关、进校园、进部队、进企业、进农村、进社区、进家庭）活动，大力营造天津特色冰雪活动氛围。（责任单位：区文旅局、区妇联、团区委、区农业农村委、区委统战部、区总工会、各镇街）

（三）加强科学健身指导工作，提升科学健身指导服务水平

1. 大力推广普及科学运动促进健康和治未病的大健康理念。建立居民体质健康专家库和科学研究平台，深入开展居民体质健康促进研究。（责任单位：区文旅局、区卫健委、区科技局、区科协、各镇街）

2. 依托传统和新兴媒体、社区健身中心等，加强线上、线下相结合的科学健身大讲堂、科学健身一点通等平台建设，深入开展科学健身知识、健身方法、慢病防治、运动风险防控与急救技术等推广普及工作。（责任单位：区文旅局、区卫健委、区融媒体中心、各镇街）

3. 落实国民体质监测、国家体育锻炼标准和全民健身活动状况调查制度，做好群众体育运动水平等级评定工作。（责任单位：区文旅局、各镇街）

4. 推进全民健身志愿服务常态化。创新社会体育指导员招募、注册、培训、服务评价、保障和激励机制。完善社会体育指导员信息平台，加强社会体育指导员基层工作站点建设，提高社会体育指导员管理和服务水平。大力弘扬全民健身志愿服务精神，广泛吸纳各类人才加入全民健身志愿服务和社会体育指导员队伍，打造全民健身志愿服务品牌。（责任单位：区文旅局、区文明办、区人社局、各镇街）

（四）加强全民健身组织网络建设，激发体育社会组织活力

1. 加强体育总会建设。发展各级各类单项、行业和人群体育社会组织，推动社区体育协会、村（居）民健身会以及其他“草根”体育组织建设，形成覆盖城乡、规范有序、富有活力的全民健身组织网络。

（责任单位：区文旅局、区总工会、团区委、区妇联、区农业农村委、区委统战部、区残联、各镇街）

2. 创新管理模式和运行机制，加大政府向体育社会组织购买全民健身公共服务力度，通过赋予职能、购买服务、培训骨干等完善扶持政策，提升社会体育组织的自我发展能力。（责任单位：区文旅局、区财政局、区民政局、各镇街）

3. 建立激励和保障机制，鼓励体育社会组织参与社会组织评估，将运动项目推广普及作为单项体育协会的主要评价指标，使各级各类体育社会组织成为开展科学健身指导、推广普及体育项目、举办全民健身赛事活动工作的重要载体。（责任单位：区文旅局、各镇街）

（五）广泛开展全民健身活动，强化重点人群服务

1. 大力实施青少年体育活动促进计划。建设青少年儿童运动健身指导服务平台，针对青少年儿童近视、肥胖等问题开展体育干预，对青少年儿童不同群体的体育活动和成长发育进行专项指导。（责任单位：区文旅局、区教育局、各镇街）

2. 健全学校体育工作督导评价机制，将综合督导与专项督导、定期督导与随机抽查有机结合，压紧压实各镇街、教育部门和学校责任，不断提升学生体质健康水平。（责任单位：区文旅局、区教育局、各镇街）

3. 在社区、公园、户外休闲场地配建适合青少年儿童的体育设施。（责任单位：区文旅局、区城管委、各镇街）

4. 提升全民健身服务适老化水平。加强社区健身场地设施适老化规划与建设，推广适合老年人的健身方法。依托基层医疗卫生机构、社区健身中心等，对老年人群体开展健身活动与健康促进、慢病干预和康复治疗加强指导。在对社会体育指导员、社区工作者的培训中增加老年人健身指导及服务内容。精心举办老年人健身活动和赛事。（责任单位：区文旅局、区卫健委、区民政局、区住建委、规划资源北辰分局、各镇街）

5. 发挥各级工会、共青团、妇联等群团组织和少数民族、农民等组织作用，广泛开展各类人群的全民健身活动。创新活动组织形式，定期举办体育嘉年华、青年体育节、妇女健身月、少数民族传统体育运动会、中国农民丰收节等活动。提升残疾人健身服务水平，推进残疾人康复体育和健身体育广泛发展。（责任单位：区文旅局、区总工会、团区委、区委统战部、区妇联、区农业农村委、区残联、各镇街）

（六）推动体育产业高质量发展，满足群众多元化健身需求

1. 加大优质体育服务供给。促进健身休闲产业、精品赛事活动、群众体育、体育综合体等体育服务业繁荣发展，深入挖掘和释放消费潜力，推动北辰经济建设。（责任单位：区文旅局、区发改委、区财政局、区商务局、各镇街）

2. 继续扩大“体育惠民卡”签约服务单位范围，提供更多健身消费选择和更优

质健身服务。（责任单位：区文旅局、各镇街）

3. 推动体育服务业标准化工作，提升健身休闲产业质量，满足群众多元化健身需求。（责任单位：区文旅局、区市场监管局、各镇街）

4. 扩大体育产业引导资金投入范围，加大对体育市场主体激励力度，优化投融资和营商环境，完善多元化投资模式，激发市场主体活力，积极构建传统体育运动与新兴健身休闲项目、设施共同高质量发展的产业格局。（责任单位：区文旅局、区发改委、区财政局、各镇街）

5. 推动体育制造业转型升级。鼓励体育企业创新生产方式，推广应用智能技术与装备，开发智能体育产品。加快体育产业集聚发展，支持体育用品龙头企业争创国家级、市级体育产业基地。（责任单位：区文旅局、区工信局、各镇街）

6. 鼓励体育产业融合教育、商业、旅游、文化等元素复合发展。培育大型城市体育服务综合体，促进体育服务产业集聚发展，拉动区域经济增长。实现体育产业大发展和全民健身服务水平提升的互促双赢。（责任单位：区文旅局、区发改委、区教育局、区商务局、各镇街）

（七）加强深度协同工作机制建设，推进全民健身融合发展

1. 深化体教融合。着力提升学校体育和健康教育水平，引导学生从小形成健身习惯，锻炼健康体魄。每所学校按需配备体育教师和体育教练员，保障学生每天校内、校外各 1 小时体育活动时间。（责任单位：区文旅局、区教育局、各镇街）

2. 充分依托体育社会组织、体育院校、青少年宫、社区健身中心，建好建强青少年儿童体育校外活动营地。（责任单位：区文旅局、区教育局、区文明办、团区委、各镇街）

3. 加强体育特色传统项目学校、青少年儿童体育俱乐部等建设，鼓励特色发展，突出“一校一项”“一校多项”。（责任单位：区文旅局、区教育局、区民政局、各镇街）

4. 创新青少年体育赛事活动体系，鼓励举办各类运动项目的校际联赛、俱乐部联赛、青少年业余赛事。（责任单位：区文旅局、区教育局、各镇街）

5. 推动体卫融合。整合公共卫生、养老、残疾、教育等资源，推动在基层医疗卫生机构中建立社区运动健康促进中心、健身与健康融合示范基地、国民体质监测与健身指导服务站等，建立面向不同人群的体质健康监测、运动处方、健身指导、慢病预防、运动康复治疗等的新服务模式。（责任单位：区文旅局、区卫健委、区残联、区教育局、区民政局、各镇街）

6. 在医疗卫生系统开展运动处方指导师培训与推广，增加运动促进健康门诊服务。（责任单位：区文旅局、区卫健委、各镇街）

7. 促进体旅融合。大力发展体育旅游产业，将全民健身场地设施、赛事活动深度嵌入旅游产品和服务，进一步宣传推广

城市形象，延伸扩大城市影响力。开发精品体育旅游项目和线路，发展运动休闲旅游、山地户外生态旅游等，培育一批集运动休闲、健身娱乐于一体的体育旅游精品项目品牌，推进体育旅游精品示范区建设。（责任单位：区文旅局、各镇街）

（八）营造全民健身氛围，打造活力健康城市文化

1. 大力弘扬体育精神，讲好群众健身故事，深入挖掘整理，宣传推广北辰全民健身文化，弘扬体育精神。（责任单位：区文旅局、各镇街）

2. 鼓励和引导具有正向传播力和影响力的具有北辰特色和时代特征的体育艺术作品创作，培育一批体育文化精品。助力“排球之城”“运动之都”建设，弘扬女排精神，践行社会主义核心价值观，传承中华民族传统美德和人类优秀文明成果，加强文化软实力建设。（责任单位：区文旅局、区文明办、各镇街）

3. 强化全民健身激励。探索实施科学运动积分和体育消费券等制度。按照国家和本市有关规定，表彰优秀社会体育指导员、全民健身志愿者、国家体育锻炼标准和体育运动水平等级标准达标者、健身示范家庭、健身示范单位。积极倡导每个市民喜爱一项运动，形成“人人崇尚体育、人人参与运动”的良好氛围。（责任单位：区文旅局、区财政局、区商务局、各镇街）

（九）加强全民健身工作的科技支撑和人才保障

1. 加强全民健身领域科技支撑，为全民健身工作提供智力支持和科学指导。（责任单位：区文旅局、区科技局、区教育局、区科协、各镇街）

2. 深化体育人才培养、评价和激励机制，鼓励竞技体育和全民健身人才相互支持服务，探索推进指导群众健身的教练员职称评定工作。健全完善聘用优秀退役运动员为体育教师或教练员制度，探索退役运动员从事全民健身服务的机制。（责任单位：区文旅局、区人社局、区教育局、各镇街）

3. 依托体育专业院校设立全民健身人才培养基地，扩大全民健身人才队伍，提升人才队伍的结构和素质。（责任单位：区文旅局、区人社局、区教育局、各镇街）

（十）加强行业监管，提升全民健身安全保障

1. 加强全民健身政策法规建设，强化体育执法工作。（责任单位：区文旅局、区司法局、各镇街）

2. 贯彻体育行业标准，加强行业管理，落实对各类健身设施、赛事活动安全运行的监管。（责任单位：区文旅局、各镇街）

3. 公共体育场馆必须配备急救设备，各类公共体育设施开放服务要达到防疫、应急、疏散、产品质量、消防和安全等要求。（责任单位：区文旅局、区卫健委、区应急局、公安北辰分局、区住建委、公安北辰消防支队、各镇街）

4. 建立实施全民健身赛事活动安全防范、应急保障机制。落实户外运动安全分级管控体系，加强对高危险性体育经营活动的监管。（责任单位：区文旅局、公安北

辰分局、区市场监管局、各镇街）

5. 落实网络安全等级保护制度，加强全民健身相关信息系统安全保护和个人信息保护。（责任单位：区文旅局、公安北辰分局、各镇街）

6. 坚持防控为先、动态调整，统筹赛事活动举办和新冠肺炎疫情防控工作。（责任单位：区文旅局、各镇街）

（十一）大力发展全民健身智慧化服务

1. 依托智慧城市、数字天津建设优势，提升信息管理和服务的智能化水平。建立完善全民健身信息服务平台，提供健身场地设施与场馆预定、运动能力评定、科学健身指导、赛事组织推广、宣传激励评价等智慧健身服务，逐步形成信息发布及时、服务获取便捷、信息反馈高效的全民健身智慧化服务机制。（责任单位：区文旅局、区委网信办、各镇街）

2. 鼓励各类体育机构搭建线上运动平台，合作开办居家健身课程。（责任单位：区文旅局、各镇街）

3. 以社区运动会为代表，打造线上与线下相结合、全社会参与、多项目覆盖、多层级联动的群众体育赛事活动体系。（责任单位：区文旅局、各镇街）

4. 加快建设智能体育园、智能健身步道等全民健身工程，加强场馆智能化建设管理。（责任单位：区文旅局、各镇街）

四、组织保障

坚持党对全民健身工作的全面领导，健全完善区、镇街两级全民健身工作领导小组，明确责任分工，形成多层级、多部门深度协同的全民健身工作机制，统筹谋划实施全民健身重大项目。各责任单位要紧扣本计划任务要求，制定完善配套政策措施，按照“谁负责、谁协调”的原则，明确时间节点，细化任务分工，形成工作合力，协同推进各项工作任务扎实有效开展。各镇街要将构建更高质量的全民健身公共服务体系摆在重要位置，纳入本辖区经济社会发展规划。根据全民健身需求，建立与国民经济社会发展水平相适应的财政保障机制，积极拓宽多元投入渠道，鼓励社会力量参与全民健身公共服务体系。定期开展第三方评估，对重点目标、重大项目进行专项评估，对全民健身工作开展综合评估。

天津市北辰区人民政府
关于印发北辰区国家知识产权强市建设试点城市工作方案的通知

北辰政发〔2022〕6号

各镇人民政府、街道办事处，各委、办、局，区直各单位：

《北辰区国家知识产权强市建设试点城市工作方案》已经区人民政府同意，现印发给你们，望遵照执行。

2022年9月29日

北辰区国家知识产权强市建设试点城市工作方案

为贯彻落实党中央、国务院决策部署，充分发挥知识产权对经济社会高质量发展的支撑作用，推进我区知识产权试点工作，建立健全知识产权工作领导和统筹协调机制，部署落实各项举措，确保我区国家知识产权强市建设知识产权试点城市建设取得实效，全面提升知识产权综合实力，提高知识产权领域治理能力和治理水平，按照《国家知识产权局办公室关于面向城市、县域、园区开展知识产权强国建设试点示范工作的通知》（国知办函运字〔2021〕1197号）的工作部署，结合我区实际，制定本工作方案。

一、指导思想

以习近平新时代中国特色社会主义思想为指导，全面贯彻党的十九大和十九届历次全会精神，深入贯彻落实习近平总书记对天津工作“三个着力”重要要求和知识产权一系列重要指示批示精神，按照《知识产权强国建设纲要（2021—2035年）》《“十四五”国家知识产权保护和运用规划》及《天津市知识产权“十四五”规划》的总体部署，围绕我区经济社会发展总目标，以支撑现代化经济体系建设为核心，以知识产权高质量发展为主线，以强化知识产权保护和运用为重点，以深化知识产权领域改革为动力，以夯实知识产权治理基础为保障，充分发挥政府主导作用和企业主体作用，全面提升知识产权创造、运用、保护、管理和服务水平，激发全社会创新活力。

二、基本原则

坚持质量优先。坚持高质量发展方向不动摇，加快推动知识产权工作由追求数量向提高质量转变，促进知识产权高质量创造、高效益运用、高标准保护、高水平服务，充分发挥高质量知识产权在原始创新、源头创新和重大关键技术突破方面的基础保障作用。

坚持企业主体。充分发挥市场机制在知识产权资源配置、激励创造和促进运用中的基础性作用，推动北辰区企事业单位，特别是科技型企业成为知识产权创造、运用、保护的主体，形成政府引导、企业主导、社会参与的知识产权工作新格局。

坚持融入全局。紧紧围绕北辰区高端装备制造、生物医药、新能源新材料、新一代信息技术四大支柱产业高端发展需求，将知识产权工作作为经济建设和产业发展的重要环节，优化知识产权布局，强化知识产权保护，构建和谐的营商环境，实现知识产权与产业发展的深度融合。

坚持协调联动。进一步深化市区及区域间多级、多层协调联动，形成北辰区各街镇、各委办局、各产业园区之间的知识产权工作合力，推动统筹管理、联合执法、集成服务。以开放合作的态度，加强与国内外以及中关村等先进地区交流，充分利用先进地区知识产权资源。

坚持改革创新。强化知识产权体制机制创新，着力破解制约全区知识产权发展的关键问题，以体制机制创新促进知识产权创造、运用、保护和管理能力全面提升，营造良好的知识产权法治、市场和文化环境。

三、工作目标和任务

通过试点建设，使北辰区知识产权创造、运用、保护、管理和服务水平明显增强，知识产权促进经济发展、推动产业链优化升级的作用更加突出，知识产权强区建设稳步推进。

一是知识产权创造质量持续增强。发明专利拥有量稳步上升，到2025年，每万人口高价值发明专利拥有量达到15件以上，有效注册商标量达到23000件。在主要产业领域形成一批核心专利和知名商标品牌。

二是知识产权运用能力逐步增强。市场主体运用知识产权参与市场竞争的能力明显增强，知识产权转化运用成效凸显，知识产权金融工作体系和服务机制基本健全。企业、高校、科研院所知识产权运营、实施收益实现快速增长，知识产权质押融资额持续增长。持续推动培育国家知识产权优势示范企业和市级知识产权试点示范企业。

三是知识产权保护环境明显优化。知识产权保护法治化水平不断提高，知识产权保护衔接机制更加完善，知识产权侵权惩罚性赔偿制度有效实施，侵权易发多发现象得到有效遏制，知识产权保护社会满意度达到并保持较高水平。专利、商标等知识产权行政执法案件年结案率95%以上。

四是知识产权管理体系不断完善。构建内容全面、链条完整、环节畅通、职责健全、服务多元的知识产权综合管理体系，知识产权管理效能明显提升，政策体系进一步完善，综合管理优势得到充分发挥。

五是知识产权文化氛围日益浓厚。知识产权公共服务体系进一步健全，公共服务更加优质便利。持续引进和培育知识产权中介服务常驻机构，代理、信息咨询、检索分析、评估、运营等中介服务业快速发展。全社会知识产权保护意识明显增强。

四、工作基础

北辰区深入实施知识产权战略实施，知识产权创造、运用、保护、管理、服务等各个环节的能力显著提升，为全区创新驱动发展提供了有力的知识产权支撑。北辰区2016年被天津市市场监管委认定为首批天津市商标战略实施示范区，2015年荣获国家知识产权试点城区称号。

（一）推进高质量知识产权创造

知识产权数量持续位居全市前列。北辰区不断加大知识产权创造的工作力度，知识产权数量显著增长，质量不断提高。2021年，全区专利授权7803件、有效专利为26203件，每万人口发明专利拥有量达到40.53件，远远超过全市31.31件的平均水平。2021年全区商标注册量和有效商标量分别为5434件、21984件，同比增长74.4%、26.1%。拥有驰名商标24件，占全市的1/6；马德里注册商标31件，位居全市前列。

（二）突出高质量知识产权导向

按照《国家知识产权局关于进一步严格规范专利申请行为的通知》（国知发保字〔2021〕1号）等政策文件要求，调整专利资助政策，制定《北辰区知识产权资助管理办法》（津辰知识产权规〔2021〕1号），全面取消专利申请和授权阶段的资助。积极开展“蓝天”专项整治行动，开展打击非正常专利申请专项整治行动，对涉及的非正常专利申请，要求主动撤回，对激励和保护创新、促进知识产权高质量发展起到了保障作用。

开展对商标代理机构的全面自查整改和信用承诺工作，共12家代理机构，开展自查和承诺。为进一步加强知识产权保护，强化知识产权监管工作，开展了2021年知识产权领域“双随机、一公开”监管工作，对专利真实性、商标使用行为开展随机抽查，建立监管长效机制。

（三）高效益促进知识产权运用

大力提升企业知识产权能力。知识产权示范试点工作取得显著成效，国家级和市级知识产权优势和示范企业数量均位居全市前列。天士力、建科机械先后被认定为国家知识产权示范企业，天锻压力机、金锚集团等11家企业先后被认定为国家知识产权优势企业。天士力、长荣等4家企业被认定为天津市商标战略实施示范企业，其中天士力被确认为“全国商标战略示范企业”。截至2021年底，全区拥有专利的企业数量达到1500家，企业拥有的专利数量占全区比重达到79.96%。推动专利试点园区建设，高端装备制造产业园被纳入天津市首批专利试点园区。雅迪实业、天锻压力机等单位在细分产业领域开展天津市专利导航试点工作，在关键技术领域形成知识产权优势。

大力发展知识产权金融。优化并深入推进“辰智贷”融资模式，推进银行、证券、保险、信托等机构开展知识产权质押贷款业务，引导金融机构创新知识产权融资产品。通过健全知识产权质押融资风险补偿机制，鼓励金融机构加强信贷支持，推动多类型知识产权混合质押，加大对知识产权质押贷款贴息和评估费用补助的力度，“辰智贷”融资模式为辖区22家企业获得知识产权质押贷款约1.16亿元。

积极推动知识产权交易。依托河北工业大学、京津冀大学科技园联盟等资源优势，建成北辰科技成果超市。充分利用成果超市路演场地，举办高端装备制造等专场知识产权对接活动，2019年以来共举办产学研对接会、成果推介展示、科研沙龙等活动近百次，参加人员达到3000人次。

（四）高强度推进知识产权保护

知识产权保护工作提升到新的高度。北辰区委、区政府多次召开专题会议研究知识产权保护工作，将加强知识产权保护纳入区绩效考核和营商环境建设工作任务。2021年5月区委、区政府办公室联合印发《北辰区关于强化知识产权保护实施方案》，区市场监管局制定《2021年北辰区强化知识产权保护推进计划》。北辰区深入贯彻落实国家和我市知识产权保护的工作要求，在2021年天津市区域知识产权保护工作考核评比中，取得优秀等次，2020年度、2021年度北辰区“双打”（打击侵犯知识产权和制售假冒伪劣商品工作）绩效考核位列全市第一。2021年9月，北辰区知识产权局被市知识产权局确定为全市第一批区域专利行政保护试点单位。

加大知识产权侵权打击力度。依托区保护知识产权战略领导小组工作协调机制，区市场监管局、区知识产权局、公安北辰分局、区文旅局等部门强化知识产权保护协作，联合开展北辰区打击侵犯知识产权和制售假冒伪劣商品专项行动、北辰区打击制售假冒伪劣酒类商品专项百日行动等专项行动，查处了假冒口罩案、假冒机油案等一批侵犯知识产权大案要案，取得良好成效。2021年查处各类侵犯知识产权行政违法案件42件，罚没345.59万元，移送公安机关涉刑案件5件，有力打击了知识产权违法行为，净化了市场环境。

多措并举全方位加强知识产权保护。成立天津市北辰区知识产权纠纷人民调解委员会，化解知识产权领域的行业性、专业性矛盾纠纷。拓宽知识产权保护非诉讼纠纷快速维权渠道，在全区17个市场监管所建立了知识产权维权工作服务站，在农贸市场建立知识产权（专利、商标）纠纷快速处理机构。维护我区企业海外知识产权合法权益，支持企业“走出去”，制定了《北辰区海外知识产权纠纷应对指导、协调工作方案》。

（五）高水平加强知识产权管理

区委区政府高度重视知识产权工作，将知识产权纳入议事日程。2021年，区委常委会和区政府常务会3次专题研究知识产权工作，区委书记冯卫华先后两次对知识产权工作作出重要批示，并成功召开区知识产权大会。知识产权工作已纳入《天津市北辰区国民经济和社会发展第十四个五年规划和二〇三五年远景目标纲要》，并制定专项规划《天津市北辰区“十四五”市场监管现代化规划》和《天津市北辰区知识产权“十四五”规划》。

知识产权管理能力和服务水平全市领先。开展“直通车”“问诊式”服务，深入万达轮胎、金锚集团等重点企业开展知识产权风险评估，现场解决企业知识产权难题，打通服务创新主体“最后一公里”。人力资源社会保障部、国家知识产权局近日发布《关于表彰全国知识产权系统先进集体和先进个人的决定》（人社部发〔2021〕106号），北辰区知识产权局荣获2021年“全国知识产权系统先进集体”称号。北辰商标受理窗口秉持“小窗口”“大作为”的服务理念，全力服务北辰区及周边地区经济发展。2021年采取网上指导、窗口预约办理等多种方式为企业注册商标提供精准服务，共接受电话咨询1000余次、接待来人咨询600余次，受理业务644件，现场协助缴费或工作人员代缴160余件，办理业务量位居全市八个窗口第一位。2021年6月获国家商标局表彰，获评全市唯一

“商标受理工作实绩突出”窗口。

（六）高标准夯实知识产权基础

充分利用3·15国际消费者权益日、“4·26”知识产权宣传周、第35届天津市科技周的重要契机，联合多部门在北辰人流密集区域开展广泛宣传活动，积极宣贯《天津市知识产权保护条例》，发放知识产权风险防范明白纸及各类宣传手册6000余份，现场设立了商标侵权商品专区，以实物为载体讲解剑南春、国窖、海之蓝等侵权产品的鉴别方法，现场群众反响热烈、参与度较高。

聚焦企业知识产权培训与经验交流活动，邀请知识产权代理事务所专家讲解知识产权导航、布局、贯标等专业知识，为企业知识产权发展出谋划策。2021年组织宣传培训4次，覆盖重点企业130家次，鼓励企业不断加大知识产权保护，加强知识产权高质量创造，在辖区营造出尊重知识产权、保护知识产权的良好氛围。

五、重点工作

（一）支撑产业高质量发展

聚焦高端装备、生物医药、新能源新材料、新一代信息技术重点领域，实施优势产业链“强链”和“建链”工程，构建以产业化为导向的产业联盟，推动项目、平台、人才、资金一体化配置，加强“卡脖子”关键核心技术攻关。支持行业领军企业开展专利导航、专利布局，强化知识产权对重点产业链的支撑。在重点领域组建产业知识产权联盟，促进产业规模化发展。推进重点领域专利战略与标准战略相结合，提升产业竞争新优势。（责任单位：区市场监管局、区国资委、区发改委、区科技局、区工信局、区财政局）

（二）实施知识产权强企行动

建立国家级、市级和区级知识产权优势示范企业梯度培育机制，培育一批拥有自主知识产权、知名品牌和核心竞争力强的优势示范企业。积极推荐拥有优秀转化项目的企业申报国家、市级专利奖，支持企业促进专利技术实施转化。加强知识产权管理标准化体系建设，持续推动有一定知识产权工作基础的企业贯彻《企业知识产权管理规范》国家标准。引导高新技术企业依靠知识产权向规模化、高质化发展，培育一批具有国际竞争力的创新型领军企业。建立服务重点企业联系工作机制，充分利用市区两级知识产权人才队伍，有针对性地开展知识产权服务工作。（责任单位：区市场监管局、区国资委、区工信局、区科技局）

（三）培育高价值专利组合

聚焦重点产业链，以攻关关键核心技术和共性技术为目标，实施高价值专利培育项目。支持河北工业大学、天津商业大学、天辰工程院、中材国际研究总院、中国北方发动机研究所等高校院所，围绕企业重大技术需求加强产学研合作，产出一批具有国内外领先水平的原创性、基础性专利。支持企业走出去，鼓励企业加大国际专利申请力度。严厉打击非正常专利申请，消除不以保护创新为目的的非正常专利申请行为。（责任单位：区市场监管局、

区科技局）

（四）提升商标品牌竞争能力

强化驰名商标保护力度，完善驰名商标保护名录，推动商标品牌市场竞争能力建设。持续培育品牌价值高、经济贡献大的商标密集型产业，打造一批有一定影响力的商标品牌。推进重点商标保护名录管理，强化企业名称规范管理，对区内知名品牌、特色商标、地理标志产品加强保护。保护具有北辰地域特征、历史和文化价值的老字号品牌。推进农产品品牌化发展，设立北辰农产品展示中心，加大农产品品牌包装、产销对接、“网农对接”服务力度，全面提升品牌的知名度和竞争力，打造永不落幕的“农民丰收节”。（责任单位：区市场监管局、区商务局、区农业农村委）

（五）完善知识产权运营体系

依托河北工业大学科技成果转化中心，吸引优质资本、机构、人才资源聚集，为区内企业提供知识产权运营服务。深化“北辰科技成果超市”服务功能，提升服务水平，构建与国内外技术市场互联互通的知识产权交易网络。利用“新辰智贷”政策，推进银行、证券、保险、信托等机构开展知识产权质押贷款业务。积极支持企业投保专利保险、开展知识产权质押贷款，探索开展知识产权证券化、无形资产租赁等业务。支持知识产权信息、金融、法律、运营、咨询、代理、培训等服务机构加快发展，鼓励知识产权服务机构入园进企开展专利运营、投融资等高端服务。（责任单位：区市场监管局、区金融局、区科技局）

（六）打造知识产权保护高地

进一步完善制度、优化机制，做实知识产权全链条保护。持续加大知识产权保护力度，对群众反映强烈、社会舆论关注、侵权假冒多发的重点领域和区域，组织开展“铁拳”、“剑网”、“昆仑”、“蓝天”等专项执法行动。依法严厉打击侵犯商业秘密、侵犯著作权、假冒注册商标等侵害知识产权的犯罪行为。完善知识产权保护协作机制，采用联席会商、公安提前介入调查取证等方式，加强行政执法部门与公安部门对涉嫌犯罪知识产权案件查办工作的衔接。创新监管模式，综合运用法律、行政、经济、技术、社会治理等多种手段，探索创新信用监管、智慧监管的模式，推进线上线下一体化监管。健全多元化纠纷解决机制，鼓励当事人通过非诉讼方式化解纠纷。（责任单位：区市场监管局、区农业农村委、区文旅局、公安北辰分局、区检察院、北辰海关）

（七）提升知识产权服务效能

充分发挥各市场监管所知识产权维权服务工作站职能，深入企业走访服务，为企业提供知识产权法律、法规和政策咨询和业务指导和维权服务。发挥各镇街、开发区知识产权联络站作用，落实好属地责任，积极推动专利技术的集成、储备、流转、转化。坚持“小窗口、大作为”的工作理念，依托北辰商标受理窗口，持续为申请人提供高效、便利的商标业务服务，持续打造一流服务窗口。（责任单位：区市场监管局、开发区、各镇街）

（八）厚植知识产权文化理念

组织天津市知识产权创新创业发明与设计大赛北辰区初赛，挖掘优秀项目推荐到市级总赛，营造大众创业、万众创新的良好氛围。（责任单位：区市场监管局）推进青少年知识产权教育，鼓励区内中小学校积极申报知识产权教育示范校，积极组织参加天津市青少年小发明设计大赛。（责任单位：区市场监管局、区教育局）邀请知识产权专家组织开展知识产权专题培训，培养知识产权实务人才。加强宣传引导，开展知识产权保护进企业、进社区、进学校、进网络等活动，集中曝光查处的重大知识产权侵权典型案件，营造尊重创新、崇尚创新、保护创新的良好社会氛围。（责任单位：区知识产权战略领导小组成员单位）

六、保障措施

（一）加强党的领导

全面加强区委对知识产权工作的领导，建立统一领导、部门协同、上下联动的工作格局。充分发挥知识产权战略领导小组机制作用，研究解决国家知识产权强市建设试点城市培育工作中遇到的重大工作事项，确保试点城市培育工作高标准推进、高质量落实。

（二）落实资金保障

将知识产权工作经费纳入区级财政预算，并逐步提高知识产权专项经费的比重。各镇、开发区管委会要加大知识产权经费投入，确保承担各项任务指标能够圆满完成。引导企业加大知识产权经费投入，逐步形成以政府投入为引导、企业投入为主体、各类金融资本广泛参与的多元化资金投入格局。

（三）加强考核监督

充分发挥绩效考评“指挥棒”作用，将知识产权工作纳入绩效考评指标体系和营商环境评价体系，纳入对各镇街、开发区的绩效考评指标体系，进一步树立创先争优、干事创业、服务发展的鲜明导向。完善通报约谈机制，推动、督促知识产权各项工作任务有效落实。

天津市北辰区人民政府办公室
关于印发北辰区校外培训机构监督管理工作方案的通知

北辰政办发〔2022〕6号

各镇人民政府、街道办事处，各委、办、局，区直各单位：

《北辰区校外培训机构监督管理工作方案》已经区政府同意，现印发给你们，请遵照执行。

2022年5月7日

北辰区校外培训机构监督管理工作方案

为深入贯彻落实中共中央办公厅、国

务院办公厅印发的《关于进一步减轻义务教育阶段学生作业负担和校外培训负担的意见》精神，切实减轻中小学生过重课外负担，进一步规范本区面向3—6岁学龄前儿童、中小学生的校外培训机构办学行为，营造健康有序发展的校外教育环境，结合本区实际，制定本工作方案。

一、总体要求

坚持以习近平新时代中国特色社会主义思想为指导，全面贯彻党的教育方针，落实立德树人根本任务，深化校外培训机构治理，构建教育良好生态，促进学生全面发展、健康成长。

二、工作原则

——坚持学生为本、回应关切，遵循教育规律，着眼学生身心健康成长，减轻家长负担。

——坚持依法治理、标本兼治，严格执行义务教育法、未成年人保护法等法律规定，加强源头治理、系统治理、综合治理。

——坚持政府主导、多方联动，强化政府统筹，落实部门职责，加强部门协同力度，创新优化管理举措，提升管理实效。

三、明确准入规则

（一）坚持从严审批

严格依法对校外培训机构进行审批。不再审批面向义务教育阶段学生和面向普通高中学生的学科类校外培训机构及新的面向学龄前儿童的校外培训机构。

（二）实施分类审批

非学科类校外培训机构区分体育、文化艺术、科技等类别，分别根据《天津市非学科类（体育类）校外培训机构设置标准（试行）》、《天津市非学科类（文化艺术类）校外培训机构设置标准（试行）》、《天津市非学科类（科技类）校外培训机构设置标准（试行）》及审批流程实施准入，办学许可证要载明业务主管部门。

学科类、体育类、文化艺术类、科技类校外培训机构业务主管部门分别为区教育局、区文化和旅游局（体育局）及区科技局。

四、建立校外培训机构治理工作联席会议制度

（一）组织形式

联席会议由教育、文化旅游（体育）、科技、政务服务、市场监管、民政、发展改革、人社、消防、应急管理、卫健、宣传、网信、金融、政法、公安、司法、税务等部门和各镇人民政府、街道办事处组成，可根据工作需要，增补有关单位为成员单位。

召集人：区委、区政府分管教育、文化和旅游、科技、体育的领导

联席会议办公室设在区教育局，承担联席会议日常工作。办公室组成人员如下：

主任：区教育局主要负责同志

副主任：区教育局分管校外教育监管、民办教育的负责同志

成员：区教育局有关科室负责同志

联席会议成员单位各确定一名分管领导为联席会议成员，并指派1—2名有关业务部门主要负责人为联席会议联络员，专

门负责与联席会议办公室的日常工作联系。联席会议成员、联络员如有变动，其所在单位应及时提出调整，并通报联席会议办公室。

（二）具体职责

1. 区教育局：负责总体统筹开展校外培训机构综合治理工作，指导、协调、督促有关部门开展对校外培训机构的日常监管。牵头开展学科类校外培训机构备案和监督管理工作，重点做好学科类校外培训机构培训内容、培训材料、培训班次、招生对象、从业人员、培训行为、资金监管、年检、全国校外培训监管与服务综合平台管理、疫情防控等监管工作。

2. 区文化旅游体育局：负责做好文化艺术体育类校外培训机构的备案工作，牵头开展文化艺术体育类校外培训机构监督管理工作，重点做好文化艺术体育类校外培训机构培训场地、培训内容、培训材料、培训班次、招生对象、从业人员、培训行为、资金监管、年检、全国校外培训监管与服务综合平台管理、疫情防控等监管工作；查处校外培训机构侵权盗版、非法出版行为；配合相关部门做好对 IPTV、互联网电视等电视端的校外线上培训应用的监管工作。

3. 区科技局：负责做好科技类校外培训机构的备案工作，牵头开展科技类校外培训机构监督管理工作，重点做好科技类校外培训机构培训内容、培训材料、培训班次、招生对象、从业人员、培训行为、资金监管、年检、全国校外培训监管与服务综合平台管理、疫情防控等监管工作。

4. 区政务服务办：负责校外培训机构设立、变更、终止的审批工作，审批设立前须征求各业务主管部门意见，分类向区教育局及各业务主管部门推送审批事项信息，各校外培训机构向业务主管部门备案。

5. 区市场监管局：负责做好营利性校外培训机构登记工作和校外培训机构收费、广告宣传、签订培训合同、反垄断等方面监管工作；牵头做好校外培训机构违规广告治理工作。

6. 区民政局：负责做好非营利性校外培训机构登记和相关监管工作。

7. 区发展改革委：负责落实市发展改革委部署要求，对有关校外培训机构实行政府指导价。

8. 区人社局：负责校外培训机构各类工作人员劳动关系和社保缴纳的监管工作；做好职业培训机构未经批准面向中小学生开展培训的监管工作。

9. 区消防救援支队：负责依法对校外培训机构进行消防安全监督检查。

10. 区应急局：负责校外培训机构的应急管理工作。

11. 区卫生健康委：负责做好校外培训机构的卫生监管，做好相关疫情防控工作和卫生应急工作。

12. 区委政法委：负责做好相关维护和谐稳定工作。

13. 公安北辰分局：负责依法加强校外培训机构治安管理；做好校外培训机构联合执法安全保障工作和涉稳事件应急处理

工作。

14. 区司法局：负责提供法律服务支持、保障工作。

15. 区委宣传部：负责舆论宣传引导，制定舆情应对方案；协调有关部门加强正面议题设置。

16. 区委网信办：负责按照有关部门提供的线索，会同行业主管部门分析研判，做好网上舆情应对；协调上级网信部门对相关部门认定的属地违规校外培训机构线上平台、应用进行依法处置。

17. 区金融局：负责配合市级金融部门对金融机构培训费贷款办理及相关业务进行监督管理；配合市级金融部门做好对商业银行实施校外培训机构学费资金管理的监管工作。

18. 区税务局：负责检查、督促校外培训机构的纳税情况，要求校外培训机构开具正规票据。

19. 各镇人民政府、街道办事处：负责落实属地管理职责，加大网格化管理力度，强化网格员日常巡查，对未经许可或登记擅自开展教育培训活动的，责令停止其违法违规培训行为，对不听警告、继续培训且暴力抗法的违法违规行为及时上报区“双减”专班办公室和对应业务主管部门，组织相关监管部门联合执法。

（三）议事规则

1. 会议制度

联席会议成员单位每年年底召开一次全体会议，由召集人或者召集人委托的同志主持。研究具体工作事项时，可视情况不定期召开全体或者部分成员单位参加的专门会议。

联席会议办公室可以组织召开联络员会议，研究讨论联席会议议题和需要议定的事项。

联席会议或者联络员会议可邀请其他部门和专家参与特定事项的专题研究。联席会议议定的事项应形成会议纪要，并经与会单位同意后印发有关单位；对需要推动的工作，会议应明确具体落实部门，并按照目标责任在规定时限内完成相关工作，需要其他单位配合的，相关单位应积极配合。

2. 联合工作组制度

联席会议可根据工作需要组建联合工作组，开展督促、指导、检查工作。

五、推进社会共治

（一）压实机构主体责任

全面落实校外培训机构主体责任，校外培训机构在健全资质、安全管理、质量提升、诚信履约、风险保障等方面履行法定义务，强化自我管理。规范信息披露行为，推行“公开承诺+信用管理”模式，推动培训机构开展服务质量公开承诺。督促校外培训机构严格按照合同及相关规定提供培训服务、办理收退费等事宜。

（二）推动行业规范自律

鼓励行业组织建立健全行业自律规范、自律公约和职业道德准则，在机构自律、行业自律、交流合作、协同创新、履行社会责任等方面发挥桥梁纽带作用。发挥行业组织在权益保护、纠纷处理、行业信用建设和信用监管等方面的作用。

（三）鼓励社会协同治理

进一步畅通群众监督渠道，发挥社会公众、新闻媒体、行业组织的外部监督作用。健全投诉处理机制，对通过“12345”市民服务热线等渠道反映校外培训机构问题的，按照职责分工，分派至相关部门处理，反映学科类机构的分派至区教育局，反映文化艺术类、体育类机构的分派至区文化和旅游局（体育局），反映科技类机构的分派至区科技局；对于难以界定或综合性较强的信访件，由各相关业务主管部门牵头各部门协调解决。

六、工作要求

（一）健全工作机制

各部门要切实提高思想认识，切实加强对校外培训机构办学行为的日常监管，坚持“谁审批谁监管、谁主管谁监管”，防止重审批轻监管，健全监管责任体系和工作机制，加强监管队伍建设，及时总结经验，研究新情况、新问题，不断改进政策措施。各业务主管部门要根据职责范围制定本部门监督管理方案，组建针对本部门主管机构的联合工作组，细化分工，压实责任，监督管理方案和联合工作组名单报区联席会议办公室备案。

（二）加强部门协作

各部门要依法履行职责，共同加强对校外培训机构的协同治理，联席会议办公室要统筹协调好各项工作。部门间要加强沟通合作和信息共享，积极参与需要跨部门协调解决的工作，形成反应迅速、配合密切，应对有力的长效工作机制。

（三）强化考核评估

联席会议办公室要加强对各业务主管部门的督导评估工作，建立问责机制，对责任不落实、措施不到位，推诿扯皮的部门，要区分情况对相关责任人进行问责。

天津市北辰区人民政府办公室
关于印发北辰区推动公立医院高质量发展实施方案的通知

北辰政办发〔2022〕14号

各镇人民政府、街道办事处，各委、办、局，区直各单位：

《北辰区推动公立医院高质量发展实施方案》已经区人民政府同意，现印发给你们，请遵照执行。

2022年12月22日

北辰区推动公立医院高质量发展实施方案

一、总体要求

以习近平新时代中国特色社会主义思想为指导，深入贯彻习近平总书记对天津工作“三个着力”重要要求和一系列重要指示批示精神，坚定捍卫“两个确立”，坚决做到“两个维护”，贯彻落实市第十二次党代会精神，坚持以人民健康为中心，加强公立医院主体地位，坚持政府主导、公益性主导、公立医院主导，坚持医防融合、平急结合、中西医并重，建立健全现代医院管理制度，强化体系创新、机制创新、技术创新、模式创新、管理创新，加快优质医疗资源扩容和区域均衡布局，力争到2025年，公立医院发展方式从规模扩张转向提质增效，运行模式从粗放管理转向精细化管理，资源配置从注重物质要素转向更加注重人才技术要素，为更好提供优质高效医疗卫生服务、防范化解重大疫情和突发公共卫生风险、建设健康天津和健康北辰提供有力支撑。

二、构建公立医院高质量发展新体系

（一）发挥公立医院在医联体中的牵头作用。以北辰医院、北辰区中医医院为龙头，整合全区基层医疗卫生机构和专业公共卫生机构，统筹推进城市医联体、县域医共体建设。实施网格化布局管理，加强医联体内部信息互联互通，完善双向转诊，建立健全新型高效的上下分工协作和利益共享机制，加强人才培养和技术帮扶，促进防治结合、医防融合。做实做细家庭医生签约服务，为网格内人民群众提供健康管理和疾病诊疗等服务。加强公立医院公共卫生科室标准化建设，开展公立医院公共卫生工作绩效考核。（区卫生健康委负责）

（二）优化医疗卫生分布格局。坚持政府主导，科学合理规划设置基层医疗卫生机构，在明确医联体各成员单位功能定位基础上，加大对公共卫生、基层等的投入倾斜力度。完善公共卫生体系，提升基层突发公共卫生事件应急能力建设。深入推进镇村卫生服务一体化管理，持续优化开展全区村卫生室标准化建设。健全和完善基层卫生人才培养体系，加强岗位培训和继续教育，加快推进全科医学规范化教育和培训。依托医联体协作机制，通过牵头医院与基层开设医联体门诊，开展临床带教、专科共建等多种形式提升基层医疗卫生服务能力。（区卫生健康委、区财政局、区发展改革委按职责分工负责）

三、引领公立医院高质量发展新趋势

（一）加强临床重点专科建设。以满足重大疾病临床需求为导向，着力创建国家临床重点专科、市级医学重点学科和临床重点专科建设，大力发展区级重点专科，重点发展重症、肿瘤、心脑血管、呼吸、消化、感染、儿科、麻醉、影像、病理、检验、营养、康复等专科，以专科发展带动诊疗能力和水平提升。建立健全区域、医院两级质量管理架构、质量管理体系和质控标准，提升公立医院医疗服务质量管理的规范化、标准化水平。发挥中西医结合特色优势，加强中医优势专科建设。（区卫生健康委负责）

（二）推进医疗服务模式创新。推广多学科诊疗新模式、新理念。持续推行日间服务模式，提高日间手术占择期手术的比例。推动公立医院建立患者综合服务中心（窗口），提供健康管理、健康教育、疾病预防、预约诊疗、门诊和住院等一体化服务，提升患者就医体验。压实责任制整体护理，创新护理服务模式，拓展优质护理服务覆盖面和内涵，开展延续护理服务。开设药学门诊或用药咨询中心，开展精准用药服务，为患者科学用药提供指导。大力推进院前医疗急救网络建设，创新急诊急救服务模式，有效提升院前医疗急救服务能力。推进医院、疾病预防控制机构和基层医疗卫生机构协作开展慢性病筛查干预与健康管理项目。建立医疗机构和疾病预防控制机构协同监测机制，实现医疗救治、流行病学调查、实验室检测等信息互联互通。逐步推广中西医结合医疗模式，建立中西医多学科诊疗体系。（区卫生健康委负责）

（三）强化信息化支撑作用。推动云计算、大数据、物联网、区块链、第五代移动通信（5G）等新一代信息技术与医疗服务深度融合。推进电子病历、智慧服务、智慧管理“三位一体”的智慧医院建设和医院信息标准化建设，定期开展电子病历应用水平分级评价工作。完善医保信息平台便民服务应用，提升医保电子凭证使用率，不断扩大移动支付规模，推进公立医疗机构接入国家、市级医保服务平台。鼓励医疗机构发展互联网诊疗、互联网医院、远程医疗、“互联网＋护理服务”等成效显著、创新引领性强、可复制推广的“互联网＋医疗健康”模式。鼓励手术机器人等智能医疗设备和智能辅助诊疗系统的应用。监督公立医院落实药品追溯制度，探索公立医院处方信息与药品零售消费信息互联互通。（区卫生健康委、区委网信办、区医保局、区市场监管局按职责分工负责）

四、提升公立医院高质量发展新效能

（一）健全运营管理体系。全面落实《中华人民共和国基本医疗卫生与健康促进法》等法律法规，为提升医院治理能力和水平提供法治保障。整合医疗、教学、科研等业务系统和人、财、物等资源系统，建立医院运营管理决策支持系统，推动医院运营管理的科学化、规范化、精细化。以大数据方法建立病种组合标准体系，形成疾病严重程度与资源消耗在每一个病组的量化治疗标准、药品标准和耗材标准等，对医院病例组合指数（CMI）、成本产出、医生绩效等进行监测评价，引导医院回归功能定位，提高效率、节约费用，减轻患者就医负担。（区卫生健康委负责）

（二）加强全面预算管理。以医院战略发展规划和年度计划目标为依据，实行全口径、全过程、全员性、全方位预算管理，贯穿预算编制、审批、执行、监控、调整、决算、分析、考核等各环节，从数量、质量、实效、成本、效益等方面实施预算绩效管理，强化预算约束，促进资源有效分配和使用。定期公开医院相关财务信息，主动接受社会监督。（区卫生健康委负责）

（三）完善内部控制制度。以业务管理和经济管理的重大风险、重大事件、重要流程为重点，开展风险评估和内部控制评价，强化内部授权审批控制、预算控制、资产控制、会计控制、政府采购控制、信息公开控制等，防范财务风险、业务风险、法律风险和廉政风险。强化成本消耗关键环节的流程管理，降低万元收入能耗支出。推广医院后勤“一站式”服务。（区卫生健康委负责）

（四）健全绩效评价机制。坚持和强化公益性导向，全面开展公立医院绩效考核，持续优化绩效考核指标体系，重点考核医疗质量、运营效率、持续发展、满意度评价等。改革公立医院内部绩效考核办法，以聘用合同为依据，以岗位职责完成情况为重点，将考核结果与薪酬分配挂钩。完善城市医疗集团和县域医共体绩效考核制度，促进医疗资源下沉，提高基层服务能力和居民健康水平。（区卫生健康委负责）

五、激活公立医院高质量发展新动力

（一）改革人事管理制度。落实公立医院人员编制标准，建立动态核增机制。落实公立医院用人自主权，对编制内外人员待遇统筹考虑。落实岗位管理制度，按照医、护、药、技、管等不同类别合理设置岗位，科学编制岗位责任书，实行竞聘上岗、合同管理，激励人才脱颖而出。增加护士配备，逐步使公立医院医护比总体达到1∶2左右。（区委编办、区人社局、区卫生健康委按职责分工负责）

（二）改革薪酬分配制度。落实“允许医疗卫生机构突破现行事业单位工资调控水平，允许医疗服务收入扣除成本并按规定提取各项基金后主要用于人员奖励”要求，合理确定、动态调整公立医院薪酬水平，合理确定人员支出占公立医院业务支出的比例。在核定的薪酬总量内，公立医院可自主确定基础性、奖励性绩效工资的比例，根据不同岗位职责要求，自主设立体现医疗行业特点、劳动特点和岗位价值的薪酬项目，充分发挥各项目的保障和激励作用。逐步建立主要体现岗位职责和知识价值的薪酬体系，以岗定责、以岗定薪、责薪相适、考核兑现，注重发挥薪酬制度的保障功能。探索对公立医院主要负责人实行年薪制。（区人社局、区卫生健康委、区财政局按职责分工负责）

（三）健全医务人员人才培养体系。推进医学生临床能力提升，加强临床医学专业和教学资源建设，做好医学相关学科人文素质教育。落实住院医师规范化培训、专科医师规范化培训和继续医学教育制度，开展不同层次中医药师承教育培训。鼓励培养高层次复合型医学人才。加强老年、儿科、重症等紧缺护理专业护士的培养培训，推动护理岗位科学管理，提升护理服务水平。改革完善人才评价机制，坚持分层分类评价，合理设置评价标准，突出品德能力业绩导向，增加临床工作数量和质量指标，探索实行成果代表作制度，淡化论文数量要求。支持我区岗位设置合理、人事管理完善、具有自主评审意愿的三级公立医院申请高级职称自主评审。（区卫生健康委、区人社局按职责分工负责）

（四）深化医疗服务价格改革。落实我市《关于做好医疗服务价格动态调整工作的实施意见》，贯彻我市新增医疗服务价格项目管理规定，遵守新增价格项目申报流程，促进医疗机构创新发展。支持公立医院优化收入结构，提高医疗服务收入（不含药品、耗材、检查、化验收入）占医疗收入的比例。（区卫生健康委、区医保局按职责分工负责）

（五）深化医保支付方式改革。推行区域点数法总额预算管理下的多元复合医保支付方式，开展按疾病诊断相关分组付费和按病种分值付费试点，推广糖尿病门诊特定疾病按人头总额付费，结合家庭医生签约服务对紧密型区域医联体实行按人头付费，探索精神病按床日付费和门诊慢特病按人头付费。强化监督考核管理，规范医保协议管理，完善激励约束机制。指导推动公立医院积极参与国家组织药品和医用耗材集中采购使用改革，完善常态化集中带量采购机制，落实医保资金结余留用政策。（区医保局、区卫生健康委按职责分工负责）

六、建设公立医院高质量发展新文化

（一）强化患者需求导向。坚守纯粹医者信念，尊重医学科学规律，遵守医学伦理道德，遵循临床诊疗技术规范，为人民群众提供安全、适宜、优质、高效的医疗卫生服务。持续改善医疗服务，推行公立医院分时段预约诊疗和检查检验集中预约服务，开展诊间（床旁）结算、医学检验结果互认、医学影像资料共享等服务。加强患者隐私保护，开展公益慈善和社工、志愿者服务，建设老年友善医院。加大健康教育和宣传力度，做好医患沟通交流，增进理解与信任，为构建和谐医患关系营造良好社会氛围。（区卫生健康委、区委宣传部按职责分工负责）

（二）建设特色鲜明的医院文化。挖掘整理医院历史、文化特色和名医大家学术思想、高尚医德，提炼传承医院院训、愿景、使命，确定医院院徽、院歌、院庆日等，凝聚支撑医院高质量发展的精神力量，激发医务人员对工作极端负责、对人民极端热忱、对技术精益求精的不竭动力。强化精神引领，大力弘扬伟大抗疫精神和崇高职业精神，选树宣传先进典型。将文化元素融入医院环境建设，营造健康氛围，以充满人文关怀的医疗服务赢得患者、社会的信任和尊重。（区卫生健康委负责）

（三）关心关爱医务人员。建立完善保护关心爱护医务人员长效机制。进一步改善医务人员工作环境和条件，加强人文关怀，落实学习、工作、休息和带薪休假制度，维护医务人员合法权益。鼓励公立医院通过设立青年学习基金等多种方式，关心年轻医务人员成长。进一步健全职工关爱帮扶机制，切实解决医务人员实际困难。加强医院安全防范，强化安保队伍建设，完善必要安检设施。发挥“三调解一保险”作用，妥善化解医疗纠纷和医患矛盾，将解决医疗纠纷纳入法治轨道，健全完善医疗纠纷预防和处理机制，依法严厉打击医闹、暴力伤医等涉医违法犯罪行为，坚决保护医务人员安全。（区卫生健康委、公安北辰分局按职责分工负责）

七、坚持和加强党对公立医院的全面领导

（一）全面执行和落实党委领导下的院

长负责制。公立医院党委充分发挥把方向、管大局、作决策、促改革、保落实的领导作用，集体研究决定重大问题。健全完善医院党委会和院长办公会议事决策制度，严格落实书记、院长定期沟通和党委领导下的院长负责制执行情况报告制度，着力构建党委统一领导、党政分工合作、协调运行的工作机制。在公立医院章程中明确党建工作的内容和要求，包括医院党组织的党务工作机构、群团建设、文化建设、经费保障等，明确党委研究决定医院重大问题的机制，把党的领导融入医院治理全过程各方面各环节，把党的建设各项要求落到实处。提升医院纪委监督能力，促进党委主体责任和纪委监督责任贯通协同、一体落实，提高一体推进不敢腐、不能腐、不想腐能力和水平。（区卫生健康委、区委组织部按职责分工负责）

（二）加强公立医院领导班子和干部人才队伍建设。党委书记和院长分设的，党委书记一般不兼任行政领导职务，院长是中共党员的同时担任党委副书记。坚持党管干部原则，医院党委要按照干部选拔任用有关规定，及时制定完善医院内部组织机构负责人选拔任用具体办法。落实党管人才原则，完善人才培养、使用和引进管理办法，建立医院领导班子成员联系服务高层次人才制度，探索建立以医德、能力、业绩为重点的人才评价体系。（区卫生健康委、区委组织部、区人社局按职责分工负责）

（三）全面提升公立医院党组织和党员队伍建设质量。推进党支部标准化规范化建设。建立党支部参与人才引进、队伍建设、职称职级晋升、绩效考核、薪酬分配、评奖评优等重大事项讨论决策的制度机制，把好政治关、医德医风关。持续深化医院临床医技科室党支部书记“双带头人”培育工程，着力培养党性强、业务精、有威信、肯奉献的党员临床医技骨干担任党支部书记。建立健全把业务骨干培养成党员、把党员培养成业务骨干的“双培养”机制。（区卫生健康委负责）

（四）落实公立医院党建工作责任。建立健全各级党委统一领导，组织部门牵头抓总，卫生健康部门具体负责，相关部门齐抓共管，一级抓一级、层层抓落实的责任体系和工作格局。公立医院党委承担党建工作主体责任，党委书记是党建工作第一责任人，领导班子其他成员落实“一岗双责”，确保党建工作与业务工作同部署、同推进、同落实。加强和改进公立医院党组织书记抓基层党建述职评议考核工作，强化考核结果运用。严格落实基层党建工作责任，把党建工作作为年度考核和干部选拔任用的重要依据。（区卫生健康委、区委组织部按职责分工负责）

八、加强组织保障

（一）压实工作责任。把推动公立医院高质量发展作为深化医药卫生体制改革的重点任务，强化领导责任、保障责任、管理责任、监督责任，统筹推进公立医院高质量发展与体制机制改革。进一步深化“放管服”改革，调整完善相关政策，为公

立医院高质量发展创造良好环境。（区卫生健康委负责）

（二）强化财政支持。区级财政按规定落实政府对符合区域卫生规划公立医院的投入政策，落实对中医医院等专科医院，及妇幼保健机构的投入倾斜政策。（区财政局、区发展改革委、区卫生健康委按职责分工负责）

（三）建立评价体系。根据市级相关要求，将公立医院高质量发展评价指标体系与公立医院绩效考核等有机结合，对全区公立医院高质量发展进行评价，建立健全结果反馈与督促评估机制。（区卫生健康委负责）

天津市北辰区人民政府办公室 关于印发北辰区科技计划项目管理办法的通知

北辰政办发〔2022〕16号

各镇人民政府、街道办事处，各委、办、局，区直各单位：

《北辰区科技计划项目管理办法》已经区人民政府同意，现印发给你们，请遵照执行。

2022年12月27日

北辰区科技计划项目管理办法

第一章　总则

第一条　为规范和加强我区科技计划项目管理，深化科技管理体制改革，健全以信任为前提、激励为导向、绩效为目标、规范为保障、诚信为底线的新型科研管理模式，进一步支撑我区加快实现高水平科技自立自强，根据国家和我市有关规定，结合实际，制定本办法。

第二条　北辰区科技计划项目（以下简称项目）是指北辰区科学技术局（以下简称区科技局）根据国家和天津市、北辰区科技创新规划组织实施，由法人单位承担并在一定时间周期内进行的科学技术研究开发及相关活动。对于区科技局按照有关规定下放立项权限的法人单位，其自主立项项目通过区科技局备案后，视同为北辰区科技计划项目。

第三条　项目资金来源包括区财政资金、承担单位自筹资金以及从其他渠道获得的资金。引导有条件的高等学校、科研院所、社会组织、企业等通过捐赠等方式出资，建立多元化投入机制。

第四条　项目资助方式主要包括前补助和后补助。

前补助，是指项目立项后核定预算，并按照项目执行进度拨付资金的财政支持方式。

后补助，包括事前立项事后补助和奖励性后补助。事前立项事后补助，是指项目立项后，由项目承担单位先行投入资金组织实施，项目结束并通过综合绩效评价后，区科技局给予适当补助资金；奖励性后补助，是指对法人单位取得有助于解决国家及市、区急需或影响经济社会发展问题的科研成果，区科技局给予奖励补助。

以其他方式资助的项目按照各相关管理办法实施。

第五条　以前补助、事前立项事后补助等方式资助的项目，组织流程一般包括申报与受理、评审与立项、实施管理、验收等；以奖励性后补助方式资助的项目，组织流程一般包括申报与受理、评审与立项等。

第六条　项目管理遵循以下原则：

战略谋划。围绕重大战略任务，集成优势科技资源，紧盯主攻方向和核心技术突破口，超前部署，科学布局。

以用立业。突出科技成果应用导向，促进创新链、产业链、价值链深度融合。

减负放权。坚持转变职能、优化服务，贯彻落实科研领域“放管服”规定，不断激发科研人员积极性、创造性，打造更加完善的科研生态环境。

协同部署。促进科技创新与科普协同发展，大力推进科技资源科普化，引导社会形成理解和支持科技创新的正确导向，为科学研究和技术应用创造良好氛围。

管理规范。优化项目管理流程，在评审、立项、实施、验收、成果转化等各个环节，健全权责明确、科学高效的运行机制，完善项目保密、科技信息公开管理机制。

第二章　各方职责

第七条　区科技局是项目主管部门，主要职责包括：

（一）研究制定项目管理制度规范；

（二）编制发布项目指南；

（三）组织完成项目受理、评审、立项、任务合同书签订、实施管理、验收、监督与评估等工作；

（四）负责项目调整、撤销和终止的审核等工作；

（五）确定承接具体管理工作的项目管理服务机构，并对其履职尽责情况进行监督检查；

（六）统筹项目科研诚信建设，加强项目科技伦理治理；

（七）法律、法规、规章规定的其他职责。

第八条　项目组织单位是项目第一承担单位的上级主管部门或注册地所在各镇人民政府、街道办事处、开发区管委会，主要职责包括：

（一）负责对项目申报、任务合同书签订、调整、撤销和终止、验收等进行审查；

（二）督促管理范围内项目承担单位实施和完成项目，配合开展相关监督与评估工作；

（三）指导管理范围内项目科研诚信建设和科技伦理治理；

（四）法律、法规、规章规定的其他职责。

第九条　项目承担单位是项目实施的

责任主体，主要职责包括：

（一）恪守科学道德，遵守有关法律法规和科技伦理原则，对相关科研活动加强审查和监管；

（二）建立健全科研、财务、诚信等内部管理制度；

（三）按照任务合同书组织实施项目，落实配套条件，完成项目考核指标；

（四）按要求组织编报项目自评价报告、科技报告等，及时报告项目执行中出现的重大事项，按程序报批需要调整的事项；

（五）接受指导、检查并配合做好监督、评估和验收等工作；

（六）履行保密、知识产权评估及保护等责任和义务，强化科普工作责任意识，推动项目成果转化应用；

（七）按照有关法律法规和相关部门要求，办理实施项目必要的手续并承担项目实施的安全责任；

（八）开展科研人员遵规守纪宣传和培训，强化科研人员自律意识和诚信意识；

（九）法律、法规、规章规定的其他职责。

第十条　项目负责人是项目实施的直接责任人，主要职责包括：

（一）负责项目申报、实施，按要求完成任务合同书规定的任务，确保按时完成验收；

（二）按要求向项目第一承担单位报送项目执行情况、经费使用情况，编制提交科技报告，并及时报告项目实施中出现的重大事项；

（三）推进项目成果转化应用；

（四）弘扬科学家精神，带头并督促项目组成员恪守科研诚信，自觉遵守科技伦理要求，严格遵守各项管理规定，增强科普责任感和使命感，主动接受有关方面的监督。

第十一条　项目管理服务机构受区科技局委托，开展具体项目管理服务工作，主要职责包括：

（一）承担项目的受理、评审、过程管理、验收、监督评估等具体工作；

（二）客观及时地向区科技局反映工作中发现的问题；

（三）区科技局委托的其他项目管理服务工作。

第十二条　项目评审或咨询专家的主要职责是：

接受区科技局或项目管理服务机构委托，对项目指南编制、评审、实施、验收、监督评估等工作提出独立、客观、公正的评审或咨询意见。

第三章　项目形成

第十三条　区科技局根据国家、市科技计划体系，结合我区国民经济和社会发展需求，推动项目、平台、人才、资金一体化配置。设立涉及工业、农业、社会发展等领域科技计划。

第十四条　区科技局根据科技创新发展的新形势和新要求，针对市委、市政府、区委、区政府重大决策部署，或涉及产业、民生等领域重大科技创新活动、重大颠覆性成果需求，持续优化项目形成机制。

第十五条 充分发挥市场在资源配置中的决定性作用，强化需求导向、问题导向、目标导向，完善公开竞争、定向择优、定向委托、“揭榜挂帅”、“赛马争先”、“应急通道”等项目形成机制，区科技局根据不同项目的特点，通过适当方式遴选项目承担单位。

第十六条 区科技局一般采取公开竞争的方式择优遴选项目承担单位，对具有明确战略目标、技术路线清晰、组织程度较高、优势承担单位集中的重大科技任务，可采取定向择优或定向委托的方式确定项目承担单位。

“揭榜挂帅”适用于关键核心技术攻关等重大科技任务，以重大原创性成果产出为目标，以解决实际问题成效为衡量标准，由区科技局发布需求榜单，具有较强研发实力的单位均可参与揭榜，不设门槛、充分赋权、限时攻关，突出在真实应用场景下开展验收。

“赛马争先”适用于探索性较强且急需的攻关任务，可择优选择技术路线明显不同的多个承担单位平行立项，前期实施动态竞争，视情况给予各承担单位一定比例启动资金支持，中后期根据考核评估结果确定是否继续支持。

“应急通道”适用于重点产业或民生领域等需快速响应的紧急科研任务，主要通过后补助的方式，立即启动组织实施。

第四章 申报与受理

第十七条 区科技局紧密围绕创新驱动发展战略、京津冀协同发展重大国家战略，以及天津市、北辰区经济社会发展需求，广泛调研、充分吸纳各方意见，编制项目指南，明确优先支持重点和方向。自项目指南发布日到项目申报受理截止日，原则上不少于30天。根据项目特点，项目指南一般通过政务网站等渠道公开发布。

第十八条 符合项目指南要求的法人单位组织填写项目申报书，同一单位研究内容相同或相似的项目不得多头、重复申报。项目组织单位对管理范围内的申报项目进行审查。

第十九条 区科技局或受委托的项目管理服务机构对申报项目进行审查，不符合要求的不予受理。项目负责人主持的在研项目数原则上不得超过2项。

第五章 评审与立项

第二十条 根据不同项目特点，采取相应的评审方法和评价标准，可重点评价项目申报书中的技术指标、经济指标与指南的相符性，技术路线与方案的创新性和可行性，科技成果评价指标的合理性，以及项目前期工作基础及实施条件等。不把论文专利、人才“帽子”、承担科研任务、奖励等情况作为限制性条件。

第二十一条 项目评审方式主要包括通讯评审、会议评审和现场考察或核查等。会议评审前给专家提供充足的时间熟悉项目指南及申报材料，需要答辩的，原则上项目负责人亲自汇报答辩，非项目组成员不得参与答辩。

第二十二条 区科技局严格依据专家

评审意见审定拟立项项目。在符合科学技术保密规定的前提下，拟立项项目一般通过政府网站等渠道公示，公示期不少于5个工作日。

第二十三条　区科技局对公示无异议的项目提请区政府审批后，下达立项通知。对于公示期间有异议、且经核实异议成立的项目，不予立项。区科技局与项目承担单位、项目组织单位签订任务合同书。项目承担单位不能按期签订任务合同书的，视同自动放弃，不予立项。以奖励性后补助方式资助的项目，无需签订任务合同书。

第六章　实施管理

第二十四条　区科技局、项目组织单位、项目承担单位、项目负责人应按照项目任务合同书的约定，履行各自的责任和义务，共同完成项目总体目标。

第二十五条　实施周期三年及以下的项目，以承担单位自我管理为主，区科技局一般不开展过程检查。任务导向型的项目全面推行“里程碑”关键节点考核，对实施进度严重滞后或未达到预期绩效目标的项目，视情况予以调整或办理终止手续。

第二十六条　项目承担单位原则上每年需对项目的实施情况、目标实现情况、成果产出及进展情况、经费支出情况等进行自评价，并及时将评价情况报告区科技局。

第二十七条　项目负责人可根据科研活动实际情况，在不改变研究方向和不降低考核指标的前提下，自主调整研究方法和技术方案，报项目第一承担单位备案。

第二十八条　项目任务合同书中约定的内容原则上不予变更。因项目承担单位、项目负责人、技术、市场、政策等发生重大变化，及其他不可抗力因素确需变更的，项目第一承担单位应在项目执行期内，按程序报区科技局备案或审批：

（一）更换项目组织单位，变更项目第一承担单位名称、开户银行、账户名称、银行账号、其他承担单位名称等信息，调整项目组成员，报区科技局备案；

（二）更换项目承担单位、项目负责人，调整项目主要研究内容和考核指标，延长项目执行期，报区科技局审批。

第二十九条　项目实施过程中有下列问题之一的，项目第一承担单位和项目组织单位均可提出撤销或终止项目的申请，报区科技局审批。必要时，区科技局可主动撤销或终止项目。

（一）经实践证明，项目技术路线不合理、不可行，或项目无法实现任务合同书规定的进度且无改进办法；

（二）项目执行中出现严重的知识产权纠纷；

（三）完成项目任务所需的经费、原材料、人员、支撑条件等未落实或发生改变导致研究无法正常进行；

（四）组织管理不力或者发生重大问题导致项目无法进行；

（五）项目实施过程中出现严重违规违纪行为，严重科研不端行为，不按规定进行整改或拒绝整改；

（六）无正当理由且项目执行期满后超

6个月仍未完成验收；

（七）项目任务合同书规定其他可以撤销或终止的情况。

第三十条 撤销项目的，项目第一承担单位应当牵头返还已拨付的全部财政资金。终止项目的，项目第一承担单位应对已开展工作、经费使用、已购置设备仪器、阶段性成果、知识产权等情况做出书面报告，经区科技局核查批准后，依规完成后续相关工作。

第七章 验收与成果转化

第三十一条 项目第一承担单位、项目负责人应按照项目验收管理有关要求及项目任务合同书约定，认真履行项目验收相关义务。无正当理由超过项目执行期6个月未完成验收的，将参照国家和我市科研诚信等相关规定，对相关责任主体给予处理。

第三十二条 区科技局采取“一站式验收服务”模式，合并项目的财务验收和技术验收，委托项目管理服务机构依据项目任务合同书，采取一次性综合绩效评价的方式，对项目进行验收评价。具体程序参照我市项目验收管理有关规定执行。

第三十三条 项目承担单位应在项目执行期内，按规定对项目实施的技术路线、研究方法、实验数据和研究结果等进行整理，形成科技报告，作为验收的必备条件。

第三十四条 项目验收后可开展持续追溯和跟踪，重点关注科技成果转移转化、应用推广以及产生的经济社会效益。

第三十五条 项目所形成的科技成果的归属、使用和转移转化，按照国家相关法律、法规执行。

第八章 监督与评估

第三十六条 区科技局对项目申报与受理、评审与立项、实施管理、验收等环节的合规性，开展全过程监督。加强科技伦理监管，全面覆盖项目组织实施各个环节。

第三十七条 开展项目绩效评估，重点评估目标完成、条件保障、组织管理、知识产权、人才培养、效果影响，特别是成果转化及产业化情况等。对绩效显著且符合我区经济社会发展需求的，持续实施；对没有明显绩效的，及时调整。

第三十八条 加强项目科研诚信管理，实施项目科研诚信承诺和审核制，完善项目科研诚信分级分类评价体系，强化守信激励、严格失信处理，着力营造风清气正的科研环境。

第三十九条 对受市场风险或其他不可抗力因素影响导致任务合同书考核指标未能完成的，如科研团队确已做到履职尽责，本着鼓励创新、宽容失败的原则，经组织专家评议，可对其予以免责。

第九章 附则

第四十条 项目涉及保密的，按照国家科学技术保密相关规定执行。

第四十一条 项目管理过程中涉及信息公开的，按照国家和市、区政府信息公开有关规定执行。

第四十二条 项目经费参照我市财政科研项目资金管理有关规定执行。

第四十三条　本办法由区科技局负责解释，自发布之日起施行，有效期5年。

天津市北辰区人民政府办公室关于印发天津市北辰区乡村振兴实施方案2022—2025年的通知

北辰政办发〔2022〕18号

各镇人民政府、街道办事处，各委、办、局，区直各单位：

《天津市北辰区乡村振兴实施方案（2022—2025年）》已经区人民政府同意，现印发给你们，请遵照执行。

2022年12月30日

天津市北辰区乡村振兴实施方案（2022—2025年）

为深入贯彻习近平总书记关于全面推进乡村振兴的重要讲话和指示批示精神，坚决落实市委、市政府全面推进乡村振兴加快农业农村现代化的部署要求，扎实推动乡村产业振兴、人才振兴、文化振兴、生态振兴和组织振兴，结合我区实际，现制定本工作方案。

一、总体目标

（一）指导思想

坚持以习近平新时代中国特色社会主义思想为指导，全面贯彻党的十九大、十九届历次全会和二十大精神，深入贯彻习近平总书记对天津工作“三个着力”重要要求和一系列重要指示精神，按照市委和区委关于“三农”工作的决策部署，立足“大都市近郊区”的区情农情，坚持加强党对“三农”工作的全面领导，坚持农民主体地位，坚持农业农村优先发展，推进农业现代化与农村现代化一体设计、一并推进，以乡村振兴战略为总抓手，以推动高质量发展为主题，统筹发展和安全，深化农业供给侧结构性改革，大力推进乡村产业现代化、生态现代化、生活现代化、文化现代化、治理现代化等“五个现代化”建设，促进农业高质高效、乡村宜居宜业、农民富裕富足，形成具有北辰特色的乡村振兴新格局。

（二）目标任务

到2025年，北辰区乡村振兴战略实施取得阶段性成效，“五个现代化”水平显著提升，力争农业农村现代化达到全国先进水平。现代都市型农业功能充分发挥，乡村产业现代化水平显著提升，粮食和“菜篮子”产品供应保障更加有力，现代农业生产体系、产业体系、经营体系更加完善，农技水平明显提高，一二三产业深度融合，产业链条更加健全。农业农村全方位绿色发展，乡村生态现代化水平显著提升，农业污染防治水平显著提高，农业资源保护和利用效率显著提升。乡风文明更加繁荣进步，乡村文化现代化水平显著提升，社会主义核心价值观深入人心，优秀乡村文化传承发展，乡村文化设施建设水平显著提升，乡村文化生活更加丰富。乡村治理体系和治理能力更加健全完善，乡村治理现代化水平显著提升，农村基层组织建设明显加强，乡村治理结构更加优化、制度更加完善，法治乡村、平安乡村、和谐乡村建设水平显著提升。城乡融合发展深入推进，乡村生活现代化水平显著提升，脱贫攻坚和结对帮扶困难村成果进一步拓展，乡村建设行动取得明显成效，农村人居环境显著改善，城乡基础设施一体化、公共服务均等化水平持续提升，更多人才、科技、资金等先进要素向乡村良性流动，农民收入持续增长，城乡居民收入差距持续缩小，农民群众的获得感、幸福感、安全感明显提高。

二、重点任务

（一）牢牢稳住农业生产基本盘，“米袋子”“菜篮子”保障更加有力

1. 稳步推进粮食生产和重要农产品供给。坚决落实粮食安全党政同责，完成粮食双增长目标，确保粮食播种面积 12 万亩以上，粮食产量 4.8 万吨以上；蔬菜、肉类、禽蛋、牛奶等主要“菜篮子”产品自给率保持较高水平。做好基本保障型蔬菜生产功能区建设，提高新建的 5000 亩设施农业利用效益。加快畜禽生产有序发展和产业转型升级，提升津蓿牧业、泽承肉牛、益多利来水产等企业规模水平，发挥示范引领作用，提升养殖业质量效益。大力发展林下经济，增加土地效益。开展粮食节约行动，减少粮食损耗浪费，确保粮食安全。

2. 实施现代种业提升工程。加强农业种质资源保护开发利用。重点发展设施蔬菜良种、水产良种、种乳牛和生猪等畜禽良种，加快推动商业化育种体系，高标准建设一批规模化、标准化、智能化现代种业基地。继续承办全国种业博览大会“耕耘地展”项目，建设集种源展示、科普教育、农业休闲旅游为一体的现代农业种业示范基地。以双青生态农业区、西堤头生态农业区为核心，构建“科技创新－良种繁育－推广辐射”的种源科技农业发展整体构架。加快耕耘、梦得、益多利来、今日健康、启悦等龙头企业规模化发展，创新以产业为主导、企业为主体、基地为依托的种源科技农业发展体系。加大对区域内种源企业育种研究项目的支持力度，开展“卡脖子”技术攻关，推动农业科技成果转化。

3. 提高土地利用质量效率。采取“长牙齿”的措施，落实最严格的耕地保护制度，坚决遏制耕地“非农化”“非粮化”。持续开展高标准农田建设和农业小型水利设施建设，实施 2000 亩麦稻连作试点，开启耕地地力保护深翻示范项目 10000 亩。严格土地用途管制，严禁违规占用耕地和违背自然规律绿化造林、挖湖造景，严格控制非农建设占用耕地，深入推进农村乱

占耕地建房专项整治行动。严格落实耕地和永久基本农田管制规定，严格控制耕地转为林地、园地等其他类型农用地。严格落实建设占用耕地占补平衡管理规定，严格新增耕地核实认定和监管。全面推行“田长制”，落实耕地保护责任，巩固好撂荒土地排查整治100%完成的成果，确保“耕地不荒一亩，园田空白不留一分”。严格落实耕地利用序列优先规定，加强耕地数量和质量检测监管，强化耕地保护督察和执法监督，严防死守耕地红线，确保耕地数量不减少、质量有提高。

（二）加快农业转型升级，现代都市型农业功能充分发挥

1. 深入推进农业结构调整。立足区内“东渔西果中蔬菜”的农业资源禀赋和产业优势特色，突出区域特色和错位发展，探索打造农业生产聚集区、高端农业展示区、农产品仓储物流区、城乡融合发展区的农业布局。重点围绕双街、西堤头、双口、青光、大张庄5个镇，采取双街镇提升品质、西堤头镇和双口镇重点建设、青光镇和大张庄镇协同发展的产业培育模式，建成以都市渔业产业园、名特优、益多利来为代表的东部精品养殖区，以大张庄综合改革试验区、双街现代农业科技园、龙顺庄园、庞嘴艺术民宿为依托的中部高端农业休闲观光区和以岔房子山药、林下种养为代表的西部生态农业区，持续做大做强北辰特色农产品品牌，推动优质精品农产品进入全国高端市场。

2. 强化现代农业科技支撑。完善水产、蔬菜等现代农业技术体系，加强农业节水、质量安全追溯等新技术研发应用，建立“平台创新服务中心推广－园区试验示范－基地应用推广”的农业科技集成应用体系。深入开展乡村振兴科技支撑行动，强化与农业高等院校、科研院所对接，加大农业引才引智力度，集聚农业科技资源，加快农业科技成果转化和推广。落实科技特派员制度，强化农技推广人员下村指导。大力发展智慧农业，推进智慧农业平台建设，实施“物联网＋农业”“电商网＋农业”“信息网＋农业”三网联动提升工程，引导农业生产应用智能控制系统，推进人工智能、物联网、大数据在农业中的产业化、规模化应用，到2025年，智慧畜牧、智慧水产、智慧园艺、智慧种业的覆盖率达到50%以上。健全农作物病虫害防治体系，提高非洲猪瘟、高致病性禽流感等动物疫病防控能力。加强京津冀动植物疫病联防联控合作。

3. 构建融合发展的现代乡村产业体系。坚持“系统”思维，推动一二三产业融合发展。围绕粮经、果蔬、水产、奶牛四大主导产业，加快引育一批产业化龙头企业，打造农产品全产业链新格局。依托北辰区农产品展示中心，加大农产品产销对接、“网农对接”服务力度，培育和提升天穆牛羊肉、庞嘴大馒头、东堤头青萝卜、妙众堂黑豆茸等一批农产品新品牌，采用市场化机制，积极申报“津农精品”，认证国家农产品地理标志产品，切实提高品牌知名度，到2025年，打造区域公用品牌1个、

企业品牌5个、产品品牌6个。延长农业产业链，发展仓储、冷链、物流、康养等相关产业，推动韩家墅海吉星等农产品批发市场转型升级。积极培育精品民宿、体验式农业等乡村休闲新业态，打破“独木虽佳难成林”的难题，推动曙光水镇、都市绿谷、林海果缘、墅外桃源等乡村旅游项目“串珠成线”，打造独具特色的“家庭农场”和“开心乐园”，创建一批中国美丽休闲乡村。

4. 提高现代农业经营水平。强化农民合作社和家庭农场作用，培育发展家庭农场，提升农民合作社规范化水平，积极发展生产、供销、信用“三位一体”综合合作，加强龙头带动，加快培育一批较大规模的农业产业化龙头企业和农业产业化联合体。实施家庭农场“百千万”工程，到2025年，累计创建示范家庭农场8个、农户家庭农场24个，纳入全国家庭农场名录系统160个、市级农民合作社12个，农业产业化龙头企业达到7家，培育1个以上农业产业化联合体。健全农业社会化服务体系，积极鼓励发展农业专业化社会化服务组织，重点支持促进小农户生产托管服务，实现小农户和现代农业发展有机衔接。探索建立农业社会化服务主体名录库，建立服务主体黑名单制度。培育专业生产型和技能服务型高素质农民，吸引各类人才到农村创新就业。深化供销合作社综合改革。

（三）推进环境整治，乡村建设更加宜居宜业和美

1. 推进农业绿色发展。开展农业绿色发展行动，实现投入品减量化、生产清洁化、废弃物资源化、产业模式生态化。加强农业面源污染治理，主要农作物化肥农药利用率达到国家规定标准以上，保持化肥、农药使用量零增长。全面推进农膜、农作物秸秆等农业废弃物多样化处理。推动规模以下畜禽养殖专业户配套粪污处理暂存设施，探索不同畜种、不同规模养殖户粪污处理新模式，推动畜禽粪污资源化循环利用。推进水稻等种植业农田退水、水产养殖尾水综合治理。高标准完成国家农产品质量安全区创建工作，持续抓好放心菜基地、放心水产品基地的管理提升。试行食用农产品达标合格证制度，确保试行主体出证率100%。强化产地准出与市场准入机制有机衔接，地产食用农产品实现全程可追溯。全面推行林长制，强化河湖长制。

2. 推动农村基础设施提档升级。突出地域特点和文化底蕴，明确村庄分类布局，保留乡村特色风貌，加强历史文化名村和遗产遗迹保护，留住乡村文化。有序开展“多规合一”村庄规划编制工作，实现保留村村庄规划全覆盖，形成现代城镇与美丽乡村一体发展、互融互促的新局面。以“农字号”特色小镇为载体，扎实推进新型城镇化，稳步开展乡村建设，着力推进公共基础设施建设提标提质、往村覆盖、往户延伸。建设一批乡村体育设施。注重建筑风貌引领，打造特色民居示范村。加强农村道路桥梁安全隐患排查，落实管养主体责任，全面实施路长制。加快数字乡村

建设，推动农村千兆光网、第五代移动通信、移动物联网与城市同步规划建设。完善“北辰智慧三农监管服务平台”，强化5G网络、农业遥感、大数据、区块链、机器人等现代技术在农业领域的应用，大力发展农村数字经济。完善农业气象综合监测网络，提升农业气象灾害防范能力。建立农村困难群众危房改造长效机制，推进农村危房抗震改造工作，保障农民住房安全。改造提升乡村寄递物流基础设施，提高益农信息社使用率、推广率，全面促进农村消费。

3. 加快补齐农村基本公共服务短板。健全城乡幼儿园帮扶机制，增加普惠性学前教育资源供给。落实“双减”政策，强化课堂主阵地作用，加强农村地区薄弱校教研联系点建设，提高教育教学水平。加强乡村教师队伍建设，持续推进校长、教师交流轮岗。加强涉农镇（乡）成人文化技术学校建设，开展农民职业技能培训。推进健康乡村建设，深化镇村卫生服务一体化管理。将符合条件的村卫生室接入区域卫生信息网络，实现医保门诊联网结算。加强乡村医生队伍建设，完善农村重大疫情防控体制机制。强化妇幼、老年人、残疾人等重点人群健康服务。做好家庭医生签约健康扶贫工作。完善统筹城乡的就业政策和服务体系，推动公共就业服务机构向乡村延伸，开展多种形式新生代农民职业技能提升培训班，提高新时期农民创业就业能力。健全重大疾病医疗保险和救助制度。落实城乡居民基本养老保险待遇确定和政策调整机制，实现参险率逐年提升。加强对农村留守儿童和妇女、老年人以及困境儿童的关爱服务，持续做好“明天计划”和“孤儿”助学项目。推动村级日间照料中心、社区食堂等养老服务设施建设，发展农村普惠性养老服务和互助性养老。推进农村公益性殡葬设施建设。巩固拓展国家公共文化服务体系示范区成果，创新实施文化惠民工程，广泛开展农民喜闻乐见的群众性文化活动。

4. 实施“十四五”时期农村人居环境整治提升行动。全面推进“百村示范、千村整治”工程，大力改善农村人居环境，完成第二批2个人居环境整治示范村创建工作，逐步对全区规划保留村庄实施全覆盖整治。夯实三级网格整治管理体系，实施农村全域清洁化工程。持续推进农村厕所革命，加强常态化维护和问题发现整改，形成长效管护机制。持续推进农村厕所与生活污水处理衔接，强化粪污处理和利用。持续加强农村生活污水处理设施维护管理，确保高水平运行。继续推进完善城乡环卫一体化机制，健全完善农村垃圾处运处置体系。

（四）完善体系建设，乡村治理更加和谐有序

1. 加强和改进乡村治理。巩固深化全国乡村治理体系建设试点区创建工作，创新乡村治理方式，挖掘乡村治理中的典型案例和先进经验，提高乡村善治水平。建立健全自治、法治、德治相结合的乡村治理工作机制，积极发挥群众参与治理的主

体作用，推广“积分制”“清单制”等做法。加强文明乡风建设，持续推进农村移风易俗。深入推进平安乡村建设。创建民主法治示范村。建立健全扫黑除恶斗争常态化机制。加大对农村非法宗教活动和境外渗透活动的打击力度，依法制止利用宗教干预农村公共事务。加强乡村应急管理和消防安全体系建设，维护农村和谐稳定。

2. 做好乡村振兴示范村创建工作。加快推进“三美四乡”建设，引进农业大项目、好项目，支持村集体经济不断壮大，5年内创建乡村振兴示范村5个以上。开展结对帮扶困难村工作“回头看”，建立健全帮扶项目资产的长效运行管理机制，确保项目资产稳定良性运转、经营性资产不流失、不被侵占、非经营性资产持续发挥作用，支持结对帮扶村庄创建乡村振兴示范村，为实现乡村全面振兴提供更好支撑。

3. 持续推进结对地区乡村振兴。持续加强产业合作力度，因地制宜引进优质项目，支持结对地区发展壮大特色产业，完善产业园区共建机制，实现两地优势资源互补，产业发展共赢。持续加强劳务协作力度，为结对地区在辰务工人员提供稳岗就业服务，落实落细积极的就业创业政策，实施职业技能提升计划，提升结对地区务工人员就业能力。持续做好消费帮扶工作，依托北辰区农产品展示中心，支持结对地区打造农产品区域公用品牌，搭建产销精准对接平台，发展电商营销新模式，扩大农产品销售渠道。继续实施“科技帮扶提升工程”，加大农技等专业人才交流力度，为结对地区培养技术研究团队提供技术支持。持续深化基础教育帮扶，打造一批教育帮扶标志性项目。探索建立健康帮扶长效机制，精心打造一批健康帮扶重点项目。汇聚社会帮扶合力，发挥群团组织、社会组织、民主党派、工商联、无党派人士作用，精准对接帮扶需求，持续用力开展各类帮扶。

（五）加大体制机制创新，农村改革更加释放活力

1. 加大乡村振兴发展投入力度。加强“三农”投入保障，坚持把农业农村作为一般公共预算优先保障领域，完善任务清单管理机制，提高扶持精准度，加快支农支出执行进度。将示范创建村作为各项政策创新的试点村，先行先试、探索经验，支持示范创建村整合盘活利用存量建设用地、闲置宅基地、闲置住宅等资源，为项目招商引资提供落地空间，满足示范创建村产业发展需求。发挥财政投入引领作用，参照市财政对示范村建设补助标准，区财政给予同比例的补助，分年度量力而行按每村500万元标准补助乡村振兴示范创建村。加大金融服务“三农”力度，鼓励和引导金融机构开展农村小额信用贷款、保单质押贷款、农机具和大棚设施等抵押贷款业务，开发专属金融产品支持新型农业经营主体和农村新产品新业态，增加对农业农村基础设施的中长期信贷支持。强化特色险种及农业保险经办机构遴选，推动农业保险“保价格、保收入”，更好满足乡村振兴多样化、多层次的金融保险需求。

2. 加强乡村振兴人才队伍建设。加强高素质农民培训，以促进现代农业高质量发展为导向，以满足农民理念、知识、技能需求为核心，以提升培育质量效能为关键，深入推进农民教育培训提质增效三年行动，重点培育经营管理型、专业生产型和技能服务型高素质农民。加强乡村干部教育培训，组织开展区、乡镇（街道）、村三级党组织书记乡村振兴轮训，提高干部政治素质和管理能力。探索开展村集体经济组织带头人培育工程，加强村集体经济组织理事长和管理人员培训，不断提高其政策落实能力、内部治理能力和经营发展能力。加强经营管理人才队伍建设，打造一支“留得住、专业化”的农村经营管理队伍，确保事有人干、责有人负。加强乡村科技人才培育，加大基层农业技术人员和农村各类实用技术人才培育力度，设立乡村科技人才培养培训基地，鼓励引导社会力量参与乡村实用技术人才队伍开发建设。深入推行科技特派员制度。加强乡土人才培育示范，定期举办传统技艺技能大赛，发挥乡土人才技艺传承、产业发展等方面带动作用。

3. 激活农业农村政策机制改革活力。以完善产权制度改革和要素市场资源化配置为重点，激活主体、激活要素、激活市场，为乡村振兴注入强大动力。深化土地制度改革，丰富承包地“三权分置”有效实现形式，推动农村集体资产进场交易“应进必进”。稳慎推进农村宅基地制度改革。探索建立农村集体经营性建设用地入市制度。引导农民利用土地入股，参与现代农业经营。深化农村集体产权制度改革，强化农村集体经济组织信息化管理，试点推动“经账社管”运行模式。盘活农村闲置低效资源，鼓励发展新产业、新业态以及社会化服务，不断增强农村集体经济组织的“造血”功能。依法保障进城落户农民的土地承包权、宅基地使用权、集体收益分配权。健全完善农业综合行政执法体系。深化农村集体林权制度改革。

（六）加强和改善党对“三农”工作的全面领导，乡村振兴凝聚力、战斗力进一步加强

1. 压实全面推进乡村振兴责任机制。全面落实《中国共产党农村工作条例》《天津市贯彻落实〈中国共产党农村工作条例〉的实施办法》及我区实施办法等党内法规和《中华人民共和国乡村振兴促进法》《天津市乡村振兴促进条例》等法律法规。落实乡村振兴责任制，明确各部门推进乡村振兴责任，强化五级书记抓乡村振兴责任。把“四个优先”要求落到实处。区、镇两级党委书记切实担负起抓“三农”工作第一责任人责任，区委书记当好乡村振兴“一线指挥员”，镇党委书记把主要精力放在“三农”工作上，定期研究推动乡村振兴工作。建立乡村振兴联系点制度和领导干部深入农村基层联系群众机制，定期深入基层调研，协调解决实际困难。组织开展区、镇、村三级党组织书记乡村振兴轮训。

2. 加强区委农村工作领导小组和工作机构建设。充分发挥区委农村工作领导小

组牵头抓总、统筹协调作用。各领导小组成员单位各司其职、各尽其位，出台重要涉农政策要征求区委农村工作领导小组意见并进行备案。区乡村振兴各专项工作组要建立台账，压实工作责任，确保各项重点任务及时落实到位。在完成区委农村工作领导小组办公室机构设置的基础上，选优配齐人员配置，强化决策参谋、统筹协调、政策指导。推动落实、督促检查等职能。区委农办每年分解“三农”工作重点任务，落实到各责任部门，定期调度工作进展，推动任务落实，不定期列席各镇乡村振兴工作会议，近距离指导服务“三农”工作。强化乡村振兴“挂图作战”任务指标跟踪监测，区委农村工作领导小组会议定期听取“挂图作战”落实情况汇报，加快推进乡村振兴工作进度。

3. 健全完善乡村振兴考核落实机制。各镇党委、政府每年向区委农村工作领导小组办公室报告实施乡村振兴战略进展情况，为决策我区“三农”发展重要事项提供依据。将实施乡村振兴战略实绩考核结果纳入党政领导班子和领导干部综合考核评价内容，注重提拔使用乡村振兴实绩突出的党政领导干部。用好乡村振兴目标管理信息系统。区委农村工作领导小组办公室牵头组织开展督促检查，及时发现组织领导、政策扶持、资金投入、工作措施等方面存在的突出问题和短板弱项并督促整改，推动各项部署要求落地见效。

三、实施步骤

（一）安排部署阶段（2022 年 12 月—2023 年 1 月）。各部门围绕总体要求，结合部门实际，明确专人负责，制定具体方案，定目标、定标准、定措施、定时限，细化举措，建立台账，确保事有人管、活有人干、责有人担。

（二）集中实施阶段（2022 年 12 月—2025 年 11 月）。区直有关单位和各镇统筹安排各个项目建设顺序，做到集中精力、全面推进、合力攻坚，保证按期高标准、高质量完成各项工作任务。

（三）考核验收阶段（2025 年 12 月—2026 年 1 月）。由区委农办、区农业农村委牵头组织，对照上级考核办法，对区直部门和各镇工作完成情况进行考核验收，并将考核结果作为评先评优的重要依据。

四、保障措施

（一）加强组织领导。坚持将“三农”工作作为重中之重的战略思想不动摇，强化惠农富农的政策力度不减弱，推进农村改革发展的步伐不放慢，严格落实“五级书记”抓振兴的工作机制，建立党政齐抓共管、部门各负其责的领导机制和工作机制，加强对“三农”干部的培养、管理和使用，建立一支优秀的三农”工作队伍，加快推进乡村振兴战略实施。

（二）做好部门联动。区直有关单位要按照责任分工，各司其责，协调联动，合力推进。农办要发挥牵总协调工作。农业农村、规划、生态环境等部门要切实加大对农村基础设施建设的支持力度。教育、民政、人社、卫健等部门要加强对农村公共服务的支持力度。宣传部门要加强正面引导，大力宣传先进典型，形成全社会关心支持的浓厚氛围。其他部门都要各司其职，积极参与到乡村振兴中去，形成强大的工作合力。

（三）加大资金投入。建立健全乡村振兴财政投入保障制度，通过列支专项资金，对乡村振兴项目建设进行奖补。继续对涉农项目、资金进行整合，重点支持农村基础设施建设、产业发展和基本公共服务项目等。区直有关单位要积极向上争取资金，加大投入力度，引导项目、资金、政策向农村倾斜。各镇村要积极引导资金、技术、信息、人才、管理等现代要素向农业农村流动。通过财政引导、部门倾斜、社会捐助、村镇自筹、群众参与，形成多元化资金投入渠道，为乡村振兴提供有力保障。

（四）强化督导考核。建立完善乡村振兴工作考核评价体系，将乡村振兴工作列入对部门和乡镇领导班子和领导干部绩效考核的重要内容，作为选拔任用干部的重要依据。把乡村振兴工作纳入区重点工作督查范围，加大督导考核力度。对进度快、效果好的镇和部门，全区通报表扬；对进度慢、效果不明显的镇和部门，全区通报批评；对不能按时完成任务的镇和部门，严格追究有关人员责任。

2022 年中共北辰区委印发公开文件一览表

表 21

日期	文号	文件名称
2022 年 1 月 28 日	津辰党发〔2022〕1 号	关于中共天津市北辰区委书记、副书记、常委分工的通知
2022 年 2 月 10 日	津辰党发〔2022〕2 号	中共天津市北辰区第十二届委员会第三次全体会议决议
2022 年 2 月 10 日	津辰党发〔2022〕3 号	中共天津市北辰区委 2022 年工作要点
2022 年 6 月 25 日	津辰党发〔2022〕10 号	关于认真做好市第十二次党代会精神学习宣传贯彻工作的通知
2022 年 8 月 6 日	津辰党发〔2022〕12 号	关于印发《中共天津市北辰区委关于贯彻落实市第十二次党代会精神的实施方案》的通知
2022 年 10 月 20 日	津辰党发〔2022〕13 号	中共天津市北辰区委关于追授魏俊强同志“北辰区优秀共产党员”称号的决定
2022 年 11 月 2 日	津辰党发〔2022〕14 号	中共天津市北辰区委关于迅速兴起学习宣传贯彻落实党的二十大精神热潮的通知
2022 年 12 月 26 日	津辰党发〔2022〕15 号	关于中共天津市北辰区委书记、副书记、常委分工的通知

续表 21

日期	文号	文件名称
2022 年 12 月 9 日	津辰党发〔2022〕16 号	中国共产党天津市北辰区第十二届委员会第七次全体会议决议
2022 年 12 月 9 日	津辰党发〔2022〕17 号	中共天津市北辰区委关于深入学习宣传贯彻党的二十大精神奋力开创全面建设社会主义现代化强区新局面的实施意见
2022 年 12 月 31 日	津辰党发〔2022〕18 号	关于设立中共天津市北辰区人民政府国防动员办公室党组的通知
2022 年 9 月 30 日	津辰党〔2022〕2 号	关于成立北辰区创建国家食品安全示范城市常态化建设领导小组的通知

2022 年北辰区委办公室印发公开文件一览表

表 22

日期	文号	文件名称
2022 年 3 月 28 日	津辰党办发〔2022〕1 号	中共北辰区委办公室北辰区人民政府办公室印发《天津市北辰区镇街所属事业单位管理岗位职员等级晋升制度工作实施方案》的通知
2022 年 5 月 22 日	津辰党办发〔2022〕2 号	中共北辰区委办公室 北辰区人民政府办公室关于印发《北辰区 2022 年区级重点工作任务清单和责任清单》的通知
2022 年 5 月 27 日	津辰党办发〔2022〕3 号	关于印发《2022 年北辰区区级领导干部破解问题清单》的通知
2022 年 2 月 18 日	津辰党办〔2022〕2 号	中共天津市北辰区委办公室关于天津市北辰区法学会、天津市北辰区文学艺术界联合会、天津市北辰区计划生育协会列入群众团体序列的通知
2022 年 10 月 14 日	津辰党办〔2022〕3 号	关于成立北辰区评比达标表彰工作协调小组的通知
2022 年 12 月 30 日	津辰党办〔2022〕5 号	中共北辰区委办公室 北辰区人民政府办公室关于做好 2023 年元旦春节期间有关工作的通知

2022 年北辰区政府印发公开文件一览表

表 23

日期	文号	文件名称
2022 年 4 月 7 日	北辰政规〔2022〕1 号	天津市北辰区人民政府关于修改天津市北辰区突发事件总体应急预案的通知（现行有效）
2022 年 3 月 1 日	北辰政发〔2022〕1 号	天津市北辰区人民政府关于调整区政府议事协调机构组成人员的通知
2022 年 6 月 6 日	北辰政发〔2022〕2 号	天津市北辰区人民政府关于印发北辰区贯彻落实天津市扎实稳住经济的一揽子政策措施实施方案责任分解表的通知
2022 年 6 月 29 日	北辰政发〔2022〕3 号	天津市北辰区人民政府关于印发北辰区妇女和儿童发展“十四五”规划的通知
2022 年 7 月 29 日	北辰政发〔2022〕4 号	天津市北辰区人民政府关于公布北辰区行政许可事项清单 2022 年版的通知
2022 年 8 月 25 日	北辰政发〔2022〕5 号	天津市北辰区人民政府关于印发北辰区全民健身实施计划 2021—2025 年的通知
2022 年 9 月 29 日	北辰政发〔2022〕6 号	天津市北辰区人民政府关于印发北辰区国家知识产权强市建设试点城市工作方案的通知

2022 年北辰区政府办公室印发公开文件一览表

表 24

日期	文号	文件名称
2022 年 1 月 29 日	北辰政办发〔2022〕1 号	天津市北辰区人民政府办公室关于印发天津市北辰区生态环境保护“十四五”规划的通知
2022 年 4 月 2 日	北辰政办发〔2022〕2 号	天津市北辰区人民政府办公室关于印发北辰区应急管理“十四五”规划的通知
2022 年 4 月 6 日	北辰政办发〔2022〕3 号	天津市北辰区人民政府办公室关于印发北辰区制造业强区高质量倍增行动方案（2021—2025 年）的通知
2022 年 4 月 29 日	北辰政办发〔2022〕5 号	天津市北辰区人民政府办公室关于公布北辰区人民政府 2022 年度重大行政决策事项目录的通知
2022 年 5 月 7 日	北辰政办发〔2022〕6 号	天津市北辰区人民政府办公室关于印发北辰区校外培训机构监督管理工作方案的通知

续表 24

日期	文号	文件名称
2022 年 7 月 5 日	北辰政办发〔2022〕7 号	天津市北辰区人民政府办公室关于印发北辰区防汛抗旱应急预案的通知
2022 年 7 月 29 日	北辰政办发〔2022〕8 号	天津市北辰区人民政府办公室关于印发北辰区 2022 年食品安全监督管理计划的通知
2022 年 8 月 23 日	北辰政办发〔2022〕9 号	天津市北辰区人民政府办公室转发国家统计局北辰调查队区统计局拟定的关于在全区开展住户调查大样本轮换工作实施方案的通知
2022 年 10 月 28 日	北辰政办发〔2022〕11 号	天津市北辰区人民政府办公室关于公布调整北辰区政府 2022 年度重大行政决策事项目录的通知
2022 年 11 月 1 日	北辰政办发〔2022〕12 号	天津市北辰区人民政府办公室关于印发北辰区自然灾害救助应急预案等八项应急预案的通知
2022 年 12 月 19 日	北辰政办发〔2022〕13 号	天津市北辰区人民政府办公室关于印发北辰区森林火灾应急预案等十七项应急预案的通知
2022 年 12 月 22 日	北辰政办发〔2022〕14 号	天津市北辰区人民政府办公室关于印发北辰区推动公立医院高质量发展实施方案的通知
2022 年 12 月 27 日	北辰政办发〔2022〕15 号	天津市北辰区人民政府办公室关于印发天津市北辰区教育设施布局规划 2020—2035 年的通知
2022 年 12 月 27 日	北辰政办发〔2022〕16 号	天津市北辰区人民政府办公室关于印发北辰区科技计划项目管理办法的通知
2022 年 12 月 28 日	北辰政办发〔2022〕17 号	天津市北辰区人民政府办公室关于印发加快推进北辰区气象高质量发展的工作方案的通知
2022 年 12 月 30 日	北辰政办发〔2022〕18 号	天津市北辰区人民政府办公室关于印发天津市北辰区乡村振兴实施方案 2022—2025 年的通知
2022 年 10 月 19 日	北辰政办发〔2022〕19 号	天津市北辰区人民政府办公室关于印发天津市北辰区供水专项规划 2015—2030 年修改的通知
2022 年 10 月 26 日	北辰政办函〔2022〕10 号	天津市北辰区人民政府办公室关于印发天津市北辰区深入打好污染防治攻坚战 2022 年工作计划的通知

媒体看北辰

“燕子”归去衔春泥

春暖花开，万物复苏，本是燕子归来时，可那只曾经家喻户晓的“燕子”却飞走了……

4月6日7时40分，曾被评为100位新中国成立以来感动中国人物之一的新中国“最美奋斗者”邢燕子病逝，享年81岁。

17岁“上山下乡”，邢燕子誓要“做一只在农村广阔天地间翱翔的燕子”。扎根农村，不怕苦、不怕累的“铁姑娘”带领农村妇女成立“燕子突击队”，在冰河上治鱼、在盐碱地上种庄稼，把荒洼地变成了金银窝。

作为一个时代的青年楷模，邢燕子用行动诠释“无悔青春 不负韶华”，她的事迹激励了一代人。她先后5次受到毛泽东主席接见、13次受到周恩来总理接见。2009年，被评为“100位新中国成立以来感动中国人物”；2019年，被授予新中国“最美奋斗者”荣誉称号。

“奶奶走的时候很安详，儿孙们都在身边。以前她总爱跟我们讲年轻时的事。这半年多，老人身体不太好，跟我们聊天也少多了。”昨天下午，记者拨通了邢燕子儿媳师女士的电话，回忆起了老人的“最后时光”。

邢燕子生前最宝贵的是她珍藏多年的那些老照片、旧报纸、旧画报和数不清的奖章、证书。“满满一屋子，都是她的宝贝。过些日子，我们会认真整理出来，把每一件都收藏好，这也是她留给我们的珍贵回忆。”

2019年国庆节前夕，记者曾经来到位于北辰区双街镇的邢燕子家中采访。那天，年近八旬的邢燕子刚从北京参加完新中国“最美奋斗者”表彰大会回来。一见记者，便热络地聊起在人民大会堂接受表彰的经历。“我去过10多次人民大会堂，可每次去都跟第一次一样激动。党和人民培养了我，这辈子永远跟党走，海枯石烂不变心。”

紧接着，老人拿出了珍藏的老照片。随着记忆一点点打开，邢燕子娓娓道来。

1958年7月，中学毕业的邢燕子本可以留在城里工作，但她响应“知识青年到农村去”的号召，只身回到了家乡宝坻司家庄村务农。

“回老家才发现，村里特别穷。男的外出支援建设，剩下的都是老人和妇女。”就在那时，17岁的邢燕子立志要做新中国第一代有文化的农民，用知识改变家乡。

在生产队里，邢燕子带领当地妇女冬

天砸开三尺厚的冰窟窿结网打鱼，晚上搞生活自救打苇帘子，创造了可观的副业收入。1959 年，司家庄村出现粮食危机，生产自救迫在眉睫。邢燕子又带领村里的姑娘们用各种工具往水坑外提水。几天后，坑里的水越来越少，竟然打出了几百斤鱼虾。那一年，邢燕子还不到 20 岁。在乡亲们眼中，她是朴实能干的“铁姑娘”，在生产一线，她和乡亲们一起插秧苗、种高粱，不辞辛苦地劳动。

1960 年冬天，为了多开荒地、多打粮，让乡亲们吃饱饭，邢燕子带领“燕子突击队”一鼓作气开垦了 560 亩荒地，准备来年开春种麦子。隆冬时节，化肥疙瘩冻得像石头一样硬。大伙儿合力将化肥疙瘩一个个轧碎，在满是冰碴儿的地里大干 10 多天，把 560 亩地轧了 8 遍。种子播种后，秋天多收获 4 万多公斤粮食，帮助乡亲们度过灾荒。就是凭着这股“要使石头长出粮”的干劲儿，邢燕子在那个年代成为“发愤图强、扎根农村、大办农业”的知青典型。

上世纪 80 年代，邢燕子担任过不同的领导职务。在北辰区一家知青农场当党支部副书记时，她依然是劳动榜样。上班时间，她挑着大桶撒肥，帮小卖部售货，一天工作十四五个小时。退休后的邢燕子积极发挥余热，热衷参与社会活动，还自学书法、绘画，晚年过得朴素而充实。

“燕子”何曾归去，只在春泥深处。一生初心不改、本色不变的邢燕子在这个春天离开了，而她身上穿越时代的精神力量依然久久回荡。

（该文刊载于 2022 年 4 月 7 日《天津日报》2 版，记者：王音）

坚持分类指导 争做八大先锋
北辰区精心谋划主题学习宣传教育实践活动工作

我市“迎盛会、铸忠诚、强担当、创业绩”主题学习宣传教育实践活动工作开展以来，北辰区针对不同行业不同领域特点，聚焦强村富民、文明服务、务实高效、便民利企、改革创新、提质增效、立德树人、强医健民等方面，创新开展争做“八大先锋”行动，引导党员干部在破解难题中强担当善作为、在推动高质量发展中开新局创业绩。

农村党组织开展争做“强村富民先锋”行动，提升村级党组织组织力战斗力。聚焦党建引领、经济发展、乡风文明等 7 个方面，深入开展“辰兴漫谈”蹲点调研，提高乡村振兴的精准性和靶向性。把落实区、镇、村三级动态监测指标体系作为抓党建促乡村振兴的重要抓手，推动乡村振兴 23 个大项 153 个子项任务落地见效。

社区党组织开展争做“文明服务先锋”

行动，让党组织和党的工作覆盖到社区“神经末梢”。全域推广“五常五送”工作法，让空巢老人、残疾人等特殊群体时刻感受到党的温暖。持续打造志愿服务品牌，强化党建引领网格治理，提升社区精细化治理、精准化服务水平。

机关党组织开展争做“务实高效先锋”行动，聚焦解决个别机关干部担当意识不强、慢作为不作为等问题，突出开展作风建设大学习、大排查、大整治、大督查，推动机关干部带头服务基层群众，带头担难担险，带头苦干实干。聚焦个别机关党组织党内政治生活内容固化、形式僵化、工作随意、效果不好等问题，探索开展“三会一课”、主题党日、政治生日“政治三日”示范展示活动，以党内政治生活的规范性永葆机关干部的先进性和纯洁性。

窗口单位和服务行业党组织开展争做“便民利企先锋”行动，以群众和企业是否满意作为评价标准，创新服务方式，提高办事效率。设立党员先锋岗、党员责任区，成立党员志愿服务队，努力为群众干好事、为企业办实事。建立常态化服务群众、服务企业机制，诚心诚意解决实际问题。

国有企业党组织开展争做“改革创新先锋”行动，聚焦规范国企董事会建设、加大经理层市场化选聘、“智慧国资”监管平台运行、负责人经营业绩考核、在完善公司治理中加强党的领导等重点难点工作，通过对标定位、夺旗争先和擂台比武等方式，推动党建和生产经营深度融合、互促共进。

“两新”组织党组织开展争做“提质增效先锋”行动，以党建攻坚年活动为契机，抓好产业链、供应链、创新链党建工作，推动产学研、上下游、大中小企业党建联建共建。深化外卖行业“先蜂骑手”党建品牌，扩大“红色加油站”覆盖面，研发“先蜂骑手”管理服务系统，让“北辰小哥”成为基层治理一张红色靓丽名片。

教育系统党组织开展争做“立德树人先锋”行动，深入实施“党建+”工程，评选推广10例基层党建工作典型做法。组织开展党建领航、互学互比互看和“寻找身边最美党员教师”“寻找身边最美思政课”活动，切实把党组织和党员的智慧力量凝聚到思政课、“双减”、“五项管理”等重点工作上来。

卫健系统党组织开展争做“强医健民先锋”行动，积极构建优质高效的医疗服务体系。精准服务困难群众就医需求，在区级医院设置老年人综合服务中心和助老服务点。实施“百名医生下基层”行动，开展“人民满意的好医生”“最美逆行者”“抗疫先锋”等模范医务工作者评选，充分展现新时代医务工作者逆行而上、无私奉献的良好形象。

（该文刊载于2022年4月7日《天津日报》头版，记者：李国惠）

天津市北辰区推行工程建设项目“智慧办 无感办 免证办”

天津市北辰区将“项目+团队”服务贯穿项目建设全过程，为每一个项目成立专门团队，实行由领导包联责任制，指派业务骨干作为项目首席帮办，为企业提供“一对一”专属服务，构建“纵向联动、横向协作、业务闭环”的服务体系，帮助企业节约时间成本约50%以上，有效推动项目早拿地、早开工、早投产，打造涵养企业发展的创新环境和“近悦远来”的营商环境。一是依托智能手段，全力打造智慧办。“云推送”，确保项目对接更精准，推动“政策云推送”小程序，企业只需要输入企业名称和营业收入，程序后台即可自动抓取企业法定公开信息，通过智能算法精准匹配适用的惠企政策条款，并提供“政策明白纸”和视频讲解，实现由“企业找政策”向“政策找企业”的转变。自2022年4月底上线以来，小程序已收录推送各级各类惠企政策200余条，惠及企业300余家。“云沟通”确保项目推动更顺畅。通过首席帮办“全程代办”等方式无缝对接，顺利推进项目工商注册和土地证、开工证办理等手续，先后为总投资15亿元的雅迪二期等10个重点项目提供“线上”服务。与弗兰德、采埃孚等多家外资企业“云沟通”，积极筹备长三角招商推介会等活动，为疫情解除后高质量、高效率招商引资打下基础。“云审批”确保项目服务更便捷。不断提升工程建设项目审批事项网上办理深度，提供申请受理、审查决定、结果送达等全流程、全环节网上服务，通过“网上办事大厅”和智能政务自助终端，并借助“云开标”“云评审”的手段，解决疫情期间行政审批问题，及时推动项目进程，精雕数控、国科恒翔等238个项目进行了发包，大华置业、地铁4号线等20余个项目通过了水土保持、水资源论证专家评审。对涉及防疫物资、药品药物等企业的审批事项，特事特办、快速受理，全力保障疫情防控。二是依托全流程服务，全力打造无感办。提供超前介入“导办”服务，企业投资项目在签订框架协议后，由首席帮办牵头，主动将服务前移，组织项目团队通过上门服务、集中辅导等方式，围绕产业政策、规划布局、节能环保等方面提出专业建议，为项目答疑解惑、定制审批流程等。化解企业项目筹备阶段流程不清、事项不明的困扰。提供联审事项“领办”服务，项目选址之后，由首席帮办牵头引导企业开展前期测量、规划方案设计、评估评价等工作，按照项目分类确定审批流程，明确联合审批事项，帮助企业准备审批材料、组织相关部门开展预审工作。疏通企业在办理阶段对审批事项所属部门不清、部门之间沟通不顺畅的卡点堵点。提供复杂环节“代办”服务，工程规划许可、施工许可等复杂事项提供代办服务，首席帮办根据企业提供的申报材料进行申报，并对审批过程进行跟踪协调，及时向项目单位反馈办理情况。破解企业从项目申报到项目审批过程中周期长、程序多的操作难题。通过首席帮办、项目团队的全流程星级服务，为推动项目顺利落地保驾护航，2022年以来，已服务欧梯克、中新药业、伟星管业等20余家全区重点企业。三是依托数据共享，全力打造免证办。进一步推广电子证照，充分利用市级电子证照建设成果，推进电子证照在工程建设项目领域应用和部门之间互通互认。初步实现企业投资项目备案、取水许可证核发等事项电子证照的推广应用。进一步优化办理流程。合并办理工程规划许可证、施工许可证和质量安全监督等相关办理事项，直接取消相关证照材料，通过数据共享、部门核验等方式实现免证办理。

（该文刊载于2022年7月28日《全国优化营商环境简报》第131期）

天津北辰："护航套餐"助力年轻干部成长成才

"年轻干部要坚持权为民所用、利为民所谋""要深入基层和群众，把群众提出的问题清单变成自己的履职清单"。日前，天津市北辰区纪委监委组织召开年轻干部集体廉政谈话会，提出清廉要求，发出清廉倡议。

今年以来，北辰区纪委监委着力加强年轻干部教育管理监督，精心定制清风"护航套餐"，综合运用理想信念教育、警示教育、谈心谈话等方式，强化日常监督、做实廉洁教育，不断提升年轻干部的理论素养、党性修养、业务本领和拒腐防变能力，扣好廉洁从政的"第一粒扣子"。

据悉，该区纪委监委从加强纪律教育入手，组织开展"五廉"教育活动。警示鉴廉，组织全区年轻干部观看《走好廉洁从政每一步——天津市年轻干部违纪违法案件警示教育专题片》，学习《天津市查处年轻干部违纪违法案件警示录》等教育素材，通过"案中人、案中事"给年轻干部敲响警钟。交流话廉，依托辰青班、处级干部轮训班等载体加强对年轻干部廉洁从政教育，组织年轻干部走上发言席，结合自身经历，讲述履职中关于廉洁从政的思考，唤起忠诚履职、担当作为的思想共鸣。亲情寄廉，发挥家庭助廉作用，以家风寄语、家庭笔会等形式，用亲情感化、鼓舞、提醒年轻干部时刻守住廉洁底线。承诺践廉，组织年轻干部签订《廉政承诺书》，围绕遵规守纪、履职用权、为民服务、担当作为等方面，作出郑重承诺。恳谈倡廉，召开年轻干部集体廉政谈话会，在关键节点上对年轻干部进行提醒谈话，为年轻干部履职尽责系好"安全带"。

北辰区纪委监委持续加强年轻干部监督，建立"一对一"监督联系人制度，明确由区纪委监委主要负责同志、分管负责同志、各监督检查室主任"一对一""点对点"联系区内34名局处级年轻干部，通过发放廉洁指南、建立廉洁台账、深度谈心谈话、定期下点督导等形式，全方面了解掌握年轻干部的日常工作和思想状况，有针对性地开展提醒谈话、靶向纠治和风险防控，指导和帮助年轻干部建立自身“免疫屏障”。同时，注重深化日常监督，制定《关于进一步加强年轻干部监督的工作方案（试行）》《关于进一步加强年轻干部监督工作的任务分解表》，确定16大项工作任务和58条具体措施，以监督压实责任，以监督强化预防，推动年轻干部成长成熟成才成事。

“我们将持续从严从实抓好年轻干部教育管理监督，从强化纪律规矩意识入手，抓早抓小抓常，帮助引导年轻干部树立正确的世界观、人生观、价值观，把好思想‘总开关’，助力年轻干部成才成长、行稳致远。”北辰区纪委监委主要负责同志表示。

（该文发布于2022年8月5日中央纪委国家监委网站 作者：杜虹姝）

农民画，描绘乡村新画卷

20只红船从四面八方汇聚成党徽形状的《盛会》、世界各国运动健儿脚踏冰鞋参加北京冬奥会的《一切向前》、金秋十月漫野高粱牧童晚归的《田园牧歌》……走进天津市北辰区文化馆农民画展厅，一幅幅时代感强、色彩鲜明、乡村气息浓郁的农民画映入眼帘。

“北辰农民画是植根于津郊沃土的民间艺术之花，诞生于20世纪70年代，发展于20世纪80年代末，已成为独具大运河风韵的民间艺术奇葩。”北辰区文化馆副研究馆员、北辰农民画非遗传承人何小宝告诉记者，目前北辰区有200多名农民画家，他们以手中的画笔描绘时代美丽画卷，展现今日乡村的新生活、新风尚。

关注时代生活

说起作品《盛会》的创作过程，何小宝很是感慨：“2022年是进入全面建设社会主义现代化国家、向第二个百年奋斗目标进军新征程的重要一年，也是党的二十大召开之年，我想画出农民心中的喜悦，展现新时代成就。”

有了主题，何小宝却为创作的切入点发愁。一天，他在北运河边转悠，偶然看见两只相向而行、满载而归的渔船。那一瞬间，灵感来了。“想到我们今天的美好生活，想到中国共产党的百年历史，想到嘉兴南湖上的红船，想到乡村振兴的成果……于是便有了《盛会》这张作品。”何小宝说。

北辰农民画吸收了剪纸、刺绣、草编、木版年画等民间艺术精华，因而独具特色。农民画的绘制不仅需要长时间的生活积累、观察实践，还要经过立意构思、打腹稿、画草稿、绘制、上色等步骤。一位农民画画家告诉记者，农民画画家首先要热爱生活，新时代的大事、喜事是浓墨重彩之处，身边人和事、一花一草也是灵感的来源。

“纯洁的冰雪，激情的约会。”在北京冬奥会“一起向未来”的主题口号下，北辰农民画家们创作出一系列冬奥题材的作品，表达出对这一体育盛会的喜悦之情。

作品《一切向前》中，来自世界各国的运动健儿脚踏冰鞋、身着冬服参加北京冬奥会，用“借形”的表现手法传达出一起向前的画面节奏，背景采用国画中的“弹雪法”，表现北京的冬之美、冬之韵；《冰球运动》以夸张的手法展现运动员的服饰和动作，传递出健康向上、顽强拼搏的精神……为迎接2022年北京冬奥会，北辰区文化馆召集农民画画家学习冬奥知识、了解冬奥文化，并邀请北辰农民画开拓者张为民进行创作指导。不到一周时间，14幅冬奥题材画作精彩亮相，还参与了全国巡展。

“农民画承载着农民的梦想，是农民的精神家园，展现出新时代的气象。”天津市北辰区文化和旅游局党委书记郭建新说，北辰农民画创作的发展和繁荣，是天津农村民间文化生态的生动写真。

助力乡村振兴

随着全面推进乡村振兴，越来越多农民画画家把目光聚焦美丽乡村，展现新时代乡村的自然之美、人文之美，助力乡村塑形、铸魂。

一幅20多米长的《运河风情图》在记者面前缓缓展开，北运河穿越历史扑面而来，运河上的船只、运河边的村景、形形色色的人物，将观众带入时光隧道，感受历史的变迁。

这是农民画画家陆连江历时10个月创作的作品。陆连江是一名乡村医生，画画是他的业余爱好。“现在大家丰衣足食、生活幸福了。我就想画一条河，一条穿越历史走向繁荣的长河。”陆连江说，他一开始并没想画那么多内容，但画起来就收不住，脑海里不断迸发灵感，最后形成了这幅长卷。

作为“中国现代民间绘画之乡”，北辰区每年都有农民画作品参加全国展览，并拿到国家级奖项。近年来，天津市北辰区政府继续加大对农民画创作的扶持力度，引导、促进农民画蓬勃发展。

《渔民的小康生活》等北辰区农民画作品，曾入选“新生活·新风尚·新年画”——我们的小康生活美术作品展示活动。“画面描绘了鱼汛开捕第一天，渔民捕到大胖头鱼的欢乐场面。”《渔民的小康生活》的作者朱桂兰说，重视环境治理、提倡科学捕捞，逐渐形成良好的生态环境，是创作的初衷。

北辰区也注重农民画的市场发展，推动农民画与当地旅游、文化产业融合。“一些农民画画家本身是农民，靠自己的画笔不仅打开了国内市场，还走向世界，如丰爱东、陈连星等人的作品在日本非常畅销。很多画家富了不忘乡亲，带徒传授技艺，乡村振兴之路越走越宽。”何小宝说。

据悉，北辰农民画曾多次赴瑞典、挪威、美国、韩国、意大利等国展出，百余件作品被国内外国家级博物馆收藏，万余件作品被国内外艺术馆及个人收藏。

推动传承创新

62岁的高文亮是北辰区大张庄镇人，也是镇里小有名气的农民画画家。这几年，镇里的文体中心改造提升，开设了农民画培训班。高文亮毛遂自荐，开班收徒，学员从最初的两三人增加到20多人。2021年，镇里组织了庆祝建党百年的画展，他们选出20多幅作品参展。这段时间，高文亮和学员们正在琢磨以“喜迎党的二十大”为主题，创作一批农民画。

为了壮大农民画画家创作队伍，北辰区于2007年组建了北辰农民画院，后又在大张庄镇和双口镇建立两个培训基地，以画院为中心，形成“一个中心两个基地”的培训网络，辐射全区美术骨干。区里同时制定了项目负责制，以老带新，发现人才、培养人才、聚集人才。

天津市北辰区文化馆副馆长杨健总结了北辰农民画传承的主要助推力，其中之一就是“通过和北辰区教育系统合作，大力推进农民画进校园。”

据悉，天津市北辰区双口小学已经将农民画纳入课堂教学内容，农民画课程吸引了很多学生参加；北辰区双口小学、李嘴小学两所学校还编撰了专门的农民画教材……在区中小学幼儿园中普及民间绘画创作知识，让北辰农民画筑牢了传承根基。

郭建新表示：“北辰区还要继续加强美术辅导者队伍和农民画传承人及创作团队的培育、建设，让他们在坚守中传承、在变化中发展，实现北辰农民画跨越式发展，真正地传承好这份珍贵的非物质文化遗产。”

（该文刊载于2022年8月18日《人民日报海外版》第12版，记者：武少民）

2022年央媒报道北辰区重点稿件情况简要统计表

表25

日期	上稿媒体	篇目
1月9日	中国工人报	【奋斗百年路 启航新征程 小康圆梦】小康路就在家门口
1月11日	中国环境报	北辰区以高水平保护推动高质量发展
1月13日	新华社	新华全媒+丨争分夺秒——气膜方舱实验室助力津城阻击奥密克戎
1月16日	人民日报	中央宣传部、国家发展改革委 联合发布二〇二一年“诚信之星”
1月22日	中央人民广播电台	“天津楷模”林则银的28张“民情图”

续表 25

日期	上稿媒体	篇目
2月17日	新华社	（中国网事·感动 2022）既做“实干家”，也当“真学霸”——一位市场监管卫士的 17 年坚守
2月28日	法治日报	平凡的岗位不平凡的坚守 追记天津公安北辰分局瑞景派出所社区警务队一级警长乔良
3月4日	新华社	看看这些“80后”“90后”“00后”的志愿服务“乐章”
3月12日	新华社	天津：在城市里与野生动物“不期而遇”
4月3日	新华社	乔良走了，“桥梁”还在
5月25日	中央广播电视总台	抗疫一线偶遇 这对警察父子留下一张温馨合影
5月28日	人民日报	天津深化助企纾困措施——支持市场主体高质量发展
6月14日	人民日报海外版	田氏船模传承人田霞：妙手复原运河古船（匠心）
7月6日	人民日报	发现真问题 想出好点子（一线行走）
7月7日	中新社	33 家世界 500 强企业落户天津北辰
7月12日	光明日报	大中小学齐发力，思政课怎么传好“接力棒”
7月16日	光明日报	智慧能源工厂的低碳尝试
8月2日	工人日报	从零下 180 摄氏度到 1200 摄氏度 百年涂料企业为“大国重器”穿上“装甲”
8月15日	中国青年报	年轻一代正重新定义“中国制造”
8月18日	人民日报海外版	农民画，描绘乡村新画卷
8月21日	光明日报	【促就业·全社会在行动 29】 试岗见习 搭建“桥梁”
8月25日	中新社	“拿地即开工”天津市北辰区跑出工程建设项目新速度
9月10日	中新社	融合教育让“星星的孩子”散发应有的光芒
9月11日	新华社	百年德企第十次增资天津
9月12日	人民日报	中秋佳节活动精彩纷呈 品味传统文化 乐享小康生活
9月16日	人民公安报	天津双环邨派出所：做优法治教育 做强执法队伍
9月17日	新华社	全球连线丨鲁班工坊：走向世界的中国职教名片
10月10日	光明日报	让孩子们有颗“中国心”
10月14日	新华社	新华视点丨看种业企业如何创新育种 打造种业振兴“领头雁”
10月22日	农民日报	“萝卜白菜开会”也能是精英荟萃——天津国际蔬菜种业地展绘出种业升级画卷

续表 25

日期	上稿媒体	篇目
10 月 25 日	新华社	全球连线丨“透过外企增资看中国系列”之二：百年德企在华“十次增资”背后
12 月 23 日	人民日报	这家药店到货“小鱼”后，不卖直接送！店主说…
12 月 31 日	光明日报	京唐、京滨城际铁路开通——探访“轨道上的京津冀”新枢纽

统计资料

2022年北辰区国民经济和社会发展统计公报

北辰区统计局

2023年6月26日

2022年，面对国内外复杂严峻的形势变化和风险挑战，北辰区坚持以习近平新时代中国特色社会主义思想为指导，全面贯彻党的二十大精神，坚决落实党中央、国务院和市委、市政府的部署要求，完整准确全面贯彻新发展理念，主动应对各种风险挑战，全力推进各项工作任务完成，确保了经济社会平稳健康发展。

一、综合

经天津市统计局统一初步核算，2022年全区生产总值（GDP）为709.0亿元，按不变价格计算，比上年下降1.7%。第一产业增加值为6.2亿元，同比增长0.9%；第二产业增加值为350.1亿元，同比下降2.9%，其中工业增加值为313.8亿元，同比下降1.5%；第三产业增加值为352.7亿元，同比下降0.6%。三次产业结构为0.9∶49.4∶49.7。

财政收入稳步恢复。全年一般公共预算收入52.9亿元，剔除留抵退税因素后，按可比口径计算下降5.6%。其中，税收收入33.1亿元，占一般公共预算收入的比重为62.7%，同比下降20.7%，按可比口径计算下降12.7%。从主体税种看，增值税10.1亿元，企业所得税6.4亿元，房产税4.5亿元，契税3.9亿元。全年一般公共预算支出68.3亿元，其中，教育支出16.9亿元，城乡社区支出12.2亿元，社会保障和就业支出9.2亿元，一般公共服务支出7.9亿元。

新动能占比居全市前列。全年工业战略性新兴产业占规模以上工业比重达48.1%，比上年扩大2.2个百分点，以爱旭科技、弗兰德、天士力医药等为代表的155家规模以上工业战略性新兴产业增加值同比增长1.0%，占全市规模以上工业增加值的2.5%，占比位列全市第三位。高技术产业（制造业）增加值同比下降9.8%，占全市规模以上工业增加值的0.9%，占比位列全市第三位。

营商环境持续优化。坚决落实国务院和全市一揽子稳经济政策措施，为企业“退免减缓”税费超30亿元。推出优化营商环境16条举措、服务北辰开发区“六条举措”等，通过建立项目直通车、“多评合一”等方式为企业提供高效服务。不断深化“一制三化”改革，完成“证照分离”改革涉企服务事项4317件，推动政务服务“好差评”制度落地见效，推广“网上中介超市”，“网上办、一次办”比例达到99%。全区新增市场主体1.4万户，同比下降0.8%，累计达到8.5万户。全年共办结各类事项4271件，“网上办”“一次办”比例达到99%，审批“不见面”、办事“不打烊”、服务“不断档”已成为常态。

民生保障更加完善。坚持就业优先政策，新增就业2.03万人，保持零就业家庭动态清零。扎实推进全民参保，新增参保1.6万人。落实临救备用金制度，对457名急难对象24小时内发放临救金123.6万元，全年临时救助1968人。新纳入低保救助815人，实现应保尽保。织密三级养老服务阵地网络，建成17个街镇综合养老服务中心，新增养老床位317张。提高残疾人生活保障水平，为残疾人配发无障碍辅助器具1100余件。发放优抚对象抚恤和定期生活补助金3366万元，31个退役军人服务站达到全国示范创建标准。

二、农业、农村

全年第一产业总产值为11.8亿元，其中，种植业产值6.0亿元，牧业产值4.7亿元，渔业产值0.8亿元，林业产值0.1亿元，农林牧渔专业及辅助性活动产值0.2亿元。产量方面，粮食产量5.3万吨，蔬菜产量6.8万吨，牛奶产量2.2万吨，禽蛋产量0.8万吨，肉类产量0.6万吨，水产品产量0.3万吨。

乡村振兴纵深推进。紧抓耕地和种子两个“要害”，撂荒地治理完成率达到100%，建设高标准农田4300亩，播种粮食面积12.9万亩。新培育全国农民合作示范社1家、市级示范家庭农场2家，市级农民合作社累计达到11家、家庭农场累计达到158家；新认定“津农精品”2家，累计达到8家。承办全国种业博览大会“耕耘地展”项目。新创建农村人居环境整治示范村2个、累计达到9个，建成农村生活垃圾分类示范村8个，完成农村污水管网和生活垃圾收运处置体系建设，卫生厕所普及率基本达到100%。截至2022年底，共有56个村开展了乡村治理积分制推广，“一镇四村”获得全市乡村治理示范镇村称号。

三、工业、建筑业

全年工业增加值313.8亿元，同比下降1.5%，其中规模以上工业增加值同比下降1.1%。全区规模以上工业企业共556家，实现营业收入1724.2亿元，同比增长9.0%；全年规模以上工业企业实现利润总额67.8亿元，营业收入利润率为3.9%。在30个工业行业大类中，24个行业保持盈利，15个行业利润率高于全区平均水平，其中，医药制造业营业收入利润率为20.6%，高于全区16.7个百分点。年末规模以上工业企业资产负债率为47.6%，比上年末降低0.6个百分点。

全年建筑业增加值36.3亿元，同比下降12.6%。全区现有总承包和专业承包资质的建筑业企业130家，完成总产值45.2亿元，同比下降10.2%，其中，在外省市完成产值8.1亿元，同比下降33.1%。竣工产值13.5亿元，同比增长21.0%。

四、批零住餐业、服务业

全年批发和零售业增加值45.2亿元，同比下降9.1%，住宿和餐饮业增加值5.8亿元，同比增长11.6%。批发和零售业商品销售额同比下降7.3%，其中，限额以上商品销售额同比下降7.8%。金属材料、石油及制品、煤炭及制品和其他化工产品四大生产资料类限额以上商品销售额同比下降7.4%；食品饮料、纺织服装、医药用品等生活类限额以上商品销售额同比增长10.8%。住宿和餐饮业营业额下降19.3%，其中限额以上住宿和餐饮业营业额下降20.6%，餐饮配送服务行业营业额下降9.7%。全年社会消费品零售总额同比下降9.5%。

全年规模以上服务业企业营业收入同比增长0.5%。营利性服务活动营业收入同比下降0.5%，其中科学研究和技术服务业营业收入同比增长0.9%，占营利性服务活动营业收入的92.8%，拉动营利性服务活动营业收入增长0.8个百分点。交通运输、仓储和邮政业营业收入同比增长3.9%，其中装卸搬运和仓储业企业营业收入同比增长5.2%。

五、固定资产投资

全年固定资产投资（不含农户）比上年下降5.4%。分产业看，第一产业投资下降19.6%，第二产业投资下降22.2%，第三产业投资下降2.5%。分领域看，制造业投资增长0.5%，服务业投资下降31.0%，社会领域投资下降48.5%，基础设施投资下降41.6%，房地产投资增长1.7%，占全区投资比重78.6%。全区商品房销售面积同比下降25.5%，其中住宅销售面积同比下降26.1%；商品房销售额同比下降29.9%，其中住宅销售额同比下降29.5%。

六、金融业

2022年末，全区31家银行存款余额为1345.1亿元，比年初增加212.5亿元，其中居民储蓄存款月末余额为867.9亿元，比年初增加113.0亿元。贷款余额为1163.7亿元，比年初增加15.7亿元，存贷比为86.5%，其中投放区内贷款月末余额890.1亿元，比年初减少49.1亿元。

七、开发开放

全年进出口总额实现264.9亿元，增量位列全市第四名，同比增长5.2%，增速位列全市第四名。其中，出口总额205.9亿元，同比增长4.8%；进口总额59亿元，同比增长6.6%。两项指标均创我区历史新高。

2022年，全区内资到位项目122个，实际利用内资184.5亿元，完成全年目标任务的101.4%，同比增长4.5%。全区引进首都资源项目119个，完成全年目标任务的104.4%。全区新增注册企业1982个，注册资本93.6亿元。全年开展“走出去”“请进来”对接活动80余次，实地走访对接天能集团等重点企业40余家，在辰接待正威集团等重点企业90余家。举办“天津北辰高端制造业招商会”“北辰区新一代信息技术产业撮合对接会”“大数据和自主可控系统交流对接会”，共邀请60余家优质企业参会，与5家企业达成合作意向。

八、产业转型升级

产业链发展提质增效。9条重点产业链在链企业突破420家，其中规模以上工业在链企业产值同比增长3.9%，占全区工业总产值比重达到91.4%，其中新材料、新能源产业链同比增长超过5%。成立天津市精益智能制造促进中心，引导300家企业数字化转型。国家级“专精特新”和“小巨人”企业数量增至15家，市级“专精特新”企业增至84家。培育国家级智能制造示范工厂2个、智能制造应用场景3个，22个项目获批市智能制造专项资金3215万元，其中首台（套）重大技术装备项目11个，数量位居全市第一。

服务业发展不断提升。积极融入“双中心”城市建设，加快建设淮东路商业圈，北洋井项目取得新成效，耀津商业中心部分开业，天津首个亲子运动公园建成运营，未来天地项目整体竣工，生活性服务业档次不断提升。大力发展楼宇经济，引进咨询服务、科技研发、电子商务等楼宇企业554家，注册资金92.49亿，盘活闲置楼宇2.9万平米。开展“潮北辰、购实惠”促消费活动，发放消费券420万元，培育3处休闲夜市，消费潜力得到进一步激发。

创新活力持续增强。不断强化企业科技创新主体地位，大力推动高成长企业梯度培育，形成“雏鹰—瞪羚—领军”和高成长企业接续发展梯队。2022年，全区完成国家科技型中小企业评价入库653家，天津市雏鹰企业评价入库347家，瞪羚企业入库31家，科技领军（培育）企业入库28家；国家高新技术企业累计达到664家，各项指标均位居全市前列。建成国家和市级企业重点实验室18家、企业技术中心78家，17项原创性成果获得全市科学技术奖表彰。推进知识产权强区建设，净增有效发明专利281件，获批商标质押融资2240万元，知识产权租赁融资500万元，成为首批国家知识产权强市建设试点区。

九、能源、环境

2022年，全区万元GDP能耗同比下降0.4%。规模以上在统单位综合能源消费总量78.8万吨标准煤，同比下降9.4%，其中，规模以上工业综合能源消费量64.2万吨标煤，同比下降11.6%。

2022年末，建成区绿化覆盖率为41.69%，人均公园绿地面积为15.44平米。新建5座口袋公园，分别为高峰路口袋公园、辰柳路口袋公园、沁河中道口袋公园、淮河中道口袋公园以及天允道口袋公园，累计新建公园绿地面积1.6万平米。

污染防治攻坚战成效显著。实施蓝天保卫战，$PM_{2.5}$平均浓度降至每立方米39微克，同比改善4.9%，优良天数比率达到68.1%。实施碧水保卫战，新建水质监测站13座，实现全区水质监测网络全覆盖，实施引滦暗渠北辰段生态保护绿化工程，全区地表水考核断面达标率达到90%、优良水体比例达到50%。推进地下水超采综合治理，地下水水位持续回升。全面落实河长制，培树10名“榜样河长”，创建12条“示范河湖”。实施净土保卫战，完成同生化工厂周边地块污染状况调查，推进农药厂地块修复评估和异味消除，严防新增土壤污染。

十、交通、文化旅游

全年货运量970.1万吨，货物周转量20785万吨公里。客运量61.7万人次，旅客周转量2220.2万人公里。截至2022年底，全区共配发道路运输营运证10307个，共计吨位181070.7吨。其中，2022年配发道路运输营运证2467个，共计吨位65508吨。完成道路运输从业人员继续教育4527人次，道路运输从业人员证件初学936人，网约车从业人员考试8631人次，道路运输从业人员诚信考核20375人。

群众文体生活更加丰富。成功举办“天穆杯”小品展演，征集全国各省市参赛作品80件；区文化行政部门和公共文化机构以政府购买服务形式，开展文化惠民送演出下基层活动48场；举办“北运河之夏”和谐文化大舞台展演活动16场、“我们的节日”系列活动8场、惠民展览活动9场、网络艺术慕课等线上公益培训活动700余场；《曲艺之花绽放北运河畔天穆镇》入选“中国民间艺术之乡”建设全国典型案例。全区新建社区体育园10个，健身步道3条，足篮排多功能运动场3个，笼式足球场2个，乡村健身广场5个，更新社区健身园7个，支持3个新建全民健身中心配建体育设施。依托全民健身日、“行走大运河”等全民健身主题活动，累计举办体育赛事活动235场，参与人数近万人次。

文旅产业融合发展。新建青盛农庄、庞嘴村海棠艺术园等乡村旅游项目，“墅外桃源—郊野公园—曙光水镇”旅游线路入选全国乡村旅游精品线路，庞嘴村获评中国美丽休闲乡村，“红色河头 绿色双口”项目获得国家彩票公益金5000万元支持。帮助现有乡村旅游景区提质升级，指导曙光水镇和墅外桃源等老牌景区引入10余个新晋项目，消夏夜市开创区内夜间旅游消费新模式。促成国内知名露营地品牌“春夜秋梦”落地曙光水镇。

十一、教育、卫生

截至2022年9月，全区现有小学50所，初中13所，九年一贯制学校2所，十二年制学校2所，高中3所，完中校2所，中职学校2所，特殊教育学校1所，成人学校14所，广播电视大学1所，青少年宫1所，科学技术馆1所，教师发展中心1所、学生综合素质发展中心1所、教育综合服务中心1所。幼儿园115所，其中公办幼儿园55所，民办园60所。在校学生81127人，幼儿园包括民办园及校内园所总计20539人，小学36121人，初中14056人，高中阶段6841人，中职学生3378人，特殊教育192人。公办教职工5284人，其中高中教师601人，初中教师1269人，小学教师2419人，中职教师213人，幼儿园在编教师497人，广播电视大学、青少年宫、教师发展中心及成人教育学校等非教学单位共有教师285人。

全区现有国办医疗机构18个，全区床位数4337张，在职职工1743人，其中管理人员95人，专业技术人员1631人，工勤人员17人。民营医疗机构192家，村卫生室52个，在岗乡村医生119人。实现全区社区卫生服务站和村卫生室基层数字“健共体云平台”全覆盖，通过“云药房”累计服务患者21万人次，“云服务”累计提供上门医疗护理服务3531人次。全区累计建立电子健康档案85.3万份，建档率达89.4%。大肠癌筛查、心脑血管筛查等重大公共卫生项目扎实推进，惠及5.9万人。家庭医生签约服务达28.5万人，为居民提供特需医疗服务1219次。

十二、人口、人民生活

2022年末，全区常住人口94.2万人。其中，城镇人口86.6万人，乡村人口7.6万人，城镇化率为91.9%，比上年末提高0.6个百分点。全区户籍人口47.6万人，其中城镇人口19.3万人，乡村人口28.3万人。

全区常住居民人均可支配收入45449元，同比增长2.6%。其中，城镇居民人均可支配收入46744元，同比增长2.5%。居民人均消费性支出29929元，同比下降1.4%，其中，城镇居民人均消费性支出30942元，同比下降1.1%。

注：本文地区生产总值是天津市统计局统一初步核算数。地区生产总值和各产业增加值按当年价格计算，其增长速度按可比价格计算。统计数据采用2022年1—12月快报数据。

经济类别

国民经济主要指标

表26

指标	单位	2022年	2022年比2021年增减（%）
北辰区生产总值（在地口径）	亿元	709.01	–1.7
区级一般公共预算收入	亿元	52.87	–11.1

续表 26

指标	单位	2022 年	2022 年比 2021 年增减（%）
其中：区级税收收入	亿元	33.13	–20.8
区级一般公共预算支出	亿元	68.33	–18.5
金融机构存款余额	亿元	1224.46	11.1
金融机构贷款余额	亿元	1013.66	–0.2
常住居民人均可支配收入	元	45449	2.6
全区外贸出口额	亿元	205.9	4.8
实际利用外资额	万美元	14515	
实际利用内资	亿元	184.45	4.5
全社会固定资产投资完成额	亿元	356.02	–5.4
规模以上工业总产值	亿元	1361.04	4.0
规模以上工业增加值增速			–1.1
批发和零售业商品销售额	亿元	1715.36	–7.3
住宿和餐饮业营业额	亿元	5.26	–19.3
社会消费品零售额	亿元	159.89	–9.5

注：1. 地区生产总值为快报数据，增长速度按不变价格计算。

2. 批发和零售业商品销售额、住宿和餐饮业营业额、社会消费品零售额、规模以上工业总产值、增加值增速为快报数据。

3. 财政收入、支出相关数据，由区财政局提供。

4. 常住居民人均可支配收入，由区调查队提供。

5. 外贸出口额、实际利用外资额，由区商务局提供。

6. 实际利用内资，由区合交办提供

农作物播种面积和产量

表 27

项目	播种面积（亩）	比上年同期增减（%）	总产量（吨）	比上年同期增减（%）	播种亩产（公斤）	比上年同期增减（%）
农作物总播种面积	155670	4.3	—	—	—	—
一、粮食作物	129186	0.4	53385	10.1	413	9.6

续表 27

项目	播种面积（亩）	比上年同期增减（%）	总产量（吨）	比上年同期增减（%）	播种亩产（公斤）	比上年同期增减（%）
（一）谷物	124120	-0.4	51910	9.0	418	9.5
（二）豆类	3880	40.2	885	178.4	228	98.4
（三）薯类（折粮）	1186	-6.3	590	5.1	497	12.2
二、油料	1182	479.4	161	325.4	136	-26.6
三、棉花	—	—	—	—	—	—
四、中草药材	1	0.0	—	—	—	—
五、蔬菜及食用菌	19914	7.6	68441	22.1	3437	13.5
六、瓜果类	3106	17.7	8531	34.4	2747	14.2
七、其他农作物	2264	-13.1	—	—	—	—
八、花卉	17	6.2	—	—	—	—

注：中草药材、其他农作物、花卉只统计播种面积

主要农业机械化水平

表 28　　单位：百亩

单位名称	机耕面积	机播面积	其中：小麦机播	机收面积	其中：小麦机收
合计	1241	1241	335	1241	335
天穆镇	—	—	—	—	—
北仓镇	18	18	—	18	—
双街镇	99	99	25	99	25
双口镇	285	285	62	285	62
青光镇	71	71	13	71	13
宜兴埠镇	—	—	—	—	—
小淀镇	50	50	20	50	20
大张庄镇	330	330	79	330	79
西堤头镇	388	388	136	388	136

注：此表数据由区农委农业科提供

规模以上工业经济效益情况

表 29

	资产负债率（%）	总资产贡献率（%）	流动资产周转率（次）	每百元资产实现的营业收入（元）	营业收入利润率（%）
总计	49.1	7.3	1.9	121.3	3.7
一、分区域	—	—	—	—	—
（一）各镇合计	60.0	4.1	2.5	168.8	1.0
天穆镇	70.4	3.0	0.8	47.4	1.7
北仓镇	46.5	1.1	0.9	41.6	0.2
双街镇	58.3	1.7	1.1	84.9	0.3
双口镇	65.1	4.1	1.3	57.6	2.6
青光镇	59.9	3.1	1.2	94.6	0.8
宜兴埠镇	44.8	8.7	2.2	157.0	3.1
小淀镇	58.2	2.0	0.8	70.6	0.4
大张庄镇	69.2	6.0	7.0	525.7	0.6
西堤头镇	62.9	6.3	2.0	115.7	2.4
（二）开发区	43.4	8.9	1.6	96.6	6.2
（三）佳荣里街道	21.1	11.5	1.1	50.6	17.7
二、分登记注册类型	—	—	—	—	—
内资企业	51.1	6.9	1.9	118.5	3.6
集体企业	57.7	1.6	1.7	117.1	–1.2
股份合作企业	74.2	2.0	0.5	48.0	0.6
有限责任公司	59.6	4.8	2.0	129.5	2.0
股份有限公司	28.8	8.0	0.7	39.8	13.2
私营企业	61.8	8.1	2.5	177.1	2.9
港、澳、台商投资企业	45.4	6.2	1.1	61.5	5.7
与港澳台商合资经营企业	54.3	5.2	1.2	49.3	5.1
港澳台商独资经营企业	26.7	7.4	1.1	84.1	5.9
港澳台商投资股份有限公司	71.8	11.2	0.7	55.0	11.5
外商投资企业	42.4	9.0	2.4	146.3	4.0

续表 29

	资产负债率（%）	总资产贡献率（%）	流动资产周转率（次）	每百元资产实现的营业收入（元）	营业收入利润率（%）
中外合资经营企业	42.8	12.1	2.9	191.7	4.8
外资企业	42.2	7.2	2.0	121.0	3.2
三、分行业大类	—	—	—	—	—
农副食品加工业	59.4	3.5	1.2	101.8	1.7
食品制造业	81.0	1.5	2.0	107.1	–0.3
酒、饮料和精制茶制造业	29.7	1.5	0.2	17.8	–2.0
纺织业	36.1	1.8	0.7	58.1	1.3
纺织服装、服饰业	61.2	7.3	1.3	124.0	2.7
皮革、毛皮、羽毛及其制品和制鞋业	63.2	8.6	4.0	387.0	1.8
木材加工和木、竹、藤、棕、草制品业	35.1	2.5	1.3	80.4	0.3
家具制造业	89.8	7.0	0.5	38.5	5.2
造纸和纸制品业	38.4	7.3	2.0	118.6	3.3
印刷和记录媒介复制业	46.5	6.8	1.2	68.3	5.4
文教、工美、体育和娱乐用品制造业	2.2	19.8	3.0	199.6	6.3
石油、煤炭及其他燃料加工业	43.4	9.7	1.7	157.9	4.7
化学原料和化学制品制造业	36.8	6.2	0.4	30.5	15.3
医药制造业	21.8	11.4	1.0	41.1	17.5
橡胶和塑料制品业	35.8	10.5	2.6	131.7	4.8
非金属矿物制品业	53.6	0.5	1.0	60.5	–2.3
黑色金属冶炼和压延加工业	87.1	1.5	1.2	102.6	0.2
有色金属冶炼和压延加工业	80.7	0.5	10.3	761.1	–0.2

续表 29

	资产负债率（%）	总资产贡献率（%）	流动资产周转率（次）	每百元资产实现的营业收入（元）	营业收入利润率（%）
金属制品业	48.2	5.4	1.4	110.0	2.9
通用设备制造业	47.5	8.7	1.4	95.8	5.7
专用设备制造业	39.1	5.3	0.7	43.1	7.5
汽车制造业	46.9	7.3	2.3	143.5	2.7
铁路、船舶、航空航天和其他运输设备制造业	70.1	10.6	2.0	161.1	4.8
电气机械和器材制造业	59.9	11.0	2.4	173.3	5.0
计算机、通信和其他电子设备制造业	43.8	8.6	3.9	293.8	1.1
仪器仪表制造业	23.5	5.6	0.8	70.4	5.8
其他制造业	75.2	4.7	1.8	116.5	0.7
金属制品、机械和设备修理业	24.0	45.6	3.2	290.1	8.0
电力、热力生产和供应业	74.1	1.0	0.5	17.3	–4.2
燃气生产和供应业	61.4	11.5	4.2	197.2	4.5
水的生产和供应业	71.9	3.7	0.6	12.2	15.7

建筑业企业生产情况

表 30

指标	计量单位	总计	指标	计量单位	总计
一、企业个数	个	130	三、承包工程完成情况	—	—
二、建筑业合同情况	—	—	1. 直接从建设单位承揽工程完成的产值	万元	367563
签订的合同额	万元	806403	（1）自行完成施工产值	万元	324425
1. 上年结转合同额	万元	401615	（2）分包出去工程的产值	万元	43138
2. 本年新签合同额	万元	404788	2. 从建设单位以外承揽工程完成的产值		

续表 30

指标	计量单位	总计	指标	计量单位	总计
四、建筑业总产值	万元	452419	其中：本年新开工面积	方米平	26674
其中：装配式建筑工程产值	万元	340	七、从业人员情况	—	—
其中：装饰装修产值	万元	20982	从事建筑业活动的从业人员平均人数	人	17790
其中：在外省完成的产值		81409	从事建筑业活动的从业人员期末人数	人	15412
按构成分	—	—	其中：工程技术人员	人	1402
1. 建筑工程产值	万元	330003	八、年末自有施工机械设备	—	—
2. 安装工程产值	万元	116529	净值	万元	5074
3. 其他产值	万元	5887	总台数	台	738
五、竣工产值	万元	135479	总功率	千瓦	54375
六、房屋施工面积	平方米	152492	九、企业总产值	万元	478689

注：此表为建筑业总承包和专业承包企业

批发、零售业销售额和住宿、餐饮业营业额

表 31　　单位：万元

项目	2022 年
批发、零售业销售额	17153636
限额以上单位	15949173
限额以下单位	1204463
住宿、餐饮业营业额	52584
限额以上单位	30130
限额以下单位	22454

注：1. 限额以上单位包含大个体。

2. 自 2020 年起，限额以下推算采用比重由三经普限额以下比重 47.6% 改用四经普限额以下比重 10.4%。所以 2020 年限额以下数据较往年变化较大

社会消费品零售额

表 32　　单位：万元

项目	2022 年
总计	1598876
限额以上单位	866175
限额以下单位	732701

注：本页中数据为快报数据

固定资产投资完成情况

表 33

单位及项目名称	增速（%）	单位及项目名称	增速（%）
固定资产投资完成额	–5.4	其他费用	–43.8
一、按产业分		其中：建设用地费	–33.2
第一产业	–19.6	4. 本年新增固定资产	10.0
第二产业	–22.2	5. 上年末结余资金	182.6
第三产业	–2.5	6. 本年实际到位资金	–23.0
二、按构成分		①国家预算资金	–38.4
（一）房地产完成投资	1.7	②国内贷款	–48.0
（二）项目投资完成投资	–24.8	③债券	—
1. 计划总投资	9.7	④利用外资	–91.6
2. 自开始建设累计完成投资	12.2	⑤自筹资金	–6.2
3. 本年完成投资	–33.0	⑥其他资金来源	121.4
建筑安装工程	–23.2	7. 各项应付款合计	–81.7
设备工器具购置	–35.0		

注：此表为在地口径数据

房地产开发项目经营情况

表 34

指标	计量单位	总计	同比
一、项目投资完成情况			
计划总投资	万元	—	2.9

续表 34

指标	计量单位	总 计	同比
自开始建设累计完成投资	万元	—	18.8
本年完成投资	万元	—	1.7
按构成分：	—	—	
建筑工程	万元		-10.4
安装工程	万元	—	-27.7
设备工器具购置	万元	—	180.8
其他费用	万元	—	7.2
其中：旧建筑物购置	万元	—	-
土地购置费	万元	—	10.5
按工程用途分：	—	—	
住宅	万元	—	4.2
办公楼	万元	—	-14.7
商业营业用房	万元	—	-10.4
其他	万元	—	-3.1
本年新增固定资产	万元	—	-29.9
二、项目房屋面积施工、销售及待售情况			
房屋施工面积	平方米	13682038	33.6
其中：本年新开工面积	平方米	562300	-70.8
本年房屋竣工面积	平方米	1678007	-4.4
本年住宅竣工套数	套	11279	-4.4
本年房屋竣工价值	万元	689367	-20.4
房屋出租面积	平方米		
本年商品房销售面积	平方米	854717	-25.5
本年商品房销售额	万元	1276019	-29.9
待售面积	平方米	788358	39.4

注：数据为快报在地口径

人　口

户籍人口年龄构成

表 35　　　　单位：人

年龄分组	人口数		男	女	性别比（女=100）
	合计	比重（%）			
合　计	476195	100.00	234962	241233	97.4
0—4 岁	19360	4.07	10030	9330	107.50
5—9 岁	24872	5.22	12830	12042	106.54
10—14 岁	22495	4.72	11675	10820	107.90
15—19 岁	20086	4.22	10540	9546	110.41
20—24 岁	25110	5.27	13083	12027	108.78
25—29 岁	26885	5.65	13316	13569	98.14
30—34 岁	39791	8.36	19024	20767	91.61
35—39 岁	45651	9.59	22339	23312	95.83
40—44 岁	38685	8.12	19299	19386	99.55
45—49 岁	31354	6.58	15528	15826	98.12
50—54 岁	36448	7.65	18187	18261	99.59
55—59 岁	35663	7.49	17453	18210	95.84
60—64 岁	30703	6.45	15248	15455	98.66
65—69 岁	31011	6.51	14648	16363	89.52
70—74 岁	22011	4.62	10422	11589	89.93
75—79 岁	13045	2.74	5661	7384	76.67
80—84 岁	7750	1.63	3241	4509	71.88
85—89 岁	3672	0.77	1716	1956	87.73
90—94 岁	1205	0.25	559	646	86.53
95 岁及以上	398	0.08	163	235	69.36

注：此表数据由公安北辰分局提供，数据时点为 2022 年 12 月 31 日

户籍人口民族构成

表 36　　单位：人

民族	合计	男	女
合　计	476195	234962	241233
其中：汉族	448672	221361	227311
回族	19127	9599	9528
满族	4923	2362	2561
蒙古族	1637	719	918
朝鲜族	720	374	346
土家族	228	115	113
壮族	213	92	121
维吾尔族	171	89	82
苗族	108	55	53
达斡尔族	55	25	30
锡伯族	42	20	22
瑶族	36	21	15
侗族	34	15	19
彝族	30	15	15
藏族	28	21	7
布依族	23	5	18
白族	22	11	11
畲族	15	10	5
黎族	14	6	8
哈萨克族	11	9	2
土族	11	5	6
鄂温克族	10	5	5

其他民族（族群）：水族、仡佬族各 7 人，傣族、穿青人各 6 人，哈尼族、俄罗斯族各 5 人，仫佬族、鄂伦春族、东乡族各 4 人，布朗族 3 人，羌族、拉祜族、京族、高山族、其他民族各 2 人，裕固族、佤族、傈僳族、柯尔克孜族各 1 人。

注：此表数据由公安北辰分局提供，数据时点为 2022 年 12 月 31 日

文教　卫生　体育

公共图书馆情况

表 37

项目	单位	数量
一、图书馆	个	1
二、工作人员	人	25
三、藏　书	千册	450
其中：新书	千册	54
四、书架单层总长度	米	22995
五、发放借书证	个	2468
六、图书流通人次	千人次	303
七、图书流通册次	千册次	325
八、为读者服务举办各种活动	次	33
其中：参加人次	人次	53990
九、本年新购图书	册	54705
十、公共房屋建筑面积	平方米	14000
其中：书库	平方米	4400
阅览室	平方米	2000
十一、阅览室座席	个	1081
十二、藏书价值	千元	9443

注：此表数据由图书馆提供

文化馆情况

表 38

项目	单位	数量
一、文化馆数	个	1
二、工作人员	人	23
三、举办展览数	次	16
四、举办讲座、报告会	次	16
五、组织文艺活动	项	37
其中：省市级以上的	项	0

续表 38

项目	单位	数量
六、举办培训班	班次	474
其中：结业	人次	22000
七、公共房屋建筑面积	平方米	12000
其中：演出排练用房	平方米	11000
八、业余文化社团	平方米	9
社员	人	240

注：1. 此表数据由区文旅局提供，其中公共房屋建筑面积、演出排练用房、业余文化社团社员人数为估算数据。

2. 业余文化社团为馆办团队

2022 年档案馆情况

表 39

项目	单位	数量
一、馆藏情况		
纸质档案		
全　宗	个	131
以卷为保管单位档案	卷	332356
以件为保管单位档案	件	327273
总排架长度	米	4874
录音、录像、影片档案	GB	1390
其他载体档案		
照片档案	张	26995
实物档案	件	4722
馆藏资料		
纸质资料	册	7933
二、本年接收档案		
纸质档案		
以卷为保管单位档案	卷	36
以件为保管单位档案	件	41497
其他载体档案		

续表 39

项目	单位	数量
照片档案	张	9029
实物档案	件	1
资　料		
纸质资料	册	113
三、档案资料利用情况		
本年利用档案	人次	1158
	卷、件、次	32251
利用目的		
工作查考	卷、件、次	31490
学术研究	卷、件、次	
权益维护	卷、件、次	761
其　他	卷、件、次	
本年利用资料	人次	9
	册次	45
四、档案馆总面积	平方米	7017
其中：库房建筑面积	平方米	2308

注：此表数据由区档案局提供

基础教育校（园）数

表 40　　单位：所

	合计	城区	镇区	乡村
总　计	188	132	28	28
幼儿园	115	86	13	16
其中：教育部门办	40	30	2	8
集体办	15	10	2	3
民办	60	46	9	5
# 普惠性民办幼儿园	54	40	9	5
义务教育	65	40	14	11
小学	50	30	10	10
初中	15	10	4	1

续表 40

	合计	城区	镇区	乡村
初级中学	13	9	4	
九年一贯制学校	2	1		1
职业初中				
高中	7	5	1	1
完全中学	2	1	1	
高级中学	3	2		1
十二年一贯制学校	2	2		
特殊教育学校	1	1		

注：此表数据由教育局提供，数据为 2022 年 10 月底数据

职业中学基本情况

表 41

<table>
<tr><th>项目</th><th>单位</th><th>合计</th><th>项目</th><th>合计</th></tr>
<tr><td colspan="3">一、职业中学基本情况</td><td rowspan="2">教职工总数（人）</td><td rowspan="2">213</td></tr>
<tr><td>国家级重点中职校</td><td>所</td><td>2</td></tr>
<tr><td>占地面积</td><td>平方米</td><td>73869.27</td><td rowspan="2">其中：女教职工</td><td rowspan="2">158</td></tr>
<tr><td>其中：绿化用地面积</td><td>平方米</td><td>13275.12</td></tr>
<tr><td>运动场地面积</td><td>平方米</td><td>18711.37</td><td rowspan="2">教职工中行政人员</td><td rowspan="2">9</td></tr>
<tr><td>在校学生</td><td>人</td><td>3889</td></tr>
<tr><td>其中：女</td><td>人</td><td>1830</td><td rowspan="2">教辅人员</td><td rowspan="2">18</td></tr>
<tr><td>预计毕业生</td><td>人</td><td>1420</td></tr>
<tr><td>招生数</td><td>人</td><td>1042</td><td rowspan="2">工勤人员</td><td rowspan="2">0</td></tr>
<tr><td>毕业生</td><td>人</td><td>1136</td></tr>
<tr><td>其中：获得职业资格证书</td><td>人</td><td>158</td><td rowspan="2">专任教师</td><td rowspan="2">186</td></tr>
<tr><td colspan="3">二、进修及培训情况</td></tr>
<tr><td>集中培训班数</td><td>班</td><td>14</td><td>其中：硕士生毕业</td><td>29</td></tr>
<tr><td>培训课时</td><td>学时</td><td>17850</td><td>本科毕业</td><td>156</td></tr>
<tr><td>结业生数</td><td>人</td><td>612</td><td>专科毕业</td><td>1</td></tr>
</table>

注：此表数据由教育局提供，数据为 2022 年 10 月底数据

北辰年鉴

2023

索 引

一、条目

“1001”工程　209
“12345”平台运行　76
“5·18”博物馆日活动　291
“大棚房”清理清查　191
“法治北辰”建设　140
“法治北辰”栏目　294
“津治通”平台建设　76
“科普星期六”科技志愿服务活动　133
“平安北辰”建设　139
“三·三”多彩平安建设工作法　378
“三美四乡”建设与美丽庭院　201
“数字人大”建设　87
“双减”工作　263
“双万双服促发展”活动　165、208
“双违”治理　357
“问需问计 服务民企”活动　135
“我们的节日”系列活动　288
“新农村 新文化 新风尚”第七届“天穆杯”小品展演　287
“星共北辰”栏目　297
“学习强国”北辰学习平台上线　299
“一村一品”　190
“迎盛会、铸忠诚、强担当、创业绩”主题学习宣传教育实践活动　45
“中国渔政亮剑 2022”系列专项执法行动　205
“祖统”工作　116

A

爱国卫生运动　314
安全监管　209
安全生产　357
安全生产工作职责细化　65
安全生产责任体系　186
安全生产执法检查　237
安全生产专项整治　237
安全应急　237
安置帮扶　161
安置帮教　156

B

保密检查　63
保密宣传教育　62
保险业务　223
北仓镇　344
北辰区第十八届政府第一次廉政工作会议　92
北辰区妇女第十一次代表大会　131
便民服务　373、381、383、393
殡葬管理　324
病媒防治　388
不动产登记管理　170

C

财政审计　177
财政支出规范管理　173
参与市域社会治理　150
参政议政　115、117、118、119
残疾人就业服务工作　337
残疾人社会保障工作　337
残疾人组织建设工作　337
测绘管理　170
产权证办理　255
产学研合作项目　280
产业帮扶工作　166
产业工人队伍建设改革　124
产业合作　217
常规统计　179
成人教育　275

承接北京非首都功能疏解 216
城市功能和城乡环境 45
城市建设 89
城乡建设 40
城乡融合发展 93
城镇建设 342、345、352、355、359、361、364、368
城中村改造项目建设 211、254
畜禽粪污治理 191
传播家庭文明 129
传统工艺振兴 289
传统文化类培训 288
创收盈利 232
创文创卫 389
创新体系 208
创新资源与金融资源衔接 281
慈善救助 324
从严治会 127
从严治团 126
村集体非现金结算 201
村镇供水 245
存贷款额数 223

D

达限企业和项目入库统计 180
打击超限超载 238
打击犯罪 143
打击非法营运车辆 238
打击刑事犯罪 148
打造亮点窗口 221
打造社区品牌 373、381
大气污染防治 250
大运河保护传承利用 167
大张庄镇 364
代表建议办理 85
担当作为 128
党的二十大精神宣讲 385
党的领导 43
党史编研 75
党外知识分子和新的社会阶层人士统战工作 57
党务政务 354
党员教育活动 61
党政机关办公用房管理 97
档案保管利用 303
档案服务 302
档案接收征集 303
档案宣传教育 303
道路交通安全管理 144
稻渔综合种养项目 193
地方政府债务 173
地方志编纂 304
地名管理 170
地下水资源管理 243
地质地貌 25
第 36 届科技活动周 133
电视新闻报道 294
东西部扶贫和对口帮扶 315
东西部劳务协作 331
动物防疫领域专项执法行动 203
动物检疫工作 192
队伍建设 146
对外经济指标 215
多党合作事业 56

F

法治人社 334
法治宣传 154、377
法治宣传教育 130
繁荣夜间经济 214
防汛抗旱 187
防汛应急 245
防灾减灾救灾 187

防治安全隐患　239
房屋管理　254
房屋征收　253
非公经济领域统战工作　57
非物质文化遗产　30
非遗传承人评审　290
非遗项目建设　289
非遗展示宣传　290
非洲猪瘟防控　192
扶持中小微企业　213
服务保障　63
服务保障民生　151
服务会员　135
服务企业　216
服务青年发展　126
服务推动重点项目　213
服务业指标完成　213
服务中心大局　56
妇联组织建设　131
妇女权益　387
妇幼保健　312

G

干部监督管理　51
干部教育培训　50
干部培训　71
干部人事制度改革　232
港澳台统战工作　58
高标准农田工作　191
工厂化养殖　192
工程建设　246
工程建设项目审批制度改革　96
工地监管　388
工会保障　387
工会集中审计　125
工伤保险　332
工业生产者价格（PPI）调查　182
工业园区围城治理　208
公安宣传　146
公共法律服务　155
公交线路　236
公路设施养护　239
公务用车规范管理　97
公务员管理　53
公益事业　136
公益诉讼检察监督　149
公益项目　323
公众号运行　373
供燃设施管理　258
供水工程建设与管理　246
古树名木保护　195
关爱困难家庭　130
关爱生命行动　339
关工委工作　70
贯彻区委工作部署　79
贯彻执行统计法律法规　180
广电领域专项巡查　292
规范性文件　141
规划设计　226
规划行政许可和行政审批　169
国家公共文化服务体系示范区发展　286
国家级赛事　318
国企改革调研　168
国土变更调查　170
国土空间规划编制　169
国有企业审计　178
国有资本经营预算收支决算　172
国有资产管理　255
国有资产管理专项报告　168
果树新品种引进、推广　196
果园新村街道　371

H

行风建设　315、334
行业管理　236
海外统战工作　58
海绵城市健身实施方案　253
河（湖）长制工作　248
河流　25
后勤保障　75
后勤服务保障管理　98
互联网行业党建　67
化肥使用量零增长　196
化解社会矛盾　150
化解债务　231
环境建设　371、374、379、386、392
环境卫生管理　257
环境宣传教育　251
环境执法与处罚　251
环境治理　343、345、349、352、357、359、361、365、376
环卫基础设施建设　257
会议决策督办　66
会员活动　120
惠民演出　287
惠民展览　287
婚姻登记　324

J

机构编制纪律专项检查　65
机关党员发展　61
机关组织建设　60
基层编制核拨　64
基层党建　344、347、351、354、358、363、367、371、373、375、378、382、383、390、394
基层工会阵地建设　124
基层基础建设　99
基层减负工作　66
基层科协组织建设　133
基层履职平台建设　102
基层人武建设　158
基层社组织建设　221
基层宣讲　74
基层组织建设　51、322
基础设施建设　209、226、343、359、376
疾病预防控制　312
集体资产进场交易　202
集体资产清查　202
集贤里街道　374
计量标准工作　185
技能培训　331
既有住宅加装电梯　254
绩效管理　53
加强协会建设　293
佳荣里街道　382
家庭农场　190
价格管理　166
价格认定　167
监督工作　79
监所管理　146
减税降费　174、176
见义勇为　146
建设工程规划管理　169
建议、提案办理　95
建置区划　27
建筑管理　210
建筑垃圾专项整治　257
建筑人才队伍　209
建筑市场管理　210
健康帮扶　218
健全工作机制　62
健全权力运行制约监督机制　112
交通设施维护　240

教师队伍建设　264
教育帮扶　218
教育教学　267
教育经费　263
秸秆综合利用　198
街道管理　377
节水型单位创建　244
节约集约用地　170
结对帮扶　393
巾帼创业就业　128
巾帼乡村振兴　129
金融帮扶　223
金融风险防控　224
禁毒工作　140
京津冀教育联盟工作　277
京津冀协同发展　164
京津冀协同发展　36
京津冀协同发展　44
京津医药谷　226
经济发展　342、345、348、351、358、361、364、371、374、376、379、382、385、390
经济发展质量和效益　44
经济技术开发区创建 30 周年　94
经济建设　36、89
经济运行管理监测和组织推动　164
经济责任审计　177
精神文明建设　55
精准帮扶　123
警务机制改革　144
纠治“四风”　112
救助体系建设　322
就业创业政策兑现　330
就业服务　330
就业政策引导　331
居民收入　321
居民消费　321
居民消费价格（CPI）调查　182
军地双拥共建　158
军休服务　162

K

开门办案　154
开展“点题整治”工作　113
开展“敲门行动”优化营商环境　93
开展文艺活动　292
抗旱调水补水　245
科技帮扶　220
科技创新能力建设　93
科技创新载体建设　280
科技教育　247
科技经济融合发展　134
科技型企业发展　280
科技型企业政策宣讲　281
科技重点项目　281
科普活动　389
科研与人才队伍建设　315
科研咨政　74
控规编制与修改　169

L

劳动保障　386
劳动关系和谐企业创建　333
劳动力调查　182
劳动用工制度改革　233
劳模工作　125
劳务协作　217
老干部服务　71
老干部理论学习　69
老干部文体活动　70
老旧小区改造　375
老旧小区及远年住房安全问题整治　253
老龄健康管理　313

联合社治理　220
联系代表　85
联系社区和全国农村固定观察点工作　60
粮食储备　167
粮食作物主推品种　196
撂荒地整治　191
领导批示督办　66
流通领域综合治理　214
楼宇管理　214
陆生野生动物保护专项执法行动　204
路域环境提升　239
落实“稳经济 35 条”政策　168
落实信访工作责任制　99
旅游市场专项整治　292
旅游项目营销　305
绿化新建及提升改造　258
绿色发展　208

M

麦豆轮作　196
矛盾排查　99
媒体+高校共建　300
媒体宣传　365
民计民生　372、374、376、380、383、385、390
民商事审判　151
民生保障　344、347、350、353、360、362、366、45
民生保障资金落实　174
民事检察监督　148
民心工程　239
民心工程工作　336
民心工程建设　94
民营企业培育与民营企业家健康成长　136
民族宗教工作　57

N

奶业集群建设　192
内部审计　178
能力建设　79
农产品流通服务体系建设　221
农产品质量安全检测　203
农村“厕所革命”　199
农村产权制度改革　202
农村全域清洁化工程　200
农村审计工作　202
农村生活污水治理　200
农机安全生产专项执法行动　205
农机补贴　197
农机监管　199
农机深松整地作业　198
农机推广　197
农民丰收节　201
农民工市民化进程动态监测调查　181
农民合作社管理　190
农药使用量零增长　196
农业产业发展　368
农业调查　181
农业发展　367
农业龙头企业　190
农业面源污染治理　200
农业农村现代化　39
农资打假专项执法行动　203

P

排水工程建设与管理　247
排水设施维修改造　245
盘活闲置资产　231
平安创建活动　145
平安校园　263

平面媒体宣传　299
普东街道　376
普及科学家教　129

Q

其他调查项目　182
气候　25
气象工程项目建设　284
气象观测与预报　282
气象科普　283
气象文化建设　284
气象行政执法　284
强化政治引领　104
青光镇　354
青少年科技教育　134
青源街道　广源街道　384
秋冬季候鸟迁徙保护　205
区纪委十二届二次全会　111
区委常委会（扩大）会议　47
区委全体会议　46
区委协调议事机构会议　49
权籍调查　171
权责清单动态调整　65
全国科普日　134
全面从严管党治警　140
全面从严治党　45
全民健身赛事　318
全民健身设施　318
全民健身组织　318
全民艺术普及系列讲座和课程　289
全民阅读推广活动　289

R

燃气安全排查整治　258
燃气安全治理　392
燃气排查　388
人才工作　52
人才引进　332
人才支援　218
人大常委会会议　80
人大常委会主任会议　82
人大宣传　87
人道救助　338
人防法治宣传　160
人防工程监督管理　160
人防指挥通信　159
人工繁育野生动物场所监管　205
人工影响天气　283
人居环境　366
人居环境整治示范村　200
人口　民族　30
人口变动抽样调查　179
人口家庭发展　314
人民代表大会会议　80
人民调解　155
人事任免　84
融资　254
瑞景街道　379

S

森林、草原、湿地调查监测　195
森林病虫害防治　195
森林防火　194
森林资源保护专项执法行动　204
商会发展　136
社会保障　356、389
社会保障服务　38
社会动员　218
社会动员专项工作　58
社会服务　117、118
社会建设　89

社会救助　321
社会事业　356、366、369
社会信用体系建设　167
社会宣传　54
社会治理　356、367、370、45
社会组织管理　323
社区服务设施建设　322
社区工作者队伍管理　322
社区建设　382、383、385、391
社区矫正　156
社区教育　375
社区接收　385
社区卫生服务　313
社区治理　392
深化反腐败斗争　112
深化国有企业体制改革　230
审计成果　177
审计跟踪整改　178
生产安全隐患排查治理　186
生产总值统一核算　179
生态环保　369
生态环境建设　41
失业保险　332
石油天然气管道保护　166
实际使用外资　214
实施现代种业提升行动　196
食品安全监管　183
食用林产品质量安全监测工作　195
食用农产品“治违禁 控药残 促提升”三年行动　202
示范镇建设　166、349
市场管理　214
市场管理　254
市级以上体育赛事　319
市域社会治理　139
市政工程规划管理　169
事故和举报案件查处　186
事业单位监督管理　65
事业单位人员管理　333
事中事后监管　185
收入分配制度改革　233
首家“镇级媒体 + 实践基地”揭牌　299
数据质量提升　179
数字档案馆建设　304
双创成果　358
双环邨街道　390
双街镇　348
双口镇　351
双线运行机制　220
双拥工作　161
双周调度机制　217
水旱灾害防御　244
水利工程安全监管　248
水生动物检疫　193
水生态环境建设　244
水土保持　246
水污染防治　250
水务改革　249
水务规划　244
水务经济　249
水政监察　247
水资源节约与保护　243
水资源开发利用　242
税费服务　176
税收征管改革　176
司法公开　153
司法体制改革　153
司法为民　152
司法宣传　152
思想建设　115、116、118、119
思想理论建设　54
思想引领　122、127、127
思想引领工作　56
思想政治引领　128

思政工作　275
送教支教　278

T

特种设备安全监管　184
提案办理　106
提高政务服务效率　96
体美劳工作　276
体制机制建设　67
天穆镇　342
天气预报预警服务体系　282
停车管理市场化　258
通信基础设施建设　209
统筹推动双碳工作　166
统计服务　180
投入品专项治理　193
土地出让　256
土地开发利用　170
土地收储　257
土地征转报批　170
土壤污染防治　250
团代会　125
团结统战　108
推动设施甜瓜生产　196
推介营商环境　216
推进财政改革　174
推进垃圾分类　257
推进农业生产社会化服务　197
推行农产品承诺达标合格证制度　203

W

外来入侵物种调查　193
外贸企业服务　215
完善档案工作体制机制　302
完善国资监管制度　168
万企兴万村　219
网格管理　375
网格建设　76
网络安全屏障　68
网络内容建设　67
网络融资　223
网络生态治理　68
网信工作　343、346、350、353、363、366、373、375、378、381、383、394
微信公众号运行　360
维护妇儿权益　130
维护市场经济秩序　149
卫健保障　387
卫片执法　170
为民办实事　221
为民服务举措　145
未成年人检察　150
位置面积　25
文化惠民活动　286
文化建设　343、350、353、360、362、377、383、391
文化旅游帮扶　219
文化市场未成年人保护行动　291
文旅融合产业引导　305
文明城区常态化　258
文明创建　365
文体活动　372、380
文物　35
文物保护与利用　290
文学创作　293
稳妥落实“长护险”实施试点工作　329
物业管理　254

X

西堤头镇　368
现代农业建设　221

献血工作 316
乡村振兴 348、355
乡村振兴工作统筹领导 199
乡村振兴示范村 219
乡村振兴示范村建设 201
项目建设 208、90
项目联审机制 217
消保维权 183
消防宣传 260
消费帮扶 214、217
小城镇建设 255
小淀镇 361
小型农田水利工程 197
协商民主 105
心理健康教育 276
新媒体宣传 299
新时代离退休干部党的建设 69
新时代文明实践 129、389
新闻出版工作 56
新闻宣传工作 55
信访和依申请公开 171
信访宣传工作 99
信息化建设 153、264、334、69、77
刑事检察监督 148
刑事审判 151
行政复议应诉 142
行政检察监督 149
行政区划勘查 323
行政审判 152
行政执法 141、393
行政执法规范化建设 64
休闲农业 190
宣传教育 113、393
宣教培训 188
选人用人 52
学前教育 266
学校布局结构调整 265
巡察工作 112
巡逻防控 144

Y

养老保险 331
养老服务 324
养老机构管理 325
药品医疗器械化妆品安全监管 184
业务培训 158
业务拓展 255、256
一般公共预算收支决算 171
医保监督管理和维护基金安全 328
医保政策宣传和参保扩面 327
医保咨询接待与经办服务业务 329
医疗质量管理 310
医药卫生体制改革 308
依法监督执业 311
依法清理规范集体经济合同 201
依法治档 302
依法治税 176
宜兴埠镇 358
义务植树 195
意识形态工作责任制 56
引滦暗渠（北辰段）生态保护绿化工程 246
应急保障工作 311
应急管理法治建设 187
应急管理综合行政执法改革 188
应急救护培训 339
应急体系建设 187
营商环境 355
用水计划管理 243
优待抚恤 161
优抚安置 388
优抚工作 393
优化产业结构 368
优化国有资本布局 168

优化企业开办服务　96
优化营商环境　259、96
优化政务服务　97
渔业污染治理　193
与中信保加强合作　213
园区治理　355

Z

造林绿化　194
增殖放流　194
展现青年作为　125
招商引资　215、354
争议调解和立案　335
争议预防　335
征兵工作　158
整治财经秩序　175
整治电动自行车专项行动　259
证后管理　169
政策落实跟踪审计　178
政策性文件制定　59
政府常务会议　90
政府建设　367
政府全体会议　90
政府信息公开　142
政府性基金收支决算　172
政务服务　183、390
政务服务标准化　96
政协常委会会议　102
政协全体会议　102
政治监督　111
政治任务督查　66
知识产权战略　185
执法规范化　145
执法监察　171
执法检查　259
执行工作　152
职称评定　332
职工活动　123
职工权益维护　124
职业健康监管　311
志愿服务活动　293
制造业强区高质量倍增行动　92
质量强区战略　184
治安管理　143
治理欠薪　333
智慧仲裁　336
智能制造　208
中国共产党天津市北辰区代表会议　46
中国记者节庆祝活动　300
中医药管理　310
种质资源普查　193
仲裁办案　335
重大动物疫病防控　192
重大事故　259
重大事项决定　84
重大项目管理　165
重点工程　367、369
重点工程督查　66
重点工程项目建设　210、256
重点监督工作　83
重点课题调研　59、98
重点领域机构改革　64
重点企业走访　330
重点清查印刷企业　291
重点生态林管护　194
重点项目出让开工　227
重点项目启动　239
重要天气气候事件　26
重要文稿起草　59、98
助力疫情防控　61
住房保障　254
住户收支与生活状况调查　181
驻点支教　277

专题协商会会议 104
专项调查 179
专项规划编制 169
专项审计 178
专项债券管理 173
转移支付资金收支决算 172
资金支持 218
资源环境审计 178
综合改革 220
综合水价改革 197
综合执法 388
总队调研指导 182
总结宣传 219
组织建设 115、116、118、119、122、338
组织企业参会第五届中国国际进口博览会 215
组织收入 175
组织专题培训 217

二、附

附 1：全国最美家庭选介 132

三、表

表 1：2022 年年末北辰区镇、街道辖行政村和社区居委会一览表 28
表 2：2022 年年末北辰区各级非物质文化遗产代表性项目一览表 31
表 3：2022 年北辰区委党校培训情况表 71
表 4：2022 年北辰区十八届人大四次会议代表建议一览表 85
表 5：2022 年政协北辰区十届一次会议提案立案一览表 106
表 6：2022 年公安北辰分局窗口单位及派出所、交通大队地址电话一览表 147
表 7：2022 年北辰区作业机具作业质量统计表 198
表 8：2022 年北辰经济技术开发区在建项目情况表 228
表 9：2022 年北辰区河道水循环调度情况一览表 242
表 10：2022 年北辰区教育所属机构一览表 267
表 11：2022 年北辰区融媒体中心“法治北辰”栏目制作播出情况表 295
表 12：2022 年北辰区融媒体中心“星共北辰”栏目制作播出情况表 297
表 13：2022 年北辰区融媒体中心获市级奖项作品情况表 301
表 14：2022 年北辰区属医院机构一览表 309
表 15：2022 年北辰区养老机构统计表 325
表 16：“2022 年度城乡居民基本医疗保险参保缴费档次 328
表 17：2022 年北辰区获全国先进单位、集体一览表 400
表 18：2022 年北辰区获天津市先进单位、集体一览表 402
表 19：2022 年北辰区获全国先进个人一览表 405
表 20：2022 年北辰区获天津市先进个人一览表 406
表 21：2022 年中共北辰区委印发公开文件一览表 454
表 22：2022 年北辰区委办公室印发公开文件一览表 455
表 23：2022 年北辰区政府印发公开文件一览表 456
表 24：2022 年北辰区政府办公室印发公开文件一览表 456
表 25：2022 年央媒报道北辰区重点稿件情况简要统计表 465

表 26：国民经济主要指标　474
表 27：农作物播种面积和产量　475
表 28：主要农业机械化水平　476
表 29：规模以上工业经济效益情况　477
表 30：建筑业企业生产情况　479
表 31：批发、零售业销售额和住宿、餐饮业营业额　480
表 32：社会消费品零售额　481
表 33：固定资产投资完成情况　481
表 34：房地产开发项目经营情况　481
表 35：户籍人口年龄构成　483
表 36：户籍人口民族构成　484
表 37：公共图书馆情况　485
表 38：文化馆情况　485
表 39：2022 年档案馆情况　486
表 40：基础教育校（园）数　487
表 41：职业中学基本情况　488

四、文献

天津市北辰区人民政府关于印发北辰区全民健身实施计划 2021—2025 年的通知　456
天津市北辰区人民政府关于印发北辰区国家知识产权强市建设试点城市工作方案的通知　456
天津市北辰区人民政府办公室关于印发北辰区校外培训机构监督管理工作方案的通知　456
天津市北辰区人民政府办公室关于印发北辰区推动公立医院高质量发展实施方案的通知　457
天津市北辰区人民政府办公室关于印发北辰区科技计划项目管理办法的通知　457
天津市北辰区人民政府办公室关于印发天津市北辰区乡村振兴实施方案 2022—2025 年的通知　457

五、媒体看北辰

“燕子”归去衔春泥　458
坚持分类指导 争做八大先锋北辰区精心谋划主题学习宣传教育实践活动工作　459
天津市北辰区推行工程建设项目“智慧办 无感办免证办”　461
天津北辰：“护航套餐”助力年轻干部成长成才　462
农民画，描绘乡村新画卷　463

《天津市北辰年鉴（2023）》供稿人名单

丁　静　丁　怡　马　娜　马　越　马明康　王　云　王　芳
王　斌　王　静　王子姣　王文慧　王冬丽　王光健　王林之
王美图　王冠丁　王海川　王维志　王雅君　王雅君　王新宇
尹伊凡　孔昊楠　孔维广　卢丽娜　申　阳　史玉华　曲林莉
回津驰　任　蕊　任学忠　刘　艳　刘　涛　刘　珺　刘长卿
刘风雷　刘亚文　刘泽霞　刘玲珊　刘洪磊　刘晓旭　齐群生
闫明月　闫学立　闫海菊　孙艺航　孙弘玮　孙树汉　孙萌萌
孙裕祥　杜飞腾　李　龙　李　科　李华建　李金杰　李晓园
李慎龙　时为良　吴作辉　邱宝亮　宋佳庆　张　苹　张文径
张书凤　张志星　张丽鑫　张　炜　张怡然　张春明　张轶楠
张　爽　张雪茹　张　慧　张　翙　陈文宇　陈红亮　陈　娜
陈　擎　邵　岷　邵静雅　苗　琳　苑　超　季芝瑶　周永军
周仲秀　周　茜　郑德伟　宗钰淇　孟庆超　孟宪冬　赵欣媛
赵金英　赵　政　赵　洋　赵　鑫　郝　杰　胡玲玲　侯凤媛
祝丽文　贺　佳　顾　佳　柴思彤　党若涵　徐伟翔　高子龙
高亚慧　高　奇　高　原　郭志昂　郭雅丽　陶　艳　黄尤精
曹承怡　曹长松　常　勇　彭小丹　蒋东华　韩　超　舒　仁
鲁红海　温　凡　蒲洪彪　滕晓雨　蔺广萍　管　青　廖媛媛
樊昊坤　魏　然